AF836606

Monika Hupfauf/Maria-Luise Plank • Medizinproduktegesetz

Medizinproduktegesetz

Kommentar

herausgegeben von

Dr. Monika Hupfauf

und

Dr. Maria-Luise Plank

Wien 2025

facultas

Zitiervorschlag: *Hupfauf/Plank (Hg)*, MPG 2021, § 1 Rz 1

Bibliografische Information Der Deutschen Nationalbibliothek

Die Deutsche Nationalbibliothek verzeichnet diese Publikation in der Deutschen Nationalbibliografie; detaillierte bibliografische Daten sind im Internet über http://dnb.d-nb.de abrufbar.

Alle Angaben in diesem Fachbuch erfolgen trotz sorgfältiger Bearbeitung ohne Gewähr, eine Haftung der Autoren oder des Verlages ist ausgeschlossen.

© 2025 Facultas Verlags- und Buchhandels AG
Büroadresse: Siebenbrunnengasse 17/1
Postadresse: Stolberggasse 26
1050 Wien
Alle Rechte, insbesondere das Recht der Vervielfältigung und der Verbreitung sowie der Übersetzung, sind vorbehalten.

Die in diesem Werk verwendeten Personenbezeichnungen beziehen sich – sofern nicht anders kenntlich gemacht – auf alle Geschlechter.

Satz: Auer Grafik Buch Web, 1050 Wien
Druck: Facultas AG
Printed in Austria
ISBN: 978-3-7089-2347-5

Vorwort

Medizinprodukte sind das Rückgrat einer modernen Gesundheitsversorgung und ein zentraler volkswirtschaftlicher Faktor. Sie ermöglichen präzise Diagnosen, effektive Therapien und verbesserte Lebensqualität für Patienten. Gleichzeitig stehen die Unternehmen der Medizinproduktebranche vor komplexen Herausforderungen: Die Europäischen Verordnungen für Medizinprodukte (MP-VO) und In-vitro-Diagnostika (IVD-VO) setzen nicht nur den rechtlichen Rahmen für das österreichische Medizinproduktegesetz, sondern beeinflussen maßgeblich die Innovationskraft und Wettbewerbsfähigkeit in Österreich und der gesamten EU.

Dieses Werk ist ein Gemeinschaftsprojekt zahlreicher Experten aus der Praxis, die ihr umfassendes Fachwissen eingebracht haben, um ein fundiertes und anwendungsorientiertes Nachschlagewerk zu schaffen. Ziel ist es, nicht nur Juristen, sondern auch den Akteuren im Gesundheitswesen – von Herstellern über Händlern bis hin zu Anwendern – eine verlässliche Orientierungshilfe im Umgang mit dem komplexen Rechtsrahmen zu bieten. Besonderer Fokus liegt dabei auf Praxistauglichkeit: Die Inhalte sind so gestaltet, dass sie den Alltag in der Medizinproduktebranche erleichtern und die Umsetzung der regulatorischen Anforderungen unterstützen.

Die Erfahrungen aus über zwei Jahren Pandemie haben gezeigt, wie essenziell ein resilientes Gesundheitssystem ist. Dies erfordert stabile und verlässliche Rahmenbedingungen, die Flexibilität und Innovationsbereitschaft fördern. Resilienz und Standortsicherung sind daher keine bloßen Schlagworte, sondern zentrale Anliegen, die mit höchstem Engagement verfolgt werden müssen, um die Versorgung der Patienten langfristig zu sichern und weiter zu optimieren.

Wir sind überzeugt, dass diese Kommentierung des Medizinprodukterechts – die auch in Kombination mit der im Nomos Verlag erhältlichen Kommentierung der MP-VO, der IVD-VO und des Deutschen Medizinproduktegesetzes erhältlich ist - von allen, die täglich mit Medizinprodukten arbeiten, als wertvolle Unterstützung geschätzt wird. Sie ist ein Werk von der Praxis für die Praxis, getragen von der Expertise zahlreicher Fachleute, die sich der Qualität und Weiterentwicklung unseres Gesundheitssystems verschrieben haben.

Wien, im Juni 2025

Monika Hupfauf
Maria-Luise Plank

Autor:innenverzeichnis

Thomas Adocker ist Partner by Taylor Wessing Rechtsanwälte in Wien mit den Schwerpunkten Geistiges Eigentum, insbesondere Patentrecht, und Wettbewerbsrecht sowie Life Sciences, insbesondere Arzneimittel- und Medizinprodukterecht; zahlreiche Publikationen und Vorträge in allen genannten Bereichen.

Christian Baumgartner ist Professor and Leiter des Institutes für Health Care Engineering mit Europaprüfstelle für Medizinprodukte an der Technischen Universität Graz. Er beschäftigt sich mit einem breiten Themenspektrum – von der biomedizinischen Grundlagenforschung bis zu praxisnahen Aspekten der Zulassung und Regulierung von Medizinprodukten im Gesundheitssystem.

Francesca Belli Novak ist Rechtsanwältin, zugelassen bei der Anwaltskammer Mailand (Italien) und in Wien (Österreich) als niedergelassene europäische Rechtsanwältin registriert. Sie ist Gründerin von BelliLS (www.bellils.com), einer auf Life Sciences spezialisierten Boutique-Kanzlei, die Start-ups, KMU und Unternehmen bei der Orientierung im EU-Regulierungsrahmen unterstützt. Mit umfassender Inhouse-Erfahrung in der globalen Biopharma-Branche in internationalen Funktionen berät sie heute Mandanten aus den Bereichen Biotechnologie, Pharma, Medizinprodukte und Grenzprodukte.

Andrea Boninsegna ist Director Ethics & Compliance ALPS bei Eli Lilly GesmbH Österreich und Lektorin und Lektorin an der IMC FH Krems. Zuvor war sie unter anderem als Fachreferentin im Bundesministerium für Arbeit, Soziales, Gesundheit und Konsumentenschutz sowie als stellvertretende Kammeramtsdirektorin der Österreichischen Tierärztekammer tätig. Ihre Expertise liegt an der Schnittstelle von Recht, Gesundheit und Biotechnologie, insbesondere im Bereich Life Sciences, Arzneimittelrecht und regulatorische Compliance. Sie ist Mitglied des Standing Committee Legal und Compliance der Pharmig, der österreichischen Interessensvertretung der Pharmazeutischen Industrie. Die Ausführungen im gegenständlichen Kommentar spiegeln ihre private Rechtsmeinung wider.

Dany Boyadjiyska ist Rechtsanwältin für die lawpoint Rechtsanwälte GmbH im Bereich Life-Sciences & Health Care. Sie berät internationale und nationale Unternehmen zu Arzneimitteln, kosmetischen Mitteln, Futtermitteln und Medizinprodukten – von der Markteinführung über die langfristige Vermarktung.

Matthias Cerha ist selbständiger Rechtsanwalt in Wien mit Schwerpunkten im Medizin- (Ärzte-, Arzneimittel- und Medizinprodukte-), Immobilien- und Wirtschaftsrecht, Autor zahlreicher Fachpublikationen und Vortragender.

Christoph Dungl ist Head of Sales & Marketing Österreich des weltweit führenden Medizinprodukte- und Pharmaherstellers B. Braun; er ist als Branchengruppensprecher der AUSTROMED aktiv sowie Verfasser mehrerer Publikationen im Medizinrecht.

Monika Hupfauf ist selbständige Rechtsanwältin in Wien mit den Schwerpunkten Life Sciences, insbesondere Arzneimittel- und Medizinprodukterecht sowie Geistiges Eigentum und Wettbewerbsrecht; zuvor im IP/IT/Life Sciences Team einer weltweit führenden Wirtschaftskanzlei tätig; zahlreiche Publikationen und Vorträge in den Bereichen Arzneimittel- und Medizinprodukterecht sowie Geistiges Eigentum.

Jakob Hütthaler-Brandauer ist Partner der lawpoint Rechtsanwälte GmbH (www.lawpoint.at). Er ist seit 2015 selbstständiger Rechtsanwalt und berät nationale und internationale Unternehmen im Bereich Life Sciences & Health Care. Der Schwerpunkt liegt dabei im Bereich Produktrecht, Werberecht, Market Access und M&A.

Sascha Jung ist Rechtsanwalt und Partner der Jank Weiler Operenyi Rechtsanwälte GmbH | Deloitte Legal und leitet dort die Fachbereiche Datenschutzrecht | Cybersecurity sowie IP/IT | Media. Er ist Honorarprofessor für Datenschutzrecht und IT-Recht an der IMC University of Applied Sciences, Gastvortragender für Technologierecht am Juridicum Wien und im Beirat der Fachzeitschrift Medien und Recht. Er ist Autor und Herausgeber zahlreicher Bücher, Aufsätze sowie Artikel und trägt laufend zu seinen Fachgebieten vor.

Theresa Karall ist Rechtsanwältin in Wien mit besonderer Expertise im öffentlichen Wirtschaftsrecht, insbesondere in den Bereichen Life Science und Health Care sowie Vergabe- und Planungsrecht. Sie berät ua Life Science Unternehmen umfassend beim rechtssicheren Markteintritt in Österreich sowie bei der Umsetzung komplexer Projekte an der Schnittstelle von Life Science, Datenschutz und Planungsrecht. Darüber hinaus publiziert sie regelmäßig in diesen Bereichen.

Christian Kern ist Rechtsanwalt in den Fachbereichen Datenschutzrecht | Cybersecurity sowie IP/IT | Media bei Jank Weiler Operenyi Rechtsanwälte GmbH | Deloitte Legal. Er ist zertifizierter Datenschutzbeauftragter und Autor zahlreicher Publikationen im Bereich des Datenschutzes.

Barbara Kuchar ist Rechtsanwältin und Partnerin der KWR Karasek Wietrzyk Rechtsanwälte GmbH (www.kwr.at). Sie leitet bei KWR den Fachbereich IP/IT und ist schwerpunktmäßig in den Bereichen des Immaterialgüterrechts und des unlauteren Wettbewerbs mit einem Fokus auf komplexe Gerichtsstreitigkeiten tätig.

Martin Mayer ist Leiter für Innovation und Entwicklung bei der CATALYST SCIENTIFIC GmbH und Experte für regulatorische Anforderungen und Risikomanagement in der Medizintechnik. Zuvor verantwortete er bei LISAvienna den Bereich Medizintechnik und Digital Health. Er begleitet internationale Gesundheitsunternehmen strategisch bei Innovations- und Entwicklungsprojekten an der Schnittstelle von Regulierung und Marktzugang.

Maria-Luise Plank ist Partner bei Gillhofer&Plank Rechtsanwälte GesBR (www.gp-law.at) mit besonderer Expertise im Bereich Pharmarecht und Medizinprodukterecht sowie Markt Access und war davor in einem führenden pharmazeutischen Unternehmen und dem Dachverband der Sozialversicherungsträger tätig.

Martin Popovic ist Geschäftsführer der CATALYST SCIENTIFIC GmbH und Experte für Risikomanagement, regulatorische Fragestellungen sowie klinische Evidenz und Bewertung im Pharma- und Medizinproduktebereich. Er berät Unternehmen in der Arzneimittel- und Medizintechnikbranche. Darüber hinaus verfasst und begutachtet er regelmäßig Fachpublikationen im Pharma- und Medtech-Sektor und ist in einem weltweit führenden Gesundheitskonzern für Evidenz und Patientensicherheit verantwortlich.

Livia Reil ist Juristin in der Österreichischen Tierärztekammer. Ihre Tätigkeitsschwerpunkte liegen im Bereich Medizinrecht und allgemeines Vertragsrecht. Die Ausführungen im gegenständlichen Kommentar spiegeln ihre private Rechtsmeinung wider.

Sabine Rentz-Chorherr ist Leiterin des Teams Regulatory Affairs für Medizinprodukte/IVDs am Zentrum für Medizinische Physik und Biomedizinische Technik an der Medizinischen Universität Wien. Sie berät und unterstützt bei der Planung und Durchführung von klinischen Prüfungen von Medizinprodukten und ist Vortragende in diesem Bereich.

Matthias Rief ist Jurist beim Fonds Kuratorium Wiener Pensionisten-Wohnhäuser – Häuser zum Leben und externer Vortragender an diversen Fachhochschulen; seine Tätigkeitschwerpunkte liegen im Medizinrecht und im Vergaberecht. Die Ausführungen im gegenständlichen Kommentar spiegeln seine private Rechtsmeinung wider.

Jörg Schröttner ist Assoc. Prof. am Institut für Health Care Engineering und Leiter der Prüf- und Zertifizierungsstelle für Medizinprodukte an der Technischen Universität Graz. Er ist seit 25 Jahren im Bereich der Medizinproduktezulassung tätig und Experte im Bereich der Entwicklung, Herstellung und Prüfung von aktiven Medizinprodukten, sowie leitender Auditor für Qualitätsmanagementsysteme nach EN ISO 13485 und 9001.

Markus Speiser ist Jurist und Datenschutzexperte bei der synedra information technologies GmbH, einem Hersteller von SaMD. Im Rahmen seiner Unternehmensberatung berät und unterstützt er unterschiedlichste Wirtschaftsakteure beim Inverkehrbringen von Medizinprodukten. Des Weiteren unterrichtet er an diversen Fachhochschulen.

Clemens Stadler ist Juristischer Mitarbeiter bei Stanonik Rechtsanwälte GbR.

Andreas Weinfurter ist aus Leidenschaft Qualitätsmanager und Regulatory Affairs Manager beim Austrian Center for Medical Innovation and Technology (ACMIT). Er engagiert sich in Arbeitsgruppen der österreichischen Interessensvertretung der Medizintechnik-Unternehmen AUSTROMED. Seine Expertise umfasst die gängigen Normen für Medizinprodukte. Ein weiterer Schwerpunkt ist das Risikomanagement gemäß EN ISO 14971. Im Rahmen seiner Tätigkeiten für ACMIT berät er Start-ups bezüglich ihrer regulatorischen Strategie.

Marcel Zippenfenig ist Jurist mit Schwerpunkt im europäischen öffentlichen Recht und internationaler Erfahrung. Er befasst sich mit rechtlichen Fragestellungen im Bereich Life Sciences, insbesondere im Umfeld europäischer Regulierung.

Sabrina Zippenfenig ist Juristin mit Schwerpunkt im Medizinrecht, den sie durch ein postgraduales Studium (LL.M) und praktische Erfahrung vertieft hat. Als Rechtsanwaltsanwärterin liegt ihr Tätigkeitsschwerpunkt insbesondere im Immaterialgüter- und Wettbewerbsrecht sowie in medizinrechtlichen Fragestellungen.

Inhaltsverzeichnis

Abkürzungsverzeichnis

A&R	Arzneimittel & Recht
AB	Amtsblatt
AB	Ausschussbericht
ABGB	Allgemeines bürgerliches Gesetzbuch
Abl	Amtsblatt
ABO	Apothekenbetriebsordnung
Abs	Absatz
AC	Amendment Correction
AEUV	Vertrag über die Arbeitsweise der Europäischen Union
aF	andere Fassung
AG	Aktiengesellschaft
AGBR	Abgrenzungsbeirat
AGES	Agentur für Gesundheit und Ernährungssicherheit
AHG	Amtshaftungsgesetz
AIDC	Automatic Identification and Data Capture
AIMD	Aktive implantierbare Medizinprodukte
AkkG	Akkreditierungsgesetz
AMD	Advanced Micro Devices
AMG	Arzneimittelgesetz
Anh	Anhang
Anl	Anlage
Anm	Anmerkung
API	Application Programming Interface
Arg	Argument
Art	Artikel
ÄrzteG	Ärztegesetz
AS	Arbeits- und Sozialbereich
AschG	ArbeitnehmerInnenschutzgesetz
ASVG	Allgemeines Sozialversicherungsgesetz
Aufl	Auflage
AUSTROMED	Interessensvertretung der Medizinprodukte-Unternehmen
AVB	Allgemeine Versicherungsbedingungen
AVG	Allgemeines Verwaltungsverfahrensgesetz
Az	Aktenzeichen
B2B	Business-to-Business
B2C	Business-to-Consumer
BASG	Bundesamt für Sicherheit im Gesundheitswesen
BBG	Bundesbehindertengesetz
BDG	Beamten-Dienstrechtsgesetz
BDSG	Bundesdatenschutzgesetz
BDW	Bundesministerium für Digitalisierung und Wirtschaftsstandort
Bekl	Beklagter
BEV	Bundesamt für Eich- und Vermessungswesen
BfArM	Bundesinstitut für Arzneimittel und Medizinprodukte
BGBl	Bundesgesetzblatt

BGH	Bundesgerichtshof
Bgld KAG	Burgenländisches Krankenanstaltengesetz
BlgNR	Beilage(n) zu den stenographischen Protokollen des Nationalrates
BMBF	Bundesministerium für Bildung und Forschung
BMG	Bundesministerium für Gesundheit
BMJ	Bundesministerium für Justiz
BMJ	British Medical Journal
BMSGPK	Bundesministerium für Soziales, Gesundheit, Pflege und Konsumentenschutz
bPK	Bereichsspezifisches Personenkennzeichen
bPK-AS	Bereichsspezifisches Personenkennzeichen - Arbeits- und Sozialbereich
bPK-GH	Bereichsspezifisches Personenkennzeichen - Gesundheit
BR	Bundesrat
BSG	Blutsicherheitsgesetz
BSGPK	Bundesministerium für Soziales, Gesundheit, Pflege und Konsumentenschutz
Bsp	Beispiel
bspw	beispielsweise
BVerwG	Bundesverwaltungsgericht
B-VG	Bundes-Verfassungsgesetz
BVwG	Bundesverwaltungsgericht
bzw	beziehungsweise
C	Curia
ca	circa
CAPA	Corrective and Preventive Action
CE	Conformité Européenne
CELEX	Communitée Législative des États
CEN	Europäisches Komitee für Normung
CENELEC	European Committee for Electrotechnical Standardization
CT	Clinical Trials
CTEG	Expert Group on Clinical Trials
CTR	Clinical Trials Regulation
d	deutsch
DACH	Deutschland, Österreich und Schweiz
DAG	Österreichische Zeitschrift für das ärztliche Gutachten
DatKomm	Datenschutzkommentar
dB	der Beilagen
DFB	Druckfehlerberichtigung
DGH	Dienstnehmerhaftpflichtgesetz
dh	das heißt
dHWG	deutsches Heilmittelwerbegesetz
DiGA	digitale Gesundheitsanwendungen
DIN	Deutsches Institut für Normung
DMIDS	Deutsches Medizinprodukte-Informations- und Datenbanksystem
dMPBV	deutsche Medizinprodukte-Betreiberverordnung
dMPDG	deutsches Medizinprodukte-Durchführungsgesetz
dMPG	deutsches Medizinproduktegesetz

DNA	Desoxyribonukleinsäure
DoH	Declaration of Helsinki
DOI	Digital Object Identifier
dsb	Datenschutzbehörde
DSFA-AV	Datenschutz-Folgenabschätzung-Ausnahmenverordnung
DSG	Datenschutzgesetz
DSGVO	Datenschutzgrundverordnung
DSMB	Data Safety Monitoring Board
DS-RL	Datenschutzrichtlinie
E	Entwurf
E/E/PE	elektrische/elektronische/programmierbare Elektronik
EAFRD	European Agricultural Fund for Rural Development
EB	Erweiterungsbeschluss
EB	Erläuternde Bemerkungen zur Regierungsvorlage
ECG	E-Commerce-Gesetz
ECJ	Court of Justice of the European Union
EDSA	Europäischer Datenschutzausschuss
EEVO	Elektronische Einreichverordnung
EG	Europäische Gemeinschaft
E-Gov-BerAbgrV	E-Government-Bereichsabgrenzungsverordnung
E-Gov-G	E-Government-Gesetz
eIFU	Elektronische Gebrauchsanweisungen
EK	Europäische Kommission
EKG	Elektrokardiogramm
EL	Ergänzungslieferung
EMA	Europäische Arzneimittel-Agentur
EMDN	European Medical Device Nomenclature
EN	Europäische Norm
Ent	Entscheidungen
EO	Exekutionsordnung
ErläutRV	Erläuternde Bemerkungen zur Regierungsvorlage
ErwGr	Erwägungsgrund
etc	et cetera
EU	Europäische Union
EUC	equipment under control
EUDAMED	Europäische Datenbank für Medizinprodukte
EuGH	Europäischer Gerichtshof
EuR	Zeitschrift Europarecht
EUV	Vertrag über die Europäische Union
EuZW	Europäische Zeitschrift für Wirtschaftsrecht
EV	Einstweilige Verfügung
EvBl	Evidenzblatt
EWG	Europäische Wirtschaftsgemeinschaft
EWR	Europäischer Wirtschaftsraum
f	folgende
F	Formular
F1-Generation	erste Filialgeneration

FAQs	Frequently Asked Questions
FDA	Food and Drug Administration
ff	fortfolgende
FOG	Forschungsorganisationsgesetz
FOS	Fields of Science and Technology
FS	Festschrift
G	Gericht
GA	Generalanwalt
GCP	Gute Klinische Praxis
GDPR	General Data Protection Regulation
gem	gemäß
GESG	Gesundheits- und Ernährungssicherheitsgesetz
GewA	Gewerbearchiv
GewO	Gewerbeordnung
ggf	gegebenenfalls
GH	Gesundheit
GmbH	Gesellschaft mit beschränkter Haftung
GMDN	Global Medical Device Nomenclature
GmundKomm	Gmundner Kommentar zum Gesundheitsrecht
GÖG	Gesundheit Österreich GmbH
GÖGG	Gesundheit Österreich GmbH Gesetz
GP	Gesetzgebungsperiode
GP	Generalprotokoll
grds	grundsätzlich
GRUR	Gewerblicher Rechtsschutz und Urheberrecht
GSG	Gewebesicherheitsgesetz
GSLA	Grundlegende Sicherheits- und Leistungsanforderungen
GTelG	Gesundheitstelematikgesetz
GTelV	Gesundheitstelematikverordnung
GuKG	Gesundheits- und Krankenpflegegesetz
GuP	Gesundheit und Pflege
GZ	Geschäftszeichen
hA	herrschende Ansicht
HAS	Harmonised Standards
HCP	Healthcare Professional
Hg	Herausgeber
HG	Handelsgericht
HIBCC	Health Industry Business Communications Council
HIV	Humanes Immundefizienz-Virus
hL	herrschende Lehre
HRI	Human-Readable Interpretation
Hrsg	Herausgeber
HS	Hochschule
ICCBBA	International Council for Commonality in Blood Banking Automation
ICD	Implantierbarer Kardioverter-Defibrillator

ICH	International Council for Harmonisation of Technical Requirements for Pharmaceuticals for Human Use
ICH-GCP	Internationale Konferenz für Harmonisierung - Guten Klinischen Praxis
ID	Identification
idF	in der Fassung
idgF	in der gegenständlichen Fassung
idS	in diesem Sinne
IEC	International Electrotechnical Commission
IFA	Informationsstelle für Arzneispezialitäten
iFamZ	Interdisziplinäre Zeitschrift für Familienrecht
IFU	Information for Use
IGEPHA	Interessensgemeinschaft österreichischer Heilmittelhersteller
igF	in geltender Fassung
IMDRF	International Medical Device Regulators Forum
inkl	inklusive
INN	International Nonproprietary Name
insb, insbes	insbesondere
InTeR	Zeitschrift zum Innovations- und Technikrecht
iS	im Sinne
iSd	im Sinne dessen
ISO	International Organization for Standardization
IVD	In-vitro-Diagnostika
IVDD	In-vitro Diagnostic Devices Directive
IVDR	In-vitro-Diagnostik Regulation
IVDV, IVDVO, IvD-VO	In-vitro-Diagnostika-Verordnung
iVm	in Verbindung mit
iW	im Wesentlichen
iZm	im Zusammenhang mit
iZw	im Zweifel
JBl	Juristische Blätter
JMG	Journal für Medizin- und Gesundheitsrecht
JN	Jurisdiktionsnorm
K	Kammer
KA	Krankenanstalt
KABEG	Kärntner Landeskrankenanstalten-Betriebsgesellschaft
KAFO	Knee Ankle Foot Orthosis
KAKuG	Krankenanstalten- und Kuranstaltengesetz
Kap	Kapitel
KFG	Kraftfahrgesetz
KG	Kammergericht
K-KAO	Kärntner Krankenhausorganisationsgesetz
Kl	Kläger
KPBV	Klinische Prüfung-Bewertungsverfahren-Verordnung
LAA	Local Actor Administrators
LBP	Leistungsbewertungsprüfungen
leg cit	legis citatae

Lfg	Lieferung
LG	Landesgericht
lit	litera
Lit	Literatur
LL	Leitlinien
LSR	Life Science Recht
LVwG	Landesverwaltungsgericht
Mat	Materialien
MAUDE	Manufacturer and User Facility Device Experience
maW	mit anderen Worten
MDCG	Medical Device Coordination Group
MDD	Medical Device Directive
MDR	Medizinprodukterichtlinie
MDR	Medical Device Regulation
ME	Ministerialentwurf
mE	meines Erachtens
MEDDEV-Dokumente	Medical Devices Guidance Documents
MedienG	Mediengesetz
MedR	Medizinrecht
MedUni	Medizinische Universität
MEG	Maß- und Eichgesetz
MFTGV	Magnetfeldtherapiegeräteverordnung
Mio	Million(en)
MoRUG	Modernisierungsrichtlinie-Umsetzungsgesetz
MP	Medizinprodukte
MPBetreibV	Medizinprodukte-Betreiberverordnung
MPBV	Medizinproduktebetreiberverordnung
MPG	Medizinproduktegesetz
MPJ	Medizinprodukte Journal
MPR	Medizin Produkte Recht
MPVO, MP-VO, MPV	Medizinprodukteverordnung
MR	Medien und Recht
mwN	mit weiteren Nachweisen
NAKI	Nationaler Arbeitskreis zur Implementierung der EU-Verordnungen über Medizinprodukte (MDR) und In-vitro-Diagnostika (IVDR)
NANDO	New Approach Notified and Designated Organisations
NIS	Nicht-interventionelle Studien
NIST	National Institute of Standards and Technology
NJW	Neue Juristische Wochenschrift
No	number
NÖ KAG	Niederösterreichisches Krankenanstaltengesetz
Nov	Novelle
Nr	Nummer
NR	Nationalrat
NRW	Nordrhein-Westfalen
NZS	Neue Zeitschrift für Sozialrecht

ÖÄK	Österreichische Ärztekammer
öarr	Österreichisches Archiv für Recht und Religion
ÖAZ	Österreichische Apotheker-Zeitung
ÖBA	Österreichisches Bankarchiv
OD	Orphan Devices
OEM	Original Equipment Manufacturer
ÖGBMT	Österreichische Gesellschaft für Biomedizinische Technik
ÖGfE	Österreichische Gesellschaft für Europapolitik
OGH	Oberster Gerichtshof
ÖGSV	Österreichischen Gesellschaft für Sterilgutversorgung
ÖJZ	Österreichische Jurist:innenzeitung
OLG	Oberlandesgericht
ÖNORM	Österreichisches Normungsinstitut
OÖ KAG	Oberösterreichisches Krankenanstaltengesetz
OrgHG	Organhaftpflichtgesetz
öst, ö	österreichisch
ÖVE	Österreichischer Verband für Elektrotechnik
OVG	Oberverwaltungsgericht
ÖZPR	Österreichische Zeitschrift für Pflegerecht
PCR	Polymerase-Kettenreaktion
PDCA	Plan-Do-Check-Act
PharmR	Pharmarecht
PHG	Produkthaftungsgesetz
PHi	Haftpflicht international Recht & Versicherung
PH-RL	Produkthaftungsrichtlinie
PIP	Poly Implant Prothèse
PKA	pharmazeutische kaufmännische Assistenten
PMCF	Post-Market Clinical Follow-up
ProdHaftG	Produkthaftungsgesetz
ProduktsicherheitsV	Produktsicherheitsverordnung
PRRC	Person Responsible for Regulatory Compliance
PSUR	Periodic Safety Update Report
QM	Qualitätsmanagement
QMD	Quality Medical Devices
QMS	Qualitätsmanagementsystem
QR-Code	Quick Response Code
QS-VO	Qualitätssicherungsverordnung
rdb	Rechtsdatenbank
RDG	Recht der Gesundheitsberufe
RdM	Recht der Medizin
RdW	Österreichisches Recht der Wirtschaft
rev	Revision
RGBl	Reichsgesetzblatt
RIS	Rechtsinformationssystem
RIW	Recht der Internationalen Wirtschaft
RL	Richtlinie

Rn	Randnummer
RS	Rechtssatz
Rsp	Rechtsprechung
RUO	research use only
RV	Regierungsvorlage
RWE	Real-World-Evidence
Rz	Randziffer
S	Seite
s	siehe
S	Satz
sa	siehe auch
SaMD	Software as a Medical Device
Sbg KAG	Salzburger Krankenanstaltengesetz
SbgK	Salzburger Kommentar zum Strafgesetzbuch
sic	wirklich so
Slg	Sammlung
SN	Stellungnahme
sog	sogenannt
SOP	Standard Operating Procedure
SoSi	Sozialrechtliche Studien
SOUP	Software of Unknown Provenance
StF	Stammfassung
StGB	Strafgesetzbuch
STK	Sicherheitstechnische Kontrolle
Stmk KAG	Steiermärkisches Krankenanstaltengesetz
Tir KAG	Tiroler Krankenanstaltengesetz
TR	Technical Report
TSB	technische Sicherheitsbeauftragte
TÜV	Technischer Überwachungsverein
tw	teilweise
ua	unter anderem
UDI	Unique Device Identification
UDI-DI	Unique Device Identification – Device Identifier
UDI-PI	Unique Device Identification – Production Identifier
uE	unseres Erachtens
UG	Untergruppe
UG	Universitätsgesetz
UGB	Unternehmensgesetzbuch
UOG	Universitäts-Organisationsgesetz
Urt	Urteil
UTC	Koordinierte Weltzeit
uU	unter Umständen
UWG	Gesetz gegen den unlauteren Wettbewerb
V	Verordnung
va	vor allem

VBG	Vertragsbedienstetengesetz
VersR	Versicherungsrecht
VersVG	Versicherungsvertragsgesetz
VfGH	Verfassungsgerichtshof
VfSlg	Sammlung der Erkenntnisse und wichtigsten Beschlüsse des Verfassungsgerichtshofes
VG	Verwaltungsgericht
vgl	vergleiche
vH	von Hundert
VHC	PHARMIG Verhaltenskodex & Verfahrensordnung der Fachausschüsse
Vlbg SpG	Vorarlberger Spitalgesetz
VO, Vo, V	Verordnung
VR	Verwaltungsrundschau
VStG	Verwaltungsstrafgesetz
VwGH	Verwaltungsgerichtshof
VwSlg	Erkenntnisse und Beschlüsse des Verwaltungsgerichtshofes
wbl	Wirtschaftsrechtliche Blätter
WG, WehrG	Wehrgesetz
WHO	World Health Organization
WK StGB	Wiener Kommentar zum Strafgesetzbuch
WKO	Wirtschaftskammer Österreich
WMA	World Medical Association
Wr KAG	Wiener Krankenanstaltengesetz
Wv	Wiederverlautbarung
WWW	World Wide Web
Z	Ziffer
ZÄG	Zahnärztegesetz
zB	zum Beispiel
ZfG	Zeitschrift für Gesundheitsrecht
zfhr	Zeitschrift für Hochschulrecht
ZfPC	Zeitschrift für Product Compliance
ZfRV	Zeitschrift für Europarecht, internationales Privatrecht und Rechtsvergleichung
ZHR	Zeitschrift für das gesamte Handelsrecht und Wirtschaftsrecht
Zhsg	Zusammenhang
Ziff	Ziffer
ZIIR	Zeitschrift für Informationsrecht
ZMGR	Zeitschrift Medizin- & Gesundheitsrecht
ZPO	Zivilprozessordnung
ZTR	Zeitschrift für Energie- und Technikrecht

Medizinproduktegesetz

Bundesgesetz betreffend Medizinprodukte 2021
(Medizinproduktegesetz 2021 – MPG 2021)

StF: BGBl I 2021/122

idF

BGBl I 2021/192

BGBl I 2023/27

BGBl I 2024/102

Gold-Plating

Inhaltsverzeichnis

I. Einführung: Der Begriff des Gold-Plating und seine Implikationen für das EU- und nationale Recht

Der Begriff „Gold-Plating“ kommt aus der Handwerkskunst und beschreibt ein Verfahren, bei dem eine Schicht Gold auf die Oberfläche eines anderen Metalls aufgebracht wird. Dies dient meist zu dekorativen Zwecken oder zum Schutz des darunter liegenden Metalls.[1] Im Kontext der europäischen Gesetzgebung wird der Begriff „Gold-Plating“ bei der überschießenden Umsetzung eines EU-Rechtsaktes (überwiegend bei Richtlinien) durch die einzelnen Mitgliedstaaten verwendet. Es handelt sich somit um eine übergenaue Umsetzung („gold-plating“) der EU-Rechtsetzung in nationales Recht. Durch das „Gold-Plating“ werden nationale Vorschriften hinzugefügt, die die Ziele der EU-Rechtsetzung verschleiern können. Eine genaue Definition des „Gold-Plating“ gibt es jedoch nicht. 1

Die Europäische Kommission[2] beschreibt den Begriff „Gold-Plating” als *„ein Übermaß an Vorschriften, Leitlinien und Verfahren auf nationaler, regionaler und lokaler Ebene, das unnötigen Verwaltungsaufwand verursacht und die Umsetzung der angestrebten politischen Ziele, die durch einen solchen Rechtsakt verwirklicht werden sollen, behindert.“* 2

„Gold-Plating“ verstößt zwar nicht formal gegen die Grundsätze des europäischen Rechts und den Stufenbau der Rechtsordnung, verursacht aber einen gewissen Grad an Rechtsunsicherheit und Fragmentierung des Binnenmarkts. Dies führt zu zusätzlichen Kosten und Belastungen für alle beteiligten Akteure innerhalb des Binnenmarkts. 3

EU-Verordnungen sind Rechtsakte der Europäischen Union, die automatisch und ohne einen zusätzlichen Umsetzungsakt mit ihrem Inkrafttreten Geltung in allen Mitgliedstaaten erlangen.[3] Sie sind in ihrer Gesamtheit verbindlich. Das bedeutet, dass kein Mitgliedstaat nationale Maß- 4

---

[1] *Hunt*, The early history of gold plating. Gold Bull 6, 16–27 (1973). https://doi.org/10.1007/BF03215178

[2] *Boci / De Vet / Pauer* (February 2014): „‚Gold-plating‘ in the EAFRD: To what extent do national rules unnecessarily add to complexity and, as a result, increase the risk of errors?“ (IP/D/AL/FWC/209-056 ed.). Brussels: Directorate-General for Internal Policies of the Union.

[3] Vgl Types of EU law (europa.eu) and, inter alia, ECJ 31.1.1978, Case 94/77, Zerbone, paras. 22/27

nahmen ergreifen darf, die darauf abzielen, den Umfang der EU-Verordnung zu beschränken oder die zu einer unvollständigen oder selektiven Anwendung führen. Europäische Verordnungen verdrängen nationale Gesetze, die mit ihren materiellen Bestimmungen unvereinbar sind.

5 Das bedeutet nicht unbedingt, dass Verordnungen vollständig sind. In der Realität müssen sie oftmals durch Durchführungsmaßnahmen ergänzt werden, die von den nationalen Behörden erlassen werden. Genau an diesem Punkt kann sich „Gold-Plating“ einschleichen: Wenn ein nationaler Gesetzgeber eine EU-Verordnung über das vorgegebene Mindestmaß hinaus umsetzt, um dieser zu entsprechen, dann handelt es sich um „Gold-Plating“.[4]

6 Finden sich „Gold-Plating“ – Bestimmungen bei der Umsetzung einer EU-Verordnung in nationalen Gesetzen wieder, kann dies aus mehreren Gründen wesentlich nachteiligere Auswirkungen auf den nationalen und EU-Markt haben als dies bei der Umsetzung einer EU-Richtlinie je der Fall wäre.

7 Erstens kann „Gold-Plating“ zu Verwirrung und Inkonsistenz zwischen den Rechtssystemen der verschiedenen Mitgliedstaaten führen. Dies widerspricht dem Grundsatz der Einheitlichkeit und Kohärenz – den das EU-Recht fördern soll. Weiters besteht die Gefahr von Rechtsunsicherheit und Spannungen und kann zu Schwierigkeiten bei der Durchsetzung und Überwachung von EU-Verordnungen beitragen.

8 Zweitens kann es zu unnötigen oder übermäßigen Kosten und Belastungen für Unternehmen, Verbraucher und die öffentliche Verwaltung führen und die Wettbewerbsfähigkeit und Effizienz verringern. Weiters kann „Gold-Plating“ auch die Wettbewerbsgleichheit und den fairen Wettbewerb im Binnenmarkt beeinträchtigen und Investitionshemmnisse schaffen.

9 Letztlich kann dies zu einem Vertrauensverlust gegenüber von EU-Institutionen und der gesamten EU-Politik führen sowie das Vertrauen und die Zusammenarbeit zwischen den Mitgliedstaaten schwächen.

10 Durch die Abweichung von den vereinbarten Standards und Zielen einer EU-Verordnung, können die Mitgliedstaaten das Vertrauen und die Unterstützung ihrer Staatsbürger und Partner in das EU-Integrationsprojekt verlieren. Dies kann auch die Wirksamkeit und den Einfluss der Verordnung direkt verringern.

11 Aus diesen Gründen sollte „Gold-Plating“ so weit wie möglich vermieden oder auf das Minimum reduziert werden. Nur dadurch kann eine reibungslose und harmonische Umsetzung des EU-Rechts gewährleistet werden.

12 Ein Blick nach Österreich zeigt, dass Österreich aufgrund seiner Übererfüllung der EU-Anforderungen oft etwas ironisch als „Musterschüler” in Sachen „Gold-Plating“ angesehen wird.[5] Diese allgemeine Wahrnehmung wurde durch eine Studie gestützt, die 2018 im Auftrag der steirischen Wirtschaftskammer vom Institut für öffentliches Recht und Politikwissenschaft an der Universität Graz veröffentlicht wurde. Diese Studie zeigte, dass in den meisten der neun analysierten Rechtsgebiete eine Form von „Gold-Plating“ vorlag.[6]

13 Gleichzeitig startete die österreichische Regierung das sogenannte „Gold-Plating-Projekt“, das darauf abzielte, nationale Rechtsvorschriften zu eruieren und diese überschießenden Bestimmungen in bestimmten, definierten Bereichen gezielt zu beseitigen.

---

[4] Di Franco, *Gold-plating: how EU States over-regulate themselves and then blame Brussels, April 15, 2018,* Gold-plating: how EU States self-overregulate and then blame Brussels (mycountryeurope.com)

[5] *Hummer*, Konkrete Fälle von „Gold-Plating“ in der österreichischen Rechtsordnung, ÖGfE Policy Brief 21 2018 (https://www.oegfe.at/policy-briefs/konkrete-faelle-von-gold-plating-2/)

[6] *Hummer*, Konkrete Fälle von „Gold-Plating“ in der österreichischen Rechtsordnung, ÖGfE Policy Brief 21 2018 (https://www.oegfe.at/policy-briefs/konkrete-faelle-von-gold-plating-2/)

Das Projekt gipfelte im Anti-Gold-Plating-Gesetz 2019, welches im Bundesgesetzblatt Nr 46/2019 veröffentlicht wurde. Als Ergebnis der Deregulierungsbemühungen wurden das österreichische Unternehmensgesetzbuch (UGB) und zehn weitere Gesetze geändert. **14**

In Italien gibt es eine Redewendung: „*Der Wolf verliert sein Fell, aber nicht seine Gewohnheiten*". Wie wir in der folgenden Analyse sehen werden, trifft diese Redewendung sehr gut auf Österreichs Verhältnis zum „Gold-Plating" zu, da wir dieses trotz der oben genannten Bemühungen bei der Umsetzung der EU-MDR und IVDR in das nationale Recht immer noch in einigen Bereichen auffinden können. **15**

II. EU-Medizinprodukteverordnung und IVDR: Harmonisierungsziele und nationale Ermessensspielräume

Die MDR und die IVDR wurden mit dem Ziel erlassen, den rechtlichen Rahmen für Medizinprodukte in Europa zu harmonisieren und um ein hohes Maß an Sicherheit und hohe Standards für Patienten und Anwender zu gewährleisten. **16**

Das Hauptziel der beiden Verordnungen liegt darin, einen einheitlichen Markt für Medizinprodukte und In-Vitro-Diagnostika in der EU zu schaffen, der es ermöglicht, dass Produkte frei zirkulieren können und gleichzeitig von Skalierungseffekten (Kostenersparnissen) und Innovationen profitieren. **17**

Als EU-Verordnung sind die MDR und IVDR unmittelbar in allen EU-Mitgliedstaaten anwendbar, wobei einige Bereiche einen Durchführungsakt der einzelnen Mitgliedstaaten erfordern. Zu diesen gehören: **18**

- Regeln für benannte Stellen: Die Mitgliedstaaten sollten die Auswahl, Benennung und Überwachung der auf ihrem Staatsgebiet niedergelassenen benannten Stellen sowie etwaige zusätzliche Anforderungen, die nicht auf EU-Ebene geregelt sind, genauer definieren. Dies natürlich ohne mit der horizontalen EU-Rechtssetzung und dem Grundsatz der Gleichbehandlung in Konflikt zu geraten.[7]
- Regeln für die Wiederaufbereitung von Einmalprodukten: Die Mitgliedstaaten können Beschränkungen oder Verbote für die Wiederaufbereitung von Medizinprodukten einführen.[8]
- Verwendungsbeschränkungen: Eine Einschränkung der Verwendung spezifischer Produkte im Zusammenhang mit Aspekten, die nicht unter Verordnungen fallen.[9]
- Abgabebeschränkungen: Mitgliedstaaten können vorsehen, (i) dass bestimmte Produkte nur auf ärztliche Verschreibung abgegeben werden dürfen, (ii) dass nur bestimmte Angehörige der Gesundheitsberufe oder Einrichtungen bestimmte Produkte abgeben oder verwenden dürfen oder (iii) dass deren Verwendung von einer spezifischen professionellen Beratung begleitet werden muss.[10]
- Spezifische Regeln für „In-House-Medizinprodukte", die nur innerhalb von Gesundheitseinrichtungen hergestellt und verwendet werden.[11]

---

7 ErwG 50 – 55 MDR

8 Art 17 MDR

9 ErwG 40 und Art 1(14) MDR

10 Art 1(15) MDR

11 ErwG 30 MDR

- Sprachanforderungen: Die Mitgliedstaaten können vorsehen, dass bestimmte Informationen in Bezug auf Medizinprodukte oder deren Begleitdokumentation in ihrer/ihren Amtssprache/n bereitgestellt werden müssen.[12]
- Genehmigung klinischer Prüfungen: Die Mitgliedstaaten bestimmen die zuständige Behörde, die an der Bewertung des Antrags auf Durchführung einer klinischen Prüfung beteiligt ist sowie die Beteiligung von Ethikkommissionen innerhalb der in der MDR festgelegten Fristen.[13]
- Regeln für klinische Prüfungen, die nicht dazu bestimmt sind, die Konformität von Produkten nachzuweisen: Während die EU-Verordnungen die grundlegenden Anforderungen an die ethische und wissenschaftliche Bewertung festlegen, obliegt es den Mitgliedstaaten, weitere Einzelheiten zu regeln.[14]
- Rechtliche Vertretung von geschäftsunfähigen Personen und Minderjährigen: Die Mitgliedstaaten sollten bestimmen, wer als gesetzlicher Vertreter dieser Personen handeln und in ihrem Namen einwilligen kann.[15]
- Meldung vermuteter schwerwiegender Ereignisse durch Angehörige der Gesundheitsberufe, Anwender und Patienten unter Verwendung harmonisierter Formate. Die nationalen zuständigen Behörden sollten die Hersteller über alle vermuteten schwerwiegenden Ereignisse informieren und sicherstellen, dass geeignete Folgemaßnahmen ergriffen werden, um das Risiko eines erneuten Auftretens zu minimieren.[16]
- Umsetzung von Sanktionen bei Verstößen.[17]

19 Sofern den Mitgliedstaaten die Regulierung von bestimmten Aspekten nicht ausdrücklich überlassen wird, muss davon ausgegangen werden, dass dieser Aspekt grundsätzlich nicht vom Gesetzgeber der einzelnen Mitgliedstaaten reguliert werden darf bzw sollte.

20 Der nationale Gesetzgeber kann lokale Bestimmungen ausschließlich einführen, um zu klären, wie die neuen europäischen Regeln in den lokalen Rechtsrahmen integriert werden. Beispielsweise müssen nationale Bestimmungen aufgehoben werden, die bereits durch EU-Verordnungen geregelt sind – diese gelten als legitime „Feinschliffe".

21 In Fällen, in denen ein Mitgliedstaat jedoch ein Übermaß an Normen erlässt, die sich mit dem EU-Recht überschneiden (wenn nicht sogar widersprechen), spricht man von „Gold-Plating".

22 In den nächsten Abschnitten werden wir einige Bereiche analysieren, in denen der österreichische Gesetzgeber bei der Umsetzung der EU MDR und IVDR – aus Sicht des Autors – „Gold-Plating" betrieben hat.

---

[12] Artt 10, 11, 18, 19, 41, 51, 56 und 89 MDR
[13] ErwG 65 MDR
[14] ErwG 71 MDR
[15] ErwG 72 MDR
[16] ErwG 76 MDR
[17] ErwG 87 MDR

III. Identifizierung von spezifischen Bereichen der Überschneidung oder Abweichung zwischen den EU-Verordnungen und dem MPG

A. Allgemeine Bemerkungen

Der österreichische Gesetzgeber hat bei der Umsetzung der MDR und der IVDR in nationales Recht im Hinblick auf die Vermeidung von „Gold-Plating" keinen guten Start hingelegt. **23**

Der erste Satz in § 1 des MPG lautet: *„Dieses Bundesgesetz regelt die Sicherheit, Funktionsfähigkeit und Qualität von Medizinprodukten (...)*". Diese Themen wurden jedoch bereits auf EU-Ebene durch die unmittelbar geltende MDR und IVDR geregelt und müssen daher nicht in nationales Recht umgesetzt werden. Diese technische und konzeptionelle Unregelmäßigkeit, die sogar über einfaches „Gold-Plating" hinausgeht und fast an rechtlicher Unzulässigkeit grenzt, wurde von der Austromed in ihrer Stellungnahme[18] zum Ministerialentwurf[19] angemerkt. Trotz dieser Anmerkung änderte der Gesetzgeber seine Meinung nicht und hielt die problematische Bestimmung aufrecht. **24**

Im Gegensatz dazu wurde allerdings aus dem Entwurf des MPG 2021 nach heftiger Kritik aus denselben Gründen § 1 der Abs 2 gestrichen. Dieser besagte, dass die Bestimmungen der MDR und der IVDR *„für das Inverkehrbringen, die Bereitstellung auf dem Markt und die Inbetriebnahme von Medizinprodukten samt deren Zubehör sowie die diesbezüglichen Anforderungen an klinische Prüfungen und Leistungsstudien) ... "* gelten.[20] **25**

Das Bundeskanzleramt stellte dazu in seiner Stellungnahme vom 4. Mai 2021 fest, dass die vorgeschlagene Bestimmung entweder rechtswidrig oder zumindest überflüssig ist, da EU-Verordnungen keinen nationalen Rechtsakt benötigen, um rechtsverbindlich zu werden.[21] **26**

Generell wurden einige Überschneidungen und Unklarheiten zwischen den EU-Verordnungen und dem österreichischen MPG festgestellt. Die meisten kritischen Bestimmungen wurden trotz der Hinweise von Interessensvertretungen und sonstigen Stakeholdern in die endgültige Fassung des MPG unverändert aufgenommen.[22] **27**

IGEPHA[23], merkte in ihrer Stellungnahme zum Begutachtungsentwurf an, dass *„einige der im MPG 2021-E formulierten Regelungen als nicht ziel-, sondern vielmehr irreführend [sind], da sie Vorgaben der MDR bestenfalls schlicht wiederholen, zum Teil auch inhaltsgleich, aber nicht identisch regeln. Letzteres könnte im Verhältnis zum unmittelbar geltenden EU-Recht und dem daraus abzuleitenden Umsetzungsverbot nicht zuletzt auch auf rechtliche Bedenken stoßen. "*[24] **28**

Diese Wiederholungen der EU-Vorschriften können als unrichtig und verwirrend angesehen werden, da sie die Grenze des „Gold-Platings" überschreiten und somit die Grundsätze des europäischen Rechts verletzen. **29**

Abgesehen von diesen technischen Mängeln werden in den folgenden Absätzen die auffälligsten und wesentlichsten Beispiele des „Gold-Platings" bei der Umsetzung in das MPG analysiert, welche nicht nur Verwirrung und Rechtsunsicherheit für die Medizinprodukteindustrie **30**

---

18 Stellungnahme Austromed 14/SN-109/ME XXVII. GP (elektr. übermittelte Version)
19 Ministerialentwurf 109/ME XXVII. GP
20 Stellungnahme Bundeskanzleramt 19/SN-109/ME XXVII. GP (elektr. übermittelte Version)
21 Stellungnahme Bundeskanzleramt 19/SN-109/ME XXVII. GP (elektr. übermittelte Version)
22 §§ 25(1), 77 (jetzt 76), § 83 (jetzt 82), 84 (jetzt 83) MPG-Entwurf. § 86(3) (jetzt § 85(3)) wurde stattdessen durch Streichung des Verweises hinsichtlich der Anwendbarkeit des EU-Rechts geändert
23 Interessensgemeinschaft österreichischer Heilmittelhersteller und Depositeure
24 Stellungnahme IGEPHA 15/SN-109/ME XXVII. GP (elektr. übermittelte Version)

schaffen [können], sondern auch die Wettbewerbsfähigkeit und Innovationskraft Österreichs im Vergleich zu anderen EU-Mitgliedstaaten erschweren.

B. Sprachanforderungen

31 Informationen, die sich auf ein Medizinprodukt beziehen, sollten in einer Sprache verfasst sein, die sowohl die Sicherheit der Patienten als auch den Zugang für Wirtschaftsakteure gewährleisten. Die im MPG festgelegten Sprachanforderungen haben besondere Aufmerksamkeit auf sich gezogen, insbesondere wegen ihrer Strenge.

32 Die MDR und IVDR bieten Flexibilität, indem sie Informationen in der Amtssprache des Mitgliedstaates verlangen, wo dies für das Verständnis der Patienten erforderlich und wesentlich ist. In Bereichen, in denen es angemessen und verhältnismäßig ist, kann der Mitgliedstaat selbst entscheiden.[25]

33 Der Entwurf MPG sah jedoch ursprünglich vor, dass Begleitinformationen zu Medizinprodukten in deutscher Sprache abgefasst sein müssen. Dies wurde von mehreren Seiten teils heftig kritisiert.[26]

34 Die Medizinische Universität Wien wies insbesondere darauf hin, dass die Bestimmung zu restriktiv sei und dadurch österreichische Hersteller, sowie Österreich als Forschungsstandort generell gegenüber anderen Ländern, in denen Englisch akzeptiert wird, (wie Deutschland und Belgien) benachteiligt werde.[27]

35 Die meisten Interessensvertretungen und Stakeholder, die diese Verpflichtung kritisierten, schlugen vor, dass für Medizinprodukte, die nur für professionelle Anwender im Gesundheitsbereich bestimmt sind, die Informationen in Englisch bereitgestellt werden könnten. Als Reaktion darauf änderte der nationale Gesetzgeber § 7 Abs 1 des Entwurfs des MPG 2021 ab, indem er nunmehr Informationen in Englisch für Medizinprodukte zulässt, die ausschließlich professionellen Anwendern vorbehalten sind.

36 Austromed und die Österreichische Ärztekammer gingen noch weiter und stellten auch die Möglichkeit der nationalen Behörden, die Dokumentation zum Nachweis der Konformität des Produkts in deutscher Sprache anzufordern, in Frage.[28] Die Ärztekammer wies darauf hin, dass *„diese Information ausschließlich für Fachkreise relevant ist und für den Anwender oder Patienten keinen Mehrwert in Bezug auf Sicherheit und Leistungsfähigkeit des Medizinproduktes bringt. Jedenfalls sollte ein unnötiger bürokratischer Mehraufwand für österreichische Wirtschaftsakteure möglichst vermieden werden.“*[29]

37 Während die Übersetzungsanforderungen beträchtlich und bürokratisch sind, blieb der österreichische Gesetzgeber in diesem Fall im Rahmen der von den EU-Vorschriften gesetzten Grenzen.[30] Die überschießenden Sprachanforderungen stellen ein Paradebeispiel für „Gold-Pla-

---

[25] ErwG 11, Art 11 d), Art 18(1), Art 19, Art 41, Art 52(12), Art 56, Art 89(8), Annex II, Annex XII, Annex XV MDR

[26] 109/ME XXVII. GP - Ministerialentwurf - Gesetzestext § 7 Abs 1; Stellungnahmen: WKO 21/SN-109/ME XXVII. GP (elektr. übermittelte Version), IGEPHA 15/SN-109/ME XXVII. GP (elektr. übermittelte Version); Medizinische Universität Wien 30/SN-109/ME XXVII. GP (elektr. übermittelte Version); PHARMIG, Verband der pharmazeutischen Industrie Österreichs, 34/SN-109/ME XXVII. GP (elektr. übermittelte Version)

[27] Stellungnahme Medizinische Universität Wien 30/SN-109/ME XXVII. GP (elektr. übermittelte Version)

[28] Vgl 109/ME XXVII. GP - Ministerialentwurf - Gesetzestext § 7 Abs 2; Stellungnahmen: Austromed 14/SN-109/ME XXVII. GP; Österreichische Ärztekammer 23/SN-109/ME XXVII. GP

[29] Österreichische Ärztekammer 23/SN-109/ME XXVII. GP zu § 7 Abs 2 leg. cit.

[30] Art 10(14) MDR

ting" dar, bei dem sich der nationale Gesetzgeber zwar im Rahmen der in der EU-Verordnung vorgegebenen Parameter bewegt, mit der überschießenden Bestimmung jedoch einen erheblichen Verwaltungsaufwand generiert und die Ziele der Verordnungen – nämlich die Vereinheitlichung und Vereinfachung des Medizinprodukteverkehrs im europäischen Raum – unterwandert.

Die endgültige Version des MPG brachte jedoch eine willkommene Änderung, die zeigt, dass der österreichische Gesetzgeber das Feedback der Interessengruppen berücksichtigt hat und versucht hat, die Notwendigkeit von Verbraucherschutz und Marktintegration in Einklang zu bringen. **38**

C. In-House-Medizinprodukte

In-House-Geräte sind Medizinprodukte, die in Gesundheitseinrichtungen, zB Krankenhäusern hergestellt und verwendet werden. **39**

Die EU-Verordnungen erlauben, dass für diese Geräte Ausnahmebestimmungen getroffen werden können, solange sie bestimmte Anforderungen erfüllen und ihre Sicherheit und Leistungsfähigkeit gewährleistet wird.[31] **40**

Der österreichische Gesetzgeber führte zunächst eine Liste von 24 Medizinprodukten und In-vitro-Diagnostika ein, deren Herstellung und Verwendung in Gesundheitseinrichtungen untersagt war, es sei denn es erfolgte ein Konformitätsbewertungsverfahren durch eine benannte Stelle.[32] **41**

Durch die Auferlegung unnötiger und unverhältnismäßiger Beschränkungen für die Herstellung und Verwendung von Medizinprodukten und In-vitro-Diagnostika würden Gesundheitseinrichtungen vor erhebliche Herausforderungen in ihren Forschungs- und Entwicklungsaktivitäten gestellt werden, sowie in ihrer Fähigkeit, den Patienten eine zeitnahe und angemessene Versorgung zu bieten. Die geplante Bestimmung stieß auf massive Kritik, da potenziell schädliche Auswirkungen auf die Patientenversorgung[33], insbesondere während Engpässen oder Notfällen[34], nicht berücksichtigt wurden. Weiters missachtet die Bestimmung die bestehenden Qualitätsmanagementsysteme und Zertifizierungen, die in Krankenhausapotheken und Universitätskliniken etabliert sind, um den Stand der Technik ihrer Produkte zu gewährleisten.[35] **42**

Glücklicherweise hat der Gesetzgeber schließlich seinen Vorschlag überarbeitet und sich für einen verhältnismäßigeren Ansatz entschieden, welcher sich innerhalb des EU-Rahmens bewegt. Das MPG sieht nun eine Verordnungsermächtigung des zuständigen Ministers vor, wonach bestimmte In-House-Geräte durch Verordnungen konkreter geregelt werden können, anstatt ein generelles Verbot zu verhängen.[36] Diese Änderung zeigt, dass der Gesetzgeber die **43**

[31] VGl ErwG 30 MDR und ErwG 29 IVDR: „*Gesundheitseinrichtungen sollten die Möglichkeit haben, Produkte hausintern herzustellen, zu ändern und zu verwenden, und damit — in einem nicht-industriellen Maßstab — auf die spezifischen Bedürfnisse von Patientenzielgruppen eingehen, die auf dem angezeigten Leistungsniveau nicht durch ein gleichartiges auf dem Markt verfügbares Produkt befriedigt werden können.*"

[32] Vgl 109/ME XXVII. GP - Ministerialentwurf – Gesetzestext § 9

[33] Stellungnahmen: Medizinische Universität Wien 30/SN-109/ME XXVII. GP; Landeskrankenanstalten-Betriebsgesellschaft – KABEG 13/SN-109/ME XXVII. GP; **Österreichische Apothekerkammer** 12/SN-109/ME XXVII. GP; **Medizinische Universität Graz** 4/SN-109/ME XXVII. GP

[34] Stellungnahmen: Landeskrankenanstalten-Betriebsgesellschaft – KABEG 13/SN-109/ME XXVII. GP; **Österreichische Apothekerkammer** 12/SN-109/ME XXVII. GP

[35] Stellungnahmen: Medizinische Universität Wien 30/SN-109/ME XXVII. GP; **Österreichische Apothekerkammer** 12/SN-109/ME XXVII. GP

[36] Vgl § 9 MPG 2021

Bedenken der Interessensvertreter berücksichtigt und versucht hat in diesem Fall das Bedürfnis nach Patientenschutz und Marktintegration auszugleichen.

D. Feststellungsverfahren

44 Die Qualifikation und Klassifizierung von Medizinprodukten sind kritische Themen, die den Geltungsbereich und die Anwendbarkeit der EU-Verordnung und des nationalen Rechts betreffen.

45 Das MPG sieht die Einrichtung eines Abgrenzungs- und Klassifizierungsbeirats beim Bundesministerium für Soziales, Gesundheit, Pflege und Konsumentenschutz vor, der auf Antrag der zuständigen Behörde verbindliche Stellungnahmen zu diesen Fragen abgeben kann. Die Tätigkeit des Beirats scheint sich jedoch mit der EU-Kommission und der Koordinierungsgruppe für Medizinprodukte (Medical Device Coordination Group (MDCG)) zu überschneiden, die ebenfalls Stellungnahmen oder Leitlinien zur Qualifizierung und Klassifizierung von Medizinprodukten abgeben können, dies entweder auf eigene Initiative oder auf Antrag eines Mitgliedstaats.

46 Gemäß § 10 Abs 1 MPG 2021 kann die in Österreich zuständige Behörde (BASG) beim Abgrenzungs- und Klassifizierungsbeirat ein Gutachten anfordern, sofern sie sich über die Einstufung eines Medizinprodukts nicht sicher ist. Das vom Beirat abgegebene Gutachten ist rechtsverbindlich.

47 Ungeachtet dessen hat das BASG unterschiedliche Möglichkeiten, die EU-Kommission in Fragen der Qualifizierung und Klassifizierung von Medizinprodukten zu konsultieren. Neben der Möglichkeit des BASG, ein verbindliches Gutachten über die tatsächliche Qualifizierung eines Produkts (oder einer Produktkategorie) als Medizinprodukt oder Zubehör[37] anzufordern, könnte sich die nationale Behörde auch in komplexen Klassifizierungsfragen an die Kommission wenden, wie zB die Klassifizierung oder Umklassifizierung in Bezug auf die Anwendung des Anhangs VIII[38] der MDR.

48 Exkurs: Außerhalb des Rahmens der MDR und IVDR (ad-hoc- und auf freiwilliger Basis) können komplexe Klassifizierungsfragen der *Borderline and Classification Working Group der Medical Device Coordination Group (MDCG)* durch das sogenannte „Helsinki-Verfahren"[39] zur Kenntnis gebracht werden. Nach vorheriger Konsultation mit anderen nationalen zuständigen Behörden veröffentlicht die EU-Kommission die daraus resultierende Leitlinie im *Manual on Borderline & Classification for Medical Devices*, um eine einheitliche Auslegung im gesamtem EU-Raum zu fördern. Diese Leitlinie dient jedoch nur als Empfehlung und ist nicht rechtsverbindlich. In Ermangelung von Regeln, die festlegen, welches Organ in einem bestimmten Szenario herangezogen werden sollte, ist es schwierig festzustellen, welchen der oben beschriebenen Wege die nationale Behörde einschlagen sollte, wenn Unklarheiten bezüglich der Qualifikation oder Klassifizierung eines Geräts bestehen.

49 Sowohl die Konsultation des Abgrenzungs- und Klassifizierungsbeirats auf nationaler Ebene als auch die Einholung eines Gutachtens der EU-Kommission auf der Grundlage von Art 4 Abs 1 oder Art 51 Abs 3 der MDR würde zu einer verbindlichen Entscheidung führen.

50 Im Erwägungsgrund 8 der MDR heißt es, dass *„[...] um in diesem Zusammenhang einheitliche Einstufungsentscheidungen in allen Mitgliedstaaten, insbesondere in Grenzfällen, sicherzustellen, sollte die Kommission die Möglichkeit haben, nach Anhörung der Koordinierungs-*

[37] § 10 Abs 4 MPG iVm Art 4 Abs 1 MDR bzw Art Abs 1 IVDR

[38] Art 51 Abs 3 MDR

[39] Terms of reference of the MDCG working group - Ref Ares(2018)5386559 - 19/10/2018, aufrufbar unter https://ec.europa.eu/docsroom/documents/32069/attachments/1/translations/en/renditions/pdf

gruppe Medizinprodukte aus eigener Initiative oder auf hinreichend begründetes Ersuchen eines Mitgliedstaats im Einzelfall zu entscheiden, ob ein bestimmtes Produkt oder eine bestimmte Kategorie oder Gruppe von Produkten in den Geltungsbereich dieser Verordnung fällt. […]".[40]

Durch die Übertragung des Rechts der Entscheidung über Grenzfälle der Qualifikation auf die Kommission scheint der EU-Gesetzgeber die Möglichkeit zu bevorzugen, die Kommission in zweifelhaften und komplizierten Fällen einzubeziehen, um konsistente Qualifikationsentscheidungen über die Mitgliedstaaten hinweg sicherzustellen. **51**

Der österreichische Ansatz führt jedoch zu einer Überlappung der Kompetenzen, was potenziell zu Verwirrung oder inkonsistenten Entscheidungen führen könnte. Der österreichische Gesetzgeber hätte diese leichte Form des „Gold-Plating" vermeiden können, indem er den Organen der Europäischen Union den Vorzug gegeben hätte, um eine kohärente und harmonisierte Entscheidungsfindung im gesamten Binnenmarkt zu gewährleisten. **52**

E. Werbung

Die MDR und die IVDR behandeln erstmals das Thema Werbung für Medizinprodukte auf EU-Ebene und führen eine spezifische Bestimmung (Art 7) ein. Art 7 regelt Angaben, die von Herstellern, Bevollmächtigten, Importeuren und Händlern gemacht werden dürfen. Diese Bestimmung verbietet irreführende Texte, Namen, Marken, Bilder oder andere Zeichen, die einen falschen Eindruck über den Zweck, die Sicherheit und die Leistung des Produkts erwecken können. Sie nennt vier verbotene Praktiken in Bezug auf die Kennzeichnung, die Gebrauchsanweisung, das Inverkehrbringen, das Inbetriebnehmen und (nicht zuletzt) die Werbung. **53**

Die Einführung dieser Bestimmung stellt grundsätzlich eine Innovation im Vergleich zur vorherigen Richtlinie über Medizinprodukte dar, in welcher das Thema Werbung nicht geregelt war. Inhaltlich ist Art 7 jedoch eher vage und allgemein gehalten und gibt keine detaillierten Hinweise darauf, wie faire Werbung für Medizinprodukte sichergestellt werden kann. **54**

Daher ergeben sich aus der Einführung des Art 7 mehr Fragen als Lösungen: **55**

Warum hat sich der EU-Gesetzgeber entschieden, nur wenige Aspekte der Werbung für Medizinprodukte zu regeln und nicht detailliertere und umfassendere Regeln zu erlassen, wie er es für Arzneimittel für den menschlichen Gebrauch getan hat? War es beabsichtigt, das gesamte Thema „*Werbung*" mit allgemeinen Grundsätzen abzudecken oder wollte man bewusst den Mitgliedstaaten Raum für die Einführung weiterer Spezifikationen und Anforderungen lassen? Sollen sich die betroffenen Akteure auf allgemeine nationale Werberechtsvorschriften verlassen oder sollen sie eine spezifischere Anleitung von den zuständigen Behörden erwarten?

Diese Fragen sind schwer zu beantworten und die Materialien bieten nicht viele Anhaltspunkte, um die Absicht des EU-Gesetzgebers zu interpretieren. In den Erläuterungen zum Entwurf des MPG 2021 wird angemerkt, dass es sich bei *„[…] Werbung um eigenständige nationale Regelungen, die abgesehen von redaktionellen Anpassungen, wie die Verweise auf die EU-Verordnung, der bisher geltenden Rechtslage entsprechen […],*" handelt.[41] **56**

Folgt man einer strengen Auslegung der Rechtsquellen, müssen wir in der Tat zu dem Schluss kommen, dass es den Mitgliedstaaten nicht erlaubt wäre, nationale Bestimmungen über Werbung speziell für die Medizinproduktebranche einzuführen. Dies liegt daran, dass die MDR und IVDR das Thema in Art 7 behandeln und die Mitgliedstaaten nicht ausdrücklich aufgefordert wurden, darüber hinaus weitere Rechtsvorschriften zu erlassen. **57**

[40] ErwG 8 MDR
[41] 109/ME XXVII. GP 9 - Ministerialentwurf - Erläuterungen

58 Das MPG 2021 enthält jedoch einen ganzen Abschnitt (Abschnitt 11), bestehend aus sieben Bestimmungen (§§ 70 bis 76), die der Werbung für Medizinprodukte gewidmet sind und die sich, aus Sicht der Autoren, in mehrfacher Hinsicht überschneiden und den Geltungsbereich der Verordnungen überschreiten. Insbesondere stellen wir fest:

- Gem § 70 MPG 2021 ist die Verbreitung von Informationen, die der in der Kennzeichnung oder in der Gebrauchsanweisung angegebenen Zweckbestimmung widersprechen, nicht erlaubt. Diese Bestimmung steht im Einklang mit dem sogenannten „Off-Label-Verbot", nämlich keine anderen Anwendungen, als jene der genehmigten Gebrauchsinformation zu kommunizieren.
- § 76 des MPG 2021 legt fest, dass Werbung, die sich an Angehörige der Gesundheitsberufe richtet, nicht den Gebrauchsanweisungen oder anderen Informationen widersprechen darf, die in einem Konformitätsbewertungsverfahren genehmigt wurden. Dies ist eine weitere Wiederholung desselben Prinzips, nur, dass es in diesem Fall speziell die Werbung gegenüber Angehörigen der Gesundheitsberufe (HCP) betrifft.
- § 71 und § 73 MPG 2021 führt Beschränkungen im Zusammenhang mit Verbraucherwerbung ein. Ein solches Verbot ist in den EU-Verordnungen nicht vorgesehen.
- § 72 und § 74 MPG 2021 legen zusätzliche Anforderungen in Bezug auf den Inhalt und das Erscheinungsbild des Werbematerials fest.
- § 75 MPG 2021 führt eine außerhalb des Anwendungsbereichs liegende Bestimmung ein. Diese Bestimmung verbietet die unangemessene Beeinflussung von Angehörigen der Gesundheitsberufe während der Verschreibung aber auch das Fordern finanzieller Zuwendungen oder eines sonstigen Vorteils durch den Verschreiber. Es handelt sich hierbei um eine Anti-Korruptionsbestimmung.

59 Im Ergebnis erweist sich das MPG 2021 als restriktiver und detaillierter als die MDR, wenn es um die Bewerbung von Medizinprodukte geht, indem es sowohl Verpflichtungen als auch Verbote einführt, die in den EU-Verordnungen nicht vorgesehen sind.

60 Diese Beschränkungen wurden von verschiedenen Interessengruppen kritisiert und als nicht mehr „*state of the art*" bezeichnet.[42]

F. Klinische Bewertungen

61 Klinische Prüfungen sind wesentlich, um die Sicherheit und Leistungsfähigkeit von Medizinprodukten zu beurteilen, bevor sie auf den Markt gebracht werden. Allerdings haben nicht alle klinischen Prüfungen denselben Zweck oder müssen demselben regulatorischen Rahmen folgen. Für Studien, die zum Nachweis der Konformität eines Medizinprodukts durchgeführt werden, gelten die Anforderungen der MDR („Konformitätsprüfungen").

62 Die MDR unterscheidet klar zwischen Konformitätsprüfungen (Art 62 Abs 1) und Prüfungen, die aus anderen wissenschaftlichen Gründen oder aus Gründen der öffentlichen Gesundheit durchgeführt werden („*sonstige klinische Prüfungen*" Art 82). Das Ziel dieser Unterscheidung ist es, unterschiedliche regulatorische Wege für die Durchführung der jeweiligen klinischen Prüfungen zu gestalten, wobei Prüfungen zum Nachweis der Konformität (und zum Erhalt einer CE-Kennzeichnung) strengeren Anforderungen unterliegen. Diese Differenzierung verschwimmt im MPG jedoch völlig, da dieselben Bestimmungen auf beide Arten von Prüfungen Anwendung finden. Das führt zu Verwirrung und Inkonsistenz bei der nationalen Umsetzung der MDR.

---

[42] Stellungnahmen: Austromed 14/SN-109/ME XXVII. GP 6 - (elektr. übermittelte Version); IGEPHA 15/SN-109/ME XXVII. GP 6

63 § 13 MPG (3. Abschnitt) lässt insbesondere Anforderungen an sonstige klinische Prüfungen, die vom EU-Gesetzgeber bewusst ausgeschlossen wurden, wieder aufleben. Diese Bestimmung konkretisiert eingangs, dass Abschnitt 3 für sämtliche Überprüfungen (Konformitätsbewertung und klinische Prüfungen) gleichermaßen anwendbar ist. Als ob das nicht genug wäre, implementiert der österreichische Gesetzgeber als zweite Maßnahme fast alle Anforderungen an sonstige klinische Prüfungen, die von der MDR ausgeschlossen wurden (nämlich lit. e, g, i, j, k, m des Art 62 Abs 4 und Artt 77 und 80).

64 Diese Bestimmung wurde von unterschiedlichen Institutionen während des Begutachtungsverfahrens heftig kritisiert.[43] Trotz der Kritik wurden die Bestimmungen in die finale Fassung übernommen. Die gemeinsame Kritik betrifft die Tatsache, dass das MPG sonstige klinische Prüfungen und Konformitätsprüfungen gleichstellt und dass diese Gleichbehandlung unangemessen, übertrieben und schädlich für die akademische Forschung und Innovation sei. Sonstige klinische Prüfungen sind meistens auf Grundlagenforschung, Machbarkeitsnachweise, frühe Machbarkeit oder Prototypenentwicklung ausgerichtet und nicht auf Kommerzialisierung. Die praktischen Auswirkungen dieser „künstlerischen Umgestaltung" durch den österreichischen Gesetzgeber sind, dass sonstige klinische Prüfungen vielen Anforderungen entsprechen müssen, die für ihre Forschungszwecke nicht relevant oder schlichtweg nicht umsetzbar sind, wie zB (um einige zu nennen):

- Genehmigung der klinischen Prüfung durch die zuständige Behörde
- Einreichung elektronischer Antragsunterlagen, die den Anforderungen des Anhangs XV der MDR entsprechen
- Generierung einer eindeutigen Kennnummer für die klinische Prüfung
- Aktualisierung von Änderungen in den Unterlagen innerhalb einer Woche
- Berichterstattung und Zusammenfassung der klinischen Prüfung im elektronischen System

65 Diese unverständliche „Gleichbehandlung" stellt eine erhebliche Herausforderung für die Wettbewerbsfähigkeit Österreichs dar und schränkt die Attraktivität für internationale Zusammenarbeit in diesem Bereich ein, da sonstige klinische Prüfungen in anderen EU-Mitgliedstaaten[44] weniger restriktiv behandelt werden.[45] Weitere Bedenken wurden auch hinsichtlich der Klarheit und Konsistenz der Definition von Beobachtungsstudien geäußert, welche eine spezifische Art der klinischen Forschung darstellen.[46]

66 Bedauerlicherweise wurde das einheitliche Anliegen, das MPG möge an der MDR festhalten, indem es der akademischen Forschung, welche bestimmte grundlegende ethische und wissenschaftliche Anforderungen erfüllt, mehr Flexibilität und weniger Bürokratie gewährt, nicht erfüllt.

67 Demnach hat das MPG unnötige Belastungen und Hindernisse für Innovation und Forschung geschaffen, das den Zielen der MDR in Hinblick auf Harmonisierung und Vereinfachung widerspricht.

---

43 Stellungnahmen: Medizinische Universität Wien 30/SN-109/ME XXVII. GP 2; Medizinische Universität Graz 4/SN-109/ME XXVII. GP 3f.; ÖÄK 23/SN-109/ME XXVII. GP 2f; Österreichische Gesellschaft für Biomedizinische Technik (ÖGBMT) 24/SN-109/ME XXVII. GP 1ff; IGEPHA 15/SN-109/ME XXVII. GP 5ff

44 ZB Deutschland, Frankreich, Italien und die Niederlande

45 Stellungnahme Österreichische Gesellschaft für Biomedizinische Technik (ÖGBMT) 24/SN-109/ME XXVII. GP 1ff

46 Medizinische Universität Graz 4/SN-109/ME XXVII. GP 2f

G. Datenschutz

68 Zu den verschiedenen datenschutzrechtlichen Bestimmungen des MPG wurden mehrere Stellungnahmen abgegeben. Insgesamt wurde das Gesetz als ungenau, unvollständig oder schlichtweg unvereinbar mit den Grundsätzen über die Verarbeitung personenbezogener Daten kritisiert.[47] Außerdem wurde darauf hingewiesen, dass einige Bestimmungen die Rechte der betroffenen Personen, wie zB das Recht auf Löschung, das Widerspruchsrecht und das Auskunftsrecht, ohne ausreichende Begründung oder Präzision ausschließen oder einschränken.[48]

69 Im Hinblick auf „Gold-Plating" sind nachfolgende Themen auffällig:

- Einwilligungserfordernis: § 27 Abs 1 MPG verlangt, dass der Prüfungsteilnehmer (oder der gesetzliche Vertreter) schriftlich und ausdrücklich über den Zweck und den Umfang der Erhebung und Verarbeitung seiner personenbezogenen Daten informiert werden muss und in diese Datenverarbeitung einwilligen muss. Diese Bestimmung geht nicht nur über die notwendigen Maßnahmen zur Umsetzung der EU-MDR und IVDR in nationales Recht hinaus, sondern legt auch (scheinbar willkürlich) die Einwilligung als anzuwendende Rechtsgrundlage für die Verarbeitung personenbezogener Daten im Rahmen der klinischen Forschung fest. Wie der Europäische Datenschutzausschuss („EDSA") in seiner Stellungnahme zu den Fragen und Antworten über das Zusammenspiel zwischen der Verordnung über klinische Prüfungen und der Datenschutz-Grundverordnung ausgeführt hat,[49] ist die Einwilligung möglicherweise nicht die geeignetste Rechtsgrundlage für die Verarbeitung personenbezogener Daten im Rahmen der klinischen Forschung. Stattdessen sollte die Erhebung und Verarbeitung von Daten zu Zuverlässigkeits- und Sicherheitszwecken auf einer rechtlichen Verpflichtung gemäß Art 6 Abs 1 c und Art 9 Abs 2 i der DSGVO basieren. In Bezug auf Daten, die zu Forschungszwecken erhoben und verarbeitet werden, schlägt der EDSA stattdessen drei alternative Rechtsgrundlagen vor, je nach den Umständen der Studie. Als Rechtmäßigkeitsgrundlage kommen (i) die ausdrückliche Einwilligung des Betroffenen nach Art 6 Abs 1 a und Art 9 Abs 2 a; (ii) die Wahrnehmung einer Aufgabe, die im öffentlichen Interesse liegt nach Art 6 Abs 1 e und Art 9 Abs 2 i oder j oder (iii) berechtigte Interessen des Verantwortlichen oder eines Dritten nach Art 6 Abs 1 f und Art 9 Abs 2 j in Frage.

70 Obwohl sich die Stellungnahme des EDSA speziell auf interventionelle klinische Prüfungen mit Arzneimitteln für den menschlichen Gebrauch bezieht, sehen wir keinen Grund, warum dieselbe Argumentation und Schlussfolgerung nicht auch für klinische Prüfungen (einschließlich nicht-interventioneller) bei Medizinprodukten gelten sollte. In diesem Zusammenhang hat die Medizinische Universität Wien[50] darauf hingewiesen, dass im Bereich der öffentlichen Gesundheit[51] als Rechtsgrundlage für Datenverarbeitung das öffentliche Interesse sein sollte, sodass eine weitere Einwilligung zur Datenverarbeitung gemäß Art 7 DSGVO nicht erforderlich ist.

71 Ohne tiefer in die langjährige Debatte über die am besten geeignete rechtliche Grundlage für die Verarbeitung personenbezogener Daten in der klinischen Forschung einzutauchen, die hier anscheinend nicht im Fokus steht, ist klar, dass das MPG nicht der geeignete Ort ist, um rechtliche Standards in dieser Angelegenheit festzulegen.

---

[47] Stellungnahme 5/SN-109/ME XXVII. GP 1ff

[48] Stellungnahme Datenschutzbehörde 5/SN-109/ME XXVII. GP 5f; Stellungnahme Datenschutzrat 41/SN-109/ME XXVII. GP 4f

[49] European Data Protection Board Opinion 3/2019 concerning the Questions and Answers on the interplay between the Clinical Trials Regulation (CTR) and the General Data Protection regulation (GDPR) (art. 70.1.b)) 23 January 2019 aufrufbar unter edpb_opinionctrq_a_final_en.pdf (europa.eu)

[50] Medizinische Universität Wien 30/SN-109/ME XXVII. GP 4f

[51] Art 9 Abs 2 lit i ua iVm Art 63 Verordnung (EU) 2017/745

- **Redundante Bestimmungen:** Wie bereits von verschiedenen Interessengruppen in ihren Stellungnahmen zum Entwurf des MPG aufgegriffen,[52] sollte der erste Teil des § 27 Abs 2 MPG, der besagt, dass „*der Widerruf der Einwilligung die auf Grundlage der informierten Einwilligung vor dem Widerruf durchgeführten Tätigkeiten oder die Verarbeitung der auf dieser Grundlage erhobenen Daten nicht berührt*", gestrichen werden da diese redundant sind. Dieser wiederholt lediglich den Inhalt des Art 7 Abs 3 Satz 2 DSGVO, welcher unmittelbar anwendbares EU-Recht darstellt und nicht in nationales Recht umgesetzt werden muss.
- **Inkonsistente Sprache:** Der zweite Satz des § 27 Abs 2 MPG[53] ist inkonsistent und unklar, da er das Recht auf Löschung personenbezogener Daten nach Art 17 DSGVO ausschließt, während in den Erläuterungen zu § 27 nur eine Einschränkung des Widerspruchsrechts nach Art 21 DSGVO erwähnt wird. Jeder Ausschluss oder jede Einschränkung von Rechten der betroffenen Personen sollte jedoch begründet und auf Art 23 DSGVO gestützt sein, der es den Mitgliedstaaten unter bestimmten Bedingungen erlaubt, einige Beschränkungen vorzusehen.[54]
- **Unnötige rechtliche Grundlage:** § 27 Abs 3 MPG ist überflüssig, da eine rechtliche Rechtfertigung für die Verarbeitung von Daten verstorbener betroffener Personen vorgesehen ist. Das Grundrecht auf Datenschutz ist ein höchstpersönliches Recht, das mit dem Tod der betroffenen Person erlischt, schützt das Datenschutzrecht nur lebende Personen. Daher besteht keine Notwendigkeit. Das Datenschutzrecht schützt nur lebende Personen.[55]
- **Unklare Qualitätsmanagementstandards:** § 31 Abs 1 MPG besagt, dass Sponsor und Prüfer ein adäquates Qualitätsmanagement anzuwenden haben, welches die „*korrekte Erhebung und Verarbeitung der Daten*" sicherstellt. § 31 Abs 1 MPG ist zu vage und stimmt nicht mit Art 72 Abs 3 MDR überein,[56] der festlegt, wie die klinischen Prüfungsdaten vom Sponsor oder Prüfer zu erfassen, zu verarbeiten, zu handhaben und zu speichern sind, während die Vertraulichkeit und Privatsphäre der betroffenen Personen geschützt werden.[57, 58]
- **Ausschluss der Rechte der betroffenen Personen:** § 78 Abs 2 MPG,[59] der sich mit personenbezogenen Daten befasst, die im Zusammenhang mit der Überwachung von Medizinprodukten durch das BASG verarbeitet werden sollen, schließt einige Rechte der betroffenen Personen nach der DSGVO aus. Ein solcher Ausschluss sollte ausdrücklich

---

52 Stellungnahmen: Datenschutzbehörde 5/SN-109/ME XXVII. GP 1 ff; Medizinische Universität Wien 30/SN-109/ME XXVII. GP 4 f; Datenschutzrat 41/SN-109/ME XXVII. GP 4 f

53 „*The right pursuant to Art. 17 of Regulation (EU) 2016/679 on the protection of natural persons with regard to the processing of personal data and on the free movement of such data, and repealing Directive 95/46/EC (General Data Protection Regulation), OJ No. L 119 of 04.052016 p. 1, is excluded*"

54 Stellungnahme Datenschutzbehörde 5/SN-109/ME XXVII. GP 1 ff ; Stellungnahme Datenschutzrat (41/SN-109/ME XXVII. GP) 4 f

55 Stellungnahme Datenschutzbehörde 5/SN-109/ME XXVII. GP 1 ff ; Stellungnahme Datenschutzrat (41/SN-109/ME XXVII. GP) 4 f

56 Stellungnahme Datenschutzrat 41/SN-109/ME XXVII. GP 5

57 Art 72 Abs 3 MDR: „*Alle Daten zu einer klinischen Prüfung werden durch den Sponsor oder gegebenenfalls den Prüfer so aufgezeichnet, verarbeitet, behandelt und gespeichert, dass sie korrekt übermittelt, ausgelegt und überprüft werden können, wobei gleichzeitig die Vertraulichkeit der Unterlagen und der personenbezogenen Daten der Prüfungsteilnehmer gemäß dem geltenden Recht zum Datenschutz gewahrt bleibt.*"

58 Stellungnahme Datenschutzrat 41/SN-109/ME XXVII. GP 5

59 Im Ministerialentwurf § 79 Abs 2 vgl 109/ME XXVII. GP 29 - Ministerialentwurf - Gesetzestext

als Einschränkung nach Art 23 DSGVO abgefasst werden. Nach Art 23 DSGVO ist es den Mitgliedstaaten unter bestimmten Bedingungen erlaubt, einige Rechte und Pflichten zu beschränken, und sollte durch eine detailliertere Begründung gerechtfertigt werden. Wie bereits zutreffend bemerkt wurde,[60] ist § 78 Abs 2 MPG zu vage und erfüllt nicht die Anforderungen des Artikels 23 Abs 2 DSGVO, der die Ziele und Vorkehrungen für solche Einschränkungen festlegt.[61]

H. Register und Verfolgbarkeit von Medizinprodukten

72 Abschnitt 6 des MPG enthält Bestimmungen über Register und Rückverfolgbarkeit von Medizinprodukten. Auch hier wird man im Zusammenhang mit der Umsetzung der MDR zum Thema „Gold-Plating" fündig. Der Abschnitt listet eine Reihe von spezifischen nationalen Registern (für Herzschrittmacher, implantierbare Defibrillatoren, Loop-Recorder sowie Implantatregister für aktive implantierbare Medizinprodukte, Weichgewebeimplantate, kardiovaskuläre, neurologische und orthopädische Implantate) auf. Diese Register sollen unter der Verantwortung von Gesundheit Österreich GmbH geführt werden und dienen dazu, umfassende Informationen zu sammeln, um die Sicherheit und Leistung der Implantate zu bewerten, unerwünschte Ereignisse oder Komplikationen zu überwachen und die Identifizierung und Nachverfolgung von Patienten zu erleichtern, die das Medizinprodukt erhalten haben. Obwohl Art 108 MDR es den Mitgliedstaaten erlaubt und sie dazu ermutigt, Register und Datenbanken für bestimmte Arten von Produkten wie implantierbare Geräte einzurichten, ist es fraglich, ob die Erhebung aller in den §§ 45 und 46 MPG aufgeführten Informationen notwendig und verhältnismäßig ist. Dies auch im Hinblick auf die Rolle, die EUDAMED spielen soll, sobald diese voll funktionsfähig ist.[62]

IV. Conclusio

73 Zusammenfassend kann man sagen, dass es dem österreichischen Gesetzgeber bei seiner Umsetzung der MDR und der IVDR in nationales Recht nicht gelungen ist, „Gold-Plating" zu vermeiden. Es hat sich trotz Warnungen und Empfehlungen vor überschießenden nationalen Regelungen und trotz vorheriger Deregulierungsmaßnahmen in anderen Bereichen eingeschlichen. Diese Überregulierung hat verschiedene negative Folgen für Wirtschaftsakteure. Es führt beispielsweise zu Rechtsunsicherheit und Fragmentierung des Binnenmarkts, zusätzlichem Kostenaufwand und sonstige Hindernisse und Belastungen für Unternehmen.

74 Um diese Situation zu beheben, sollte der österreichische Gesetzgeber das MPG überarbeiten und sicherstellen, dass es weder die in den EU-Vorschriften festgelegten Bestimmungen dupliziert noch einschränkt. Das nationale Recht sollte klären, wie diese EU-Vorschriften im lokalen Kontext spezifisch gelten, wobei es auf Kohärenz statt auf Konflikt oder Überschneidung abzielen sollte. Durch einen schlanken Regulierungsansatz könnte Österreich seine Attraktivität für Innovation und Investitionen in der Medizinprodukteindustrie steigern und letztendlich ein wettbewerbsfähigeres und kooperativeres Umfeld schaffen, das allen Akteuren zugutekommt.

---

[60] Stellungnahme Datenschutzrat 41/SN-109/ME XXVII. GP 10 sowie Stellungnahme Datenschutzbehörde 5/SN-109/ME XXVII. GP 6

[61] Stellungnahme Österreichischer Gewerkschaftsbund 29/SN-109/ME XXVII. GP 2.1

[62] Austromed (Stellungnahme 14/SN-109/ME XXVII. GP 4) und Pharmig (Stellungnahme 34/SN-109/ME XXVII. GP 4) haben hinterfragt, ob alle vom österreichischen Gesetzgeber eingeführten Register relevant und praktikabel sind und vor „*Doppelgleisigkeiten*" mit den EUDAMED gewarnt

1. Abschnitt
Allgemeine Bestimmungen

§ 1 Anwendungsbereich

(1) Dieses Bundesgesetz regelt die Sicherheit, Funktionstüchtigkeit und Qualität von Medizinprodukten im Hinblick auf das Errichten, Betreiben, Anwenden, Instandhalten sowie das weitere Bereitstellen auf dem Markt; ferner die Herstellung und Verwendung von Medizinprodukten in Gesundheitseinrichtungen, die Reinigung, Desinfektion und Sterilisation von Medizinprodukten, die allgemeinen Anforderungen an klinische Prüfungen und Leistungsstudien, die Abwehr von Risiken, die Registrierung und Überwachung sowie den Vertrieb von und die Werbung für Medizinprodukte.

(2) Die in diesem Bundesgesetz enthaltenen Bestimmungen über Medizinprodukte gelten auch für Zubehör eines Medizinproduktes, die im Anhang XVI der Verordnung (EU) Nr. 745/2017 über Medizinprodukte, zur Änderung der Richtlinie 2001/83/EG, der Verordnung (EG) Nr. 178/2002 und der Verordnung (EG) Nr. 1223/2009 und zur Aufhebung der Richtlinien 90/385/EWG und 93/42/EWG des Rates, ABl. Nr. L 117 vom 05.05.2017, S 1, angeführten Produktgruppen und In-vitro-Diagnostika, sofern keine besonderen Regelungen für In-vitro-Diagnostika bestehen.

Beachte für die Bestimmung: Tritt hinsichtlich In-vitro-Diagnostika am 26.5.2022 in Kraft (vgl § 91 Abs 1).

Fassung: BGBl I 2024/102

Literatur: VERORDNUNG (EU) 2017/745 DES EUROPÄISCHEN PARLAMENTS UND DES RATES vom 5. April 2017 über Medizinprodukte, zur Änderung der Richtlinie 2001/83/EG, der VO (EG) 178/2002 und der VO (EG) 1223/2009 und zur Aufhebung der Richtlinien 90/385/EWG und 93/42/EWG des Rates.

Inhaltsverzeichnis

I. Erläuterung des Anwendungsbereiches

Der Absatz (1) des § 1 des österreichischen Medizinproduktegesetzes (MPG) dient als allgemeine Einführung und legt den Geltungsbereich des Gesetzes fest. Dieser Absatz beschreibt ausführlich folgende Aspekte der Regulierung von Medizinprodukten (MP): 1

- Sicherheit, Funktionstüchtigkeit und Qualität
- Errichten, Betreiben, Anwenden und Instandhalten

- Herstellung incl. Verwendung in Gesundheitseinrichtungen,
- Reinigung, Desinfektion und Sterilisation
- allgemeine Anforderungen an klinische Prüfungen (für MP) und Leistungsstudien (für IVDs),
- Abwehr von Risiken,
- Registrierung und Überwachung
- Vertrieb und Werbung

2 Im Absatz (2) wird klargestellt, dass diese Regelungen auch für das *Zubehör* von Medizinprodukten und die Produkte, welche in der VO (EU) 2017/745Anhang XVI „VERZEICHNIS DER GRUPPEN VON PRODUKTEN OHNE MEDIZINISCHEN VERWENDUNGSZWECK GEMÄSS ARTIKEL 1 ABSATZ 2“ genannt werden, gelten. In diesem Anhang XVI der MPVO sind die folgenden Produktgruppen genannt:

1. Kontaktlinsen oder andere zur Einführung in oder auf das Auge bestimmte Artikel.
2. Produkte, die dazu bestimmt sind, durch chirurgisch-invasive Verfahren zum Zwecke der Modifizierung der Anatomie oder der Fixierung von Körperteilen vollständig oder teilweise in den menschlichen Körper eingeführt zu werden, mit Ausnahme von Tätowierungs- und Piercingprodukten.
3. Stoffe, Kombinationen von Stoffen oder Artikel, die zur Verwendung als Gesichts- oder sonstige Haut- oder Schleimhautfüller durch subkutane, submuköse oder intrakutane Injektion oder andere Arten der Einführung bestimmt sind, mit Ausnahme derjenigen für Tätowierungen,
4. Geräte, die zur Reduzierung, Entfernung oder Zersetzung von Fettgewebe bestimmt sind, wie etwa Geräte zur Liposuktion, Lipolyse oder Lipoplastie.
5. Für die Anwendung am menschlichen Körper bestimmte Geräte, die hochintensive elektromagnetische Strahlung (Infrarotstrahlung, sichtbares Licht, ultraviolette Strahlung) abgeben, kohärente und nichtkohärente Lichtquellen sowie monochromatisches Licht und Licht im Breitbandspektrum eingeschlossen, etwa Laser und mit intensiv gepulstem Licht arbeitende Geräte zum Abtragen der oberen Hautschichten („skin resurfacing“), zur Tattoo- oder Haarentfernung oder zu anderen Formen der Hautbehandlung.
6. Geräte zur transkraniellen Stimulation des Gehirns durch elektrischen Strom oder magnetische oder elektromagnetische Felder zur Änderung der neuronalen Aktivität im Gehirn.

II. Analyse und Kommentierung

3 Der erste Absatz stellt sehr umfangreich klar, für welche Bereiche das Medizinproduktgesetz 2021 (MPG 2021) reguliert. Im Lebenszyklus eines Medizinproduktes fällt am Ende die **Entsorgung** an, welche nicht erwähnt ist.

A. Entsorgung

4 In der bereits umfangreichen Liste des Anwendungsbereiches für Medizinprodukte hätte auch die Entsorgung angeben werden können. Die Anforderungen an die Angaben zur Entsorgung sind in der MPVO in Anhang I „GRUNDLEGENDE SICHERHEITS- UND LEISTUNGSANFORDERUNGEN“ Kapitel 14.7 und 23.4 angegeben.

B. Werbung für Medizinprodukte

Aus der Zulassungspraxis zeigt sich, dass die „Benannten Stellen“[1] für sämtliche „claims“ der Werbung für ein Medizinprodukt einen objektiven Nachweis, dh klinische Daten, verlangen. 5

III. Mitgeänderte Richtlinien und Verordnungen

Die folgenden Richtlinien und Verordnungen werden neben der MPVO in Absatz (2) des MPG 2021 genannt, wobei zu beachten ist, dass die AIMD und die MDD nicht mehr in Kraft sind: 6

A. Richtlinie 2001/83/EG

Diese Richtlinie dient der Schaffung eines Gemeinschaftskodexes für Humanarzneimittel. 7

B. VO (EG) 178/2002

Diese Verordnung dient der Festlegung der allgemeinen Grundsätze und Anforderungen des Lebensmittelrechts, zur Errichtung der Europäischen Behörde für Lebensmittelsicherheit und zur Festlegung von Verfahren zur Lebensmittelsicherheit. 8

C. VO (EG) 1223/2009

Diese Verordnung harmonisiert Rechtsvorschriften über kosmetische Mittel in der europäischen Gemeinschaft, vereinfacht Verfahren und baut bestimmte Elemente wie Marktüberwachung aus, um ein hohes Maß an Schutz der menschlichen Gesundheit zu gewährleisten. 9

D. Richtlinien 90/385/EWG

Diese Richtlinie ist nicht mehr in Kraft und diente zur Angleichung der Rechtsvorschriften der Mitgliedstaaten über aktive implantierbare medizinische Geräte (Abkürzung: AIMD). 10

E. Richtlinie 93/42/EWG (Medizinprodukterichtlinie – MDD)

Diese Richtlinie ist nicht mehr in Kraft und diente der Angleichung des Nachweises der Sicherheit und der Leistungsfähigkeit von Medizinprodukten. Diese Richtlinie wurde 2007 in großen Teilen durch die Änderungsrichtlinie 2007/47/EG modifiziert. 11

---

1 Eine benannte Stelle ist eine Organisation, die von einem EU-Mitgliedstaat (oder von anderen Ländern im Rahmen spezifischer Vereinbarungen) benannt wurde, um die Konformität bestimmter Produkte zu bewerten, bevor diese in Verkehr gebracht werden. Diese Stellen sind berechtigt, Aufgaben im Zusammenhang mit den in den geltenden Rechtsvorschriften festgelegten Konformitätsbewertungsverfahren auszuführen, wenn die Einschaltung eines Dritten erforderlich ist. Die Europäische Kommission veröffentlicht eine Liste dieser benannten Stellen im Informationssystem NANDO. Quelle: Webseite „Notified Bodies“ der Europäischen Kommission; URL: https://health.ec.europa.eu/medical-devices-topics-interest/notified-bodies_en (Abgerufen: 01.03.2024, 13:28 UTC).

Exkurs Software as a Medical Device ("SaMD")

Autoren Markus Speiser [3, 7, 8, 10], Martin Mayer, Martin Popovic [4, 5, 6, 9]

Inhaltsverzeichnis

Liste der relevanten (Gesetzes-)Materialien und relevante Literatur

- EN ISO 13485:2016 + AC:2018 + A11:2021
- EN ISO 14971:2019 + A11:2021
- ISO/TR 24971:2020-06
- IEC/TR 80002-1:2009 IEC 62366-1:2015 + AC:2015 + AMD1:2020
- IEC 62304:2006 + Cor.:2008 + A1:2015
- IEC 81001-5-1:2021
- IEC 82304-1:2016
- VO (EU) 2016/679 (Datenschutz-Grundverordnung)
- EN ISO/IEC 27001:2023
- EN ISO 14155:2020
- MDCG 2018-5 "UDI Assignment to Medical Device Software"
- MDCG Guideline 2019-11 "Guidance on Qualification and Classification of Software in Regulation (EU) 2017/745 – MDR and Regulation (EU) 2017/746 – IVDR"
- MDCG 2019-16 rev. 1 "Guidance on cybersecurity for medical devices"

- MDCG 2022-21 "Guidance on Periodic Safety Update Report (PSUR) according to Regulation (EU) 2017/745"
- MDCG 2023-3 Rev. 2 "Questions and Answers on vigilance terms and concepts as outlines in the Regulation (EU) 2017/745 on medical devices"
- Manual on borderline and classification for medical devices under Regulation (EU) 2017/745 on medical devices and Regulation (EU) 2017/746 on in vitro diagnostic medical devices
- IMDRF SaMD Working Group: Software as a Medical Device (SaMD): Key Definitions. IMDRF (2013)
- RL 93/42/EWG des Rates vom 14. Juni 1993 über Medizinprodukte
- *Hastenteufel, Renaud*, Software als Medizinprodukt – Entwicklung und Zulassung von Software in der Medizintechnik (2019)

I. Einleitung [MSp]

Die Bedeutung von Software as a Medical Device ("SaMD")[1] nimmt im Zeitalter der zunehmenden Digitalisierung stetig zu. So stellen Medical Apps als Medizinprodukte oder Zubehör zu Medizinprodukten, welche zu therapeutischen und diagnostischen Zwecken eingesetzt werden bzw digitale Gesundheitsanwendungen (DiGA) einen Großteil der aktiven Medizinprodukte am Markt dar. **1**

War nach der Medizinprodukte-RL[2] gemäß Anhang IX die Klasse I die „default-Klasse" für SaMD, so hat sich dies durch die Medizinprodukte-VO grundlegend geändert. Nun ist von einer „default-Klasse" IIa[3] auszugehen und somit das Einbeziehen einer benannten Stelle in die Konformitätsbewertung notwendig. Somit sind die Hürden für eine erfolgreiche Konformitätsbewertung und Zertifizierung durch eine benannte Stelle deutlich höher geworden. **2**

In Anbetracht dessen, dass Software genau gleich wie alle anderen physischen Medizinprodukte behandelt werden muss und in Anbetracht der Tragweite medizinischer Indikationen, welche SaMD abdecken, ist diese „Verschärfung" insbesondere aus Anwendersicht zu begrüßen. **3**

Der Begriff der Software war auch bereits in der Medizinprodukte-RL in der Definition eines Medizinproduktes zu finden. Viele der MEDDEV-Dokumente als von der EU-Kommission veröffentlichten Leitlinien wurden nun in den Anhängen der Medizinprodukte-VO eingearbeitet bzw innerhalb von MDCG Guidance Dokumente[4] transkribiert und bieten somit für Wirtschaftsakteure in diesem Bereich einen detaillierten Rahmen. **4**

Insbesondere der Einzug der Künstlichen Intelligenz in die Welt der Medizinprodukte wird den SaMD-Bereich rasant weiterentwickeln: Zu denken ist dabei an bereits am Markt befindliche Algorithmen, welche die Befundung/ Diagnose der medizinischen Bildgebung unterstützen. **5**

---

1 IMDRF SaMD Working Group: Software as a Medical Device (SaMD): Key Definitions. IMDRF (2013)

2 RL 93/42/EWG des Rates vom 14. Juni 1993 über Medizinprodukte

3 Anhang VIII Regel 11 Medizinprodukte-VO

4 https://health.ec.europa.eu/medical-devices-sector/new-regulations/guidance-mdcg-endorsed-documents-and-other-guidance_en

II. Wann ist Software ein Medizinprodukt [MPo, MMa]

6 In der *Medical Device Coordination Group (MDCG) 2019-11 Guideline "Guidance on Qualification and Classification of Software in Regulation (EU) 2017/745 – MDR and Regulation (EU) 2017/746 – IVDR"* [5] wird Software als eine Menge von Befehlen definiert, die Eingabedaten verarbeitet und Ausgabedaten erzeugt. Die Beispiele und Definitionen in diesem Abschnitt sind der oben angeführten Guideline entnommen.

7 Medizinprodukte-Software wird als Software beschrieben, die dazu bestimmt ist, allein oder in Kombination, für einen Zweck verwendet zu werden, wie er in der Definition eines „Medizinprodukts" in der MDR oder IVDR angegeben ist, unabhängig davon, ob die Software alleinstehend ist oder die Verwendung eines Geräts steuert oder beeinflusst.

8 Gemäß der Medizinprodukte-VO beinhaltet dies also Software, die für die Diagnose, Prävention, Überwachung, Vorhersage, Prognose, Behandlung oder Linderung von Krankheiten, Verletzungen oder Behinderungen genutzt wird. Die Abgrenzung von Software als Medizinprodukt erfolgt also primär auf Basis ihrer vorgesehenen Verwendung (Verwendungszweck) und nicht auf Basis ihrer Funktionalität oder Komplexität. Software kann folglich aus verschiedenen Blickpunkten Medizinprodukte-relevant sein.

9 SaMD, die die Definition eines In-vitro-Diagnostikums erfüllt, fällt unter die IVD-VO. Software, die vom Hersteller speziell dazu bestimmt ist, zusammen mit einem In-vitro-Diagnostikum verwendet zu werden, um dessen Gebrauch gemäß dem vorgesehenen Zweck zu ermöglichen, fällt ebenfalls unter die IVD-VO.

10 Software kann sowohl als Medizinprodukt, eingebettete Software aber auch als Zubehör für ein Medizinprodukt gemäß Art 2(2) der Medizinprodukte-VO kategorisiert werden. Ob eine Software als eigenständiges Medizinprodukt oder als Teil eines Medizinproduktes eingestuft wird, ist vor allem bei der Ermittlung der Risikoklasse wichtig, da bei nicht eigenständiger Software immer die Risikoklasse des gesamten Medizinproduktes betrachtet werden muss.

11 SaMD kann unabhängig sein, indem es einen eigenen vorgesehenen medizinischen Zweck hat und somit die Definition eines Medizinprodukts oder eines in-vitro-diagnostischen Medizinprodukts selbst (dh allein) erfüllt.

12 Beispiel: Smartwatch-App, die dazu bestimmt ist, Alarmbenachrichtigungen an den Benutzer und/oder medizinische Fachkraft zu senden, wenn sie unregelmäßige Herzschläge erkennt, mit dem Ziel, kardiale Arrhythmien zu detektieren.

13 Wenn die Software ein (Hardware-) Medizingerät steuert oder beeinflusst und zudem einen medizinischen Zweck hat, dann wird sie ebenso als SaMD qualifiziert.

14 Beispiel: SaMD, die dazu bestimmt ist, Blutzuckerspiegel zu messen und zu übertragen, die benötigte Insulindosis zu berechnen und die Insulinpumpe zu steuern, um die berechnete Dosis zu verabreichen (geschlossenes Insulinabgabesystem).

15 In der Medizinprodukte-VO wird festgehalten, dass die Hauptwirkung eines Medizinproduktes im oder am menschlichen Körper erreicht werden muss. Diese Formulierung ist zwar deutlich auf Hardwareprodukte zugeschnitten, ändert aber nichts an den regulatorischen Vorgaben für SaMD. Ob eine Software als Medizinprodukt eingestuft wird, ist unabhängig davon, wo sie ausgeführt wird (zB. Lokale Hardware, Cloud Rechenzentrum, Smartphone).

16 Software, die zur Speicherung, Archivierung, Kommunikation, zur einfachen Suche oder verlustfreien Kompression von Daten verwendet wird, gilt nicht als medizinische Software.

[5] Guidance on Qualification and Classification of Software in Regulation (EU) 2017/745 – MDR and Regulation (EU) 2017/746 – IVDR

Trotz der in der Medizinprodukte-VO dargelegten Regeln und der Hilfestellung in der *MDCG 2019-11 Guideline* kommt es bei Herstellern immer wieder zu Unklarheiten, ob eine Software als Medizinprodukt einzustufen ist. Hier kann zusätzlich noch das „*Manual on borderline and classification for medical devices under Regulation (EU) 2017/745 on medical devices and Regulation (EU) 2017/746 on in vitro diagnostic medical devices*" zwecks detaillierter Abgrenzung und Klassifizierung herangezogen werden. Dieses Dokument ist rechtlich nicht bindend, illustriert jedoch Fälle, welche bereits von der Arbeitsgruppe „*Borderline and Classification*" der MDCG bearbeitet und bewertet wurden. **17**

Beispiele für Software als Medizinprodukt inkludieren zum Beispiel: **18**

- Software, die einem Patienten Insulindosis-Empfehlungen bereitstellt, unabhängig von der Methode der Verabreichung
- Software zur Bildanalyse von Melanomen, die dazu bestimmt ist, einen Nahinfrarot-Laserlicht-Scanner zu steuern
- Smartwatch-App, die dazu bestimmt ist, Alarmbenachrichtigungen an den Benutzer und/oder Gesundheitsdienstleister zu senden, wenn sie unregelmäßige Herzschläge erkennt, zum Zweck der Erkennung von Herzrhythmusstörungen.

Beispiele für Software die nicht als Medizinprodukt eingestuft wird: **19**

- Software für die Anzeige einer elektronischen Gesundheitsakte
- Fitness App, die den Puls beim Sport anzeigt
- Datenbank in welcher Krankheitsbilder nachgeschlagen werden können

III. Klassifizierung von Software [MPo, MMa]

Gemäß Art 51 und Anhang VIII der Medizinprodukte-VO müssen Softwareprodukte nach bestimmten Regeln klassifiziert werden. Hierbei ist nicht nur der grundsätzliche medizinische Verwendungszweck, sondern auch die potenzielle Gefahr, die vom Produkt im Falle einer Fehlfunktion ausgeht, relevant. **20**

In Bezug auf die Durchführungsvorschriften im Anhang VIII der Medizinprodukte-VO sind zwei spezifische Implementierungregeln (3.3 und 3.5) für SaMD besonders relevant. Regel 3.3 legt fest, dass Software, die die Verwendung eines medizinischen Geräts steuert oder beeinflusst, in dieselbe Klasse wie das Gerät selbst fällt. Wenn die Software unabhängig ist, wird sie eigenständig klassifiziert. Regel 3.5 legt fest, dass im Falle mehrerer anwendbarer Regeln (oder den damit assoziierten Unterregeln), die strengste zu einer höheren Klassifikation führende Regel stets Anwendung findet. Alle in Anhang VIII der Medizinprodukte-VO angeführten Regeln müssen bei der Klassifizierung bedacht werden. Ob eine Regel Anwendung findet oder nicht, wird ideralerweise durch ein Rationale untermauert und in der Dokumentation des Herstellers hinterlegt. **21**

Die jeweiligen Definitionen von Zweckbestimmung und Risikoklassifizierung erfolgt durch den Hersteller und liegen somit klar in seiner Verantwortung. **22**

Regel 11 im Anhang VIII der Medizinprodukte-VO ist speziell für Software relevant und gibt vor, dass Software, je nachdem, wie viele potenzielle Schäden sie im Falle einer Fehlfunktion verursachen könnte, in eine der Klassen IIa, IIb oder III eingeteilt wird. Software mit niedrigerem Risiko wird in Klasse I eingeteilt. Anhand der Klassifizierung erfolgt dann auch das entsprechende Konformitätsbewertungsverfahren. Derzeit besteht industrieweit das Verständnis, dass Software bzw SaMD fast ausschließlich höher als Klasse I einzustufen ist. **23**

24 Medizinprodukte-VO Anhang VIII 6.3. Regel 11

25 Software zur Bereitstellung von entscheidungsrelevanten Informationen für diagnostische oder therapeutische Zwecke wird generell der Klasse IIa zugeordnet, es sei denn ihre Nutzung könnte den Tod oder irreversible gesundheitliche Verschlechterungen verursachen (dann Klasse III) oder eine erhebliche gesundheitliche Verschlechterung oder einen chirurgischen Eingriff zur Folge haben (dann Klasse IIb). Software zur Überwachung physiologischer Prozesse fällt ebenfalls in Klasse IIa, es sei denn, sie kontrolliert vitale Parameter, deren Veränderung direkt gefährlich für den Patienten sein könnte (dann Klasse IIb). Alle anderen Softwarearten werden der Klasse I zugeordnet.

26 *Die MDCG 2019-11 spricht hier von drei Unterregeln, die sich daraus ergeben:*

27 *11a: (erste 3 Absätze von Regel 11) beabsichtigt, Informationen bereitzustellen, die zur Entscheidungsfindung zu diagnostischen oder therapeutischen Zwecken genutzt werden;*

28 *11b: (Absatz 4 von Regel 11) beabsichtigt, physiologische Prozesse oder Parameter zu überwachen;*

29 *11c: (Absatz 5 von Regel 11) alle anderen Anwendungen.*

30 *Teilregel 11a):*

31 *Teilregel 11a) besagt, dass SaMD (die dazu bestimmt ist, Informationen bereitzustellen, die zur Entscheidungsfindung zu Diagnose- oder Therapiezwecken verwendet werden) als Klasse IIa eingestuft wird,* es sei denn, eine aufgrund der Information getroffene Entscheidung könnte den Tod oder irreversible gesundheitliche Verschlechterungen verursachen (Klasse III) oder eine erhebliche gesundheitliche Verschlechterung oder einen chirurgischen Eingriff zur Folge haben (Klasse IIb). *Es wird in der Medizinprodukte-VO allerdings nicht definiert, ob diesem Risiko auch eine gewisse Wahrscheinlichkeit zugrunde liegen muss.*

32 *Teilregel 11b):*

33 *SaDM, die dazu bestimmt ist, physiologische Prozesse zu überwachen, wird unter den meisten Umständen „Informationen bereitstellen, die zur Entscheidungsfindung zu Diagnose- oder Therapiezwecken genutzt werden". Die extra Auflistung für Überwachungssoftware erfolgt vor allem deshalb, um sicherzustellen im Einklang mit Regel 10 (Aktive Produkte zu Diagnose- und Überwachungszwecken) zu stehen. Auch dort gilt für die Überwachung grundsätzlich die Risikoklasse IIa mit der Ausnahme für die vitalen physiologischen Parameter deren Änderung zu einer unmittelbaren Gefahr für den Patienten führen könnte.*

34 *Teilregel 11c):*

35 *Teilregel 11c) impliziert, dass alle anderen MDSW als Klasse I eingestuft werden. In der Praxis wurde vor allem bei der Einführung der Medizinprodukte-VO von „Aus der Klasse I Software" gesprochen. Auf den ersten Blick scheint es auch schwer, SaMD zu definieren, die keine physiologischen Parameter überwacht oder Information für die Entscheidungsfindung zu Diagnose- oder Therapiezwecken bereitstellt. Software der Risikoklasse I hat also keinen direkten Bezug zu Diagnose oder Therapie, fällt jedoch weiterhin in den Geltungsbereich der MDR (zB Empfängnisverhütung, Desinfektion, Sterilisation oder Produkte des Anhangs).*

36 **Risikoklassen Beispiele**

37 Beispiel für die jeweilige Klassifizierung übernommen aus der MDCG Guideline 2019-11:

38 Klasse I

39 *Eine MDSW-App, die dazu bestimmt ist, die Empfängnis durch Berechnung des Fruchtbarkeitsstatus des Benutzers anhand eines validierten statistischen Algorithmus zu unterstützen. Der Benutzer gibt Gesundheitsdaten ein, einschließlich der Basalkörpertemperatur (BBT) und*

der Menstruationstage, um den Eisprung zu verfolgen und vorherzusagen. Der Fruchtbarkeitsstatus des aktuellen Tages wird durch eine von drei Anzeigelampen dargestellt: rot (fruchtbar), grün (unfruchtbar) oder gelb (Lernphase/Zyklusschwankung). Diese MDSW-App sollte gemäß Regel 11c als Klasse I eingestuft werden.

Klasse IIa **40**

Medizinprodukte, einschließlich SaMD, die dazu bestimmt sind, physiologische Prozesse zu überwachen, die nicht als lebenswichtig betrachtet werden, und Geräte, die dazu bestimmt sind, Messwerte vitaler physiologischer Signale bei Routineuntersuchungen, einschließlich Überwachung zu Hause, zu erhalten, sollten als Klasse IIa eingestuft werden (Regel 11(b)). **41**

Klasse IIb **42**

Medizinische Geräte, einschließlich SaMD, die zur kontinuierlichen Überwachung lebenswichtiger physiologischer Prozesse in der Anästhesie, Intensivpflege oder Notfallversorgung eingesetzt werden sollen, sollten gemäß (Regel 11(b)) als Klasse IIb eingestuft werden. **43**

Klasse III **44**

Software, die dazu bestimmt ist, Diagnosen mittels Bildanalyse zur Entscheidungsfindung bezüglich der Behandlung von Patienten mit akutem Schlaganfall durchzuführen, sollte gemäß Regel 11(a) als Klasse III eingestuft werden – International medical device regulator forum (IMDRF) Risikokategorie IV.i, da die Gesundheitssituation (Schlaganfall) kritisch ist und die Bedeutung der Information „behandeln oder diagnostizieren" ist. **45**

IV. Grundlegende Sicherheits- und Leistungsanforderungen ("GSLA"), harmonisierte Normen, Stand der Technik [MPo, MMa]

A. Grundlegende Sicherheits- und Leistungsanforderungen

GSLA werden in der Medinzprodukte-VO und in der IVD-VO in Anhang I gelistet. Neben allgemeinen Anforderungen an alle Medizinprodukte wird auch auf unterschiedliche Spezialfälle wie Schutz vor Strahlung oder besondere Anforderungen für aktive implantierbare Produkte eingegangen. **46**

Beispiele für GSLA **47**

- Medizinprodukte müssen so gestaltet und hergestellt sein, dass sie sicher und wirksam sind und den Patienten nicht gefährden.
- Hersteller müssen ein fortlaufendes Risikomanagementsystem implementieren, das die Identifizierung von Gefährdungen, Risikobewertung und Kontrollmaßnahmen beinhaltet.
- Risiken sollten, soweit möglich, durch sichere Produktgestaltung und -herstellung minimiert werden. Wenn dies nicht ausreicht, müssen zusätzliche Schutzmaßnahmen und Sicherheitsinformationen für die Anwender bereitgestellt werden.
- Medizinprodukte sollten ihre Leistungsmerkmale und Sicherheitsstandards während des gesamten Lebenszyklus, einschließlich Transport und Lagerung, beibehalten.

B. Harmonisierte Normen

Harmonisierte Normen sind spezifische Standards, die von anerkannten europäischen Normungsinstituten entwickelt werden, um den Anforderungen europäischer Richtlinien und Verordnungen zu entsprechen, wie der Medizinprodukte-Verordnung (MDR). Diese Normen bieten Herstellern einen Mechanismus, um nachzuweisen, dass ihre Produkte den in den relevanten **48**

EU-Gesetzen festgelegten Anforderungen entsprechen. Die Anwendung einer harmonisierten Norm ist zwar freiwillig, bietet jedoch eine Vermutung der Konformität mit den gesetzlichen Anforderungen. Das bedeutet, wenn ein Produkt gemäß einer solchen Norm entwickelt wurde, wird es in der Regel als konform mit den entsprechenden Aspekten der EU-Gesetzgebung angesehen. Hersteller können auch andere Wege wählen, um die Konformität mit den gesetzlichen Vorgaben zu demonstrieren. In der Praxis kommt das allerdings selten vor, da der Aufwand eines abweichenden Systems meist größer ist und eine größere Unsicherheit beim Audit durch eine Benannte Stelle mit sich bringt.

1. Anhang Z

49 In den so genannten Z-Anhängen der harmonisierten Normen findet man einen Abgleich der Medizinprodukte-VO und der jeweiligen Norm. Es soll dabei gezeigt werden, welche Anforderungen der Verordnung durch welchen Teil der Norm abgedeckt wird.[6]

2. Qualitätsmanagement

50 Der Nachweis der Konformität mit den GSLA wird in den meisten Fällen über ein vollständiges Qualitätsmanagementsystem erfolgen. Die EN ISO 13485:2016 erfüllt dabei großteils die Anforderungen der MDR und ist auch harmonisiert. Adressaten sind neben dem Hersteller auch Inverkehrbringer oder Zulieferer (Software – Zubehör).

3. Risikomanagement

51 Die ISO 14971 ist eine internationale Norm, die sich auf das Risikomanagement von Medizinprodukten konzentriert. Sie legt den Prozess fest, den Hersteller durchlaufen müssen, um Risiken im Zusammenhang mit Medizinprodukten zu identifizieren, zu bewerten und zu steuern. Diese Norm bietet einen systematischen Rahmen für die Bewertung von Risiken, die von der Designphase bis zum Lebensende des Produkts auftreten können. Dabei werden potenzielle Gefährdungen des Produkts und ihre möglichen Auswirkungen auf Patienten, Anwender und Dritte betrachtet. Durch Anwendung der ISO 14971 können Hersteller sicherstellen, dass ihre Produkte ein akzeptables Risikoniveau aufweisen. Dies trägt dazu bei, dass Medizinprodukte so sicher wie möglich sind, während sie ihre beabsichtigte Funktion erfüllen.

52 Die ISO/IEC 24971 stellt eine ergänzende Leitlinie zur ISO 14971 dar und bietet praktische Anleitungen und Beispiele zur Umsetzung der Risikomanagementanforderungen aus der ISO 14971 für Medizinprodukte. Während die ISO 14971 den allgemeinen Prozess und die Rahmenbedingungen für das Risikomanagement festlegt, zielt die ISO/IEC 24971 darauf ab, Herstellern konkrete Hilfestellungen und Erklärungen für einzelne Aspekte des Risikomanagements zu geben.

53 Die IEC/TR 80002-1 ist ein technischer Bericht und stellt eine Anleitung zur Anwendung von ISO 14971 auf medizinische Software dar. Sie unterstützt Hersteller dabei, Risiken im Zusammenhang mit medizinischer Software effektiv zu identifizieren, zu bewerten und zu steuern. Der Bericht erläutert, wie Software innerhalb des Rahmens des Risikomanagementprozesses behandelt werden sollte, insbesondere wenn sie als Bestandteil eines Medizinprodukts oder als eigenständiges medizinisches Produkt fungiert. IEC/TR 80002-1 betont die Einzigartigkeit von Software-Risiken, insbesondere solche, die sich von traditionellen Hardware-Risiken unterscheiden. Sie gibt Hinweise zur Risikoanalyse, Bewertung, Kontrolle und Überwachung von Software-bezogenen Risiken und ergänzt die grundlegenden Richtlinien der ISO 14971, indem sie software-spezifische Herausforderungen und Vorgehensweisen hervorhebt.

---

[6] Beispiel ZA.1 EN ISO 14971:2019/A11:2021

4. Gebrauchstauglichkeit

Die IEC 62366-1 ist eine internationale Norm, die sich mit der Gebrauchstauglichkeit von Medizinprodukten beschäftigt. Sie legt Prozesse fest, um sicherzustellen, dass Medizinprodukte, einschließlich der zugehörigen Software, sicher und effektiv für den beabsichtigten Gebrauch sind. Die Norm betont die Bedeutung der Benutzerzentrierung im Designprozess, um potenzielle Risiken im Zusammenhang mit der Bedienung von Medizinprodukten zu minimieren. Hierzu gehören die Identifizierung von Gebrauchsszenarien, die Durchführung von Gebrauchstauglichkeitsprüfungen und die Bewertung von Benutzerfeedback. **54**

5. Softwarelebenszyklus

Die IEC 62304 ist eine internationale Norm, die die Lebenszyklus-Anforderungen für die medizinische Softwareentwicklung definiert. Sie stellt sicher, dass Medizinprodukte-Software ein vorhersehbares und nachvollziehbares Niveau von Sicherheit und Zuverlässigkeit aufweist. Die Norm unterteilt die Software in Sicherheitsklassen basierend auf den potenziellen Risiken, die sie für den Patienten darstellen kann. Sie legt Anforderungen für alle Phasen des Software-Lebenszyklus fest, von der Anforderungsspezifikation über Design, Implementierung, Verifizierung, Validierung bis hin zu Softwarewartung und -änderungen. **55**

V. Konformitätsbewertungsverfahren [MPo, MMa]

Das Ziel des Konformitätsbewertungsverfahrens ist es, Herstellern von Medizinprodukten zu ermöglichen, die Übereinstimmung ihrer Produkte mit den grundlegenden Sicherheits- und Leistungsanforderungen der EU-Medizinprodukteverordnungen (MDR oder IVDR) eigenständig zu überprüfen und bei positivem Ergebnis mittels einer Konformitätserklärung zu bekunden. Bei allen Medizinprodukten außer jenen der Risikoklasse I muss der Hersteller eine Benannte Stelle in diesen Prozess miteinbeziehen. In der Medizinprodukte-VO gibt es drei Anhänge, die Regeln zur Konformitätsbewertung enthalten. **56**

- Anhang IX – Konformitätsbewertung auf der Grundlage eines Qualitätsmanagementsystems und einer Bewertung der technischen Dokumentation
- Anhang X – Konformitätsbewertung auf der Grundlage einer Baumusterprüfung
- Anhang XI – Konformitätsbewertung auf der Grundlage einer Produktkonformitätsprüfung

Das in Anhang IX beschriebene Verfahren der Konformitätsbewertung ist die häufigste Herangehensweise bei SaMD. Hierbei implementiert und erstellt der Hersteller ein Qualitätsmanagementsystem sowie eine technische Dokumentation für seine Produkte. Beides wird von einer Benannten Stelle durch ein Auditsystem überprüft. Bei Erfolg erhält der Hersteller die Berechtigung, sein Produkt mit der CE-Kennzeichnung zu versehen und dieses in Folge, sofern die jeweiligen Markteintrittanforderungen erfüllt sind, auf den Markt zu bringen. **57**

Im Verfahren der Baumusterprüfung bestätigt eine Benannte Stelle, dass ein Produkt, seine technischen Unterlagen und zugehörige Prozesse den Kriterien der Medizinprodukte-VO entsprechen. Der Hersteller stellt dafür einen spezifischen Antrag. Die Benannte Stelle prüft insbesondere die Übereinstimmung der technischen Dokumentation mit dem Medizinprodukt. Nach Abschluss der Prüfung wird, sofern konform, eine EU-Zertifizierung ausgestellt. Änderungen am Baumuster müssen der Stelle gemeldet und von ihr genehmigt werden. Eine Baumusterprüfung für Software wird in der Medizinprodukte-VO nicht dezidiert ausgeschlossen. Allerdings ergeben sich in der Praxis Aspekte, die dazu führen, dass es bei Software kaum zu **58** dieser Art der Konformitätsbewertung kommt. Zum Beispiel ist SaMD meist häufigen Änderungen ausgesetzt und diese würden immer wieder zu einer erneuten Prüfung führen.

59 Bei der Produktkonformitätsprüfung nach Anhang XI überprüft der Hersteller jedes Produkt auf Übereinstimmung mit dem EU-Baumuster und den MDR-Anforderungen. Er legt dabei Herstellungsverfahren fest und dokumentiert sie. Die Benannte Stelle testet die Konformität der Produkte. Genehmigte Produkte erhalten ihre Kennnummer und die Benannte Stelle stellt eine Produktprüfbescheinigung aus.

60 Grundlegender Ablauf des Konformitätsbewertungsverfahrens

- Festlegen der Produktklassifikation
  - Der Hersteller muss zunächst die korrekte Risikoklasse des Medizinproduktes gemäß den in den Verordnungen festgelegten Regeln bestimmen.
- Erstellen der Technischen Dokumentation
  - Die Technische Dokumentation muss alle relevanten Informationen über das Produkt enthalten, einschließlich der Beschreibung, Spezifikationen, Informationen zur Herstellung, klinischen Bewertung, Risikomanagement und Konformitätsbewertung.
- Implementierung eines Qualitätsmanagementsystems
  - Hersteller müssen ein Qualitätsmanagementsystem (QMS) implementieren und aufrechterhalten, das sicherstellt, dass ihre Produkte konstant die geforderten Qualitätsstandards und regulatorischen Anforderungen erfüllen.
- Einhaltung der Grundlegenden Anforderungen
  - Der Hersteller muss sicherstellen, dass das Produkt die in der relevanten Verordnung (Medizinprodukte/IVD) festgelegten grundlegenden Sicherheits- und Leistungsanforderungen erfüllt.
- Konformitätsbewertungsverfahren
  - Produkte der Klasse I (niedriges Risiko): Für diese Produkte kann der Hersteller die Konformität eigenständig erklären, nachdem er sicherstellte, dass das Produkt den Anforderungen entspricht.
  - Produkte der Klassen IIa, IIb und III (mittleres bis hohes Risiko): Es ist eine Beteiligung einer Benannten Stelle notwendig, die bestimmte Aspekte des QMS und/oder die technische Dokumentation bewertet.
- EU-Konformitätserklärung
  - Nachdem alle relevanten Schritte des Konformitätsbewertungsverfahrens positiv abgeschlossen wurden, erstellt der Hersteller eine EU-Konformitätserklärung, mit der er formal bestätigt, dass sein Produkt den relevanten Anforderungen entspricht.
- CE-Kennzeichnung
  - Sobald die Konformität erklärt wurde, darf der Hersteller die CE-Kennzeichnung am Produkt anbringen, was bedeutet, dass es in der EU verkauft und verwendet werden darf.

VI. System zur eindeutigen Produktidentifikation (Unique Device Identification)[MSp]

Der Leitfaden für die Umsetzung der Produktvorschriften der EU ("Blue Guide")[7] als Leitfaden betreffend der Warenverkehrsfreiheit legt in Punkt 4.2 Bestimmungen an die Rückverfolgbarkeit fest. *Als Rückverfolgbarkeit wird die Fähigkeit bezeichnet, dem Werdegang eines Produktes nachzugehen,* was für die Marktüberwachung der zuständigen Behörden in weiterer Folge von entscheidender Bedeutung ist. 61

Die Medizinprodukte-VO als entsprechende Harmonisierungsvorschrift sieht in Art 27 und Anhang VI ein System zur weltweit eindeutigen Produktidentifikation (UDI-System) vor – eine der wesentlichen Neuerungen im europäischen Medizinprodukterecht, während die FDA eine solches "Unique Device Identification System" schon länger etabliert hat.[8] 62

Die Rückverfolgbarkeit von Produkten anhand eines Systems der einmaligen Produktkennung, das auf internationalen Leitlinien beruht, sollte die Effektivität sicherheitsrelevanter Aktivitäten für Produkte nach dem Inverkehrbringen deutlich verbessern, was auf eine bessere Berichterstattung bei Vorkommnissen, gezielte Sicherheitskorrekturmaßnahmen im Feld und eine bessere Überwachung durch die zuständigen Behörden zurückzuführen ist. Das System könnte auch dazu beitragen, ärztliche Kunstfehler zu reduzieren und Produktfälschungen zu bekämpfen. Die Verwendung des UDI-Systems sollte außerdem die Beschaffungspolitik, Abfallbeseitigung und Lagerverwaltung von Gesundheitseinrichtungen und anderen Wirtschaftsakteuren verbessern und möglichst mit anderen, in diesem Rahmen bereits vorhandenen Authentifizierungssystemen vereinbar sein.[9] 63

Das UDI-System besteht aus 3 Teilen – die UDI aus der UDI-DI und UDI-PI.[10] 64

Kriterien für die Zuteilung der UDI ergeben sich vor allem aus den Bestimmungen der lex specialis "Software für Produkte"[11], aber auch aus dem Teil "Konfigurierbare Produkte"[12], da es sich bei Software durchaus auch um ein konfigurierbares Produkt handelt. Bei komplexer Software wird es oft schwer möglich sein, jeder Konfiguration eine eigene UDI-DI zuzuteilen – dies vor allem auch in Anbetracht der Vergabe von neuen UDI-DI.[13] 65

A. Basis UDI-DI

Die Basis-UDI-DI ist die primäre Kennung eines Produktmodells. Es ist die DI, die auf Ebene der Gebrauchseinheit des Produkts zugewiesen wird. Sie ist das wichtigste Ordnungsmerkmal für Datensätze in der UDI-Datenbank und ist in einschlägigen Bescheinigungen und EU-Konformitätserklärungen[14] ausgewiesen.[15] Sie ist Teil der Produktbeschreibung und Spezifikation als Teil der Technischen Dokumentation[16], wird aber auf dem Produkt selbst nicht angebracht. 66

[7] https://eur-lex.europa.eu/legal-content/DE/TXT/?uri=CELEX%3A52016XC0726%2802%29
[8] https://www.fda.gov/medical-devices/device-advice-comprehensive-regulatory-assistance/unique-device-identification-system-udi-system
[9] Erwägungsgrund 41 Medizinprodukte-VO
[10] Art 27 Abs 1 lit a iVm Anhang VI Teil C 6.5 Medizinprodukte-VO
[11] Anhang VI Teil C 6.5 Medizinprodukte-VO
[12] Anhang VI Teil C 6.4 Medizinprodukte-VO
[13] Anhang VI Teil C 6.5.2 Medizinprodukte-VO
[14] Art 27 Abs 6 iVm Art 19 Medizinprodukte-VO
[15] Anhang VI Teil C 1. Medizinprodukte-VO
[16] Anhang II 1.1 lit b Medizinprodukte-VO

67 In der Praxis sieht es so aus, dass folgende Zuteilungsstellen für den Betrieb eines Systems zur Zuteilung von eindeutigen Produktidentifikationen im Bereich der Medizinprodukte benannt sind und deren Nummern die Grundlage für die Basis-UDI-DI bilden.[17]

68 (a) GS1 AISBL

69 (b) Health Industry Business Communications Council (HIBCC)

70 (c) ICCBBA

71 (d) Informationsstelle für Arzneispezialitäten – IFA GmbH

B. UDI-DI (Device Identifier)

72 Die UDI-DI ist ein einmaliger numerischer oder alphanumerischer Code, der einem Produktmodell eigen ist und der auch als „Zugangsschlüssel" zu Informationen in einer UDI-Datenbank dient.

73 Im Softwarebereich ist immer dann eine neue UDI-DI erforderlich, wenn sich die ursprüngliche Leistung, die Sicherheit oder die bestimmungsgemäße Verwendung der Software oder die Auswertung der Daten ändert.[18]

74 Als Beispiele führt die Medizinprodukte-VO neue oder geänderte Algorithmen, Datenbankstrukturen, Betriebsplattformen und Architekturen oder neue Schnittstellen oder neue Kanäle für die Interoperabilität an.[19]

75 In der Praxis wird immer dann eine neue UDI-DI zu vergeben sein, wenn Sicherheit und Leistung der Produkte betroffen sind. Vergleichbar ist die Vergabe einer neuen UDI-DI mit einer Änderung der Versionsnummer an der zweiten Stelle.

C. UDI-PI (Production Identifier)

76 Die UDI-PI ist ein numerischer oder alphanumerischer Code, mit dem die Produktionseinheit des Produkts gekennzeichnet wird.

77 Geringfügige Änderungen der Software erfordern eine neue UDI-PI, nicht aber eine neue UDI-DI. Diese hängen in der Regel mit Fehlerbehebungen, nicht Sicherheitszwecken dienenden Verbesserungen der Gebrauchstauglichkeit oder der Betriebseffizienz sowie Sicherheitspatches zusammen.

78 Typischerweise wird als UDI-PI bei Software die Seriennummer verwendet.

79 Vergleichbar ist die Vergabe einer neuen UDI-PI mit einer Änderung der Versionsnummer an der dritten Stelle.

D. Kriterien für das Anbringen der UDI bei Software über den UDI-Träger (Kennzeichnung)

80 Wird die Software auf einem physischen Datenträger wie einer CD oder DVD angeboten, so ist auf der Verpackungsebene die gesamte UDI im HRI-Format und im AIDC-Format darzustellen; bei Software, welche beispielsweise nur zum Download bereitgestellt wird, genügt eine Darstellung der UDI in einem für den Nutzer leicht zugänglichen Fenster (bspw Splash-Screen) – Hier genügt das HRI-Format. Sollte es keine Benutzerschnittstelle geben (bspw Middleware), muss die Software in der Lage sein, über eine Anwendungsprogrammschnittstelle (API) die UDI zu übermitteln. [20]

[17] Durchführungsbeschluss (EU) 2019/939 der Kommission vom 06.06.2019
[18] Anhang VI Teil C 6.5.2 Medizinprodukte-VO
[19] MDCG 2018-5 UDI Assignment to Medical Device Software, October 2018
[20] Anhang VI Teil C 6.5.4 Medizinprodukte-VO

Zum maschinenlesbaren AIDC-Format (AIDC Automatic Identification and Data Capture) gehören beispielsweise Barcodes (Strichcodes, QR-Codes).[21] **81**

E. Eintragung in der Europäischen Datenbank für Medizinprodukte ("EUDAMED")[22]

Die Basis-UDI-DI und die UDI-DI – nicht jedoch die UDI-PI – sind in EUDAMED einzugeben und sind diese Daten somit öffentlich zugänglich.[23] **82**

Hersteller sind verpflichtet, die Daten in EUDAMED aktuell zu halten. Eines der 6 Module (UDI-DI module/UDI-Produktregistrierung) steht hierfür in EUDAMED zur Verfügung. **83**

Zur Eingabe dieser Daten in EUDAMED sei auf das EUDAMED Tutoria bzw weitere Infos zu den EUDAMED Modulen[24] verwiesen. Es müssen auch mindestens zwei berechtigte Personen (LAA – Local Actor Administrators) in EUDAMED angelegt werden, um Eingaben tätigen zu können. **84**

Auch wenn das UDI-System eine der wesentlichen Neuerungen der MDR darstellt, stellt Software in diesem System nicht den primären Fokus dar. Hier war mit der Versionsnummer schon vorher eine Identifikation und Rückverfolgbarkeit gegeben. Insbesondere bei komplexer, modular aufgebauter Software ist die Aktualisierung der UDI-DI auf Modulebene herausfordernd und schwierig umzusetzen. **85**

EUDAMED ermöglicht nun einen öffentlichen Zugang, was zu begrüßen ist. **86**

Da die Eingabe in EUDAMED recht komplex ist, wird sich künftig noch weisen, wie gut die Datenqualität in EUDAMED letztendlich sein wird. **87**

VII. Überwachung nach dem Inverkehrbringen [MSp]

Die Anforderung an die Hersteller, ein System für die Überwachung nach dem Inverkehrbringen[25] zu implementieren und aufrecht zu halten, ist eine der wesentlichen Eckpfeiler der Medizinprodukte-VO, um Sicherheit, Leistungsfähigkeit und Gebrauchstauglichkeit der Produkte gewährleisten zu können und kontinuierlich zu verbessern. **88**

Neben den Anforderungen an Sicherheit ("Safety") und Leistung ("Clinical Performance") adressieren die Grundlegenden Sicherheits- und Leistungsanforderungen aber auch Anforderungen an die IT Sicherheit ("Security") – Vertraulichkeit, Integrität und Verfügbarkeit von Daten[26], weshalb hier Hersteller auch Vorgaben der Datenschutz-Grundverordnung[27] zur Sicherheit der Verarbeitung[28] berücksichtigen müssen. Zur Umsetzung von geeigneten technischen und organisatorischen Maßnahmen zur Gewährleistung eines angemessenen Datenschutz- und **89**

---

[21] Art 27 Abs 4 iVm Anhang VI Teil C Medizinprodukte-VO

[22] Art 33 Abs 2 lit b iVm Art 28 Medizinprodukte-VO

[23] Anhang VI Teil B Medizinprodukte-VO

[24] https://health.ec.europa.eu/medical-devices-eudamed/overview_en

[25] Art 83 ff Medizinprodukte-VO iVm Anhang III Medizinprodukte-VO

[26] Anhang I 17.2, 17.4 Medizinprodukte-VO, MDCG 2019-16 rev.1 Guidance on Cybersecurity for medical devices (2020)

[27] VO (EU) 2016/679 vom 27. April 2016 zum Schutz natürlicher Personen bei der Verarbeitung personenbezogener Daten, zum freien Datenverkehr und zur Aufhebung der RL 95/46/EG (Datenschutz-Grundverordnung)

[28] Art 28 Datenschutz-Grundverordnung

Datensicherheitsniveaus kann hier bspw auf den BSI-Grundschutz[29] verwiesen werden. Mit der ISO/IEC 27001 gibt es auch betreffend Implementierung eines Informationssicherheitsmanagementsystems eine Norm zum Stand der Technik, welche mit einem Qualitätsmanagementsystem gut integriert werden kann.

90 Ebenso fordert die IEC 81001-5-1, dass Aktivitäten der IT-Sicherheit im Produktlebenszyklus auf der Grundlage eines eingeführten und dokumentierten Qualitätsmanagementsystems durchzuführen sind.[30]

91 Darüber hinaus wird ein System für die Überwachung nach dem Inverkehrbringen auch in der ISO 13485[31], ISO 14971[32] und IEC 62304[33] gefordert. Das System zur Überwachung nach dem Inverkehrbringen bildet dabei einen integrierenden Bestandteil des Qualitätsmanagementsystems.[34]

92 Somit sind die Hersteller verpflichtet,

93 *"... aktiv und systematisch einschlägige Daten über die Qualität, die Leistung und die Sicherheit eines Produkts während dessen gesamter Lebensdauer zu sammeln, aufzuzeichnen und zu analysieren sowie die erforderlichen Schlussfolgerungen zu ziehen und etwaige Präventiv- oder Korrekturmaßnahmen zu ermitteln, durchzuführen und zu überwachen."*

94 Grundlage für diese Tätigkeiten bildet dabei der Plan zur Überwachung nach dem Inverkehrbringen[35], welcher einen Teil der Technischen Dokumentation[36] bildet. Auch der Prozess der klinischen Nachbeobachtung nach dem Inverkehrbringen (PMCF) wird im Plan zur Überwachung nach dem Inverkehrbringen adressiert. Sollten nach dem Inverkehrbringen (weitere) klinische Daten notwendig sein, um die Sicherheit und Leistung des Produktes während seiner erwarteten Lebensdauer zu bestätigen, ist eine klinische Nachbeobachtung durchzuführen.[37]

95 In der Praxis werden von Herstellern von SaMD folgende Datenquellen auf Grundlage eines Plans zur Überwachung nach dem Inverkehrbringen gesammelt:

1. Informationen über schwerwiegende Vorkommnisse, Sicherheitskorrekturmaßnahmen sowie zu Trends;
2. Behördendatenbanken zu Maßnahmen anderer Hersteller wie bspw BfArM[38], SwissMedic[39], FDA – MAUDE – Manufacturer and User Facility Device Experience[40];
3. Datenbanken betreffend IT-Sicherheit wie bspw die NIST-Datenbank (National Institute of Standards and Technology) zu "Common Vulnerabilites and Exposures"[41], der

---

29 https://www.bsi.bund.de/DE/Themen/Unternehmen-und-Organisationen/Standards-und-Zertifizierung/IT-Grundschutz/it-grundschutz_node.html

30 Kap 4.1.1 IEC 81001-5-1

31 Kap 8.5 EN ISO 13485:2016

32 Kap 10 EN ISO 14971:2019 + A11:2021

33 Kap 9 IEC 62304:2006 + Cor.:2008 + A1:2015

34 Art 10 Abs 9 lit i iVm Anhang IX Medizinprodukte-VO

35 Art 84 Medizinprodukte-VO

36 Anhang III Medizinprodukte-VO

37 Anh XIV Teil B Kap 6.1 lit a Medizinprodukte-VO

38 https://www.bfarm.de/SiteGlobals/Forms/Suche/Expertensuche_Formular.html?nn=597716&cl2Categories_Format=kundeninfo

39 https://fsca.swissmedic.ch/mep/#/

40 https://www.accessdata.fda.gov/scripts/cdrh/cfdocs/cfmaude/search.cfm

41 https://nvd.nist.gov/

Warn- und Informationsdienst von CERT-Bund[42] und das Open Vulnerability Assessment System (OpenVAS) des Bundesamts für Sicherheit in der Informationstechnik[43];
4. Updates und Releasenotes von SOUP-Herstellern zu Software-Anomalien;
5. Einschlägige Fachliteratur oder technische Literatur;
6. Rückmeldungen von Anwendern, Händlern und Importeuren sowie Rückmeldungen und Beschwerden von Kunden[44];
7. Inhouse-Tests, in Software eingebaute Analytics-Tools unter Berücksichtigung der Datenschutz-Grundverordnung sowie Monitoring-Tools bei Software-as-a-Service-Anwendungen[45].

Werden im Rahmen der Überwachung nach dem Inverkehrbringen neue Risiken bekannt, führt dies zur Aktualisierung der Nutzen-Risiko-Abwägung und Verbesserung des Risikomanagements gemäß Anhang I Kapitel I Medizinprodukte-VO[46], der Dokumente zur Gebrauchstauglichkeit[47], Gebrauchsanweisung und Kennzeichnung[48], der klinischen Bewertung und bei Klasse III SaMD einer Aktualisierung des Kurzberichts über Sicherheit und klinischer Leistung[49]. **96**

Sind aufgrund des Verlaufes der Überwachung nach dem Inverkehrbringen Präventiv- oder Korrekturmaßnahmen erforderlich, werden diese über einen CAPA (Corrective and Preventive Action)-Prozess[50] ergriffen. **97**

Sollten Sicherheitskorrekturmaßnahmen im Feld notwendig sein oder schwerwiegende Vorkommnisse festgestellt werden, müssen entsprechende Meldungen an die zuständigen Behörden erfolgen. Selbiges gilt auch bei festgestellten Trends.[51] **98**

Im Softwarebereich wird als Präventiv- oder Korrekturmaßnahme zumeist ein Software-Patch oder ein SOUP-Update durchgeführt. Solche Risikobeherrschungsmaßnahmen müssen dabei geeignet sein, die Risiken auf einen akzeptablen Bereich zu mindern. Dabei legt die Prioritätenordnung bei den Risikobeherrschungsmaßnahmen[52] vorzugsweise ein inhärent sicheres Design fest, nachfolgend Schutzmaßnahmen im Medizinprodukt und zuletzt Sicherheitshinweise in der Gebrauchsanweisung bzw Schulungen von Anwendern. **99**

Zusammengefasst werden die Ergebnisse der Überwachung nach dem Inverkehrbringen in einem Bericht über die Überwachung nach dem Inverkehrbringen[53] für Produkte der Klasse **100**

---

42 https://wid.cert-bund.de/portal/wid/start
43 https://www.bsi.bund.de/DE/Themen/Unternehmen-und-Organisationen/Informationen-und-Empfehlungen/Freie-Software/Tools/OpenVAS/OpenVAS.html
44 Bei medizinischen Apps können hierzu bspw die Kundenbewertungen im Appstore herangezogen werden.
45 *Hastenteufel, Renaud,* Software als Medizinprodukt – Entwicklung und Zulassung von Software in der Medizintechnik (2019), 33.
46 Art 83 Abs 3 lit a Medizinprodukte-Verordnung
47 IEC 62366-1:2015 + AC:2015 + AMD1:2020
48 Art 83 Abs 3 lit b und lit f Medizinprodukte-Verordnung
49 Art 83 Abs 3 lit d iVm Art 32 Medizinprodukte-Verordnung
50 Kap 8.5 EN ISO 13485:2016
51 Art 87 ff Medizinprodukte-VO, MDCG 2023-3 "Questions and Answers on vigilance terms and concepts as outlined in the Regulation (EU) 2017/745 on medical devices"
52 Kap 7.1 EN ISO 14971:2019 + A11:2021 iVm Kap 7.2 IEC 62304:2006 + Cor.:2008 + A1:2015
53 Art 85 Medizinprodukte-VO

I bzw in einem regelmäßig aktualisierten Bericht über die Sicherheit[54], welcher bei Produkten der Klasse IIa mindestens alle 2 Jahre, bei Produkten der Klasse IIb und III mindestens einmal jährlich aktualisiert werden muss.

101 Letztendlich soll das Modul zu Vigilanz und Überwachung nach dem Inverkehrbringen in EUDAMED[55] den Austausch von Informationen aus der Überwachung zwischen den zuständigen Behörden erleichtern.

VIII. Abgrenzungsfragen, Judikatur [MSp]

102 Wie bereits eingangs erwähnt, ist neben der Fragestellung, ob die Software überhaupt die Definition eines Medizinproduktes erfüllt (=Zweckbestimmung), die Klassifizierung entscheidend. Im Softwarebereich ist hierfür die Regel 11[56] maßgeblich, welche prinzipiell sämtliche Klassen abdeckt. Bei Software, welche die Definition eines Medizinproduktes[57] erfüllt, aber fast immer eine diagnostische oder therapeutische Zielsetzung haben wird, ist gemäß der Regel 11 in den meisten Fällen von einer Klasse IIa und höher auszugehen, was das Einbinden einer Benannten Stelle ins Konformitätsbewertungsverfahren bedeutet.

103 Da der Zweckbestimmung und Klassifizierung eine sehr große Bedeutung zukommt, gibt es in Österreich die Möglichkeit eines Feststellungsverfahrens betreffend Abgrenzung und Klassifizierung. Hier sei auf die Kommentierung zu den §§ 10, 11 MPG verwiesen.

104 Abschließend sei noch auf einschlägige europäische Rechtsprechung im Bereich SaMD einzugehen, welche nur sehr spärlich vorhanden ist. Angeführt sei hier die im Software-Bereich maßgebliche EuGH-Entscheidung vom 07.12.2017 (C-329/16) zu Krankenhaus-Informationssystemen.

105 Hier hat der EuGH erkannt, dass Software, bei der eine der Funktionalitäten es ermöglicht, Patientendaten zu nutzen, um ua Kontraindikationen, Wechselwirkungen von Medikamenten und Überdosierungen festzustellen, in Bezug auf diese Funktionalität ein Medizinprodukt im Sinne dieser Bestimmungen darstellt, auch wenn diese Software nicht unmittelbar im oder am menschlichen Körper wirkt.

106 Somit gibt es Klarheit, dass bei einer modular aufgebauten Software im Sinne von Systemen und Behandlungseinheiten nur diejenigen Module, welche der Definition eines Medizinproduktes entsprechen, als solche zu qualifizieren sind und mit einer CE-Kennzeichnung versehen werden müssen, alle anderen Module hingegen nicht.

107 Da die Entwicklung von SaMD einer starken Dynamik unterliegt, wird es auch künftig weitere MDCG-Dokumente zur regulatorischen Thematik geben müssen. So sieht beispielsweise die Planung der MDCG eine Guideline zum rechtlichen Status von Software-Apps vor.[58]

---

54 Art 86 Medizinprodukte-VO, MDCG 2022-21 "Guidance on Periodic Safety Update Report (PSUR) according to Regulation (EU) 2017/745"

55 Art 33 Abs 2 lit f iVm Art 92 Medizinprodukte-VO

56 Anhang VIII 6.3 Medizinprodukte-VO; MDCG 2021-24 "Guidance on classification of medical devices", October 2021; MDCG 2019-11 "Guidance on Qualification and Classification of Software", October 2019; IMDRF "Software as a Medical Device": Possible Framework for Risk Categorization and Corresponding Considerations, 18.09.2014

57 Art 2 Ziff 1 Medizinprodukte-VO

58 https://health.ec.europa.eu/document/download/f588a5c8-57af-48aa-808f-1d9c02f4925a_en?filename=mdcg_ongoing-guidance.pdf

§ 2 Zuständige Behörde

(1) Zuständige nationale Behörde im Sinne der Verordnung (EU) Nr. 745/2017 und der Verordnung (EU) Nr. 746/2017 über In-vitro-Diagnostika und zur Aufhebung der Richtlinie 98/79/EG und des Beschlusses 2010/227/EU der Kommission, ABl. Nr. L 117 vom 05.05.2017, S 176, ist das Bundesamt für Sicherheit im Gesundheitswesen.

(2) Marktüberwachungsbehörde im Sinne der Verordnung (EU) Nr. 2019/1020 über Marktüberwachung und die Konformität von Produkten sowie zur Änderung der Richtlinie 2004/42/EG und der Verordnungen (EG) Nr. 765/2008 und (EU) Nr. 305/2011, ABl. Nr. L 169 vom 25.06.2019 S. 1, und die für Benannte Stellen zuständige Behörde im Sinne der Verordnungen (EU) Nr. 745/2017 und Nr. 746/2017 ist das Bundesamt für Sicherheit im Gesundheitswesen.

(3) Für das Erstellen und das regelmäßige Aktualisieren sowie Durchführen des Marktüberwachungsprogramms ist das Bundesamt für Sicherheit im Gesundheitswesen zuständig. Die jährliche Planung erfolgt in Abstimmung mit dem Bundesministerium für Soziales, Gesundheit, Pflege und Konsumentenschutz und ist von diesem freizugeben.

(4) Das Bundesministerium für Soziales, Gesundheit, Pflege und Konsumentenschutz ist für die Überprüfung der Funktionsweise der Marktüberwachungstätigkeit durch das Bundesamt für Sicherheit im Gesundheitswesen und dem damit einhergehenden Berichtswesen zuständig.

Beachte für die Bestimmung: Tritt hinsichtlich In-vitro-Diagnostika am 26.5.2022 in Kraft (vgl § 91 Abs 1).

Fassung: BGBl I 2023/27

Literatur: *Andreaus*, Praxishandbuch Gesundheitsrecht (2015); *Gassner*, Die neue Medizinprodukteverordnung (2018); *Gassner*, Neues EU-Medizinprodukterecht ante portas, RdM 2018, 124; *Geiß/Felz*, Das neue Recht der Marktüberwachung im digitalen Zeitalter, NJW 2019, 2961; *Gerontas*, Europäisierung und Internationalisierung des Verwaltungshandelns (2011); *Giesberts/Gayger* in *Ehring/Taeger* (Hrsg), Produkthaftungs- und Produktsicherheitsrecht (2022) Art 11 Marktüberwachungs-VO; *Göttschkes,* Neuer Rechtsrahmen für Medizinprodukte, Management & Krankenhaus 2017, 9; *Grabenwarter/Griller/Holoubek*, Europäisches und öffentliches Wirtschaftsrecht II[5] (2010); *Graf*, Die neue Europäische Verordnung über Medizinprodukte (MDR) – Erste Informationen zur praktischen Umsetzung, MPR 2016, 214; *Handorn/Holzapfel*, Betreiberspezifische Aspekte der neuen Europäischen Medizinprodukteverordnung, GuP 2017, 188; *Handorn/Schucht*, Die EU-Marktüberwachungsverordnung – neuer Rechtsrahmen für die Marktüberwachung (auch) von Medizinprodukten und In-vitro-Diagnostika, MPR 2021, 59; *Hauser*, OGH: Amtshaftung für fehlerhaftes behördliches Handeln gemäß Medizinproduktegesetz, JMG 2023, 357; *Heinrich*, Die Auslegung von europäischen Richtlinien und Verordnungen, ÖJZ 2011, 1068; *Hill*, Die neue EU-Verordnung über Medizinprodukte (MDR), MPR 2017, 109; *Hofmann/Schreck* in *Neumayr/Resch/Wallner* (Hrsg), GmundKomm[2] Art 10 Medizinprodukte-VO (Stand 1.1.2022, rdb.at); *Klindt* in *Klindt* (Hrsg), Produktsicherheitsgesetz[3] (2021) Einführung; *Jakobs/Huber*, Software als Medizinprodukt: Haftungs- und versicherungsrechtliche Aspekte, MPR 2019, 1; *Köbler*, Was bringt die neue Medizinprodukteverordnung? GuP 2018, 132; *Krey/Kapoor*, Praxisleitfaden Produktsicherheitsrecht[3] (2017) 176; *Königshofer,* Medizinprodukterecht, in *Resch/Wallner* (Hrsg), Handbuch Medizinrecht[3] (2020); *Larcher/Beiglböck*, Das neue österreichische Medizinproduktegesetz 2021, RdM 2021, 131; *Leidwein*, Rechtsträger AGES: Amt, Unternehmen und Forschungseinrichtung, in *Norer/Holzer* (Hrsg), Jahrbuch Agrarrecht 2016, 235; *Leischner-Lenzhofer*, Informationspflichten des Bundesamts für Sicherheit im Gesundheitswesen bei Implantaten. Zugleich Anmerkungen zu OGH 25.4.2023, 1 Ob 39/23a und zur MPG-Novelle BGBl I 2023/27, RdM 2024, 3; *Lippert,* Der Verkehr mit Medizinprodukten und In-vitro-Diagnostika in Deutschland nach den Verordnungen der EU, MedR 2017, 614; *Mader* in *Schwimann/Kodek* (Hrsg), ABGB: Praxiskommentar VII[5] (2022) § 1 AHG; *Messner-Kreuzbauer*, Amtshaftung für Medizinprodukt („Spirale“), EvBl 2024, 25; *Paar*, Amtshaftung und Produkthaftung wegen gebrochener Spiralen, RdM

2024, 27; *Pünder*, Zertifizierung und Akkreditierung – private Qualitätskontrolle unter staatlicher Gewährleistungsverantwortung, ZHR 2006, 567; *Raschauer*, Amtshaftung und Finanzmarktaufsicht, ÖBA 2004, 338; *Rehmann* in *Rehmann/Wagner* (Hrsg), Medizinproduktegesetz (MPG)[3] (2018) Regelungszweck Medizinprodukte-VO; *Rehmann* in *Rehmann/Wagner* (Hrsg), Medizinproduktegesetz (MPG)[3] (2018) Art 95 Medizinprodukte-VO; *Rehmann* in *Rehmann/Wagner* (Hrsg), Medizinproduktegesetz (MPG)[3] (2018) Art 35 Medizinprodukte-VO; *Rief*, Ungewollte Schwangerschaft / Geburt trotz Spirale: Ersatz der daraus resultierenden Vermögensnachteile? JMG 2024, 36; *Rief*, Implantierbare Medizinprodukte der Klasse III (2021); *Rott*, Certification of Medical Devices: Lessons from the PIP Scandal, in *Rott* (Hrsg), Certification – Trust, Accountability, Liability (2019) 189; *Röhl*, Akkreditierung und Zertifizierung im Produktsicherheitsrecht (2000); *Schucht* in *Klindt* (Hrsg), Produktsicherheitsgesetz[3] (2021) § 26; *Schucht*, Produktvertrieb im Online-Handel unter der neuen EU-Marktüberwachungsverordnung, NJW 2021, 2392; *Schucht*, Die neue EU-Marktüberwachungsverordnung, GewA 2020, 259; *Schumann*, Bauelemente des europäischen Produktsicherheitsrecht (2007); *Schragel*, AHG[3] (2003); *Schroeder de Castro Lopes/Schallnau*, Life Science Law (2019); *Semp* in *Aigner/Kletečka/Kletečka-Pulker/Memmer* (Hrsg), Handbuch Medizinrecht Kap V.1 (Stand 1.5.2023, rdb.at); *Sträter*, Europäische Regulierung des Medizinprodukterechts, NZS 2020, 530; *Steinböck/Kopetzki*, Amtshaftung bei unterlassener „Mitteilung“ durch das BASG über Materialfehler von Spiralen? RdM 2024, 25; *Vcelouch* in *Jaeger/Stöger* (Hrsg), EUV/AEUV Art 288 AEUV (Stand 1.11.2017, rdb.at); *Weiß*, Die rechtliche Gewährleistung der Produktsicherheit (2008).

Rechtsprechung: BVwG 22.6.2020, W147 2217204-1; OGH 25.4.2023, 1 Ob 39/23a; OGH 27.6.2023, 1 Ob 28/23h; EuGH 16.2.2017, C-219/15, *Schmitt/TÜV Rheinland LGA Products GmbH*; EuGH 14.6.2007, C-6/05, *Medipac-Kazantzidis AE/ Venizeleio-Pananeio (PE.S.Y. KRITIS)*; GA Sharpston 15.9.2016, C-219/15, *Schmitt/TÜV Rheinland LGA Products GmbH.*

Inhaltsverzeichnis

I. Abs 1

A. Überblick

Gem § 2 Abs 1 ist das Bundesamt für Sicherheit im Gesundheitswesen („BASG“) die „zuständige nationale Behörde“ iSd Medizinprodukte-VO bzw der IvD-VO. Das BASG ist somit für die Vollziehung der Medizinprodukte-VO bzw der IvD-VO in Österreich zuständig.[1] 1

Diese Zuständigkeit umfasst insbesondere folgende Aufgaben:[2] 2

- Entscheidung über die Klassifizierung von Produkten bei Meinungsverschiedenheiten zwischen Benannten Stellen und Herstellern;[3]
- Genehmigung von Ausnahmen von den Konformitätsverfahren;[4]
- Ausstellung von Freiverkaufszertifikaten;[5]
- Genehmigung von klinischen Prüfungen[6] und Leistungsstudien[7];
- Ergreifen von Korrekturmaßnahmen iZm klinischen Prüfungen[8] und Leistungsstudien[9];[10]
- Genehmigung von wesentlichen Änderungen von klinischen Prüfungen gem Art 75 Medizinprodukte-VO oder von wesentlichen Änderungen Leistungsstudie gem Art 73 IvD-VO;[11]
- Aufgaben iZm der Vigilanz (zB Bewertung von Meldungen über schwerwiegende Vorkommnisse und von Sicherheitskorrekturmaßnahmen im Feld oder Überwachung der Untersuchung eines schwerwiegenden Vorkommnisses durch den Hersteller);[12]
- Marktüberwachung;[13]

---

1 AB 884 BlgNR 27. GP 2; Art 101 Medizinprodukte-VO; Art 96 IvD-VO; *Semp* in *Aigner/Kletečka/Kletečka-Pulker/Memmer* (Hrsg), Handbuch Medizinrecht Kap V.1.1.1 (Stand 1.5.2023, rdb.at); *Königshofer,* Medizinprodukterecht, in *Resch/Wallner* (Hrsg), Handbuch Medizinrecht[3] (2020) Rz 231; *Larcher/Beiglböck*, Das neue österreichische Medizinproduktegesetz 2021, RdM 2021, 131; *Leischner-Lenzhofer*, Informationspflichten des Bundesamts für Sicherheit im Gesundheitswesen bei Implantaten. Zugleich Anmerkungen zu OGH 25.4.2023, 1 Ob 39/23a und zur MPG-Novelle BGBl I 2023/27, RdM 2024, 3.

2 Siehe hierzu auch *Renhardt*, BASG – Gespräch, https://eventmaker.at/uploads/13561/downloads/02_basg-gespraech_20190327_nationaler_regelungsbedarf_-_status_des_neuen_mpg_mr.pdf?force_download=1 (abgefragt am 1.4.2024).

3 Art 51 Abs 2 Medizinprodukte-VO; Art 47 Abs 2 IvD-VO.

4 Art 59 Medizinprodukte-VO; Art 54 IvD-VO.

5 Art 60 Medizinprodukte-VO; Art 55 IvD-VO; *BASG/AGES,* Anleitung zur Beantragung eines Freiverkaufszertifikates, https://www.basg.gv.at/fileadmin/redakteure/01_Formulare_Listen/I/L_I260_Anleitung_Beantragung_Freiverkaufszertifikat.pdf (abgefragt am 1.4.2024).

6 Art 70 Medizinprodukte-VO; *AGES*, Leitfaden zur Einreichung und Durchführung von Klinischen Prüfungen von Medizinprodukten gemäß VO (EU) 2017/745, https://www.basg.gv.at/fileadmin/redakteure/06_Gesundheitsberufe/Klinische_Studien/MPG/L_I268_Leitfaden_KP_MDR.pdf (abgefragt am 1.4.2024).

7 Art 66 IvD-VO.

8 Art 76 Medizinprodukte-VO.

9 Art 72 IvD-VO.

10 § 31 Abs 5.

11 § 24.

12 Art 89 Medizinprodukte-VO; Art 84 IvD-VO.

13 Art 93 ff Medizinprodukte-VO; Art 88 ff IvD-VO; AB 884 BlgNR 27. GP 8; siehe hierzu Rz 6 ff.

- Überwachung der Herstellerpflicht gem Art 10 Abs 16 Medizinprodukte-VO bzw Art 10 Abs 15 IvD-VO[14] (angemessene Vorkehrungen, um eine ausreichende finanzielle Deckung der potenziellen Haftung gem der PH-RL[15] zu gewährleisten) im Rahmen der proaktiven[16] und reaktiven[17] Marktüberwachung.[18]

3 Neben der Vollziehung der Medizinprodukte-VO bzw der IvD-VO ist das BASG auch für die Vollziehung des MPG 2021 zuständig.[19] Dies gilt, soweit dem BASG nach den Bestimmungen des MPG 2021 die Vollziehung zukommt,[20] zB iZm:

- Sprachanforderungen;[21]
- Sonderanfertigungen;[22]
- Feststellungsverfahren (Entscheidung über Einstufung und Klassifizierung eines Produkts auf Antrag eines Herstellers oder dessen Bevollmächtigten, die ihren Sitz im Inland haben);[23]
- Überwachung von Betrieben, Einrichtungen oder Personen, die bestimmte Tätigkeiten iZm Medizinprodukten oder IvD berufs- oder gewerbsmäßig ausüben („ungeachtet der Überwachung der Wirtschaftsakteure gem Art 93 Medizinprodukte-VO bzw Art 88 IvD-VO");[24]

---

14 *Hofmann/Schreck* in *Neumayr/Resch/Wallner* (Hrsg), GmundKomm[2] Art 10 Medizinprodukte-VO Rz 12 (Stand 1.1.2022, rdb.at).

15 RL 85/374/EWG des Rates vom 25. Juli 1985 zur Angleichung der Rechts- und Verwaltungsvorschriften der Mitgliedstaaten über die Haftung für fehlerhafte Produkte, ABl L 1985/210, 29 (kurz: „PH-RL").

16 Art 93 Abs 1 Medizinprodukte-VO bzw Art 88 Abs 1 IvD-VO („Übereinstimmung der Merkmale und der Leistung von Produkten"); zum Begriff der proaktiven Marktüberwachung siehe sogleich Rz 10.

17 Art 94 lit b Medizinprodukte-VO bzw Art 89 lit b IvD-VO („anderweitig nicht die in dieser Verordnung niedergelegten Anforderungen erfüllt"); zum Begriff der reaktiven Marktüberwachung siehe sogleich Rz 10f.

18 Nach der Meinung des Autors ergibt sich diese Zuständigkeit des BASG aus dem Grundsatz des effet utile (Gebot der praktischen Wirksamkeit), siehe dazu: *Heinrich*, Die Auslegung von europäischen Richtlinien und Verordnungen, ÖJZ 2011, 1068 (1071); zur krit Lit, wonach die Medizinprodukte-VO bzw die IvD-VO die Zuständigkeit zur Überwachung dieser Herstellerpflicht nicht ausdrücklich festlegt, siehe *Wiesflecker*, Stellungnahme zum Entwurf MPG 2021, https://www.parlament.gv.at/PAKT/VHG/XXVII/SNME/SNME_87383/index.shtml (5, abgefragt am 1.4.2024) mit Verweis auf: *Jakobs/Huber*, Software als Medizinprodukt: Haftungs- und versicherungsrechtliche Aspekte, MPR 2019, 1 (5); *Rott*, Certification of Medical Devices: Lessons from the PIP Scandal, in *Rott* (Hrsg), Certification – Trust, Accountability, Liability (2019) 189 (206); *Graf*, Die neue Europäische Verordnung über Medizinprodukte (MDR) – Erste Informationen zur praktischen Umsetzung, MPR 2016, 214 (215).

19 § 6a Abs 1 Z 4 Bundesgesetz, mit dem die Österreichische Agentur für Gesundheit und Ernährungssicherheit GmbH errichtet und das Bundesamt für Ernährungssicherheit sowie das Bundesamt für Sicherheit im Gesundheitswesen eingerichtet werden (Gesundheits- und Ernährungssicherheitsgesetz – GESG) BGBl I 2002/63 idF BGBl I 2021/256; *Semp* in *Aigner/Kletečka/Kletečka-Pulker/Memmer* Kap V.1.1.1.

20 § 6a Abs 1 Z 4 GESG.

21 § 7 Abs 3.

22 § 8.

23 § 10.

24 § 38 Abs 1 iVm Abs 2; AB 884 BlgNR 27. GP 8.

- Überwachung von Prüf-, Inspektions- und Zertifizierungsstellen (soweit diese „akkreditierte Stellen“ gemäß AkkG 2012[25] sind) im Einvernehmen mit dem BDW;[26]
- Meldestelle für Meldungen gem § 40[27] sowie von Meldungen bei „Verdacht auf Fälschung“ gemäß Art 2 Z 9 Medizinprodukte-VO oder Art 2 Z 10 IvD-VO[28]; und
- Genehmigung der Herstellung, der Lagerung und des Handels mit Medizinprodukten bzw IvD durch bestimmte Betriebe (Voraussetzung hierfür ist: Erlass einer diesbezüglichen Verordnung durch den BSGPK).[29]

Das BASG hat bei der Wahrnehmung seiner Aufgaben als Behörde das AVG[30] anzuwenden.[31] Bescheide des BASG sind mittels Bescheidbeschwerde beim BVwG anfechtbar.[32] 4

Das in Österreich anzuwendende Medizinprodukterecht setzt sich sowohl aus Unionsrecht 5 als auch aus nationalem Recht zusammen. Bei der Vollziehung des Medizinprodukterechts ist daher das unionsrechtliche Prinzip des Anwendungsvorrangs zu beachten.[33] Das MPG 2021 ist nur insoweit anwendbar, als es Bereiche betrifft, die nationale Gesetzgeber ergänzend zur Medizinprodukte-VO bzw zur IvD-VO regulieren dürfen (zB die Anwendung sowie das Betreiben von Medizinprodukten[34] oder die Ausstattung der zuständigen Behörden mit den erforderlichen Befugnissen[35]).[36] Soweit nationale Gesetze den Bestimmungen der – unmittelbar wirksamen und verbindlichen[37] – Medizinprodukte-VO bzw IvD-VO widersprechen, sind diese nicht anzuwenden.[38]

---

25 Bundesgesetz über die Akkreditierung von Konformitätsbewertungsstellen (Akkreditierungsgesetz 2012 – AkkG 2012) BGBl I 2012/28.

26 § 39 Abs 2.

27 § 40 Abs 1.

28 § 40 Abs 4.

29 § 65 Abs 4.

30 Allgemeines Verwaltungsverfahrensgesetz 1991 – AVG BGBl 1991/51.

31 § 6a Abs 3 GESG; *Hofmann/Schreck* in *Neumayr/Resch/Wallner* (Hrsg), GmundKomm² Art 101 Medizinprodukte-VO Rz 1 (Stand 1.1.2022, rdb.at).

32 *Leidwein*, Rechtsträger AGES: Amt, Unternehmen und Forschungseinrichtung, in *Norer/Holzer* (Hrsg), Jahrbuch Agrarrecht 2016, 235 (244); siehe auch BVwG 22.06.2020, W147 2217204-1.

33 Für nähere Details zum Anwendungsvorrang siehe *Vcelouch* in *Jaeger/Stöger* (Hrsg), EUV/AEUV Art 288 AEUV Rz 25 (Stand 1.11.2017, rdb.at) mwN.

34 *Göttschkes*, Neuer Rechtsrahmen für Medizinprodukte, Management & Krankenhaus 2017, 9; *Handorn/Holzapfel*, Betreiberspezifische Aspekte der neuen Europäischen Medizinprodukteverordnung, GuP 2017, 188 (189); *Rief*, Implantierbare Medizinprodukte der Klasse III (2021) 27.

35 Art 101 Medizinprodukte-VO; Art 96 IvD-VO.

36 *Göttschkes*, Management & Krankenhaus 2017, 9; *Vcelouch* in *Jaeger/Stöger* Art 288 AEUV Rz 21; AB 884 BlgNR 27. GP 2; *Renhardt*, BASG – Gespräch, https://eventmaker.at/uploads/13561/downloads/02_basg-gespraech_20190327_nationaler_regelungsbedarf_-_status_des_neuen_mpg_mr.pdf?force_download=1 (10, abgefragt am 1.4.2024); *Königshofer* in *Resch/Wallner*, Medizinrecht³ Rz 231 ff.

37 AB 884 BlgNR 27. GP 2; *Semp* in *Aigner/Kletečka/Kletečka-Pulker/Memmer* Kap V.1.1 (Stand 1.5.2023, rdb.at); *Königshofer* in *Resch/Wallner*, Medizinrecht³ Rz 231; *Sträter*, Europäische Regulierung des Medizinprodukterechts, NZS 2020, 530 (532); *Gassner*, Neues EU-Medizinprodukterecht ante portas, RdM 2018, 124.

38 *Vcelouch* in *Jaeger/Stöger* Art 288 AEUV Rz 23; siehe auch: *Köbler*, Was bringt die neue Medizinprodukteverordnung? GuP 2018, 132; *Königshofer* in *Resch/Wallner*, Medizinrecht³ Rz 231.

B. Marktüberwachung iSd Medizinprodukte-VO bzw der IvD-VO

1. Allgemeines

6 Die Marktüberwachung ist primär unionsrechtlich reguliert (durch die Medizinprodukte-VO bzw die IvD-VO [und subsidiär durch die Marktüberwachungs-VO[39]]).[40] IdS heben die Gesetzesmaterialien klarstellend hervor: „Die Marktüberwachung bestimmter Wirtschaftsakteure, etwa Hersteller, Bevollmächtigte [sic!], Importeure und Händler, ist nunmehr durch die EU-Verordnung geregelt."[41]

7 Die Tätigkeit der „Marktüberwachung" iSd Medizinprodukte-VO bzw der IvD-VO stellt eine – von den jeweiligen zuständigen nationalen Behörden der Mitgliedsstaaten zu erfüllende[42] – hoheitliche Aufgabe dar.[43] Das heißt: Im Vollziehungsbereich der Marktüberwachung ist das Amtshaftungsrecht anwendbar.[44]

8 Im Medizinprodukterecht erfüllt die Marktüberwachung die Funktion einer „Nachmarktkontrolle".[45] MaW beginnt die Marktüberwachung erst ab dem Zeitpunkt des Inverkehrbringens eines Produkts; sie bezieht sich auf Produkte, die sich bereits auf dem Markt befinden.[46]

9 Die Marktüberwachung soll zum einen die Produktkonformität sicherstellen und zum anderen die Gefährdung von – im öffentlichen Interesse schützenswerten – Rechtsgütern (zB

[39] Siehe Rz 18 ff.

[40] AB 884 BlgNR 27. GP 8; *Semp* in *Aigner/Kletečka/Kletečka-Pulker/Memmer* Kap V.1.1; *Larcher/Beiglböck*, RdM 2021, 133.

[41] AB 884 BlgNR 27. GP 8; krit *Rief*, § 38 Rz 10 ff.

[42] EuGH 14.6.2007, C-6/05, *Medipac-Kazantzidis AE/ Venizeleio-Pananeio (PE.S.Y. KRITIS)* Rz 48 ff; siehe auch: Art 101 Medizinprodukte-VO; Art 96 IvD-VO; Art 10 Abs 2 VO (EU) 2019/1020 des Europäischen Parlaments und des Rates vom 20. Juni 2019 über Marktüberwachung und die Konformität von Produkten sowie zur Änderung der RL 2004/42/EG und der VO (EG) 765/2008 und (EU) 305/2011, ABl L 2019/169, 1 (kurz: „Marktüberwachungs-VO").

[43] *Gassner*, Die neue Medizinprodukteverordnung (2018) 45; *Krey/Kapoor*, Praxisleitfaden Produktsicherheitsrecht[3] (2017) 176; *Pünder*, Zertifizierung und Akkreditierung – private Qualitätskontrolle unter staatlicher Gewährleistungsverantwortung, ZHR 2006, 567 (595).

[44] OGH 27.6.2023, 1 Ob 28/23h, siehe dazu: *Rief*, Ungewollte Schwangerschaft/Geburt trotz Spirale: Ersatz der daraus resultierenden Vermögensnachteile? JMG 2024, 36; *Paar*, Amtshaftung und Produkthaftung wegen gebrochener Spiralen, RdM 2024, 27; OGH 25.4.2023, 1 Ob 39/23a, siehe dazu: *Hauser*, OGH: Amtshaftung für fehlerhaftes behördliches Handeln gemäß Medizinproduktegesetz, JMG 2023, 357; *Leischner-Lenzhofer*, Informationspflichten des Bundesamts für Sicherheit im Gesundheitswesen bei Implantaten. Zugleich Anmerkungen zu OGH 25.4.2023, 1 Ob 39/23a und zur MPG-Novelle BGBl I 2023/27, RdM 2024, 3; *Messner-Kreuzbauer*, Amtshaftung für Medizinprodukt („Spirale"), EvBl 2024, 25; *Steinböck/Kopetzki*, Amtshaftung bei unterlassener „Mitteilung" durch das BASG über Materialfehler von Spiralen? RdM 2024, 25.

[45] *Gassner*, Medizinprodukteverordnung 43; *Grabenwarter/Griller/Holoubek*, Europäisches und öffentliches Wirtschaftsrecht II[5] (2010) 82; *Weiß*, Die rechtliche Gewährleistung der Produktsicherheit (2008) 374; *EK*, Bekanntmachung der Kommission – Leitfaden für die Umsetzung der Produktvorschriften der EU 2016 („Blue Guide"), ABl C 2016/272, 18 (99); zum Unterschied zwischen „Vormarktkontrolle" und „Nachmarktkontrolle" siehe: *Rief*, Implantierbare Medizinprodukte 159 f mwN.

[46] ErläutRV 313 BlgNR 22. GP 57; *Grabenwarter/Griller/Holoubek*, Wirtschaftsrecht II[5] 82; *Schumann*, Bauelemente des europäischen Produktsicherheitsrecht (2007) 79; *Gerontas*, Europäisierung und Internationalisierung des Verwaltungshandelns (2011) 52 f; *Röhl*, Akkreditierung und Zertifizierung im Produktsicherheitsrecht (2000) 4; *Rief*, Implantierbare Medizinprodukte 159 f mwN.

die Gesundheit[47]) abwehren.[48] Die Marktüberwachung dient ua dem Schutz von Patienten als „Endempfänger der Medizinprodukte“[49].[50]

Man unterscheidet zwischen proaktiver und reaktiver Marktüberwachung: Während die proaktive Marktüberwachung (Kontrolle der Produktkonformität anhand „angemessener Stichproben“[51]) jedenfalls zu erfolgen hat, setzt die reaktive Marktüberwachung einen Anlassgrund voraus (zB den „Grund zu der Annahme“ eines unvertretbaren Risikos für die Patientensicherheit[52]).[53] 10

2. Reaktive Marktüberwachung

Das Verfahren der reaktiven Marktüberwachung lässt sich – vereinfacht dargestellt – in drei Stufen[54] untergliedern: 11

- Hat die Marktüberwachungsbehörde „Grund zu der Annahme“[55], dass ein Compliance-Verstoß[56] vorliegen könnte, untersucht sie das betreffende Produkt (Anlassgrund und Bewertung).[57]
- Bestätigt sich die Annahme des Compliance-Verstoßes durch die Bewertung des betreffenden Produkts, fordert die Marktüberwachungsbehörde den Hersteller oder andere Wirtschaftsakteure dazu auf, Korrekturmaßnahmen durchzuführen (behördliche Aufforderung zur freiwilligen Durchführung von Korrekturmaßnahmen).[58]

---

47 Zum Ziel des Patientenschutzes nach der Medizinprodukte-VO bzw der IvD-VO, siehe: *Schroeder de Castro Lopes/Schallnau*, Life Science Law (2019) 94; *Rehmann* in *Rehmann/Wagner* (Hrsg), Medizinproduktegesetz (MPG)[3] (2018) Regelungszweck Medizinprodukte-VO Rz 2; *Gassner*, RdM 2018, 124; *Lippert,* Der Verkehr mit Medizinprodukten und In-vitro-Diagnostika in Deutschland nach den Verordnungen der EU, MedR 2017, 614 (615); *Hill*, Die neue EU-Verordnung über Medizinprodukte (MDR), MPR 2017, 109 (114); EuGH 16.2.2017, C-219/15, *Schmitt/TÜV Rheinland LGA Products GmbH* Rz 50.

48 Art 1 Abs 1 Marktüberwachungs-VO; ErwG 9 Marktüberwachungs-VO; Art 2 Z 61 Medizinprodukte-VO; Art 2 Z 64 IvD-VO; GA Sharpston 15.09.2016, C-219/15, *Schmitt/TÜV Rheinland LGA Products GmbH* Rz 49; *Rief*, Implantierbare Medizinprodukte 158 f mwN.

49 EuGH 16.2.2017, C-219/15, *Schmitt/TÜV Rheinland LGA Products GmbH* Rz 50.

50 EuGH 16.2.2017, C-219/15, *Schmitt/TÜV Rheinland LGA Products GmbH* Rz 50 ff.

51 Art 93 Medizinprodukte-VO; Art 88 IvD-VO.

52 Art 94 Medizinprodukte-VO; Art 89 IvD-VO.

53 *Rief*, Implantierbare Medizinprodukte 162 ff mwN; *BEV – Bundesamt für Eich- und Vermessungswesen*, Nationale Marktüberwachungsstrategie der Republik Österreich gemäß Art 13 der VO (EU) 2019/1020. Geltungsperiode: 2022 bis 2025 (2022) 80; *Schucht* in *Klindt* (Hrsg), Produktsicherheitsgesetz[3] (2021) § 26 Rz 8.

54 *Handorn/Schucht*, Die EU-Marktüberwachungsverordnung – neuer Rechtsrahmen für die Marktüberwachung (auch) von Medizinprodukten und In-vitro-Diagnostika, MPR 2021, 59.

55 Art 94 Medizinprodukte-VO; Art 89 IvD-VO; vgl dazu § 43 („begründeter Verdacht“).

56 ZB „Grund zu der Annahme, dass ein Produkt ein unvertretbares Risiko für die Gesundheit oder Sicherheit der Patienten, Anwender oder anderer Personen oder für andere Aspekte des Schutzes der öffentlichen Gesundheit darstellen kann“ (Art 94 lit a Medizinprodukte-VO).

57 Art 94 Medizinprodukte-VO; Art 89 IvD-VO; *Rief*, Implantierbare Medizinprodukte 162 ff mwN.

58 Art 95 Abs 1 Medizinprodukte-VO; Art 90 Abs 1 IvD-VO; *Rief*, Implantierbare Medizinprodukte 165 f mwN; vgl dazu § 38 Abs 4 (spezielle iZm der „Überwachung von Gesundheitseinrichtungen oder von Personen, die berufs- oder gewerbsmäßig Medizinprodukte anwenden oder betreiben“).

- Führt der Hersteller diese Korrekturmaßnahmen nicht fristgerecht durch, ergreift die Marktüberwachungsbehörde „alle geeigneten Maßnahmen, um die Bereitstellung des Produkts auf ihrem nationalen Markt zu untersagen oder einzuschränken, das Produkt vom Markt zu nehmen oder zurückzurufen“[59] (behördliche Maßnahmen).[60]

12 Zusätzlich besteht in Fällen, in denen die Bewertung des Produkts (bloß) auf „ein potenzielles Risiko […] hinweist“[61], die Möglichkeit, „präventive Gesundheitsschutzmaßnahmen[62] zu setzen.[63]

13 Normadressaten der reaktiven Marktüberwachung sind die Wirtschaftsakteure[64].[65]

C. BASG und AGES

14 Das BASG ist eine dem BSGPK unmittelbar nachgeordnete Behörde[66] und diesem gegenüber weisungsgebunden.[67]

15 Als „Träger der hoheitlichen Aufgaben“[68] bedient sich das BASG[69] bei der Vollziehung des Medizinprodukterechts der Österreichischen Agentur für Gesundheit und Ernährungssicherheit GmbH („AGES“).[70] Nichtsdestotrotz werden die hoheitlichen Akte, Kontrollaktivitäten und Maßnahmenanordnungen dem BASG zugerechnet.[71]

---

[59] Art 95 Abs 4 Medizinprodukte-VO; Art 90 Abs 4 IvD-VO.

[60] Art 95 Abs 4 Medizinprodukte-VO; Art 90 Abs 4 IvD-VO; *Rief*, Implantierbare Medizinprodukte 166f mwN.

[61] Art 98 Abs 1 Medizinprodukte-VO; Art 93 Abs 1 IvD-VO.

[62] Art 98 Abs 1 Medizinprodukte-VO; Art 93 Abs 1 IvD-VO.

[63] Art 98 Abs 1 Medizinprodukte-VO; Art 93 Abs 1 IvD-VO; *Rehmann* in *Rehmann/Wagner* (Hrsg), Medizinproduktegesetz (MPG)³ (2018) Art 95 Medizinprodukte-VO Rz 207; *Rief*, Implantierbare Medizinprodukte 167f mwN.

[64] Zum Begriff „Wirtschaftsakteur“ siehe: Art 2 Z 35 Medizinprodukte-VO; Art 2 Z 28 IvD-VO („‚Wirtschaftsakteur‘ bezeichnet einen Hersteller, einen bevollmächtigten Vertreter, einen Importeur, einen Händler und die in Artikel 22 Absätze 1 und 3 genannte Person“).

[65] Siehe Art 96 Abs 1 Medizinprodukte-VO bzw Art 91 Abs 1 IvD-VO („Anhörung der betroffenen Wirtschaftsakteure“); Art 97 Abs 1 Medizinprodukte-VO bzw Art 92 Abs 1 IvD-VO; Art 98 Abs 3 Medizinprodukte-VO bzw Art 93 Abs 3 IvD-VO („in Absprache mit […] den betroffenen Wirtschaftsakteuren“).

[66] Präziser: eine Behörde im funktionellen Sinn.

[67] § 6a Abs 2 GESG; *Hofmann/Schreck* in *Neumayr/Resch/Wallner*, GmundKomm² Art 101 Medizinprodukte-VO Rz 1; *Leidwein* in *Norer/Holzer*, Jahrbuch, 244.

[68] *Rechnungshof Österreich*, Bundesamt für Sicherheit im Gesundheitswesen und AGES Medizinmarktaufsicht, https://www.parlament.gv.at/PAKT/VHG/XXVI/III/III_00064/imfname_676293.pdf (12, abgefragt am 1.4.2024).

[69] Das BASG besteht aus drei Mitgliedern (§ 6a Abs 4 GESG).

[70] § 6a Abs 5 GESG; *Larcher/Beiglböck*, RdM 2021, 132; *Rechnungshof Österreich*, Bundesamt für Sicherheit im Gesundheitswesen und AGES Medizinmarktaufsicht, https://www.parlament.gv.at/PAKT/VHG/XXVI/III/III_00064/imfname_676293.pdf (12, abgefragt am 1.4.2024); *Leidwein* in *Norer/Holzer*, Jahrbuch, 259; *Andreaus*, Praxishandbuch Gesundheitsrecht (2015) 36.

[71] *Leidwein* in *Norer/Holzer*, Jahrbuch, 243; siehe auch OGH 25.4.2023, 1 Ob 39/23a (zur Amtshaftung bei Verstößen des BASG gegen die Aufsichts-, Überwachungs- und Informationspflichten gem Bundesgesetz betreffend Medizinprodukte [MPG 1996]).

16 Die AGES, ein „privatrechtlich organisiertes Unternehmen“[72], wird als „privatwirtschaftlich organisierter Ressourcenträger“[73] bzw als ein „nach außen auftretende[r] BASG-Hilfskörper“[74] beschrieben; sie hat ua folgende Aufgaben für das BASG zu erfüllen:[75]

- Bereitstellung der erforderlichen Mittel (Personal-, Sach- und Finanzmittel) zur Wahrnehmung der Aufgaben des BASG;[76] und
- Untersuchung und Bewertung von Medizinprodukten sowie die Marktüberwachung des Medizinproduktemarktes.[77]

17 Gemäß § 19 Abs 5 gilt die AGES als Körperschaft öffentlichen Rechts iSd AHG[78] und des OrgHG[79].[80]

II. Abs 2

A. Überblick

18 § 2 Abs 2 bestimmt das BASG zur „Marktüberwachungsbehörde“ iSd Marktüberwachungs-VO[81] und zur „für die Benannte Stelle zuständige Behörde“ iSd Medizinprodukte-VO bzw der IvD-VO[82].

---

72 *Leidwein* in *Norer/Holzer*, Jahrbuch, 259.

73 *Rechnungshof Österreich*, Bundesamt für Sicherheit im Gesundheitswesen und AGES Medizinmarktaufsicht, https://www.parlament.gv.at/PAKT/VHG/XXVI/III/III_00064/imfname_676293.pdf (7, abgefragt am 1.4.2024).

74 *Larcher/Beiglböck*, RdM 2021, 132.

75 *Leidwein* in *Norer/Holzer*, Jahrbuch, 243; *Andreaus*, Gesundheitsrecht 36 f.

76 § 8 Abs 4 GESG.

77 § 8 Abs 2 Z 14 GESG.

78 Bundesgesetz über die Haftung der Gebietskörperschaften und der sonstigen Körperschaften und Anstalten des öffentlichen Rechts für in Vollziehung der Gesetze zugefügte Schäden (Amtshaftungsgesetz – AHG) BGBl 1949/20 idF BGBl I 1999/194.

79 Bundesgesetz über die Haftung der Organe der Gebietskörperschaften und der sonstigen Körperschaften und Anstalten des öffentlichen Rechts für Schäden, die sie dem Rechtsträger in Vollziehung der Gesetze unmittelbar zugefügt haben (Organhaftpflichtgesetz – OrgHG) BGBl 1967/181.

80 Für nähere Details zur Amtshaftung siehe: *Mader* in *Schwimann/Kodek* (Hrsg), ABGB: Praxiskommentar VII^5 (2022) § 1 AHG Rz 2 mwN; *Raschauer*, Amtshaftung und Finanzmarktaufsicht, ÖBA 2004, 338; *Schragel*, AHG^3 (2003) § 1 Rz 112.

81 Gem § 68 Abs 11 Bundesgesetz betreffend Medizinprodukte (Medizinproduktegesetz – MPG) BGBl 1996/657 („MPG 1996“) war das BASG „Marktüberwachungsbehörde“ iSd VO (EG) 765/2008 des Europäischen Parlaments und des Rates vom 9. Juli 2008 über die Vorschriften für die Akkreditierung und Marktüberwachung im Zusammenhang mit der Vermarktung von Produkten und zur Aufhebung der Verordnung (EWG) 339/93 des Rates, ABl L 2008/218, 30; vl dazu aber AB 884 BlgNR 27. GP 3 mit dem Hinweis darauf, dass das BASG „ferner – wie bisher – zuständige Behörde“ iSd VO 765/2008/EG sei.

82 Art 35 Abs 1 Medizinprodukte-VO; Art 31 Abs 1 IvD-VO; AB 884 BlgNR 27. GP 2 mit Hinweis darauf, dass „die Zuständigkeit für die Benannten Stellen“ „bislang beim Gesundheitsressort gelegen ist“; *Semp* in *Aigner/Kletečka/Kletečka-Pulker/Memmer* Kap V.1.1.1; *Hofmann/Schreck* in *Neumayr/Resch/Wallner* (Hrsg), GmundKomm^2 Art 35 Medizinprodukte-VO Rz 1 (Stand 1.1.2022, rdb.at).

B. „Marktüberwachungsbehörde“ iSd Marktüberwachungs-VO

19 Für Produkte, die in den Anwendungsbereich der Medizinprodukte-VO bzw der IvD-VO fallen, gilt die Marktüberwachungs-VO.[83]

20 Die Marktüberwachungs-VO ersetzte die Marktüberwachungsbestimmungen der VO 765/2008/EG[84] (konkret: Art 15 bis 29 VO 765/2008/EG).[85] Damit wurde der bisherige „horizontale Rechtsrahmen für die Marktüberwachung“[86] in der EU weiterentwickelt.[87]

21 Soweit die Medizinprodukte-VO bzw die IvD-VO speziellere Bestimmungen aufweist, gehen diese den Bestimmungen der Marktüberwachungs-VO vor (lex-specialis-Grundsatz).[88]

22 Die Mitgliedsstaaten haben für die Zwecke der Organisation und Durchführung der Marktüberwachung auf ihrem Hoheitsgebiet eine oder mehrere Marktüberwachungsbehörde(n) zu benennen.[89] § 2 Abs 2 stellt die nationale Umsetzung dieser unionsrechtlichen Vorgabe dar.

23 In der Funktion als „Marktüberwachungsbehörde“ iSd Marktüberwachungs-VO[90] hat das BASG folgende Aufgaben in Österreich zu erfüllen bzw (in der Terminologie des Unionsrechts formuliert) zu „gewährleisten“:[91]

- Effektive Marktüberwachung von online und offline bereitgestellten Produkten, die den – in Anhang I Marktüberwachungs-VO genannten – Harmonisierungsrechtsvorschriften der EU (gegenständlich relevant: Medizinprodukte-VO[92] und IvD-VO[93]) unterliegen;[94]
- Geeignete und angemessene Korrekturmaßnahmen durch die Wirtschaftsakteure;[95]
- Durchführung eigener zweckdienlicher und angemessener Maßnahmen, wenn dies geboten ist.[96]

24 Weiters sieht die Marktüberwachungs-VO ua Bestimmungen zu folgenden Bereichen vor:

---

83 Art 2 Abs 1 iVm Z 65 und Z 66 Anhang I Marktüberwachungs-VO; ErwG 26 Medizinprodukte-VO; ErwG 23 IvD-VO; *Handorn/Schucht*, MPR 2021, 60; *Rief*, Implantierbare Medizinprodukte 26.

84 VO (EG) 765/2008 des Europäischen Parlaments und des Rates vom 9. Juli 2008 über die Vorschriften für die Akkreditierung und Marktüberwachung im Zusammenhang mit der Vermarktung von Produkten und zur Aufhebung der Verordnung (EWG) 339/93 des Rates, ABl L 2008/218, 30.

85 ErwG 7 Marktüberwachungs-VO; Art 44 Marktüberwachungs-VO; *Holoubek/Fuchs*, Akkreditierung und Zertifizierung, in *Holoubek/Potacs* (Hrsg), Öffentliches Wirtschaftsrecht[4] (2019) 575 f; *Klindt* in *Klindt* (Hrsg), Produktsicherheitsgesetz[3] (2021) Einführung Rz 54; *Geiß/Felz*, Das neue Recht der Marktüberwachung im digitalen Zeitalter, NJW 2019, 2962.

86 *Holoubek/Fuchs* in *Holoubek/Potacs* 573.

87 *Holoubek/Fuchs* in *Holoubek/Potacs* 575; zu den Neuerungen im Detail siehe *Handorn/Schucht*, MPR 2021, 59; *Schucht*, Produktvertrieb im Online-Handel unter der neuen EU-Marktüberwachungsverordnung, NJW 2021, 2392; *Schucht*, Die neue EU-Marktüberwachungsverordnung, GewA 2020, 259; *Geiß/Felz*, NJW 2019, 2961.

88 Art 2 Abs 1 Marktüberwachungs-VO; *Handorn/Schucht*, MPR 2021, 60; *Geiß/Felz*, NJW 2019, 2962.

89 Art 10 Abs 2 Marktüberwachungs-VO.

90 Nach der alten Rechtslage war das BASG die „Marktüberwachungsbehörde“ iSd VO 765/2008/EG (§ 68 Abs 11 Bundesgesetz betreffend Medizinprodukte [Medizinproduktegesetz – MPG] BGBl 1996/657); vgl dazu AB 884 BlgNR 27. GP 3 mit dem Hinweis darauf, dass das BASG „ferner – wie bisher – zuständige Behörde“ iSd VO 765/2008/EG sei.

91 *Giesberts/Gayger* in *Ehring/Taeger* (Hrsg), Produkthaftungs- und Produktsicherheitsrecht (2022) Art 11 Marktüberwachungs-VO Rz 6.

92 Z 65 Anhang I Marktüberwachungs-VO.

93 Z 66 Anhang I Marktüberwachungs-VO.

94 Art 11 Abs 1 lit a Marktüberwachungs-VO.

95 Art 11 Abs 1 lit b Marktüberwachungs-VO.

96 Art 11 Abs 1 lit c Marktüberwachungs-VO.

- Erstellung einer übergreifenden nationalen Marktüberwachungsstrategie;[97]
- Befugnisse der Marktüberwachungsbehörden[98];[99]
- Marktüberwachungsverfahren und -maßnahmen[100];[101]
- Verfahrensrechte für Wirtschaftsakteure[102].[103]

C. „Für die Benannte Stelle zuständige Behörde" iSd Medizinprodukte-VO bzw der IvD-VO

Die Medizinprodukte-VO bzw die IvD-VO verwendet neben dem allgemeinen Begriff „zuständige Behörde"[104] den spezifischeren Begriff „für die Benannte Stelle zuständige Behörde"[105]. 25

Eine „für die Benannte Stelle zuständige Behörde" müssen die Mitgliedsstaaten dann bestimmen, wenn sie eine Konformitätsbewertungsstelle zur Benannten Stelle iSd Medizinprodukte-VO bzw die IvD-VO benennen möchten oder bereits benannt haben.[106] Für die organisatorische Ausgestaltung einer solchen Behörde sind konkrete gesetzliche Anforderungen vorgesehen.[107] 26

Das BASG ist als „für die Benannte Stelle zuständige Behörde" – hinsichtlich österreichischer Benannter Stellen – für folgende Aufgaben zuständig: 27

- Einrichtung und Ausführung der erforderlichen Verfahren für die Bewertung, Benennung und Notifizierung der Konformitätsbewertungsstellen; und
- Überwachung der in Österreich ansässigen Benannten Stellen.[108]

---

97 Art 13 Abs 1 Marktüberwachungs-VO.

98 ZB die Befugnis, von Wirtschaftsakteuren die Vorlage von relevanten Dokumenten zu verlangen (Art 14 Abs 4 lit a Marktüberwachungs-VO), oder die Befugnis, unangekündigte Inspektionen vor Ort und physische Überprüfungen von Produkten durchzuführen (Art 14 Abs 4 lit d Marktüberwachungs-VO); zur Übertragung der Befugnisse auf die Marktüberwachungsbehörden siehe *Handorn/Schucht*, MPR 2021, 60, die hervorheben, dass Marktüberwachungsbehörden nicht unmittelbar aus Art 14 Marktüberwachungs-VO Befugnisse ableiten können, zumal diese Befugnisse „der Transformation ins nationale Recht [bedürfen]".

99 Art 14 Marktüberwachungs-VO.

100 Das Marktüberwachungsverfahren gem Marktüberwachungs-VO entspricht im Prinzip jenem gem Medizinprodukte-VO: Zunächst erfolgt die Feststellung einer „wahrscheinlich[en]" Gesundheits- oder Sicherheitsgefährdung der Nutzer oder eines Compliance-Verstoßes (Art 16 Abs 1 Marktüberwachungs-VO), dann die behördliche Aufforderung des Wirtschaftsakteurs zur freiwilligen Vornahmen einer Korrektur (Art 16 Abs 2 Marktüberwachungs-VO) und zuletzt die behördliche Anordnung (zB Produktrückruf) (Art 16 Abs 5 Marktüberwachungs-VO), siehe *Handorn/Schucht*, MPR 2021, 65.

101 Art 16 Marktüberwachungs-VO.

102 ZB Begründungspflicht von Maßnahmen, Entscheidungen oder Anordnungen der Marktüberwachungsbehörde, siehe Art 18 Abs 1 Marktüberwachungs-VO.

103 Art 18 Marktüberwachungs-VO.

104 Art 101 Medizinprodukte-VO; Art 96 IvD-VO.

105 Art 35 Medizinprodukte-VO; Art 31 IvD-VO.

106 Art 35 Abs 1 Medizinprodukte-VO; Art 31 Abs 1 IvD-VO; *Königshofer* in *Resch/Wallner*, Medizinrecht³ Rz 107; *Rehmann* in *Rehmann/Wagner* (Hrsg), Medizinproduktegesetz (MPG)³ (2018) Art 35 Medizinprodukte-VO Rz 112.

107 Art 35 Medizinprodukte-VO; Art 31 IvD-VO; *Hofmann/Schreck* in *Neumayr/Resch/Wallner* Art 35 Medizinprodukte-VO Rz 3.

108 Art 35 Abs 1 Medizinprodukte-VO; Art 31 Abs 1 IvD-VO; *Hofmann/Schreck* in *Neumayr/Resch/Wallner* (Hrsg), GmundKomm² Art 44 Medizinprodukte-VO Rz 1 (Stand 1.1.2022, rdb.at); *Königshofer* in *Resch/Wallner*, Medizinrecht³ Rz 107; *Rehmann* in *Rehmann/Wagner*, MPG³ Art 35 Medizinprodukte-VO Rz 112.

28 Zurzeit gibt es nur eine österreichische Benannte Stelle iSd IvD-VO: die „QMD Services GmbH“[109].[110] Diese ist seit 23.12.2022 Benannte Stelle iSd IvD-VO.[111] Die Benennung der QMD Services GmbH zur Benannten Stelle iSd Medizinprodukte-VO wird angestrebt.[112]

III. Abs 3

29 Das BASG ist zuständig, das Marktüberwachungsprogramm zu erstellen, zu aktualisieren und durchzuführen. Die jährliche Planung hat in Abstimmung mit dem BSGPK zu erfolgen und ist von diesem freizugeben.[113]

Bedauerlicherweise erfolgen diese Vorgänge weitgehend intransparent.[114]

IV. Abs 4

30 Das BSGPK ist zuständig für die Überprüfung der Funktionsweise der Marktüberwachungstätigkeit durch das BASG sowie für das mit dieser Überprüfung einhergehende Berichtwesen.[115]

---

109 *QMD Services GmbH*, https://www.qmdservices.com/ (abgefragt am 1.4.2024).

110 *QMD Services GmbH*, https://www.ots.at/presseaussendung/OTS_20230110_OTS0044/qmd-services-erhaelt-zulassung-als-benannte-stelle-fuer-ivd (abgefragt am 1.4.2024).

111 *EK*, Notified Bodies, https://webgate.ec.europa.eu/single-market-compliance-space/#/notified-bodies/notified-body-list?filter=legislationId:35,bodyTypeId:3,countryId:40,notificationStatusId:1 (abgefragt am 1.4.2024).

112 *Gesundheit Österreich GmbH (GÖG)*, QMD Services mit Sitz in Österreich ist Benannte Stelle nach VO (EU) 2017/746 (IVDR), https://medizinprodukteregister.at/node/205 (abgefragt am 31.8.2023); *Quality Austria*, QMD Services hat Bewerbung als „Benannte Stelle für Medizinprodukte“ eingereicht, https://www.qualityaustria.com/news/qmd-services-hat-bewerbung-als-benannte-stelle-fuer-medizinprodukte-eingereicht/ (abgefragt am 1.4.2024).

113 AB 884 BlgNR 27. GP 3; *Semp* in *Aigner/Kletečka/Kletečka-Pulker/Memmer* Kap V.1.1.1; zum unionsrechtlichen Hintergrund siehe: Art 93 Abs 2 Medizinprodukte-VO bzw Art 88 Abs 2 IvD-VO.

114 Siehe dazu auch *Lehner*, Stellungnahme zum Entwurf MPG 2021, https://www.parlament.gv.at/dokument/XXVII/SNME/88504/imfname_953731.pdf, abgefragt am 01.04.2024) mit konkreten Verbesserungsvorschlägen.

115 AB 884 BlgNR 27. GP 3; *Semp* in *Aigner/Kletečka/Kletečka-Pulker/Memmer* Kap V.1.1.1; zum unionsrechtlichen Hintergrund siehe: Art 93 Abs 8 Medizinprodukte-VO bzw Art 88 Abs 8 IvD-VO.

§ 3 Begriffsbestimmungen

Ergänzend zu den Begriffsbestimmungen der Verordnung (EU) Nr. 745/2017 und der Verordnung (EU) Nr. 746/2017 gelten folgende Begriffsbestimmungen:

1. **„Instandhaltung": die Gesamtheit der Maßnahmen zur Bewahrung und Wiederherstellung des jeweils angestrebten Sollzustandes sowie zur Feststellung und Beurteilung des Istzustandes eines Medizinproduktes. Dies hat gegebenenfalls unter Verwendung von Teilen, Hilfsmitteln, Hilfsstoffen oder Software, die hinsichtlich ihrer Eignung und Auswahl sowie in ihren technischen Eigenschaften den Originalteilen, Originalhilfsmitteln, Originalstoffen oder der Originalsoftware gleichwertig sind, zu erfolgen. Der Begriff "Instandhaltung" umfasst Inspektion, Instandsetzung und Wartung,**
2. **„Inspektion": die Gesamtheit aller Maßnahmen zur Feststellung und Beurteilung des Istzustandes,**
3. **„Instandsetzung": die Maßnahmen zur Wiederherstellung des festgelegten Sollzustandes, der die einwandfreie Sicherheit und Funktionstüchtigkeit des Medizinproduktes gewährleistet,**
4. **„Wartung": die Gesamtheit aller Maßnahmen zur Bewahrung des angestrebten Sollzustandes, der die einwandfreie Sicherheit und Funktionstüchtigkeit des Medizinproduktes gewährleistet.**
5. **„weiteres Bereitstellen auf dem Markt": jede weitere entgeltliche oder unentgeltliche Abgabe durch eine Gesundheitseinrichtung oder im Rahmen einer berufs- oder gewerbsmäßigen Tätigkeit von bereits in Betrieb genommenen Medizinprodukten zum Vertrieb, zum Verbrauch oder zur Verwendung auf dem Unionsmarkt.**

Beachte für die Bestimmung: Tritt hinsichtlich In-vitro-Diagnostika am 26.5.2022 in Kraft (vgl § 91 Abs 1).

Fassung: BGBl I 2021/122 idF BGBl I 2024/102

Literatur: EN 62353:2015 Medizinische elektrische Geräte –Wiederholungsprüfungen und Prüfung nach Instandsetzung von medizinischen elektrischen Geräten; *Stocker/Vcelouch*, Anwendungsvorrang, in RDB Keywords1 (Stand 30.01.2024, rdb.at)

Verordnung der Bundesministerin für Gesundheit, Familie und Jugend über das Errichten, Betreiben, Anwenden und Instandhalten von Medizinprodukten in Einrichtungen des Gesundheitswesens (Medizinproduktebetreiberverordnung – MPBV) StF: BGBl II 2007/70

Inhaltsverzeichnis

I. Erläuterung zu den Begriffsbestimmungen

Der § 3 des österreichischen Medizinproduktegesetzes legt zusätzliche Begriffsbestimmungen zum Thema Instandhaltung fest, die ergänzend zu den bereits 71 Begriffsdefinitionen in der MPVO und IVDVO gelten. 1

II. Kommentierung der Begriffe

2 Die Definitionen von Begriffen im Zusammenhang mit der Instandhaltung von Medizinprodukten sind den Begriffsdefinitionen in der Norm EN 62353 sehr ähnlich.

A. Instandhaltung

3 Die Norm EN 62353 definiert in Kapitel 3.21 folgendermaßen:

Kombination aller technischen und administrativen Maßnahmen, einschließlich Überwachung, mit denen ein ME-GERÄT oder ein ME-SYSTEM im funktionsfähigen Zustand erhalten oder in ihn zurückversetzt werden soll

4 Das MPG 2021 ist hier in § 3 Punkt 1 wesentlich umfassender und definiert mathematisch gesprochen die Menge „Instandhaltung" bestehend aus den Teilmengen Inspektion, Instandsetzung und Wartung.

5 Die Instandhaltung ist auch in § 5 Absatz (1) der österreichischen Medizinproduktebetreiberverordnung (MPBV) folgendermaßen erklärt:

Die Instandhaltung ist unter Berücksichtigung der Herstellerangaben so vorzunehmen und im Hinblick auf die Art, Größe und Aufgabenstellung der Einrichtung des Gesundheitswesens so zu organisieren, dass die Sicherheit und Gesundheit von Patientinnen/Patienten, Anwenderinnen/Anwendern oder Dritten nicht gefährdet wird.

6 Die MPBV gilt für Einrichtungen des Gesundheitswesens und hat einen starken Fokus auf die „Herstellerangaben".

B. Inspektion

7 Die Norm EN 62353 definiert in Kapitel 3.15 folgendermaßen:

Gesamtheit aller Maßnahmen zur Feststellung und Beurteilung des Istzustandes

8 Diese Definition ist identisch mit der Definition des MPG 2021 in § 3 Punkt 2.

C. Instandsetzung

9 Die Norm EN 62353 definiert in Kapitel 3.39 folgendermaßen:

Maßnahmen zur Wiederherstellung eines sicheren, funktionalen NORMALZUSTANDS[1]

10 Die Formulierung des MPG 2021 in § 3 Punkt 3. mit Wiederherstellung des **Sollzustandes** zur einwandfreien Sicherheit und Funktionstüchtigkeit des Medizinproduktes ist wesentlich präziser.

11 Die MPBV für Einrichtungen des Gesundheitswesens führt in § 5 Absatz (2) für Instandsetzung folgendes auf:

Bei der Instandsetzung verwendete Ersatzteile und etwaige Hilfsmittel oder -stoffe müssen hinsichtlich ihrer Eignung und Auswahl sowie ihrer technischen Eigenschaften den Originalteilen und Originalhilfsmitteln oder -stoffen gleichwertig sein. Bei Verwendung von Originalersatzteilen gilt diese Anforderung als erfüllt.

12 Hier liegt für die Instandsetzung der Fokus auf „Originalersatzteilen".

---

[1] Erklärung: Begriffe, die in Normen in Großbuchstaben geschrieben sind, besitzen eine Erklärung in der Norm, üblicherweise im Kapitel 3 Begriffe. Beispiel: NORMALZUSTAND: Zustand, in dem alle Einrichtungen zum Schutz gegen Gefährdungen unversehrt sind

D. Wartung

Die Norm EN 62353 definiert in Kapitel 3.41 folgendermaßen: 13

Gesamtheit aller Maßnahmen zur Erhaltung des ME-GERÄTS oder ME-SYSTEMS entsprechend den vom HERSTELLER gestellten Anforderungen

Das MPG 2021 betont in dieser Definition des § 3 Punkt 4. den **Sollzustand** und die Sicherheit und Funktionstüchtigkeit des Medizinproduktes. 14

§ 4 Begriffsbestimmungen betreffend klinische Prüfungen und Leistungsstudien

Ergänzend zu den Begriffsbestimmungen der Verordnung (EU) Nr. 745/2017 und der Verordnung (EU) Nr. 746/2017 gelten folgende Begriffsbestimmungen:

1. **„Ethikkommission“ ist ein unabhängiges Gremium, das sich aus Angehörigen von Gesundheitsberufen und Laien zusammensetzt und dessen Aufgabe es ist, zu beurteilen, ob eine wissenschaftlich ausreichend begründete klinische Prüfung gegeben ist und die Rechte, die Sicherheit und das Wohlergehen sowie die Integrität der Prüfungsteilnehmer gesichert sind, um diesbezüglich Vertrauen der Öffentlichkeit zu schaffen,**
2. **„Lokale Ethikkommission“ ist die für eine Prüfstelle zuständige Ethikkommission, die nicht die gemäß § 17 tätige Ethikkommission ist,**
3. **„multizentrische klinische Prüfung oder Leistungsstudie“ ist eine klinische Prüfung oder Leistungsstudie, die nach einem Prüfplan an mehreren Prüfstellen durchgeführt wird,**
4. **„Gesetzliche Vertretung“ bestimmt sich nach § 1034 ABGB,**
5. **Prüfstelle“ ist eine Einrichtung, in der oder von der aus Maßnahmen der klinischen Prüfung oder der Leistungsstudie unter der Aufsicht des Prüfers durchgeführt werden und die verantwortlich für die Einhaltung der im klinischen Prüfplan vorgesehenen Maßnahmen, inklusive Probennahme, ist; ferner eine Einrichtung, in der eine Beurteilung und Analyse von nicht aus österreichischen Gesundheitseinrichtungen stammenden Proben zum Zweck einer Leistungsstudie durchgeführt wird,**
6. **„Audit“ ist eine systematische und unabhängige Überprüfung der mit der klinischen Prüfung oder Leistungsstudie in Zusammenhang stehenden Aktivitäten und Dokumenten zur Feststellung, ob die überprüften studienbezogenen Aktivitäten gemäß Prüfplan, den Standardarbeitsanweisungen (SOPs, Standard Operating Procedures) des Sponsors sowie den geltenden gesetzlichen Bestimmungen durchgeführt wurden und ob die Daten gemäß diesen Anforderungen dokumentiert, ausgewertet und korrekt berichtet wurden. Ein Audit muss entweder durch eine interne Einheit des Sponsors, die jedoch unabhängig von jener Einheit tätig wird, die verantwortlich für die Durchführung der klinischen Prüfung oder Leistungsstudie ist, oder durch eine externe wissenschaftliche Einrichtung durchgeführt werden,**
7. **„Monitoring“ ist die durch oder im Auftrag des Sponsors erfolgende Überwachung der Durchführung der klinischen Prüfung oder Leistungsstudie im Hinblick auf die Rechte, die Sicherheit und das Wohlergehen und die Integrität der Prüfungsteilnehmer und die Verlässlichkeit und Belastbarkeit der erhobenen Daten,**
8. **„Nichtinterventionelle Studie“ ist die systematische Untersuchung eines Medizinprodukts, das bereits die CE-Kennzeichnung trägt, im Rahmen seiner Zweckbestimmung, wenn diese keine oder keine invasiven oder belastenden zusätzlichen diagnostischen oder therapeutischen Maßnahmen notwendig macht.**

Beachte für die Bestimmung: Tritt hinsichtlich In-vitro-Diagnostika am 26.5.2022 in Kraft (vgl § 91 Abs 1).

Fassung: BGBl I 2021/122

Literatur: *Lücker* in *Lücker/Baumann*, Schorn Medizinprodukte-Recht, Band 3, EU 1-2/10 RZ 3 Einleitung, 2022; *Schichl* in *Hill/Schmitt*, WiKo Medizinprodukterecht Kommentar, Kap A IV. Klinische Prüfungen, Lfg. 18, 2018, Rz 4; *Wagner* in *Rehmann/Wagner*, MP-VO, Art 8 Rz 2 und Rz 8, 4. Aufl. 2023;

Inhaltsverzeichnis

I. Bedeutung der Rechtsnorm

1 § 4 definiert auf nationaler Ebene Begriffsbestimmungen für klinische Prüfungen und Leistungsstudien in Ergänzung zu den in Art 2 der Medizinprodukte-VO und IvD-VO festgelegten Begriffsbestimmungen. Nach *Lücker* stellen die Begriffsbestimmungen eine wesentliche Regelung der (Medizinprodukte-)Verordnung dar, indem Art 2 die Basis für das Grundverständnis der verschiedenen Begriffe legt, die zum Teil allein dem Medizinprodukterecht eigen sind.[1]

2 Die Wichtigkeit einheitlicher Begriffsbestimmungen auf europäischer und internationaler Ebene heben Erwägungsgrund 20 der Medizinprodukte-VO bzw 18 der IvD-VO hervor. Dies dient dem Ziel, die Rechtssicherheit zu erhöhen und eine konsistente Anwendung sicherzustellen.

3 Noch spezifischer hinsichtlich klinischer Prüfungen und Leistungsstudien sind der Erwägungsgrund 64 der Medizinprodukte-VO bzw 66 der IvD-VO formuliert. Demnach sollten die Bestimmungen über klinische Prüfungen bzw Leistungsstudien der jeweils neuesten Fassung der Deklaration von Helsinki und den fest etablierten internationalen Leitlinien entsprechen, wie der internationalen Norm ISO 14155 über gute klinische Praxis für die klinische Prüfung von Medizinprodukten an Menschen bzw der internationalen Norm ISO 20916 über klinische Leistungsstudien, bei denen Proben von Menschen verwendet werden.[2] Dies soll gewährleisten, dass die Ergebnisse von in der Union durchgeführten klinischen Prüfungen/Leistungsstudien außerhalb der Union leichter als Dokumentation anerkannt werden und umgekehrt, die Ergebnisse klinischer Prüfungen und Leistungsstudien, die außerhalb der Union im Einklang mit den internationalen Leitlinien durchgeführt werden, leichter innerhalb der Union anerkannt werden.

4 Die Deklaration von Helsinki ist ein globaler Standard, der die ethischen Grundsätze für die medizinische Forschung am Menschen festlegt. Im Oktober 2024 verabschiedete der Weltärztebund eine überarbeitete Version. Diese betont die Notwendigkeit, unterrepräsentierten, vulnerablen Gruppen einen angemessenen Zugang zur Teilnahme an Forschung zu ermöglichen, um ihre spezifischen Gesundheitsbedürfnisse besser zu adressieren. Weiters soll die

[1] Vgl *Lücker* in *Lücker/Baumann*, Schorn Medizinprodukte-Recht, Band 3, EU 1-2/10 RZ 3 Einleitung, 2022.

[2] Vgl ISO 14155:2020 Klinische Prüfung von Medizinprodukten an Menschen – Gute klinische Praxis, ISO 20916:2019 In-vitro-Diagnostika – Klinische Leistungsuntersuchungen an menschlichem Untersuchungsmaterial – Gute Studienpraxis.

Unabhängigkeit der Ethikkommissionen gestärkt werden und die ethischen Grundsätze nicht nur von Ärzten, sondern von allen an der Forschung Beteiligten eingehalten werden.[3] Die Deklaration von Helsinki ist selbst nicht rechtlich bindend, ihre Vorgaben wurden jedoch in der Medizinprodukte-VO und IvD-VO sowie in der nationalen Gesetzgebung aufgenommen und konkretisiert.[4]

5 Mit den Verweisen auf die Normen der „Guten klinischen Praxis/Guten Studienpraxis (Good Clinical Practice, GCP)“ folgen die Medizinprodukte-VO und IvD-VO dem sogenannten „neuen Konzept“ und „neuen Rechtsrahmen“[5] als Teil der EU-Harmonisierungsvorschriften für Gesundheit, Sicherheit und Leistung von Produkten im Binnenmarkt. Dabei legen die europäischen Rechtsvorschriften nur die grundlegenden Anforderungen fest, die Produkte innerhalb der EU erfüllen müssen. Die genauen technischen Details und Lösungen werden in harmonisierten Normen beschrieben, die von europäischen Normengremien auf Basis von Normungsaufträgen ausgearbeitet werden und deren Fundstellen anschließend im Amtsblatt der Europäischen Union veröffentlicht werden[6].

6 Den Normungsauftrag[7] für zahlreiche Normen erteilte die Kommission am 14. April 2021, mit Ende Mai 2024 wurde die Frist für die Erstellung und/oder Harmonisierung für einen Großteil der Normen auf 27 Mai 2028 verschoben.[8]

7 Die „Gute Studienpraxis – Klinische Leistungsuntersuchungen an menschlichem Untersuchungsmaterial“ ist als EN ISO 20916:2024 nach der IvD-VO harmonisiert.[9] Für die „Gute klinische Praxis für klinische Prüfungen von Medizinprodukten an Menschen“ wurde einerseits im Dezember 2024 die EN ISO 14155:2020/A11:2024 herausgegeben, die als Ergänzung zur Norm den Anhang ZA mit der Entsprechungstabelle zur Medizinprodukte-VO enthält, jedoch noch nicht im Amtsblatt der EU veröffentlicht wurde.[10] Andererseits wurde ein Entwurf als prEN ISO/DIS 14155:2024 veröffentlicht, der auf dem Entwurf der überarbeiteten ISO 14155:2024 basiert.[11]

8 Gemäß Art 8 Abs 1 der Medizinprodukte-VO und IvD-VO wird bei Produkten, die harmonisierten Normen oder den betreffenden Teilen dieser Normen entsprechen, Konformität mit den Anforderungen der Verordnungen angenommen, es gilt laut *Wagner* die sogenannte Konformitätsvermutung[12]. Dies gilt auch für die von Sponsoren einzuhaltenden System- oder Prozessanforderungen in Zusammenhang mit klinischen Prüfungen und Leistungsstudien.

---

[3] Vgl Deklaration von Helsinki, https://www.wma.net/policies-post/wma-declaration-of-helsinki/, am 25.04.2025.

[4] Vgl zB Art 62 ff Medizinprodukte-VO bzw Art 57 ff IvD-VO.

[5] Vgl MDCG 2021-5 rev. 1 Guidance on standardisation for medical devices, https://health.ec.europa.eu/document/download/59ac4cb0-f187-4ca2-814d-82c42cde5408_en?filename=md_mdcg_2021_5_en.pdf, am 25.04.2025; VO (EU) 765/2008 und VO (EU) 768/2008, https://single-market-economy.ec.europa.eu/single-market/goods/new-legislative-framework_en, am 25.04.2025.

[6] Vgl Begriffsbestimmungen „Norm“ bzw „internationale Norm“, „europäische Norm“, „harmonisierte Norm“, „nationale Norm“ in Art 2 Z 1 lit c VO (EU) 1025/2012, https://eur-lex.europa.eu/legal-content/DE/TXT/HTML/?uri=CELEX:02012R1025-20241213, am 25.04.2025.

[7] Vgl Durchführungsbeschluss der Kommission – C(2021)2406, am 25.04.2025.

[8] Vgl Durchführungsbeschluss der Kommission – C(2024)3371, am 25.04.2025.

[9] Durchführungsbeschluss (EU) 2024/2625 vom 8. Oktober 2024, https://eur-lex.europa.eu/legal-content/DE/TXT/HTML/?uri=OJ:L_202402625, am 25.04.2025.

[10] zuletzt überprüft am 08.05.2025.

[11] Vgl prEN ISO 14155:2024, https://standards.cencenelec.eu/dyn/www/f?p=CEN:110:0::::FSP_PROJECT,FSP_ORG_ID:77182,6187&cs=105D7C091A0859C128D925DB931E81C85, am 08.05.2025.

[12] Vgl *Wagner* in Rehmann/Wagner, MP-VO, Art 8 Rz 2 und Rz 8, 4. Aufl. 2023.

In Zusammenhang mit der Anwendung von Normen ist weiters zu bedenken, dass laut VO (EU) 1025/2012 zur europäischen Normung[13] die Verwendung von Normen, unabhängig ob harmonisiert oder nicht, freiwillig ist. Dieses Prinzip der Freiwilligkeit bekräftigt die europäische Leitlinie MDCG 2021-5 Rev. 1 auch für die gute klinische Praxis[14]. Dies bedeutet in der Praxis, dass auch internationale, nicht harmonisierte oder nationale Normen sowie selbst entwickelte technische Lösungen verwendet werden können, sofern nachgewiesen werden kann, dass diese die gesetzlichen Anforderungen erfüllen. 9

Da mit Geltungsbeginn der Medizinprodukte-VO und IvD-VO die grundlegenden Sicherheits- und Leistungsanforderungen an Medizinprodukte erheblich strenger als in den Richtlinien 90/385/EWG und 93/42/EWG geregelt sind, beschloss die Europäische Kommission in den Durchführungsbeschlüssen (EU) 2020/437[15] und 2020/438[16], dass nach den Richtlinien harmonisierte Normen für die Konformitätsvermutung nach der Medizinprodukte-VO nicht herangezogen werden dürfen. 10

II. Begriffsbestimmungen im Vergleich

Im Interesse der Rechtssicherheit und der Anerkennung des in klinischen Prüfungen und Leistungsstudien gewonnenen klinischen Nachweises[17] ist ein Vergleich der Begriffsbestimmungen in § 4 mit den Begriffsbestimmungen in Artikel 2 und weiteren Textpassagen der Medizinprodukte-VO bzw IvD-VO sowie mit den Begriffen der Normen EN ISO 14155:2020 bzw der harmonisierten Norm EN ISO 20916:2024 sinnvoll. 11

Widersprechen sich die Verordnungen (Medizinprodukte-VO bzw IvD-VO und MPG 2021) und die ISO-Normen, gilt der Vorrang des europäischen Rechts. Die EN ISO-Normen wären daher EU-rechtskonform auszulegen. Der Stufenbau der Rechtsordnung nach dem öst. Verfassungsrecht sieht auch vor, dass MPG 2021 im Sinne der Medizinprodukte-VO bzw IvD-VO auszulegen ist, sollte dies nicht möglich sein, dann gelten die EU-Verordnungen vorrangig[18]. 12

A. Ethikkommission

In Art 2 (56) der Medizinprodukte-VO bzw Art 2 (59) der IvD-VO wird der Begriff „Ethik-Kommission" definiert als „ein in einem Mitgliedsstaat eingerichtetes unabhängiges Gremium, das gemäß dem Recht dieses Mitgliedsstaates eingesetzt wurde und dem die Befugnis übertragen wurde, Stellungnahmen für die Zwecke dieser Verordnung unter Berücksichtigung der Standpunkte von Laien, insbesondere Patienten oder Patientenorganisationen, abzugeben;". 13

Im § 4 Z 1 erweitert der österreichische Gesetzgeber (MPG 2021) die europäische Definition um die folgenden Aufgaben, 1.) zu beurteilen, ob eine wissenschaftlich ausreichend begründete klinische Prüfung vorliegt, 2.) die Rechte, die Sicherheit und das Wohlergehen 14

[13] VO (EU) 1025/2012 zur europäischen Normung, https://eur-lex.europa.eu/legal-content/DE/TXT/HTML/?uri=CELEX:02012R1025-20241213 am 25.04.2025.

[14] MDCG 2021-5 Rev. 1 Guidance on standardisation for medical devices, July 2024, https://health.ec.europa.eu/document/download/59ac4cb0-f187-4ca2-814d-82c42cde5408_en?filename=md_mdcg_2021_5_en.pdf am 25.04.2025.

[15] Vgl Art 3 im Durchführungsbeschluss (EU) 2020/437 vom 24.03.2020, https://eur-lex.europa.eu/legal-content/DE/TXT/PDF/?uri=CELEX:02020D0437-20210415 am 25.04.2025.

[16] Vgl Art 3 im Durchführungsbeschluss (EU) 2020/438 vom 24.03.2024, https://eur-lex.europa.eu/legal-content/DE/TXT/HTML/?uri=CELEX:02020D0438-20210415 am 25.04.2025.

[17] Vgl Art 2 Z 51 Medizinprodukte-VO bzw Art 2 Z 36 IvD-VO.

[18] Vgl zum Anwendungsvorrang des EU-Rechts: *Stocker/Vcelouch*, Anwendungsvorrang, in RDB Keywords[1] (Stand 30.01.2024, rdb.at).

sowie die Integrität der Prüfungsteilnehmer gesichert sind, 3.) um diesbezüglich Vertrauen der Öffentlichkeit zu schaffen.

15 Der ersten beiden Zusätze lassen sich Großteils auf Art 62 Abs 3 der Medizinprodukte-VO bzw auf die Art 57 Abs 3 und Art 58 Abs 3 der IvD-VO zurückführen, wonach „klinische Prüfungen/Leistungsstudien so konzipiert und durchgeführt werden, dass der Schutz der Rechte, der Sicherheit, der Würde und des Wohls der an der Prüfung/ Leistungsstudie teilnehmenden Prüfungsteilnehmer gewährleistet ist und Vorrang vor allen sonstigen Interessen hat und die gewonnenen klinischen Daten/Daten wissenschaftlich fundiert, zuverlässig und solide sind". Warum der österreichische Gesetzgeber im MPG 2021 eine zusätzliche Definition des Begriffs einführt, erschließt sich nicht. Eventuell ist sie auf die zahlreichen Stellungnahmen des Begutachtungsprozesses zurückzuführen.[19]

16 Weiterführende nationale Bestimmungen zu Zusammensetzung, Verfahren, Abläufen und Beurteilungszuständigkeit von Ethikkommissionen sind in § 14 bis 21 bzw auch der Leit-Ethikkommissionsverordnung[20] definiert.

17 Anzumerken ist, dass die VO (EU) 536/2014[21] den Begriff der „Ethik-Kommission" ident mit der Medizinprodukte-VO und IvD-VO definiert und im nationalen AMG[22] auf eine zusätzliche Begriffsdefinition verzichtet wurde.

18 Die Definition „Ethikkommission" ist in den beiden Normen Gute Klinischen Praxis (EN ISO 14155:2020) bzw Gute Studienpraxis (EN ISO 20916:2024) ident[23]. Nach *Schichl*[24] ist der Begriff in der Medizinprodukte-VO *„im Gegensatz zur ISO 14155 ohne konkrete Zielangabe, vielmehr auf die Rahmenbedingungen der MDR hin spezifiziert: Einrichtung gemäß dem Recht des betreffenden Mitgliedstaates, Stellungnahmen für die Zwecke der MDR, Berücksichtigung der Standpunkte von Laien, insbesondere Patienten oder Patientenorganisationen."*

B. Lokale Ethikkommission

19 Laut Art 62 Abs 4 lit b der Medizinprodukte-VO bzw Art 58 Abs 5 lit b der IvD-VO muss die Stellungnahme der nach nationalem Recht eingesetzten Ethikkommission für das gesamte Hoheitsgebiet des betreffenden Mitgliedsstaates gültig sein. Daher wurde das System der Leit-Ethikkommission/lokale Ethikkommission analog zum nationalen Arzneimittelrecht[25] auch bei multizentrischen klinischen Prüfungen von Medizinprodukten und Leistungsstudien von In-vitro Diagnostika eingeführt. Durch eine Änderung des § 17 multizentrische klinische Prüfungen und Kombinationsstudien im Juli 2024[26] und eine Änderung der Leit-Ethikkommissions-VO[27]

---

[19] zB Stellungnahme der Medizinischen Universität Graz, Ethikkommission, https://www.parlament.gv.at/dokument/XXVII/SNME/88376/imfname_953325.pdf am 14.06.2024.

[20] Vgl BGBl II 2004/214, zuletzt geändert durch BGBl II 2024/327, https://ris.bka.gv.at/GeltendeFassung.wxe?Abfrage=Bundesnormen&Gesetzesnummer=20003352, am 25.04.2025.

[21] Vgl Art 2 Abs 2 Z 11 VO (EU) 536/2014 über klinische Prüfungen mit Humanarzneimitteln, https://eur-lex.europa.eu/legal-content/EN/TXT/?uri=CELEX%3A02014R0536-20221205 am 25.04.2025.

[22] Vgl § 2a AMG.

[23] Vgl Begriffsdefinition 3.24 Ethik-Kommission in der EN ISO 14155:2020 bzw 3.18 Ethikkommission in der EN ISO 20916:2024.

[24] *Schichl* in *Hill/Schmitt*, WiKo Medizinprodukterecht, Kommentar, Kap A IV. Klinische Prüfungen, Lfg. 18, 2018, Rz 4.

[25] Vgl § 32 Abs 3 ff AMG idF BGBl I 2022/8.

[26] Vgl BGBl I 2024/102 Änderung des Medizinproduktegesetzes 2021, https://www.ris.bka.gv.at/eli/bgbl/I/2024/102, am 19.12.2021.

[27] Vgl BGBl II 2024/327 Änderung der Leit-Ethikkommissions-Verordnung, https://www.ris.bka.gv.at/eli/bgbl/II/2024/327, am 25.04.2025.

wird die Berechtigung einer Ethikkommission zur Ausübung ihrer Tätigkeit im Rahmen von multizentrischen klinischen Prüfungen von den Bestimmungen des Arzneimittelgesetzes entkoppelt und eine eigenständige Grundlage für die Meldung und Kundmachung beurteilender Ethikkommissionen im Bereich des Medizinprodukterechts geschaffen.[28]

Aufgrund des nationalen Regelungsbedarfs gibt es den Begriff der lokalen Ethikkommission weder in der Medizinprodukte-VO und IvD-VO, noch in den beiden Normen. 20

C. Multizentrische klinische Prüfung oder Leistungsstudie

Weder die Medizinprodukte-VO, noch die IvD-VO definieren den Begriff der multizentrischen klinischen Prüfung/Leistungsstudie. Sie verwenden jedoch den Begriff „multizentrisch" in der Beschreibung der mit dem Antrag auf Genehmigung einer klinischen Prüfung/Leistungsstudie vorzulegenden Unterlagen im Anhang XV, II, 1.8 der Medizinprodukte-VO bzw Anhang XIV, I, 1.9 der IvD-VO und unterscheiden zwischen multizentrischer oder multinationaler Studie. 21

Der Wortlaut der Begriffsbestimmung nach § 4 Z 3 entspricht sinngemäß dem Begriff 3.36 aus der EN ISO 14155:2020, in der ISO 20916:2024 gibt es dazu keine Definition. 22

D. Gesetzliche Vertretung

Die Gesetzliche Vertretung ist für die Aufklärung und Einwilligung[29] in die klinische Prüfung/Leistungsstudie zu beachten. Auf sie wird in der Medizinprodukte-VO im Art 2 (55) und in der IvD-VO im Art 2 (58) „Einwilligung nach Aufklärung" Bezug genommen. 23

In der EN ISO 14155:2020 bzw EN ISO 20916:2024 sind die Definitionen fast ident, der gesetzliche Vertreter wird definiert als *„Einzelperson, juristische oder sonstige Körperschaft, die nach geltendem Recht dazu befugt ist, im Namen eines potentiellen Prüfungsteilnehmers/einer potentiellen Versuchsperson die Einwilligung zu dessen/deren Teilnahme an der klinischen Prüfung zu erklären.*[30] 24

In § 4 Z 4 erfolgt keine Definition, lediglich ein Verweis auf § 1034 ABGB, der die gesetzliche Vertretung weiter bestimmt. 25

E. Prüfstelle

Der Begriff „Prüfstelle" wird mehrmals in den beiden Verordnungen verwendet, jedoch nicht als eigener Begriff definiert.[31] Die Definitionen in den beiden Normen bezeichnen *„Prüfstelle/Studienzentrum als Einrichtung(en) oder Ort(e), an dem die klinische Prüfung/klinische Leistungsuntersuchung durchgeführt wird"*[32]. Dabei werden die Begriffe „Prüfstelle", „Prüfzentrum", „Studienzentrum", „Studienstätte" als gleichbedeutend angesehen. Die EN ISO 20916:2024 fügt im Gegensatz zur EN ISO 14155:2020 noch „unter Aufsicht eines Hauptprü- 26

---

[28] Vgl Regierungsvorlage – Erläuterungen, https://www.parlament.gv.at/dokument/XXVII/I/2551/fname_1627575.pdf, am 15.06.2024. Kundmachung durch das Ministerium, https://www.sozialministerium.gv.at/Themen/Gesundheit/Medizin-und-Gesundheitsberufe/Medizin/Medizinprodukte/Kundmachung-der-Ethikkommissionen-gem%c3%a4%c3%9f-%c2%a7-17-Abs.-2-MPG-2021.html, 25.04.2025.

[29] Vgl Art 2 Z 55 und Art 63 Medizinprodukte-VO bzw Art 2 Z 58 und Art 59 IvD-VO.

[30] vgl Begriffsdefinition 3.32 Gesetzlicher Vertreter in der EN ISO 14155:2020 bzw 3.26 Gesetzlicher Bevollmächtigter/Vertreter in der EN ISO 20916:2024.

[31] Vgl zB Art 2 Z 54 Medizinprodukte-VO „Prüfer" bezeichnet eine für die Durchführung einer klinischen Prüfung an einer Prüfstelle verantwortliche Person;

[32] Vgl Begriffsdefinition 3.28 Prüfstelle in der EN ISO 14155:2020 bzw 3.50 Studienzentrum in der EN ISO 20916:2024.

fers“ hinzu. In der nationalen Begriffsbestimmung gilt der Zusatz „unter Aufsicht des Prüfers“ nicht nur für Leistungsstudien, sondern auch für klinische Prüfungen; diese Unterscheidung scheint jedoch nicht wesentlich.

27 In der nach der IvD-VO harmonisierten EN ISO 20916:2024 wird unter Anmerkung 2 weiter ausgeführt, dass zu den Studienzentren Prüfstellen und Orte zur Entnahme von Untersuchungsmaterial gehören, nicht aber kommerzielle Beschaffungsstellen, zB Anbieter von archiviertem Untersuchungsmaterial (wie Biobanken). Dies ist eine wesentliche Unterscheidung zur nationalen Begriffsbestimmung, in der dieser Zusatz fehlt.[33]

28 National wird weiters bestimmt, dass eine Prüfstelle auch eine Einrichtung sein kann, an der eine Beurteilung und Analyse von nicht aus österreichischen Gesundheitseinrichtungen stammenden Proben zum Zweck einer Leistungsstudie durchgeführt wird. Ob dieser Zusatz auf multizentrische und in diesem Fall auf multinationale Ethik- und Behördenverfahren hinweisen soll, ist unklar.

29 Warum eine nationale Definition abweichend von internationalen bzw harmonisierten Normen nötig ist oder welcher Schutzzweck damit verfolgt wird, erklärt der Gesetzgeber nicht.

F. Audit

30 Der Begriff „Audit“ wird in der Medizinprodukte-VO bzw IvD-VO nicht definiert und im Zusammenhang mit klinischen Prüfungen oder Leistungsstudien nicht verwendet.

31 Ein Vergleich der nationalen Begriffsbestimmung mit den Begriffsdefinitionen der beiden Normen zeigt einen Unterschied im Verständnis von „unabhängig“. In der Norm lautet die Definition „nicht in die Entwicklung des Prüfprodukts oder die Durchführung einer klinischen Prüfung einbezogen (…)“[34]. § 4 Z 6 sieht Unabhängigkeit bereits gegeben, wenn das Audit durch eine Einheit erfolgt, die nicht in die Durchführung der klinischen Prüfung oder Leistungsstudie involviert ist oder wenn es sich um eine externe wissenschaftliche Einrichtung handelt.

32 Dies würde bedeuten, dass für den österreichischen Gesetzgeber, der Auditor zB aus dem Entwicklerteam des Prüfproduktes kommen könnte. Oder es wäre auch möglich, dass sich zwei jeweils externe, wissenschaftliche Einrichtungen bei einer multizentrischen klinischen Prüfung/Leistungsstudie gegenseitig auditieren. Angesichts der zeitlichen und finanziellen Ressourcen, die für die Planung und Durchführung von klinischen Prüfungen bzw Leistungsstudien notwendig sind, erscheint die strengere Definition aus den Normen, auch im Hinblick auf ein geplantes Konformitätsbewertungsverfahren ratsam.

G. Monitoring

33 „Monitoring/Monitor“ wird in der Medizinprodukte-VO bzw IvD-VO nicht als Begriff definiert, jedoch wird im relevanten Anhang[35] bestimmt, „dass der Sponsor einen von der Prüfstelle unabhängigen Monitor benennt, um sicherzustellen, dass die Prüfung im Einklang mit dem klinischen Prüfplan/Leistungsstudienplan, den Grundsätzen der guten klinischen Praxis und dieser Verordnung durchgeführt wird“.

34 Der Begriff „Monitoring“ wird in den Normen der Guten Klinischen Praxis bzw Guten Studienpraxis sehr ähnlich definiert.[36] Es ist dies der Vorgang der Überwachung des Fortschritts einer klinischen Prüfung, um sicherzustellen, dass diese in Übereinstimmung mit dem klinischen

---

[33] Vgl https://www.parlament.gv.at/dokument/XXVII/SNME/88728/imfname_953884.pdf am 15.06.2024 Stellungnahme des Bundesministeriums Bildung, Wissenschaft und Forschung

[34] Vgl Begriffsdefinition 3.26 unabhängig in der EN ISO 14155:2020.

[35] Vgl Anhang XV – Kap III Z 4 Medizinprodukte-VO und Anhang XIV Kap II Z 4 IvD-VO

[36] Begriff 3.35 Monitoring in der EN ISO 14155:2020 bzw Begriff 3.30 in der EN ISO 20916:2024.

Prüfplan, schriftlichen Arbeitsanweisungen, diesem Dokument (gemeint ist die Norm „Gute klinische Praxis EN ISO 14155:2020) und den anwendbaren regulatorischen Anforderungen durchgeführt, dokumentiert und berichtet wird. Nach der EN ISO 20916:2024 ist es der Vorgang der Überprüfung des Fortschritts einer klinischen Leistungsstudie, um sicherzustellen, dass diese in Übereinstimmung mit dem Leistungsstudienplan, schriftlichen Arbeitsanweisungen, Verfahren und festgelegten Anforderungen durchgeführt, dokumentiert und berichtet wird.

Die Begriffsbestimmung in § 4 Z 7 ist eher abstrakt gehalten, indem sie Monitoring als „(…) 35
Überwachung der Durchführung der klinischen Prüfung oder Leistungsstudie im Hinblick auf die Rechte, die Sicherheit und das Wohlergehen und die Integrität der Prüfungsteilnehmer und die Verlässlichkeit und Belastbarkeit der erhobenen Daten“ erklärt.

Anzumerken ist, dass der Begriff „Monitoring“ unter § 4 Z 7 bestimmt wird, jedoch im 36
3. Abschnitt, „Klinische Prüfungen, Leistungsstudien und nichtinterventionelle Studien“ nicht vorkommt.

H. Nichtinterventionelle Studie

Die in § 4 Z 8 definierte „Nichtinterventionelle Studie“ ist durch die Wortwahl keine 37
klinische Prüfung nach Art 2 Z 45 der Medizinprodukte-VO. Sie wird daher nicht über die Medizinprodukte-VO oder IvD-VO geregelt und im Medizinproduktegesetz 2021 nur durch die Begriffsbestimmung in § 4 Z 8, § 35 und § 82 Abs 5 bestimmt. Letzterer enthält den Verweis, „dass bis zur Erlassung einer Verordnung (…) § 40 Abs 5 des Medizinproduktegesetzes, BGBl 1996/657“ gilt.

Anmerkung: Im Gesetzestext fehlt unter § 4 Z 5 Prüfstelle“ die Anführungszeichen unten 38
vor Prüfstelle.

Fazit: Es ist anzunehmen, dass der Gesetzgeber die Definitionen „Ethikkommission“, 39
„multizentrische klinische Prüfung oder Leistungsstudie“, „Audit“ und „Monitoring“ als Hilfestellung in die Begriffsdefinitionen aufgenommen hat, allerdings ist unklar, inwieweit dies angesichts der Unterschiede zu den entsprechenden Normen gelungen ist.

§ 5 Anforderungen an Medizinprodukte

(1) Es ist verboten, Medizinprodukte zu errichten, zu installieren, in Betrieb zu nehmen oder anzuwenden, wenn der begründete Verdacht besteht oder feststeht, dass

1. **sie die grundlegenden Sicherheits- und Leistungsanforderungen gemäß Anhang I der Verordnung (EU) Nr. 745/2017 oder Anhang I der Verordnung (EU) Nr. 746/2017 nicht erfüllen, oder**
2. **ihr Verfalldatum abgelaufen ist, oder**
3. **sie gefälscht sind.**

(2) Abs. 1 Z 2 gilt nicht für das Bundesheer beim Einsatz gemäß § 2 Abs. 1 lit. a des Wehrgesetzes 2001, BGBl. I Nr. 146/2001, sowie bei der unmittelbaren Vorbereitung dieses Einsatzes.

Beachte für die Bestimmung: Tritt hinsichtlich In-vitro-Diagnostika am 26.5.2022 in Kraft (vgl § 91 Abs 1).

Fassung: BGBl I 2021/122 idF BGBl I 2024/102

Literatur: *Hofmann/Schreck* in *Neumayr/Resch/Wallner*, GmundKomm2 Art 5 Medizinprodukte-VO *(Stand 1.1.2022, rdb.at)*, VO (EU) 2017/745 DES EUROPÄISCHEN PARLAMENTS UND DES RATES vom 5. April 2017 über Medizinprodukte, zur Änderung der RL 2001/83/EG, der VO (EG) 178/2002 und der VO (EG) 1223/2009 und zur Aufhebung der Richtlinien 90/385/EWG und 93/42/EWG des Rates

Wehrgesetz 2001 – WG 2001 StF: BGBl I 2001/146 (WV).

Inhaltsverzeichnis

I. Bedeutung der Rechtsnorm

1 Der § 5 des MPG 2021 verdeutlicht die strenge Regulierung, die auf Medizinprodukte angewendet wird, um sicherzustellen, dass nur sichere und wirksame Produkte zum Schutz der Gesundheit und Sicherheit der Bevölkerung zum Einsatz kommen (siehe auch Anhang 1 der MPVO Grundlegende Sicherheits- und Leistungsanforderungen).

2 Durch die Festlegung des Verbotes bei „begründetem Verdacht" müssen objektive Gründe vorliegen, um das Verbot zu rechtfertigen (siehe auch untenstehend Konformität von Medizinprodukten).

3 Die spezifische Ausnahme für das Bundesheer beim Einsatz zeigt zudem, dass das Gesetz auch praktische Erwägungen und die Notwendigkeit der Flexibilität in besonderen militärischen Situationen berücksichtigt.

II. Verbot von „nicht konformen" Produkten

4 Medizinprodukten, die nicht den grundlegenden Sicherheits- und Leistungsanforderungen gemäß Anhang I der MP-VO entsprechen, sind als nicht konform mit den erforderlichen Standards zu bezeichnen. Die Verwaltungsstrafbestimmungen dazu sind in § 80 des MPG 2021 angeführt.

Anh I.I.1 MP-VO („Grundlegende Sicherheits- und Leistungsanforderungen, Allgemeine Anforderungen“) schreibvor, dass die Produkte die von ihrem Hersteller vorgesehene Leistung erzielen und so ausgelegt und hergestellt werden, dass sie sich unter normalen Verwendungsbedingungen für ihre Zweckbestimmung eignen. Sie haben weiters „sicher und wirksam“ zu sein und dürfen weder den klinischen Zustand und die Sicherheit der Patienten noch die Sicherheit und die Gesundheit der Anwender oder gegebenenfalls Dritter gefährden, wobei etwaige Risiken im Zusammenhang mit ihrer Anwendung gemessen am Nutzen für den Patienten vertretbar und mit einem hohen Maß an Gesundheitsschutz und Sicherheit vereinbar sein müssen; hierbei ist der allgemein anerkannte Stand der Technik zugrunde zu legen. 5

Dass Verbot des In-Verkehr-Bringens gilt auch für Medizinprodukte, deren Verfallsdatum abgelaufen ist, oder die gefälscht sind. Das Verfallsdatum muss vom Hersteller auf der Grundlage von Stabilitätsstudien festgelegt werden, die zeigen, wie sich das Medizinprodukt unter verschiedenen Bedingungen über die Zeit verhält. Diese Studien sollen sicherstellen, dass das Produkt bis zum angegebenen Verfallsdatum seine spezifizierten Leistungsparameter und Sicherheitsanforderungen erfüllt. Das Verfallsdatum muss vom Hersteller durch entsprechende Kennzeichnung am Medizinprodukt ersichtlich sein und vom Anwender beachtet werden. 6

Auch für die Fälschung eines Medizinproduktes müssen objektive Beweise vorliegen, um das Verbot zu begründen. 7

A. Konformität von Medizinprodukten

Je nach Klassifizierung des Medizinprodukts ist ein entsprechendes Konformitätsbewertungsverfahren erforderlich. Für Produkte der Klasse I (mit geringem Risiko) kann der Hersteller in der Regel eine Selbstzertifizierung vornehmen. Für Produkte höherer Klassen (IIa, IIb, III) ist jedoch die Einbeziehung einer benannten Stelle erforderlich, die eine unabhängige Prüfung der Konformität durchführt. 8

Nach erfolgreichem Abschluss des Konformitätsbewertungsverfahrens kann der Hersteller das CE-Kennzeichen auf seinem Produkt anbringen. Das CE-Kennzeichen signalisiert, dass das Produkt den EU-Vorschriften entspricht und im Europäischen Wirtschaftsraum (EWR) vermarktet werden darf. 9

§ 6 [Anforderungen an Medizinprodukte]

Dieses Bundesgesetz gilt nicht für die Gewinnung von menschlichem Blut oder Blutbestandteilen, Gewebe oder Zellen zur weiteren Verwendung im Rahmen der Herstellung eines Medizinproduktes.

Beachte für die Bestimmung: Tritt hinsichtlich In-vitro-Diagnostika am 26.5.2022 in Kraft (vgl § 91 Abs 1).

Fassung: BGBl I 2021/122.

Literatur: Bundesgesetz über die Gewinnung von Blut und Blutbestandteilen in Blutspendeeinrichtungen (Blutsicherheitsgesetz 1999 – BSG 1999) StF: BGBl I 1999/44 (NR: GP XX RV 1430 AB 1577 S. 156. BR: AB 5867 S. 650.).

Bundesgesetz über die Festlegung von Qualitäts- und Sicherheitsstandards für die Gewinnung, Verarbeitung, Lagerung und Verteilung von menschlichen Zellen und Geweben zur Verwendung beim Menschen (Gewebesicherheitsgesetz – GSG) StF: BGBl I 2008/49 (NR: GP XXIII RV 261 AB 343 S. 40. BR: AB 7823 S. 751.) [CELEX-Nr: 32004L0023, 32006L0017, 32006L0086]

Inhaltsverzeichnis

I. Bedeutung der Rechtsnorm

1 Der § 6 dieses Bundesgesetzes besagt, dass das Medizinproduktegesetz nicht für die Gewinnung von menschlichem Blut, Blutbestandteilen, Gewebe oder Zellen gilt, sofern diese für die Herstellung eines Medizinproduktes weiterverwendet werden. Das bedeutet, dass der spezifizierte Bereich der Gewinnung biologischen Materials für die Medizinprodukteherstellung nicht unter die Vorschriften dieses Bundesgesetzes fällt, sondern das Blutsicherheitsgesetz (BSG) und das Gewebesicherheitsgesetzt (GSG) anzuwenden sind.

II. Blutsicherheitsgesetz (BSG)

2 Das BSG dient der Regelung von Qualität und Sicherheit bei der Gewinnung, Testung, Verarbeitung, Lagerung und Verteilung von menschlichem Blut und Blutbestandteilen. Das Ziel ist es, den Schutz der Spender und Empfänger zu gewährleisten und sicherzustellen, dass Blutprodukte auf höchstem qualitativen Niveau bereitgestellt werden. Nach § 3 Abs 1 f BSG handelt es sich bei Blut im Sinne dieses Bundesgesetzes um eine einem Spender aus einem Blutgefäß entnommene Körperflüssigkeit, die sich aus Blutplasma und aus korpuskulären Bestandteilen zusammensetzt. Blutbestandteile im Sinne dieses Bundesgesetzes sind das durch Auftrennung gewonnene Plasma sowie die durch Auftrennung gewonnenen korpuskulären Anteile. Für spezifische Fragen zum Umgang, zur Sicherheit und zur Regulierung von Blut und Blutbestandteilen sind die Bestimmungen des BSG und ergänzender EU-Richtlinien (wie der RL 2002/98/EG) heranzuziehen.

III. Gewebesicherheitsgesetz (GSG)

3 Das GSG dient der Festlegung von Qualitäts- und Sicherheitsstandards für die Gewinnung, Verarbeitung, Lagerung und Verteilung von menschlichen Zellen und Geweben zur Verwendung

beim Menschen. Nach § 2 Gewebesicherheitsgesetz versteht man unter Gewebe alle aus Zellen bestehenden Bestandteile des menschlichen Körpers und unter Zellen einzelne menschliche Zellen oder Zellansammlungen, die durch keine Art von Bindegewebe zusammengehalten werden;

§ 7 Sprachanforderungen

(1) Medizinprodukte dürfen an den Anwender oder Patienten nur abgegeben werden, wenn die mit dem Medizinprodukt gelieferten Informationen in deutscher Sprache abgefasst sind. Für Medizinprodukte, deren Verwendung ausschließlich professionellen Anwendern vorbehalten ist, können diese Informationen auch in englischer Sprache abgefasst sein.

(2) Auf Ersuchen von Anwendern oder Patienten ist die EU-Konformitätserklärung gemäß Art. 19 der Verordnung (EU) Nr. 745/2017 oder Art. 17 der Verordnung (EU) Nr. 746/2017 in deutscher Sprache zur Verfügung zu stellen. Dies gilt auch für die Erklärung gemäß Anhang XIII Z 1 der Verordnung (EU) Nr. 745/2017 für Sonderanfertigungen.

(3) Auf begründetes Ersuchen des Bundesamtes für Sicherheit im Gesundheitswesen sind alle Informationen und Unterlagen, die für den Nachweis der Konformität des Produkts erforderlich sind, in deutscher Sprache vorzulegen.

(4) Die zusammen mit dem implantierbaren Produkt vom Hersteller zu liefernden Informationen gemäß Art. 18 Abs. 1 der Verordnung (EU) Nr. 745/2017 (Implantationsausweis) sind in deutscher Sprache bereitzustellen.

(5) Alle gemäß den Art. 38 und 39 der Verordnung (EU) Nr. 745/2017 oder Art. 34 und 35 der Verordnung (EU) Nr. 746/2017 erforderlichen Unterlagen sind in deutscher oder englischer Sprache zu erstellen.

(6) Die Sicherheitsanweisung im Feld gemäß Art. 89 Abs. 8 der Verordnung (EU) Nr. 745/2017 oder Art. 84 Abs. 8 der Verordnung (EU) Nr. 746/2017 ist vom Hersteller in deutscher Sprache abzufassen.

(7) Audit-, Bewertungs- und Kontrollberichte einer Benannten Stelle sind

1. **gemäß Art. 52 Abs. 12 der Verordnung (EU) Nr. 745/2017 im Zusammenhang mit den in Abs. 1 bis 7 und 9 bis 11 dieses Art. genannten Verfahren, oder**
2. **gemäß Art. 48 Abs. 12 der Verordnung (EU) Nr. 746/2017 im Zusammenhang mit den in Abs. 1 bis 10 dieses Art. genannten Verfahren**

in deutscher oder englischer Sprache vorzulegen.

Beachte für die Bestimmung: Tritt hinsichtlich In-vitro-Diagnostika am 26.5.2022 in Kraft (vgl § 91 Abs 1).

Fassung: BGBl I 2023/27

Literatur: *Semp* in *Aigner/Kletečka/Kletečka-Pulker/Memmer*, Handbuch Medizinrecht Kap V.1, 1.3.1 (Stand 1.5.2022, rdb.at); *Larcher/Beiglböck*, Das neue österreichische Medizinproduktegesetz 2021, RdM 2021/242; *Handorn* in *Hill/Schmitt*, WiKo Medizinprodukterecht, Kommentar, B I, Art 10, Rz 41, Lfg. 24, 2022; *Göttschkes* in *Lücker/Baumann*, Schorn Medizinprodukte-Recht, Band 3, EU 1-19/2, Rz 5, 2020;

Bedeutung der Rechtsnorm

1 Die Medizinprodukte-VO und die IvD-VO geben den Mitgliedsstaaten Gestaltungsspielraum in der Festlegung der Sprachanforderungen in mehreren Bestimmungen. Diese betreffen die mit dem Produkt mitgelieferten Informationen[1] wie Kennzeichnung und Gebrauchsanweisung, alle Unterlagen für den Nachweis der Konformität[2], den Implantationsausweis[3], die EU-Konformitätserklärung[4], die Unterlagen von Konformitätsbewertungsstellen für den Antrag auf Benennung[5], die Unterlagen für das Konformitätsbewertungsverfahren[6], die Konformitätsbescheinigungen[7] und die Sicherheitsanweisungen im Feld[8].

2 Um den Herstellern den Überblick über national definierte Sprachanforderungen zu erleichtern, hat die Europäische Kommission je ein Dokument für Medizinprodukte und In-vitro Diagnostika herausgegeben.[9] Darin appelliert sie an die Mitgliedsstaaten, zu prüfen, ob die Bereitstellung von Informationen in einer anderen als der Landessprache (zB Englisch) akzeptiert werden könnte, wenn die sichere Verwendung des Medizinproduktes nicht gefährdet werde. Die Kosten für die Übersetzung in zusätzliche Sprache(n) sollten dabei berücksichtigt werden. Die Informationen für das Dokument wurden von den Ländern zur Verfügung gestellt, die Kommission übernimmt keine Verantwortung für deren Richtigkeit.

3 In diesem Sinne differenziert § 7 Abs 1 zwischen Anwendern oder Patienten und professionellen Anwendern und gestattet für letztere, dass die mitgelieferten Informationen nicht ausschließlich in deutscher Sprache, sondern auch in englischer Sprache abgefasst sein können. Nach *Larcher/Beiglböck* ist diese Regelung neu, wurde in dieser Form jedoch bereits in einer COVID-19-Medizinprodukte-VO[10] angewendet.[11]

Semp führt aus, dass die mit dem Produkt zu liefernden Informationen die Kennzeichnung sowie die Gebrauchsinformationen betreffen.[12] Dem gegenüber stehen die beiden Leitlinien der Koordinierungsgruppe Medizinprodukte „Zusammenfassung der Sicherheit und (klinischen) Leistung“[13]. In diesen wird angegeben, dass auch der Kurzbericht über Sicherheit und klinische Leistung[14] bzw Kurzbericht über Sicherheit und Leistung[15] in die in den Mitglieds-

[1] Art 10 Abs 11 Medizinprodukte-VO bzw Art 10 Abs 10 IvD-VO.

[2] Art 10 Abs 14 Medizinprodukte-VO bzw Art 10 Abs 13 IvD-VO.

[3] Art 18 Abs 1 Medizinprodukte-VO.

[4] Art 19 Abs 1 Medizinprodukte-VO bzw Art 17 Abs 1 IvD-VO, jeweils mit Verweis auf Anhang IV.

[5] Art 41 Medizinprodukte-VO bzw Art 37 IvD-VO.

[6] Art 52 Abs 12 Medizinprodukte-VO bzw Art 48 Abs 12 IvD-VO, jeweils mit Verweisen auf Anhänge IX-XI.

[7] Art 56 Medizinprodukte-VO bzw Art 51 IvD-VO, jeweils mit Verweis auf Anhang XII.

[8] Art 89 Abs 8 Medizinprodukte-VO bzw Art 84 Abs 8 IvD-VO.

[9] Vgl „Übersicht Sprachanforderungen“ - erstellt von der EU Kommission, https://health.ec.europa.eu/publications/overview-language-requirements-manufacturers-medical-devices_en?prefLang=de, am 25.04.2024.

[10] COVID-19-MedizinprodukteV, BGBl II 2021/86.

[11] *Larcher/Beiglböck*, Das neue österreichische Medizinproduktegesetz 2021, RdM 2021/242.

[12] *Semp* in *Aigner/Kletečka/Kletečka-Pulker/Memmer*, Handbuch Medizinrecht Kap V.1, 1.3.1 Sprachanforderungen (Stand 1.5.2022, rdb.at).

[13] MDCG 2019-9 Rev.1 Summary of safety and clinical performance, March 2022, https://health.ec.europa.eu/document/download/5f082b2f-8d51-495c-9ab9-985a9f39ece4_en?filename=md_mdcg_2019_9_sscp_en.pdf, am 19.12.2024; MDCG 2022-9 / Rev.1 Summary of safety and performance Template, April 2024, https://health.ec.europa.eu/document/download/b7cf356f-733f-4dce-9800-0933ff73622a_en?filename=mdcg_2022-9_en.pdf, am 19.12.2024.

[14] Art 32 Medizinprodukte-VO.

[15] Art 29 IvD-VO.

staaten akzeptierten Sprachen übersetzt werden sollte, in denen das Medizinprodukte verkauft werden soll, da dies den Anforderungen an die mitgelieferten Informationen entspricht. Diese Leitlinien sind rechtlich nicht bindend, es soll jedoch eine einheitliche Anwendung der Verordnungen gewährleistet werden.[16]

4 § 7 Abs 2 normiert einen Rechtsanspruch von Anwendern oder Patienten die Konformitätserklärung in deutscher Sprache zu erhalten. Nach *Götschkes* ist der Inhalt der Konformitätserklärung nicht beliebig, sondern die Ziffern 1 bis 6 und 10 des Anhangs IV als verpflichtende Mindestinhalte zu verstehen.[17] Dies kann als Erklärung gesehen werden, warum die Mehrzahl der Mitgliedsstaaten die Konformitätserklärung in nationaler oder englischer Sprache zulässt.[18]

5 Die in § 7 Abs 3 festgelegte Anforderung der deutschen Sprache wird durch das Abweichen vom europäischen Wortlaut „auf Ersuchen der zuständigen Behörde“[19] auf den nationalen Wortlaut „auf begründetes Ersuchen des Bundesamtes für Sicherheit im Gesundheitswesen“ etwas abgeschwächt. *Semp*[13] führt als Beispiel für diese Forderung ein schon feststehendes oder absehbares Gerichtsverfahren an. Laut *Handorn*[20] ist zu beachten, dass es sich nicht um die zuständige Behörde am Sitz des Herstellers handeln muss. (…), und dass in der Praxis davon auszugehen ist, dass zumindest eine englische Fassung der Unterlagen regelmäßig akzeptiert werden sollte (…), der Hersteller (…) allerdings keinen Anspruch darauf hat.

6 Auch in § 7 Abs 4 legt der Gesetzgeber fest, dass der Implantationsausweis in deutscher Sprache auszustellen ist. Um das Design, den Inhalt und den Informationsgehalt über die in Art 18 Abs 1 Medizinprodukte-VO festgelegten Kriterien hinaus zu standardisieren, hat die MDCG-Arbeitsgruppe eine Leitlinie erstellt. Demnach sollte der Implantationsausweis die vorgeschlagenen Symbole aufweisen, um nationale Versionen soweit wie möglich zu vermeiden. Es werden ua Scheckkartenformat[21], eine Schriftgröße von mindestens 2 mm empfohlen und im Annex I der Leitlinie Designbeispiele für Implantationsausweis und Beipackzettel angeführt.[22]

7 § 7 Abs 5 und Abs 7 betreffen Organisation und Arbeitsweise von österreichischen benannten Stellen. Der Gesetzgeber legt Deutsch oder Englisch als Sprachen fest und trägt dem Umstand Rechnung, dass Englisch zweifellos eine in medizinischen Fachkreisen allgemein gebräuchliche Sprache ist.[23] Diese Sprachenregelung hat wesentliche Auswirkung auf den potentiellen Kundenkreis einer benannten Stelle, denn eine Einschränkung auf deutsche Sprache allein würde den potentiellen Kundenkreis auf die DACH-Region eingrenzen. Unter Berücksichtigung der strengen Qualifikationsanforderungen[24] der Verordnungen ist die Sprachenwahl ebenso ein wesentlicher Faktor für das einer benannten Stelle zur Verfügung stehende Personal.

---

16 https://health.ec.europa.eu/medical-devices-new-regulations/guidance_de, am 19.12.2024.

17 *Göttschkes* in *Lücker/Baumann*, Schorn Medizinprodukte-Recht, Band 3, EU 1-19/2, Rz 5, 2020.

18 Vgl „Übersicht Sprachanforderungen“ - erstellt von der EU Kommission, https://health.ec.europa.eu/publications/overview-language-requirements-manufacturers-medical-devices_en?prefLang=de, am 25.04.2024.

19 Art 10 Abs 14 Medizinprodukte-VO bzw Art 10 Abs 13 IvD-VO.

20 *Handorn* in *Hill/Schmitt*, WiKo Medizinprodukterecht, Kommentar, B I, Art 10, Rz 41, Lfg. 24, 2022.

21 Scheckkartenformat nach ISO/IEC 7810 ID-1 entspricht 85,6 mm x 53,98 mm und abgerundeten Ecken.

22 MDCG 2019-8 v2 Guidance document implant card on the application of Article 18 Regulation (EU) 2017/745 on medical devices (March 2020), https://health.ec.europa.eu/document/download/e86b9 fc4-9785-4c1a-934d-ba11085 ff6aa_en?filename=md_mdcg_2019_8_implant_guidance_card_en.pdf&prefLang=de, am 19.12.2024.

23 https://www.parlament.gv.at/dokument/XXVII/I/884/fname_982153.pdf, am 19.12.2024.

24 Anhang VII, Abs 3.2.3 – Abs 3.2.7 der Medizinprodukte-VO bzw IvD-VO.

Österreich hat derzeit eine benannte Stelle nach Medizinprodukte-VO und IvD-VO, die Anträge für Konformitätsbewertungen nur in englischer Sprache akzeptiert.[25]

§ 7 Abs 6 betrifft Sicherheitsanweisungen im Feld, die Hersteller im Rahmen der Überwachung nach dem Inverkehrbringen für Medizinprodukte und In-vitro Diagnostika mit CE-Kennzeichen betreffen. Derzeit sind diese in beinahe allen Mitgliedsstaaten in der/den Landesprache(n) abzufassen.[26] Ob sich dies durch verbesserte Transparenz und Information nach Fertigstellung und Einführung[27] des Moduls „Vigilanz und Überwachung nach dem Inverkehrbringen" der EUDAMED Datenbank[28] ändern wird, bleibt abzuwarten. 8

[25] https://www.qmdservices.com/mdr/ und https://www.qmdservices.com/ivdr/, am 19.12.2024.

[26] Vgl „Übersicht Sprachanforderungen" - erstellt von der EU Kommission, https://health.ec.europa.eu/publications/overview-language-requirements-manufacturers-medical-devices_en?prefLang=de, am 25.04.2024.

[27] https://health.ec.europa.eu/document/download/04ce2012-97df-4dd0-8a39-d4f6993b9e16_en?filename=md_eudamed_roadmap_en.pdf&prefLang=de, am 25.04.2025.

[28] EUDAMED Überblick, https://health.ec.europa.eu/medical-devices-eudamed/overview_de, am 19.12.2024.

§ 8 Sonderanfertigungen

Das Bundesamt für Sicherheit im Gesundheitswesen kann von Herstellern von Sonderanfertigungen oder von deren Bevollmächtigten eine Liste aller Sonderanfertigungen verlangen, die im Geltungsbereich dieses Bundesgesetzes in Verkehr gebracht oder in Betrieb genommen wurden.

Fassung: BGBl I 2021/122 idF BGBl I 2024/102

Literatur: *Medical Device Coordination Group* MDCG 2021-3 vom März 2021

Inhaltsverzeichnis

I. Bedeutung der Rechtsnorm

1 Nach § 6a Z 4 Gesundheits- und Ernährungssicherheitsgesetz (GESG) obliegt dem BASG auch die Vollziehung des Medizinproduktegesetzes (MPG). Das BASG ist in den Datenaustausch mit Eudamed eingebunden und hat Zugriff auf das von der Gesundheit Österreich GmbH geführte Register, das Meldungen von Herstellern, einschließlich solcher für Sonderanfertigungen, erfasst. **Eudamed** steht für die **Europäische Datenbank für Medizinprodukte**. Sie ist ein von der Europäischen Kommission verwaltetes IT-System, das als zentraler Zugangspunkt für Informationen über Medizinprodukte dient, die auf dem EU-Markt verfügbar sind. Eudamed wurde entwickelt, um die Transparenz, Rückverfolgbarkeit und Überwachung von Medizinprodukten zu verbessern und gleichzeitig die Einhaltung der Anforderungen der europäischen Medizinprodukte-VO (MDR, 2017/745) und der Verordnung über In-vitro-Diagnostika (IVDR, 2017/746) zu gewährleisten. Eudamed ist nicht öffentlich zugänglich, aber bestimmte Informationen werden für die Öffentlichkeit einsehbar gemacht, um die Transparenz zu fördern. Sie ist für die EU-Mitgliedstaaten, Benannte Stellen, Hersteller und andere relevante Akteure von entscheidender Bedeutung, um die Sicherheits- und Leistungsstandards von Medizinprodukten zu gewährleisten.

2 § 8 Medizinproduktegesetz gibt dem Bundesamt für Sicherheit im Gesundheitswesen (BASG) die Befugnis, von Herstellern oder deren Bevollmächtigten eine Liste aller Sonderanfertigungen anzufordern.

3 Diese Sonderanfertigungen müssen im Geltungsbereich des Bundesgesetzes in Verkehr gebracht oder in Betrieb genommen worden sein. Damit soll eine lückenlose Kontrolle und Regulierung dieser speziellen Medizinprodukte, die keine CE-Zertifizierung tragen und damit nicht von EUDAMED erfasst sind, ermöglicht werden (siehe auch § 37 (2) Abs 1 MPG 2021 zur Registrierungspflicht für Hersteller im Register der Gesundheit Österreich GmbH[1] – GÖG).

[1] Als nationales Public-Health-Institut ist die Gesundheit Österreich GmbH das führende Kompetenzzentrum für Bevölkerungsgesundheit, Gesundheitsförderung, Prävention, Versorgungsplanung und Qualität im Gesundheitswesen. Quelle: https://goeg.at/Vision_Mission am 04.03.2024

II. Sonderanfertigungen gemäß MDR

Die MPVO definiert in Art 2 Begriffsbestimmungen, Punkt (3.): 4

„Sonderanfertigung" bezeichnet ein Produkt, das speziell gemäß einer schriftlichen Verordnung einer aufgrund ihrer beruflichen Qualifikation nach den nationalen Rechtsvorschriften zur Ausstellung von Verordnungen berechtigten Person angefertigt wird, die eigenverantwortlich die genaue Auslegung und die Merkmale des Produkts festlegt, das nur für einen einzigen Patienten bestimmt ist, um ausschließlich dessen individuelle Zustand und dessen individuellen Bedürfnissen zu entsprechen.

Serienmäßig hergestellte Produkte, die angepasst werden müssen, um den spezifischen Anforderungen eines berufsmäßigen Anwenders zu entsprechen, und Produkte, die gemäß den schriftlichen Verordnungen einer dazu berechtigten Person serienmäßig in industriellen Verfahren hergestellt werden, gelten jedoch nicht als Sonderanfertigungen;

Sonderanfertigungen unterscheiden sich daher von serienmäßig, industriell hergestellten Produkten, die für eine breitere Zielgruppe bestimmt sind. 5

Art 10 der MPVO bestimmt in Punkt (5), das Hersteller von Sonderanfertigungen eine Dokumentation gemäß Anhang XIII Abschnitt 2 der MPVO erstellen und aktualisieren und den zuständigen Behörden zur Verfügung stellen. 6

Das Leitfadendokument *„MDCG 2021-3 Questions and Answers on Custom-Made Devices*[2]" der „Medical Device Coordination Group[3]" (MDCG) gibt Beispiele für solche Sonderanfertigungen: 7

- Eine Zahnkrone, die nach einem schriftlichen Rezept eines Zahnarztes, die spezifische Konstruktionsmerkmale für den individuellen Zustand eines bestimmten Patienten enthält.
- Eine Orthese, die nach einer schriftlichen Verordnung mit spezifischen Konstruktionsmerkmalen zur Unterstützung einer Person mit neuromuskulären oder muskuloskelettalen Beeinträchtigungen der unteren Extremität, wie zB eine Knie-Knöchel-Fuß-Orthese.
- Handprothesen, die dazu bestimmt sind, ein verlorenes Körperteil und/oder eine verlorene Funktion zu ersetzen und die nach einer schriftlichen Verordnung hergestellt werden, wobei der Arzt die für die Herstellung Konstruktionsmerkmale vorgibt, die für die Herstellung der Prothese erforderlich sind.

A. Herstellung nach spezifischen Standards

Die Hersteller müssen sicherstellen, dass die Sonderanfertigungen unter geeigneten Bedingungen hergestellt werden und dass sie den vom ausstellenden Mediziner oder der befugten Person festgelegten Anforderungen entsprechen. 8

---

2 Quelle: https://health.ec.europa.eu/document/download/385d7e20-d8b5-49d0-abd7-8daf269bf1b8_en?filename=mdcg_2021-3_en.pdf

3 Die Koordinierungsgruppe Medizinprodukte (MDCG) befasst sich mit den wichtigsten Fragen im Bereich der Medizinprodukte, von der Aufsicht über die benannte Stelle oder die Normung bis hin zur Marktüberwachung, über internationale Angelegenheiten, neue Technologien und klinische Prüfungen. Die Mitglieder der Untergruppen werden von den Mitgliedstaaten für eine Dauer von 3 Jahren ernannt. Interessengruppen/europäische Verbände nehmen an den Sitzungen teil, nachdem sie sich auf spezielle Aufrufe Vision und Mission | Gesundheit Österreich GmbH (goeg.at) zur Interessenbekundung beworben haben. (Quelle: Medical Device Coordination Group Working Groups – European Commission (europa.eu) letzter Zugriff am 04.03.2024)

B. Dokumentation und Erklärung zur Einhaltung der Vorschriften der MDR

9 Art 52 der MDR legt fest, dass Sonderanfertigungen von bestimmten Konformitätsbewertungsverfahren ausgenommen sind, die für andere Medizinprodukte gelten. Allerdings müssen Hersteller von Sonderanfertigungen das Verfahren gemäß Anhang XIII der MPVO anwenden, um die Sicherheit und Leistung ihrer Produkte sicherzustellen. Dazu gehört eine Erklärung unter Angabe aller folgenden Informationen:

- *Name und Anschrift des Herstellers sowie aller Fertigungsstätten,*
- *gegebenenfalls Name und Anschrift des Bevollmächtigten,*
- *die zur Identifizierung des betreffenden Produkts notwendigen Daten,*
- *eine Erklärung, dass das Produkt ausschließlich für einen bestimmten Patienten oder Anwender bestimmt ist, der durch seinen Namen, ein Akronym oder einen numerischen Code identifiziert wird,*
- *Name der Person, die das betreffende Produkt verordnet hat und die aufgrund ihrer beruflichen Qualifikation durch nationale Rechtsvorschriften dazu befugt ist, und gegebenenfalls Name der betreffenden medizinischen Einrichtung,*
- *die spezifischen Merkmale des Produkts, wie sie in der Verordnung angegeben sind,*
- *eine Erklärung, dass das betreffende Produkt den grundlegenden Sicherheits- und Leistungsanforderungen gemäß Anhang I entspricht, und gegebenenfalls ein Verweis auf die grundlegenden Sicherheits- und Leistungsanforderungen, die nicht vollständig eingehalten wurden, mit Angabe der Gründe,*
- *gegebenenfalls ein Hinweis, dass zu den Bestandteilen oder Inhaltsstoffen des Produkts ein Arzneimittel gehört, einschließlich eines Derivats aus menschlichem Blut oder Plasma, oder Geweben oder Zellen menschlichen oder tierischen Ursprungs gemäß Verordnung (EU) Nr. 722/2012.*

C. Klinische Bewertung und Überwachung nach dem Inverkehrbringen

10 Auch für Sonderanfertigungen müssen Hersteller eine klinische Bewertung durchführen und die Leistung sowie die Sicherheit des Produkts im Rahmen der Überwachung nach dem Inverkehrbringen abhängig von der Risikoklasse kontinuierlich überprüfen (siehe „Sicherheitsbericht“ gemäß Art 86 der MPVO).

D. Kennzeichnungs- und Informationspflichten

11 Die Produkte müssen angemessen gekennzeichnet sein, und es müssen Informationen zur Verfügung gestellt werden, die für die sichere Anwendung des Produkts notwendig sind.

12 Es ist wichtig zu beachten, dass die MPVO gewisse Ausnahmen von bestimmten Vorschriften für Sonderanfertigungen vorsieht, um eine angemessene Versorgung von Patienten mit spezifischen Bedürfnissen zu ermöglichen, ohne die Sicherheit und Wirksamkeit der Produkte zu beeinträchtigen.

§ 9 Herstellung und Verwendung von Medizinprodukten in Gesundheitseinrichtungen (In-House Produkte)

(1) Der Bundesminister für Soziales, Gesundheit, Pflege und Konsumentenschutz kann zur Abwendung von Risiken und Gewährleistung der Sicherheit von Patienten, Anwendern und gegebenenfalls Dritten durch Verordnung Medizinprodukte benennen, die nicht in Gesundheitseinrichtungen hergestellt und verwendet werden dürfen.

(2) Der Bundesminister für Soziales, Gesundheit, Pflege und Konsumentenschutz, kann soweit dies im Hinblick auf die Gewährleistung der medizinischen Leistungsfähigkeit und den Schutz der Gesundheit und Sicherheit von Patienten, Anwendern und Dritten und zur Abwehr von Risiken erforderlich ist, durch Verordnung nähere Anforderungen für die Auslegung und das Herstellungsverfahren und dessen Dokumentation sowie zum Qualitätsmanagementsystem für die Herstellung von In-House-Produkten erlassen.

Beachte für die Bestimmung: Tritt hinsichtlich In-vitro-Diagnostika am 26.5.2022 in Kraft (vgl § 91 Abs 1).

Fassung: BGBl I 2021/122

Literatur: *Wiring* in *Lücker/Baumann*, Schorn Medizinprodukte-Recht, Band 3, EU 1-5/9, Rz 27, RZ 29, 2021: *Wagner* in *Rehmann/Wagner*, MP-VO, Art 5 Rz 14 u. Rz 45, 4. Aufl. 2023;

Inhaltsverzeichnis

I. Bedeutung der Rechtsnorm

In-House-Produkte sind Medizinprodukte und In-vitro Diagnostika, die in Gesundheits- 1
einrichtungen hergestellt und verwendet werden. Sie gelten laut Art 5 Abs 4 der Medizinprodukte-VO bzw IvD-VO als in Betrieb genommen und werden insbesondere über Art 5 Abs 5 detaillierter als früher in den Richtlinien[1] und im MPG[2] geregelt.

Der Begriff der Inbetriebnahme[3] ist in der Medizinprodukte-VO und IvD-VO als der Zeitpunkt definiert, zu dem ein gebrauchsfertiges Produkt erstmals zur Verfügung gestellt und verwendet wird. Eine Definition des Begriffs „betreiben" als Abgrenzung zur Inbetriebnahme fehlt auch national, die MPBV definiert lediglich den Begriff „Betreiberin/Betreiber als die für den Betrieb einer Einrichtung des Gesundheitswesens verantwortliche natürliche oder juristische Person.[4] Nähere Bestimmungen zum Betreiben von Medizinprodukten finden sich im 8. Abschnitt des MPG bzw in der MPBV, die in 2025 an das zwischenzeitliche Inkrafttreten der MP-VO und IvD-VO angepasst wird.[5]

---

[1] Vgl Art 2 ff in RL 93/42/EWG über Medizinprodukte und RL 90/385/EWG über aktive implantierbare medizinische Geräte, Art 1 Abs 5 in RL 98/79/EG über In-vitro-Diagnostika.

[2] Vgl § 6 ff MPG BGBl 1996/657 idgF.

[3] Art 2 Z 29 Medizinprodukte-VO bzw Art 2Z 22 IvD-VO.

[4] Vgl § 2 Abs 2 Medizinproduktebetreiberverordnung - MPBVO BGBl II 2007/70 idgF bzw. Begutachtungsentwurf Änderung der MPBVO, https://www.ris.bka.gv.at/Dokument.wxe?Abfrage=Begut&Dokumentnummer=BEGUT_5B04412E_6436_4536_9B31_6EFC8228CCAC, am 25.04.2025.

[5] Erläuterungen zu Begutachtungsentwurf MPBVO, https://www.ris.bka.gv.at/Dokumente/Begut/BEGUT_5B04412E_6436_4536_9B31_6EFC8228CCAC/Materialien_0002_482ED95B_A8F4_4C51_9B7D_981E2F49CD15.pdf, am 25.04.2025.

2 Laut Erwägungsgrund 30 der Medizinprodukte-VO bzw Erwägungsgrund 29 der IvD-VO sollen Gesundheitseinrichtungen die Möglichkeit haben, Produkte hausintern herzustellen, zu ändern und zu verwenden, um auf die spezifischen Bedürfnisse von Patientengruppen einzugehen, die mit gleichartigen, auf dem Markt verfügbaren Produkten nicht auf einem angemessenen Leistungsniveau erfüllt werden können.

Dabei wird der Begriff „Gesundheitseinrichtung" in den Verordnungen definiert als „Organisation, deren Hauptzweck in der Versorgung oder Behandlung von Patienten oder der Förderung der öffentlichen Gesundheit besteht".[6] Im Erwägungsgrund wird weiter ausgeführt, dass jedoch Einrichtungen, die in erster Linie die gesundheitlichen Interessen oder eine gesunde Lebensführung fördern, wie etwa Fitnessstudios, Heilbäder und Wellnesszentren nicht darunterfallen.

3 Die europäische Leitlinie MDCG 2023-1 erklärt den Begriff „in einer Gesundheitseinrichtung hergestellt" und führt einige Beispiele zum besseren Verständnis an. Demnach kann ein In-House Produkt eine Neuentwicklung aus Rohstoffen, aus Teilen oder Komponenten eines anderen Produktes sein; oder eine Kombination von Geräten sowie eine Änderung eines bestehenden Gerätes.[7] Aber auch eine Verwendung eines Medizinproduktes außerhalb seiner Zweckbestimmung (für einen anderen als den vom Hersteller intendierten medizinischen Zweck) oder eine Verwendung eines Nicht-Medizinproduktes als Medizinprodukt sind Beispiele, die in der Praxis häufig vorkommen.

4 Zusätzlich ist noch hervorzuheben, dass Produkte für Forschungszwecke (research use only – RUO) nicht unter den Anwendungsbericht der Medizinprodukte-VO oder IVD-VO fallen. Werden sie jedoch gemäß der Definition des Medizinproduktes[8] oder In-vitro Diagnostikums[9] verwendet oder sind Bestandteil eines In-House-Produktes, müssen auch sie die Anforderungen von Art 5 Abs 5 erfüllen.[10]

5 Auch Sonderanfertigungen fallen nicht in den Anwendungsbereich von Art 5 Abs 5 und sollten den einschlägigen Anforderungen der Medizinprodukte-VO entsprechen.[11] Um Interpretationsspielraum in dieser Frage auszuschließen, stellt dies die europäische Leitlinie MDCG 2023-1 eindeutig klar.[12]

6 Eine weitere wichtige Voraussetzung für die Herstellung und Verwendung von Medizinprodukten in Gesundheitseinrichtungen ist, dass auf dem Markt kein gleichartiges CE-gekennzeichnetes Produkt für die spezifische Personengruppe verfügbar ist, wobei Gleichartigkeit laut europäischer MDCG Leitlinie auf Basis technischer, biologischer und klinischer Aspekte beurteilt und dokumentiert werden soll.[13] Die Leitlinie formuliert auch sehr deutlich, dass eine Herstellung aus rein finanziellen Interessen, ohne klinisch relevante Gründe nicht unter Art 5 Abs 5 fällt.

7 Sowohl der letzte Satz des Art 5 Abs 5 als auch der Erwägungsgrund schränken den Umfang der In-House-Produktion auf einen nicht-industriellen Maßstab ein, dh es dürfen nicht

6 Art 2 Z 36 Medizinprodukte-VO bzw Art 2 Z 29 IvD-VO.

7 MDCG 2023-1 Guidance on the health institution exemption under Article 5(5) of Regulation (EU) 2017/745and Regulation (EU) 2017/746, 3.2.1, https://health.ec.europa.eu/system/files/2023-01/mdcg_2023-1_en.pdf, am 31.12.2024.

8 Vgl Art 2 Z 1 Medizinprodukte-VO.

9 Vgl Art 2 Z 2 IvD-VO.

10 Vgl Art 3 IvD-VO und MDCG 2023-1, 3.2.2.

11 Vgl Art 2 Z 3 sowie Anhang XIII Medizinprodukte-VO.

12 Vgl MDCG 2023-1, 3.1.1.

13 Vgl MDCG 2023-1, 3.6.2 Equivalent device; mit Verweis auf MDCG 2020-5, 3. Equivalence und Annex I – Equivalence table.

mehr Medizinprodukte hergestellt werden als die Patientengruppe benötigt, deren spezifische Bedürnisse damit gedeckt werden. Eine eindeutige Definition oder eine Größenordnung bleiben sowohl die beiden Verordnungen als auch die europäische MDCG Leitlinie[14] schuldig, wobei letztere vorsieht, dass von Fall zu Fall, auf Basis von Kriterien wie Produktionsvolumen, kommerzielle Aspekte und Herstellungsprozess zu beurteilen sei.

Auf Basis ihrer Zweckbestimmung müssen In-House-Produkte einerseits die im Anhang I der Medizinprodukte-VO bzw IvD-VO festgelegten grundlegenden Sicherheits- und Leistungsanforderungen erfüllen, andererseits alle Bedingungen des Art 5 Abs 5. Ist dies der Fall, sind die übrigen Bestimmungen der Verordnung nicht anwendbar[15], dh die Gesundheitseinrichtung führt kein Konformitätsbewertungsverfahren mit benannter Stelle durch und bringt kein CE-Kennzeichen an.[16] In Zusammenhang mit den grundlegenden Sicherheits- und Leistungsanforderungen ist es wichtig zu betonen, dass deren Nachweis auch eine klinische Bewertung gemäß Art 61 Medizinprodukte-VO bzw eine Leistungsbewertung gemäß Art 56 IvD-VO umfasst.[17] Die Koordinierungsgruppe Medizinprodukte stellt in den europäischen Leitlinien MDCG 2021-08 und MDCG 2022-19 jeweils eine Checkliste für die grundlegenden Sicherheits- und Leistungsanforderungen zur Verfügung.[18] Sie sind zwar für klinische Prüfungen und Leistungsstudien gedacht, können jedoch auch für In-House Produkte verwendet werden. 8

Über eine Öffnungsklausel in den europäischen Verordnungen ist den Mitgliedsstaaten gestattet, die Herstellung und Verwendung in Gesundheitseinrichtungen einzuschränken.[19] Davon macht der nationale Gesetzgeber im Vergleich zum Begutachtungsentwurf[20] keinen Gebrauch, legt jedoch in § 9 Abs 1 und 2 die Möglichkeit für eine Änderung per Verordnung des Bundesministers für Soziales, Gesundheit, Pflege und Konsumentenschutz fest. 9

Anzumerken ist, dass es derzeit keinen Überblick zu Einschränkungen oder unterschiedlichen Auslegungen in den Mitgliedsstaaten gibt. Auch ist nicht bekannt, welche und wie viele Medizinprodukte und In-vitro Diagnostika in Gesundheitseinrichtungen hergestellt und verwendet werden.

Die Medizinprodukte-VO bzw IvD-VO sehen in Art 121 bzw Art 111 eine Verpflichtung der EU-Kommission vor, spätestens bis Mai 2027 eine Bewertung der Anwendung dieser Verordnungen vorzunehmen. Aufgrund beträchtlicher Schwierigkeiten in der Übergangsphase beschloss die EU-Kommission mit einer gezielten Bewertung bereits 2024 zu beginnen.[21] Zahlreiche Gesundheitseinrichtungen haben im Rahmen dieser öffentlichen Konsultation Rückmeldungen abgegeben.[22]

---

14 Vgl MDCG 2023-1, 3.11 Industrial scale.

15 Vgl Art 5 Abs 5 Medizinprodukte-VO.

16 *Wiring* in *Lücker/Baumann*, Schorn Medizinprodukte-Recht, Band 3, EU 1-5/9, Rz 27/, 2021; *Wagner* in *Rehmann/Wagner*, MP-VO, Art 5 Rz 45, 4. Aufl. 2023.

17 Vgl Art 5 Abs 3 Medizinprodukte-VO bzw IvD-VO.

18 Vgl MDCG 2021-08, Annex – Templates, https://health.ec.europa.eu/document/download/13265ec7-1776-41af-afb6-e0a64bc407b5_en?filename=mdcg_2021-8_en.pdf, am 31.12.2024; MDCG 2022-19, 3 Annex – Templates, https://health.ec.europa.eu/document/download/4e1f946d-a71a-42c7-bd98-0e9977752669_en?filename=mdcg_2022-19_en.pdf, am 31.12.2024.

19 Vgl Art 5 Abs 5 Medizinprodukte-VO.

20 Vgl 109/ME XXVII. GP Ministerialentwurf – Gesetzestext, https://www.parlament.gv.at/dokument/XXVII/ME/109/imfname_942273.pdf am 20.12.2024.

21 Vgl Document Ares (2024)8905137, https://eur-lex.europa.eu/legal-content/de/TXT/?uri=int-com:Ares(2024)8905137, am 08.05.2025.

22 zB Universitätsklinikum AKH Wien/Medizinische Universität Wien, https://ec.europa.eu/info/law/better-regulation/have-your-say/initiatives/14155-EU-rules-on-medical-devices-and-in-vitro-diagnost-

II. Art 5 Abs 5 im Detail

10 Die in Art 5 Abs 5 genannten Anforderungen sind für Medizinprodukte und In-vitro Diagnostika inhaltlich gleich, mit Ausnahme der Erfüllung der Norm EN ISO 15189, die seit 26. Mai 2024 für In-vitro Diagnostika gilt (lit c). Demnach muss das Labor der Gesundheitseinrichtung den Anforderungen an medizinische Labore entsprechen. Eine Akkreditierung nach dieser Norm ist über die Akkreditierung Austria möglich, jedoch in Österreich derzeit nicht verpflichtet.[23]

Während alle in Art 5 Abs 5 genannten Anforderungen für In-House Produkte im Medizinprodukte-Bereich bereits seit 26. Mai 2021[24] gültig sind, gibt es im IvD-Bereich gestaffelte Fristen, dh 26. Mai 2022[25] für lit a), 26. Mai 2024[26] für die lit b), c), e), f), g), h) und i) sowie 31. Dezember 2030[27] für lit d).

11 In Gesundheitseinrichtungen hergestellte Produkte dürfen nicht an eine andere rechtliche Einheit abgegeben werden (lit a). Diese Anforderung gilt nach der IvD-VO seit 26. Mai 2022.

Da die Gesundheitseinrichtungen in den EU-Ländern, aber auch innerhalb Österreichs unterschiedlich organisiert sind, wird bei Fragen auf die nationale Behörde zur Klärung verwiesen.[28] In der Leitlinie wird auch klargestellt, dass In-House Produkte nur innerhalb der Gesundheitseinrichtung verwendet werden dürfen, und zB nicht als Selbsttest dem Patienten mitgegeben werden dürfen oder bei Software als Medizinprodukt von außerhalb der Gesundheitseinrichtung angewendet werden dürfen. Befunde und Auswertungen, die von In-House Produkten in der Gesundheitseinrichtung erstellt wurden, dürfen jedoch mit anderen Gesundheitseinrichtungen und dem Patienten geteilt werden. Protokolle und Prozessbeschreibungen, die die Herstellung und Verwendung von In-House Produkten beschreiben und mit Gesundheitseinrichtungen geteilt werden, gelten nicht als Medizinprodukte und somit auch nicht als In-House Produkte.

12 Unter lit b) findet sich die Forderung der Herstellung und Verwendung innerhalb eines geeigneten Qualitätsmanagementsystems. Hier verweist die MDCG-Leitlinie 2023-1 als Orientierungshilfe auf das Qualitätsmanagementsystem der Hersteller[29], gleichzeitig aber auch auf andere bereits nach den Verordnungen harmonisierte Normen[30] und zählt einige Themen auf, die innerhalb eines Qualitätsmanagementsystems berücksichtigt werden müssen. Typische Beispiele dafür sind: die Verantwortung des Managements für Ressourcen, Risikomanagement als

ics-targeted-evaluation/F3530762_en, am 08.05.2025; Salzburger Landeskliniken, https://ec.europa.eu/info/law/better-regulation/have-your-say/initiatives/14155-EU-rules-on-medical-devices-and-in-vitro-diagnostics-targeted-evaluation/F3513916_en, am 08.05.2025; European University Hospital Alliance, https://ec.europa.eu/info/law/better-regulation/have-your-say/initiatives/14155-EU-rules-on-medical-devices-and-in-vitro-diagnostics-targeted-evaluation/F3530337_en, am 08.05.2025.

23 Vgl Akkreditierungsverfahren auf der Webseite der Akkreditierung Austria, https://www.bmwet.gv.at/Services/Akkreditierung/Akkreditierungsverfahren.html, am 05.05.2025.

24 VO (EU) 2020/561 vom 23. April 2020, https://eur-lex.europa.eu/legal-content/DE/TXT/PDF/?uri=CELEX:32020R0561 am 20.12.2024.

25 Vgl VO (EU) 2017/746 vom 5. April 2017, Art 113 Abs 2.

26 Verordnung (EU) 112/2022 vom 25. Jänner 2022, Art 1 Abs 3 i) zur Änderung des Art 110 IvD-VO 2017/746, https://eur-lex.europa.eu/legal-content/DE/TXT/?uri=celex%3A32022R0112 am 20.12.2024.

27 VO (EU) 2024/1860 vom 13. Juni 2024, Art 2 Abs 5 lit e), https://eur-lex.europa.eu/legal-content/DE/TXT/HTML/?uri=OJ:L_202401860 am 20.12.2024.

28 MDCG 2023-1, 3.4 Legal entity.

29 Art 10 Abs 9 Medizinprodukte-VO bzw Art 10 Abs 8 IvD-VO.

30 Vgl Durchführungsbeschluss der Kommission – C(2024)3371, am 20.12.2024 bzw https://health.ec.europa.eu/medical-devices-topics-interest/harmonised-standards_en, am 05.05.2025.

kontinuierlicher und iterativer Prozess, PDCA-Zyklus und Managementbewertung, um anhand von Kennzahlen Lenkungs- und Korrekturmaßnahmen ergreifen zu können.

Lit c) der Medizinprodukte-VO bzw d) der IVD-VO sehen vor, dass die Gesundheitseinrichtung schriftlich zu begründen hat, dass es kein oder kein gleichwertiges Produkt auf dem Markt gibt, das die spezifischen Erfordernisse der Patientengruppe erfüllt. Die Verordnung beschreibt weiters, dass darüber hinaus ein Prozess zu etablieren ist, um die Verfügbarkeit von gleichwertigen Produkten und die eigene Begründung zu überprüfen. Wenn so bekannt wird, dass ein gleichwertiges Produkt auf dem Markt verfügbar ist, ist ein Übergangsprozess zum Wechsel auf das verfügbare Produkt zu beginnen. Mit der zumindest schrittweisen Einführung der Datenbank EUDAMED[31] sollten Gesundheitseinrichtungen Verfügbarkeiten von Medizinprodukten einfacher recherchieren können.[32] **13**

Unter lit d) der Medizinprodukte-VO bzw e) der IvD-VO ist festgelegt, dass diese Begründung sowie weiterführende Informationen und Dokumentation der Behörde auf Ersuchen zur Verfügung zu stellen sind. **14**

Unter lit e) der Medizinprodukte-VO bzw f) der IvD-VO folgt die öffentliche Erklärung der Gesundheitseinrichtung. Hier wäre auch anzuführen, wenn die grundlegenden Sicherheits- und Leistungsanforderungen nicht zur Gänze erfüllt werden können inklusive einer Begründung, warum dies nicht der Fall ist. Für diese Erklärung gibt es im Anhang A der MDCG-Leitlinie 2023-1 eine Vorlage, die die geforderten Inhalte abdeckt. **15**

Die lit f) und g) der Medizinprodukte-VO bzw g) und h) der IvD-VO legen fest, dass die Produkte in Übereinstimmung mit den entsprechenden Unterlagen hergestellt werden.[33] **16**

Nach lit h) der Medizinprodukte-VO bzw i) der IvD-VO hat die Gesundheitseinrichtung die gewonnenen klinischen Erfahrungen zu begutachten und erforderliche Korrekturmaßnahmen zu ergreifen. **17**

[31] VO (EU) 2024/1860 vom 13. Juni 2024, https://eur-lex.europa.eu/legal-content/DE/TXT/HTML/?uri=OJ:L_202401860 am 20.12.2024.

[32] https://health.ec.europa.eu/medical-devices-eudamed/overview_en, am 05.05.2025.

[33] *Wiring* in *Lücker/Baumann*, Schorn Medizinprodukte-Recht, Band 3, EU 1-5/9, Rz 29/, 2021.

2. Abschnitt
Abgrenzung, Ausnahmeregelungen

§ 10 Feststellungsverfahren

(1) Das Bundesamt für Sicherheit im Gesundheitswesen hat auf Antrag eines Herstellers oder dessen Bevollmächtigten, die ihren Sitz im Inland haben, für den Fall des beabsichtigten Inverkehrbringens eines Produkts festzustellen, ob dieses Produkt eine der Definitionen gemäß Art. 2 Z 1 bis 6 der Verordnung (EU) Nr. 745/2017 oder gemäß Art. 2 Z 2 bis 7 der Verordnung (EU) Nr. 746/2017 erfüllt und gegebenenfalls über die Einstufung und Klassifizierung des Produkts zu entscheiden. Im Rahmen dieses Verfahrens kann es ein Gutachten des Abgrenzungs- und Klassifizierungsbeirats gemäß § 11 einholen.

(2) Das Bundesamt für Sicherheit im Gesundheitswesen kann Feststellungen gemäß Abs. 1 auch von Amts wegen vornehmen. Es kann dabei auch ein Gutachten des Abrenzungs- und Klassifizierungsbeirats gemäß § 11 einholen.

(3) Die Kosten für das Gutachten nach Abs. 1 sind vom Antragsteller zu tragen.

(4) Das Bundesamt für Sicherheit im Gesundheitswesen kann im Hinblick auf die Einstufung eines Produkts auch ein hinreichend begründetes Ersuchen an die Kommission gemäß Art. 4 Abs. 1 der Verordnung (EU) Nr. 745/2017 oder Art. 3 Abs. 1 der Verordnung (EU) Nr. 746/2017 richten.

Beachte für die Bestimmung: Tritt hinsichtlich In-vitro-Diagnostika am 26.5.2022 in Kraft (vgl § 91 Abs 1).

Weiterführende Literatur und relevante Gesetzesmaterialien

Webpage BASG https://www.basg.gv.at

Europäisches Parlament und Europäischer Rat: Amtsblatt Nr. L117/1 vom 05.05.2017: VO (EU) 2017/745 des Europäischen Parlaments und des Rates vom 5. April 2017 über Medizinprodukte, zur Änderung der RL 2001/83/EG, der VO (EG) 178/2002 und der VO (EG) 1223/2009 und zur Aufhebung der Richtlinien 90/385/EWG und 93/42/EWG des Rates (MPV). Verfügbar unter: http://data.europa.eu/eli/reg/2017/745/oj/deu, abgerufen am 07.08.2023.

Europäisches Parlament und Europäischer Rat: Amtsblatt Nr. L 117/176 vom 05.05.2017: VO (EU) 2017/746 des Europäischen Parlaments und des Rates vom 5. April 2017 über In-vitro- Diagnostika und zur Aufhebung der RL 98/79/EG und des Beschlusses 2010/227/EU der Kommission (IVDV). Verfügbar unter: http://data.europa.eu/eli/reg/2017/746/oj/deu, abgerufen am 07.08.2023.

Manual on borderline and classification for medical devices under Regulation (EU) 2017/745 on medical devices and Regulation (EU) 2017/746 on in vitro diagnostic medical devices, Version 2 – December 2022 https://health.ec.europa.eu/system/files/2022-12/md_borderline_manual_12-2022_en.pdf

Europäisches Parlament und Europäischer Rat: Amtsblatt Nr. L 169 vom 12.07.1993: RL 93/42/EWG über Medizinprodukte (MDD).

Europäisches Parlament und Europäischer Rat: Amtsblatt Nr. L 189 vom 20.07.1990: RL 90/385/EWG zum Abgleich der Rechtsvorschriften der Mitgliedstaaten über aktive implantierbare medizinische Geräte (AIMD).

Europäisches Parlament und Europäischer Rat: Amtsblatt Nr. L 331 vom 27.10.1998: RL 98/79/EG über In-vitro-Diagnostika (IVDD).

1 Ein wesentlicher Schritt, der früh genug vor dem geplanten Inverkehrbringen eines Produktes durchzuführen ist, ist die Abklärung, ob das Produkt per Definition als Medizinprodukt gilt und somit die Medizinprodukteverordnungen MDR für Medizinprodukte und IVDR für In-vitro

Diagnostika, und das Medizinproduktegesetz MPG zutreffen. Hierzu hat der Hersteller oder dessen Bevollmächtigter mit Sitz im Inland zu Beginn der geplanten Inverkehrbringung des Produktes festzustellen, ob die Definitionen gemäß Art 2 Z 1 bis 6 der Verordnung MDR (vgl Begriffsbestimmungen zu „Medizinprodukt", „Zubehör eines Medizinproduktes", „Sonderanfertigung", „aktives Produkt", „implantierbares Produkt" und „invasives Produkt") oder gemäß Art 2 Z 2 bis 7 der Verordnung IVDR (vgl Begriffsbestimmungen zu „In-vitro-Diagnostikum", „Probenbehältnis", „Zubehör eines In-vitro-Diagnostikums", „Produkt zur Eigenanwendung", „Produkt für patientennahe Tests" und „therapiebegleitendes Diagnostikum") für das geplante Produkt zutreffen oder nicht. Entscheidend hierfür ist die sog. Zweckbestimmung (*Intended use*), die den medizinischen Anwendungsbereich des Produktes und dessen Anwendungsumgebung und -bedingungen beschreibt. Fällt das Produkt unter diese Definitionen, so wird der Hersteller zum Medizinproduktehersteller mit allen rechtlichen Konsequenzen und hat ein Konformitätsbewertungsverfahren für die CE-Zulassung seines Produktes zu durchlaufen.

Als nächster Schritt hat der Hersteller in Eigenverantwortung über die Klassifizierung des Produktes zu entscheiden. Dies bedeutet, dass das Produkt auf Grundlage von sogenannten Klassifizierungsregeln, die in Anhang VIII der jeweiligen EU-Verordnung MDR und IVDR zusammengefasst sind, zu klassifizieren ist. Nach MDR werden Medizinprodukte unter Anwendung von 21 Regeln (inklusive Software) in die Risikoklassen I (I_M, I_S, I_{RS}), IIa, IIb oder III, nach IVDR unter Anwendung von 7 Regeln in die Risikoklassen A (A_S), B, C oder D eingestuft, wobei Risikoklasse I oder A geringes Anwendungsrisiko und III oder D höchstes Anwendungsrisiko bedeuten. Die Zuordnung in eine der möglichen Klassen bedarf bei manchen Produkten einiges an Erfahrung, die gerade bei jungen Unternehmen oft fehlt. Zudem gibt es immer wieder Produkte, die nicht klar durch die Anwendung der 21 bzw 7 Regeln einer Klasse zuordenbar sind. Diese Produkte werden auch als „Borderline"-Produkte bezeichnet. Ist also eine eindeutige Zuordnung auf Grundlage dieses Regelwerkes nicht möglich, ist auf das *Manual on borderline and classification for medical devices*[1] zu verweisen, welches eine zusätzliche Hilfestellung bei der Klassifizierung von Medizinprodukten bietet. Es ist dabei zu beachten, dass dieses Dokument nur als Hilfestellung dient und einzelne Fallbeispiele zur Klassifizierung aus unterschiedlichen Produktbereichen aufzeigt. Die Ansichten in dieser Sammlung sind jedoch rechtlich nicht bindend. Es bleibt den zuständigen nationalen Behörden und den nationalen Gerichten überlassen, Entscheidungen auf nationaler Ebene zu treffen. Im Herbst 2022 wurde dieses Manual zur Abgrenzung und Klassifizierung basierend auf den Verordnungen MDR und IVDR neu aufgelegt. Das vorherige Manual, welches auf die nicht mehr rechtsgültige RL 93/42/EG über Medizinprodukte, die RL 90/385/EWG über aktive implantierbare medizinische Geräte und die RL 98/79/EG über In-vitro-Diagnostika Bezug nahm, wird daher auch nicht mehr aktualisiert. Es wurde jedoch beschlossen, dieses alte Handbuch als Referenz und zur weiteren Verwendung zur Verfügung zu stellen, solange Produkte mit einer CE-Kennzeichnung gemäß den Richtlinien auf dem Markt verfügbar bleiben. 2

Da die Klassifizierung von Medizinprodukten und In-Vitro Diagnostika Aufgabe des Herstellers oder dessen Bevollmächtigter ist und diese den Umfang der Konformitätsbewertung entscheidend beeinflusst, sollte der Hersteller Rechtssicherheit in dieser Angelegenheit erlangen. Bei Unklarheiten kann sich der Hersteller zum Beispiel an eine anerkannte Stelle (zB eine akkreditierte Prüf- oder Zertifizierstelle für Medizinprodukte mit Zulassungserfahrung) wenden, um hier Unterstützung für die Klassifizierungsentscheidung einzuholen, wobei zu beachten ist, dass dieses Klassifizierungsdokument nicht rechtsverbindlich ist. Bei der Klassifizierung 3

[1] Manual on borderline and classification for medical devices under Regulation (EU) 2017/745 on medical devices and Regulation (EU) 2017/746 on in vitro diagnostic medical devices, Version 1 – September 2022

von Borderline-Produkten ist dies jedoch eine große Hilfe, um zB eine erste Abschätzung des Aufwands, insbesondere für Start-Up Unternehmen, vornehmen zu können.

4 Um jedoch eine rechtsverbindliche Entscheidung herbeizuführen, kann nach § 10 die Behörde mit einem Feststellungsverfahren beauftragt werden. Im Rahmen eines solchen Feststellungsverfahrens kann ein Gutachten des Abgrenzungs- und Klassifizierungsbeirats gemäß § 11 über die Einstufung und Klassifizierung des Produktes eingeholt werden, um für die Auftraggeberin Rechtssicherheit zu erlangen (vgl Abs 1 und 2). Sollte im Rahmen des § 10 Feststellungsverfahrens eine eindeutige Einstufung eines Produktes nicht möglich sein, kann das Bundesamt für Sicherheit im Gesundheitswesen (BASG) im Hinblick auf die Einstufung des Produktes auch ein hinreichend begründetes Ersuchen um Klärung an die Kommission gemäß Art 4 Abs 1 der Verordnung MDR oder Art 3 Abs 1 der Verordnung IVDR richten.

5 Das von der Behörde beauftragte Gutachten über die Risikoklassifizierung des Produktes ist rechtsverbindlich. Hierbei ist zu beachten, dass sich dieses Gutachten auf den vom Hersteller festgelegten bestimmungsgemäßen Gebrauch bzw die zum Zeitpunkt der Antragstellung der beim BASG eingereichten Dokumente (vgl § 11) bezieht. Wird der festgelegte Einsatzzweck geändert oder das Produkt um zusätzliche Funktionen erweitert (Weiterentwicklung des Produktes), kann dies einen Einfluss auf die Risikoklasse des Produktes nehmen, womit eine erneute Klassifizierung unter Berücksichtigung aller Regeln durchgeführt werden muss.

6 Das BASG kann auch von Amts wegen tätig werden, wenn ein Medizinprodukt in Österreich in Verkehr gebracht wurde, jedoch die Risikoklassifizierung aus Sicht der Behörde oder ggf. durch Beschwerde eines Mitbewerbers nicht nachvollziehbar begründbar ist.

7 Abschließend sei darauf hingewiesen, dass gemäß der Verordnung des Bundesamtes für Sicherheit im Gesundheitswesen (BASG) über den Gebührentarif gemäß GESG[2] folgende Gebühren (vgl Abs 3 und 4) zu entrichten sind:

8 X.1 Vergebührung gemäß § 22 Abs 3 MPG zuletzt geändert durch BGBl I 2021/46 nach Zeitaufwand gemäß § 8 Abs 2 zuzüglich Kosten für externe Gutachten

9 X.2 Klassifizierungsverfahren gemäß § 26 MPG zuletzt geändert durch BGBl I 2021/46, gemäß Art 51 (2) der VO (EU) 2017/745 oder gemäß Art 47 (2) der VO (EU) 2017/746 zuzüglich Kosten für externe Gutachten: € 3.244.-

10 X.3 Feststellungsverfahren gemäß § 5a MPG zuletzt geändert durch BGBl I 2021/46 bzw § 10 Medizinproduktegesetz 2021 idgF betreffend Abgrenzung zuzüglich Kosten für externe Gutachten: € 3.244.-

11 X.4 Feststellungsverfahren gemäß § 5a MPG zuletzt geändert durch BGBl I 2021/46 bzw § 10 Medizinproduktegesetz 2021 idgF betreffend Klassifizierung zuzüglich Kosten für externe Gutachten: € 3.244.-

[2] Gesundheits- und Ernährungssicherheitsgesetz – GESG, siehe https://www.basg.gv.at/ueber-uns/gebuehrentarif), Dokument: Gebührentarif 01.06.2024, Anlage Abschnitt X (Konformitätsprüfung, Klassifizierung und Abgrenzung von Medizinprodukten)

§ 11 Abgrenzungs- und Klassifizierungsbeirat

(1) Zur Beratung des Bundesministers für Soziales, Gesundheit, Pflege und Konsumentenschutz und des Bundesamtes für Sicherheit im Gesundheitswesen in Fragen der Abgrenzung von Medizinprodukten zu anderen Produkten sowie zur Erstellung von Gutachten darüber, ob ein Produkt die Definitionen gemäß Art. 2 Z 1 der Verordnung (EU) Nr. 745/2017 oder gemäß Art. 2 Abs. 2 der Verordnung (EU) Nr. 746/2017 erfüllt und gegebenenfalls über die Klassifizierung des Produkts, ist beim Bundesministerium für Soziales, Gesundheit, Pflege und Konsumentenschutz ein Beirat (Abgrenzungs- und Klassifizierungsbeirat) einzurichten.

(2) Zur Klärung von Abgrenzungsfragen von Produkten zu Arzneimitteln muss der Beirat gemäß Abs. 1 in gemeinsamer Sitzung mit der Kommission (Abgrenzungsbeirat) gemäß § 49a Arzneimittelgesetz, BGBl. I Nr. 185/1983, tagen.

(3) Der Bundesminister für Soziales, Gesundheit, Pflege und Konsumentenschutz hat fachlich geeignete Personen als ständige Mitglieder für die Dauer von fünf Jahren zu bestellen. Bei der Zusammensetzung ist darauf Bedacht zu nehmen, dass eine ausgewogene Besetzung im Hinblick auf die zur Abgrenzung und Klassifizierung in Betracht kommenden Produkte oder Produktgruppen gewährleistet ist.

(4) Den Beratungen des Abgrenzungs- und Klassifizierungsbeirats können je nach Art des zu behandelnden Gegenstandes im Einzelfall als nicht ständige Mitglieder einschlägig fachlich geeignete Experten beigezogen werden.

(5) Der Bundesminister für Soziales, Gesundheit, Pflege und Konsumentenschutz hat für die in Abs. 3 genannte Zeit einen Bediensteten seines Ministeriums mit dem Vorsitz im Abgrenzungs- und Klassifizierungsbeirat zu betrauen.

(6) Für jedes Mitglied sowie für den Vorsitzenden ist ein Stellvertreter zu bestellen.

(7) Alle Mitglieder sowie der Vorsitzende und ihre Stellvertreter haben beschließende Stimme. Stellvertreter haben ein solches Stimmrecht nur bei Verhinderung jener Personen, die sie vertreten.

(8) Die Tätigkeit des Abgrenzungs- und Klassifizierungsbeirats wird nach einer vom Bundesminister für Soziales, Gesundheit, Pflege und Konsumentenschutz zu erlassenden Geschäftsordnung geführt, die auf der Website des Ministeriums zu veröffentlichen ist.

(9) Die Tätigkeit im Abgrenzungs- und Klassifizierungsbeirat ist unbeschadet des Abs. 10 ehrenamtlich. Allfällige Reisekosten sind den Mitgliedern des Abgrenzungs- und Klassifizierungsbeirats, deren Stellvertretern und beigezogenen Experten nach der höchsten Gebührenstufe der Reisegebührenvorschrift 1955, BGBl. Nr. 133/1955, auf Antrag zu ersetzen.

(10) Den Mitgliedern des Abgrenzungs- und Klassifizierungsbeirats, die mit der Erstellung von einschlägigen Gutachten für den Beirat betraut wurden, gebührt eine in Bezug auf den Zeitaufwand angemessene Entschädigung, welche der Antragsteller zu tragen hat.

Beachte für die Bestimmung: Tritt hinsichtlich In-vitro-Diagnostika am 26.5.2022 in Kraft (vgl § 91 Abs 1).

Weiterführende Literatur und relevante Gesetzesmaterialien

Webpage BASG https://www.basg.gv.at

Europäisches Parlament und Europäischer Rat: Amtsblatt Nr. L117/1 vom 05.05.2017: VO (EU) 2017/745 des Europäischen Parlaments und des Rates vom 5. April 2017 über Medizinprodukte, zur Änderung der RL 2001/83/EG, der VO (EG) 178/2002 und der VO (EG) 1223/2009 und zur Aufhebung der

Richtlinien 90/385/EWG und 93/42/EWG des Rates (MPV). Verfügbar unter: http://data.europa.eu/eli/reg/2017/745/oj/deu, abgerufen am 07.08.2023.

Europäisches Parlament und Europäischer Rat: Amtsblatt Nr. L 117/176 vom 05.05.2017: VO (EU) 2017/746 des Europäischen Parlaments und des Rates vom 5. April 2017 über In-vitro- Diagnostika und zur Aufhebung der RL 98/79/EG und des Beschlusses 2010/227/EU der Kommission (IVDV). Verfügbar unter: http://data.europa.eu/eli/reg/2017/746/oj/deu, abgerufen am 07.08.2023.

1 Wie im Kommentar zu § 10 des MPG 2021 ausgeführt, ist es notwendig, die Behörde mit einem Feststellungsverfahren zu beauftragen, um eine rechtsverbindliche Entscheidung in Bezug auf die Abgrenzung und Klassifizierung eines Medizinproduktes herbeizuführen. Als nationale Behörde in Österreich kann damit das BASG – Bundesamt für Sicherheit im Gesundheitswesen (https://www.basg.gv.at/) – beauftragt werden. Das BASG hat mit Beginn des Jahres 2006 als nationale Behörde für Arzneimittel, Medizinprodukte sowie Blut und Gewebe ihre Arbeit aufgenommen. Es ist mit Aufgaben in der Arzneimittelzulassung, der klinischen Prüfung und Überwachung von Arzneimitteln und Medizinprodukten, der Pharmakovigilanz und Vigilanz im Bereich der Medizinprodukte und im Inspektionswesen betraut. In diesem Zusammenhang führt das BASG schließlich auch Abgrenzungen von Medizinprodukten basierend auf den § 10 und § 11 des MPG 2021 durch.

2 Hierzu wurde der im § 11 genannte „Abgrenzungs- und Klassifizierungsbeirat" zur Beratung des Bundesministers und des BASG in Fragen zur Abgrenzung von Medizinprodukten zu anderen Produkten oder zur Erstellung eines Gutachtens eingerichtet. Die vom BASG beauftragten Gutachten sollen eine Entscheidung liefern, ob die zu beurteilenden Produkte im Sinne der MDR als „Medizinprodukt" oder im Sinne der IVDR als „In-vitro-Diagnostikum" gelten.

3 Der Antrag auf Abgrenzung ist gebührenpflichtig (siehe Auflistung der Gebühren in § 10) und kann ausschließlich durch einen Hersteller oder Bevollmächtigten mit Sitz in Österreich gestellt werden. Zur Unterstützung ist ein Formular zur Antragsstellung auf der Webpage des BASG[1] verfügbar. Der Antrag ist an das BASG, Institut Überwachung, Traisengasse 5 in 1200 Wien zu richten. Er hat jedenfalls Informationen über den Antragsteller (zB Firma, Kontakt, Adresse, etc), die Bezeichnung des Produktes (zB Produktname), die Angabe der Länder für die geplante Inverkehrbringung und Beilagen zu beinhalten.

4 Die Beilagen umfassen:

- die Produktbeschreibung (Funktionsprinzip, Wirkungsweise, etc),
- den Anwendungszweck (inkl. Indikation und Kontraindikationen),
- verwendete Materialien und Materialien in Körperkontakt,
- Anwendungsdauer und Häufigkeit der Anwendung,
- Gebrauchsanweisung,
- Produktkennzeichnungen (inkl. Verpackungskennzeichnung),
- ggf. weitere Informationen, falls Materialien menschlichen oder tierischen Ursprungs oder Nanomaterialien verwendet werden,
- ggf. weitere Informationen, falls eine Abgrenzung zu Arzneimittel beauftragt wird.

5 Der Antragteller muss die Angaben am Formular mit seiner Unterschrift bestätigen und damit auch den Gebührentarif des Bundesamtes für Sicherheit im Gesundheitswesen (BASG) (https://www.basg.gv.at/) und die Übernahme der Kosten für den Antrag zur Kenntnis nehmen.

[1] F_I235_Abgrenzung_MO.docx, vom 08.06.2022, Link: https://www.basg.gv.at/fuer-unternehmen/abgrenzung?sword_list%5B0%5D=Abgrenzung#c12728

Beziehen sich diese Anfragen auch auf eine Abgrenzung hinsichtlich Arzneimittel (vgl Abs 2), so ist zusätzlich zum „Abgrenzungs- und Klassifizierungsbeirat" für Medizinprodukte auch der „Abgrenzungsbeirat für Arzneimittel" zu berücksichtigen. Das Gesetz sieht hier vor, dass beide Beiräte in einer gemeinsamen Sitzung tagen. Der Abgrenzungsbeirat (AGBR) für Arzneimittel ist ein beim Bundesministerium für Gesundheit (BMG) nach § 49a AMG eingerichtetes Organ, dessen Aufgabe es ist, Gutachten zu Abgrenzungsfragen von Arzneimitteln zu anderen Produkten zu erstellen. 6

Der „Abgrenzungs- und Klassifizierungsbeirat" für Medizinprodukte wird für die Dauer von 5 Jahren vom Bundesminister für Gesundheit bestellt (vgl Abs 3) und muss sich aus fachlich geeigneten Personen als ständige Mitglieder zusammensetzen. Bei dieser Zusammensetzung ist auf eine ausgewogene Besetzung im Hinblick auf die in Betracht kommenden Produkte zu achten. In der Praxis bedeutet dies, dass die Mitglieder des Beirates eine sehr weitreichende Erfahrung aus den Produktbereichen „Medizinprodukte" oder „In-vitro-Diagnostika" mitzubringen haben. Dies umfasst beispielsweise aktive Produkte zur Diagnose oder Überwachung von Krankheiten, Produkte zur Behandlung von Krankheiten, Systeme für Untersuchungen, Softwareprodukte, implantierbare Produkte, chirurgische Instrumente oder Materialien, Produkte zur In-vitro-Untersuchung, bis hin zu Reinigungs- oder Desinfektionsprodukten. Aufgrund dieser Breite der Produktpalette erkennt man, dass eine ausgewogene Besetzung der Mitglieder des „Abgrenzungs- und Klassifizierungsbeirats" eine Herausforderung darstellen kann. 7

Um die Expertise des „Abgrenzungs- und Klassifizierungsbeirats" in komplexen und nicht eindeutigen Fällen zu erweitern, ist es nach Abs 4 möglich, weitere Experten zuzuziehen, die dann in Einzelfällen als nicht ständige Mitglieder den Beirat unterstützen. 8

Den Vorsitz des für 5 Jahre bestellten „Abgrenzungs- und Klassifizierungsbeirats" hat ein Bediensteter des Gesundheitsministeriums zu übernehmen, welcher direkt vom Bundesminister für Gesundheit damit betraut wird. Für den Vorsitz und auch für jedes Mitglied ist eine Stellvertretung zu nominieren. Alle Mitglieder inkl. des Vorsitzes haben eine beschließende Stimme im Beirat, die Stellvertretung nur dann, wenn die Personen, die Sie vertreten, verhindert sind. Für die Tätigkeiten und die Organisation des „Abgrenzungs- und Klassifizierungsbeirats" ist vom Bundesminister für Gesundheit eine Geschäftsordnung[2] zu erlassen. Diese Geschäftsordnung regelt die Aufgaben des Beirats, die Einberufung zu Sitzungen, den Ablauf von Sitzungen, das Teilnahmerecht an Sitzungen, das Heranziehen von zusätzlichen Experten, das Erstellen von Gutachten, die Veröffentlichung der Ergebnisse sowie den Kostenersatz und ist auf der Webseite des Ministeriums zu veröffentlichen (vgl Abs 5-8). 9

Die Mitarbeit im „Abgrenzungs- und Klassifizierungsbeirat" ist eine ehrenamtliche Tätigkeit. Mitglieder des Beirates, die mit der Erstellung von Gutachten betraut werden, bekommen für ihren Zeitaufwand eine entsprechende Entschädigung. Die Kosten für die Entschädigung hat der Antragsteller zu übernehmen. Fallen für die Mitglieder sowie die beigezogenen Experteninnen Reisekosten für die Teilnahme an den Sitzungen des Beirates an, so sind diese auf Antrag über die Reisegebührenvorschrift[3] des Bundes abzugelten (vgl Abs 9 und 10). 10

---

[2] Verordnung der Bundesministerin für Gesundheit und Frauen, mit der die Geschäftsordnung des Abgrenzungsbeirats erlassen wird StF: BGBl II 2006/354

[3] Reisegebührenvorschrift des Bundes. Link: https://www.ris.bka.gv.at/Dokumente/BgblPdf/1955_133_0/1955_133_0.pdf

§ 12 Ausnahmegenehmigungen im Interesse des Gesundheitsschutzes

(1) Ein Antrag gemäß Art. 59 der Verordnung (EU) Nr. 745/2017 oder Art. 54 der Verordnung (EU) Nr. 746/2017 hat zumindest folgende Angaben zu enthalten:

1. **die genaue Bezeichnung des benötigten Medizinproduktes, einschließlich etwaigen Zubehörs,**
2. **die Begründung, inwieweit die Verwendung des Medizinproduktes im Interesse des Gesundheitsschutzes geboten ist,**
3. **Belege für die mangelnde Verfügbarkeit gleichwertiger Medizinprodukte, bei denen die Konformitätsbewertungsverfahren bereits durchgeführt wurden,**
4. **eine Bestätigung über die Einhaltung der grundlegenden Sicherheits- und Leistungsanforderungen, welche auf das Medizinprodukt unter Berücksichtigung seiner Zweckbestimmungen anwendbar sind. Sofern bestimmte grundlegende Sicherheits- und Leistungsanforderungen nicht voll erfüllt sind, eine detaillierte Nutzen-/Risikobewertung, aus der hervorgeht, dass die Anwendung des Medizinproduktes trotz dieser teilweisen Nichterfüllung angezeigt ist und bezüglich der nicht voll erfüllten Anforderungen alle gebotenen Maßnahmen zum Schutz der Patienten, Anwender und gegebenenfalls Dritter getroffen wurden,**
5. **die Angabe der vorgesehenen Anwendungsbedingungen (vorgesehene Indikationen, Art und Zahl der Patienten, Gesundheitseinrichtungen, besondere Vorsichtsmaßnahmen bei der Anwendung, Dauer der Anwendung), und**
6. **bei Anträgen auf Fristverlängerung einer Ausnahmegenehmigung, Unterlagen im Sinne der Z 2 und 3, aus denen hervorgeht, dass die Anwendung des Medizinproduktes im Interesse des Gesundheitsschutzes weiterhin geboten ist, sowie aktualisierte Unterlagen gemäß Z 4.**

(2) Eine Ausnahmegenehmigung gemäß Art. 59 der Verordnung (EU) Nr. 745/2017 oder Art. 54 der Verordnung (EU) Nr. 746/2017 ist nicht erforderlich, wenn ein in Österreich zur selbständigen Berufsausübung berechtigter Arzt oder Zahnarzt bestätigt, dass ein Medizinprodukt für einen bestimmten Patienten zur Abwendung einer Lebensgefahr oder einer schwerwiegenden Beeinträchtigung der Gesundheit erforderlich ist und der Behandlungserfolg mit einem Medizinprodukt, bei dem Konformitätsbewertungsverfahren bereits durchgeführt worden sind, voraussichtlich nicht erzielt werden kann.

(3) Beim Einsatz des Bundesheeres gemäß § 2 Abs. 1 lit. a des Wehrgesetzes 2001 sowie bei der unmittelbaren Vorbereitung dieses Einsatzes ist für das Inverkehrbringen und die Inbetriebnahme einzelner für diesen Fall benötigter Medizinprodukte eine Ausnahmegenehmigung gemäß Art. 59 der Verordnung (EU) Nr. 745/2017 oder Art. 54 der Verordnung (EU) Nr. 746/2017 nicht erforderlich.

Beachte für die Bestimmung: Tritt hinsichtlich In-vitro-Diagnostika am 26.5.2022 in Kraft (vgl § 91 Abs 1).

Weiterführende Literatur und relevante Gesetzesmaterialien

Europäisches Parlament und Europäischer Rat: Amtsblatt Nr. L117/1 vom 05.05.2017: VO (EU) 2017/745 des Europäischen Parlaments und des Rates vom 5. April 2017 über Medizinprodukte, zur Änderung der RL 2001/83/EG, der VO (EG) 178/2002 und der VO (EG) 1223/2009 und zur Aufhebung der Richtlinien 90/385/EWG und 93/42/EWG des Rates (MPV). Verfügbar unter: http://data.europa.eu/eli/reg/2017/745/oj/deu, abgerufen am 07.08.2023.

Europäisches Parlament und Europäischer Rat: Amtsblatt Nr. L 117/176 vom 05.05.2017: VO (EU) 2017/746 des Europäischen Parlaments und des Rates vom 5. April 2017 über In-vitro- Diagnostika und zur Aufhebung der RL 98/79/EG und des Beschlusses 2010/227/EU der Kommission (IVDV). Verfügbar unter: http://data.europa.eu/eli/reg/2017/746/oj/deu, abgerufen am 07.08.2023.

Europäisches Komitee für Normung (CEN): Europäisches Komitee für elektrotechnische Normung (CENELEC): DIN EN ISO 14971:2019 Medizinprodukte – Anwendung des Risikomanagements auf Medizinprodukte; Deutsche Fassung EN ISO 14971:2019. Beuth 2020.

MDCG 2020-9 Regulatory Requirements for Ventilators and related Accessories. Link: https://health.ec.europa.eu/system/files/2020-09/md_mdcg_2020-9_regulatory_requirements_ventilators_en_0.pdf

Bundesgesetz vom 2. März 1983 über die Herstellung und das Inverkehrbringen von Arzneimitteln (Arzneimittelgesetz – AMG), Link: https://www.ris.bka.gv.at/GeltendeFassung.wxe?Abfrage=Bundesnormen&Gesetzesnummer=10010441

Die Art 59 der MDR und 54 der IVDR eröffnen die Möglichkeit der zuständigen Behörden, in einem Mitgliedstaat das Inverkehrbringen und die Inbetriebnahme eines spezifischen Produktes zu genehmigen, bei welchem kein Konformitätsbewertungsverfahren durchgeführt wurde. Diese Ausnahme ist nur dann möglich, wenn die Verwendung dieses Produktes im Interesse der öffentlichen Gesundheit oder der Patientensicherheit oder -gesundheit liegt. 1

Hierzu ist ein ordnungsgemäß begründeter Antrag beim Bundesamt für Sicherheit im Gesundheitswesen (BASG) (https://www.basg.gv.at/) als zuständige nationale Behörde für die Überwachung von Medizinprodukten einzureichen. Dieser Antrag hat zumindest folgende Informationen nach Abs 1 § 12 MPG 2021 zu beinhalten: 2

a) Bezeichnung des benötigten Medizinproduktes, einschließlich etwaigen Zubehörs, 3
b) eine Begründung, inwieweit die Verwendung des Medizinproduktes im Interesse des Gesundheitsschutzes geboten ist,
c) Belege für die mangelnde Verfügbarkeit gleichwertiger Medizinprodukte, bei denen die Konformitätsbewertungsverfahren bereits durchgeführt wurden,
d) eine Bestätigung über die Einhaltung der grundlegenden Sicherheits- und Leistungsanforderungen, welche auf das Medizinprodukt unter Berücksichtigung seiner Zweckbestimmungen anwendbar sind. Sofern bestimmte grundlegende Sicherheits- und Leistungsanforderungen nicht voll erfüllt sind, ist eine detaillierte Nutzen-/Risikobewertung notwendig. Aus dieser soll hervorgehen, dass die Anwendung des Medizinproduktes trotz dieser teilweisen Nichterfüllung beschrieben ist und bezüglich der nicht voll erfüllten Anforderungen alle gebotenen Maßnahmen zum Schutz der Patienten, Anwender und gegebenenfalls Dritter getroffen wurden,
e) die Angabe der vorgesehenen Anwendungsbedingungen (vorgesehene Indikationen, Art und Zahl der Patienten, Gesundheitseinrichtungen, besondere Vorsichtsmaßnahmen bei der Anwendung, Dauer der Anwendung).

Die grundlegenden Sicherheits- und Leistungsanforderungen sind im Anhang I der MDR bzw IVDR festgelegt. Das Produkt muss jedenfalls, unter Berücksichtigung seiner Zweckbestimmung, die im Anhang I festgelegten grundlegenden Sicherheits- und Leistungsanforderungen erfüllen. Wie unter Punkt d) beschrieben, kann jedoch für Anforderungen, die nicht voll erfüllt werden, eine Nutzen-/ Risikobewertung durchgeführt werden. Als Grundlage für die Durchführung dieser Bewertung kann auf die harmonisierte Norm EN ISO 14971 zurückgegriffen werden. Diese Norm beschreibt Prozesse, die dabei unterstützen, die mit dem Medizin- 4 produkt verbundenen Gefährdungen zu identifizieren, damit verbundene Risiken zu bewerten, diese Risiken zu beherrschen und die Wirksamkeit von Maßnahmen zur Risikobeherrschung zu überwachen.

5 Wird eine Ausnahmegenehmigung erteilt, so ist es entsprechend der MDR und IVDR Aufgabe des jeweiligen Mitgliedstaats, die Europäische Kommission und die übrigen Mitgliedstaaten über diese Entscheidung zu informieren. Diese Information ist nicht notwendig, wenn eine solche Genehmigung für die Verwendung für einen einzigen Patienten erteilt wurde. Die Kommission hat nach Art 59 der MDR und Art 54 der IVDR auch die Möglichkeit, diese Genehmigung für einen begrenzten Zeitraum auf das gesamte Gebiet der Union auszuweiten und die Bedingungen festlegen, unter denen das Produkt in Verkehr gebracht oder in Betrieb genommen werden darf.

6 Liegen Anträge auf Fristverlängerung einer Ausnahmegenehmigung vor (siehe Abs 1, Ziffer 6), so sind folgende Unterlagen einzureichen, aus denen klar hervorgeht, dass die Anwendung des Medizinproduktes im Interesse des Gesundheitsschutzes weiterhin geboten ist:

- die erneute Begründung, inwieweit die Verwendung des Medizinproduktes im Interesse des Gesundheitsschutzes geboten ist (vgl Punkt b),
- aktuelle Belege für die mangelnde Verfügbarkeit gleichwertiger Medizinprodukte, bei denen die Konformitätsbewertungsverfahren bereits durchgeführt wurden (vgl Punkt c),
- sowie aktualisierte Unterlagen zur Bestätigung über die Einhaltung der grundlegenden Sicherheits- und Leistungsanforderungen (gemäß Punkt d).

7 Ein typisches Beispiel für die Anwendung dieses Paragraphen kann aus der Ausnahmesituation der Covid-19 Pandemie abgeleitet werden. In der Covid-19 Akutphase wurden in Ermangelung an regulär zugelassenen Medizinprodukten für die Intensivbehandlung mehrere Initiativen gestartet, rasch Beatmungsgeräte für den Notfall zu entwickeln und diese für die Patienten:innen auch „in Betrieb" zu nehmen. Die MDCG (Medical Device Coordination Group), eine von der MDR und IVDR geforderte Expertengruppe, hat speziell zu diesem Thema ein gesondertes Dokument (MDCG 2020-9)[1] veröffentlicht, welches ein Verfahren beschreibt, wie eine eingeschränkte, jedoch rasche Zulassung im Krisenfall durchzuführen ist. Genau § 12 des MPG 2021 sieht diese Option der Ausnahmengenehmigung durch eine sog. Schnellzulassung im Krisenfall durch die nationale Behörde vor.

8 Ein weiteres Beispiel ist die Anwendung von nicht-zugelassenen Medizinprodukten für eine spezielle Patientengruppe. Aufgrund der gestiegenen Kosten für eine Produktzulassung nach MDR oder IVDR kommt es immer häufiger vor, dass gerade Produkte mit geringem Absatzmarkt (zB für den Einsatzbereich von seltenen Erkrankungen bei Neugeborenen) vom Hersteller aus monetären Gründen vom Markt genommen werden. Durch diese nicht mehr am Markt verfügbaren Produkte, müssen die behandelnden Ärtze:innen auf nicht für diesen Zweck zugelassene Produkte zurückgreifen, um eine Notfallversorgung durchführen zu können. Dies steht eindeutig im Interesse der Patientengesundheit, womit die Voraussetzungen für die Anwendung des § 12 MPG sowie Art 59 der MDR bzw Art 54 der IVDR gegeben sind.

9 In Abs 2 und 3 des § 12 MPG 2021 sind zwei Ausnahmen angeführt, unter welchen Bedingungen keine Ausnahmengenehmigung nach Art 59 der MDR bzw Art 54 der IVDR notwendig ist.

- Dies betrifft einerseits das Thema der sog. „Heilversuche". Dieser Begriff kommt aus dem Bereich der Anwendung von nicht zugelassenen Arzneimitteln (vgl § 8 Abs 1 Z 2

[1] MDCG 2020-9 Regulatory Requirements for Ventilators and related Accessories. Link: https://health.ec.europa.eu/system/files/2020-09/md_mdcg_2020-9_regulatory_requirements_ventilators_en_0.pdf

Arzneimittelgesetz), um einen bestimmten Patienten in Eigenverantwortung der Ärzte:innen zu behandeln. Ziel dabei ist die Abwehr einer Lebensbedrohung oder schweren gesundheitlichen Schädigung der Patienten:innen. Die Abwendung einer Lebensgefahr oder einer schwerwiegenden Beeinträchtigung der Gesundheit kann entsprechend auch durch die Anwendung eines Medizinproduktes lt. Definition der MDR und IVDR erfolgen. Dies ist jedoch nur für einen bestimmten Patienten und mit Bestätigung durch einen in Österreich zur selbständigen Berufsausübung berechtigten Arzt:in oder Zahnarzt:in möglich. In Verantwortung der behandelnden Ärzte:innen reicht hier die Einschätzung, dass der Behandlungserfolg mit einem bereits zugelassenen Medizinprodukt (bei dem das Konformitätsbewertungsverfahren bereits durchgeführt wurde), voraussichtlich nicht erzielt werden kann, womit ein Alternativprodukt angewendet werden könnte (vgl Abs 2). Die Durchführung eines Heilversuchs unterliegt keiner Meldung oder Bewilligung durch die Behörde, sondern obliegt ausschließlich der Eigenverantwortung der behandelnden Ärzte:innen, begründet aus der klinischen Indikation (vgl Information zu Heilversuchen, BASG)[2].

- Zudem ist bei einem Einsatz oder der Vorbereitung eines Einsatzes durch das Bundesheer zum Zwecke der militärischen Landesverteidigung (§ 2 Abs 1 lit.a Wehrgesetz 2001) keine Ausnahmegenehmigung notwendig. Dies trifft jedoch nur für einzelne benötigte Medizinprodukte zu, dessen Inverkehrbringen und Inbetriebnahme für diesen Einsatz erforderlich ist (vgl Abs 3).

2 Information zum Heilversuch. Link: https://www.basg.gv.at/fileadmin/redakteure/01_Formulare_Listen/I/L_I235_Information_zum_Heilversuch_Named_Patient_Use_in_Oesterreich_de.pdf

3. Abschnitt
Klinische Prüfungen, Leistungsstudien und nichtinterventionelle Studien

§ 13 Allgemeine Bestimmungen

(1) Die Vorgaben dieses Abschnitts gelten für klinische Prüfungen, die zu einem der in Art. 62 Abs. 1 der Verordnung (EU) Nr. 745/2017 genannten Zwecke durchgeführt werden und für klinische Prüfungen nach Art. 82 der Verordnung (EU) Nr. 745/2017.

(2) Für klinische Prüfungen gemäß Art. 82 der Verordnung (EU) Nr. 745/2017 gelten die Art. 62 Abs. 2 bis 6 (ausgenommen Abs. 4 lit. a) und Art. 77 und 80 der Verordnung (EU) Nr. 745/2017.

(3) Klinische Prüfungen gemäß Art. 82 der Verordnung (EU) Nr. 745/2017, die Auswirkungen auf die Diagnostik und/oder Therapie eines Prüfungsteilnehmers haben, sind vom Bundesamt für Sicherheit im Gesundheitswesen zu genehmigen. Alle anderen klinischen Prüfungen gemäß Art. 82 der Verordnung (EU) Nr. 745/2017 sind dem Bundesamt für Sicherheit im Gesundheitswesen vor ihrem Beginn zu melden, wobei Anhang XV, Kapitel II 1.5 und 2.1-2.8, 3.1.1 der Verordnung (EU) Nr. 745/2017 entfallen.

(4) Der Bundesminister für Soziales, Gesundheit, Pflege und Konsumentenschutz kann, sofern dies zur Sicherheit der Prüfungsteilnehmer oder zur Sicherstellung der Validität der Daten erforderlich ist, durch Verordnung nähere Regelungen über die Verfahren nach Abs. 3 erlassen.

(5) Die dem Bundesamt und der Ethikkommission vorzulegenden Unterlagen sind bei multinationalen klinischen Prüfungen in englischer Sprache, bei rein nationalen klinischen Prüfungen in deutscher oder englischer Sprache vorzulegen. Dem Antrag ist eine allgemeine Übersicht über die klinische Prüfung gemäß Anhang XV Kapitel II, Punkt 3.1.5. der Verordnung (EU Nr. 745/2017 in deutscher Übersetzung anzuschließen.

(5) Die Unterlagen, die für die Prüfungsteilnehmer bestimmt sind, sind jedenfalls in deutscher Sprache vorzulegen.

Beachte für die Bestimmung: Tritt hinsichtlich In-vitro-Diagnostika am 26.5.2022 in Kraft (vgl § 91 Abs 1).

Fassung: BGBl I 2021/122

Literatur: *Hill* in *Hill/Schmitt*, WiKo Medizinprodukterecht, Kommentar, A I, Rz 30, Lfg. 18, 2018; *Graf* in *Lücker/Baumann, Schorn*, Medizinprodukte-Recht, B 7.2 Klinische Prüfung, B7/4, 2023; *Schichl* in Hill/Schmitt, WiKo Medizinprodukterecht, Kommentar, A IV, 3. Arten von Klinischen Prüfungen, Rz 6 f, Lfg. 18, 2018; *Boyle/Melvin/Verdaasdonk* et al in Hospitals as medical device manufacturers: keeping to the Medical Device Regulation (MDR) in the EU, BMJ Innovations, p.5 (2024); *Ecker* in *Ecker/Labek/Mittermayr/Raffeiner/Ring/Schwartz*, Clinical Evaluation and Investigation of Medical Devices under the new EU-Regulation, 3.3, (2020);

Inhaltsverzeichnis

I. Aufbau des § 13

§ 13 ist die erste Bestimmung im 3. Abschnitt zu klinische Prüfungen, Leistungsstudien und nichtinterventionelle Studien und trägt die Überschrift „Allgemeine Bestimmungen". Während die Überschrift vermuten lässt, dass die allgemeinen Bestimmungen auf alle klinischen Prüfungen, Leistungsstudien und nicht interventionelle Studien anzuwenden sind, schränkt Abs 1 jedoch die Gültigkeit des 3. Abschnitts auf klinische Prüfungen zu Konformitätsbewertungszwecken nach Art 62 Abs 1 und sonstige klinische Prüfung nach Art 82 der Medizinprodukte-VO ein. Durch den Zusatz, dass diese Bestimmungen mit 26.5.2022 auch für In-vitro-Diagnostika in Kraft getreten sind, gelten die Bestimmungen des 3. Abschnitts auch für Leistungsstudien nach der IvD-VO. 1

Unklar ist, warum Klinische Prüfungen nach Art 74 Abs 1 nicht angeführt sind und ob sich daraus eine Lücke ergibt. Für Nichtinterventionelle Studien nach § 35 und Leistungsstudien nach § 36 sind die jeweils geltenden Bestimmungen des 3. Abschnitts im Paragraf selbst angegeben.

Die Abs 2, 3 und 4 beziehen sich allein auf die sonstige klinische Prüfung nach Art 82 der Medizinprodukte-VO, die kein unmittelbares Pendant bei den Leistungsstudien in der IvD-VO hat.

Die Nummerierung Abs 5 ist doppelt vergeben, wobei im ersten Abs 5 die Sprachanforderungen für die bei Ethikkommission und Behörde vorzulegenden Unterlagen festgelegt werden, im zweiten Abs 5 die Sprache der Unterlagen, die für den Prüfungs- oder Studienteilnehmer bestimmt sind. Auch hier ist unklar, ob die beiden Abs 5 für klinische Prüfungen nach Art 74 Abs 1, § 35 und § 36 gelten. Zusätzlich zu den hier festgelegten Sprachanforderungen sind die in § 7 angegebenen Sprachanforderungen zu beachten.

II. Einführung in die sonstige klinische Prüfung

Die sonstige klinische Prüfung war den Vorgänger-Richtlinien[1] nicht bekannt. Dementsprechend weist *Hill* darauf hin, dass nunmehr die Medizinprodukte-VO auch klinische Prüfungen von Medizinprodukten regelt, die nicht vom Hersteller initiiert, gesponsert bzw zum Zweck der Konformitätsbewertung durchgeführt werden.[2] 2

Insgesamt definiert die Medizinprodukte-VO verschiedene Arten von klinischen Prüfungen[3], dh nach Art 62 zu Konformitätsbewertungszwecken, nach Art 74 Abs 1 klinische Prüfung nach dem Inverkehrbringen (mit CE-Kennzeichen, innerhalb der Zweckbestimmung) mit zusätzlichen invasiven und/oder beschwerlichen Maßnahmen sowie nach Art 82 nicht zu Konformitätsbewertungszwecken. Eine Begriffsbestimmung für „sonstige klinische Prüfung" gibt es in der Verordnung nicht. Anhang I zur europäischen Leitlinie MDCG 2021-6 Rev. 1 gibt einen regulatorischen Überblick über die Arten der klinischen Prüfungen und wann welche klinische

1 RL 93/42/EWG des Rates über Medizinprodukte und RL 90/385/EWG des Rates über aktive implantierbare medizinische Geräte.
2 Vgl *Hill* in *Hill/Schmitt*, WiKo Medizinprodukterecht, Kommentar, A I, Rz 30, Lfg. 18, 2018.
3 Art 2 Z 45 Medizinprodukte-VO, Begriffsdefinition klinische Prüfung.

Prüfung im Lebenszyklus eines Medizinproduktes möglich ist, die Verantwortung für die Wahl der richtigen Art der klinischen Prüfung liegt beim Sponsor.[4]

Weder die Medizinprodukte-VO, noch § 13 gehen auf die Überlegung zur Einführung dieser neuen Art von klinischen Prüfung ein. Eventuell ist sie auf Erwägungsgrund 1 zurückzuführen, der eine grundlegende Überarbeitung der (Medizinprodukte-)Richtlinien erforderlich sieht, um einen soliden, transparenten, berechenbaren und nachhaltigen Rechtsrahmen für Medizinprodukte zu schaffen, der ein hohes Niveau an Sicherheit und Gesundheitsschutz gewährleistet, gleichzeitig aber innovationsfördernd wirkt. Nach *Graf*[5] hatte der europäische Gesetzgeber die wissenschaftliche Forschung im Blick.

In der Praxis wird davon ausgegangen, dass sonstige klinische Prüfungen beispielsweise explorative klinische Prüfungen wie Proof-of principle, Proof-of-concept, oder frühe klinische Machbarkeitsstudien bis hin zur ersten klinische Prüfung am Menschen[6] im Forschungs- & Entwicklungskontext sind, aber auch Prüfer-initiierte Studien[7] ohne kommerzielles Interesse, sogenannte akademische klinische Prüfungen. Im Gegensatz zum AMG gibt es im MPG 2021 keine Definition der „akademischen klinischen Prüfung".[8] Zusätzlich könnten klinische Prüfungen für In-House Produkte in Gesundheitseinrichtungen oder für Sonderanfertigungen als sonstige klinische Prüfung in Frage kommen.[9]

Nach *Schichl* ist das entscheidende Kriterium für diese Art von klinischer Prüfung der Verwendungszweck der Daten, dh weder zur Nutzung zur Erstbewertung eines Medizinproduktes noch zur Re-Zertifizierung.[10] Jedoch ist davon auszugehen, dass die Ergebnisse der sonstigen klinischen Prüfung als klinische Daten[11] über eine Publikation, die als eine nach dem Peer-Review Verfahren überprüfte wissenschaftliche Fachliteratur gilt, in die klinische Bewertung[12] einfließen.

3 Im Gegensatz zu Österreich definiert zB Deutschland die sonstige klinische Prüfung in einer ergänzenden Begriffsbestimmung als eine klinische Prüfung, die „a) nicht Teil eines systematischen und geplanten Prozesses zur Produktentwicklung oder Produktbeobachtung eines gegenwärtigen oder künftigen Herstellers ist, b) nicht mit dem Ziel durchgeführt wird, die Konformität eines Produktes mit den Anforderungen der VO (EU) 2017/745 nachzuweisen, c) der Beantwortung wissenschaftlicher oder anderer Fragestellungen dient und d) außerhalb eines klinischen Entwicklungsplans nach Anhang XIV Teil A Ziffer 1 Buchstabe a der VO (EU) 2017/745 erfolgt".[13] Diese Definition sowie der im Rahmen eines strategischen BMBF Dialogs

---

4 Vgl Frage 20 und Annex I in MDCG 2021-6 Rev. 1, https://health.ec.europa.eu/system/files/2023-12/mdcg_2021-6_en.pdf. 08.05.2025.

5 Vgl *Graf* in *Lücker/Baumann*, Schorn Medizinprodukte-Recht, B 7.2 Klinische Prüfung, B7/4, 2023.

6 Vgl Stadien der klinischen Entwicklung im Anhang I der EN ISO 14155:2020.

7 Auch als Investigator Initiated Trial/Study – IIT/IIS bekannt.

8 Vgl § 2a Z 7 AMG igF, „Akademische klinische Prüfung" ist eine klinische Prüfung, bei der der Prüfer, eine Prüfstelle, eine Universität oder ein Träger einer öffentlichen Krankenanstalt die Aufgaben des Sponsors übernimmt."

9 Vgl *Boyle/Melvin/Verdaasdonk et al* in Hospitals as medical device manufacturers: keeping to the Medical Device Regulation (MDR) in the EU, BMJ Innovations Published Online First: 05 June 2024. doi: 10.1136/bmjinnov-2023-001150; MDCG 2021-6 Rev.1, Annex I, https://health.ec.europa.eu/system/files/2023-12/mdcg_2021-6_en.pdf, am 20.6.2024.

10 *Schichl* in *Hill/Schmitt, WiKo* Medizinprodukterecht, Kommentar, A IV, Rz 7 Abs 4, Lfg. 18, 2018.

11 Art 2 Z 48 Medizinprodukte-VO, Begriffsdefinition klinische Daten.

12 Art 2 Z 44 Medizinprodukte-VO, Begriffsdefinition klinische Bewertung.

13 § 3 Z 4 dMPDG.

entwickelte Leitfaden „Regulatorische Einordnung klinischer Studien mit Medizinprodukten“[14] scheinen in Deutschland die Unterscheidung wesentlich zu erleichtern.

III. Anforderungen der Medizinprodukte-VO an sonstige klinische Prüfungen

Die Medizinprodukte-VO legt im Art 82 Abs 1 Mindestanforderungen fest, die für eine 4 sonstige klinische Prüfung erfüllt werden müssen. Dabei bedient sie sich des Verweises auf ausgewählte Anforderungen, die auch für klinische Prüfungen nach Art 62 zu Konformitätsbewertungszwecken erfüllt werden müssen und nachfolgend aufgezählt werden:

Falls der Sponsor nicht in der Europäischen Union niedergelassen ist, muss er einen rechtlichen Vertreter innerhalb der Union benennen, der alle Sponsor-Pflichten inklusive der Kommunikation übernimmt. Es besteht die Möglichkeit, dass der Mitgliedsstaat diese Anforderung auf die Ansprechperson beschränkt, wenn die klinische Prüfung nur im Mitgliedsstaat oder im Mitgliedsstaat und einem Drittstaat durchgeführt wird (Art 62 Abs 2 und Art 62 Abs 4 lit c).

Wesentlich ist, dass sonstige klinische Prüfungen so geplant und durchgeführt werden, dass der Schutz der Rechte, der Sicherheit, der Würde und des Wohls der an der Prüfung teilnehmenden Prüfungsteilnehmer gewährleistet ist. Dies hat Vorrang vor allen sonstigen Interessen. Dabei sind die gewonnenen klinischen Daten wissenschaftlich fundiert, zuverlässig und solide (Art 62 Abs 3).

Eine nationale Ethikkommission darf kein ablehnendes Votum erteilt haben und das Votum muss für den gesamten Mitgliedsstaat[15] gültig sein (Art 62 Abs 4 lit b).

Über Art 62 Abs 4 lit d kommen die Anforderungen der schutzbedürftigen Bevölkerungsgruppen und Prüfungsteilnehmer hinzu, dh auch die Art 64 bis 68 gelten für sonstige klinische Prüfungen.

In Art 62 Abs 4 lit f ist die Einwilligung nach Aufklärung des Prüfungsteilnehmers bestimmt. Dieser enthält wiederum einen Verweis auf Art 63, in welchem sehr detaillierte Anforderungen an Inhalt, Umfang, Modalitäten für Aufklärung und Einwilligung inklusive gesetzliche Vertretung des Prüfungsteilnehmers bestimmt sind.

Zusätzlich zu Art 62 Abs 3 ist in Art 62 Abs 4 lit h das Recht des Prüfungsteilnehmers auf körperliche und geistige Unversehrtheit, Privatsphäre und Schutz seiner personenbezogenen Daten nach DSGVO festgelegt.

Als sehr wichtige Anforderung, die die Sicherheit des Prüfproduktes gewährleistet, ist die Einhaltung der grundlegenden Sicherheits- und Leistungsanforderungen nach Anhang I zu nennen. Ausgenommen sind nur jene Punkte, die Gegenstand der klinischen Prüfung sind. Dabei sind zum Schutz der Gesundheit und Sicherheit des Prüfungsteilnehmers alle Vorsichtsmaßnahmen zu treffen, insbesondere biologische und technische Sicherheitsprüfungen. Im Anhang I ist ferner festgelegt, dass diese Vorkehrungen nicht nur für den Prüfungsteilnehmer, sondern auch für den Anwender und gegebenenfalls Dritten gelten (Art 62 Abs 4 lit l).

Die letzte in Art 82 Abs 1 aufgezählte Anforderung betrifft die Person und die Qualifikationen des Prüfers, aber auch alle sonstigen an der klinischen Prüfung mitwirkenden Mitarbeiter (Art 62 Abs 6).

---

[14] Vgl Medtec Online-Leitfaden „Regulatorische Einordnung klinischer Studien mit Medizinprodukten“ Version 1.0 vom 25.11.2024, https://www.bfarm.de/DE/Medizinprodukte/Aufgaben/Klinische-Pruefungen-und-Leistungsstudien/Klinische-Pruefungen/_node.html, am 08.05.2025.

[15] Vgl §§ 17 - 21 MPG 2021.

Nach den Bestimmungen der Medizinprodukte-VO wäre die sonstige klinische Prüfung weder anzeige- noch genehmigungspflichtig.[16] Über Art 82 Abs 2 erhalten die Mitgliedsstaaten jedoch das Recht, zusätzliche nationale Anforderungen festzulegen.

IV. Zusätzliche nationale Anforderungen an sonstige klinische Prüfungen

5 Nach *Ecker*[17] liegen detaillierte Regelungen, insbesondere im Hinblick auf zB Anzeige, Registrierung, Validierung, Genehmigung/Nichtuntersagung (stillschweigende Genehmigung) in der Verantwortung des Mitgliedsstaats.

Während zB in Deutschland eine breit gefächerte Untergruppe des Nationalen Arbeitskreises zur Implementierung der MDR und der IVDR (NAKI)[18] zusätzliche nationale Anforderungen für sonstige klinische Prüfungen diskutierte[19], erfolgte dies in Österreich durch zahlreiche Stellungnahmen[20] im parlamentarischen Begutachtungsprozess.

In der Folge werden in § 13 Abs 2 zusätzliche Anforderungen aus der Medizinprodukte-VO bestimmt, die auch für klinische Prüfungen nach Art 62 zu Konformitätsbewertungszwecken gelten. Diese sind:

Der erwartete Nutzen für den Prüfungsteilnehmer oder die öffentliche Gesundheit rechtfertigt die vorhersehbaren Risiken und Nachteile (Art 62 Abs 4 lit e).

Der Prüfungsteilnehmer erhält die Kontaktdaten einer Stelle, um weitere Informationen einholen zu können (Art 62 Abs 4 lit g)[21] und er bzw der gesetzliche Vertreter wird keiner unzulässigen Beeinflussung, etwa finanzieller Art, zur Teilnahme an der klinischen Prüfung ausgesetzt (Art 62 Abs 4 lit k). Weiters kann er bzw der gesetzliche Vertreter die Teilnahme an der klinischen Prüfung jederzeit durch Widerruf seiner Einwilligung und ohne Angabe von Gründen beenden, ohne dass ihm daraus ein Nachteil entsteht. Die bis dahin erhobenen Daten dürfen in der Auswertung der klinischen Prüfung verwendet werden (Art 62 Abs 5).[22]

Die klinische Prüfung ist so geplant, dass sie mit möglichst wenig Schmerzen, Beschwerden, Angst und allen anderen vorhersehbare Risiken für die Prüfungsteilnehmer verbunden ist. Dies wird im Prüfplan definiert und ständig überprüft (Art 62 Abs 4 lit i).

Die Verantwortung für die medizinische Versorgung trägt ein qualifizierter Arzt/Zahnarzt oder jede andere Person, die nach nationalem Recht dazu befugt ist (Art 62 Abs 4 lit j). Über

---

[16] Vgl *Schichl* in *Hill/Schmitt,* WiKo Medizinprodukterecht, Kommentar, A IV, Rz 7 Abs 4, Lfg. 18, 2018;

[17] *Ecker* in *Ecker/Labek/Mittermayr/Raffeiner/Ring/Schwartz*, Clinical Evaluation and Investigation of Medical Devices under the new EU-Regulation, 3.3, (2020).

[18] Nationaler Arbeitskreis zur Implementierung der MDR und IVDR in Deutschland, https://www.bundesgesundheitsministerium.de/themen/gesundheitswesen/medizinprodukte/naki.html, am 21.12.2024.

[19] Bericht aus der UG 6 an den Nationalen Arbeitskreis zur Implementierung der MDR und IVDR, https://www.bundesgesundheitsministerium.de/fileadmin/Dateien/3_Downloads/N/NAKI/NAKI_02-05_Bericht_UG_6_an_NAKI.pdf, am 21.12.2024.

[20] zB Stellungnahme d. Bundeskanzleramts, https://www.parlament.gv.at/dokument/XXVII/SNME/87420/imfname_952232.pdf, am 21.12.2024.; Stellungnahme BM Bildung, Wissenschaft und Forschung inkl Medizinische Universität Wien und Medizinische Universität Graz, https://www.parlament.gv.at/dokument/XXVII/SNME/88728/imfname_953884.pdf, am 21.12.2024; Stellungnahme Österr. Ärztekammer, https://www.parlament.gv.at/dokument/XXVII/SNME/88320/imfname_953289.pdf, am 21.12.2024; Stellungnahme ÖGBMT, https://www.parlament.gv.at/dokument/XXVII/SNME/88321/imfname_953290.pdf, am 21.12.2024.

[21] Diesbezüglich ist über den 1. Satz des § 13 Abs 1 auch auf § 28 zu verweisen.

[22] Diesbezüglich ist über den 1. Satz des § 13 Abs 1 auch auf § 27 zu verweisen.

§ 29 wird die Ausübung der Funktion des Prüfers auf die Berufsgruppe der Ärzte/Zahnärzte eingeschränkt und benötigte Qualifikationen angeführt.

Mit Art 62 Abs 4 lit m der Medizinprodukte-VO werden auch alle Anforderungen des Anhangs XV hinzugefügt. Dadurch ist der Sponsor beispielsweise zur Aufbewahrung der Unterlagen/Dokumentation für mindestens zehn bzw bei Implantaten 15 Jahre nach Beendigung der klinischen Prüfung oder nach Inverkehrbringen des letzten Produkts verpflichtet. 6

Zusätzlich muss der Sponsor einen Monitor benennen, um sicherzustellen, dass die Prüfung im Einklang mit dem klinischen Prüfplan, den Grundsätzen der guten klinischen Praxis[23] und der Medizinprodukte-VO Verordnung durchgeführt wird. Ebenso führt er interne oder externe Kontrollen zur Einhaltung der guten klinischen Praxis durch.[24] In § 31 weitet der nationale Gesetzgeber die Verpflichtung zur Anwendung eines adäquaten Systems des Qualitätsmanagements[25] für die Planung, Durchführung und Auswertung einer klinischen Prüfung vom Sponsor auf Sponsor und Prüfer aus.

Zusätzlich gelten die Art 77 und Art 80 der Medizinprodukte-VO. Damit wird der Sponsor zu Berichtspflichten bei vorübergehender Aussetzung bzw Abbruch der klinischen Prüfung und zur Erstellung eines Endberichts sowie zur Aufzeichnung und Meldung von unerwünschten Ereignissen verpflichtet.

Etwas unklar formuliert ist, inwieweit Art 75 der Medizinprodukte-VO zu wesentlichen Änderungen auf die sonstige klinische Prüfung Anwendung findet. Dieser wird in § 13 Abs 2 nicht angeführt und es fehlen daher die Ausführungen des Art 75 zur Bestimmung einer wesentlichen Änderung, der Fristen und der Vorgehensweise, im § 24 und somit Bestandteil des 3. Abschnitts wird für wesentliche Änderungen allerdings auf die §§ 18 bis 23 verwiesen.

A. Nationale Verfahren für sonstige klinische Prüfungen

Laut § 23 durchlaufen auch sonstige klinische Prüfungen ein sequentielles Verfahren, dh erst nach dem Votum der Ethikkommission erfolgt das Verfahren des Bundesamtes für Sicherheit im Gesundheitswesen (BASG). 7

In § 13 Abs 3 bestimmt der nationale Gesetzgeber zwei unterschiedliche Verfahren der nationalen Behörde (BASG) einerseits die (i) Meldung und zweitens (ii) die Genehmigung, abhängig davon, ob die klinische Prüfung Auswirkungen auf die Diagnostik und/oder Therapie eines Prüfungsteilnehmers hat. Er erläutert den Unterschied jedoch nicht und lässt hier einen Interpretationsspielraum. Im Sinne einer systematischen Interpretation sind die Erläuternden Bemerkungen[26] heranzuziehen, nach denen Erleichterungen freilich dort möglich sind, wo Studien keinerlei Auswirkungen auf die Diagnostik oder Therapie der Prüfungsteilnehmer haben (zB klinische Prüfung einer Software, die die Definition eines Medizinproduktes erfüllt, anhand von Daten der Prüfungsteilnehmer, wenn die im Rahmen der klinischen Prüfung erzeugten Ergebnisse keine diagnostischen oder therapeutischen Konsequenzen für die Prüfungsteilnehmer haben können).

Dies bestätigt der nationale Leitfaden des BASG[27], der ausführt, dass „keine Auswirkungen auf die Diagnostik und/oder Therapie eines Prüfungsteilnehmers" und in weiterer Folge eine

23 EN ISO 14155:2020 Klinische Prüfung von Medizinprodukten an Menschen – Gute klinische Praxis.

24 Vgl Anhang XV, Kapitel III weitere Pflichten des Sponsors in der Medizinprodukte-VO.

25 Vgl 9.1 Klinisches Qualitätsmanagement, EN ISO 14155:2020 Klinische Prüfung von Medizinprodukten an Menschen – Gute klinische Praxis.

26 https://www.parlament.gv.at/dokument/XXVII/I/884/fnameorig_982153.html, am 21.12.2024.

27 BASG Leitfaden zur Einreichung und Durchführung von Klinischen Prüfungen gemäß VO (EU) 2017/745, 2.4. Klinische Prüfungen nach Art 82 und § 13 (3) MPG, https://www.basg.gv.at/fileadmin/

Meldepflicht (…) nur bei klinischen Prüfungen von Medizinprodukten anzunehmen ist, wo eine Gefährdung der Teilnehmer ausgeschlossen ist, weil die Prüfung nicht am Prüfungsteilnehmer selbst, sondern an seinen Daten durchgeführt wird (zB Validierung medizinischer Software) und wo die erzielten Ergebnisse keine diagnostischen oder therapeutischen Konsequenzen für den Prüfungsteilnehmer haben können.

Eine nach § 13 Abs 4 mögliche Verordnung, um nähere Regelungen über die nationalen Verfahren nach Abs 3 zu erlassen, gibt es bis dato nicht.

8 Für die nationalen Verfahren „Genehmigung" und „Meldung" für sonstige klinische Prüfungen nach Artikel 82 führt das BASG in seinem Leitfaden folgendes aus: „zu genehmigen" ist ein analoges Verfahren nach Artikel 70 Abs 7 lit b) und beinhaltet eine Validierung mit anschließender Begutachtung und Ausstellung eines Bescheids. Die „Meldung" richtet sich nach dem Verfahren nach Art 74 Abs 1 und bedeutet eine Unterrichtung mit Bestätigung.[27] Damit hat der nationale Gesetzgeber zwei zusätzliche Verfahren für Österreich eingeführt, die sich in § 13 Abs 2 Medizinprodukte-VO nicht finden.

Diese nationalen Verfahren erweisen sich in der Praxis als Hindernis für die Durchführung von sonstigen klinischen Prüfungen in Österreich. Dies ist einerseits auf die widersprüchliche Verwendung des Begriffs „Gefährdung" zurückzuführen, der nicht im Einklang mit den Begriffsdefinitionen sowie Anhang C – Grundlegende Risikokonzepte der mit der Medizinprodukte-VO harmonisierten Norm EN ISO 14971:2019 + A11:2021[28] steht. Andererseits ist für die Unterscheidung zwischen Meldung und Genehmigung die Risikoklasse des Prüfprodukts unerheblich.

Der nationale Gesetzgeber bleibt eine Begründung schuldig, warum in Österreich oder zu welchem besonderen Schutzzweck diese Verfahren im Bereich der klinischen Forschung für Medizinprodukte erforderlich sind.

Auch die Unterlagen die für sonstige klinische Prüfungen erstellt werden müssen, werden national geregelt.[29] Dabei ergibt sich der Umfang der Unterlagen für das Verfahren bei der Ethikkommission aus § 18. Die Unterlagen für das Verfahren bei der Behörde sind durch § 13 Abs 3 und Anhang XV, Kapitel II der Medizinprodukte-VO bestimmt.

B. Nationale Gebühren für sonstige klinische Prüfungen

9 Im Gebührentarif[30] des Bundesamtes für Sicherheit im Gesundheitswesens werden unter XII. die Gebühren für klinische Prüfungen Medizinprodukte; Leistungsbewertungsprüfungen IVD bzw Leistungsstudien IVD festgelegt. Für die zwei Verfahren (nationale Genehmigung und nationale Meldung) gibt es drei unterschiedliche Gebührensätze. Diese finden sich unter XII.2.a, XII.2.b und XII.2.f. Für das nationale Genehmigungsverfahren der sonstigen klinischen Prüfung sind 8.054 € oder 2.928 € zu zahlen (abhängig davon ob alle zur Anwendung kommenden Medizinprodukte eine gültige CE-Kennzeichnung tragen und nicht modifiziert sind oder nicht) und eine Gebühr für die Meldung einer sonstigen klinischen Prüfung, 915 €.

---

redakteure/06_Gesundheitsberufe/Klinische_Studien/MPG/L_I268_Leitfaden_KP_MDR.pdf, am 21.12.2024.

[28] Vgl EN ISO 14971:2019 + A11:2021 Anwendung des Risikomanagements auf Medizinprodukte, Begriffsdefinitionen und Anhang C Grundlegende Risikokonzepte

[29] Vgl Frage 27, MDCG 2021-6, Rev.1.

[30] Verordnung des Bundesamtes für Sicherheit im Gesundheitswesen über der Gebührentarif gemäß GESG, https://www.basg.gv.at/fileadmin/redakteure/02_Ueber_Uns/Geb%C3%BChrentarif/Geb%C3%BChrentarif_01.03.2025.pdf, am 08.05.2025.

Die Gebühren sind für kommerzielle und akademische klinische Prüfungen gleich und unterliegen einer Valorisierung.[31]

In § 1 Abs 3 des Gebührentarifs wird weiter ausgeführt, dass 10 v.H. der vorvorgesehenen Gebühr zu entrichten sind, wenn ein Antrag vor abgeschlossener Prüfung der formalen Erfordernisse zurückgewiesen oder zurückgezogen wird. Nach diesem Zeitpunkt ist die gesamte Gebühr zu entrichten.

V. Bedeutung der sonstigen klinischen Prüfung für den Forschungsstandort Österreich

Die Bedingungen für sonstige klinische Prüfungen sind für die Wettbewerbsfähigkeit der nationalen Forschung äußerst relevant. In EU-geförderten Projekten mit Partnern aus verschiedenen Mitgliedsstaaten werden klinische Prüfungen und Leistungsstudien in den Ländern durchgeführt, wo einerseits möglichst rasch die benötigte Anzahl an Prüfungsteilnehmern eingeschlossen werden kann, aber auch wo die Dauer der Verfahren und die aufzuwendenden Kosten für das Forschungsvorhaben günstig sind. 10

Auf den ersten Blick scheint die Unterscheidung zwischen Auswirkung auf die Diagnose und/oder Therapie eine Verbesserung zur Gleichsetzung der sonstigen klinischen Prüfung mit der klinischen Prüfung nach Art 62, wie es im ursprünglichen Begutachtungsentwurf[32] vorgesehen war.

Dies ist jedoch nicht der Fall. Die Einschätzung, ob es sich um ein Melde- oder Genehmigungsverfahren handeln wird, ist für den Einreicher nicht immer klar. Auch durchlaufen Prüfprodukte der Risikoklasse I sowie nicht invasive Prüfprodukte der Risikoklasse IIa und IIb als klinische Prüfungen nach Art 82 mit Genehmigungsverfahren ein wesentlich längeres und teureres Behördenverfahren als klinische Prüfungen nach Art 62. Für höhere Risikoklassen ist das Verfahren für beide Arten der klinischen Prüfung gleich.

Eine Übersicht über nationale Regelungen für klinische Prüfungen nach Art 82 in den einzelnen Mitgliedsstaaten und wie Österreich sich im Vergleich zu anderen Mitgliedsstaaten positioniert hat, gibt es derzeit nicht. Da die jeweiligen nationalen Gesetze in den Landessprachen verfasst sind, gestaltet sich ein Vergleich schwierig. Die europäische Leitlinie MDCG 2021-6, Rev.1. verweist unter Antwort 2 auf die jeweiligen Webseiten der nationalen Behörden und Ethikkommissionen.[33]

Ein Vergleich der österreichischen und deutschen Bedingungen für sonstige klinische Prüfungen nach Art 82 zeigt folgendes: Nach § 47 Abs 2 dMPDG durchlaufen sie ein sequentielles Verfahren und benötigen eine zustimmende Stellungnahme der zuständigen Ethikkommission bevor sie über die nationale Datenbank DMIDS[34] der Behörde angezeigt werden. Fristen wie im österreichischen Meldeverfahren oder auch ein Genehmigungsverfahren sind nicht vorgesehen, es kann sofort nach Durchführung der Anzeige begonnen werden. Für die Anzeige wird keine Gebühr fällig.[35]

---

31 § 2 Abs 1 der Verordnung des Bundesamtes für Sicherheit im Gesundheitswesen über den Gebührentarif, https://www.basg.gv.at/fileadmin/redakteure/02_Ueber_Uns/Geb%C3%BChrentarif/Geb%C3%BChrentarif_01.01.2025.pdf, am 21.12.2024.

32 https://www.parlament.gv.at/dokument/XXVII/ME/109/imfname_942273.pdf, am 21.12.2024.

33 MDCG 2021-6, Rev. 1, https://health.ec.europa.eu/system/files/2023-12/mdcg_2021-6_en.pdf, am 21.12.2024.

34 DMIDS = Deutsches Medizinprodukte-Informations- und Datenbanksystem, https://www.bfarm.de/DE/Medizinprodukte/Aufgaben/DMIDS/_node.html, am 21.12.2024.

35 dBMG – BMGBGebV, Abschnitt 10, Tabelle 2, https://www.gesetze-im-internet.de/bmgbgebv/anlage.html, am 21.12.2024.

Unabhängig von den Überlegungen der europäischen Kommission zur Wettbewerbsfähigkeit Europas[36], in der die Pharma-, Medizinprodukte- und KI-Sektoren eine wesentliche Rolle spielen, hat Deutschland kürzlich das Medizinforschungsgesetz verabschiedet, das „Genehmigungsverfahren für klinische Prüfungen sowie Zulassungsverfahren von Arzneimitteln, Medizinprodukten und forschungsbedingten Strahlenanwendungen beschleunigt und entbürokratisiert, bei gleichzeitiger Wahrung der hohen Standards für die Sicherheit von Patientinnen und Patienten".[37] Darüber hinaus wurde in Deutschland die MedTec Online Plattform geschaffen, die Interessenspartnern wie z.B Herstellern, Anwendern, Prüfstellen, Forschungs- und Gesundheitseinrichtungen, Ethik-Kommissionen und Aufsichtsbehörden eine Möglichkeit zum Austausch bietet. In diesem Rahmen wurde ein Leitfaden zur regulatorischen Einordnung von klinischen Studien mit Medizinprodukten erstellt.[38]

Laut Jahresstatistik des BASG ist die Zahl der Anträge für klinischen Prüfungen und Leistungsstudien in den Jahren 2022 und 2023 gesunken, insbesondere von akademischen (nicht-kommerziellen) Antragstellern. Der Rückgang wird mit den gleichen Gebühren für kommerzielle und akademische Studien, aber auch den gestiegenen qualitativen und formalen Anforderungen durch die Einführung der Medizinprodukte-VO und IvD-VO begründet.[39]

Ob auch andere Länder einen Rückgang an klinischen Prüfungen zu verzeichnen haben, kann nicht beantwortet werden. Die EUDAMED Datenbank könnte hier für mehr Transparenz sorgen, jedoch ist derzeit die Fertigstellung des Moduls für klinische Prüfungen und Leistungsstudien für Ende 2026/Anfang 2027 vorgesehen.[40] Da sich die EU-Kommission aufgrund beträchtlicher Schwierigkeiten in der Übergangsphase der Verordnungen dazu entschloss, die Bewertung nach Art 121 Medizinprodukte-VO bzw Art 111 der IvD-VO bereits 2024 zu beginnen[41], wird hoffentlich auch den klinischen Prüfungen und Leistungsstudien Aufmerksamkeit gewidmet. Im Rahmen der öffentlichen Konsultation sind zu diesem Thema zahlreiche Rückmeldungen eingelangt.[42]

---

36 Vgl „The future of European competitiveness: Report by Mario Draghi, https://commission.europa.eu/topics/eu-competitiveness/draghi-report_en, am 08.05.2025.

37 https://www.bundesgesundheitsministerium.de/service/gesetze-und-verordnungen/detail/medizinforschungsgesetz.html, am 21.12.2024.

38 Medtec Online-Leitfaden „Regulatorische Einordnung klinischer Studien mit Medizinprodukten" (Version 1.0 vom 25.11.2024), https://www.bfarm.de/SharedDocs/Downloads/DE/Medizinprodukte/bmbf_medtec_leitfaden_mp.html, am 31.12.2024.

39 https://www.basg.gv.at/fileadmin/redakteure/06_Gesundheitsberufe/Klinische_Studien/MPG/BASG_CLTR_KP_MPG_Statistik_2023_DE_v1_2024-08.pdf am 21.12.2024.

40 EUDAMED Roadmap, https://health.ec.europa.eu/document/download/04ce2012-97df-4dd0-8a39-d4f6993b9e16_en?filename=md_eudamed_roadmap_en.pdf, am 08.05.2025; Gradual roll out of EUDAMED - Q&As on practical aspects related to the implementation of Regulation (EU) 2024/1860 (November 2024), https://health.ec.europa.eu/latest-updates/gradual-roll-out-eudamed-qas-practical-aspects-related-implementation-regulation-eu-20241860-2024-11-21_en, am 08.05.2025.

41 Vgl Document Ares (2024)8905137, https://eur-lex.europa.eu/legal-content/de/TXT/?uri=int-com:Ares(2024)8905137, am 05.05.2025.

42 zB https://ec.europa.eu/info/law/better-regulation/have-your-say/initiatives/14155-EU-rules-on-medical-devices-and-in-vitro-diagnostics-targeted-evaluation/F3514276_en, https://ec.europa.eu/info/law/better-regulation/have-your-say/initiatives/14155-EU-rules-on-medical-devices-and-in-vitro-diagnostics-targeted-evaluation/F3530762_en, https://ec.europa.eu/info/law/better-regulation/have-your-say/initiatives/14155-EU-rules-on-medical-devices-and-in-vitro-diagnostics-targeted-evaluation/F3530855_en, https://ec.europa.eu/info/law/better-regulation/have-your-say/initiatives/14155-EU-rules-on-medical-devices-and-in-vitro-diagnostics-targeted-evaluation/F3530074_en, alle am 08.05.2025.

§ 14 Ethikkommissionen

(1) Der Landeshauptmann hat im Hinblick auf klinische Prüfungen außerhalb von Krankenanstalten Sorge dafür zu tragen, dass im Bereich seines Bundeslandes unabhängige Ethikkommissionen zur Wahrnehmung der Aufgaben gemäß § 21 in ausreichender Zahl eingerichtet werden.

(2) Bei der klinischen Prüfung an Krankenanstalten ist die zuständige Ethikkommission gemäß § 8c des Bundesgesetzes über Krankenanstalten- und Kuranstalten, BGBl. Nr. 1/1957, sofern es sich nicht um eine multizentrische klinische Prüfung gemäß § 4 Z 3 handelt, zu befassen.

(3) Die Einrichtung von Ethikkommissionen gemäß Abs. 1 ist dem Bundesministerium für Soziales, Gesundheit, Pflege und Konsumentenschutz und dem Bundesamt für Sicherheit im Gesundheitswesen anzuzeigen.

(4) Die Ethikkommission hat zumindest zu bestehen aus:

1. einem Arzt, der zur selbständigen Ausübung seines Berufes im Inland berechtigt ist,
2. einem Facharzt, in dessen Sonderfach die klinische Prüfung des Medizinproduktes fällt,
3. einem Angehörigen des gehobenen Dienstes für Gesundheits- und Krankenpflege,
4. einem Juristen,
5. einem Pharmazeuten,
6. einem technischen Sicherheitsbeauftragten einer Krankenanstalt oder einer Person mit einem Studienabschluss in biomedizinischer Technik oder einem abgeschlossenen Ingenieur- oder naturwissenschaftlichem Studium mit zumindest dreijähriger Erfahrung im Bereich der biomedizinischen Technik,
7. einem Patientenvertreter im Sinne des § 11e des Bundesgesetzes über Krankenanstalten und Kuranstalten,
8. einem Vertreter einer repräsentativen Behindertenorganisation,
9. einem Vertreter der Senioren, der einer Seniorenorganisation gemäß dem Bundes-Seniorengesetz, BGBl. I Nr. 84/1998, angehört,
10. einer Person, die über biometrische Expertise verfügt, und
11. einer weiteren, nicht unter die Z 1 bis 10 fallenden Person, die mit der Wahrnehmung seelsorgerischer Angelegenheiten betraut ist oder sonst über die erforderliche ethische Kompetenz verfügt.

Zusätzliche Experten sind, soweit es die Beurteilung einer klinischen Prüfung erfordert, beizuziehen. Die Ethikkommission hat sich aus Frauen und Männern zusammenzusetzen. Dabei ist nach Möglichkeit auf ein ausgewogenes Verhältnis zu achten. Für jedes Mitglied ist ein Vertreter zu bestellen. Die in Z 1 und 2 angeführten Mitglieder der Ethikkommission dürfen nicht zugleich Prüfer im Rahmen der zu beurteilenden klinischen Prüfung oder Leistungsprüfung oder ärztlicher Leiter der Krankenanstalt sein.

(5) Für die Mitglieder und zusätzliche Experten besteht Verschwiegenheitspflicht, soweit ihnen nicht schon nach anderen gesetzlichen oder dienstrechtlichen Vorschriften eine solche Verschwiegenheit auferlegt ist.

Beachte für die Bestimmung: Tritt hinsichtlich In-vitro-Diagnostika am 26.5.2022 in Kraft (vgl § 91 Abs 1).

Fassung: BGBl I 2021/192

Literatur: *Aigner/Kletecka/Kletecka-Pulker/Memmer*, Handbuch Medizinrecht 38. ErgLfg; *Berka*, Rechtliche Probleme im Hinblick auf die Tätigkeit der Ethikkommissionen, in *Tomandl* (Hrsg), Sozialrechtliche Probleme bei der Ausübung von Heilberufen (1996) 54; *Deutsch*, Die Sorge für den nichteinwilligungsfähigen Patienten – eine Aufgabe der Ethikkommission? RdM 2001, 106; *Eberhard*, Forschungskontrolle durch Ethikkommissionen – von der kollegialen Beratung zur staatlichen Behörde? in *Körtner/Kopetzki/Druml* (Hrsg), Ethik und Recht in der Humanforschung (2010) 152; *Eberhard*, Ethikkommissionen – Stand und Perspektiven, zfhr 2011, 147; *Kirschning S/Pimmer V/Matzat J/Brüggemann S/Buschmann-Steinhage R.* Beteiligung Betroffener an der Forschung. Rehabilitation (2012); 51 (Supplement) S12-S20; *Kletečka-Pulker,* Seelsorger und Ethiker in Ethikkommissionen, öarr 2000, 215; *Kneihs*, Ethikkommissionen im Recht in *Kopetzki* FS (2019), 253, *Kopetzki,* Internationaler Überblick und supranationale Regelungen für medizinische Ethikkommissionen , in *Rietschel/Illes* (Hrsg), Patentierung von Genen. Molekulargenetische Forschung in der ethischen Kontroverse (2005) 129; *Kopetzki,* Braucht Österreich eine Kodifikation des biomedizinischen Forschungsrechts? in *Körtner/Kopetzki/Druml* (Hrsg), Ethik und Recht in der Humanforschung (2010) 56; *Kopetzki*, Muss Forschung „ethisch vertretbar" sein? in FS Mayer 2011, 253; *Kopetzki* in *Perthold-Stoitzner*, UG$^{3.01}$ § 30; *Luntz/Schröder,* Planung und Organisation klinischer Studien mit Medizinprodukten, TÜV Media GmbH, Köln (2010, ISBN 9783824912360); *Scheil,* Wer ist für die Einholung einer juristisch korrekten Einwilligung bei klinischen Studien verantwortlich? RdM 2008/25; *Schwamberger*, Nichtbefassung der Ethikkommission – mögliche rechtliche Folgen, RdM 2007, 132; *Stöger*, Ausgewählte öffentlichrechtliche Fragestellungen des österreichischen Krankenanstaltenrechts (2008); *Stöger*, Krankenanstalten- und Kuranstaltengesetz – KAKuG, in *Neumayr/Resch/Wallner* (Hrsg), Gmundner Kommentar zum Gesundheitsrecht (2016) 1523; *Valentin/Luf/Kopetzki*, Epidemiologische Studien in der Intensivmedizin – Neuland und Graubereich für Ethikkommissionen , RdM 2011, 17; *Volk/Klüß*, Klinische Studien von Medizinprodukten: Übersicht und Ausblick der aktuellen Gesetzgebung und Normen, Kardiotechnik 1/2010; *Wallner*, Health Care zwischen Ethik und Recht (2007); *Wallner*, Nichttherapeutische Forschung an Einwilligungsunfähigen, RdM 2008/99; *von Unger H.*, Partizipative Gesundheitsforschung: Wer partizipiert woran? Forum Qualitative Sozialforschung 2012; 13(1).

Inhaltsverzeichnis

I. Bedeutung der Rechtsnorm

1 Das „Konsil" oder „Konsilium" (Beratung oder eine Gruppe von Beratenden) war und ist ein wichtiger Bestandteil von medizinischer Arbeit. Dieses weit zurückreichende Konzept entspricht auch den heutigen Ethikkommissionen, die fachübergreifend, konsiliarisch im Bereich der Forschung tätig werden. In Folge der Deklaration von Helsinki 1975 in Tokio sowie der International Conference of Harmonisation (ICH) wurde in Österreich 1978 die ersten Ethik-

kommission eingerichtet[1]. Nach *Kopetzki* erzwingt das Verfahren vor der Ethikkommission eine interdisziplinäre Auseinandersetzung unter Abwägung aller Aspekte und trägt damit zur Rationalität der Entscheidungsfindung bei.[2]

Nach der Definition des Art 2 Z 56 MPVO 2017/745 handelt es sich bei einer *„Ethik-Kommission"* um ein in einem Mitgliedstaat eingerichtetes unabhängiges Gremium, das gemäß dem Recht dieses Mitgliedstaats eingesetzt wurde und dem die Befugnis übertragen wurde, Stellungnahmen für die Zwecke dieser Verordnung unter Berücksichtigung der Standpunkte von Laien, insbesondere Patienten oder Patientenorganisationen, abzugeben. Der Erwägungsgrund 56 der MPVO hält fest, dass die Organisation der Beteiligung von Ethik-Kommissionen dem betroffenen Mitgliedstaat, in dem die klinische Prüfung durchgeführt werden, überlassen bleiben soll. Diese Entscheidungen hängen von der internen Organisation des jeweiligen Mitgliedstaats ab. In Österreich ist bereits ein Netzwerk an verschiedenen Ethik-Kommissionen in Krankenanstalten, an Universitäten und außerhalb der Institutionen etabliert auf das im Rahmen der Forschung für Medizinprodukte zurückgegriffen werden kann. § 14 MPG 2021 verpflichtet den Landeshauptmann dafür Sorge zu tragen, dass außerhalb von Krankenanstalten zur Bewertung von klinischen Prüfungen von Medizinprodukten unabhängige Ethikkommissionen in einer konkret bestimmten Zusammensetzung zur Verfügung stehen bzw begründet die Zuständigkeit der bereits durch § 8c KAKuG eingerichteten Ethikkommissionen für Medizinprodukte. 2

II. Arten von Ethikkommissionen

Berka[3] differenziert zwischen drei verschiedenen Arten von Ethikkommissionen, die Unterschiede in der Organisation und der Besetzung aufweisen (können): 1. Ethikkommissionen an Krankenanstalten, 2. Ethikkommissionen für die klinische Prüfung von Arzneimitteln und Medizinprodukten außerhalb von Krankenanstalten und 3. Ethikkommissionen an Universitätskliniken. Diesem System folgt auch § 14 MPG 2021 nachdem die Pflicht zur Errichtung von Ethikkommissionen außerhalb von Krankenanstalten dem Landeshauptmann (Abs 1) übertragen und auf die bestehenden Ethikkommissionen in Krankenanstalten (Abs 2) hingewiesen wird. 3

A. Ethikkommissionen an Krankenanstalten

Nach § 8c Abs 1 KAKuG[4] und den unmittelbar anwendbaren Ausführungsgesetze der Länder[5] sind Träger von Krankenanstalten verpflichtet, zur Beurteilung klinischer Prüfungen von Arzneimitteln und Medizinprodukten, der Anwendung neuer medizinischer Methoden und Nicht-interventioneller Studien, angewandter medizinischer Forschung und der Durchführung von Pflegeforschungsprojekten (experimentellen oder Pflegeinterventionsstudien) sowie der Anwendung neuer Pflege- und Behandlungskonzepte und neuer Pflege- und Behandlungsmethoden in der Krankenanstalt Ethikkommissionen einzurichten. Es ist dem Landesgesetzgeber überlassen, eine Ethikkommission für mehrere Krankenanstalten einzurichten. Es ist die Pflicht der Krankenanstalten, durch Bereitstellung der erforderlichen Personal- und Sachausstattung den Ethikkommissionen zu ermöglichen, vom Sponsor einen Kostenbeitrag zu verlangen, der 4

---

1 Siehe dazu *Heissenberger*, in *Cerha, Heissenberger, Steinböck*, Arzneimittelgesetz AMG, § 40-41e Rz 1 ff. Rechtlich wurden Ethikkommissionen zunächst im KAG (BGBl 1993/801) und kurz danach im AMG (BGBl 1994/107) verankert.

2 *Kopetzki* in *Perthold-Stoitzner*, UG[3.01] § 30 Rz 5.

3 *Berka*, Rechtliche Probleme im Hinblick auf die Tätigkeit der Ethikkommissionen, in *Tomandl*, Sozialrechtliche Probleme bei der Ausübung von Heilberufen (1996), 54.

4 Bundesgesetz über Krankenanstalten und Kuranstalten (KAKuG) BGBl 1/1957 idF BGBl I 2022/79.

5 § 24 Abs 1 Bgld KAG 2000, § 30 Abs 1 K-KAO, § 19e Abs 1 NÖ KAG, § 18 Abs 1 OÖ KAG, § 30 Sbg KAG 2000, § 28 Stmk KAG, § 12a Abs 1 Tir KAG, § 12 Abs 1 Vlbg SpG, § 15b Abs 1 Wr KAG.

den erfahrungsgemäß im Durchschnitt zu erwartenden Kosten einer Beurteilung im Rahmen einer klinischen Prüfung entspricht[6].

5 Nach § 8c Abs 8 KAKuG besteht für Krankenanstalten, die ganz oder teilweise der Forschung und Lehre einer Medizinischen Universität dienen, keine Verpflichtung Ethikkommissionen zu errichten, wenn an der Medizinischen Universität nach universitätsrechtlichen Vorschriften gleichwertige Kommissionen eingerichtet sind, die die Aufgaben der Ethikkommission wahrnehmen[7]. Da im KAKuG der Aufgabenbereich der Ethikkommissionen ausgeweitet[8] dies aber bislang in § 30 UG nicht umgesetzt wurde, gibt es Zweifel über die Gleichwertigkeit der universitären Ethikkommissionen.[9]

6 Manche Landes-Ausführungsgesetze erweiterten die Mindestanforderung der Zusammensetzung der Kommission durch Zuziehung weiterer Fachleute und stellen es den KA frei, noch weitere Mitglieder hinzuzuziehen (zB Wr KAG, Tir KAG, K-KAO, NÖ KAG, Bgld KAG). In OÖ ist der Ethikkommission zwingend ein Psychologe oder Psychotherapeut hinzuzuziehen[10]. In einigen Bundesländern ist nur eine für alle Krankenanstalten zuständige Ethikkommission vorgesehen (Kärnten, Tirol, Salzburg und Vorarlberg), während zB in Wien in jeder KA, an der eine klinische Prüfung durchgeführt wird, eine eigene Ethikkommission zu errichten ist[11].

B. Ethikkommissionen außerhalb von KA

7 § 14 MPG 2021 sieht vor, dass die Landeshauptleute dafür Sorge zu tragen haben, dass für Medizinproduktestudien im niedergelassenen Bereich Ethikkommissionen zur Prüfung der Anträge zur Verfügung stehen. Die Ethikkommissionen nach dem MPG 2021 sehen dieselbe personelle Zusammensetzung wie nach § 8c KAKuG vor.

C. Ethikkommissionen an Universitätskliniken

8 An jeder Medizinischen Fakultät ist vom Fakultätskollegium zur Beurteilung klinischer Prüfungen von Arzneimitteln und Medizinprodukten oder der Anwendung neuer medizinischer Methoden und angewandter medizinischer Forschung am Menschen eine Ethikkommission einzurichten. Diese Ethikkommissionen sind in derselben Zusammensetzung wie § 8c KAKuG einzurichten[12].

D. Leit-Ethikkommissionen

9 Multizentrische klinische Prüfungen gemäß § 4 Z 3 („*klinische Prüfung oder Leistungsstudie, die nach einem Prüfplan an mehreren Prüfstellen durchgeführt wird*“) sind nach Abs 2 Leit-Ethikkommissionen vorbehalten. Weitere Kriterien und Anforderungen für Leit-Ethikkommissionen ergeben sich aus der Verordnung betreffend die besonderen Anforderungen an Ethikkommissionen im Rahmen von multizentrischen klinischen Prüfungen (Leit-Ethikkom-

---

6 Vgl dazu *Kopetzki* in *Perthold-Stoitzner*, UG$^{3.01}$ § 30 Rz 5.

7 § 8c Abs 8 KAKuG idF BGBl I 2004/35 und I 2016/3; vgl ebenso § 15b Abs 12 Wr KAG; § 30 Abs 9 Sbg KAG; ähnlich § 28 Abs 5 Stmk KAG). In Tirol ist die Rechtslage insofern abweichend, als die an der MedUni Innsbruck eingerichtete Ethikkommission nach Maßgabe eines schriftlichen Vertrages auch die Beurteilungstätigkeit für alle anderen Krankenanstalten in Tirol wahrnehmen kann und in diesem Fall die Pflicht zur Errichtung einer Ethikkommission entfällt (§ 12a Abs 2 Tir KAG).

8 Insb im Bereich der Pflegeforschung durch § 8c Abs 1 idF der KAKuG-Nov BGBl I 2009/124; vgl dazu dazu *Kopetzki* in *Perthold-Stoitzner*, UG$^{3.01}$ § 30.

9 *Novak*, Ethikkommissionen und Wissenschaftsfreiheit – zwischen Schutzfunktion und Kompetenzgrenzen, zfhr 2018, 127;

10 § 18 Abs 4 Z 6 OÖ KAG.

11 *Kletecka-Pulker*, Seelsorger und Ethiker in Ethikkommissionen, öarr 2000, 215.

12 § 30 Universitätsgesetz 2002.

missions-Verordnung) BGBl II 2004/214 idF BGBl II 2024/327 (öffentlich zugängliche Geschäftsstelle, ausreichende Erfahrung in der Beurteilung von klinischen Prüfungen, Verfahren zur Beiziehung externer Experten, im Internet veröffentlichte Geschäftsordnung, interne Qualitätssicherung, Annahme von Unterlagen in deutscher und englischer Sprache).

Das Bundesministerium für Bildung, Wissenschaft und Forschung hat auf ihrer Homepage (https://www.bmbwf.gv.at/Themen/HS-Uni/Hochschulgremien/Ethikkommissionen.html am 03.01.2025) die in Österreich etablierten Ethikkommissionen veröffentlicht. 10

III. Zusammensetzung

Die Aufzählung der Ethikkommissionsmitglieder nach § 14 Abs 4 MPG 2021 entspricht ebenso wie § 8c KAKuG und § 41a AMG dem in Punkt 3.2.1 der ICH-GCP E 2 (R2) festgelegten Standard, nachdem Ethikkommissionen aus zumindest fünf Mitgliedern zu bestehen hat, von denen zumindest ein Mitglied seinen Schwerpunkt außerhalb der Wissenschaft haben muss und zumindest ein Mitglied vom Prüfzentrum unabhängig sein sollte. Die in § 14 Abs 14 MGP 2021 festgelegten Mitglieder können bei Bedarf auch erweitert werden: *„Zusätzliche Experten sind, soweit es die Beurteilung einer klinischen Prüfung erfordert, beizuziehen“*[13]. Mit der interdisziplinaren Besetzung sowie der Anforderung, dass sowohl Frauen als auch Männer bestellt werden sollen, versucht der Gesetzgeber alle denkbaren Perspektiven und Probleme, durch Beiträge fachspezifischer Erfahrungen, Argumenten und Wissen im Vorfeld erkennbar zu machen und zu diskutieren. Neben der medizinischen Forschungsfrage können Patientenvertreter und Vertreter von Behindertenorganisationen einen wertvollen Beitrag leisten, sind sie doch täglich mit den Problemen und Interessen der Patienten konfrontiert und können auf dieser Ebene einen wichtigen Beitrag zur Beurteilung aus Sicht der Betroffenen bringen. Auch juristische Fragestellungen haben einen wesentlichen Stellenwert bei der Beurteilung der Unterlagen, wie zB die Aufklärung der Studienteilnehmer („Informed Consent“), die Einsichtsfähigkeit von Minderjährigen und die Personenschadenversicherung um einige wesentliche Punkte zu nennen. 11

Die Weisungsfreiheit, die Unabhängigkeit und der unterschiedliche Hintergrund und Fokus der Mitglieder sind eine unabdingbare Vorrausetzung für eine sachliche Beurteilung der Forschungsfrage. In diesem Sinne werden aufgrund eines evidenten Interessenkonfliktes an der Studie beteiligte Personen bzw Prüfer als Mitglieder von Ethikkommissionen ausgeschlossen. 12

A. Bestellung von Mitgliedern

Ob designierte Personen einer Bestellung Folge leisten müssen, wurde vom Gesetzgeber nicht geregelt. Da die Tätigkeit der Mitglieder ehrenamtlich erfolgt, wird wohl anzunehmen sein, dass die Bestellung nur bei einer freiwilligen Annahme erfolgen kann und nicht gegen den Willen einer Person durchgesetzt werden kann. Das UG regelt die Bestellung der Ethikkommissionsmitglieder in der Satzung zur Wahlordnung, wobei die Bestellung des Vorsitzenden und des Stellvertreters durch eine Wahl der Mitglieder des Fakultätskollegiums der Medizinischen Fakultät erfolgt. 13

[13] Vgl dazu auch § 3 Abs 2 Leit-Ethikkommissions-Verordnung, BGBl II 2024/327: *„Für Fälle, in denen die Expertise der Mitglieder zur Beurteilung nicht ausreicht, hat die Ethikkommission unter Berücksichtigung der vorgesehenen Fristen über ein Verfahren zur Beiziehung externer Experten zu verfügen.“*

B. Laienbeteiligung

14 Nach dem Erwägungsgrund 56 MPVO 2017/745 sollen die Mitgliedstaaten darauf achten, dass auch Laien in Ethikkommissionen einbezogen werden, insbesondere Patienten oder Patientenorganisationen. Es ist sicherzustellen, dass das erforderliche Fachwissen vorhanden ist.

15 § 14 Abs 3 MPG 2021 kommt dieser Vorgabe in Z 7 bis 9 nach, indem ein Patientenvertreter (iSv § 11e KAKuG), ein Vertreter einer repräsentativen Behindertenorganisation (iSv § 10 Abs 1 Z 6 BBG[14]) sowie ein Vertreter der Senioren, der einer Seniorenorganisation gemäß dem Bundes-Seniorengesetz, BGBl I 1998/84 einzubeziehen sind. Nach der Lehre soll die Mitarbeit von Laien iS Personen, die nicht über einschlägige Fachkenntnisse verfügen, der sogenannten „Betriebsblindheit" entgegenwirken. Dabei wird der Mehrwert einer derartigen Beteiligung durch Überhöhung der eigenen Lebensgeschichte und Erfahrungen durchaus in Zweifel gezogen.[15] Klinische Studien sind ein wesentlicher Bestandteil des medizinischen Fortschritts. Patienten waren bis dato hauptsächlich in der Rolle als Studienteilnehmer beteiligt. Dies entspricht nicht mehr dem rezenten Verständnis einer Forschung am Stand der Wissenschaft. Studien und Evaluationen belegen, dass eine Patienten-Partizipation bereits bei der Erstellung des Studienplanes zu einer zutreffenderen Interpretation der Ergebnisse führt.[16]

16 Die Einbeziehung Betroffener in die Forschung entspricht der gesellschaftlichen Entwicklung, für die Selbstbestimmung und Teilhabe von Patienten von zentraler Bedeutung sind. Die Beteiligung von Laien und Laienorganisationen an klinischer Forschung ist daher ein Teil der Umsetzung des Patientenrechtes auf „Selbstbestimmung"[17]. Gleichzeitig ist aber auch die Freiheit der Forschung[18] ein hohes Gut mit Verfassungsrang, die mit der Forderung nach Beteiligung in Konflikt geraten kann. Wissenschaftliche Akteure öffnen sich zunehmend für die Beteiligung Betroffener, da mit ihr verschiedene Vorteile gegenüber der bisherigen Praxis verbunden sein können[19]. Diese beziehen sich sowohl auf inhaltliche und methodische und praktische Aspekte von Forschung die bei der Durchführung von Forschungsprojekten relevant sind. Beispielsweise kann durch die Verbindung von professionellem Wissen der wissenschaftlichen Experten und dem Erfahrungswissen der Betroffenen *„der Bias von Professionellen reduziert werden, der entsteht, wenn ein komplexes Thema lediglich aus einer Perspektive wahrgenommen wird, (...) und die Reliabilität, Validität und Kultursensibilität von Erhebungsinstrumenten können durch die Beteiligung von Betroffenen an deren Entwicklung und Erprobung verbessert werden"* [20].

17 Die europäische Zulassungsbehörde (EMA) sieht im Rahmen von unterschiedlichen Guidances eine umfassende Partizipation von Patienten bei unterschiedlichen EMA Aktivitäten im Rahmen der Zulassung und Bewertung von Studienergebnissen vor. Patientenorganisationen und Patienten werden entweder als Vertreter europäischer Patienten und Verbraucher beteiligt oder sind als Patientenorganisationen oder als individuelle Experten in Evaluations- und Entscheidungsprozessen vertreten. EMA hat in den *„Rules of engagement for patients' organisa-*

---

[14] Siehe dazu *Heissenberger*, in *Cerha, Heissenberger, Steinböck*, Arzneimittelgesetz AMG, § 40-41e Rz 14 abgeleitet aus ErläutRV 384 BlgNR 22.GP 14.

[15] Siehe dazu *Heissenberger*, in *Cerha, Heissenberger, Steinböck*, Arzneimittelgesetz AMG, § 40-41e Rz 14 mwN.

[16] *von Unger H.*, Partizipative Gesundheitsforschung: Wer partizipiert woran? Forum Qualitative Sozialforschung 2012; 13(1): Art 7.

[17] Art 16 ff der Vereinbarung zur Sicherstellung der Patientenrechte (Patientencharta) BGBl I 2006/140.

[18] Art 17 des Staatsgrundgesetzes – Freiheit der Wissenschaft, RGBl. Nr 142/1867.

[19] *Minkler M. Community-Based research partnerships:* challenges and opportunities, Journal of Urban health: Bulletin of the New York Academy of Medicine 2005; 82(2), Supplement 2: 3-10.

[20] *Kirschning S/Pimmer V/Matzat J, Brüggemann S, Buschmann-Steinhage R.* Beteiligung Betroffener an der Forschung. Rehabilitation" 2012; 51 (Supplement) S12-S20.

tions and their representatives in repurposing activities and impact on involvement in EMA activities" die Rahmenbedingungen für die Kooperation mit Patienten und Organisationen festgelegt[21].

Bezogen auf die Beteiligung von Patientenvertretern referenziert das MPG 2021 auf § 11e KAKuG und damit auf die gesetzlich eingerichteten Patientenanwälte. Damit kann einerseits sichergestellt werden, dass das erforderliche „Fachwissen" betreffend klinische Studien und die Prüfmaßstäbe von Ethikkommissionen gegeben ist andererseits, haben Patientenanwälte, deren Hauptaufgabe das Beschwerdemanagement ist, unter Umständen kein vertiefendes Wissen über die konkrete Forschungsfrage und den sogenannten *„Burden of Disease"* in der konkreten Indikation. Zu diesen Punkten könnten beispielsweise qualifizierte Patientenorganisationen wesentlich mehr beitragen, diese sind jedoch durch den Hinweis auf § 11e KAKuG als Patientenvertreter ausgeschlossen und könnten nur im Rahmen einer erweiterten Kommission hinzugezogen werden. 18

Das MPG 2021 geht auf Erwägungsgrund 56 MPVO 2017/745 nachdem sicherzustellen ist, dass ausreichendes Fachwissen der Laien vorhanden ist, nicht ein. Es ist davon auszugehen, dass der Gesetzgeber den gesetzlich eingerichteten Patientenanwälten ein ausreichendes Fachwissen unterstellt und damit keinen Handlungsbedarf sieht. 19

IV. Rechtsnatur von Ethikkommissionen

Nach *Heissenberger*[22] handelt es sich bei der Verpflichtung an die Landeshauptleute nach § 32f AMG [Anm: ehem. § 41 AMG] und wie hier nach § 14 MPG 2021 eine Ethikkommission außerhalb von Krankenanstalten zu errichten nicht um einen Hoheitsakt, sondern um eine Aufgabe, die durch nicht hoheitliche Mittel umzusetzen ist. Es sei daher auszuschließen, dass einer Ehtikkommission Behördencharakter zukommt, obwohl im Schrifttum immer häufiger die Ansicht vertreten wird, dass Empfehlungen bzw Entscheidungen von Ethikkommisisonen – zumindest wenn Sie negativ sind – Bescheidcharakter zukommt[23]. 20

Die Frage der Rechtsnatur von Ethikkommissionen ist vor allem für die Frage, wer für Schäden haftet, die durch das Votum einer Ethikkommission (mit)verursacht werden, wesentlich. Manche Autoren nehmen eine „private" Sachverständigenhaftung der Kommissionsmitglieder nach § 1299 ABGB an, andere bejahen eine Amtshaftung des Bundes[24]. Siehe dazu Kommentierung § 26. 21

---

21 https://www.ema.europa.eu/en/documents/regulatory-procedural-guideline/rules-engagement-patients-organisations-their-representatives-repurposing-activities-impact_en.pdf am 14.4.2023.

22 *Heissenberger*, in *Cerha/Heissenberger/Steinböck*, Arzneimittelgesetz AMG, § 40-41e Rz 5 f.

23 Vgl dazu *Eberhard*, Forschungskontrolle durch Ethikkommissionen – von der kollegialen Beratung zur staatlichen Behörde? in *Körtner/Kopetzki/Druml* (Hrsg), Ethik und Recht in der Humanforschung (2010) 152; *Eberhard*, Ethikkommissionen – Stand und Perspektiven, zfhr 2011, 147; *Stöger*, Krankenanstalten- und Kuranstaltengesetz – KAKuG, in *Neumayr/Resch/Wallner* (Hrsg), Gmundner Kommentar zum Gesundheitsrecht (2016) 1523.

24 *Berka*, Rechtliche Probleme im Hinblick auf die Tätigkeit der Ethikkommissionen, in Tomandl (Hrsg), Sozialrechtliche Probleme bei der Ausübung von Heilberufen (1996), 72; beides verneinend *Schragel*, AHG³ Rz 100; verneinend *Krejci*, Ethikkommission und Versicherungsfragen, RdM 1995, 27.

§ 15 [Ethikkommissionen]

(1) Die Mitglieder der Ethikkommission und ihre Stellvertreter müssen in dieser Funktion weisungsfrei sein. Sie haben allfällige Beziehungen zu Herstellern oder Händlern von Medizinprodukten gegenüber dem Landeshauptmann vollständig offenzulegen. Sie haben sich ihrer Tätigkeit in der Ethikkommisson – unbeschadet weiterer allfälliger Befangenheitsgründe – in allen Angelegenheiten zu enthalten, in denen eine solche Beziehung geeignet, ist, ihre volle Unbefangenheit in Zweifel zu ziehen. Dies gilt auch für allenfalls beigezogene Experten.

(2) Im Rahmen der Organisation sind interne Maßnahmen der Qualitätssicherung vorzusehen, die insbesondere die Regelmäßigkeit der Abläufe und Verfahren sicherstellen.

(3) Die Durchführung der Aufgaben der Ethikkommission und das ordnungsgemäße Zustandekommen ihrer Beschlüsse und Stellungnahmen ist in einer Geschäftsordnung schriftlich festzulegen, welche bei Ethikkommissionen nach § 14 der Genehmigung des zuständigen Landeshauptmanns bedarf.

Beachte für die Bestimmung: Tritt hinsichtlich In-vitro-Diagnostika am 26.5.2022 in Kraft (vgl § 91 Abs 1).

Fassung: BGBl I 2021/122

Literatur: *Aigner/Kletecka/Kletecka-Pulker/Memmer*, Handbuch Medizinrecht 38. ErgLfg; *Kopetzki* in *Perthold-Stoitzner*, UG^{3}.02 § 30 (Stand 1.9.2023, rdb.at); *Luntz/Schröder,* Planung und Organisation klinischer Studien mit Medizinprodukten; https://www.klinikum.uni-heidelberg.de/fileadmin/kks/Publikationen/Planung_und_Organisation_klinischer_Studien_mit_Medizinprodukten.pdf (Abgerufen 03.01.2025); *Kopetzi,* Krankenanstaltenrecht, in: *Potacs/Holoubek* (Hrsg), Handbuch des öffentlichen Wirtschaftsrechts (2002); *Stöger*, Krankenanstalten- und Kuranstaltengesetz – KAKuG, in *Neumayr/Resch/Wallner* (Hrsg), Gmundner Kommentar zum Gesundheitsrecht (2016) 1523.

Inhaltsverzeichnis

I. Schutzzweck der Unabhängigkeit

1 Der Schutzzweck dieser Unabhängigkeit ist vergleichbar mit dem Schutz der Rechte, der Sicherheit, der Würde und des Wohls der Prüfungsteilnehmer[1]. Die Mitglieder der Ethikkommission genießen eine umfassende Unabhängigkeit, die durch Weisungsfreiheit, Freiheit von Aufträgen und Offenlegungspflichten gesichert wird, um die Integrität ihrer Entscheidungen zu gewährleisten. Die Weisungsfreiheit soll sicherstellen, dass die Mitglieder der Ethikkommission frei nach ihrem Gewissen und ihren fachlichen und ethischen Überzeugungen urteilen können, ohne von Partikularinteressen oder außerstaatlichen Einflüssen abhängig zu sein.

Die Regelung des MPG 2021 ist mit jener im UG und KAKuG vergleichbar. Gem § 30 Abs 4 UG unterliegen die Mitglieder der Ethikkommission in dieser Funktion weder Weisungen der vorgesetzten Organe der Krankenanstalt noch Weisungen der Organe der Universität. Dadurch soll – ebenso wie durch die Unvereinbarkeitsregel des § 8c Abs 5a KAKuG – die Unabhängigkeit der Beurteilung im Rahmen der Ethikkommission sichergestellt werden.

[1] Vgl Art 3 lit a der VO (EU) 536/2014.

II. Definition und Bedeutung „Weisungsfrei“

Weisungsfrei bedeutet neben dem Ausschluss von Weisungen übergeordneter Organe auch keine Bindung der Mitglieder an „Aufträge“ von wem auch immer diese kommen mögen[2]. 2

Mitglieder sollen nicht Vertreter von Partikularinteressen sein, sondern – im Sinne eines „freien Mandats“ – frei nach ihrem Gewissen und ihren fachlichen und ethischen Überzeugungen urteilen. Diese Ungebundenheit richtet sich weniger gegen Einflussnahmen seitens der Krankenanstalt oder der Universität, sondern im Wesentlichen gegen außerstaatliche Ingerenzen und Direktiven (zB seitens des Sponsors). Das gilt gerade auch für jene Mitglieder, die in ihrer sonstigen Tätigkeit vorrangig bestimmte Interessen oder weltanschauliche bzw religiöse Positionen vertreten[3].

Um die Unabhängigkeit zu gewährleisten, sind die Mitglieder der Ethikkommission verpflichtet, allfällige Beziehungen zur pharmazeutischen Industrie oder Medizinprodukteindustrie offenzulegen. Sie müssen sich in Angelegenheiten, die ihre Unbefangenheit beeinträchtigen könnten, ihrer Tätigkeit enthalten.

Eine Einflussnahme auf Mitglieder der Ethikkommission kann zur Nichtigkeit der ethischen Bewertung führen. Verstöße gegen die Unabhängigkeit können berufsrechtliche oder strafrechtliche Konsequenzen nach sich ziehen.

III. Geschäftsordnung von Ethikkommissionen

Die Leit-Ethik-Kommissions-Verordnung stellt spezifische Anforderungen an die Ausgestaltung von Geschäftsordnungen der österreichischen Ethikkommissionen: 3

Organisatorische Anforderungen: Die Ethikkommission muss über eine Geschäftsstelle verfügen, die an Werktagen zu festgelegten Öffnungszeiten öffentlich zugänglich ist, sowie über ausreichende Kapazitäten zur fristgerechten Bearbeitung der Anträge.

Erfahrung und Expertise: Es ist erforderlich, dass die Ethikkommission über ausreichende Erfahrung in der Beurteilung von klinischen Prüfungen in verschiedenen Fachbereichen verfügt. Für Fälle, in denen die Expertise der Mitglieder nicht ausreicht, muss ein Verfahren zur Beiziehung externer Experten vorhanden sein.

Sicherheitsbewertung: Die Ethikkommission muss sicherstellen, dass im Falle der Meldung schwerwiegender Nebenwirkungen ohne unnötigen Aufschub eine Bewertung der Fortsetzung der klinischen Prüfung erfolgt.

Qualitätssicherung: Interne Maßnahmen zur Qualitätssicherung sind vorzusehen, um die Regelmäßigkeit der Abläufe und Verfahren sicherzustellen.

Sprachliche Anforderungen: Die Ethikkommission hat Unterlagen in deutscher und englischer Sprache zu akzeptieren, abgesehen von bestimmten Dokumenten, die in deutscher Sprache vorliegen müssen.

Nach § 5 Abs 1 der Leit-Ethikkommissions-Verordnung[4] muss die Ethikkommission über eine im Volltext im Internet veröffentlichte **Geschäftsordnung** verfügen. Die Geschäftsordnung bedarf in vielen Fällen der Genehmigung durch die Landesregierung oder ist dieser zur

---

[2] Nach der Aufhebung des § 13 Abs 2 UOG 1993 durch § 2 Abs 4 Z 6 des 1. BVRBG BGBl I 2008/2, ergibt sich dies nun aus dem zweiten und dritten Satz des Art 81c Abs 1 B-VG.

[3] Dazu *Kopetzi*, Krankenanstaltenrecht, in: *Potacs/Holoubek* (Hrsg), Handbuch des öffentlichen Wirtschaftsrechts (2002) S. 463-535.

[4] idF BGBl II 327/2024.

Kenntnis zu bringen, wobei die spezifischen Anforderungen je nach Kontext variieren können[5]. Für Änderungen gelten oft sinngemäße Anforderungen wie für die ursprüngliche Geschäftsordnung, mit Ausnahmen für geringfügige Änderungen[6].

Die Geschäftsordnung einer Ethikkommission hat jedenfalls vorzusehen:

1. das Verfahren, nach dem Beschlüsse und Entscheidungen getroffen werden,
2. Regeln für den Fall von Interessenskonflikten ihrer Mitglieder,
3. Maßnahmen zur Sicherung des vertraulichen Umgangs der Mitglieder mit den in Ausübung ihrer Tätigkeit in der Ethikkommission bekannt gewordenen Daten, und
4. die Bereiche, für die Standard-Verfahrens-Anweisungen (Standard Operating Procedures, SOPs) festzulegen sind.

Eine Ethikkommission für Medizinprodukte[7] die gemäß § 19 des Medizinproduktegesetzes 2021 vorgesehenen Sitzungstermine und Stichtage im Internet zu veröffentlichen.

IV. Qualitätssicherung

4 Die Qualitätssicherung von Ethikkommissionen in Österreich ist ein essenzieller Bestandteil ihrer Arbeit, um eine objektive, unabhängige und transparente Bewertung ethischer Fragen in der Forschung sicherzustellen. Diese Maßnahmen dienen dazu, die ordnungsgemäße Durchführung der Beurteilungsprozesse sicherzustellen. Die Anforderungen an die Qualitätssicherung lassen sich in mehreren zentralen Aspekten zusammenfassen:

Sachausstattung und Personalausstattung: Nach § 33 AMG müssen Ethikkommissionen über eine angemessene Sachausstattung (einschließlich IT-Ausstattung) und Personalausstattung verfügen, um fristgerechte Abstimmungen und Stellungnahmen gewährleisten zu können. Dies umfasst auch die Möglichkeit, kurzfristige Abstimmungsverfahren durchzuführen. Aufgrund der Annäherung der Anforderungen von klinischen Studien für Medizinprodukte und Arzneimittel ist davon auszugehen, dass diese Anforderung auch für die Prüfung von Medizinprodukte-Studien gilt, auch wenn dies nicht ausdrücklich im Gesetz angeführt ist. Nach § 4 der Leit-Ethik-Verordnung muss Vorsorge getroffen werden, dass im Falle der Meldung von schwerwiegenden Nebenwirkungen, schwerwiegenden unerwünschten Ereignissen, Produktmängeln oder neuen Erkenntnissen in Bezug auf solche Ereignisse zur Sicherheit der Prüfungsteilnehmer ohne unnötigen Aufschub eine Bewertung der Fortsetzung der klinischen Prüfung erfolgen kann.

Regelmäßige Überprüfung der Abläufe: Ethikkommissionen müssen interne Mechanismen zur Qualitätssicherung etablieren. Regelmäßige Überprüfungen der Entscheidungsprozesse und Dokumentationen sind notwendig, um die Einhaltung gesetzlicher Vorgaben sicherzustellen.

Standard Operating Procedures (SOPs): Es müssen schriftliche Standardverfahrensanweisungen (SOPs) vorhanden sein. Diese regeln die Bearbeitung von Anträgen, die Entscheidungsfindung und die Nachverfolgung klinischer Prüfungen.

---

[5] zB § 24 Abs 6 Burgenländisches Krankenanstaltengesetz 2000: *„Die Ethikkommission hat sich eine Geschäftsordnung zu geben, die von der Landesregierung zu genehmigen ist. Die Geschäftsordnung gilt als genehmigt, wenn sie innerhalb von drei Monaten nach Vorlage an die Landesregierung nicht untersagt wird.“*; § 18 Oö. Krankenanstaltengesetz 1997; § 30 Salzburger Krankenanstaltengesetz 2000; § 12a Krankenanstaltengesetz – Tir KAG; § 30 Kärntner Krankenanstaltenordnung 1999 – K-KAO; § 29 Stmk. Krankenanstaltengesetz 2012.

[6] zB § 15b Wiener Krankenanstaltengesetz 1987.

[7] § 1 Z 2 der Leit-Ethikkommissions-Verordnung.

Schulung und Weiterbildung: Mitglieder der Ethikkommissionen müssen regelmäßig geschult werden. Themen umfassen ethische Prinzipien, aktuelle rechtliche Anforderungen sowie neue Entwicklungen in der Forschungsethik.

Transparenz und Dokumentation: Alle Sitzungen und Entscheidungen müssen protokolliert werden. Dokumentationen müssen für eine bestimmte Frist aufbewahrt werden.

Auditierung und externe Evaluierung: Regelmäßige externe Überprüfungen oder Audits sollten stattfinden, um die Qualität und Einhaltung der Vorschriften sicherzustellen. Vgl auch § 16 nach dem das Bundesamt für Sicherheit im Gesundheitswesen (BASG) berechtigt ist, Ethikkommissionen zu inspizieren, um die ordnungsgemäße Erfüllung ihrer Aufgaben zu überprüfen. Ziel dieser Inspektionen ist die Feststellung, ob die Ethikkommissionen ihre Aufgaben entsprechend dem Stand der Wissenschaft fachgerecht erfüllen.

§ 16 [Ethikkommissionen]

(1) Die Ethikkommissionen sind verpflichtet, dem Bundesamt für Sicherheit im Gesundheitswesen alle Auskünfte zu erteilen und Unterlagen zu übermitteln, die dieses zur Erfüllung seiner Aufgaben nach diesem Abschnitt benötigt.

(2) Das Bundesamt für Sicherheit im Gesundheitswesen ist berechtigt, die Ethikkommissionen mit dem Ziel zu inspizieren, mittels objektiver, unabhängiger Überprüfung festzustellen, ob die Ethikkommissionen ihre Aufgaben nach diesem Bundesgesetz entsprechend dem Stand der Wissenschaft fachgerecht erfüllen. Erforderlichenfalls ist die Beseitigung von Mängeln bescheidmäßig anzuordnen

Beachte für die Bestimmung: Tritt hinsichtlich In-vitro-Diagnostika am 26.5.2022 in Kraft (vgl § 91 Abs 1).

Fassung: BGBl I 2021/122

Literatur: *Heissenberger* in *Neumayr/Resch/Wallner*, GmundKomm[2] § 28 GSG (Stand 1.1.2022, rdb.at), *Kopetzki* in *Perthold-Stoitzner*, UG[3].02 § 30 (Stand 1.9.2023, rdb.at).

Inhaltsverzeichnis

I. Normzweck

1 Der Zweck der Informationspflicht der Ethikkommission gegenüber dem Bundesamt für Sicherheit im Gesundheitswesen (BASG) ist auf den ersten Blick nicht ganz klar, da für die Durchführung der klinischen Prüfungen die Genehmigung durch das BASG erforderlich ist und damit das BASG zwar zeitlich etwas nachgelagert aber dennoch sämtliche Unterlagen im Rahmen des Studienprüfungsverfahrens erhält. Zum einen ist das BASG nach dem MPG 2021 als Aufsichtsbehörde für die Einhaltung der Vorschriften im Bereich der Medizinprodukte zuständig und zudem obliegt dem BASG die Überwachung und Sicherheit klinischer Prüfungen mit Medizinprodukten. Es können sich daher aus beiden Pflichten Situationen ergeben nach denen eine rasche Information der Ethikkommissionen erforderlich ist und dies nicht im Rahmen eines Audits oder einer Inspektion im Rahmen von Abs 2 geklärt werden kann.

Das Bundesamt für Sicherheit im Gesundheitswesen (BASG) ist berechtigt, Ethikkommissionen zu inspizieren. Das Ziel der Inspektion durch das BASG ist es, mittels objektiver, unabhängiger Überprüfung festzustellen, ob die Ethikkommissionen ihre Aufgaben nach dem Bundesgesetz entsprechend dem Stand der Wissenschaft fachgerecht erfüllen. Diese Aufsichtsbefugnisse des BASG gegenüber den Ethikkommissionen sind darauf ausgerichtet, die Qualität und Integrität der ethischen Bewertungen klinischer Prüfungen von Medizinprodukten zu gewährleisten und somit den Schutz der Studienteilnehmer sicherzustellen.

II. Prüfumfang

2 Der Prüfumfang des BASG bei der Inspektion von Ethikkommissionen umfasst[1]:

[1] Vgl dazu neben § 16 MPG 2021 auch § 37 Abs 2 AMG: *„Das Bundesamt für Sicherheit im Gesundheitswesen ist berechtigt, die Ethikkommissionen mit dem Ziel zu inspizieren, mittels objektiver, unabhängiger Überprüfung festzustellen, ob die Ethikkommissionen ihre Aufgaben nach diesem Bun-*

Räumliche und technische Einrichtungen/Inspektionen[2]**:** Überprüfung der Einrichtungen, in denen die Ethikkommissionen tätig sind. Das BASG kann Inspektionen bei den Ethikkommissionen durchführen, um die ordnungsgemäße Durchführung von Bewertungen klinischer Prüfungen sicherzustellen. Das BASG hat auch die Möglichkeit alle weiteren Ressourcen der Ethikkommissionen zu prüfen, die für die Erfüllung der Aufgaben der Ethikkommissionen relevant sind.

Unterlagen und Aufzeichnungen: Kontrolle der von den Ethikkommissionen geführten Unterlagen und Aufzeichnungen, um die Einhaltung der gesetzlichen Vorgaben zu überprüfen. Es kann von den Ethikkommissionen Berichte über ihre Tätigkeit anfordern, um sich ein Bild über deren Arbeitsweise und Entscheidungsprozesse zu machen.

Arbeitsverfahren und -richtlinien: Beurteilung der internen Prozesse und Richtlinien der Ethikkommissionen.

Vigilanz- und Qualitätssicherungssysteme: Überprüfung der Systeme, die die Ethikkommissionen zur Gewährleistung der Qualität und Sicherheit einsetzen.

Erteilung von Weisungen: Bei festgestellten Mängeln oder Verstößen ist das BASG befugt, Weisungen zur Behebung dieser Mängel zu erteilen und deren Umsetzung zu überwachen.

---

desgesetz entsprechend dem Stand der Wissenschaft fachgerecht erfüllen. Erforderlichenfalls ist die Beseitigung von Mängeln bescheidmäßig anzuordnen".

2 Vgl dazu auch die Ausführungen zum GSG von *Heissenberger* in *Neumayr/Resch/Wallner*, Gmund-Komm[2] § 28 GSG (Stand 1.1.2022, rdb.at).

§ 17 Multizentrische klinische Prüfungen und Kombinationsstudien

(1) Ethikkommissionen für die Beurteilung multizentrischer klinischer Prüfungen haben die durch Verordnung des Bundesministers für Soziales, Gesundheit, Pflege und Konsumentenschutz festgelegten besonderen Anforderungen zu erfüllen. Diese Verordnung hat insbesondere

1. **die organisatorischen Rahmenbedingungen,**
2. **die für die Beurteilung der erforderlichen umfassenden Erfahrung maßgebenden Umstände, und**
3. **die internen qualitätssichernden Maßnahmen,**

zu berücksichtigen.

Anm.: Abs 2 bis 5 treten drei Monate nach Inkrafttreten einer Verordnung gemäß § 17 Abs 1 in Kraft (vgl § 91 Abs 4)

Fassung: BGBl I 2024/102

Literatur: *Heissenberger* in *Neumayr/Resch/Wallner*, GmundKomm[2] § 28 GSG (Stand 1.1.2022, rdb.at); *Kopetzki* in *Perthold-Stoitzner,* UG[3.02] § 30 (Stand 1.9.2023, rdb.at); *Kneihs* in Festschrift Christian Kopetzki zum 65. Geburtstag Hrsg *Bernat/Grabenwarter/Kneihs/Pöschl/Stöger/Wiederin/Zahrl,* Ethikkommissionen im Recht (2019); *Daniel D'Orlando/Wolfgang Heissenberger/Claudia Steinböck* Das neue Verfahren zur Genehmigung klinischer Arzneimittelprüfungen Änderungen durch die VO (EU) 536/2014 und die AMG-Novelle 2022, *RdM 2023/11.*

Inhaltsverzeichnis

I. Multizentrische Prüfungen

1 Eine multizentrische Prüfung einer klinischen Studie für ein Medizinprodukt bedeutet, dass die Studie an mehreren unabhängigen Prüfzentren gleichzeitig durchgeführt wird. Diese Prüfzentren können sich in verschiedenen Krankenhäusern, Universitäten oder spezialisierten Forschungseinrichtungen befinden, oft in unterschiedlichen Regionen oder sogar Ländern. Durch parallele Durchführung an mehreren Standorten können mehr Patienten in kürzerer Zeit eingeschlossen werden. Multizentrische Studien führen durch die Untersuchung in verschiedenen Zentren und mit unterschiedlichen Patientengruppen eher zu einer Generalisierbarkeit der Ergebnisse, die nicht standortabhängig sind. Mehrere unabhängige Prüfzentren minimieren Verzerrungen (Bias) und erhöhen die Aussagekraft der Studie, dies führt zu einer höheren wissenschaftlichen Evidenz.

Allgemein stellen multizentrische Prüfungen sicher, dass die Ergebnisse repräsentativ, regulatorisch konform und international anerkannt sind. Besonders für Medizinprodukte der höheren Risikoklassen (zB Klasse IIb oder III nach MDR) sind multizentrische Studien oft erforderlich, um eine breite Datenbasis für die erforderliche Zertifizierung zu liefern.

Jedes Prüfzentrum benötigt eine Freigabe durch eine zuständige Ethikkommission und ggf. durch nationale Behörden. In Österreich sind multizentrische Studien von Leit-Ethikkommissionen zu prüfen.

II. Wesentliche Anforderungen an Leit-Ethikkommissionen

In Österreich regelt die Leit-Ethikkommissions-Verordnung[1] die besonderen Anforderungen an Ethikkommissionen bei der Beurteilung von multizentrischen klinischen Prüfungen von Arzneimitteln und Medizinprodukten (§ 1 Z 2). Die CTR-Ethikkommissionen (Leitethikkommissionen) werden unter https://austrianethics.at/ctr (21.01.2025) näher präsentiert und weitere Informationen und Unterlagen die Geschäftsordnungen zur Verfügung gestellt. Die Leit-Ethikkommissions-Verordnung legt fest, welche Kriterien eine Ethikkommission erfüllen muss, um als Leit-Ethikkommission tätig zu werden. 2

- **Organisatorische Voraussetzungen (§ 2, § 5):** Verfügbarkeit einer Geschäftsstelle mit festgelegten Öffnungszeiten an Werktagen. Ausreichende personelle und sachliche Ressourcen, um Anträge innerhalb der gesetzlich vorgegebenen Fristen zu bearbeiten. Die Ethikkommission muss über eine im Volltext im Internet veröffentlichte Geschäftsordnung verfügen.
- **Erfahrung und Expertise (§ 3):** Mindestens dreijährige Erfahrung in der Beurteilung klinischer Prüfungen in verschiedenen medizinischen Fachrichtungen. Möglichkeit, externe Experten hinzuzuziehen, wenn die eigene Expertise nicht ausreicht.
- **Unabhängigkeit und Unparteilichkeit[2]:** Sicherstellung der Unabhängigkeit der Mitglieder von Interessenkonflikten. Transparente Offenlegung potenzieller Interessenkonflikte.
- **Qualitätssicherung (§ 6):** Implementierung von Standardarbeitsanweisungen (SOPs) für die Bewertung von Anträgen. Regelmäßige Schulungen der Mitglieder zu aktuellen ethischen, rechtlichen und wissenschaftlichen Themen.
- **Dokumentation und Transparenz (§ 7):** Führung detaillierter Protokolle über Sitzungen und Entscheidungen. Bereitstellung von Informationen über die Zusammensetzung der Kommission und deren Arbeitsweise.

Diese Anforderungen sollen sicherstellen, dass Leit-Ethikkommissionen in der Lage sind, die komplexen und vielfältigen Aspekte multizentrischer klinischer Prüfungen kompetent und effizient zu bewerten.

III. Geplante Verordnung gemäß § 17 Abs 1

Bis dato wurde keine eigene Verordnung nach § 17 Abs 1 MPG 2021 erlassen. Es ist vorgesehen jene Anforderungen der Leit-Ethikkommissionen für Medizinprodukte und jene für Arzneimittel (§ 32 Abs 1 AMG) entsprechend getrennt zu regeln. Der Gesetzgeber hat für den Zeitpunkt der Erlassung der Verordnung im Bereich Medizinprodukte bereits folgendes vorgesehen: 3

Die folgenden in der MPG Novelle 2024 eingefügten Absätze Abs 2 bis 5 treten drei Monate nach Inkrafttreten einer Verordnung gemäß § 17 Abs 1 in Kraft[3]:

---

[1] Verordnung des Bundesministers für Soziales, Gesundheit, Pflege und Konsumentenschutz betreffend die besonderen Anforderungen an Ethikkommissionen für die Beurteilung von klinischen Prüfungen von Arzneimitteln und multizentrischen klinischen Prüfungen von Medizinprodukten (Leit-Ethikkommissions-Verordnung), StF BGBl II 2004/214 zuletzt geändert durch BGBl II 2024/327.

[2] Vgl dazu Kommentierung § 15.

[3] § 91 Abs 4 letzter Satz MPG: *„Bis zu diesem Zeitpunkt werden die Ethikkommissionen gemäß § 17 Abs 1 in der Fassung des Bundesgesetzes BGBl I 2021/122 weiterhin als Ethikkommissionen im Rahmen multizentrischer klinischer Prüfungen nach diesem Bundesgesetz tätig."*

(2) Ethikkommissionen, die eine Tätigkeit gemäß Abs 1 anstreben, haben dies dem Bundesministerium für Soziales, Gesundheit, Pflege und Konsumentenschutz unter Nachweis der in einer Verordnung gemäß Abs 1 festgelegten Anforderungen zu melden. Der Bundesminister für Soziales, Gesundheit, Pflege und Konsumentenschutz hat die Ethikkommissionen, die die Anforderungen gemäß Abs 1 erfüllen, auf der Homepage des Bundesministeriums kundzumachen.

(3) Der Bundesminister für Soziales, Gesundheit, Pflege und Konsumentenschutz hat die Kundmachung einer Ethikkommission gemäß Abs 2 letzter Satz zurückzunehmen, wenn bekannt wird, dass die Ethikkommission die Anforderungen einer gemäß Abs 1 erlassenen Verordnung nicht erfüllt, und die Mängel nicht innerhalb einer angemessenen Frist behoben werden. Bis zur endgültigen Entscheidung kann der Bundesminister für Soziales, Gesundheit, Pflege und Konsumentenschutz anordnen, dass die Ethikkommission ihre Tätigkeit einstellt.

(4) Der Sponsor hat im Falle einer multizentrischen klinischen Prüfung eine aus den gemäß Abs 2 kundgemachten Ethikkommissionen, die für eine der Prüfstellen zuständig ist, als beurteilende Ethikkommission auszuwählen. Ist keine der gemäß Abs 2 kundgemachten Ethikkommissionen für eine dieser Prüfstellen zuständig, kann der Sponsor aus den kundgemachten Ethikkommissionen frei wählen.

(5) Bei klinischen Prüfungen, die sowohl den Vorschriften dieses Bundesgesetzes als auch jenen des Arzneimittelgesetzes unterliegen, ist die für die Beurteilung der klinischen Prüfung gemäß Arzneimittelgesetz zuständige Ethikkommission auch als beurteilende Ethikkommission im Rahmen dieses Bundesgesetzes zuständig. Für multizentrische klinische Prüfungen gilt dies nur, sofern die gemäß Arzneimittelgesetz zuständige Ethikkommission auch gemäß Abs 2 kundgemacht ist. Andernfalls gilt Abs 4.

4 Die Gesetzesmaterialen (ErläutRV 1899, 27. GP) führen zu Ethikkommissionen für multizentrische Prüfungen im Medizinproduktebereich aus, dass im Sinne einer klaren und transparenten Regelung der Zuständigkeit von Ethikkommissionen die Berechtigung einer Ethikkommission zur Ausübung ihrer Tätigkeit im Rahmen von multizentrischen klinischen Prüfungen für Medizinprodukte von den Bestimmungen des Arzneimittelgesetzes, BGBl 1983/185, entkoppelt und eine eigenständige Grundlage für die Meldung und Kundmachung beurteilender Ethikkommissionen im Bereich des Medizinprodukterechts geschaffen werden soll. Die – § 32 Abs 1 des Arzneimittelgesetzes nachgebildete – Verordnungsermächtigung des Abs 1 soll der genaueren Festlegung der Kriterien dienen, die Ethikkommissionen zu erfüllen haben, um künftig als beurteilende Ethikkommission im Rahmen multizentrischer klinischer Prüfungen nach diesem Bundesgesetz tätig werden zu dürfen.

Gemäß Abs 2 sollen Ethikkommissionen, die eine Tätigkeit als beurteilende Ethikkommission im Rahmen multizentrischer klinischer Prüfungen anstreben, eine Meldung an das Bundesministerium für Soziales, Gesundheit, Pflege und Konsumentenschutz zu erstatten haben. Im Zuge der Meldung muss nachgewiesen werden, dass die Ethikkommission die Anforderungen der gemäß § 17 Abs 1 zu erlassenden Verordnung erfüllt. Bei Vorliegen der Voraussetzungen soll ein subjektiver Anspruch auf Kundmachung bestehen[4]. Bestehende Ethikkommissionen, die bislang gemäß § 17 Abs 1 in der Fassung des Bundesgesetzes BGBl I 2021/122 auf Grund einer Kundmachung gemäß § 41b des Arzneimittelgesetzes in der Fassung vor BGBl I 2022/8 als Ethikkommissionen im Rahmen multizentrischer klinischer Prüfungen nach diesem Bundesgesetz tätig wurden, haben im Hinblick auf die nunmehr eigenständigen medizinprodukterechtlichen Melde- und Kundmachungsvorgaben innerhalb des durch § 91 Abs 4 festgelegten Übergangszeitraumes die Meldung gemäß Abs 2 zu erstatten, um diese Tätigkeit lückenlos fortführen zu dürfen.

[4] vgl hierzu auch ErläutRV 384 BlgNR 22. GP 15.

Abs 3 soll die Zurücknahme der Kundmachung im Fall der Nichterfüllung bzw des Wegfalls der Kundmachungsvoraussetzungen regeln.

Zur Behebung allfälliger Mängel ist eine angemessene Frist zu Abs 4 soll die Zuständigkeiten für multizentrische klinische Prüfungen im Sinne der bisherigen Rechtslage regeln. Der Sponsor hat grundsätzlich eine nach Abs 2 kundgemachte Ethikkommission zu wählen, die im Falle einer monozentrischen Prüfung für eines der Prüfzentren zuständig wäre. Sofern eine solche nicht existiert, kann der Sponsor aus den nach Abs 2 kundgemachten Ethikkommissionen frei auswählen.

Abs 5 enthält eine Sonderregelung für Kombinationsstudien, die dem Gedanken der Effizienz, Ressourcenschonung und Verfahrensbeschleunigung Rechnung tragen soll. Bei klinischen Prüfungen, die sowohl den Vorschriften dieses Bundesgesetzes als auch jenen des Arzneimittelgesetzes unterliegen, soll die gemäß Arzneimittelgesetz für diese klinische Prüfung zuständige Ethikkommission zugleich als Ethikkommission im Rahmen dieses Bundesgesetzes befasst werden. Bei multizentrischen klinischen Prüfungen soll somit in solchen Fällen kein Wahlrecht des Sponsors in Bezug auf die beurteilende Ethikkommission nach diesem Bundesgesetz bestehen. Voraussetzung für die Anwendbarkeit des Abs 5 auf multizentrische klinische Prüfungen ist jedoch, dass die beurteilende Ethikkommission sowohl gemäß den einschlägigen arzneimittelrechtlichen Vorschriften als auch gemäß Abs 2 kundgemacht wurde. Andernfalls kommt die allgemeine Zuständigkeitsregelung gemäß Abs 4 zum Tragen.

§ 18 Verfahren der Ethikkommissionen

Der Sponsor hat der Ethikkommission mit dem Antrag alle erforderlichen Unterlagen für die Beurteilung der klinischen Prüfung, insbesondere auch Qualifikationsnachweise, den Prüfplan, die Nachweise über die technische Sicherheit des Medizinproduktes, die präklinischen Unterlagen, die Ergebnisse der Nutzen-/Risikoanalyse, die Materialien für die Aufklärung der Prüfungsteilnehmer und für die Einholung ihrer Zustimmung, zur Datensicherheit und Einhaltung der Datenschutzbestimmungen sowie Unterlagen über die Versicherungen gemäß § 26 und über die Abgeltung der Teilnahme der Prüfungsteilnehmer vorzulegen.

Beachte für die Bestimmung: Tritt hinsichtlich In-vitro-Diagnostika am 26.5.2022 in Kraft (vgl § 91 Abs 1).

Fassung: BGBl I 2021/122

§ 19 [Verfahren der Ethikkommissionen]

(1) Die Ethikkommission hat monatliche Sitzungen in einem für ein Jahr im Vorhinein zu veröffentlichenden Zeitplan vorzusehen und für die jeweiligen Sitzungen Stichtage für die Einreichung von Anträgen festzulegen. Die Ethikkommission hat bei der Festlegung der Sitzungstermine und den damit verbundenen Stichtagen für die Einreichung von Anträgen Sorge zu tragen, dass die vorgesehenen Fristen eingehalten werden können.

(2) Nach Eingang eines Antrags hat die Ethikkommission zu überprüfen, ob ein ordnungsgemäßer Antrag vorliegt und den Sponsor unverzüglich, spätestens aber innerhalb von fünf Werktagen nach Eingang des Antrags, darüber zu informieren.

(3) Die Ethikkommission hat dem Sponsor Gelegenheit zu geben, im Rahmen der Sitzung zu den in § 21 genannten Beurteilungsfeldern eine Stellungnahme abzugeben.

(4) Im Fall einer multizentrischen klinischen Prüfung hat der Sponsor den lokalen Ethikkommissionen alle Unterlagen gleichzeitig mit der Antragstellung bei der zuständigen Ethikkommission zu übermitteln. Jede lokale Ethikkommission hat die Eignung des Prüfers und seiner Mitarbeiter und die Angemessenheit der Einrichtungen in ihrem Zuständigkeitsbereich zu beurteilen und allfällige Einwände der zuständigen Ethikkommission spätestens fünf Tage vor dem Sitzungstermin gemäß Abs. 1 mitzuteilen. Werden von einer lokalen Ethikkommission hinsichtlich der zu beurteilenden Voraussetzungen bis zu diesem Zeitpunkt keine Einwände erhoben, so kann die zuständige Ethikkommission von einer positiven Beurteilung durch die lokale Ethikkommission ausgehen.

(5) Die Ethikkommission hat ihre mit Gründen versehene Stellungnahme dem Sponsor innerhalb von 35 Tagen ab dem Stichtag gemäß Abs. 1 zu übermitteln.

(6) Während der Prüfung des Antrages kann die Ethikkommission erforderlichenfalls zusätzliche Informationen zu den vom Antragsteller bereits vorgelegten Informationen oder die Behebung von Mängeln anfordern. Die in Abs. 5 vorgesehene Frist beginnt mit dem dem Eingang der zusätzlichen Informationen nächstfolgenden Stichtag gemäß Abs. 1 neu zu laufen.

Beachte für die Bestimmung: Tritt hinsichtlich In-vitro-Diagnostika am 26.5.2022 in Kraft (vgl § 91 Abs 1).

Fassung: BGBl I 2021/122

Literatur: *Aigner/Kletecka/Kletecka-Pulker/Memmer*, Handbuch Medizinrecht 38. ErgLfg; *Kneihs*, Ethikkommissionen im Recht in *Kopetzki* FS (2019), 253; *Kopetzki*, Muss Forschung „ethisch vertretbar" sein? in FS Mayer 2011, 253; *Kopetzki* in *Perthold-Stoitzner,* UG3.01 § 30; *Luntz/Schröder,* Planung und Organisation klinischer Studien mit Medizinprodukten, TÜV Media GmbH, Köln (2010, ISBN 9783824912360); *Scheil,* Wer ist für die Einholung einer juristisch korrekten Einwilligung bei klinischen Studien verantwortlich? RdM 2008/25; *Schwamberger*, Nichtbefassung der Ethikkommission – mögliche rechtliche Folgen, RdM 2007, 132; *Stöger*, Ausgewählte öffentlichrechtliche Fragestellungen des österreichischen Krankenanstaltenrechts (2008); *Stöger*, Krankenanstalten- und Kuranstaltengesetz – KAKuG, in *Neumayr/Resch/Wallner* (Hrsg), Gmundner Kommentar zum Gesundheitsrecht (2016) 1523.

Inhaltsverzeichnis

I. Antrag

1 Nach Art 70 Abs 1 MP-VO wird der Antrag über das elektronische System gemäß Artikel 73 eingereicht, das eine unionsweit einmalige Kennnummer für die klinische Prüfung generiert, die für die gesamte Kommunikation im Zusammenhang mit dieser Prüfung verwendet wird.

2 Der österreichische Gesetzgeber hat darauf verzichtet den Begriff „Antragsdossier" zu definieren. Eine diesbezügliche Begriffsbestimmung fehlt sowohl in den europäischen Verordnungen als auch im aktuellen Entwurf des MPG. Gemeint dürfte der Antrag auf Genehmigung einer klinischen Prüfung gemäß Art 70 der VO (EU) 2017/745 bzw der Antrag auf Genehmigung einer Leistungsstudie gemäß Art 66 der VO (EU) 2017/746 und die dem Antrag beizufügenden, im Anhang XV Kapitel II Unterlagen der VO (EU) 2017/745 bzw im Anhang XIII Abschnitte 2 und 3 sowie im Anhang XIV der VO (EU) 2017/746 angeführten Unterlagen sein[1].

3 Der erforderliche Inhalt des Antrags wird in § 18 genannt und enthält als Pflichtinformation: (i) insbesondere Qualifikationsnachweise für Prüfer, (ii) den Prüfplan, (iii) die Nachweise über die technische Sicherheit des Medizinproduktes, (iv) präklinischen Unterlagen, (v) Ergebnisse der Nutzen-/Risikoanalyse, (vi) Materialien für die Aufklärung der Prüfungsteilnehmer und für die Einholung ihrer Zustimmung, (vii) zur Datensicherheit und Einhaltung der Datenschutzbestimmungen sowie (viii) Unterlagen über die Versicherungen gemäß § 26 und (ix) über die Abgeltung der Teilnahme der Prüfungsteilnehmer vorzulegen. Darüberhinausgehende zweckdienliche Unterlagen werden von der Ethikkommission aber ebenso zu prüfen und ins Kalkül zu ziehen sein.

II. Verfahren vor der Ethikkommission

4 Trotz nunmehr detaillierter Vorgaben in § 18 f[2], verbleibt bei den Ethikkommissionen dennoch ein sehr **großer Spielraum bei der Erstellung der Geschäftsordnung**[3] und der Durchführung des Prüfverfahrens. Entscheidende Fragen, wie zB ob nach dem Einstimmigkeits- oder Mehrstimmigkeitsprinzip abgestimmt wird, ob ein mündliches oder schriftliches Verfahren durchgeführt wird, ob es zusätzliche Anhörungsrechte gibt oder welche Befangenheitsregeln maßgeblich sind, obliegen alleine der Entscheidung der Ethikkommission, die die Geschäftsordnung festlegt. Die EU-Empfehlung über die „Gute Klinische Praxis" (GCP) verlangt, dass die Arbeitsgrundsätze der Ethikkommissionen öffentlich verfügbar sind, damit die Arbeit der Ethikkommission transparent wird und die Antragsteller sich bei ihren Projektanträgen daran orientieren können.

5 Die Geschäftsordnungen krankenanstaltenrechtlicher Ethikkommissionen dürfen den Vorgaben des § 19 bei Beurteilung klinischer Prüfungen nicht widersprechen. Da jedoch eine weitgehende Angleichung der gesetzlichen Anforderungen an Ethikkommissionen stattgefunden hat, wie aus § 8c KAKuG sowie § 32 f AMG ableitbar ist, sind hier keine diesbezüglichen Hürden in der Praxis zu erwarten. Nach *Kopetzki* gehen die mitunter detaillierteren Vorschriften für klinische Prüfungen über Gegenstand und Maßstäbe der Beurteilung sowie das Verfahren

---

[1] https://www.parlament.gv.at/dokument/XXVII/SNME/85223/imfname_947443.pdf am 07.08.2023 Stn der Universität Graz.

[2] Vorschriften über notwendige Inhalte der Geschäftsordnung sowie ihre Veröffentlichung im Internet enthält § 5 der Leit-Ethikkommissions-Verordnung BGBl II 2024/327.

[3] Beachtenswert ist, dass die von der Ethikkommission gem § 30 Abs 3 UG – abweichend von § 8c Abs 6 KAKuG, § 14 MPG 2021 und § 61b Abs 4 UOG 1993 – zu beschließende Geschäftsordnung keiner behördlichen Genehmigung bedarf. Sie ist lediglich dem Universitätsrat und dem Rechtsträger der Krankenanstalt im Wege des Rektors zur Kenntnis zu bringen.

vor der Ethikkommission als *materienspezifische leges speciales* den allgemeinen Regeln des § 8c KAKuG vor.[4]

Die Ethikkommission hat einen **Zeitplan** zu veröffentlichen, in dem **monatliche Sitzungen für ein Jahr im Voraus** vorzusehen sind; für diese Sitzungen sind jeweils **Stichtage für die Einreichung von Anträgen** festzulegen. Die Ethikkommission hat bei der Festlegung der Sitzungstermine und der damit verbundenen Stichtage dafür Sorge zu tragen, dass die Fristen eingehalten werden können, die dafür vorgesehen sind: § 19 Abs 2 sieht eine Frist von **5 Werktagen** vor[5], innerhalb der die Ethikkommission die Vollständigkeit der eingegangenen Unterlagen im Hinblick auf die Ordnungsgemäßheit des Antrags überprüfen soll. Wenn die Ethikkommission innerhalb von fünf Werktagen keine Abweichungen feststellt, so gilt der Antrag als zur nächsten Sitzung zugelassen[6]. 6

Dem Sponsor ist im Rahmen des rechtlichen Gehörs Gelegenheit zu geben eine Stellungnahme zu den materiellen Beurteilungskriterien abzugeben (§ 19 Abs 3) Der Ethikkommission bleibt es unbenommen, den Prüfer zu der Sitzung beizuziehen und an diesen Fragen zu richten. Die Ethikkommission hat dem Sponsor eine begründete Stellungnahme **innerhalb von 35 Tagen ab dem Stichtag** zu übermitteln. Im Regelfall hat sie dem Sponsor jedenfalls innerhalb von 60 Tagen und dem Bundesamt für Sicherheit im Gesundheitswesen innerhalb von 50 Tagen nach Eingang des ordnungsgemäßen Antrags eine mit Gründen versehene Stellungnahme zu übermitteln.[7] In diesem Zusammenhang soll angemerkt werden, dass nach dem deutschen Klinische Prüfung-Bewertungsverfahren-Verordnung – KPBV[8] Ethikkommissionen ihre Stellungnahmen im Bereich Arzneimittelprüfungen gegenüber der zuständigen Bundesoberbehörde innerhalb von acht Tagen, nachdem der Antrag auf Genehmigung einer klinischen Prüfung bei Menschen über das EU-Portal nach Art 80 der VO (EU) 536/2014 eingereicht wurde, abzugeben haben; wenn die Bundesrepublik Deutschland berichterstattender Mitgliedstaat der Europäischen Union ist. Ist die Bundesrepublik Deutschland betroffener Mitgliedstaat der Europäischen Union, hat die Abgabe innerhalb von vier Tagen nach Einreichung des Antrags auf Genehmigung einer klinischen Prüfung bei Menschen zu erfolgen. 7

Für multizentrische Prüfungen ist die Stellungnahme einer einzigen österreichischen Ethikkommission ausreichend. Für derartige Prüfungen muss die Ethikkommission besondere Anforderungen erfüllen, die vom Gesundheitsminister mit Verordnung festzulegen sind. Jener Ethikkommission, die für die Prüfung zuständig wäre, sind alle Unterlagen zugleich zu übermitteln. Sie kann bei der Leit-Ethikkommission Einwände gegen die Eignung des Prüfers und die Angemessenheit der Einrichtungen in ihrem Zuständigkeitsbereich erheben. 8

---

4 Vgl dazu *Kopetzki* in *Perthold-Stoitzner*, UG[3.01] § 30.

5 Vgl dazu § 70 Abs 1 MP-VO: Innerhalb von zehn Tagen nach Eingang des Antrags teilt der betreffende Mitgliedstaat dem Sponsor mit, ob die klinische Prüfung in den Geltungsbereich dieser Verordnung fällt und ob die Antragsunterlagen gemäß Anhang XV Kapitel II vollständig sind.

6 Vgl dazu *Kneihs*, Ethikkommissionen im Recht in *Kopetzki* FS (2019), 258.

7 Vgl *Kneihs*, Ethikkommissionen im Recht in *Kopetzki* FS (2019), 259.

8 Verordnung über das Verfahren zur Zusammenarbeit der Bundesoberbehörden und der registrierten Ethik-Kommissionen bei der Bewertung von Anträgen auf Genehmigung von klinischen Prüfungen mit Humanarzneimitteln (Klinische Prüfung-Bewertungsverfahren-Verordnung – KPBV), BGBl. I S. 2333.

§ 20 [Verfahren der Ethikkommissionen]

(1) Die Stellungnahme der Ethikkommissionen nach Abschluss der Bewertung muss eine klare Aussage im Sinne einer Zustimmung oder Ablehnung der Vertretbarkeit der Durchführung der klinischen Prüfung enthalten.

(2) Bei einer multizentrischen klinischen Prüfung gilt die Stellungnahme der beurteilenden Ethikkommission für alle Prüfstellen in Österreich.

Beachte für die Bestimmung: Tritt hinsichtlich In-vitro-Diagnostika am 26.5.2022 in Kraft (vgl § 91 Abs 1).

Fassung: BGBl I 2021/122

§ 21 Beurteilungszuständigkeit der Ethikkommissionen

Die in Ausführung des § 8c des Bundesgesetzes über Krankenanstalten und Kuranstalten nach landesrechtlichen Bestimmungen, die nach universitätsrechtlichen Bestimmungen und die gemäß § 20 eingerichteten Ethikkommissionen haben die in diesem Abschnitt enthaltenen Regelungen über das Verfahren einzuhalten und haben anhand der eingereichten Unterlagen insbesondere zu beurteilen:

1. **die Eignung des Prüfers im Hinblick auf seine fachliche Qualifikation und Erfahrung,**
2. **vorhandene Einrichtungen sowie Personalausstattung und –qualifikation der Prüfstelle,**
3. **den Prüfplan im Hinblick auf die Zielsetzung der Prüfung, die medizintechnische und medizinische Rechtfertigung der Prüfung sowie im Hinblick auf seine wissenschaftliche Aussagekraft und die Beurteilung des Nutzen-/Risikoverhältnisses,**
4. **Auswahl und Rekrutierung der Prüfungsteilnehmer sowie die vorgesehene Aufklärung und Einholung der Einwilligungen zur Teilnahme,**
5. **die Vorkehrungen, die für den Eintritt eines Schadenfalls, insbesondere hinsichtlich der Versicherungen gemäß § 26 im Zusammenhang mit der klinischen Prüfung getroffen wurden,**
6. **die Unterlagen zur Einhaltung der datenschutzrechtlichen Bestimmungen, soweit dies in den Beurteilungsbereich der Ethikkommissionen fällt,**
7. **die Beträge und die Modalitäten für die etwaige Entschädigung für Prüfungsteilnehmer,**
8. **die Unterlagen zur Einhaltung der Bestimmungen über die Gewinnung, Lagerung und zukünftige Nutzung der genommenen biologischen Proben.**

Beachte für die Bestimmung: Tritt hinsichtlich In-vitro-Diagnostika am 26.5.2022 in Kraft (vgl § 91 Abs 1).

Fassung: BGBl I 2021/122

Literatur: *Berka*, Rechtliche Probleme im Hinblick auf die Tätigkeit der Ethikkommissionen, in *Tomandl* (Hrsg), Sozialrechtliche Probleme bei der Ausübung von Heilberufen (1996) 54; *Hiebaum,* Die Aufgaben der Ethikkommission in *Bernat/Kröll* (Hrsg), Recht und Ethik der Arzneimittelforschung (2003) 112; *Kneihs*, Ethikkommissionen im Recht in Kopetzki FS (2019), 253, *Kopetzki,* Internationaler Überblick und supranationale Regelungen für medizinische Ethikkommissionen, in *Rietschel/Illes* (Hrsg), Patentierung von Genen. Molekulargenetische Forschung in der ethischen Kontroverse (2005) 129; *Kopetzki*, Muss Forschung „ethisch vertretbar" sein? in FS Mayer 2011, 253; *Krejci*, Ethikkommission und Versicherungsfragen, RdM 1995, 27; *Kress,* Die Ethik-Kommissionen im System der Haftung bei der Planung und Durchführung von medizinischen Forschungsvorhaben am Menschen (1990); *Raffauf-Seufert/Grass*, Bewertung klinischer Arzneimittelprüfungen durch Ethikkommissionen: Änderungen durch die neue EU-Verordnung 536/2014 (CTR) und nötige Harmonisierungsmaßnahmen, Bundesgesundheitsbl 2023, 66:45–51; *Sanden*, Haftung medizinischer Ethik-Kommissionen bei klinischer Arzneimittelprüfung (2008); *Stöger*, Ausgewählte öffentlichrechtliche Fragestellungen des österreichischen Krankenanstaltenrechts (2008); *Stöger*, Krankenanstalten- und Kuranstaltengesetz – KAKuG, in *Neumayr/Resch/Wallner* (Hrsg), Gmundner Kommentar zum Gesundheitsrecht (2016) 1523.

Inhaltsverzeichnis

I. Rechtliche Einordnung der Stellungnahme der Ethikkommission

1 Der Gesetzgeber ging betreffend Ethikkommissionen für Arzneimittelstudien davon aus, dass es sich bei der Stellungnahme der Ethikkommission um ein Gutachten handelt[1]. In der Literatur (siehe Pkt III) wird die Tatsache, dass ohne Zustimmung der Ethikkommission die Forschung keine rechtlich gedeckten klinischen Studien durchführen kann kontrovers diskutiert und teilweise aufgrund mangelnden Rechtsschutzes verfassungsrechtlich problematisch bewertet[2]. Die Anforderung nach § 20 MPG 2021, dass die Stellungnahme der Ethikkommission eine klare Aussage im Sinne einer Zustimmung oder Ablehnung der Vertretbarkeit der Durchführung der klinischen Prüfung enthalten muss, deutet auf eine stark rechtsgestaltende Befugnis der Ethikkommissionen hin.

2 Hat die Ethikkommission keine befürwortende Stellungnahme abgegeben, so hat das Bundesamt für Sicherheit im Gesundheitswesen (BASG) die Durchführung der klinischen Prüfung mit Bescheid zu untersagen, wenn der Sponsor die Einwände der Ethikkommission nicht berücksichtigt (vgl dazu § 62 Abs 4 lit b) MP-VO). Das BASG kann den Arzneimittelbeirat mit der Prüfung des Genehmigungsantrags beauftragen, sofern es Bedenken gegen das ordnungsgemäße Zustandekommen der Stellungnahme der Ethikkommission oder deren Richtigkeit hat. Sofern dieser die Durchführung der klinischen Prüfung befürwortet, kann von einer Untersagung Abstand genommen werden. Damit ist nach unserer Auffassung auch für den Bereich der klinischen Studien für Medizinprodukte *Heissenberger*[3] zuzustimmen, der darauf hinweist, dass die Stellungnahme der Ethikkommissionen ein Teil bzw eine Vorstufe des zustimmenden oder ablehnenden Bescheids des BASG sind und damit nach Art 130 Abs 1 Z 1 iVm Art 131 Abs 2 B-VG beim Bundesverwaltungsgericht bekämpfbar sind, wodurch sich das vielfach kritisierte Rechtsschutzdefizit relativiert. Ein ähnliches System betreffend rechtsgestaltendes Gutachten mit finaler Entscheidung durch die Behörde findet sich bei der Kostenübernahme von Arzneimitteln durch die soziale Krankenversicherung. Der Dachverband der Sozialversicherungsträger hat auf Empfehlung der Heilmittel-Evaluierungskommission einen Bescheid über die Aufnahme eines Arzneimittels in den Erstattungskodex zu erlassen[4]. Auch hier hat das Gutachten der Kommission eine stark rechtsgestaltende Wirkung, wobei hier die Verfassungswidrigkeit nicht angezweifelt wird, da auch in diesem Fall der finale Bescheid und damit das Gutachten beim Bundesverwaltungsgericht bekämpfbar ist. Daher ist unserer Auffassung nach bei klinischen Prüfungen für Medizinprodukte nicht von einem Rechtschutzmangel auszugehen.

3 Die **Forschungsfreiheit nach Art 17 StGG** wird durch die Tätigkeit der Ethikkommission aus sachlich gerechtfertigten Gründen eingeschränkt[5], da der Schutz der körperlichen Unversehrtheit des Einzelnen und des damit zusammenhängenden Gemeinwohls höher steht, als der

---

1 siehe ErläutRV 155 BlgNR 24. GP; Die Übernahme der Formulierung des § 40 Abs 5 AMG idF BGBl I 2020/23 deutet darauf hin, dass der Gesetzgeber die Stellungnahme der Ethikkommission auch weiterhin als Sachverständigengutachten versteht – siehe dazu ErläutRV 155 BlgNR 24. GP 8.

2 Vgl dazu *Kneihs*, Ethikkommissionen im Recht in *Kopetzki* FS (2019), 274.

3 Vgl *Heissenberger* in *Cerha, Heissenberger, Steinböck*, AMG, § 41e.

4 Vgl dazu § 351g ASVG iVm der Verordnung zur Herausgabe des Erstattungskodex.

5 Vgl *Berka*, Rechtliche Probleme im Hinblick auf die Tätigkeit der Ethikkommissionen, in *Tomandl*, Sozialrechtliche Probleme bei der Ausübung von Heilberufen (1996), 54.

Eingriff der Freiheit durch die Ethikkommissionen. Dies gilt auch für die **Privatautonomie nach Art 8 MRK** selbst über seinen Körper zu bestimmen. Die Einschränkung, sich erst nach einem Votum der Ethikkommission einer klinischen Prüfung zu unterziehen, wird in der Literatur damit begründet, dass Studienteilnehmer nicht aus eigenem Antrieb an einer Studie teilnehmen, sondern durch Ärzte, Forscher darüber möglicherweise nicht ganz wertfrei informiert werden. Zudem kann die Möglichkeit sich durch eine klinische Studie Geld zu verdienen, in Kombination mit beschönigten Informationen zu einer „Blendung" führen. Daher soll das Leben und die Gesundheit des Studienteilnehmers durch die objektive Einschätzung der Gefahr geschützt werden. Diese Aufgabe sollen Ethikkommissionen wahrnehmen. Ein Eingriff in das Selbstbestimmungsrecht des Patienten sei daher gerechtfertigt, weil das Patienten- und Menschenwohl in diesem Fall höher eingestuft wird als das Selbstbestimmungsrecht.

Durch die im Arzneimittelbereich eingeführte gemeinsame Prüfung von klinischen Studienanträgen ergibt sich eine neue Dimension der **Harmonisierung auf EU-Ebene**. Das bisher gelebte föderale Prinzip wurde aus Sicht der Ethikkommission von der Bundesebene auf die europäische Ebene gehoben. So erfahren die Ethikkommissionen nun einen bisher nie dagewesenen Austausch mit den anderen Mitgliedsstaaten. Immer mehr Mitgliedsländer beteiligen sich an der „Ethics Committee Advisory Group" der Expert Group on Clinical Trials (CTEG). Diese berät die CTEG insbesondere zu Verfahrensfragen. Der Assessor's Round Table wurde von der Europäischen Kommission als informelles Forum des Austausches der Personen eingerichtet, die an der Bewertung klinischer Prüfungen durch die Mitgliedsländer beteiligt sind[6]. Diese Entwicklung wird ohne Zweifel auch eine Wirkung auf die Bewertung und Vereinheitlichung der Standards von Ethikkommissionen für Medizinprodukte im europäischen Raum haben, da Ethikkommissionen in den meisten Fällen, sowohl für Medizinprodukte als auch Arzneimittel zuständig sind. 4

II. Inhaltliche und Qualitative Anforderungen an die Stellungnahme

Die Ethikkommission hat zu prüfen, ob eine wissenschaftlich ausreichend begründete klinische Prüfung (bzw neue medizinische Methode) gegeben ist, und sie hat auf die Sicherheit, das Wohlergehen, die Rechte und die Integrität der Studienteilnehmer zu achten. Medizinische Forschung ist nur gerechtfertigt, wenn es eine große Wahrscheinlichkeit besteht, dass die Population, an denen die Forschung durchgeführt wird, von den Ergebnissen der Forschung profitieren. Wichtig dabei ist die Mischung aus Medizinern und Laien, um der Abwägung zwischen wissenschaftlicher Notwendigkeit und Zumutbarkeit und ethische Vertretbarkeit für die Studienteilnehmer gerecht zu werden. 5

Die Arbeit der Ethikkommissionen liegt vor allem in der fachlichen Beurteilung der Eignung des Prüfers, der personellen und strukturellen Rahmenbedingungen, des Prüfplans im Hinblick auf seine Zielsetzung, der Nutzen/Risiko-Bemessung und der Art und Weise der Rekrutierung der Studienteilnehmer. Weiters hat die Ethikkommission die Aufklärung und die Versicherung für den Schadensfall zu prüfen. § 21 MPG 2021 gibt daher eine Checkliste bestimmter Themenbereiche vor, die von der Ethikkommission in ihrer Stellungnahme zu adressieren sind. 6

Die Ethikkommission hat daher nicht, wie oft angenommen wird, über ethische Grundsatzfragen zu urteilen, die sich aus dem rasanten technischen Fortschritt in der modernen Medizin ergeben. Ihr Ziel ist es, die wissenschaftlichen Forschungsverfahren auf die Einhaltung von ethischen und rechtlichen Standards zu überprüfen und dabei insbesondere den Schutz der 7

[6] Vgl dazu *Raffauf-Seufert/Grass,* Bewertung klinischer Arzneimittelprüfungen durch Ethikkommissionen: Änderungen durch die neue EU-Verordnung 536/2014 (CTR) und nötige Harmonisierungsmaßnahmen, Bundesgesundheitsbl 2023, 66:45–51.

Studienteilnehmer zu wahren. In diesem Sinne ist *Hiebaum*[7] zu verstehen, der die Tätigkeit der Ethikkommission als Gutachten darüber bewertet, ob die klinische Prüfung den gebotenen ethischen Anforderungen entspricht. Dabei hat die Ethikkommission zugleich ethische Reflexionen sowie juristische Prüfungen ins Kalkül zu ziehen. Darin läge kein Widerspruch, denn eine ontologische Trennung zwischen Recht und Moral sei nicht möglich.

8 *Krejci*[8] führt zur inhaltlichen und formalen Prüfpflicht von Ethikkommission folgendes aus: (i) Ethikkommissionen dürfen im guten Glauben darauf vertrauen, dass das „Behauptete und Dargelegte" richtig ist zB im Hinblick auf die Qualifikation der Prüfer sowie die Ausstattung der der Einrichtungen bzw Erlag von Versicherungsprämien, (ii) die Echtheit von Unterschriften sowie die Vorlage von Originalurkunden ist nur dann zu prüfen, wenn auffallende Widersprüchlichkeiten vorliegen. Darüber hinaus sei es nicht die Aufgabe der Ethikkommission klassische Kontrollaufgaben der Verwaltungsbehörden zu übernehmen. Generell sei es nicht die Aufgabe der Ethikkommission ein verwaltungsrechtliches Beweis- und Kontrollverfahren abzuführen. In diesem Zusammenhang ist darauf hinzuweisen, dass nach § 39 AVG die zuständige Behörde (hier BASG) für die finale Feststellung des Sachverhaltes – auf dessen Basis der Bescheid erlassen wird – verantwortlich ist.

III. Haftung von Ethikkommissionen

9 Nach § 62 Abs 4 lit b) MP-VO darf eine klinische Prüfung für Medizinprodukte nur dann durchgeführt werden, wenn eine nach nationalem Recht eingesetzte Ethik-Kommission keine ablehnende Stellungnahme in Bezug auf die klinische Prüfung abgegeben hat, die nach dem nationalen Recht des betreffenden Mitgliedstaats für dessen gesamtes Hoheitsgebiet gültig ist. Damit kommt der Empfehlung der Ethikkommission dann eine für die Studie entscheidende Bedeutung zu, wenn diese negativ ist.

10 Durch die Tätigkeit von Ethikkommissionen können die Rechtspositionen von pharmazeutischen Unternehmen, Studienteilnehmer, Monitoren und Prüfern berührt werden. Schäden können etwa durch eine Nichtbehandlung oder verspätete Behandlung oder eine Verletzung der Geheimhaltungspflicht oder einer zu unrechten Ablehnung einer Forschungsfrage entstehen.

11 Zur Frage, wer für Schäden haftet, die durch das Votum einer Ethikkommission (mit-) verursacht werden, herrschen im Schrifttum unterschiedliche Meinungen: Manche Autoren nehmen eine „private" Sachverständigenhaftung der Kommissionsmitglieder nach § 1299 ABGB an, andere bejahen eine Amtshaftung des Staates (Bund) (im ersteren Sinn zB *Berka*, Rechtliche Probleme 72; im letzteren Sinn zB *Barta/Kalchschmid*, SoSi 1998, 366 f; beides verneinend *Schragel*, AHG^3 Rz 100). *Heissenberger*[9] bringt unserer Ansicht nach zu Recht in die Diskussion zum Arzneimittelrecht das Argument ein, dass das Votum der Ethikkommission nur die Vorstufe der Entscheidung der Behörde über die allgemeine Zulässigkeit der klinischen Studie darstellt, wodurch sich die Bedeutung der Einordnung der Rechtsqualität des Votums der Ethikkommission relativiert, da sie einen unabdingbaren Teil des Bescheides der zuständigen Behörde nämlich des Bundesamtes für Arzneimittelsicherheit im Gesundheitswesen (BASG) darstellt. Richtig ist auch, dass damit das Votum der Ethikkommission als Bestandteil eines negativen Bescheides des BASG nach Art 130 Abs 1 Z 1 iVm Art 131 Abs 2 B-VG vor dem

---

[7] *Hiebaum*, Die Aufgaben der Ethikkommission in *Bernat/Kröll* (Hrsg), Recht und Ethik der Arzneimittelforschung (2003) 112.

[8] *Krejci*, Ethikkommission und Versicherungsfragen, RdM 1995, 27.

[9] *Heissenberger* in *Cerha, Heissenberger, Steinböck*, AMG, § 41e.

BVwG bekämpft werden kann[10]. Gleiches muss für Medizinprodukte gelten, nachdem nach § 23 MPG 2021 das BASG über die Zulässigkeit der Studie via Bescheid abzusprechen hat. Damit obliegt es dem Bundesverwaltungsgericht und dem Verwaltungsgerichtshof als letzte Instanz, die Schlüssigkeit und Nachvollziehbarkeit der Stellungnahme der Ethikkommissionen final zu beurteilen. Entsteht daher einem Studienteilnehmer ein Schaden aus einer klinischen Prüfung (oder nicht durchgeführten klinischen Prüfung) im Medizinproduktebereich, das auf ein fehlerhaftes Votum der Ethikkommission zurückzuführen ist, ist der Schaden im Wege der Amtshaftung geltend zu machen. Ethikkommissionen können daher betreffend klinischer Studien zu Medizinprodukten nur im Wege eines Regresses geltend gemacht werden.

Nach *Heissenberger*[11] (so auch *Berka*[12]) ist Haftungsträger nicht das einzelne Mitglied der Ethikkommission, sondern deren Träger. IZm Ethikkommissionen in Krankenanstalten nach § 8c KAKuG sind diese als Erfüllungsgehilfen nach § 1313a ABGB anzusehen. Da es sich bei Ethikkommissionen um interdisziplinäre Gremien handelt, erfolgt im Innenverhältnis eine Zurechnung nach den verschiedenen Fachgebieten. Der Träger der Ethikkommission hat daher die Möglichkeit, sich an jenem Mitglied, das auf Grund seiner besonderen Kenntnisse und Erfahrungen (§ 1299 ABGB) den Mangel zu verschulden hat, nach den Vorgaben des Dienstnehmerhaftpflichtgesetzes (DGH) schadlos zu halten[13]. 12

10 siehe ErläutRV 384 BlgNR 22. GP 14, wonach „*das Problem der rechtlichen Unbekämpfbarkeit der Stellungnahme der Ethikkommission vermieden [werden sollte]*“).

11 *Heissenberger* in *Cerha, Heissenberger, Steinböck*, AMG, § 41e.

12 Vgl *Berka*, Rechtliche Probleme im Hinblick auf die Tätigkeit der Ethikkommissionen, in *Tomandl*, Sozialrechtliche Probleme bei der Ausübung von Heilberufen (1996), 72.

13 vgl dazu auch: *Kreß*, Ethik-Kommissionen im System der Haftung 108 ff; *Sanden*, Haftung medizinischer Ethik-Kommissionen 248 f.

§ 22 Unerwünschte Ereignisse

Die Meldungen gemäß Art. 80 Abs. 2 der Verordnung (EU) Nr. 745/2017 oder Art. 76 Abs. 2 der Verordnung (EU) Nr. 746/2017 sind vom Sponsor auch der beurteilenden Ethikkommission zu übermitteln, sofern diese Ereignisse im Inland aufgetreten sind.

Beachte für die Bestimmung: Tritt hinsichtlich In-vitro-Diagnostika am 26.5.2022 in Kraft (vgl § 91 Abs 1).

Fassung: BGBl I 2021/122

Literatur: *Rehmann/Wagner/Rehmann* (Hrsg.), 4. Auflage 2023, VO (EU) 2017/745; *Ecker* (Hrsg.), Medizinprodukte und IVD, 2. Auflage 2018; *Schwamberger*, Nichtbefassung der Ethikkommission – mögliche rechtliche Folgen, RdM 2007, 132; *Verena Stühlinger und Helmut Schwamberger*, Nichtärztlicher Bereich: Forschung und Ethikkommissionen, RdM 2013/146; *Grimm* in *Aigner/Kletečka/Kletečka-Pulker/Memmer*, Handbuch Medizinrecht Kap. IV.8 (Stand 1.3.2020, rdb.at); *Daniel Larcher und Lukas Beiglböck*, Das neue österreichische Medizinproduktegesetz 2021, RdM 2021/242; *Schmid*, Strukturfragen der Verantwortlichkeit von juristischen Personen und ihren Organen im Verwaltungsstrafverfahren, in *Holoubek/Lang* (Hrsg), Grundfragen des Verwaltungs- und Finanzstrafverfahrens.

Inhaltsverzeichnis

I. Allgemeines und Bedeutung der Rechtsnorm

1 § 22 trat hinsichtlich In-vitro-Diagnostika am 26.5.2022 in Kraft.

2 Mit Art 80 MP-VO und Art 76 IVD-VO werden die dem Sponsor im Rahmen von klinischen Prüfungen und Leistungsstudien obliegenden Schutz- und Sorgfaltspflichten dahingehend konkretisiert, dass konkrete Aufzeichnungs- und Meldepflichten hinsichtlich (schwerwiegender) unerwünschter Ereignisse und Produktmängeln festgelegt werden. In § 22 MPG 2021 wird in der Folge klargestellt, dass diese entsprechend auch an die beurteilenden Ethikkommissionen in Österreich gemeldet werden müssen.

Mit § 22 MPG 2021 wird somit eine weitere Meldeverpflichtung des Sponsors von klinischen Prüfungen und Leistungsstudien festgelegt: Der Sponsor hat zusätzlich zu seinen Aufzeichnungs- und Meldepflichten gemäß Art 80 Abs 2 MP-VO sowie Art 76 Abs 2 IVD-VO über diese Ereignisse auch eine entsprechende Meldung an die beurteilende Ethikkommission in Österreich zu machen, sofern die Ereignisse an einer Prüfstelle aufgetreten sind, die ihren Sitz in Österreich hat.

Art 80 MP-VO und Art 76 IVD-VO enthalten entsprechende Regelungen, weshalb die nachstehenden Ausführungen sinngemäß gelten.

II. Aufzeichnungen und Meldungen gemäß Art 80 Abs 2 MP-VO und Art 76 Abs 2 IVD-VO

Art 80 Abs 2 MP-VO und Art 76 IVD-VO regeln die Aufzeichnung und Meldung der bei klinischen Prüfungen (Art 76 IVD-VO bei Leistungsstudien) auftretenden *unerwünschten Ereignisse* gemäß den Definitionen in Art 2 Abs 57, 58 und 59 (Produktmangel) MP-VO durch den Sponsor[1]: 3

(57) ***„unerwünschtes Ereignis“*** bezeichnet ein nachteiliges medizinisches Ereignis, eine nicht vorgesehene Erkrankung oder Verletzung oder nachteilige klinische Symptome, einschließlich anomaler Laborbefunde, bei Prüfungsteilnehmern, Anwendern oder anderen Personen im Rahmen einer klinischen Prüfung, auch wenn diese nicht mit dem Prüfprodukt zusammenhängen;

(58) ***„schwerwiegendes unerwünschtes Ereignis“*** bezeichnet ein unerwünschtes Ereignis, das eine der nachstehenden Folgen hatte:

a) Tod;
b) schwerwiegende Verschlechterung des Gesundheitszustands des Prüfungsteilnehmers, die ihrerseits eine der nachstehenden Folgen hatte:
   (i) lebensbedrohliche Erkrankung oder Verletzung;
   (ii) bleibender Körperschaden oder dauerhafte Beeinträchtigung einer Körperfunktion;
   (iii) stationäre Behandlung oder Verlängerung der stationären Behandlung eines Patienten;
   (iv) medizinische oder chirurgische Intervention zur Verhinderung einer lebensbedrohlichen Erkrankung oder Verletzung oder eines bleibenden Körperschadens oder einer dauerhaften Beeinträchtigung einer Körperfunktion;
   (v) chronische Erkrankung;
c) Fötale Gefährdung, Tod des Fötus oder kongenitale körperliche oder geistige Beeinträchtigungen oder Geburtsfehler;

(59) ***„Produktmangel“*** bezeichnet eine Unzulänglichkeit bezüglich Identifizierung, Qualität, Haltbarkeit, Zuverlässigkeit, Sicherheit oder Leistung eines Prüfprodukts, einschließlich Fehlfunktionen, Anwendungsfehlern oder Unzulänglichkeit der vom Hersteller bereitgestellten Information;

A. Aufzeichnungspflicht

Art 80 Abs 1 MP-VO: 4

Der Sponsor der klinischen Prüfung[2] hat insbesondere über alle folgenden Elemente vollständige Aufzeichnungen zu führen:

---

[1] Gemäß Art 2 Z 49 MP-VO bezeichnet *„Sponsor“* jede Person, jedes Unternehmen, jede Einrichtung oder jede Organisation, die bzw das die Verantwortung für die Einleitung, das Management und die Aufstellung der Finanzierung der klinischen Prüfung übernimmt.

[2] Gemäß Art 2 Z 45 MP-VO bezeichnet *„klinische Prüfung“* eine systematische Untersuchung, bei der ein oder mehrere menschliche Prüfungsteilnehmer einbezogen sind und die zwecks Bewertung der Sicherheit oder Leistung eines Produkts durchgeführt wird.

a) unerwünschte Ereignisse aller Arten, die im klinischen Prüfplan[3] als entscheidend für die Bewertung der Ergebnisse der klinischen Prüfung bezeichnet wurden;

b) alle schwerwiegenden unerwünschten Ereignisse;

c) jeden Produktmangel, der bei Ausbleiben angemessener Maßnahmen oder eines Eingriffs oder unter weniger günstigen Umständen zu schwerwiegenden unerwünschten Ereignissen hätte führen können;

d) alle neuen Erkenntnisse in Bezug auf ein Ereignis gemäß a) bis c).

Eine der Pflichten des Sponsors einer klinischen Prüfung besteht somit darin, dass die Durchführung der klinischen Prüfung laufend überwacht wird und diesbezüglich vollständige Aufzeichnungen gemacht werden.

B. Meldepflichten und Fristen

5 Art 80 Abs 2 MP-VO:

Darüber hinaus hat der Sponsor unverzüglich über das elektronische System (Art 73 MP-VO) allen zuständigen Behörden der Mitgliedstaaten, in denen die klinische Prüfung durchgeführt wird, folgende Meldungen[4] zu machen:

a) jedes schwerwiegende unerwünschte Ereignis, das einen Kausalzusammenhang mit dem Prüfprodukt[5], dem Komparator oder dem Prüfverfahren aufweist oder bei dem ein Kausalzusammenhang durchaus möglich erscheint;

b) jeden Produktmangel, der bei Ausbleiben angemessener Maßnahmen oder eines Eingriffs oder unter weniger günstigen Umständen zu schwerwiegenden unerwünschten Ereignissen hätte führen können;

c) alle neuen Erkenntnisse in Bezug auf ein Ereignis gemäß den Buchstaben a) und b).

Neben den Aufzeichnungspflichten bestehen für den Sponsor somit auch sich daraus ergebende Meldepflichten. Die grundsätzliche Pflicht zur Meldung von unerwünschten Ereignissen an den Sponsor liegt beim verantwortlichen Prüfer[6] oder Leiter der klinischen Prüfung[7]. Die Meldungen des verantwortlichen Prüfers oder Leiters der klinischen Prüfung sind in der Folge

---

3 Gemäß Art 2 Z 47 MP-VO bezeichnet „*klinischer Prüfplan*“ ein Dokument, in dem die Begründung, die Ziele, die Konzeption, die Methodik, die Überwachung, statistische Erwägungen, die Organisation und die Durchführung einer klinischen Studie beschrieben werden.

4 Weitere detaillierte Erläuterungen zu den Meldepflichten sind in MDCG 2020-10/1 rev.1 https://health.ec.europa.eu/document/download/0537d335-7eed-4087-b65d-3c2bd8c72c1a_en?filename=md_mdcg_2020-10-1_guidance_safety_reporting_en.pdf&prefLang=de (zuletzt abgerufen am 19.02.2025) enthalten.

5 Gemäß Art 2 Z 46 MP-VO bezeichnet „Prüfprodukt“ ein Produkt, das im Rahmen einer klinischen Prüfung bewertet wird.

6 Gemäß Art 2 Z 54 MP-VO bezeichnet „*Prüfer*“ eine für die Durchführung einer klinischen Prüfung an einer Prüfstelle verantwortliche Person.

7 Gemäß Kapitel III Z 2, Anhang XV MP-VO muss der Sponsor eine Vereinbarung schließen, mit der sichergestellt wird, dass er durch den Prüfer bzw die Prüfer zeitnah über sämtliche schwerwiegende unerwünschte Ereignisse oder jedes andere Ereignis gemäß Art 80 Abs 2 MP-VO unverzüglich, aber nicht später als 3 Kalendertage nach Kenntnis des Studienpersonals der klinischen Prüfung in Kenntnis gesetzt wird (siehe Punkt 8.2 MDCG 2020-10/1 rev.1 https://health.ec.europa.eu/document/download/0537d335-7eed-4087-b65d-3c2bd8c72c1a_en?filename=md_mdcg_2020-10-1_guidance_safety_reporting_en.pdf&prefLang=de (zuletzt abgerufen am 19.02.2025).

vom Sponsor (unter Beiziehung des verantwortlichen Prüfers[8]) zu bewerten, aufzuzeichnen und / oder in der Folge zu melden.

Die Fristen für die Erstattung der Meldungen richten sich grundsätzlich nach der Schwere des Ereignisses: Schwerwiegende Ereignisse sind immer unverzüglich, jedoch nicht später als zwei Kalendertage, nachdem der Sponsor von einem neuen meldepflichtigen Ereignis oder von neuen Informationen im Zusammenhang mit einem bereits gemeldeten Ereignis Kenntnis erhalten hat, zu melden[9]. Insoweit dies notwendig ist, um eine zügige Meldung sicherzustellen, kann der Sponsor zunächst eine unvollständige Meldung übermitteln und dieser dann die vollständige Meldung folgen lassen[10]. Darunter fallen alle meldepflichtigen Ereignisse gemäß Art 80 MP-VO, die auf ein unmittelbares Risiko, Tod, eine schwere Verletzung oder eine schwere Erkrankung hinweisen und die sofortige Korrekturmaßnahmen für andere Patienten/Probanden, Anwender oder andere Personen erfordern oder einen neuen Erkenntnisgewinn mit sich bringen. Dies schließt Ereignisse ein, die als Alarmsignal einer potenziellen Gefahr für die öffentliche Gesundheit anzusehen sind. Dazu gehört zB auch das mögliche Auftreten mehrerer Todesfälle in kurzen Abständen[11]. Alle anderen meldepflichtigen Ereignisse oder diesbezügliche neue Erkenntnisse und Updates sind ebenfalls unverzüglich, aber jedenfalls nicht später als sieben Kalendertage nach der Kenntniserlangung durch den Sponsor zu melden[12]. § 22 MPG 2021 stellt seinem Sinngehalt nach darauf ab, dass **sämtliche Meldungen nach Art 80 Abs 2 MP-VO *auch* an die beurteilende Ethikkommission zu erfolgen** haben, sofern sie **im Inland aufgetreten** sind. Daraus ergibt sich nach Ansicht der Autorin das Erfordernis eines zusätzlichen Empfängers der Meldungen ohne eine Änderung der statuierten Pflichten, weshalb die genannten Fristen auch für die zusätzliche Meldung an die beurteilende Ethikkommission einzuhalten sind.

Darüber hinaus hat der Sponsor gemäß Art 80 Abs 3 MP-VO den zuständigen Behörden der Mitgliedstatten, in denen die klinische Prüfung durchgeführt wird, auch jedes Ereignis gemäß Art 80 Abs 2 MP-VO das in Drittländern[13] vorgekommen ist, in denen die klinische Prüfung nach dem gleichen Prüfplan durchgeführt wird, der auch bei einer im Rahmen der MP-VO durchgeführten klinischen Prüfung verwendet wird.

C. Klinische Prüfungen nach dem Inverkehrbringen

Gemäß Art 80 Abs 5 MP-VO gelten für klinische Prüfungen nach dem Inverkehrbringen 6
(Art 74 Abs 1 MP-VO) die Vigilanzvorschriften der Art 87 bis 90 MP-VO und der nach Art 91

[8] siehe MDCG 2020-10/1 rev.1 https://health.ec.europa.eu/document/download/0537d335-7eed-4087-b65d-3c2bd8c72c1a_en?filename=md_mdcg_2020-10-1_guidance_safety_reporting_en.pdf&prefLang=de (zuletzt abgerufen am 19.02.2025); MDCG 2024-4 für IVD.

[9] siehe Punkt 8.1 MDCG 2020-10/1 rev.1 https://health.ec.europa.eu/document/download/0537d335-7eed-4087-b65d-3c2bd8c72c1a_en?filename=md_mdcg_2020-10-1_guidance_safety_reporting_en.pdf&prefLang=de (zuletzt abgerufen am 19.02.2025).

[10] Art 80 Abs 2 MP-VO.

[11] siehe Punkt 8.1 MDCG 2020-10/1 rev.1 https://health.ec.europa.eu/document/download/0537d335-7eed-4087-b65d-3c2bd8c72c1a_en?filename=md_mdcg_2020-10-1_guidance_safety_reporting_en.pdf&prefLang=de (zuletzt abgerufen am 19.02.2025).

[12] siehe Punkt 8.1 MDCG 2020-10/1 rev.1 https://health.ec.europa.eu/document/download/0537d335-7eed-4087-b65d-3c2bd8c72c1a_en?filename=md_mdcg_2020-10-1_guidance_safety_reporting_en.pdf&prefLang=de (zuletzt abgerufen am 19.02.2025).

[13] Unter Drittland sind laut MDCG 2020-10/1 rev.1, Punkt 5.2.2 https://health.ec.europa.eu/document/download/0537d335-7eed-4087-b65d-3c2bd8c72c1a_en?filename=md_mdcg_2020-10-1_guidance_safety_reporting_en.pdf&prefLang=de (zuletzt abgerufen am 19.02.2025) alle Nicht-EU-Länder außer der Schweiz, der Türkei und den EWR Ländern zu verstehen.

MP-VO erlassenen Rechtsakte (Art 78 f. IVD-VO) und nicht jene nach Art 80 MP-VO. Gemäß Art 80 Abs 6 MP-VO gelten jedoch – im Fall eines festgestellten Kausalzusammenhanges – zwischen einem schwerwiegenden unerwünschten Ereignis und einem vorangegangenen Prüfverfahren dennoch wieder die Meldepflichten nach Art 80 Abs 2 MP-VO. Nach dem Regelungszweck (und der Überschrift) erfasst Art 80 MP-VO grundsätzlich Aufzeichnungs- und Meldepflichten bei laufenden klinischen Prüfungen (vor dem Inverkehrbringen). Auch nach dem ErwG 79 soll die Meldung von schwerwiegenden unerwünschten Ereignissen oder Produktmängeln im Rahmen klinischer Prüfungen und die Meldung schwerwiegender Vorkommnisse, die nach Inverkehrbringen eines Produkts auftreten, klar voneinander abgegrenzt werden, um Doppelmeldungen zu vermeiden.

§ 22 MPG 2021 sieht vor, dass (bis zur vollständigen Implementierung der EUDAMED) sämtliche Meldungen nach Art 80 Abs 2 MP-VO *auch* an die beurteilende Ethikkommission zu erfolgen haben, sofern sie im Inland aufgetreten sind. Nach Ansicht der Autorin sind deshalb im Fall eines festgestellten Kausalzusammenhanges – zwischen einem schwerwiegenden unerwünschten Ereignis und einem vorangegangenen Prüfverfahren auch die im Zuge von klinischen Prüfungen nach dem Inverkehrbringen (Art 74 Abs 1 MP-VO) auftretenden schwerwiegenden Ereignisse an die beurteilende Ethikkommission zu melden auch wenn diesbezüglich im MPG 2021 eine Regelungslücke besteht. Die explizite Nichteinbeziehung des § 22 MPG 2021 im § 36 MPG 2021 steht diesbezüglich im Widerspruch zur Regelung des § 22 MPG 2021.

III. Meldung an die beurteilende Ethikkommission

7 Der Erwägungsgrund 56 der MP-VO hält fest, dass die Organisation der Beteiligung von Ethik-Kommissionen dem betroffenen Mitgliedstaat, in dem die klinische Prüfung durchgeführt werden soll, überlassen bleiben soll. Hinsichtlich der unterschiedlichen Ethikkommissionen (*Ethikkommissionen an Krankenanstalten, Ethikkommissionen außerhalb von Krankenanstalten, Ethikkommissionen an Universitätskliniken, Leit-Ethikkommissionen*) und der Zuständigkeit der jeweiligen Ethikkommissionen wird auf die Kommentierung zu § 14 II MPG 2021 (Arten der Ethikkommissionen) (*Plank*) verwiesen. In den Erläuternden Bemerkungen zum MPG 2021 wird klargestellt, dass bei multizentrischen klinischen Prüfungen die Stellungnahme der beurteilenden Ethikkommission für alle Prüfstellen in Österreich gilt[14]. Gemäß § 4 Z 3 MPG 2021 ist unter *„multizentrische klinische Prüfung oder Leistungsstudie"* eine klinische Prüfung oder Leistungsstudie zu verstehen, die nach einem Prüfplan an mehreren Prüfstellen durchgeführt wird. Gemäß § 4 Z 5 MPG 2021 ist unter *„Prüfstelle"* eine Einrichtung zu verstehen, unter der oder von der aus Maßnahmen der klinischen Prüfung oder der Leistungsstudie unter der Aufsicht des Prüfers durchgeführt werden und die verantwortlich für die Einhaltung der im klinischen Prüfplan vorgesehenen Maßnahmen, inklusive Probennahme, ist. Ferner eine Einrichtung, in der eine Beurteilung und Analyse von nicht aus österreichischen Gesundheitseinrichtungen stammenden Proben zum Zweck einer Leistungsstudie durchgeführt wird.

Bei multizentrischen klinischen Prüfungen hat die Meldung für alle Prüfstellen in Österreich somit nur an die beurteilende Ethikkommission zu erfolgen. Meldungen über unerwünschte Ereignisse im Rahmen einer klinischen Prüfung sind vom Sponsor auch der beurteilenden Ethikkommission zur Kenntnis zu bringen, wenn sie im Inland aufgetreten sind[15]. Unter Inland ist das völkerrechtlich zum Staatsgebiet der Republik Österreich gehörende Gebiet zu verste-

---

[14] EB zu §§ 22 und 23 (109/ME XXVII. GP).

[15] EB des Gesundheitsausschusses zu § 22 (AB 884 BlgNRXXVII. GP).

hen. Es sind somit all jene unerwünschten Ereignisse zu melden, die bei klinischen Prüfungen bzw Leistungsstudien an einer Prüfstelle aufgetreten sind, die ihren Sitz im Staatsgebiet der Republik Österreich hat.

IV. Sanktionen

Gemäß § 80 MPG 2021 begeht eine Verwaltungsübertretung, wer bei klinischen Prüfungen oder Leistungsstudien den Vorgaben der VO (EU) 2017/745 oder der VO (EU) 2017/746 oder den Vorgaben des 3. Abschnitts MPG 2021 des zuwiderhandelt und macht sich, sofern sie nicht den Tatbestand einer in die Zuständigkeit der Gerichte fallenden strafbaren Handlung bildet, einer Verwaltungsübertretung schuldig und ist mit Geldstrafe bis zu 25.000 €, im Wiederholungsfalle bis zu 50.000 € zu bestrafen. Auch der Versuch ist strafbar. **8**

Hinsichtlich weiterer Ausführungen zu den Sanktionen wird auf die ausführliche Kommentierung zu § 80 MPG 2021 (*Dungl*) verwiesen.

§ 23 Verfahren des Bundesamtes für Sicherheit im Gesundheitswesen

Der Sponsor ist verpflichtet, dem Bundesamt für Sicherheit im Gesundheitswesen mit dem Antrag auf Genehmigung einer klinischen Prüfung gemäß Art. 70 Abs. 7 lit. b der Verordnung (EU) Nr. 745/2017, mit dem Antrag auf Genehmigung einer klinischen Prüfung gemäß Art. 70 Abs. 7 lit. a der Verordnung (EU) Nr. 745/2017 und mit der Unterrichtung gemäß Art. 74 Abs. 1 der Verordnung (EU) Nr. 745/2017 und mit der Meldung gemäß § 13 Abs. 3 zweiter Satz die Stellungnahme einer zuständigen Ethikkommission zu dieser klinischen Prüfung vorzulegen, nach der die Durchführung der klinischen Prüfung vertretbar ist.

Beachte für die Bestimmung: Tritt hinsichtlich In-vitro-Diagnostika am 26.5.2022 in Kraft (vgl § 91 Abs 1).

Fassung: BGBl I 2021/122

Literatur: *Rehmann/Wagner/Rehmann* (Hrsg.), 4. Auflage 2023, VO (EU) 2017/745; *Ecker* (Hrsg.), Medizinprodukte und IVD, 2. Auflage 2018; *Wachenhausen*, MPJ 2007, 114 ff; *Beyerbach*, MPJ 2016, 297 f; *Pramann/Albrecht*, MedR 2012, 786 ff; *Graf/Juhl/Wachenhausen* in: *Anhalt/Dieners* § 6 Rn. 163; *Ecker* in *Ecker/Labek/Mittermayr/Raffeiner/Ring/Schwartz*, Clinical Evaluation and Investigation of Medical Devices under the new EU-Regulation, 3.3, (2020); *Larcher/Beiglböck*, Das neue österreichische Medizinproduktegesetz 2021, RdM 2021/242 (133); OGH 27.3.2020, 10 Ob S 27/20y, RdM-LS 2020/108; *Semp* in *Aigner/Kletečka/Kletečka-Pulker/Memmer,* Handbuch Medizinrecht Kap. V.1 (Stand 1.5.2023, rdb.at); *Schwamberger*, Nichtbefassung der Ethikkommission – mögliche rechtliche Folgen, RdM 2007, 132; *Verena Stühlinger und Helmut Schwamberger*, Nichtärztlicher Bereich: Forschung und Ethikkommissionen, RdM 2013/146; *Schmid*, Strukturfragen der Verantwortlichkeit von juristischen Personen und ihren Organen im Verwaltungsstrafverfahren, in *Holoubek/Lang* (Hrsg), Grundfragen des Verwaltungs- und Finanzstrafverfahrens.

Inhaltsverzeichnis

I. Allgemeines und Bedeutung der Rechtsnorm

1 Gemäß Art 62 Abs 4a MP-VO (Art 58 Abs 5a IVD-VO) ist die **Durchführung** einer **klinischen Prüfung durch** die **zuständige Behörde des Mitgliedstaates** bzw. **den Mitgliedstaaten zu genehmigen**, in dem bzw. in denen die klinische Prüfung durchgeführt werden soll. Der nach Art 70 MP-VO zu stellende Antrag ist also an die sich aus § 23 MPG 2021 iVm § 2 MPG 2021[1] ergebende zuständige Behörde, somit das Bundesamt für Sicherheit im Gesundheitswesen, zu richten. Er ist, wie § 13 Abs 5 und 6 MPG 2021 klarstellen, bei multinationalen klinischen Prüfungen in englischer Sprache, bei nationalen klinischen Prüfungen in deutscher oder

[1] Gemäß § 2 MPG 2021 ist das Bundesamt für Sicherheit im Gesundheitswesen die zuständige nationale Behörde im Sinne der MP-VO und der IVD-VO.

englischer Sprache einzureichen. Unterlagen, die für die Prüfungsteilnehmer oder gesetzliche Vertreter bestimmt sind[2], sind aber jedenfalls in deutscher Sprache vorzulegen.

§ 23 MPG 2021 nutzt den durch Anhang XV Z 4.2. der MP-VO sowie Anhang XIV Z 4.2. der IVD-VO eröffneten Regelungsspielraum und bestimmt, dass **zu den bei der Behörde einzureichenden Antragsunterlagen auch** das **(positive) Gutachten der Ethik-Kommission gehört**. Das Verfahren bei der Ethik-Kommission ist damit dem Antragsverfahren bei der zuständigen Behörde vorzuschalten. Wie sich aus den EB zu § 13 MPG 2021 ergibt, ist davon auszugehen, dass Österreich am koordinierten Bewertungsverfahren gemäß Art 78 MP-VO für klinische Prüfungen nicht vor dem 27. Mai 2027 teilnehmen wird. Derzeit gibt es noch kein koordiniertes Bewertungsverfahren, es laufen lediglich Vorbereitungen für ein Pilotprojekt zum koordinierten Bewertungsverfahren außerhalb der EUDAMED.[3] 2

Auch laut den EB zu § 23 MPG 2021[4] soll an der bisher im Medizinproduktegesetz enthaltenen Vorgabe, dass das Votum der Ethikkommission vor Befassung der zuständigen Behörde einzuholen ist, festgehalten werden.

Art 62 Abs 4a MP-VO (Art 58 Abs 5a IVD-VO) gelten grundsätzlich nur für klinische Prüfungen, die zum Nachweis der Konformität von Medizinprodukten durchgeführt werden. § 13 Abs 3 legt fest, dass auch für nicht unter Art 62 Abs 4a MP-VO (Art 58 Abs 5a IVD-VO) fallende Studien eine Genehmigung durch das BASG und die Ethikkommission zu gewährleisten ist. Erleichterungen wurden jedoch dahingehend geschaffen, als Studien, die keinerlei Auswirkungen auf die Diagnostik oder Therapie der Prüfungsteilnehmer haben (§ 13 Abs 2 zweiter Satz MPG 2021) nur einer Meldung an das BASG und der vorherigen positiven Stellungnahme der zuständigen Ethikkommission(en) bedürfen. Abhängig von der Risikoklasse des Produktes und vom Lebenszyklus des Produktes gibt es auch noch andere klinische Prüfungen. 3

§ 36 MPG 2021 sieht vor, dass die Regelungen des § 23 MPG 2021 sinngemäß auch für Leistungsstudien gelten, sofern in dessen Abs 2 nichts anderes bestimmt wird. Gemäß § 36 Abs 2 MPG 2021 kann eine Leistungsstudie eines In-vitro-Diagnostikums nach befürwortender Stellungnahme durch die zuständige Ethikkommission begonnen werden, wenn im Rahmen dieser Leistungsstudie 4

(i) Weder Stichproben mittels chirurgisch-invasiver Verfahren ausschließlich zum Zweck der Leistungsstudie entnommen werden, noch

(ii) Eine interventionelle klinische Leistungsstudie[5] vorliegt, noch

(iii) Die Durchführung der Studie zusätzliche invasive Verfahren oder andere Risiken für die Prüfungsteilnehmer beinhaltet.

---

2 siehe auch § 7 Abs 6 MPG 2021 hinsichtlich der Sicherheitsanforderungen.

3 siehe auch MDCG 2021-6 rev. 1 unter Frage 24; siehe auch: https://health.ec.europa.eu/medical-devices-clinical-investigations-and-performance-studies/pilot-coordinated-assessment-cips_en, siehe Zeitleiste für gemeinsames Bewertungsverfahren in Beilage 3 auf Seite 19; https://health.ec.europa.eu/medical-devices-clinical-investigations-and-performance-studies/pilot-coordinated-assessment-cips_en.

4 EB des Gesundheitsausschusses zu § 23 (AB 884 BlgNr XXVII. GP).

5 Gemäß Art 2 Z 46 IVD-VO bezeichnet „*interventionelle klinische Leistungsstudie*" eine klinische Leistungsstudie, bei der die Testergebnisse Auswirkungen auf Entscheidungen über das Patientenmanagement haben können und/oder zur Orientierung der Behandlung verwendet werden können.

Nach den EB zu § 36 MPG 2021[6] soll damit klargestellt werden, dass die Bestimmungen der §§ 14 bis 33 für klinische Prüfungen grundsätzlich auch für Leistungsstudien gelten[7]. Leistungsstudien gemäß Art 78 IVD-VO[8] (mit Restproben) bedürfen demnach keiner Genehmigung, sollen jedoch dennoch einer ethischen Beurteilung durch eine Ethikkommission unterliegen[9]. Auch wenn im Folgenden nicht immer explizit auf In-vitro-Diagnostika verwiesen wird, gelten die Ausführungen in diesem Sinne sinngemäß.

5 Art 66 Abs 7 lit a und lit b IVD-VO enthalten entsprechende Regelungen wie Art 70 Abs 7 lit a und lit b MP-VO und Art 70 Abs 1 IVD-VO enthält dem Art 74 Abs 1 MP-VO entsprechende Regelungen, weshalb auf die diesbezüglichen Ausführungen verwiesen werden kann. § 13 Abs 3 MPG 2021 bezieht sich allein auf die sonstige klinische Prüfung nach Art 82 der MP-VO, die kein unmittelbares Pendant bei den Leistungsstudien in der IVD-VO hat[10].

II. Meldungen gemäß Art 70 Abs 7 lit. a und Art 70 Abs 7 lit. b MP-VO (Art 66 Abs 7 lit. a und Art 66 Abs 7 lit. b IVD-VO)

6 Gemäß Art 70 Abs 7 lit b MP-VO kann der Sponsor mit der **klinischen Prüfung**

bei **allen anderen Prüfprodukten**, die (i) nicht Prüfprodukte der Klasse I oder (ii) nichtinvasive Produkte der Klassen IIa und IIb sind

Gemäß Art 66 Abs 7 lit b IVD-VO kann der Sponsor mit der **Leistungsstudie**

(i) bei der es sich um eine **interventionelle klinische Leistungsstudie**[11] handelt oder (ii) die Durchführung der **Studie zusätzliche invasive Verfahren oder andere Risiken** für die Prüfungsteilnehmer beinhaltet und (iii) bei **Leistungsstudien, die therapiebegleitende Diagnostika einbeziehen** oder (iv) bei **anderen** als bei **Leistungsstudien**, bei denen Proben mittels chirurgisch-invasiver Verfahren ausschließlich zum Zweck der Leistungsstudie entnommen werden und wenn die Probennahme kein erhebliches klinisches Risiko für den Prüfungsteilnehmer darstellt

beginnen, sobald der betreffende Mitgliedstaat den Sponsor über seine **Genehmigung** unterrichtet hat und sofern **nicht** eine **Ethik-Kommission** des betreffenden Mitgliedstaats eine **ablehnende Stellungnahme** in Bezug auf die klinische Prüfung abgegeben hat, die nach dem nationalen Recht des betreffenden Mitgliedstaats für dessen gesamtes Hoheitsgebiet gültig ist[12].

7 Gemäß Art 70 Abs 7 lit a MP-VO kann der Sponsor mit der **klinischen Prüfung**

(i) bei Prüfprodukten der **Klasse I** oder

(ii) im Fall von **nicht-invasiven Produkten**[13] der **Klassen IIa und IIb**

---

6 EB zu § 36 MPG 2021 (109/MEXXVII. GP).

7 die §§ 22 bis 26 MPG 2021 gelten jedoch nicht für diese Art von Leistungsstudie, hier wäre eine zusätzliche gesetzliche Klarstellung sinnvoll.

8 Art 78 IVD-VO regelt das „*System des Herstellers für die Überwachung nach dem Inverkehrbringen*“.

9 siehe auch Erwägungsgrund 73 IVD-VO und Art 58 Abs 2, 2. Satz IVD-VO: „Dies gilt nicht für Leistungsstudien, die therapiebegleitende Diagnostika, bei denen nur Restproben verwendet werden, einbeziehen. Diese Studien müssen jedoch der zuständigen Behörde gemeldet werden.

10 Siehe dazu auch die Kommentierung zu § 13 (*Rentz-Chorherr*).

11 Gemäß Art 2 Z 46 IVD-VO: bezeichnet „*interventionelle klinische Leistungsstudie*“ eine klinische Leistungsstudie, bei der die Testergebnisse Auswirkungen auf Entscheidungen über das Patientenmanagement haben können und/oder zur Orientierung der Behandlung verwendet werden können.

12 In Österreich die Stellungnahme einer „Leitethikkommission“, § 1 Leit-EK-Verordnung.

13 Gemäß Art 2 Z 6 MP-VO ist ein „*invasives Produkt*“ ein Produkt, das durch die Körperoberfläche oder über eine Körperöffnung ganz oder teilweise in den Körper eindringt; ein „*nicht-invasives Produkt*“

Gemäß Art 66 Abs 7 lit a IVD-VO kann der Sponsor mit der **Leistungsstudie**

(i) bei jeder Leistungsstudie, bei der **Proben mittels chirurgisch-invasiver Verfahren ausschließlich zum Zweck der Leistungsstudie entnommen** werden und wenn die Probennahme **kein erhebliches klinisches Risiko**[14] für den Prüfungsteilnehmer darstellt

unmittelbar nach dem Datum der Validierung des Antrags[15] beginnen, (i) sofern im nationalen Recht nichts anderes festgelegt ist und (ii) sofern **nicht** eine **Ethikkommission** des betreffenden Mitgliedstaats eine **ablehnende Stellungnahme** in Bezug auf die klinische Prüfung abgegeben hat, die nach dem nationalen Recht des betreffenden Mitgliedstaats für dessen gesamtes Hoheitsgebiet gültig ist[16].

Laut der Richtlinie des BASG[17] können klinische Prüfungen nach **Art 70 Abs 7 lit a MP-VO (Art 66 Abs 7 lit a IVD-VO)** erst **nach Bestätigung der ordnungsgemäßen Meldung durch das BASG**[18] und bei **Vorliegen einer befürwortenden Stellungnahme** durch die **zuständige Ethikkommission** (die der Meldung beizuschließen ist) begonnen werden. Der Sponsor hat eine ordnungsgemäße und vollständige Meldung beim BASG einzubringen. Die Beurteilung der formalen Vollständigkeit des Antrages erfolgt seitens des BASG nach Eingang der Dokumente innerhalb von 10 Tagen. Als Startdatum für den Beginn der Bearbeitung gilt für außerhalb der Amtsstunden eingelangte Dokumente der nächste Werktag. Können formale Mängel nicht fristgerecht ausgeräumt werden, muss der Antrag per Bescheid zurückgewiesen werden[19].

Bei einem **Antrag auf Genehmigung** gemäß **Art 70 Abs 7 lit b MP-VO (Art 66 Abs 7 lit b IVD-VO)** wird der Stichtag für die 45-tägige Beurteilungsfrist im Text der formalen Vollständigkeitsmeldung angeführt und die inhaltliche Bewertung begonnen. Dem **Antrag** ist die **befürwortende Stellungnahme** der zuständigen **Ethikkommission anzuschließen**[20]. Begut-

---

ist ein Produkt, das dieses Kriterium nicht erfüllt.

14 Gemäß Art 2 Z 16 IVD-VO bezeichnet „*Risiko*" die Kombination von Wahrscheinlichkeit eines Schadenseintritts und Schwere des Schadens.

15 Als Datum der Validierung des Antrags gilt gemäß Art 70 Abs 5 MP-VO (Art 66 Abs 5 IVD-VO) (i) das Datum an dem der betreffende Mitgliedstaat dem Sponsor mitgeteilt hat, ob die klinische Prüfung in den Geltungsbereich der MP-VO fällt und ob die Antragsunterlagen gemäß Anhang XV Kapitel II vollständig sind. Wenn der Sponsor nicht benachrichtigt wird, gilt der letzte Tag der jeweils in den Abs 1 (10 Tage nach Eingang des Antrags), Abs 3 (5 Tage nach Eingang der Stellungnahme bzw. der angeforderten zusätzlichen Informationen) und Abs 4 Verlängerungsmöglichkeit der Fristen nach Abs 1 und Abs 3 um jeweils 5 Tage) jeweils genannten Frist als Datum der Validierung des Antrags.

16 In Österreich die Stellungnahme einer „*Leitethikkommission*".

17 https://www.basg.gv.at/fileadmin/redakteure/06_Gesundheitsberufe/Klinische_Studien/MPG/L_I268_Leitfaden_KP_MDR.pdf, Punkt 4.3 (zuletzt abgerufen 19.03.2025).

18 Ist der Antrag formal vollständig, werden die Bestätigung und das Datum der ordnungsgemäßen Meldung an den Antragsteller als amtssigniertes BASG Schreiben per Mail an die im Einreichformular angegebene E-Mail-Adresse des Antragstellers übermittelt.

19 Ist eine Bearbeitung möglich, aber die Einreichung nicht formal vollständig, werden die entsprechenden Unterlagen durch das BASG nachgefordert und der Antragsteller per E-Mail zur Verbesserung aufgefordert. Zur Verbesserung wird eine Frist von maximal 10 Tagen gesetzt. Diese Frist kann gegebenenfalls um bis zu 20 Tage verlängert werden. Sollte trotz Verbesserungsauftrag die notwendige Verbesserung nicht erfolgen oder die Frist fruchtlos verstreichen, wird der Antrag vom BASG zurückgewiesen, https://www.basg.gv.at/fileadmin/redakteure/06_Gesundheitsberufe/Klinische_Studien/MPG/L_I268_Leitfaden_KP_MDR.pdf, Punkt 4.3 (zuletzt abgerufen 19.03.2025).

20 https://www.basg.gv.at/fileadmin/redakteure/06_Gesundheitsberufe/Klinische_Studien/MPG/L_I268_Leitfaden_KP_MDR.pdf, Punkt 4.3 (zuletzt abgerufen 19.03.2025).

achtet werden seitens des BASG im Sinne des Art 71 MP-VO ua die technische Sicherheit, die Plausibilität der eingereichten Unterlagen, die medizinischen und wissenschaftlichen Daten und Informationen sowie die Risiken in Abwägung zum voraussichtlichen Nutzen der klinischen Prüfung (Risikoanalyse). Im Verlauf der Begutachtung können sich fachliche Fragen ergeben, die Nachforderungen von Unterlagen bzw. Informationen erfordern[21]. Zur Behebung der Mängel wird dem Anbringer im Mängelschreiben eine angemessene Frist eingeräumt[22]. Nach etwaiger Behebung der Mängel wird der Antragsteller über die Genehmigung informiert. Kommt der Sponsor der Aufforderung zur Mängelbehebung innerhalb der gegebenen Frist nicht nach, erfolgt eine Abweisung durch das BASG[23].

8 Für eine klinische Prüfung, die in mehreren Mitgliedstaaten durchgeführt werden soll, kann der Sponsor gemäß Art 70 MP-VO (Art 66 IVD-VO), parallele Anträge auf Genehmigung stellen. Der Antrag ist bei der zuständigen Behörde des Mitgliedstaates zu stellen in dem bzw. denen die klinische Prüfung durchgeführt werden soll (der „betreffende Mitgliedstaat"). In Österreich ist die zuständige Behörde – wie auch in § 23 MPG 2021 festgelegt – das Bundesamt für Sicherheit im Gesundheitswesen (BASG). Wird eine klinische Prüfung in mehreren Mitgliedstaaten durchgeführt, so sind die Anträge jeweils bei den zuständigen Behörden der betreffenden Mitgliedstaaten zu stellen. Die Anträge haben jene Angaben zu enthalten, die im Anhang XV Kapitel II zur MP-VO (Anhang XIII Abschnitte 2 und 3 und Anhang XIV IVD-VO) genannt sind. Art 78 MP-VO sieht vor, dass bei einem koordinierten Verfahren auch nur ein Antrag gestellt werden kann[24]. Das Antragsverfahren selbst ist nach den nationalen (österreichischen) Verfahrensvorschriften abzuwickeln, die sich aber nur im Rahmen der Bestimmungen der MP-VO (IVD-VO) bewegen, bzw. diese Regelungen ergänzen können. Art 73 MP-VO (Art 69 IVD-VO) sieht vor, dass die Antragseinreichung über das dafür eingerichtete elektronische System zu erfolgen hat.

III. Unterrichtung gemäß Art 74 Abs 1 MP-VO (Art 70 Abs 1 IVD-VO)

9 Art 74 Abs 1 MP-VO (Art 70 Abs 1 IVD-VO) regelt sogenannte Anwendungsbeobachtungen oder PMCF-Studien, somit die Durchführung von Klinischen Prüfungen (Leistungsstudien), die einer weitergehenden Bewertung eines Produkts, das bereits eine CE-Kennzeichnung trägt, dienen. Die Klinische Prüfung (Leistungsstudie) muss jedoch im Rahmen der Zweckbestimmung des Produkts[25] erfolgen (die „**Klinische Prüfung bzw Leistungsstudie nach dem Inverkehrbringen**").

Insoweit Prüfungsteilnehmer bei derartigen Klinischen Prüfungen (Leistungsstudien) nach dem Inverkehrbringen (i) zusätzlichen Verfahren zu den bei normalen Verwendungsbedingungen des Produkts durchgeführten Verfahren unterzogen werden und (ii) diese zusätzlichen Verfahren

[21] Die Nachforderung erfolgt mittels Mängelschreiben per Email an die E-Mail Adresse des im BASG-Einreichformular eingetragenen Anbringers, https://www.basg.gv.at/fileadmin/redakteure/06_Gesundheitsberufe/Klinische_Studien/MPG/L_I268_Leitfaden_KP_MDR.pdf, Punkt 4.4 (zuletzt abgerufen 19.03.2025).

[22] Ist diese Frist nicht ausreichend, kann vor Ablauf der Frist schriftlich um Fristverlängerung ersucht werden, die entsprechend zu begründen ist. Die Stellungnahme zu Mängelschreiben hat schriftlich zu erfolgen. Sind inhaltliche Abänderungen des Antrages erforderlich, so sind die geänderten Dokumente nachzureichen, https://www.basg.gv.at/fileadmin/redakteure/06_Gesundheitsberufe/Klinische_Studien/MPG/L_I268_Leitfaden_KP_MDR.pdf, Punkt 4.4 (zuletzt abgerufen 19.03.2025).

[23] https://www.basg.gv.at/fileadmin/redakteure/06_Gesundheitsberufe/Klinische_Studien/MPG/L_I268_Leitfaden_KP_MDR.pdf, Punkt 4.4 (zuletzt abgerufen 19.03.2025).

[24] Siehe dazu RZ 3.

[25] Wie diese auch in der Gebrauchsinformation (IFU) angegeben ist.

invasiv[26] oder belastend[27] sind[28], besteht eine Pflicht des Sponsors die betreffenden Mitgliedstaaten mindestens 30 Tage vor Beginn der Klinischen Prüfung (Leistungsstudie) auf elektronischem Weg[29] zu informieren. Art 74 Abs 1 MP-VO (Art 70 Abs 1 IVD-VO) sieht somit nicht grundsätzlich die Anwendung der Regelungen über die Durchführung einer klinischen Prüfung (Leistungsstudie) vor, sondern lediglich eine Unterrichtungspflicht, der mindestens 30 Tage vor Beginn der klinischen Prüfung (Leistungsstudie) nachzukommen ist. Darüber hinaus legt Art 74 Abs 1 MP-VO (Art 70 Abs 1 IVD-VO) für diese Fälle fest, dass die Bestimmungen der Art 62 Abs 4 lit. b bis k und m (Allgemeine Anforderungen an klinische Prüfungen), Art 75 (Wesentliche Änderungen einer klinischen Prüfung), 76 (Korrekturmaßnahmen und Informationsaustausch zwischen den Mitgliedstaaten), und 77 (Informationspflichten des Sponsors) und Art 80 Abs 5 und 6 (Aufzeichnung und Meldung von unerwünschten Ereignissen, Verweis auf Vigilanzpflichten nach 87 bis 90 und der Durchführungsrechtsakte gemäß Art 91) sowie die einschlägigen Bestimmungen des Anhangs XV (Klinische Prüfungen) der MP-VO ebenfalls gelten und anzuwenden sind. Dadurch soll ua sichergestellt werden, dass die Prüfungsteilnehmer keinen unvertretbaren bzgl zusätzlichen Risiken im Vergleich zu „regulären“ Studien ausgesetzt werden. Der Unterrichtung an das BASG ist gemäß § 23 MPG 2021 ein positives Votum der zuständigen Ethikkommission beizulegen.

Dies gilt jedoch nicht für die Durchführung klinischer Prüfungen (Leistungsstudien) mit **10**
Produkten, die eine CE-Kennzeichnung tragen, außerhalb deren Zweckbestimmung. In diesen Fällen gelten gemäß Art 74 Abs 2 MP-VO (Art 70 Abs 2 IVD-VO) sämtliche Vorschriften über die Durchführung klinischer Prüfungen (Leistungsstudien) ohne Einschränkungen. Die Verwendung außerhalb der Zweckbestimmung eines Produkts wird von der bestehenden CE-Kennzeichnung nicht abgedeckt und das Produkt ist deshalb hinsichtlich der Durchführung der klinischen Prüfung (Leistungsstudie) einem Produkt, das noch keine CE-Kennzeichnung trägt, gleichzustellen. Im Ergebnis sind deshalb die Anforderungen an klinische Prüfungen (Leistungsstudien) wie bei ungeprüften Produkten einzuhalten[30].

---

26 *Rehmann/Wagner/Rehmann* (Hrsg.), 4. Auflage 2023, VO (EU) 2017/745, RZ 1–3 – der Begriff der zusätzlichen invasiven Untersuchung wird überwiegend chirurgisch-invasiv verstanden: *Pramann/Albrecht*, MedR 2012, 786 f.; *Beyerbach*, MPJ 2016, 297 f.

27 *Rehmann/Wagner/Rehmann* (Hrsg.), 4. Auflage 2023, VO (EU) 2017/745, RZ 1–3 – unter anderen belastenden Untersuchungen werden Maßnahmen verstanden, die in ihrer Belastung einem invasiven Eingriff entsprechen: *Graf/Juhl/Wachenhausen* in: *Anhalt/Dieners* § 6 Rn. 163; siehe auch MDCG 2021-6 rev. 1 Fragen 11 und 13.

28 *Rehmann/Wagner/Rehmann* (Hrsg.), 4. Auflage 2023, VO (EU) 2017/745, RZ 1–3 – generell wird auf das mit der weiter erforderlichen Maßnahme verbundene Gesundheitsrisiko abzustellen sein; siehe auch *Pramann/Albrecht*, MedR 2012, 789, 790; Ebenso hat laut *Rehmann* eine Risikoabwägung zu erfolgen, denn jede mit unvertretbaren Risiken für Probanden verbundene klinische Prüfung ist unethisch.

29 Über das in Art 73 MP-VO (Art 69 IVD-VO) genannte elektronische System zu informieren; der Sponsor hat dazu die Unterlagen gemäß Anhang XV Kapitel II MP-VO (sowie die einschlägigen Bestimmungen der Anhänge XIII und XIV IVD-VO) lediglich zur Information zu übermitteln, diese sind also nicht für eine Genehmigung vorzulegen.

30 *Rehmann/Wagner/Rehmann* (Hrsg.), 4. Auflage 2023, VO (EU) 2017/745, RZ 1–3; hinsichtlich Studien mit Medizinprodukten vor und nach der CE-Kennzeichnung vgl auch *Wachenhausen*, MPJ 2007, 114 ff.; *Beyerbach*, MPJ 2016, 297 f.

IV. Meldung gemäß § 13 Abs 3 MPG 2021

11 Die Vorgaben des Art 62 MP-VO (Allgemeine Anforderungen an zum Nachweis der Konformität von Produkten durchgeführte klinische Prüfungen) (Art 58 IVD-VO) gelten grundsätzlich nur für klinische Prüfungen, die zum Nachweis der Konformität von Medizinprodukten durchgeführt werden. Gemäß Art 82 MP-VO steht es den Mitgliedstaaten allerdings frei, zusätzliche Anforderungen für klinische Prüfungen festzulegen, die nicht zu diesem Zweck durchgeführt werden. Nach *Ecker*[31] liegen detaillierte Regelungen, insbesondere im Hinblick auf zB Anzeige, Registrierung, Validierung, Genehmigung/Nichtuntersagung (stillschweigende Genehmigung) in der Verantwortung des Mitgliedsstaats. Siehe dazu auch die Ausführungen zu § 13 MPG 2021 von *Rentz-Chorherr*.

12 Während zB in Deutschland eine breit gefächerte Untergruppe des Nationalen Arbeitskreises zur Implementierung der MDR und der IVDR (NAKI) zusätzliche nationale Anforderungen für sonstige klinische Prüfungen diskutierte, erfolgte dies in Österreich durch zahlreiche Stellungnahmen[32] im parlamentarischen Begutachtungsprozess[33]. Siehe dazu auch die Ausführungen zu § 13 MPG 2021 von *Rentz-Chorherr*.

Laut den EB[34] können diese nicht von Art 62 MP-VO umfassten klinischen Prüfungen aus fachlichen Überlegungen und aus Sicht des Gleichheitsgebots grundsätzlich nicht anders behandelt werden als Studien nach Art 62 MP-VO. Deshalb ist auch für diese Studien eine Überprüfung durch das BASG und die Ethikkommission zu gewährleisten, da die von Studien ausgehende Gefährdung nicht davon abhängt, ob sie zu kommerziellen oder akademischen Zwecken durchgeführt werden. Dem ist so nicht beizupflichten, siehe dazu die Ausführungen von *Sabine Rentz-Chorherr* zu § 13 MPG 2021.

13 Erleichterungen wurden jedoch dahingehend geschaffen, als Studien, die keinerlei Auswirkungen auf die Diagnostik oder Therapie der Prüfungsteilnehmer haben (§ 13 Abs 2 zweiter Satz MPG 2021) (zB klinische Prüfungen einer Software, die die Definition eines Medizinproduktes erfüllt, anhand von Daten der Prüfungsteilnehmer, wenn die im Rahmen der klinischen Prüfung erzeugten Ergebnisse keine diagnostischen oder therapeutischen Konsequenzen für die Prüfungsteilnehmer haben können[35] dem BASG nur zu melden und nicht vom BASG zu genehmigen sind. „Zu melden“ bedeutet nach dem Leitfaden des BASG[36] eine Unterrichtung des BASG analog dem Verfahren nach Art 74 Abs 1 MP-VO. Eine Unterrichtung wird nur bestätigt, es ist keine Begutachtung vorgesehen. Dennoch ist auch für diese Studien der Meldung an das BASG die positive Stellungnahme einer zuständigen Ethikkommission beizulegen.

---

31 *Ecker* in *Ecker/Labek/Mittermayr/Raffeiner/Ring/Schwartz*, Clinical Evaluation and Investigation of Medical Devices under the new EU-Regulation, 3.3, (2020).

32 zB https://www.parlament.gv.at/dokument/XXVII/SNME/87420/imfname_952232.pdf, Stellungnahme d. Bundeskanzleramts, 20.6.2024; zB https://www.parlament.gv.at/dokument/XXVII/SNME/88728/imfname_953884.pdf, Stellungnahme BM Bildung, Wissenschaft und Forschung, 20.6.2024; zB https://www.parlament.gv.at/dokument/XXVII/SNME/88320/imfname_953289.pdf, Stellungnahme Österr. Ärztekammer, 20.6.2024; zB https://www.parlament.gv.at/dokument/XXVII/SNME/88321/imfname_953290.pdf, Stellungnahme ÖGBMT, 20.6.2024.

33 Siehe dazu die Ausführungen von *Rentz-Chorherr* zu § 13 MPG 2021.

34 EB zu § 13 (109/ME XXVII. GP; EB des Gesundheitsausschusses zu § 13 (AB 884 BlgNR XXVII. GP).

35 EB zu § 13 (109/ME XXVII. GP; EB des Gesundheitsausschusses zu § 13 (AB 884 BlgNR XXVII. GP).

36 https://www.basg.gv.at/fileadmin/redakteure/06_Gesundheitsberufe/Klinische_Studien/MPG/L_I268_Leitfaden_KP_MDR.pdf, 2.4. Klinische Prüfungen nach Art 82 und § 13 (3) MPG (zuletzt abgerufen 19.03.2025).

Laut dem Leitfaden[37] des BASG wird dazu ausgeführt, dass nur dann von „*keinen* Auswirkungen auf die Diagnostik und/oder Therapie eines Prüfungsteilnehmers" auszugehen ist, wenn

(i) eine Gefährdung der Teilnehmer ausgeschlossen ist, weil die Prüfung nicht am Prüfungsteilnehmer selbst, sondern an seinen Daten durchgeführt wird (zB Validierung medizinischer Software) und

(ii) wo die erzielten Ergebnisse keine diagnostischen oder therapeutischen Konsequenzen für den Prüfungsteilnehmer haben können"[38].

V. Notwendigkeit der positiven Stellungnahme einer zuständigen Ethikkommission

§ 23 MPG 2021 sieht vor, dass bereits mit der Einbringung der in § 23 genannten Anträge und Meldungen ein positives Votum der zuständigen Ethikkommission mit vorzulegen ist. Die Befassung der zuständigen Ethikkommission hat somit im Rahmen eines sequentiellen Verfahrens vor der Antragstellung bzw der Meldung zu erfolgen. Die Prüfung der Anträge und Meldungen erfolgt in der Folge gemäß den Punkten 4.2 und 4.3 des Leitfadens des BASG[39]. Insoweit die nach § 23 MPG 2021 beim BASG einzubringenden Anträge und Meldungen ohne ein positives Votum der zuständigen Ethikkommission vorgelegt werden, werden diese vom BASG als formal nicht vollständig qualifiziert und die entsprechenden Unterlagen durch das BASG nachgefordert und der Antragsteller per E-Mail zur Verbesserung aufgefordert. Zur Verbesserung wird eine Frist von maximal 10 Tagen gesetzt. Diese Frist kann gegebenenfalls um bis zu 20 Tage verlängert werden. Sollte trotz Verbesserungsauftrag die notwendige Verbesserung nicht erfolgen oder die Frist fruchtlos verstreichen, kann der Antrag vom BASG zurückgewiesen werden[40]. 14

Hinsichtlich des Verfahrens bei den Ethikkommissionen und der Beurteilungszuständigkeit der Ethikkommissionen wird auf die ausführliche Kommentierung von *Plank* zu den §§ 14 bis 21 MPG 2021 verwiesen.

VI. Sanktionen

Gemäß § 80 MPG 2021 begeht eine Verwaltungsübertretung, wer bei klinischen Prüfungen oder Leistungsstudien den Vorgaben der VO (EU) 2017/745 oder der VO (EU) 2017/746 oder den Vorgaben des 3. Abschnitts MPG 2021 – und somit auch § 23 MPG 2021 – zuwiderhandelt. Dies trifft insbesondere dann zu, wenn die in der MP-VO und IVD-VO und im § 23 MPG 2021 vorgesehenen Genehmigungs- und Meldepflichten nicht eingehalten werden. Sofern dies nicht den Tatbestand einer in die Zuständigkeit der Gerichte fallenden strafbaren Handlung bildet, ist die Verwaltungsübertretung mit Geldstrafe bis zu 25.000 €, im Wiederholungsfalle bis zu 50.000 € zu bestrafen. Auch der Versuch ist strafbar. 15

Hinsichtlich weiterer Ausführungen zu den Sanktionen wird auf die ausführliche Kommentierung zu § 80 MPG 2021 (*Dungl*) verwiesen.

---

[37] https://www.basg.gv.at/fileadmin/redakteure/06_Gesundheitsberufe/Klinische_Studien/MPG/L_I268_Leitfaden_KP_MDR.pdf, 2.4. Klinische Prüfungen nach Art 82 und § 13 (3) MPG (zuletzt abgerufen 19.03.2025).

[38] Siehe dazu auch die Kommentierung von *Rentz-Chorherr* zu § 13 MPG 2021.

[39] https://www.basg.gv.at/fileadmin/redakteure/06_Gesundheitsberufe/Klinische_Studien/MPG/L_I268_Leitfaden_KP_MDR.pdf (zuletzt abgerufen 19.03.2025).

[40] https://www.basg.gv.at/fileadmin/redakteure/06_Gesundheitsberufe/Klinische_Studien/MPG/L_I268_Leitfaden_KP_MDR.pdf (zuletzt abgerufen 19.03.2025), Punkt 4.3.

§ 24 Wesentliche Änderungen

Die §§ 18 bis 23 gelten auch für wesentliche Änderungen von klinischen Prüfungen gemäß Art. 75 der Verordnung (EU) Nr. 745/2017 oder einer Leistungsstudie gemäß Art. 71 der Verordnung (EU) Nr. 746/2017.

Beachte für die Bestimmung: Tritt hinsichtlich In-vitro-Diagnostika am 26.5.2022 in Kraft (vgl § 91 Abs 1).

Fassung: BGBl I 2021/122

Literatur: *Rehmann/Wagner/Rehmann* (Hrsg.), 4. Auflage 2023, VO (EU) 2017/745, Rn 1–5; BVerwG, PharmaR 1991, 322 ff.; KG Berlin PharmaR, 2001, 410; *Ecker* (Hrsg.), Medizinprodukte und IVD, 2. Auflage 2018; *Wachenhausen*, MPJ 2007, 114 ff; *Beyerbach*, MPJ 2016, 297 f; *Pramann/Albrecht*, MedR 2012, 786 ff; *Graf/Juhl/Wachenhausen* in: *Anhalt/Dieners* § 6 Rn. 163; *Schwamberger*, Nichtbefassung der Ethikkommission – mögliche rechtliche Folgen, RdM 2007, 132; *Larcher/Beiglböck*, Das neue österreichische Medizinproduktegesetz 2021, RdM 2021/242; *Schmid*, Strukturfragen der Verantwortlichkeit von juristischen Personen und ihren Organen im Verwaltungsstrafverfahren, in *Holoubek/Lang* (Hrsg), Grundfragen des Verwaltungs- und Finanzstrafverfahrens.

Inhaltsverzeichnis

I. Allgemeines und Bedeutung der Rechtsnorm

1 § 24 MPG 2021 sieht vor, dass die im 3. Abschnitt (Klinische Prüfungen, Leistungsstudien und nichtinterventionelle Studien) enthaltenen Regelungen hinsichtlich der Verfahren der Ethikkommissionen (§§ 18 – 20 MPG 2021), der Beurteilungszuständigkeit der Ethikkommissionen (§ 21 MPG 2021), der Unerwünschten Ereignisse (§ 22 MPG 2021), sowie dem Verfahren des BASG[1] (§ 23 MPG 2021) auch für wesentliche Änderungen von klinischen Prüfungen und Leistungsstudien gelten. Sowohl klinische Prüfungen als auch Leistungsstudien dürfen nicht begonnen werden, bevor sie nicht die dafür vorgesehenen Verfahren durchlaufen haben. Die Beurteilung hat auf Basis der vom Sponsor eingereichten Unterlagen zu erfolgen. Hintergrund für die Regelung des § 24 MPG 2021 ist somit der Grundgedanke, dass die Genehmigung einer klinischen Prüfung bzw. einer Leistungsstudie nur so lange Gültigkeit haben soll, als nicht wesentliche Änderungen an der für die Genehmigung herangezogenen Basis, somit den vom Sponsor im Zuge des Antrags für die Genehmigung eingereichten Unterlagen, erfolgt sind. Die Behörden, die die Genehmigung vorzunehmen haben oder erteilt hatten, haben somit das Recht, hinsichtlich der wesentlichen Änderungen zu prüfen, inwieweit die wesentlichen Änderungen

[1] Der Verweis auf § 23 MPG 2021 ist nicht spezifisch, da § 23 nur das erstmalige Behördenverfahren für eingereichte klinische Prüfungen und Leistungsstudien regelt.

einen Einfluss auf die bereits erteilte Genehmigung bzw. auch hinsichtlich der Durchführung der klinischen Prüfung bzw. Leistungsstudie haben. Die dafür vorgesehenen Fristen und weiteren Bestimmungen sind in Art 75 MP-VO und Art 71 IVD-VO geregelt.

Die Vorgaben über das BASG-Verfahren und das Verfahren vor den Ethikkommissionen zur Beurteilung einer klinischen Prüfung bzw. einer Leistungsstudie sollen deshalb auch für alle wesentlichen Änderungen gelten, die im Zuge[2] einer klinischen Prüfung oder Leistungsstudie auftreten[3]. Umgesetzt wurde dies im Wege einer „Genehmigungsfiktion"[4]. Was unter einer wesentlichen Änderung zu verstehen ist, ist in den Art 75 MP-VO und Art 71 IVD-VO geregelt. Die MDCG 2021-6 Rev. 1 Regulation (EU) 2017/745 und die darauf aufbauenden Leitlinien des BASG[5] sehen noch zusätzliche Konkretisierungen vor[6]. 2

Die Regelungen in Art 71 IVD-VO entsprechen jenen des Art 75 MP-VO.

II. Wesentliche Änderungen gemäß Art 75 MP-VO und Art 71 IVD-VO

Die Bestimmung des Art 71 IVD-VO ist sinngleich mit jener des Art 75 MP-VO. Insoweit in den folgenden Ausführungen nicht explizit auf die Bestimmung des Art 71 IVD-VO verwiesen wird, gelten diese dennoch entsprechend sinngemäß. 3

Art 75 MP-VO regelt wesentliche Änderungen einer klinischen Prüfung: 4

Art 75 Abs 1 MP-VO sieht – insoweit der Sponsor die Absicht hat, **wesentliche Änderungen an einer klinischen Prüfung** vorzunehmen, eine **Meldepflicht (Notification) des Sponsors** an den bzw. die zuständigen Behörden der Mitgliedstaaten, in denen die klinische Prüfung durchgeführt wird oder werden soll, vor. Die Meldung über die beabsichtigte Änderung ist innerhalb einer Woche über das elektronische System[7] einzubringen und der Sponsor

---

[2] Laut dem MDCG-Leitfaden, S 23, Frage 31: https://health.ec.europa.eu/system/files/2023-12/mdcg_2021-6_en.pdf soll während der laufenden Beurteilung einer klinischen Prüfung bzw. Leistungsstudie keine wesentliche Änderung eingereicht werden.

[3] EB des Gesundheitsausschusses zu § 24 (AB 884 BlgNR XXVII. GP).

[4] Unter Genehmigungsfiktion wird hinlänglich eine gesetzliche Regelung, die bei Ausbleiben einer Entscheidung der zuständigen Behörde innerhalb einer festgelegten Frist den positiven Bescheid auf einen Antrag hypothetisch annimmt, verstanden.

[5] Leitfaden zur Einreichung von klinischen Prüfungen: https://www.basg.gv.at/fileadmin/redakteure/06_Gesundheitsberufe/Klinische_Studien/MPG/L_I268_Leitfaden_KP_MDR.pdf; Leitfaden zur Klassifizierung von Änderungsanträgen: https://www.basg.gv.at/fileadmin/redakteure/06_Gesundheitsberufe/Klinische_Studien/MPG/L_I274_Leitfaden_AMD_MDR.pdf.

[6] Grundsätzlich sind die Leitfäden nicht bindend, stellen aber ein gemeinsames Verständnis zur Auslegung des Gesetzestextes dar.

[7] Gemäß Art 73 MP-VO; das elektronisches Meldeformular ist für einen ordnungsgemäßen Erstantrag auf Klinische Prüfung eines Medizinproduktes gemäß VO (EU) 2017/745 oder Leistungsbewertungsprüfungen eines In-Vitro-Diagnostikums gemäß VO (EU) 2017/746 verpflichtend; siehe dazu auch das in Österreich zu verwendende Formular: https://applicationform.basg.gv.at/mpgform/;jsessionid=G0afcb7fSYg3v-TaWnGBk2IXR-zMPTmqepvskM8QKkmrudrBz6q1!1251135960 (zuletzt abgerufen am 16.03.2025). Für Änderungen ist das folgende Formular zu verwenden: https://www.basg.gv.at/gesundheitsberufe/klinische-studien/klinische-pruefung-medizinprodukte (zuletzt abgerufen am 16.03.2025). Bei Nichtverwendung des Formulars wird von einem wesentlichen Formmangel ausgegangen, der die weitere Bearbeitung signifikant einschränkt. Es erfolgt eine sofortige Rückmeldung per E-Mail an den Antragsteller. Ist bereits abzusehen, dass diese Mängel nicht fristgerecht beantwortet werden können, wird eine Zurückziehung und Neueinreichung empfohlen: https://www.basg.gv.at/gesundheitsberufe/klinische-studien/klinische-pruefung-medizinprodukte (zuletzt abgerufen am 16.03.2025).

hat die Gründe für die Änderungen und deren Art anzugeben und die Änderungen müssen in den einschlägigen Unterlagen[8] eindeutig gekennzeichnet sein.

Als wesentliche Änderungen[9] werden alle Änderungen definiert, die wahrscheinlich wesentliche Auswirkungen auf

(i) die Sicherheit; oder

(ii) die Gesundheit; oder

(iii) die Rechte der Prüfungsteilnehmer; oder

(iv) die Belastbarkeit oder Zuverlässigkeit der im Rahmen der Prüfung gewonnenen klinischen Daten haben.

5 Der betreffende Mitgliedstaat hat jede solche wesentliche Änderung gemäß dem Verfahren nach Art 71 MP-VO (Bewertung der klinischen Prüfung durch die Mitgliedstaaten) auf Grundlage der eingereichten Unterlagen zu prüfen.

6 Art 75 Abs 3 MP-VO sieht hinsichtlich der durchzuführenden Prüfung eine ***Genehmigungsfiktion*** vor:

Außer wenn

a) der **betroffene Mitgliedstaat** (das BASG) dem Sponsor mitgeteilt hat, dass er die Änderungen aufgrund (i) der in Art 71 Abs 4 MP-VO (Art 67 Abs 4 IVD-VO)[10] oder (ii) aus Gründen der öffentlichen Gesundheit, (iii) der Sicherheit oder Gesundheit der Prüfungsteilnehmer und Anwender oder (iv) der öffentlichen Ordnung ablehnt und somit der Umsetzung **der Änderungen widerspricht**; oder

b) eine **(Leit)ethik-Kommission**[11] eine ablehnende und somit **negative Stellungnahme** in Bezug auf die beantragte wesentliche Änderung **abgegeben hat**;

darf der Sponsor die Änderungen gemäß Art 75 Abs 1 MP-VO 38 Tage nach der durch ihn erfolgten Mitteilung vornehmen.

Insoweit der betroffene Mitgliedstaat eine Beratung mit Sachverständigen für nötig hält, kann die Frist um weitere sieben Tage verlängert werden (Art 75 Abs 4 MP-VO, Art 71 Abs 4 IVD-VO).

---

8 Gemäß Art 75 Abs 1 MP-VO ist eine aktualisierte Fassung der einschlägigen Unterlagen gemäß Anhang XV Kapitel II als Teil der Mitteilung zu übermitteln.

9 Nach Ansicht von *Rehmann/Wagner/Rehmann* (Hrsg.), 4. Auflage 2023, VO (EU) 2017/745, RZ 1–5 umfasst der in Art 75 Abs 1 MP-VO verwendete Begriff „*wesentliche Änderungen*" insbesondere (i) alle wesentlichen Änderungen des Prüfplanes und (ii) alle weiteren Änderungen, die das Votum der Ethikkommission beeinflussen können. Wesentliche Änderung ist keine in in den Verordnungen definierte Begriffsbestimmung, sondern wird im Art 75 MP-VO/Art 71 IVD-VO erklärt, zusätzlich gibt es eine Liste an wesentlichen Änderungen in MDCG 2021-6 Rev. 1 Annex II und dem BASG Leitfaden zur Klassifizierung von Änderungsanträgen.

10 Gemäß Art 71 Abs 4 MP-VO haben die Mitgliedstaaten die Genehmigung der klinischen Prüfung zu verweigern, falls a) die gemäß Art 70 Abs 1 MP-VO vorgelegten Antragsunterlagen unvollständig bleiben, b) das Produkt oder die vorgelegten Unterlagen, insbesondere Prüfplan und das Handbuch des Prüfers, nicht dem wissenschaftlichen Erkenntnisstand entsprechen und die klinische Prüfung als solche nicht geeignet ist, Nachweise für die Sicherheit, die Leistungsmerkmale oder den Nutzen des Produkts für die Prüfungsteilnehmer oder Patienten zu erbringen, oder c) die Anforderungen des Art 62 (Allgemeine Anforderungen an zum Nachweis der Konformität von Produkten durchgeführte klinische Prüfungen) nicht erfüllt sind oder d) eine Bewertung gemäß Art 71 Abs 3 negativ ist; Art 67 Abs 4 IVD-VO enthält entsprechende Regelungen.

11 in dem betreffenden Mitgliedstaat.

Der Leitfaden des BASG[12] sieht vor, dass gemäß Art 75 MP-VO substantielle Änderungen auch durch die zuständige Ethikkommission zu bewerten sind. Das positive Ethikvotum ist daher nach den Ausführungen im Leitfaden mit dem Antrag dem BASG vorzulegen. Alle substantiellen Änderungen werden nach dem Leitfaden zuerst auf formale Vollständigkeit gemäß Punkt 5.1 des Leitfadens geprüft. Nachforderungen mit kurzer Frist sind möglich, es wird jedoch keine ordnungsgemäße Meldung bestätigt. Danach erfolgt laut dem Leitfaden im Bedarfsfall die inhaltliche Prüfung gemäß Art 71 MP-VO. Hinsichtlich der 38-tägigen Frist zur Prüfung der Unterlagen durch das BASG sieht der Leitfaden vor, dass die Frist mit Eingang der Unterlagen zu laufen beginnt und eine Nachforderung von Unterlagen durch das BASG diese Frist hemmt[13], bis die notwendigen Unterlagen vorgelegt oder die verlangten Änderungen vorgenommen wurden. Die Nicht-Untersagung, Zurückweisung oder Abweisung wird nach dem Leitfaden mittels amtlichen Schreibens durch die Fachabteilung mitgeteilt. Dieses Schreiben gilt laut dem Leitfaden als fristwahrend im Sinne des Art 75 Abs 3 lit a oder b MP-VO. Im Falle einer Nicht-Untersagung wird laut dem Leitfaden kein Bescheid ausgestellt[14]. 7

In Deutschland sind die über das elektronische System eingereichten Unterlagen nach § 40 des deutschen Gesetzes zur Durchführung unionsrechtlicher Vorschriften betreffend Medizinprodukte (Medizinprodukterecht-Durchführungsgesetz – MPDG)[15] vom BfArM der zuständigen Ethik-Kommission zugänglich zu machen. Die Ethik-Kommission prüft die Änderungen in der Folge im Verfahren nach §§ 35, 41 MPDG. Insoweit die klinische Prüfung an mehreren Prüfstellen vorgenommen wird, hat die Bewertung der Ethikkommission in Abstimmung mit den anderen beteiligten Ethikkommissionen zu erfolgen. Dazu hat die Ethik-Kommission Stellungnahmen der beteiligten Kommissionen einzuholen. Die Ethik-Kommissionen habe ihre Stellungnahmen in der Folge gemäß § 41 Abs 2 Z 2 MPDG innerhalb von 20 Tagen nach Erhalt der zu prüfenden Änderungen zu übermitteln. § 41 MPDG[16] und § 42 MPDG[17] sehen 8

---

12 https://www.basg.gv.at/fileadmin/redakteure/06_Gesundheitsberufe/Klinische_Studien/MPG/L_I268_Leitfaden_KP_MDR.pdf (zuletzt abgerufen am 19.03.2025).

13 Als Grundlage dafür wird das Allgemeine Verwaltungsverfahrensgesetz (AVG) angeführt.

14 Ein negativer Bescheid des BASG folgt gemäß dem Leitfaden des BASG dem Verfahren nach 4.2 und 4.3.

15 § 40 Zugang der Ethik-Kommission zu Mitteilungen: Das Bundesinstitut für Arzneimittel und Medizinprodukte ermöglicht der nach § 33 Abs 1 zuständigen Ethik-Kommission in geeigneter Form den unverzüglichen Zugang zu der Mitteilung des Sponsors über eine wesentliche Änderung nach Art 75 der VO (EU) 2017/745 oder Art 71 der VO (EU) 2017/746.

16 § 41 Abs 3 MPDG: Die zuständige Ethik-Kommission nimmt gegenüber dem Sponsor innerhalb von 37 Tagen nach Erhalt der Mitteilung des Sponsors über eine wesentliche Änderung der klinischen Prüfung oder der Leistungsstudie Stellung. Die Frist verlängert sich um sieben Tage, wenn sich die Ethik-Kommission durch Sachverständige beraten lässt. In diesem Fall teilt die Ethik-Kommission dem Sponsor spätestens 20 Tage nach Erhalt der Mitteilung über die wesentliche Änderung mit, dass sich die Frist auf Grund der Beratung durch Sachverständige verlängert, und weist zugleich darauf hin, dass sich damit auch die Frist nach Art 75 Abs 3 der VO (EU) 2017/745 oder Art 71 Abs 3 der VO (EU) 2017/746 entsprechend verlängert.

17 § 42 MPDG: Lehnt die zuständige Bundesoberbehörde aus einem der in Art 75 Abs 3 Buchstabe a der VO (EU) 2017/745 oder Art 71 Abs 3 Buchstabe a der VO (EU) 2017/746 genannten Gründe eine wesentliche Änderung der klinischen Prüfung oder der Leistungsstudie ab, unterrichtet sie den Sponsor innerhalb von 37 Tagen nach Erhalt der Mitteilung über eine wesentliche Änderung. Die Frist verlängert sich um sieben Tage, wenn sich die zuständige Bundesoberbehörde durch Sachverständige beraten lässt. In diesem Fall teilt sie dem Sponsor spätestens 20 Tage nach Erhalt der Mitteilung über die wesentliche Änderung mit, dass sich die Frist auf Grund der Beratung durch Sachverständige verlängert, und weist zugleich darauf hin, dass sich damit auch die Frist nach Art 75 Abs 3 der VO (EU) 2017/745 oder Art 71 Abs 3 der VO (EU) 2017/746 entsprechend verlängert.

explizit vor, dass sich sowohl die Ethik-Kommission als auch die zuständige Bundesoberbehörde beraten lassen können und dies naturgemäß zu einer entsprechenden Verlängerung der Fristen zur Bearbeitung führt.

Im MPG 2021 fehlen entsprechend dezidierte Regelungen und es besteht auch keine Pflicht des BASG, die eingereichten Unterlagen parallel der Ethikkommission zugänglich zu machen. Im Gegenteil – der Leitfaden des BASG sieht vor, dass der Mitteilung über wesentliche Änderungen bereits ein positives Ethikvotum beizuschließen ist.

9 Die pauschale Verweisung auf die §§ 18 bis 23 MPG 2021 impliziert nur, dass auch bei wesentlichen Änderungen vorab[18] die Entscheidung der zuständigen Ethikkommission(en) einzuholen ist und diese dem Sponsor gemäß § 19 Abs 5 MPG 2021 ihre mit Gründen versehene Stellungnahme (soweit nicht gemäß § 19 Abs 6 MPG 2021 zusätzliche Informationen eingeholt werden) innerhalb von 35 Tagen ab dem gemäß § 19 Abs 1 MPG 2021 von der Ethikkommission bekannt gegebenen Stichtag zu übermitteln haben. Wird die Prüfung an mehreren Prüfstellen vorgenommen, erfolgt die Bewertung gemäß § 19 Abs 4 MPG 2021 in Abstimmung mit den anderen beteiligten Ethikkommissionen. Die zuständige Ethikkommission hat gemäß § 20 MPG 2021 ein eindeutiges Votum zu treffen. Eine Ablehnung darf nur aus den in Art 71 MP-VO[19] genannten Gründen erfolgen. Zufolge dem Leitfaden des BASG hat das BASG dann – insoweit eine positive Stellungnahme der zuständigen Ethikkommission(en) vorliegt – 37 Tage ab Eingang des vollständigen Antrags Zeit, der Umsetzung der wesentlichen Änderung(en) zu widersprechen, oder die siebentägige Möglichkeit zur weiteren Beratung in Anspruch zu nehmen und die Frist entsprechend zu verlängern. Andernfalls würde(n) die wesentliche(n) Änderung(en) als genehmigt gelten. Inwieweit auch die Ethikkommission(en) die siebentägige Verlängerungsmöglichkeit zur Beratung mit Sachverständigen in Anspruch nehmen können, ist im MPG 2021 nicht explizit geregelt. Nach Ansicht der Autorin kommt den Ethikkommission(en) jedoch auch die entsprechende Verlängerungsmöglichkeit – wie diese im MPDG explizit vorgesehen ist – zu.

10 Die Überschreitung der vorgesehenen Fristen durch den betroffenen Mitgliedstaat (das BASG und die Ethikkommission(en)) ist nach Ansicht von Rehmann rechtswidrig[20]. Nach dieser Ansicht[21] dürften diesbezüglich insoweit die gleichen Grundsätze Anwendung finden, wie zur Überschreitung von Regelfristen, die für die Bearbeitung von arzneimittelrechtlichen Zulassungen gelten. Dem ist nach der Meinung der Autorin auch unter den Gesichtspunkten des österreichischen Rechts zuzustimmen: Das gemäß dem Leitfaden des BASG vorgesehene Procedere, laut dem mit der Stellung des Antrags an das BASG bereits ein positives Ethikvotum vorzulegen ist, führt per se zu einer Überschreitung bzw. nicht konformen Umsetzung der gemäß Art 75 Abs 1 MP-VO (Art 67 Abs 4 IVD-VO) vorgesehenen Frist, da demzufolge die 38-tägige Frist für die Meldung (allenfalls um sieben Tage zu verlängern) spätestens innerhalb von einer Woche nach der beabsichtigten Umsetzung von wesentlichen Änderungen durch den Sponsor zu erfolgen hat. Eine entsprechende Umsetzung mit einer parallelen Befassung der Ethikkommission(en) und des BASG, wie dies im MPDG vorgesehen ist, sowie eine explizite

---

18 Das sollte jedenfalls nur gelten, solange die EUDAMED noch nicht voll implementiert ist; das bestehende Ethikvotum wird im Hinblick auf die wesentlichen Änderungen ergänzt.

19 Art 71 Abs 4 lit a) bis d) sieht diesbezüglich ua folgende Gründe vor: (i) die Unvollständigkeit der Unterlagen, (ii) Produkt oder Unterlagen entsprechen nicht den wissenschaftlichen Standards, (iii) Nachweis hinsichtlich Sicherheit und Nutzen nicht erbracht, (iv) die grundlegenden Anforderungen an klinische Studien sind nicht erfüllt, (v) negative Nutzen-Risikobeurteilung.

20 *Rehmann/Wagner/Rehmann* (Hrsg.), 4. Auflage 2023, VO (EU) 2017/745, RZ 1–5.

21 *Rehmann/Wagner/Rehmann* (Hrsg.), 4. Auflage 2023, VO (EU) 2017/745, RZ 1–5; BVerwG, PharmaR 1991, 322 ff.; KG Berlin PharmaR, 2001, 410.

Regelung hinsichtlich der Möglichkeit der siebentägigen Verlängerung der Frist sowohl durch das BASG als auch durch die Ethikkommission(en) wäre deshalb nach Ansicht der Autorin auch in Österreich notwendig.

Sofern die Änderungen für die in die klinische Prüfung eingeschlossenen Probanden wesentlich sind, sind diese ebenfalls über die Änderungen aufzuklären. Dies hat auch dann zu erfolgen, wenn bereits vorher eine entsprechende Aufklärung der Probanden erfolgt ist. 11

III. Leitfaden des BASG betreffend wesentliche Änderungen

Das BASG hat einen gesonderten Leitfaden[22] zur Klassifizierung von wesentlichen Änderungen, relevanten Meldungen und sonstigen Meldungen gemäß VO (EU) 2017/745 erstellt[23]. Dieser basiert auf dem Annex II von "MDCG 2021-6 Regulation (EU) 2017/745 – Questions & Answers regarding clinical investigation"[24], wobei im Annex II ausdrücklich festgehalten wird, dass es sich um eine nicht abschließende Liste mit beispielhaften Aufzählungen handelt. 12

Die folgenden Änderungen werden im Leitfaden des BASG explizit als genehmigungs- und gebührenpflichtig ausgewiesen[25]. Es wird dezidiert darauf hingewiesen, dass die Einstufung der Meldung und die Auswahl des korrekten Meldeformulars dem Sponsor bzw. Melder obliegt. Das BASG weist insbesondere darauf hin, dass bis geänderte Leitfäden und Formulare verfügbar sind, die in den Leitfäden für Klinische Prüfungen mit Medizinprodukten beschriebenen nationalen Verfahrensregeln ebenso für Leistungsstudien mit In-Vitro Diagnostika anzuwenden sind[26]. 13

A. Wesentliche Änderungen in Bezug auf den Prüfplan oder die Informationen zum Thema:

a) Änderung des Hauptzwecks der Klinischen Prüfung;

b) Änderung eines primären oder wesentlichen sekundären Endpunkts;

c) Eine Änderung des Designs der klinischen Prüfung, die voraussichtlich erhebliche Auswirkungen auf die statistische Analyse oder die Nutzen/Risiko-Bewertung hat ua

(i) Hinzufügen/Streichen von Studienarmen (Prüfprodukt oder Komparator)

---

22 https://www.basg.gv.at/fileadmin/redakteure/06_Gesundheitsberufe/Klinische_Studien/MPG/L_I274_Leitfaden_AMD_MDR.pdf (zuletzt abgerufen am 16.03.2025).

23 Die Verordnungen kennen nur zwei Arten von Änderungen: „wesentliche" und „nicht wesentliche" Änderungen, mit dem BASG Leitfaden wird eine weitere Art eingeführt, nämlich „überwachungsrelevante" Änderungen – siehe BASG Leitfaden „Leitfaden zur Einreichung und Durchführung von Klinischen Prüfungen von Medizinprodukten gemäß Verordnung (EU) 2017/745", S 11: Der Sponsor muss die Meldung beim BASG zeitnah mit jeglichen Änderungen der klinischen Prüfung aktualisieren, bei denen es sich nicht um wesentliche Änderungen handelt, die aber für die Überwachung der klinischen Prüfung durch das BASG relevant sind.

24 https://health.ec.europa.eu/system/files/2023-12/mdcg_2021-6_en.pdf (zuletzt abgerufen am 20.03.2025).

25 Bei klinischen Prüfungen, die noch vor dem 26.05.2021 genehmigt wurden und noch laufen, wären wesentliche Änderungen in diesen Prüfungen noch nach den „alten" Vorschriften durchzuführen. Diesbezüglich ist auch ein eigener Gebührensatz im Gebührenkatalog auf S 20 (Punkt XII 1a angegeben – https://www.basg.gv.at/fileadmin/redakteure/02_Ueber_Uns/Geb%C3%BChrentarif/Geb%C3%BChrentarif_01.03.2025.pdf. Für Leistungsstudien sind abweichende (fünf unterschiedliche) Gebühren vorgesehen.

26 https://www.basg.gv.at/gesundheitsberufe/klinische-studien/klinische-pruefung-medizinprodukte (zuletzt abgerufen am 16.03.2025).

(ii) Änderung der Vergleichsgruppe

(iii) Änderung an der Art der Durchführung (stationär, ambulant, im niedergelassenen Bereich)

(iv) Hinzufügen/Streichen von Substudien

d) Änderung der Dauer der Behandlung und/oder der Nachbeobachtung der Patienten;

e) Änderung eines diagnostischen oder sonstigen Bewertungsverfahrens, das wahrscheinlich erhebliche Auswirkungen auf die Sicherheit des Probanden oder den wissenschaftlichen Wert der im Rahmen der klinischen Prüfung erhobenen klinischen Daten hat;

f) Änderungen im Data Safety Monitoring Board (DSMB), die sich beispielsweise auf die Sicherheitsbewertung oder die Unabhängigkeit und Unparteilichkeit auswirken können;

g) Änderung der Anzahl der in die klinische Prüfung einzubeziehenden Probanden, entweder aufgrund einer Anpassung der Berechnung des Stichprobenumfangs oder zur Beibehaltung einer zuvor festgelegten Berechnung des Stichprobenumfangs aufgrund einer erhöhten unvorhergesehenen Abbrecherquote;

h) Änderung der Sicherheitskriterien zur Änderung oder Unterbrechung der Behandlung;

i) Änderung der Einschluss- oder Ausschlusskriterien, wenn diese Änderungen voraussichtlich erhebliche Auswirkungen auf die Sicherheit der Probanden oder den wissenschaftlichen Wert der im Rahmen der klinischen Prüfung erhobenen klinischen Daten haben.

B. Wesentliche Änderungen im Zusammenhang mit dem Nutzen/Risiko der klinischen Prüfung:

a) Neue präklinische oder klinische Daten, die sich auf die Nutzen/Risiko-Bewertung auswirken können;

b) Widerruf oder Aussetzung der Konformitätsbewertungsbescheinigungen für das zu prüfende Medizinprodukt;

c) Wiederaufnahme der Klinischen Prüfung nach Unterbrechung aus Sicherheitsgründen.

C. Wesentliche Änderungen im Zusammenhang mit der Verwendung des Prüfprodukts

a) Änderung der Behandlungsmodalitäten (ua Änderung von Verfahren, Techniken, Gebrauchsanweisungen) des geprüften Medizinprodukts.

D. Wesentliche Änderungen im Zusammenhang mit dem Herstellungsverfahren des Prüfproduktes

a) Änderung des Herstellungs-, Sterilisations- oder Verpackungsprozesses für das Prüfprodukt;

b) Änderung an relevantem Zubehör zum geprüften Medizinprodukt;

c) Änderungen an der Software, die zum Funktionieren des Medizinproduktes nötig ist;

d) Änderungen bei Arzneimittelkomponenten, die das Medizinprodukt in unterstützender Funktion enthält.

§ 13 Abs 1 MPG 2021 legt fest, dass der Abschnitt 3 für folgende klinische Prüfungen gilt: Artikel 62 MP-VO (zu Konformitätszwecken) und Artikel 82 MP-VO (Sonstige klinische Prüfungen). Nicht erwähnt sind jedoch klinische Prüfungen nach Artikel 74 Abs 1 (mit CE, innerhalb der Zweckbestimmung, mit zusätzlichen invasiven oder beschwerlichen Maßnahmen). Daraus ergeben sich die folgenden zwei Inkonsistenzen im Hinblick auf § 24 MPG 2021:

1. Artikel 75 MP-VO gilt auch für klinische Prüfungen nach dem Inverkehrbringen: es gelten Artikel 62 Absatz 4 Buchstaben b bis k und m MP-VO, die Artikel 75 bis 77 MP-VO und Artikel 80 Absatz 5 MP-VO sowie die einschlägigen Bestimmungen des Anhangs XV. In § 24 MPG 2021 ist jedoch nicht explizit angeführt, dass die wesentlichen Änderungen bei dieser Art der klinischen Prüfung auch der Ethikkommission zu melden sind. Diesbezüglich wäre eine entsprechende Klarstellung wünschenswert.
2. In § 13 Abs 2 MPG 2021 werden die zusätzlichen nationalen Anforderungen für sonstige klinische Prüfungen nach Artikel 82 MP-VO festgelegt. Hier fehlt jedoch eine konkrete Bezugnahme auf Artikel 75 MP-VO. Dadurch besteht eine bedeutende Unklarheit, da Art 75 MP-VO die Definition von wesentlichen Änderungen, die Fristen und das einzuhaltende Verfahren regelt. Diesbezüglich wäre es wünschenswert, dass dies auch im § 24 MPG 2021 formal korrekt durch das Einfügen expliziter Verweise oder einer entsprechenden gesonderten Regelung des Verfahrens abgebildet wird, da auch nicht davon ausgegangen werden kann, dass auf die Meldung sicherheitsrelevanter Änderungen bewusst verzichtet werden soll.

IV. Sanktionen

§ 34 MPG 2021 sieht vor, dass wenn wesentliche Änderungen einer klinische Prüfung bzw. 14
einer Leistungsstudie ohne *Genehmigung bzw. Meldung* gemäß den Bestimmungen der VO (EU) 2017/745 oder der VO (EU) 2017/746 oder den Bestimmungen des dritten Abschnittes (Klinische Prüfungen, Leistungsstudien und nichtinterventionelle Studien) durchgeführt werden, die gewonnenen Daten nicht publiziert, nicht entgeltlich oder unentgeltlich an Dritte weitergegeben und nicht im Rahmen eines Konformitätsbewertungsverfahrens oder eines Zulassungsverfahrens verwendet werden dürfen. Bereits erfolgte Publikationen müssen zurückgezogen werden[27], [28].

Darüber hinaus begeht gemäß § 80 MPG 2021 eine Verwaltungsübertretung, wer bei klini- 15
schen Prüfungen oder Leistungsstudien den Vorgaben der VO (EU) 2017/745 oder der VO (EU) 2017/746 oder den Vorgaben des 3. Abschnitts MPG 2021 – und somit auch § 24 MPG 2021 im Hinblick auf die Verpflichtung zur Meldung (Genehmigungsfiktion) betreffend wesentliche Änderungen – zuwiderhandelt und macht sich, sofern sie nicht den Tatbestand einer in die Zuständigkeit der Gerichte fallenden strafbaren Handlung bildet, einer Verwaltungsübertretung schuldig. Diese ist mit Geldstrafe bis zu 25.000 €, im Wiederholungsfalle bis zu 50.000 € zu bestrafen. Auch der Versuch ist strafbar.

Eine Vornahme von wesentlichen Änderungen durch den Sponsor ohne Einhaltung des vorgesehenen Procederes ist nicht zulässig. Ein Verstoß dagegen hat ua zur Folge, dass die in der Klinischen Prüfung bzw. Leistungsstudie gewonnenen Daten nicht publiziert, nicht entgeltlich oder unentgeltlich an Dritte weitergegeben und nicht im Rahmen eines Konformitätsbewertungsverfahrens oder eines Zulassungsverfahrens verwendet werden dürfen. Bereits erfolgte Publikationen müssen zurückgezogen werden.

Hinsichtlich weiterer Ausführungen zu den Sanktionen wird auf die Kommentierungen zu § 34 MPG 2021 (*Zippenfenig S./Zippenfenig M.*) und § 80 MPG 2021 (*Dungl*) verwiesen.

---

[27] In den EB zu § 34 wird ausgeführt, dass hiermit eine Sanktionsnorm geschaffen wurde, die die Verwendung der Daten, welche im Rahmen einer nicht genehmigten oder nicht ordnungsgemäß gemeldeten klinischen Prüfung oder Leistungsstudie gewonnen wurden, untersagt wird (EB zu § 34 (109/ME XXVII. GP; EB des Gesundheitsausschusses zu § 34 (AB 884 BlgNR XXVII. GP).

[28] *Larcher/Beiglböck*, Das neue österreichische Medizinproduktegesetz 2021, RdM 2021/242.

§ 25 Schutz spezifischer Personengruppen

(1) Zum Schutz spezifischer Personengruppen gelten die Art. 64 bis 68 der Verordnung (EU) Nr. 745/2017 bzw. Art. 60 bis 64 der Verordnung (EU) Nr. 746/2017 und die Abs. 2 bis 5.

(2) Eine klinische Prüfung an einer entscheidungsfähigen minderjährigen Person darf zusätzlich zu den in Art. 65 der Verordnung (EU) Nr. 745/2017 bzw. Art. 61 der Verordnung (EU) Nr. 746/2017 genannten Anforderungen nur durchgeführt werden, wenn diese darin eingewilligt hat.

(3) Eine klinische Prüfung darf an Personen, die einen Präsenzdienst leisten, nicht durchgeführt werden.

(4) Eine klinische Prüfung darf an Personen, die auf gerichtliche oder behördliche Anordnung angehalten oder gemäß dem Unterbringungsgesetz, BGBl. Nr. 155/1990, untergebracht sind, nicht durchgeführt werden.

(5) Wenn ein Tatbestand nach Abs. 3 oder 4 hinsichtlich eines Prüfungsteilnehmers eintritt und die klinische Prüfung daher für diesen Prüfungsteilnehmer zu beenden ist, muss das Prüfprodukt durch den Sponsor weiterhin zur Verfügung gestellt werden, wenn ein sofortiger Abbruch der Therapie negative gesundheitliche Folgen für den betroffenen Prüfungsteilnehmer zur Folge hätte. Daneben sind auch allenfalls zur Patientensicherheit erforderliche Begleitmaßnahmen sicherzustellen.

Beachte für die Bestimmung: Tritt hinsichtlich In-vitro-Diagnostika am 26.5.2022 in Kraft (vgl § 91 Abs 1).

Fassung: BGBl I 2021/192

Literatur: Art 31 und Art 32 VO (EU) 536/2014; Art 67 Abs 7 MDR; Art 67 MDR, Art 63 IvD-VO; BGBl I 2021/122 idF I 2021/192; *D'Orlando/ Heissenberger/ Steinböck*, Neuregelung der materiellen Voraussetzungen für klinische Arzneimittelprüfungen, RdM 2023/2; *;* EB zu § 25 MPG (109/ME XXIV. GP); *Füszl/ Semp*, Pharmazeutische Vorschriften § 45, Anm 2; *Gassner*, Neues EU-Medizinprodukterecht ante portas, RdM 2018/99 (128); *Haas/Plank/Unterkofler*, Arzneimittelgesetz, Kommentierung zu § 45, S. 401; *Heissenberger* in *Cerha/Heissenberger/Steinböck*, AMG (2020) §§ 43, 43a; *Heissenberger* in *Cerha/Heissenberger/Steinböck*, AMG (2020) §§ 44, 45; *Hellbert,* Handbuch Pharmarecht, Kap IV Klinische Versuche; *Hofmann/Schreck* in *Neumayr/Resch/Wallner,* GmundKomm Medizinprodukte-VO (Stand 1.1.2022, rdb.at)*; Larcher/ Beiglböck*, Das neue österreichische Medizinproduktegesetz 2021, RdM 2021/242; *Maier*, Forschung an einwilligungsunfähigen Personen – Ein Vergleich der Regelungen von AMG und MPG, RdM 2013/55. *Noe*, Klinische Prüfungen NEU – Änderungen im Arzneimittelrecht durch den Geltungsbeginn der VO (EU) 536/2014 und die AMG-Novelle BGBl I 2022/8 (Teil II), JMG 2022, 252; *Rehmann* in *Wagner/Rehmann*, 4. Aufl. 2023, VO (EU) 2017/745; *Steinböck* in *Holoubek/Potacs* (Hrsg), Öffentliches Wirtschaftsrecht (2019) Arzneimittelrecht; Wehrgesetz, BGBl I 2001/146; *Zerbes* in *Triffterer/ Rosbaud/Hinterhofer* (Hrsg), Salzburger Kommentar zum Strafgesetzbuch (31. Lfg 2014) zu § 90 StGB;

Inhaltsverzeichnis

I. Allgemeines

1 § 25 MPG regelt die Voraussetzungen für die Teilnahme von spezifischen Personengruppen an klinischen Prüfungen bzw Leistungsstudien und wurde im Zuge der EU-Verordnungen Nr 745/2017 (MP-VO) und Nr 746/2017 (IvD-VO) neu geregelt. Die aktuellen Vorschriften unterscheiden sich zwar inhaltlich kaum von den bisherigen Regelungen, allerdings ergibt sich aus § 25 MPG durch den Verweis auf die genannten Verordnungen eine gänzlich neue Strukturierung. § 25 MPG ersetzt die bisherigen §§ 52 – 54 MPG aF.

2 Nach der alten Rechtslage waren sämtliche Sonderbestimmungen in Bezug auf vulnerable Personengruppen im (nationalen) MPG normiert. Nun sind die grundlegenden Bestimmungen in Bezug auf Minderjährige, Einwilligungsunfähige, schwangere und stillende Frauen sowie Notfallpatienten unmittelbar in den Verordnungen geregelt.[1]

3 Trotz unionsweiter Harmonisierung beinhalten die Verordnungen an manchen Stellen Öffnungsklauseln für die Mitgliedstaaten und ermöglichen in gewissen Grenzen zusätzliche nationale Regelungen.[2] Von diesen hat der österreichische Gesetzgeber in § 25 Abs 3 und 4 MPG in Bezug auf Präsenzdiener, gerichtlich oder behördlich Angehaltene und Untergebrachte (näher unter Punkt III. Verbotene Personengruppen) Gebrauch gemacht.

II. Verweis auf Verordnungen

4 Das MPG enthält für einwilligungsunfähige Prüfungsteilnehmer, schwangere oder stillende Frauen und Notfallpatienten keine materiellen Bestimmungen, sondern verweist in § 25 Abs 1 MPG auf Art 64 bis 68 MP-VO und Art 60 bis 64 IvD-VO. Im Hinblick auf die genannten

---

1 *Gassner*, Neues EU-Medizinprodukterecht ante portas, RdM 2018/99 (128).

2 Art 67 MP-VO, Art 63 IvD-VO; *Noe*, Klinische Prüfungen NEU – Änderungen im Arzneimittelrecht durch den Geltungsbeginn der VO (EU) 536/2014 und die AMG-Novelle BGBl I 2022/8 (Teil II), JMG 2022, 252.

Personengruppen wurde dem nationalen Gesetzgeber kein Gestaltungsspielraum eingeräumt.[3] Die Verordnungen sehen neben den allgemein bestehenden Anforderungen zusätzliche Einschränkungen für die Teilnahme dieser Personengruppen an klinischen Prüfungen bzw Leistungsstudien vor:

A. Nicht einwilligungsfähige Prüfungsteilnehmer (Art 64 MP-VO, Art 60 IvD-VO)

5 Die Voraussetzungen für den Einschluss nicht einwilligungsfähiger Prüfungsteilnehmer in klinische Prüfungen sind in Art 64 MP-VO und für Leistungsstudien in Art 60 IvD-VO geregelt.

6 Grundsätzlich erteilt der gesetzliche Vertreter bei einem einwilligungsunfähigen Probanden die Einwilligung nach Aufklärung (informed consent). Dies setzt voraus, dass ein Vertreter für medizinische Behandlungen für den Einwilligungsunfähigen bestellt ist und der Prüfungsteilnehmer nicht schon vor Verlust seiner Einwilligungsfähigkeit, eine Regelung über eine allfällige Teilnahme an einer klinischen Prüfung bzw Leistungsstudie getroffen hat. Der Einwilligungsunfähige könnte im Vorhinein eine Teilnahme (zB in einer Patientenverfügung) verweigert oder sogar den ausdrücklichen Wunsch zur Teilnahme festgehalten haben.

7 Wenn ein Prüfungsteilnehmer seine Einwilligungsfähigkeit (nachträglich) nach bereits wirksam erteilter Einwilligung in die Teilnahme verliert, hat dies keine Auswirkungen auf die Teilnahme, da die Einwilligung fortwirkt.[4] Der gesetzliche Vertreter kann zwar die Einwilligung nachträglich jederzeit widerrufen, er muss allerdings nicht (erneut) zustimmen.[5]

8 Der nicht einwilligungsfähige Prüfungsteilnehmer muss – soweit dies möglich ist – in den Entscheidungsprozess miteinbezogen werden und eine angemessene, seinen Fähigkeiten entsprechende Mitteilung sämtlicher Informationen zum Prüfungsablauf erhalten. Er hat ein sogenanntes „Vetorecht“. Seine Weigerung zur Teilnahme bzw sein Beendigungswille ist nach begonnener Prüfung, zu jedem Zeitpunkt vom Prüfer zu beachten. Dies gilt solange der Einwilligungsunfähige in der Lage ist, sich eine Meinung zu bilden.

9 Da die Motivation zur Teilnahme nicht auf finanziellen Überlegungen beruhen soll, dürfen weder Prüfungsteilnehmern noch gesetzlichen Vertretern finanzielle oder anderweitige Anreize angeboten werden. Es sollen ausschließlich Aufwandsentschädigungen, also Einkommensausfälle und Ausgaben, welche sich direkt aus der Teilnahme ergeben, ersetzt werden.

10 Bei der Teilnahme von nicht einwilligungsfähigen Probanden gilt das Prinzip der Subsidiarität. Die Teilnahme der einwilligungsunfähigen Person muss somit unerlässlich sein.[6] Dies setzt voraus, dass die Daten, die aus der klinischen Prüfung gewonnen werden, (i) nicht in vergleichbarer Aussagekraft durch klinische Prüfungen an einwilligungsfähigen Personen oder durch andere Forschungsmethoden erlangt werden können und (ii) direkt mit dem klinischen Krankheitszustand des einwilligungsunfähigen Teilnehmers in Verbindung stehen.[7] Dafür reicht es nicht aus, dass ein „Gruppennutzen“ zu erwarten ist. Vielmehr müssen fundierte wissenschaftliche Gründe vorliegen, die einen „Einzelnutzen“ für den spezifischen Prüfungsteilnehmer in Aussicht stellen.[8]

---

3 *D'Orlando/Heissenberger/Steinböck*, Neuregelung der materiellen Voraussetzungen für klinische Arzneimittelprüfungen, RdM 2023/2.

4 *Rehmann* in *Wagner/Rehmann*, 4. Aufl. 2023, VO (EU) 2017/745 Art 64 Rz 2.

5 *Hofmann/Schreck* in *Neumayr/Resch/Wallner*, GmundKomm Art 64 Medizinprodukte-VO (Stand 1.1.2022, rdb.at).

6 *Rehmann* in *Wagner/Rehmann*, 4. Aufl. 2023, VO (EU) 2017/745 Art 64 Rz 2.

7 *Hofmann/Schreck* in *Neumayr/Resch/Wallner*, GmundKomm Art 64 Medizinprodukte-VO (Stand 1.1.2022, rdb.at).

8 *Rehmann* in *Wagner/Rehmann*, 4. Aufl. 2023, VO (EU) 2017/745 Art 64 Rz 2.

B. Minderjährige (Art 65 MP-VO, Art 61 IvD-VO)

In Art 65 MP-VO und Art 61 IvD-VO sind die Voraussetzungen für klinische Prüfungen bzw Leistungsstudien mit Minderjährigen normiert. Bei den minderjährigen Prüfungsteilnehmern steht der Gedanke des Minderjährigenschutzes im Vordergrund, weshalb auch für diese Personengruppe besondere Voraussetzungen für die Teilnahme erfüllt sein müssen. 11

Wie auch bei den einwilligungsunfähigen Teilnehmern dürfen keine finanziellen oder anderweitige Vergütungen für die Teilnahme gewährt werden. 12

In den Verordnungen wird nicht zwischen gesunden und kranken Minderjährigen unterschieden. Aus Art 65 lit e und f MP-VO lässt sich ableiten, dass sich bei der Teilnahme von kranken Minderjährigen, (i) die Erforschung auf einen Krankheitszustand beziehen muss, der nur Minderjährige betrifft und (ii) die Daten nur durch eine klinische Prüfung mit dieser Personengruppe gewonnen werden können. Die Prüfung muss somit auch bei Minderjährigen in einem direkten Zusammenhang mit dem Krankheitszustand des Betroffenen stehen und einen persönlichen Vorteil (Eigennutzen) bringen. Darunter versteht man entweder die Möglichkeit, eine Erkrankung frühzeitiger zu diagnostizieren oder den Minderjährigen präventiv vor einer Erkrankung zu schützen. Auch bei Minderjährigen gilt das Prinzip der Subsidiarität, weshalb die Durchführung einer Prüfung mit einem Minderjährigen nur dann zulässig ist, wenn aufgrund ihrer Beschaffenheit zwingend die Teilnahme eines Minderjährigen erforderlich ist. Die Durchführung der Prüfung mit Erwachsenen darf nicht ausreichen, um ausreichende Prüfergebnisse zu erzielen.[9] 13

Wenn der Minderjährige während der Teilnahme die Einwilligungsfähigkeit erlangt, ist Voraussetzung für die weitere Teilnahme, dass ein Aufklärungsgespräch mit ihm erfolgt, bei welchem seine ausdrückliche Einwilligung (erneut) eingeholt werden muss.[10] 14

Je nachdem, ob es sich um einen entscheidungsfähigen oder nicht entscheidungsfähigen Minderjährigen handelt, unterscheidet man im Rahmen der Einwilligung, ob der Minderjährige auch selbst in die Teilnahme einwilligen muss oder ob der gesetzliche Vertreter stattdessen einwilligen kann. Generell gilt, dass die Aufklärung stets durch einen im Umgang mit Minderjährigen erfahrenen oder entsprechend ausgebildeten Prüfer erfolgen muss, der die Aufklärung in einer dem Alter und der geistigen Reife des Minderjährigen entsprechenden Weise durchführt. 15

a. Entscheidungsfähige Minderjährige

Eine klinische Prüfung mit entscheidungsfähigen Minderjährigen darf nur dann durchgeführt werden, wenn der Minderjährige neben dem gesetzlichen Vertreter selbst in die Teilnahme einwilligt. § 173 ABGB normiert als allgemeine Regel, dass ein entscheidungsfähiges Kind Einwilligungen in medizinische Behandlungen nur selbst erteilen kann. Wenn es allerdings an der notwendigen Entscheidungsfähigkeit mangelt, ist die Zustimmung der Person erforderlich, welche mit der gesetzlichen Vertretung bei Pflege und Erziehung betraut ist. 16

Diese allgemeine nationale Regelung findet aufgrund Art 63 Abs 7 MP-VO auch im Bereich der klinischen Prüfung ihre Anwendung.[11] Nach Art 63 Abs 7 MP-VO ist nationales Recht unberührt zu lassen, welches vorschreibt, dass ein Minderjähriger, (i) der in der Lage ist sich eine Meinung zu bilden und (ii) die ihm erteilten Informationen zu beurteilen, zusätzlich zu der Einwilligung nach Aufklärung durch den gesetzlichen Vertreter, selbst der Teilnahme zustimmen muss, damit er an der klinischen Prüfung teilnehmen kann. 17

---

9 *Rehmann* in *Wagner/Rehmann*, 4. Aufl. 2023, VO (EU) 2017/745 Art 65 Rz 1-2.

10 *Hofmann/Schreck* in *Neumayr/Resch/Wallner*, GmundKomm Art 65 Medizinprodukte-VO (Stand 1.1.2022, rdb.at).

11 EB zu § 25 MPG (109/ME XXIV. GP).

18 Fraglich ist allerdings, wann die Einwilligungsfähigkeit eines Minderjährigen erreicht ist. Zur Beurteilung der Einwilligungsfähigkeit im Zusammenhang mit medizinischen Behandlungen erläutern die Gesetzesmaterialien, „*neben Alter, Reife, Gesundheitszustand, Persönlichkeit und anderen Faktoren auf Seiten des Kindes wird es auch auf die Schwere des Eingriffs, die mit seiner Vornahme oder seinem Unterbleiben verbundenen Risken, auf mögliche Spätfolgen und letztlich auch auf den Stand der medizinischen Wissenschaft ankommen. Mit anderen Worten geht es bei der Beurteilung der Einwilligungsfähigkeit darum, ob das Kind – bezogen auf medizinische Behandlung – hinsichtlich der Diagnose, der therapeutischen Möglichkeiten und der denkbaren Alternativen sowie hinsichtlich der jeweiligen Chancen und Risken den Wert der von der Entscheidung getroffenen Güter und Interessen erfassen und sein Verhalten nach dieser Einsicht ausrichten kann*“.[12]

19 Diese Beurteilung muss durch den behandelnden Arzt – also den Prüfer – nach Betrachtung aller Umstände und angepasst an den Einzelfall erfolgen. Die Einwilligungsfähigkeit wird dabei umso eher gegeben sein, je geringfügiger der Eingriff ist und je besser der behandelnde Arzt seine Verpflichtung zur Information und Aufklärung des Kindes wahrnimmt. Für die Beurteilung gibt es allerdings eine Zweifelsregel, wonach vermutet wird, dass die Einsichts- und Urteilsfähigkeit bei Kindern nach dem vollendeten 14. Lebensjahr erreicht ist. Wenn im Zuge der Behandlung bzw Bewertung durch den entscheidenden Arzt andere Umstände auftreten, sollten diese streng dokumentiert werden.[13]

b. Nicht entscheidungsfähige Minderjährige

20 Bei der Teilnahme eines nicht entscheidungsfähigen Minderjährigen ist die Einwilligung des gesetzlichen Vertreters nach ordnungsgemäßer Aufklärung erforderlich. Der nicht entscheidungsfähige Minderjährige muss vom Prüfer allerdings in den Prozess der Einwilligung miteinbezogen werden.

In Fällen fehlender Entscheidungsfähigkeit kommt dem Minderjährigen ein „Vetorecht“ zu, der Wille zur Ablehnung oder Beendigung einer Prüfung ist vom Prüfer zu jedem Zeitpunkt zu respektieren.[14]

c. Exkurs: Konsequenz einer nicht kindergerechten Aufklärung des Minderjährigen aus strafrechtlicher Sicht

21 Unabhängig von der Entscheidungsfähigkeit des Minderjährigen ist es erforderlich, dass dieser im Rahmen seines Alters und seiner geistigen Reife durch einen im Umgang mit Minderjährigen erfahrenen Prüfer entsprechend aufgeklärt wird. Es stellt sich die Frage, welche Konsequenz das Fehlen einer solchen kindergerechten Aufklärung für das Strafrecht haben könnte.[15] Hierfür ist zwischen entscheidungsfähigen und nicht (oder nur beschränkt) entscheidungsfähigen Minderjährigen zu unterscheiden.

---

[12] ErläutRV 296 BlgNR 21. GP 55 mit Hinweis auf *Kopetzki*, Grundriss des Unterbringungsrechts, Wien 1997, Rz 622 unter Berufung auf *Amelung*, Zeitschrift für die gesamte Strafrechtswissenschaft, 1992, 526 ff.

[13] ErläutRV 296 BlgNR 21. GP 55 mit Hinweis auf *Kopetzki*, Grundriss des Unterbringungsrechts, Wien 1997, Rz 622 unter Berufung auf *Amelung*, Zeitschrift für die gesamte Strafrechtswissenschaft, 1992, 526 ff.

[14] *Zerbes* in *Triffterer/Rosbaud/Hinterhofer*, Salzburger Kommentar zum Strafgesetzbuch (31. Lfg 2014) zu § 90 StGB, S. 33.

[15] *Zerbes* in *Triffterer/Rosbaud/Hinterhofer*, Salzburger Kommentar zum Strafgesetzbuch (31. Lfg 2014) zu § 90 StGB, S. 33.

Ein entscheidungsfähiger Minderjähriger muss neben dem gesetzlichen Vertreter selbst in die Teilnahme einwilligen, weshalb er die übermittelten Informationen verstehen muss, damit er eine fundierte Entscheidung treffen kann. Aus diesem Grund ist beim entscheidungsfähigen Minderjährigen eine kindergerechte und an sein persönliches Verständnis angepasste Aufklärung erforderlich. Eine nicht altersentsprechende Aufklärung kann rechtliche Konsequenzen nach sich ziehen und sogar eine Strafbarkeit begründen, wenn die entsprechende Aufklärung für die Einwilligung des entscheidungsfähigen Minderjährigen fehlt.[16] 22

Bei einem entscheidungsunfähigen bzw beschränkt entscheidungsfähigen Minderjährigen muss der aufgeklärte gesetzliche Vertreter stellvertretend einwilligen, weshalb eine nicht kindergerechte Aufklärung des betreffenden Minderjährigen wohl keine Strafbarkeit begründet, da die Einwilligung nicht vom Minderjährigen selbst erforderlich ist. Sie beeinträchtigt zwar die Ausgangslage für das „Vetorecht" des Minderjährigen, allerdings liegt eine wirksame Einwilligung des gesetzlichen Vertreters vor.[17] 23

d. Problemaufriss: „Orphan Devices" – Medizinprodukte für seltene Krankheiten

Die Entwicklung von Medizinprodukten für seltene Krankheiten, sogenannte „Orphan Devices" (OD), stellt Hersteller vor besondere Herausforderungen. Diese Medizinprodukte richten sich an Patienten mit Erkrankungen, die in der Europäischen Union jährlich bei weniger als 12.000 Personen auftreten. Sie erfüllen entweder einen bislang ungedeckten medizinischen Bedarf oder bieten im Vergleich zu bestehenden Alternativen einen klinischen Vorteil. Da seltene Krankheiten oft nur begrenzte Behandlungsoptionen haben, spielen Orphan Devices eine unverzichtbare Rolle in der Versorgung dieser Patienten.[18] Es gibt jedoch erhebliche Hürden: Die Forschung und Entwicklung solcher Medizinprodukte ist kostspielig und aufwendig, da kleine Patientengruppen eine ausreichende Datenerhebung erschweren. Zudem können niedrige Verkaufszahlen und hohe Kosten die Rentabilität und Wirtschaftlichkeit der Produkte gefährden. Zusätzliche regulatorische Anforderungen, wie die Einhaltung der MP-VO, erhöhen die Komplexität weiter.[19] 24

Die EU hat die besonderen Schwierigkeiten erkannt, mit denen Hersteller bei der Umsetzung der MP-VO konfrontiert sind. Die EU-Kommission hat deshalb mit der Leitlinie MDCG 2024-10 einen Rahmen geschaffen, der Hersteller und Benannte Stellen bei der klinischen Prüfung von Orphan Devices unterstützt. Diese Leitlinie bietet Herstellern und Benannten Stellen eine Orientierung zur klinischen Bewertung von Medizinprodukten und deren Zubehör gemäß der MP-VO, sofern diese als „Orphan Devices" (OD) eingestuft werden oder eine Orphan-Indikation im Sinne dieser Leitlinie aufweisen. Die Empfehlungen gelten für Medizinprodukte aller Risikoklassen entsprechend den Klassifizierungsregeln der MP-VO. Sie zielt darauf ab, die spezifischen Herausforderungen bei der klinischen Prüfung von Medizinprodukten für seltene Erkrankungen oder kleine Patientengruppen zu adressieren und dabei die Einhaltung der MP-VO-Anforderungen zu gewährleisten. Diese Leitlinie gilt ausschließlich für Medizin- 25

---

[16] *Zerbes* in *Triffterer/Rosbaud/Hinterhofer*, Salzburger Kommentar zum Strafgesetzbuch (31. Lfg 2014) zu § 90 StGB, S. 33.

[17] *Zerbes* in *Triffterer/Rosbaud/Hinterhofer*, Salzburger Kommentar zum Strafgesetzbuch (31. Lfg 2014) zu § 90 StGB, S. 33.

[18] Medical Device Coordination Group Document, MDCG 2024-10, Clinical evaluation of orphan medical devices, S. 6, https://health.ec.europa.eu/document/download/daa1fc59-9d2c-4e82-878e-d6fdf12ecd1a_en?filename=mdcg_2024-10_en.pdf, zuletzt abgerufen am 14.12.2024.

[19] Pedriatic Cardiology – Orphan Medical Devices and Pedriatic Cardiology – What Interventionists in Europe Need to Know, and What need to be Done, https://pmc.ncbi.nlm.nih.gov/articles/PMC9579647/pdf/246_2022_Article_3029.pdf, S. 271, 274, zuletzt abgerufen am 06.12.2024.

produkte, die unter die MP-VO fallen, nicht jedoch für In-vitro-Diagnostika (IvD-VO). Die Leitlinie soll die Anforderungen der MP-VO jedenfalls nicht unterlaufen, sondern stellt lediglich eine Orientierung dar.[20]

26 Im Sinne dieser Leitlinie gilt ein Medizinprodukt oder Zubehör für ein Medizinprodukt als Orphan Device („Orphan Device Status"), wenn es die folgenden Kriterien erfüllt: (i) Das Medizinprodukt ist speziell dafür bestimmt, Patienten bei der Behandlung, Diagnose oder Vorbeugung einer Krankheit oder eines Zustands zu unterstützen, die bei nicht mehr als 12.000 Personen pro Jahr in der Europäischen Union auftritt. (ii) Zusätzlich muss mindestens eines der folgenden Kriterien erfüllt sein: Es mangelt an verfügbaren Alternativen für die Behandlung, Diagnose oder Prävention dieser Krankheit bzw dieses Zustands oder das Produkt bietet im Vergleich zu verfügbaren Alternativen oder dem aktuellen Stand der Technik einen erwarteten klinischen Nutzen für die Behandlung, Diagnose oder Prävention dieser Krankheit bzw dieses Zustands, unter Berücksichtigung sowohl produkt- als auch patientenpopulationsspezifischer Faktoren.[21] Zusätzlich zu Produkten mit Orphan-Device-Status kann ein Medizinprodukt auch eine spezifische Zweckbestimmung oder Indikation für eine Orphan-Population oder -Subpopulation haben („Orphan Indication"), während es gleichzeitig für größere Patientengruppen bestimmt ist. In solchen Fällen können die in dieser Leitlinie dargelegten Prinzipien für den Nachweis ausreichender klinischer Evidenz anwendbar sein, jedoch nur für die Orphan-Indikation und unbeschadet der klinischen Bewertungsanforderungen für andere Zweckbestimmungen im Rahmen der MP-VO-Zertifizierung.[22]

27 Unabhängig von der spezifischen Problematik bei der Entwicklung von Orphan Devices intensiviert sich das Problem bei klinischen Prüfungen mit Minderjährigen. Kinder gelten als besonders schutzbedürftig, weshalb der regulatorische Rahmen für ihre Teilnahme an klinischen Prüfungen streng ist und sich daraus auch unbeabsichtigte negative Folgen ergeben: Medizinprodukte für Kinder kommen oft spät oder gar nicht auf den Markt, da die erforderlichen Studien nur unter erheblichem Mehraufwand durchführbar sind. Besonders betroffen sind Kinder mit seltenen Krankheiten, da hier die ohnehin kleinen Patientengruppen die Datengenerierung und Zulassung erschweren.

28 Medizinprodukte für Kinder mit seltenen Krankheiten sind besonders gefährdet, da sie vor zusätzlichen Herausforderungen stehen. Hohe regulatorische Anforderungen, längere Zulassungszeiten und gestiegene Kosten erschweren die wirtschaftliche Umsetzung. Die Forschung bei seltenen Krankheiten ist aufwendiger und riskanter, und viele dieser Produkte sind oft die einzige Behandlungsoption für eine kleine Zahl von Patienten pro Jahr. Die Kombination dieser Faktoren führt dazu, dass es für Hersteller wirtschaftlich untragbar werden kann, Orphan Devices für Kinder auf den Markt zu bringen.[23]

---

[20] Medical Device Coordination Group Document, MDCG 2024-10, Clinical evaluation of orphan medical devices, S. 4, https://health.ec.europa.eu/document/download/daa1fc59-9d2c-4e82-878e-d6fdf12ecd1a_en?filename=mdcg_2024-10_en.pdf, zuletzt abgerufen am 06.12.2024.

[21] Medical Device Coordination Group Document, MDCG 2024-10, Clinical evaluation of orphan medical devices, S. 4, https://health.ec.europa.eu/document/download/daa1fc59-9d2c-4e82-878e-d6fdf12ecd1a_en?filename=mdcg_2024-10_en.pdf, zuletzt abgerufen am 06.12.2024.

[22] Medical Device Coordination Group Document, MDCG 2024-10, Clinical evaluation of orphan medical devices, S. 8-9, https://health.ec.europa.eu/document/download/daa1fc59-9d2c-4e82-878e-d6fdf12ecd1a_en?filename=mdcg_2024-10_en.pdf, zuletzt abgerufen am 06.12.2024.

[23] *Martin*, Orphan Medical Devices: Hoffnung für die Schwächsten, https://www.johner-institut.de/blog/regulatory-affairs/orphan-medical-devices/, zuletzt abgerufen am 06.12.2024; Medical Device Coordination Group Document, MDCG 2024-10, Clinical evaluation of orphan medical devices, S.

Insgesamt bleibt die Herausforderung, den notwendigen Schutz von Minderjährigen bei klinischen Prüfungen mit der Entwicklung und Verfügbarkeit geeigneter Medizinprodukte und medizinischen Fortschritt in Einklang zu bringen, sodass dem Mangel an Medizinprodukten für Minderjährige entgegengewirkt werden kann. 29

C. Schwangere oder stillende Frauen (Art 66 MP-VO, Art 62 IvD-VO)

In Art 66 MP-VO und Art 62 IvD-VO sind die Voraussetzungen für den Einschluss schwangerer oder stillender Frauen normiert. Auch hier muss sich aus der Teilnahme einerseits ein direkter medizinischer Nutzen für die (werdende) Mutter oder Fötus bzw Kind ergeben und andererseits dürfen keine Risiken für das gestillte Kind bestehen. Die Verordnung sieht in Bezug auf gestillte Kinder sogar einen noch höheren Sicherheitsstandard als bei den minderjährigen Prüfungsteilnehmern vor.[24] 30

D. Klinische Prüfung bzw Leistungsstudie in Notfällen (Art 68 MP-VO, Art 64 IvD-VO)

Die Regelungen der medizinischen Forschung im Rahmen der Notfallmedizin sind jenen Bestimmungen in Art 35 VO (EU) 536/2014 für Arzneimittelprüfungen nachgebildet. Die Bestimmungen gelten dabei allgemein für Notfallpatienten, egal ob diese einwilligungsfähig sind oder nicht. Voraussetzung ist, dass wegen einer plötzlichen lebensbedrohlichen oder einem anderen plötzlichen schwerwiegenden Krankheitszustandes, die Einwilligung des Notfallpatienten nicht erlangt werden kann.[25] 31

Eine Notfallsituation zeichnet sich durch ihren unerwarteten Eintritt aus, welche rasches Handeln erfordert. Die Dringlichkeit der Situation ergibt sich aufgrund des plötzlichen lebensbedrohlichen oder anderen schwerwiegenden Gesundheitszustandes. Dies kann auch mit einem Verlust der Entscheidungsfähigkeit einhergehen, welcher unterschiedliche Ursachen haben kann. Zu denken ist an Bewusstlosigkeit, Schockzustände, Schlaganfall, Herzinfarkt, Schädel-Hirn-Trauma etc[26] 32

Durch die Erforderlichkeit des raschen Handelns kann im Voraus weder eine Einwilligung vom Prüfungsteilnehmer eingeholt werden, noch kann in der zur Verfügung stehenden Zeit eine Aufklärung und Einwilligung eines gesetzlichen Vertreters möglich sein. Dabei dürfen auch keine Anhaltspunkte vorliegen, dass der Notfallpatient im Vorfeld Einwände gegen eine allfällige Teilnahme geäußert hätte (zB in einer Patientenverfügung). In Abwesenheit von offensichtlichen Anhaltspunkten ist die Verpflichtung von umfangreichen Nachforschungen, ob solche Einwände vorliegen, wohl eher zu verneinen. Dies wird allerdings am Einzelfall situationsbedingt zu bewerten sein. 33

Wie bei den vorherigen Personengruppen ist auch die Teilnahme an der klinischen Prüfung in Notfällen subsidiär. Es muss ein direkter klinisch relevanter Nutzen nachweisbar sein, mit welchem eine ersichtliche gesundheitsbezogene Verbesserung erreicht werden kann und die klinische Prüfung kann aufgrund ihrer Art nur in der Notfallsituation durchgeführt werden. Die medizinische Indikation muss sich daher auf die Notfallsituation und nicht auf eine bestimmte 34

6, https://health.ec.europa.eu/document/download/daa1fc59-9d2c-4e82-878e-d6fdf12ecd1a_en?filename=mdcg_2024-10_en.pdf, zuletzt abgerufen am 06.12.2024.

[24] *Hofmann/Schreck* in *Neumayr/Resch/Wallner,* GmundKomm Art 66 Medizinprodukte-VO (Stand 1.1.2022, rdb.at).

[25] *Rehmann* in *Wagner/Rehmann*, 4. Aufl. 2023, VO (EU) 2017/745 Art 68 Rz 1.

[26] *Hellbert,* Handbuch Pharmarecht, Kap IV Klinische Versuche, S. 51.

Krankheit beziehen.[27] Für den Patienten muss die Teilnahme lediglich mit einem minimalen Risiko und einer minimalen Belastung im Vergleich zur Standardbehandlung verbunden sein.

35 Sollte die Einwilligungsunfähigkeit des Notfallpatienten anhalten, ist die Einwilligung des gesetzlichen Vertreters möglichst zeitnah einzuholen. Wenn der Notfallpatient selbst seine Einwilligungsfähigkeit rückerlangt, muss auch dieser unverzüglich von der Durchführung der klinischen Prüfung in Kenntnis gesetzt und dessen Einwilligung eingeholt werden. Erteilt dieser seine Einwilligung nicht, muss die Prüfung sofort abgebrochen werden.

III. Verbotene Personengruppen

36 Der Gesetzgeber hat von den Öffnungsklauseln in Art 67 MP-VO und Art 63 IvD-VO Gebrauch gemacht und zusätzliche nationale Maßnahmen und Verbote bestimmter Personengruppen normiert.[28] Es handelt sich um Personen, welche sich in staatlichen Gewaltverhältnissen befinden.[29] Umfasst sind Präsenzdiener nach Abs 3 und gerichtlich oder behördlich Angehaltene und Untergebrachte nach Abs 4.

A. Präsenzdiener nach Abs 3

37 Das Bundesheer wird aufgrund der allgemeinen Wehrpflicht gebildet (§ 1 Abs 2 Wehrgesetz 2001, WehrG[30]). Für die Dauer der Wehrpflicht gehören die Wehrpflichtigen dem Präsenzstand, dem Milizstand oder dem Reservestand an.

38 Nach § 3 Abs 3 WehrG gehören dem Präsenzstand vom Beginn des Einberufungstages bis zum Ablauf des Tages, mit welchem sie entlassen werden, all diejenigen Personen an, die zum Präsenz- oder Ausbildungsdienst einberufen sind. Dies umschließt auch Personen, die dem Bundesheer auf Grund eines Dienstverhältnisses als Militärperson des Dienststandes angehören, Berufsoffiziere des Dienststandes, Beamte und Vertragsbedienstete, für die Ausübungsdauer einer Unteroffiziersfunktion und Vertragsbedienstete des Bundes in einer militärischen Verwendung im Vollziehungsbereich des Bundesministers für Landesverteidigung.

39 Die Präsenzdienstleistung hat folgende Präsenzdienstarten, welche in den §§ 19 ff WehrG näher geregelt sind: Grundwehrdienst, Milizübungen und vorbereitende Milizausbildung, freiwillige Waffenübungen und Funktionsdienste, Wehrdienst als Zeitsoldat, Einsatz- oder Aufschubpräsenzdienst sowie außerordentliche Übungen oder Auslandspräsenzdienst.[31] Nach § 25 Abs 3 MPG ist eine klinische Prüfung an Präsenzdienern verboten. Im Vergleich zur alten Regelung des § 54 aF MPG kam es im Zuge der Novelle zu einer Lockerung der Vorschriften in diesem Bereich. Nach dem alten MPG durften Personen, die einen *„Präsenz- oder Ausbildungs- oder Zivildienst“* leisten, nicht an einer klinischen Prüfung teilnehmen. Nach der neuen Regelung sind Zivildiener und im Ausbildungsdienst stehende nicht mehr vom Verbot umfasst, sondern das Verbot gilt nur noch für Präsenzdiener.[32] Damit wurde die Regelung an das AMG angeglichen.[33]

---

27 *Heissenberger* in *Cerha/Heissenberger/Steinböck*, AMG (2020) §§ 43, 43a, Rz 6.

28 EB zu § 25 MPG (109/ME XXIV. GP).

29 *Heissenberger* in *Cerha/Heissenberger/Steinböck*, AMG (2020) §§ 44, 45, Rz 3.

30 Wehrgesetz,BGBl I 2001/146.

31 *Haas/Plank/Unterkofler*, Arzneimittelgesetz, Kommentierung zu § 45, S. 401.

32 BGBl I 2021/122 idF I 2021/192. Anders war dies noch nach § 54 MPG idF vor BGBl I 2021/122, der auch Personen im Zivildienst erfasste.

33 *D'Orlando/Heissenberger/Steinböck*, Neuregelung der materiellen Voraussetzungen für klinische Arzneimittelprüfungen, RdM 2023/2.

B. Gerichtlich oder behördlich Angehaltene und Untergebrachte nach Abs 4

In den Verordnungen findet man zu Personen, welche aufgrund gerichtlicher oder behördlicher Anordnung angehalten oder nach dem Unterbringungsgesetz untergebracht sind, keine Schutzbestimmungen. Der nationale Gesetzgeber hat allerdings auch hier den für die Mitgliedstaaten eingeräumten Gestaltungsspielraum genutzt und eine restriktivere Regelung für die genannten Personengruppen normiert, wonach eine Teilnahme verboten ist.[34] Das Verbot gilt für Untergebrachte auch dann, wenn diese einen Erwachsenenvertreter hätten, welcher in die Teilnahme einwilligen könnte.[35] **40**

C. Hintergrund des Verbotes

Hintergrund für dieses Verbot ist das bestehende staatliche Gewaltverhältnis und die Abhängigkeit, welche Zweifel an der Freiwilligkeit einer etwaigen Teilnahme hervorrufen.[36] Dadurch soll der Missbrauchsanfälligkeit von vornherein entgegengewirkt werden.[37] **41**

IV. Unterschied zu AMG

Es gibt einen bemerkenswerten Unterschied zum AMG in Bezug auf nicht einwilligungsfähige und minderjährige Prüfungsteilnehmer. Für die Teilnahme an einer klinischen Prüfung nach dem MPG muss bei jedem einzelnen Prüfungsteilnehmer ein direkter Nutzen (Eigennutzen) vorliegen. Nach dem AMG gibt es darüber hinaus die Möglichkeit der Teilnahme eines nicht einwilligungsfähigen oder minderjährigen Prüfungsteilnehmer an einer klinischen Prüfung, wenn es einen Nutzen für die repräsentierte Bevölkerungsgruppe (Gruppennutzen) gibt, zu welcher der Betroffene angehört.[38] Der Gruppennutzen darf im Vergleich zur Standardbehandlung allerdings nur ein minimales Risiko und eine minimale Belastung für den Betroffenen darstellen und hat dadurch einen engeren Anwendungsrahmen. **42**

---

[34] *Larcher/ Beiglböck*, Das neue österreichische Medizinproduktegesetz 2021, RdM 2021/242; EB zu § 25 MPG (109/ME XXIV. GP).

[35] *Heissenberger* in *Cerha/Heissenberger/Steinböck*, AMG (2020) §§ 44, 45, Rz 5; *Füszl/ Semp*, Pharmazeutische Vorschriften § 45, Anm 2.

[36] EB zu § 25 MPG (109/ME XXIV. GP); *Heissenberger* in *Cerha/Heissenberger/Steinböck*, AMG §§ 44, 45, Rz 3.

[37] *Steinböck* in *Holoubek/Potacs* (Hrsg), Öffentliches Wirtschaftsrecht[4] (2019) Arzneimittelrecht; *Maier*, Forschung an einwilligungsunfähigen Personen – Ein Vergleich der Regelungen von AMG und MPG, RdM 2013/55.

[38] Art 31 und Art 32 VO (EU) 536/2014. Der Gruppennutzen im AMG stellt eine große Neuerung durch die zitierte Verordnung dar.

§ 26 Verschuldensunabhängige Versicherung

(1) Der Sponsor ist verpflichtet, für Prüfungsteilnehmer eine Personenschadenversicherung abzuschließen, die unabhängig vom Verschulden (§ 1295 ABGB) alle Schäden, die an Leben und Gesundheit des Prüfungsteilnehmers durch die an ihm durchgeführten Maßnahmen der klinischen Prüfung verursacht werden, mit Ausnahme von Schäden auf Grund von Veränderungen des Erbmaterials in Zellen der Keimbahn, abdeckt.

(2) Die Personenschadenversicherung ist unter Beachtung folgender Grundsätze abzuschließen:

1. **der Sponsor hat Versicherungsnehmer, der Prüfungsteilnehmer selbständig anspruchsberechtigter Versicherter zu sein,**
2. **die Versicherung muss bei einem in einem Vertragsstaat des Europäischen Wirtschaftsraums zum Geschäftsbetrieb zugelassenen Versicherer abgeschlossen werden. Die Ansprüche aus dieser Versicherung müssen am Allgemeinen Gerichtsstand des Prüfungsteilnehmers im Sinne des § 66 JN von diesem einklagbar sein, und**
3. **der Umfang der Versicherung muss in einem angemessenen Verhältnis zu den mit der klinischen Prüfung verbundenen Risiken stehen. Dabei ist insbesondere das sich aus der Zahl der Prüfungsteilnehmer und Prüfstellen, der Art der klinischen Prüfung und der Beschaffenheit des Prüfprodukts ergebende Risiko zu berücksichtigen.**

(3) Die Prüfungsteilnehmer und gegebenenfalls deren gesetzliche Vertreter müssen schriftlich über den Versicherungsschutz im Sinne der Abs. 1 informiert werden.

(4) Der Sponsor hat für den Fall, dass er nicht gleichzeitig der Prüfer ist, zu klären, ob der Prüfer eine ausreichende Haftpflicht- und Rechtsschutzversicherung hat, erforderlichenfalls dem Prüfer aus der mit der klinischen Prüfung verbundenen Gefahrenerhöhung erwachsende Mehrkosten für eigene Versicherungen angemessen zu ersetzen oder auf eigene Rechnung geeignete Versicherungen zugunsten des Prüfers abzuschließen.

Beachte für die Bestimmung: Tritt hinsichtlich In-vitro-Diagnostika am 26.5.2022 in Kraft (vgl § 91 Abs 1).

Fassung: BGBl I 2021/122

Literatur: *Bausch,* Die Regelung der Probandenversicherung im neuen Arzneimittelrecht – Summenversicherung oder Schadensversicherung, VersR 1979; *Czwalinna,* Ethik-Kommission für medizinische Forschung am Menschen: Bestand, Struktur und Vorgehensweise, MedR 1986, 305; *van der Daele/Müller-Salomon,* Die Kontrolle der Forschung am Menschen durch Ethikkommissionen (1990); Probandenversicherungspflicht für die klinische Prüfung von Arzneimitteln in der Phase IV? MedR 1991, 184; *Granitza* in FS *Weitnauer*, Haftung und Versicherungsfragen im Zusammenhang mit der klinischen Prüfung von Arzneimitteln, (1980) 315; *Kleinsorge/Steichele/Sander*, Klinische Arzneimittelprüfung – medizinische und rechtliche Grundlagen (1987); *Krejci,* Ethikkommission und Versicherungsfragen, RdM 1995, 27; 212; 429; *Windisch,* Probandenversicherung. Die Schadensdeckung bei der klinischen Arzneimittelprüfung (Wien 1995); *Lippert/Adler,* Forschung am Menschen – Der Proband – Patient im Dschungel der Haftungsnormen, VersR 1993, 277; *Kreß,* Die Ethik-Kommissionen im System der Haftung bei der Planung und Durchführung von medizinischen Forschungsvorhaben am Menschen (1990); *Deutsch,* Die rechtlichen Grundlagen und die Funktionen der Ethik-Kommission, VersR 1989, *Posch,* Probleme der Arzneimittelhaftung – Zur schadensrechtlichen Verantwortlichkeit des Arzneimittelherstellers, in *Holzer/Posch/Schick,* Arzt- und Arzneimittelhaftung in Österreich (1992); *Windisch,* Probandenversicherung, VR 1993, 86; *Selb* in *FS Frotz,* Klinische Prüfung und Probandenversicherung in den Ethikkommissionen, (1993);

Inhaltsverzeichnis

I. Bedeutung der Rechtsnorm/Aufgaben von Sponsoren

In Umsetzung von Art 69 MDR sowie Art 65 IVDR hat der Sponsor dafür zu sorgen, dass 1
die Studienteilnehmer durch eine Personenschadenversicherung („Probandenversicherung") schadlos gestellt werden können. Die Umsetzung in das österreichische Recht hat hier offenbar die zu § 31 AMG ergangene Judikatur bzw die Lehre betreffend dem Umfang des Versicherungsschutzes aufgenommen. Es ist daher davon auszugehen, dass das Schrifttum zu § 31 AMG auch in den Bereich der klinischen Studien betreffend Probandenversicherung übertragbar ist.

II. Personenschadenversicherung

Der Sponsor hat im Rahmen von Studien zu Medizinprodukten eine verschuldensunabhän- 2
gige Versicherung für die Studienteilnehmer abzuschließen, die alle Schäden abdeckt, die an Leben und Gesundheit der Versuchsperson durch die an ihr durchgeführten Maßnahmen der klinischen Prüfung verursacht werden können und für die der Prüfer zu haften hätte, wenn ihn ein Verschulden (§ 1295 ABGB) träfe, genetische Schäden (Schäden auf Grund von Veränderungen des Erbmaterials in Zellen der Keimbahn[1]) sind ausgenommen.

A. Natur der Versicherung

Im Begriff Personenschadenversicherung werden beide Aufgaben dieser Versicherung 3
nämlich einerseits Versicherung der Person und andererseits Schadensversicherung zusammengefasst. Es handelt sich um keine Haftpflichtversicherung für Sponsoren, Prüfer oder Dritte. Die Probandenversicherung hat einen höheren Anspruch, sie soll verschuldensunabhängig (auch ohne Kunst- und Aufklärungsfehler) Studienteilnehmer betreffend Schäden am Körper schad- und klaglos halten. Die Personenschadenversicherung zielt also darauf ab, die Probanden auch dann zu schützen, wenn kein Haftpflichtiger greifbar ist. Die Probandenversicherung ist demnach mit einer Lebens-, Kranken- oder Unfallversicherung vergleichbar, die sich am Schaden orientiert[2].

---

1 Hinsichtlich des Begriffes Keimbahn vgl § 4 Z 22 Gentechnikgesetz, BGBl 1994/510 (RV 151 XX. GP).

2 *Krejci*, Ethikkommission und Versicherungsfragen, RdM 1995, 27.

B. Versicherungspflicht

4 Die Versicherung bezieht sich nur auf die Durchführung klinischer Prüfungen, nicht jedoch auf Nicht-interventionelle Studien (NIS [vormals: „ Anwendungsbeobachtung"]) nach § 35 MPG 2021. Verfügt das Medizinprodukt bereits über eine CE-Kennzeichnung und bewegt sich die Untersuchung innerhalb der Gebrauchsinformation besteht keine Pflicht für eine Probandenversicherung, da es sich um eine Standard of Care Behandlung handelt, für die die allgemeine Haftung des medizinischen Fachkreise greift.

C. Echter Vertrag zugunsten Dritter

5 Nach § 26 Abs 2 Z 2 MPG 2021 ist die Probandenversicherung so zu konzipieren, dass Studienteilnehmer selbständig anspruchsberechtigte Versicherte zu sein haben. Eine Probandenversicherung, die lediglich dem Versicherungsnehmer Ansprüche zuerkennt, ist demnach gesetzwidrig. Die Probandenversicherung ist eine Versicherung für fremde Rechnung (vgl dazu §§ 75 ff VersVG). Es handelt sich also um einen vom Versicherungsnehmer zugunsten Dritter abgeschlossenen Versicherungsvertrag iS § 881 ABGB, wonach der Versicherer dem Versicherungsnehmer die Leistungserbringung an einen Dritten verspricht. Es handelt sich um einen „echten Vertrag zugunsten Dritter" mit einem direkten Anspruch des Versicherten gegen den Versicherungsträger[3].

6 Nach § 26 Abs 1 Z 2 MPG 2021 hat der Sponsor als Versicherungsnehmer die Probandenversicherung abzuschließen. Er ist daher auch Prämienschuldner und hat alle Vertragsgestaltungsrechte, während der Versicherte (Studienteilnehmer) nach § 75 Abs 1 VersVG der materiell Berechtigte des Anspruchs ist. Das VersVG kennt auch Fälle der Leistungsfreiheit des Versicherers, wenn dem Versicherungsnehmer vertragswidriges Verhalten vorgeworfen werden kann, er also Aufklärungs- und Informationspflichten gegenüber dem Versicherungsunternehmen verletzt oder die Prämien nicht bezahlt. Dann verliert auch der Versicherte seine Ansprüche gegenüber dem Versicherer. Dies widerspräche dem Zweck des § 26 MPG 2021. Denn bei der gesetzlich vorgeschriebenen Personenschadenversicherung sollen die Studienteilnehmer nicht nur vom Versicherungsnehmer, sondern auch gegen ihn versichert werden und damit dem Studienteilnehmer unabhängig vom Verhalten und Verschulden des Versicherungsnehmers berechtigen. Versicherungsverträge, die diesem Umstand nicht Rechnung tragen, sind unzureichend und gesetzwidrig. Der Gesetzgeber hat es allerdings verabsäumt, eine diesbezügliche Regelung zugunsten der Studienteilnehmer in das Gesetz aufzunehmen.

7 Gleiches muss auch für andere, versicherungsrechtlich zulässige Regelungen gelten, die im Ergebnis den Versicherungsschutz der Studienteilnehmer gefährden: etwa Fälle der vorzeitigen Beendigung des Versicherungsvertrages. Hier wird eben rechtzeitig eine neue Probandenversicherung geschlossen werden müssen. Sorgt der Sponsor nicht dafür, dass der gesetzlich geforderte Versicherungsschutz dennoch – über einen anderen Versicherungsvertrag – erhalten bleibt, so haftet er dem Probanden für die diesem daraus erwachsenden Nachteile[4].

8 Dem Versicherten werden daher nur seine eigenen Obliegenheitsverletzungen zurechenbar und sanktionierbar, nicht aber die des Versicherungsnehmers. Daher sind Klauseln im Vertrag nicht zulässig, die die Leistung aufgrund von Sorgfaltsverstößen des behandelnden Arztes (Prüfers) oder ein (schuldhaftes) Abweichen vom Prüfungsprotokoll, ausschließen. Denn der Prüfungsteilnehmer soll nach dem Schutzweck der Norm auch vor derartigen Sorgfaltsverstößen geschützt werden.

---

3 Vgl dazu auch *Windisch*, Probandenversicherung, 59.

4 *Krejci*, Ethikkommission und Versicherungsfragen, RdM 1995, 27.

D. Umfang der Leistungspflicht

Versichert sind Personenschäden die durch die Maßnahmen der klinischen Prüfung verursacht werden können. *Selb*[5] ist zuzustimmen, dass nicht nur die Anwendung des Produkts mit Risiken verbunden ist, sondern auch die Begleitumstände des Prüfverfahrens Risiken für die Studienteilnehmer mit sich bringen und von der Versicherung zu erfassen sind, wie zB wenn eine Blutabnahme unsachgemäß durchgeführt wird, oder ein zu testendes Kontrastmittel falsch gespritzt wird, oder der Proband aufgrund nebenwirkungsbedingter Übelkeit von der Liege fällt und sich den Arm bricht oder der das zu erprobende Arzneimittel spritzende Arzt den Probanden verletzt und der durch das Arzneimittel in seinem Gleichgewichtsgefühl irritierte Proband stürzt und sich dabei eine Schädelverletzung zuzieht. Ebenso sind Prüfungsteilnehmer der Placebo-Gruppe in die Versicherung miteinzuschließen. 9

Die Probandenversicherung deckt jene Schäden nicht ab, die dem Studienteilnehmer etwa durch Unfälle auf dem Weg zur klinischen Prüfung oder durch vergleichbare Umstände zustoßen. Vielmehr beschränken sich die Versicherungsfälle ausschließlich auf die Prüfungsmaßnahmen als solche. Somit sind nicht alle mit der klinischen Prüfung kausal verknüpften schädigenden Ereignisse versichert. Die Probanden haben also die **alltäglichen allgemeinen Gefahren,** auch wenn sie sich im Zusammenhang mit der klinischen Prüfung verwirklichen, selbst zu tragen[6]. 10

Besonders im medizinischen Bereich und in der Arzneimitteltherapie ist es besonders schwer den Beweis von Kausalabläufen und –zusammenhängen zu führen. Oft wirken Arzneimittel und ärztliches Handeln oder andere Therapien zusammen oder nehmen Krankheiten einen eigengesetzlichen Verlauf. Daher genügt es nach hA, wenn der Anspruchserhebende ein Mindestmaß an Tatsachen beweist, die das äußere Erscheinungsbild eines Versicherungsfalls bilden.[7] Ein Indizienbeweis ist hier ausreichend[8]. 11

Genetische Schäden wurden von den Versicherern bereits vor der Klarstellung in § 38 AMG AF (aktuell § 32 Abs 1 Z 11 AMG) ausgeklammert. Diese Ausnahme wurde nunmehr auch in § 26 MPG übernommen. In der Literatur wurde der Ausschluss genetischer Schäden mit der methodischen Nichtfeststellbarkeit und Nichtabgrenzbarkeit (etwa gegen Spontanmutationen) als auch mit der Nichtversicherbarkeit wegen fehlender Risikoabschätzung gerechtfertigt[9]. 12

In Deutschland ist unbestritten, dass die Versicherung für **genetische Schäden an somatischen Zellen** sowie an Keimbahnzellen der Studienteilnehmer aufkommen muss, ob dies auch für Schäden der F1 – Generation gilt, ist umstritten[10]. Während die Versicherer auf dem Standpunkt stehen, dass allein der Studienteilnehmer und gegebenenfalls seine Leibesfrucht Gegenstand der Deckung seien, wird von Seiten der Ärzte eine Einbeziehung genetischer Schäden für absolut wünschenswert und eine gesetzgeberische Klarstellung für erforderlich gehalten[11]. 13

---

5 *Selb*, Klinische Prüfung und Probandenversicherung in den Ethikkommissionen in *Frotz* (Festschrift) Aktuelle Probleme des Unternehmensrechts, 583.

6 Vgl *Krejci*, Ethikkommission und Versicherungsfragen, RdM 1995, 27.

7 *Windisch*, Probandenversicherung, 72.

8 *Fasching*, Zivilprozessrecht, RZ 810.

9 *Rittner*, Zum Ausschluss genetischer Schäden nach A 3 (3) AVB vom Oktober 1987, VersR 2000, 2296.

10 *Osieka*, Das Recht der Humanforschung, 229.

11 *Büttner/Kratz/Walter-Sack*, VersR 2002, 1345, 688. Rittner/Kratz/Walter-Sack, VersR 2000, 688 = Bericht der Arbeitsgruppe „Probandenversicherung" des Arbeitskreises Medizinischer Ethikkommissionen, http://www.ek.med.tu-muenchen.de/media/pdf/probandenversicherung.pdf; am 29.10.2004.

E. Umfang des Schadenersatzes

14 Weitere Ausschlüsse sieht § 26 MPG 2021 nicht vor, wodurch Klauseln, die weitere Ausschlüsse vorsehen, als rechtswidrig zu qualifizieren sind. Die Probandenversicherung umfasst daher alle Schäden, die nach allgemeinem Zivilrecht im Falle eines Körperschadens zu ersetzen sind. Daher auch der gesetzliche Hinweis auf § 1295 ABGB. Es sind also Heilungskosten (Krankenbehandlung), vermehrte Bedürfnisse, Verdienstentgang, Schmerzengeld (§ 1325 ABGB), unter Umständen Ausgleich für schlechteres Fortkommen (§ 1326 ABGB) und eventuell auch Unterhaltsentgang für Hinterbliebene (§ 1327 ABGB) zu leisten[12]. Hingegen kommen die Versicherungen nicht auf für die Verschlimmerung bereits bestehender Gesundheitsschädigungen, die auch ohne die Teilnahme an der klinischen Prüfung entstanden wären, und Gesundheitsschädigungen durch vorsätzliche Missachtung der Anweisung des Prüfpersonals (siehe lit. F unten).

15 Nach den gängigen Versicherungsbedingungen beträgt die Mindestdeckungssumme für eine Personenschadenversicherung 3.500.000 € je Protokoll bzw 500.000 € je Prüfungsteilnehmer.

16 Der Versicherungsschutz erlischt zwar, wenn die Genehmigung der klinischen Prüfung zurückgezogen wird; dennoch sind aus der Versicherung sämtliche Schäden für jene Maßnahmen zu decken, die bis zum Zeitpunkt des Rückrufs erfolgten.

F. Obliegenheiten des Versicherten bei sonstiger Leistungsfreiheit

17 Den Studienteilnehmern treffen als Begünstigten aus der Personenschadenversicherung auch **Obliegenheiten** (§ 78 VersVG). Es soll nicht die Position des Versicherers dadurch verschlechtert werden, dass nicht der Versicherungsnehmer, sondern ein anderer Träger des versicherten Interesses ist. Sanktionen einer Verletzung der Pflichten können den Studienteilnehmer allerdings nur treffen, wenn ihm seine Pflichten bekannt waren[13]. Ausschlussklauseln, die an ein Fehlverhalten des Versicherten anknüpfen wie zB die Missachtung ärztlicher Anweisungen; das Verschweigen von nachgefragten Krankheiten, die das Risiko der Probandenrolle angesichts der konkreten klinischen Prüfung beachtlich erhöhen, sind zulässig.

18 Im Rahmen der **Wohlverhaltensklausel** ist der Studienteilnehmer während der gesamten Dauer der klinischen Prüfung verpflichtet, alle Handlungen, Duldungen oder Unterlassungen zu vermeiden, die eine Gesundheitsschädigung aus der klinischen Prüfung zur Folge haben könnten. Nach Eintritt des Versicherungsfalls gilt nach § 6 Abs 3 VersG die Anzeigepflicht des Schadens, wobei der Prüfer zu konsultieren ist. Der Versicherte obliegt einer Schadensminderungspflicht und einer Mitwirkungspflicht bei der Aufklärung der Ursache und des Umfangs des eingetretenen Schadens.

19 Im Rahmen der **Einvernehmensklausel** werden idR medizinische Behandlungen während der Dauer der klinischen Prüfung ohne Einvernehmen mit dem Prüfer untersagt und sollen bei verschuldeter Pflichtverletzung üblicherweise zur Leistungsfreiheit gegenüber dem Versicherten führen, auch wenn sie zu keiner Gefahrenerhöhung führen. Dies wird von *Windisch*[14] im Hinblick auf §§ 6 Abs 2, 15a VersG zu Recht kritisch betrachtet, weil im Hinblick auf das geschützte Rechtsgut (Leben, Gesundheit) und die besondere Situation der klinischen Prüfung eine Verweigerung der Leistungspflicht nur im Ausmaß der Schadensursächlichkeit der Pflichtverletzung möglich sein sollte.

---

[12] *Krejci*, Ethikkommission und Versicherungsfragen, RdM 1995, 27.

[13] *Bork*, Aufklärungspflichten über die Probandenversicherung, VersR 1983, 1094 ff.

[14] *Windisch*, Probandenversicherung, 130.

G. Österreichbezug der Probandenversicherung/Streitschlichtung

Um Studienteilnehmern die Mühen einer Eintreibung seiner berechtigten Ansprüche im Ausland zu ersparen, sieht § 26 Abs 2 MPG 2021 vor, dass die Personenschadenversicherung mit einem Anbieter im EWR abzuschließen ist und die Ansprüche in Österreich einklagbar sein müssen. 20

Nach § 64 ff VersVG besteht die Möglichkeit im Versicherungsvertrag zu vereinbaren, dass einzelne Voraussetzungen des Anspruches aus der Versicherung oder die Höhe des Schadens durch Sachverständige festgestellt werden, wobei jedoch binnen einer bestimmten Frist vom Versicherten und dem Versicherer verlangt werden kann, dass anstelle der Ärztekommission die ordentlichen Gerichte angerufen werden. 21

III. Informationsrecht der Studienteilnehmer

In den Probandeninformationen über die klinische Prüfung ist auch über die abgeschlossene Probandenversicherung aufzuklären. In diesem Zusammenhang ist es nicht ausreichend den Studienteilnehmer über die Existenz der Versicherung zu informieren, vielmehr sollte der Versicherer, die Polizzennummer, die im Versicherungsfall zu kontaktierenden Stellen und Personen sowie die zur Vermeidung der Leistungsfreiheit des Versicherers notwendigen Obliegenheiten und Pflichten des Studienteilnehmers mitgeteilt werden. Am besten ist hierfür ein entsprechender Auszug aus den Versicherungsbedingungen einschließlich des branchenüblichen Hinweises auf die wichtigsten, einschlägigen Bestimmungen des VersVG geboten. 22

IV. Kollisionsfragen

A. Haftpflichtversicherung

Sofern Sponsoren bzw Prüfer für sich und ihr Team Haftpflichtversicherungen abgeschlossen haben und im Zuge einer klinischen Prüfung ein Haftpflichtfall eintritt, konkurrieren die Ansprüche der Studienteilnehmer mit ihren auf die Deckung desselben Schadens gerichteten Schadenersatzansprüchen und den diesbezüglichen Ansprüchen aus bestehenden Haftpflichtversicherungen. 23

In der Regel vermeiden die Allgemeinen Versicherungsbedingungen (AVB) für Personenschadenversicherungen nach dem MPG 2021 diese Kollision insofern, als der Versicherer die konkurrierenden Schadenersatzansprüche des Studienteilnehmers im Hinblick auf die gewährte Versicherungsleistung nach § 67 VersVG auf sich überleitet. Bedenklich wäre, die Probandenversicherung von vornherein so zu konzipieren, dass sie nur dann Leistungen zu erbringen hätte, wenn kein Haftpflichtfall vorliegt. Denn dann bliebe dem Studienteilnehmer das diesbezügliche Eintreibungsrisiko. Darüber hinaus soll dem Studienteilnehmer aber auch das Auseinandersetzungsrisiko mit einem Haftpflichtversicherer abgenommen werden. Die Probandenversicherung hat also unabhängig davon, ob ein Haftpflichtfall vorliegt oder nicht, zu leisten[15]. 24

B. Sozialversicherung

Die soziale Krankenversicherung ist zur Leistung von Krankenbehandlung nach § 117 iVm 133 Abs 3 ASVG – unabhängig von der Ursache – verpflichtet. Erleidet daher ein Studienteilnehmer einen gesundheitlichen Schaden, sind sowohl die gesetzliche Krankenversicherung als auch die Personenschadenversicherung zur Leistung verpflichtet. Nach § 332 ASVG (Legalzes- 25

[15] Vgl dazu *Krejci*, Ethikkommission und Versicherungsfragen, RdM 1995, 27.

sion) gehen aber die Ansprüche des Studienteilnehmers in der Höhe der Kosten der geleisteten Krankenbehandlung auf den zuständigen Krankenversicherungsträger über. Der Studienteilnehmer hat gegenüber dem Versicherer lediglich Anspruch auf eine Vergütung jenes Schadens der nicht von der gesetzlichen Krankenversicherung gedeckt ist, wie zB Verdienstentgang, Schmerzengeld, Unterhaltsansprüche ua.

V. Prüfpflicht der Ethikkommission

26 Eine der zentralen Pflichten von Ethikkommissionen ist die Prüfung des Vorliegens einer geeigneten Personen-Schadenversicherung. Gemäß § 21 hat die Ethikkommission unter anderem zu beurteilen, ob „die Vorkehrungen, die für den Eintritt eines Schadenfalls im Zusammenhang mit der klinischen Prüfung getroffen wurden“ (Punkt 5). Daraus lässt sich schließen, dass das Vorliegen einer Probandenversicherung, die Schadensfälle abdeckt, eine der zu prüfenden Vorkehrungen ist[16].

[16] Gemäß § 21 Medizinproduktegesetz 2021 [1] hat die Ethikkommission unter anderem zu beurteilen, ob „die Vorkehrungen, die für den Eintritt eines Schadenfalls im Zusammenhang mit der klinischen Prüfung getroffen wurden“. Daraus lässt sich schließen, dass das Vorliegen einer Probandenversicherung, die Schadensfälle abdeckt, eine der zu prüfenden Vorkehrungen ist.

§ 27 Datenschutz

(1) Der Prüfungsteilnehmer, oder, falls dieser nicht entscheidungsfähig ist, sein gesetzlicher Vertreter, muss schriftlich und ausdrücklich über Zweck und Umfang der Erhebung und Verarbeitung personenbezogener Daten aufgeklärt werden und in die Datenverarbeitung einwilligen.

(2) Der Widerruf der Einwilligung hat keine Auswirkungen auf Tätigkeiten, die auf der Grundlage der Einwilligung nach Aufklärung bereits vor dem Widerruf durchgeführt wurden, oder auf die Verarbeitung der auf dieser Grundlage erhobenen Daten. Das Recht nach Art. 17 der Verordnung (EU) 2016/679 zum Schutz natürlicher Personen bei der Verarbeitung personenbezogener Daten, zum freien Datenverkehr und zur Aufhebung der Richtlinie 95/46/EG (Datenschutz-Grundverordnung), ABl. Nr. L 119 vom 04.052016 S. 1, ist ausgeschlossen. Darüber ist im Zuge der Einholung der Einwilligung nach Abs. 1 aufzuklären.

(3) Endet eine klinische Prüfung oder verstirbt ein Prüfungsteilnehmer einer klinischen Prüfung in den Fällen des Art. 68 der Verordnung (EU) Nr. 745/2017 bzw. Art. 64 der Verordnung (EU) Nr. 746/2017 vor Einholung der Einwilligung nach Aufklärung, dürfen die bis dahin verarbeiteten Daten für Zwecke dieser klinischen Prüfung verwendet werden.

(4) Für die Weiterverarbeitung gemäß Art. 9 Abs. 2 lit. j der Datenschutz-Grundverordnung gilt gegebenenfalls § 2d Abs. 3 des Forschungsorganisationgesetzes, BGBl. Nr. 341/1981.

(5) Die Abs. 1 und 2 sowie 4 gelten auch für nichtinterventionelle Studien.

Beachte für die Bestimmung: Tritt hinsichtlich In-vitro-Diagnostika am 26.5.2022 in Kraft (vgl § 91 Abs 1).

Fassung: BGBl I 2021/122

Literatur: *Rehmann/Wagner/Rehmann*, 4. Aufl. 2023, VO (EU) 2017/745 Art 63 Rn 1–6; *Grimm* in *Aigner/Kletečka/Kletečka-Pulker/Memmer*, Handbuch Medizinrecht Kap IV.8 (Stand 1.3.2020, rdb.at); *Menzel* zur kritischen Betrachtung der Selbstbestimmung und ggf. Überforderung des Patienten, MedR 2006, 702 f.; *Haimberger*, Datenschutz in der medizinischen und pharmazeutischen Forschung (2021); *Maier*, Forschung an einwilligungsunfähigen Personen, RdM 2013/55; *Wachenhausen*, zur Datentransparenz und zum Datenschutz bei der klinischen Prüfung, A&R 2016, 147 ff.; *Rainer Knyrim/Daria Momeni*, Datenschutz bei klinischen Prüfungen und medizinischen Studien, RdM 2003/32; allgemein zum Datenschutz in klinischen Prüfungen nach der DSGVO; siehe auch *Hiller*, PharmaR 2020, 589 ff; *Spranger/Scholz* zu den Auswirkungen der DSGVO auf die pharmazeutische Forschung in PharmaR 2017, 128 f; *Ziegler*, aktuelle datenschutzrechtlichen Fragen der Anwendung von IT im Gesundheitswesen in ZMGR 2016, 211 f; *Knyrim*, DatKomm (Stand 1.7.2024, rdb.at); *Kühling/Buchner*, DSG-VO/ BDSG², Art 5; *Feiler/Forgó*, EU-DSGVO Art 5; *Stefan Knotzer*, Wissenschaftliche Forschung und Datenschutz: Eine kritische Analyse ausgewählter Aspekte der österreichischen Rechtslage, ZTR 2018, 202; *Gabauer*, Forschungsorganisationsgesetz (2019); *Daniel Larcher* und *Lukas Beiglböck*, Das neue österreichische Medizinproduktegesetz 2021, RdM 2021/242; *Schmid*, Strukturfragen der Verantwortlichkeit von juristischen Personen und ihren Organen im Verwaltungsstrafverfahren, in *Holoubek/Lang* (Hrsg), Grundfragen des Verwaltungs- und Finanzstrafverfahrens.

Inhaltsverzeichnis

I. Allgemeines und Bedeutung der Rechtsnorm

1 Art 62 und 63 MP-VO (Art 58 und 59 IVD-VO) sehen die zwingende Notwendigkeit der Einwilligung in die Durchführung einer klinischen Prüfung (Leistungsstudie) nach erfolgter umfassender Aufklärung von Prüfungsteilnehmern einer klinischen Prüfung (Leistungsstudie) vor. § 27 Abs 1 MPG 2021 regelt, dass jeder Prüfungsteilnehmer zusätzlich zur Einwilligung in die Durchführung der klinischen Prüfung (Leistungsstudie) (i) schriftlich und ausdrücklich über den Zweck und Umfang der Erhebung und Verarbeitung personenbezogener Daten aufgeklärt werden muss und (ii) schriftlich in die Datenverarbeitung einwilligen muss. § 27 Abs 1 MPG 2021 sieht auch explizit vor, dass, falls der Prüfungsteilnehmer nicht geschäftsfähig ist, die Einwilligung durch den gesetzlichen Vertreter zu erfolgen hat.

2 § 27 Abs 2 erster Satz MPG 2021 entspricht den datenschutzrechtlichen Grundsätzen und stellt zusätzlich klar, dass der Widerruf grundsätzlich auch keine Auswirkungen auf Tätigkeiten hat, die auf der Grundlage der Einwilligung bereits vor dem Widerruf durchgeführt wurden. § 27 Abs 2 erster Satz MPG 2021 sieht vor, dass das Recht des Prüfungsteilnehmers auf Löschung der Daten gemäß Art 17 Satz 1 Datenschutzgrundverordnung (DSGVO)[1] ausgeschlossen ist und dieser somit nur ein eingeschränktes Widerrufsrecht hat. Die Regelung entspricht Art 62 Abs 5 MP-VO (Art 58 Abs 6 IVD-VO).

3 § 27 Abs 3 MPG 2021 trifft Vorkehrungen für die Beendigung einer klinischen Prüfung oder den Tod eines Prüfungsteilnehmers bei klinischen Prüfungen in Notfallsituationen (Art 68 MP-VO und Art 64 IVD-VO). Eine klinische Prüfung in Notfallsituationen kann nämlich begonnen werden, bevor es möglich ist, die Einwilligung des Prüfungsteilnehmers nach Aufklärung einzuholen, weil dies aufgrund der Dringlichkeit der Situation nicht möglich ist. Abs 3 soll deshalb im Sinne der Rechtssicherheit klarstellen, was mit den bis zur Beendigung der klinischen Prüfung oder dem Tod des Prüfungsteilnehmers gewonnenen Daten passiert, wenn bis dahin die Einwilligung nicht nachgeholt werden konnte. In diesen Fällen dürfen die Daten gemäß Abs 3 für die Zwecke dieser klinischen Prüfung verwendet werden[2].

4 § 27 Abs 4 MPG 2021 stellt hinsichtlich der Weiterverarbeitung der Daten fest, dass deren Umfang und Zulässigkeit – soweit zutreffend – über die (gesetzliche) Grundlage des Forschungsorganisationsgesetzes (FOG) ausgedehnt werden kann.

---

[1] VO (EU) 2016/679 zum Schutz natürlicher Personen bei der Verarbeitung personenbezogener Daten, zum freien Datenverkehr und zur Aufhebung der Richtlinie 95/46/EG. (Datenschutzgrundverordnung), ABl. Nr. L 119 vom 04.05.2016.

[2] EB zu § 27 (109/ME XXVII. GP); EB des Gesundheitsausschusses zu § 27 (AB 884 BlgNR XXVII. GP).

§ 27 Abs 5 MPG 2021 normiert eine sinngemäße Anwendung der datenschutzrechtlichen Bestimmungen für den Bereich der Nichtinterventionellen Studien[3,4]. 5

Die Regelungen gelten entsprechend auch für Leistungsstudien. 6

II. Erfordernis der ausdrücklichen Einwilligung in klinische Prüfungen und die Datenverarbeitung

Art 62 Abs 4 lit f MP-VO (Art 58 Abs 4 lit f IVD-VO) sieht vor, dass die Einwilligung der Prüfungsteilnehmer oder der gesetzlichen Vertreter (bei nicht einwilligungsfähigen Prüfungsteilnehmern) zwingende Voraussetzung für die Durchführung einer klinischen Prüfung ist. Die Einwilligung kann nur wirksam erfolgen, wenn vorab eine entsprechende Aufklärung der Prüfungsteilnehmer erfolgt ist. Die Prüfungsteilnehmer sollen durch die Aufklärung in die Lage versetzt werden, das Risiko der klinischen Prüfung einzuschätzen. Die Teilnahme an einer klinischen Prüfung setzt somit einen „informed consent" durch die Prüfungsteilnehmer oder deren gesetzliche Vertreter voraus. Ohne diesen dürfen Prüfungsteilnehmer nicht in die klinische Prüfung eingeschlossen werden. Eine nicht sachgerechte oder nicht vollständige Aufklärung entwertet die Einwilligung und beseitigt die Rechtswidrigkeit eines allenfalls strafrechtlich relevanten Körpereingriffs nicht[5],[6]. 7

A. Einwilligung in klinische Prüfungen (Informed Consent)

Art 62 und 63 MP-VO (Art 58 und 59 IVD-VO) sehen vor, dass den **Prüfungsteilnehmern verständlich gemacht** werden muss, dass sie an der **Erprobung** eines **nicht zertifizierten Medizinprodukts teilnehmen**. Die Aufklärung der Prüfungsteilnehmer ist Bestandteil des Prüfplans. Darüber hinaus sind insbesondere auch die folgenden Grundsätze im Hinblick auf die Aufklärung und Einwilligung der Prüfungsteilnehmer[7] einzuhalten: 8

(i) die Einwilligung nach der erfolgten Aufklärung sowie die Aufklärung sind schriftlich zu dokumentieren, die Einwilligung ist zu datieren und zu unterzeichnen;

(ii) die Aufklärung muss umfassend, knapp, klar, zweckdienlich und für den Prüfungsteilnehmer oder dessen gesetzlichen Vertreter verständlich sein und es muss sichergestellt werden, dass sie verstanden wurde;

(iii) der Prüfungsteilnehmer oder – falls der Prüfungsteilnehmer nicht in der Lage ist, eine Einwilligung nach Aufklärung zu erteilen – sein gesetzlicher Vertreter

---

[3] Gemäß § 4 Z 8 MPG 2021 ist „Nichtinterventionelle Studie" die systematische Untersuchung eines Medizinprodukts, das bereits die CE-Kennzeichnung trägt, im Rahmen seiner Zweckbestimmung, wenn diese keine oder keine invasiven oder belastenden zusätzlichen diagnostischen oder therapeutischen Maßnahmen notwendig macht.

[4] EB zu § 27 (109/ME XXVII. GP); EB des Gesundheitsausschusses zu § 27 (AB 884 BlgNR XXVII. GP).

[5] Siehe auch *Rehmann/Wagner/Rehmann*, 4. Aufl. 2023, VO (EU) 2017/745 Art 63 Rn 1–6.

[6] *Grimm* in *Aigner/Kletečka/Kletečka-Pulker/Memmer*, Handbuch Medizinrecht Kap IV.8 (Stand 1.3.2020, rdb.at).

[7] Gemäß Art 2 Z 55 MP-VO (Art 2 Z 58 IVD-VO) bezeichnet „*Einwilligung nach Aufklärung*" eine aus freien Stücken erfolgende, freiwillige Erklärung der Bereitschaft, an einer bestimmten klinischen Prüfung (Leistungsstudie) teilzunehmen, durch einen Prüfungsteilnehmer, nachdem dieser über alle Aspekte der klinischen Prüfung, die für die Entscheidungsfindung bezüglich der Teilnahme relevant sind, aufgeklärt wurde, oder im Falle von Minderjährigen und nicht einwilligungsfähigen Personen eine Genehmigung oder Zustimmung ihres gesetzlichen Vertreters, sie in die klinischen Prüfung aufzunehmen.

hat eine Ausfertigung des Dokuments oder gegebenenfalls der Aufzeichnung zu erhalten, mit dem die Einwilligung nach entsprechender Aufklärung erteilt wurde. Die Schriftform hat aber keine konstitutive, sondern nur deklaratorische Bedeutung[8];

(iv) dem Prüfungsteilnehmer oder seinem gesetzlichen Vertreter ist auch eine angemessene Frist zu gewähren, um über seine Entscheidung, an der klinischen Prüfung teilzunehmen, nachzudenken;

(v) der Prüfungsteilnehmer ist insbesondere auch darüber aufzuklären, dass er das Recht hat, die Teilnahme an der klinischen Prüfung zu verweigern oder diese Teilnahme jederzeit zu beenden, ohne dass ihm daraus ein Nachteil entsteht und ohne, dass er dies in irgendeiner Weise begründen müsste.

9 Im Hinblick auf die Erhebung und Verarbeitung der personenbezogenen Daten der Prüfungsteilnehmer im Zuge der klinischen Prüfung sind zusätzlich zur Einwilligung in die Durchführung der klinischen Prüfung (Leistungsstudie) die datenschutzrechtlichen Bestimmungen zu beachten. Dazu enthält § 27 MPG 2021 eben ergänzende Regelungen und sieht vor, dass nach erfolgter Aufklärung eine schriftliche und ausdrückliche Einwilligung in die Datenverarbeitung notwendig ist.

B. Aufklärung über Erhebung und Verarbeitung der Daten und Einwilligung

10 Art 62 Abs 5 lit h) MP-VO (Art 58 Abs 5 lit h) IVD-VO) regelt, dass das Recht der Prüfungsteilnehmer auf Privatsphäre und Schutz ihrer personenbezogenen Daten[9] gewahrt bleiben muss. In Bezug auf das den Prüfungsteilnehmern zustehende Recht, die Teilnahme an der klinischen Prüfung jederzeit zu beenden, wird klargestellt, dass der **Widerruf** der Einwilligung nach Aufklärung **keine Auswirkungen** auf Tätigkeiten hat, die auf der Grundlage der Einwilligung nach Aufklärung bereits vor deren Widerruf durchgeführt wurden, oder auf die Verwendung der auf dieser Grundlage **erhobenen Daten**. § 27 MPG Abs 2 2021 wiederholt dies und stellt klar, dass insbesondere das Recht auf Löschung gemäß Art 17 DSGVO ausgeschlossen ist.

11 Art 110 MP-VO (Art 103 IVD-VO) sehen explizit vor, dass bei der Durchführung der Verordnungen die DSGVO zu beachten ist. Darüber hinaus werden gemäß Art 72 Abs 3 MP-VO (Art 68 Abs 3 IVD-VO) alle Daten zu einer klinischen Prüfung durch den Sponsor oder gegebenenfalls den Prüfer so aufgezeichnet, verarbeitet, behandelt und gespeichert, dass sie korrekt übermittelt, ausgelegt und überprüft werden können, wobei gleichzeitig die Vertraulichkeit der Unterlagen und der personenbezogenen Daten der Prüfungsteilnehmer gemäß dem geltenden Recht zum Datenschutz gewahrt bleibt. Darüber hinaus werden geeignete technische und organisatorische Maßnahmen getroffen, um die verarbeiteten Informationen und personenbezogenen Daten vor unbefugtem oder unrechtmäßigem Zugriff, unbefugter und unrechtmäßiger Bekanntgabe, Verbreitung und Veränderung sowie vor Vernichtung oder zufälligem Verlust zu schützen, insbesondere wenn die Verarbeitung die Übertragung über ein Netzwerk umfasst.

Zu den – unabhängig vom Verweis auf die Einhaltung der datenschutzrechtlichen Bestimmungen bestehenden Unionsrechtlichen Bezügen und dem grundsätzlichen Begriff der Verarbeitung wird auf die Kommentierung von *Jung/Stadler/Kern* zu § 78 (Punkt II und Punkt III.A) verwiesen.

12 Nach der Rechtsansicht von *Haimberger* ist damit eine Trennung der datenschutzrechtlichen und der zivil- bzw medizinprodukterechtlichen Komponente der Einwilligung vorgesehen. Diese Rechtsansicht wird auch vom Europäischen Datenschutzausschuss vertreten, der

---

[8] *Rehmann/Wagner/Rehmann*, 4. Aufl. 2023, VO (EU) 2017/745 Art 63 Rn 1–6.

[9] Hier wird noch auf die Richtlinie 95/46/EG verwiesen, es wäre ein Verweis auf die mittlerweile in Kraft getretenen Bestimmungen der DSGVO indiziert.

argumentiert, der Zweck der Einwilligung nach Aufklärung bestehe vor allem aufgrund des Schutzes der Menschenwürde und aufgrund des Rechts auf Unversehrtheit[10]. Der Zweck des Einwilligungserfordernisses (bzw der Voraussetzungen eines sonstigen Erlaubnistatbestandes) nach der DSGVO liegt demgegenüber im Schutz des Grundrechts auf Datenschutz[11]. Laut *Haimberger* gibt es also „zwei Einwilligungen" bzw zwei unterschiedliche Komponenten, konkret eine datenschutzrechtliche und eine zivil- bzw medizinprodukterechtliche. Betreffend die Einwilligung in die Teilnahme an einer klinischen Prüfung (Leistungsstudie) sind die Regelungen der MP- und der IVD-VO und betreffend die datenschutzrechtliche Einwilligung jene der DSGVO heranzuziehen, wenngleich in der Literatur auch strittig ist, wie die datenschutzrechtliche Einwilligung rechtlich zu qualifizieren ist[12]. Hinsichtlich der Aufklärung der Prüfungsteilnehmer über die Erhebung und Verarbeitung der Daten und deren Einwilligung sind somit die datenschutzrechtlichen Grundsätze[13] zu beachten. Nach Ansicht von *Haimberger*[14] ist deshalb die Einwilligung in die Teilnahme an einer klinischen Prüfung (Leistungsstudie) als auch die datenschutzrechtliche Einwilligungserklärung zu widerrufen, wenn die Prüfungsteilnehmer die Weiterverarbeitung ihrer personenbezogenen Daten verhindern möchten. Dabei wäre ein klarer Gesetzeswortlaut, der dem Determinierungsgebot genügt, wünschenswert. Auch das Fehlen diesbezüglicher gesetzlicher Aufklärungspflichten des Verantwortlichen ist zu kritisieren. Die Aufklärung muss die Prüfungsteilnehmer über alle relevanten Umstände und die Auswirkungen ihrer Entscheidung in Kenntnis setzen, um auf Basis der erhaltenen Aufklärung eine informierte Entscheidung treffen zu können[15]. Hinsichtlich der Anforderungen an die Aufklärung und Einwilligung sind nach den datenschutzrechtlichen Bestimmungen (ebenfalls) die Grundsätze ua des Transparenzgebots, der Bestimmtheit, Ausdrücklichkeit, Freiwilligkeit, Informiertheit und Zweckgebundenheit zu beachten. Diesbezüglich wird auf die dazu bestehende umfangreiche Literatur verwiesen[16].

---

10 gemäß Art 1und 3 GRC.853.

11 *Haimberger*, Datenschutz in der medizinischen und pharmazeutischen Forschung (2021), 232, 252.

12 *Haimberger*, Datenschutz in der medizinischen und pharmazeutischen Forschung (2021), 232, 252.

13 Siehe dazu auch die Stellungnahme des Datenschutzrates, GZ 2021-0.332.355, RZ 14: In § 27 Abs 1 und 2 sollte klarer geregelt werden, ob es sich um eine datenschutzrechtliche Einwilligung gemäß Art 4 Z 11 DSGVO handelt. Eine Einwilligung nach Art 4 Z 11 DSGVO muss aufgrund des Art 7 Abs 3 DSGVO auch widerrufbar sein. Die Rechtswirkungen des Widerrufs ergeben sich bereits direkt aus Art 7 Abs 3 DSGVO und können im nationalen Recht nicht abgeändert werden. § 27 Abs 2 sollte dementsprechend geändert werden. Gleiches ist zu § 27 Abs 3 anzumerken, soweit es sich um eine Beschränkung des Widerrufs nach einer erteilten Einwilligung (nach dem Ende der klinischen Prüfung) handelt.

14 *Haimberger*, Datenschutz in der medizinischen und pharmazeutischen Forschung (2021), 255.

15 Sowohl die entsprechenden europarechtlichen als auch die österreichischen Bestimmungen deuten darauf hin, dass auch bei klinischen Prüfungen mit Medizinprodukten zwischen der datenschutzrechtlichen Komponente der Einwilligung und der Einwilligung in die Teilnahme an der klinischen Prüfung, also medizinprodukterechtlichen Komponente zu unterscheiden ist; *Haimberger*, Datenschutz in der medizinischen und pharmazeutischen Forschung (2021), 250; siehe auch *Rainer Knyrim/Daria Momeni*, Datenschutz bei klinischen Prüfungen und medizinischen Studien, RdM 2003/32; *Knyrim*, DatKomm Art 17 DSGVO, RZ 8 (Stand 1.7.2024, rdb.at).

16 Siehe ua *Haimberger*, Datenschutz in der medizinischen und pharmazeutischen Forschung (2021); *Maier*, Forschung an einwilligungsunfähigen Personen, RdM 2013/55; *Wachenhausen*, zur Datentransparenz und zum Datenschutz bei der klinischen Prüfung, A&R 2016, 147 ff.; *Rainer Knyrim/Daria Momeni*, Datenschutz bei klinischen Prüfungen und medizinischen Studien, RdM 2003/32; allgemein zum Datenschutz in klinischen Prüfungen nach der DSGVO siehe auch *Hiller*, PharmaR 2020, 589 ff; *Spranger/Scholz* zu den Auswirkungen der DSGVO auf die pharmazeutische Forschung in PharmaR 2017, 128 f; *Ziegler*, aktuelle datenschutzrechtlichen Fragen der Anwendung von IT im

§ 27 Abs 1 MPG 2021 sieht diesbezüglich nur allgemein vor, dass der Prüfungsteilnehmer *schriftlich und ausdrücklich über Zweck und Umfang der Erhebung und Verarbeitung personenbezogener Daten aufgeklärt werden und in die Datenverarbeitung einwilligen muss.* § 29 MPDG[17] (Einwilligung in die Verarbeitung personenbezogener Daten) regelt ebenfalls das Erfordernis der Aufklärung und Einwilligung durch den Prüfungsteilnehmer (oder gesetzlichen Vertreter) – insbesondere auch hinsichtlich der Gesundheitsdaten – und sieht hinsichtlich der Aufklärung zusammenfassend Folgendes vor:

Der Prüfungsteilnehmer ist über Zweck und Umfang der Verarbeitung der Daten aufzuklären, insbesondere darüber, dass die erhobenen Daten, *soweit erforderlich,*

a) für die Dauer der klinischen Prüfung, der Leistungsstudie oder der sonstigen klinischen Prüfung zur Überprüfung der ordnungsgemäßen Durchführung der klinischen Prüfung, der Leistungsstudie oder der sonstigen klinischen Prüfung zur Einsichtnahme durch die Überwachungsbehörde oder Beauftragte des Sponsors in der Prüfstelle bereitgehalten werden;

b) pseudonymisiert an den Sponsor oder eine von ihm beauftragte Stelle zum Zwecke der wissenschaftlichen Auswertung weitergegeben werden;

c) im Fall der Verwendung der Prüfungs- oder Studienergebnisse für die Konformitätsbewertung pseudonymisiert an den Hersteller und an die an der Durchführung eines Konformitätsbewertungsverfahrens beteiligte Benannte Stelle, die Europäische Kommission und, sofern zutreffend, an Expertengremien[18] weitergegeben werden;

d) im Fall unerwünschter Ereignisse, schwerwiegender unerwünschter Ereignisse und von Produktmängeln pseudonymisiert vom Prüfer an den Sponsor zur Aufzeichnung[19] weitergegeben werden;

e) im Fall eines schwerwiegenden unerwünschten Ereignisses, das einen Kausalzusammenhang mit dem Prüfprodukt, einem Komparator oder dem Prüfverfahren aufweist oder bei dem ein Kausalzusammenhang durchaus möglich ist, pseudonymisiert[20] vom Sponsor über das elektronische System[21] an die Behörden der anderen Mitgliedstaaten der Europäischen Union weitergegeben werden.

Neben der Notwendigkeit der Aufklärung über das eingeschränkte Widerrufsrecht sieht § 29 MPDG auch die Notwendigkeit der Aufklärung über die Dauer[22] der Speicherung der Daten vor. Nach Ansicht der Autorin sollten diese Informationen auch betreffend den Zweck und Umfang

---

Gesundheitswesen in ZMGR 2016, 211 f; *Kühling/Buchner*, DSG-VO/ BDSG[2], Art 5; *Feiler/Forgó*, EU-DSGVO Art 5; *Gabauer*, Forschungsorganisationsgesetz (2019).

[17] Gesetz zur Durchführung unionsrechtlicher Vorschriften betreffend Medizinprodukte (Medizinprodukterecht-Durchführungsgesetz – MPDG).

[18] nach Art 106 der VO (EU) 2017/745.

[19] nach Art 80 Abs 1 Buchstabe a bis c der VO (EU) 2017/745 oder Art 76 Abs 1 Buchstabe a bis c der VO (EU) 2017/746.

[20] nach Art 80 Abs 2 der VO (EU) 2017/745 oder Art 76 Abs 2 der VO (EU) 2017/746.

[21] nach Art 73 der VO (EU) 2017/745 oder Art 69 der VO (EU) 2017/746.

[22] Siehe dazu die Vorgaben in Anhang XV Kapitel III Abschnitt 3 der VO (EU) 2017/745 (mindestens 10 Jahre nach Beendigung der klinischen Prüfung mit dem Produkt bzw bei Inverkehrbringen mindestens 10 Jahre nach dem Inverkehrbringen des letzten Produkts; bei implantierbaren Produkten beträgt der Zeitraum jeweils mindestens 15 Jahre) oder in Anhang XIV Kapitel II Abschnitt 3 der VO (EU) 2017/746 (mindestens 10 Jahre nach Beendigung der klinischen Leistungsstudie mit dem Produkt bzw bei Inverkehrbringen mindestens 10 Jahre nach dem Inverkehrbringen des letzten Produkts).

der Verarbeitung der Daten – bereits aufgrund der datenschutzrechtlichen Grundsätze – im Zuge der Aufklärung der Prüfungsteilnehmer jedenfalls bereitgestellt werden.

Nach Ansicht der Autorin ist es zweifelhaft, ob eine nicht umfassende Zustimmung der Prüfungsteilnehmer zur Dokumentation der klinischen Ergebnisse und Daten der Wirksamkeit der Einwilligung in die klinische Prüfung entgegensteht oder nicht[23]. Allerdings dürfte diese Frage nur von sekundärer Bedeutung sein, weil die im Zuge der klinischen Prüfung generierten Ergebnisse und Daten ohne die Einwilligung der Prüfungsteilnehmer wohl in der Regel nicht verwendet werden dürfen und § 27 MPG 2021 das Erfordernis der Einwilligung explizit vorschreibt[24]. Die Prüfungsteilnehmer sollten deshalb explizit darüber aufgeklärt werden, dass die Einwilligung in die Erhebung und Verarbeitung der Daten für die Teilnahme an der klinischen Prüfung notwendig ist und dass ohne ihre Einwilligung in die Erhebung und Verarbeitung der Daten eine Teilnahme an der klinischen Prüfung nicht möglich ist. 13

C. Geschäftsfähigkeit und gesetzliche Vertretung

Um **wirksam** in die **Teilnahme** einer **klinischen Prüfung (Leistungsstudie)** und die **Erhebung** und **Verarbeitung** ihrer **Daten einwilligen** zu können, müssen die Prüfungsteilnehmer **geschäftsfähig** und auch **tatsächlich in der Lage sein**, das **Wesen** und die **Bedeutung** der **abgegebenen Erklärung zu erfassen**[25]. Ob die Prüfungsteilnehmer die notwendige Einsichtsfähigkeit haben, ist vom Prüfer im Aufklärungsgespräch zu überprüfen. 14

Art 64 MP-VO Abs 1 und 2 MP-VO (Art 60 Abs 1 und 2 IVD-VO) sowie § 27 Abs 1 MPG 2021 sehen für den Fall, dass die Prüfungsteilnehmer nicht in der Lage sind, in die Teilnahme an der klinischen Prüfung (Leistungsstudie) einzuwilligen, vor, dass die **Einwilligung durch** den **gesetzlichen Vertreter** erfolgen kann. Auch dieser ist entsprechend (siehe dazu Punkt B.) sowie schriftlich und ausdrücklich über Zweck und Umfang der Erhebung und Verarbeitung personenbezogener Daten aufzuklären. Darüber hinaus darf es weder für die Prüfungsteilnehmer noch für den gesetzlichen Vertreter finanzielle oder anderweitige Anreize geben, die über die Deckung von Ausgaben und Einkommensausfälle, die sich direkt aus der Teilnahme an der klinischen Prüfung (Leistungsstudie) ergeben, geben. Schließlich muss die Teilnahme des nicht einwilligungsfähigen Prüfungsteilnehmers unerlässlich sein und die Daten dürfen nicht von einwilligungsfähigen Personen oder mittels anderer Forschungsmethoden gewonnen werden können. Dies setzt voraus, dass gerade das spezifische Krankheitsbild des Nichteinwilligungsfähigen im Hinblick auf das Prüfprodukt bedeutsam ist und damit Gegenstand der klinischen Prüfung sein muss[26]. Ferner muss die klinische Prüfung (Leistungsstudie) in direktem Zusammenhang mit dem Krankheitszustand des nicht einwilligungsfähigen Prüfungsteilnehmers stehen und es muss eine positive Nutzen-Risiko-Abwägung bestehen[27]. 15

Gemäß Art 64 Abs 2 MP-VO (Art 60 Abs 2 IVD-VO) sind nicht einwilligungsfähige Prüfungsteilnehmer aber dennoch in den Entscheidungsprozess einzubinden und sollen die für die Aufklärung geforderten Informationen in einer Form erhalten, die ihrer Fähigkeit, diese zu 16

---

[23] Siehe auch *Rehmann/Wagner/Rehmann*, 4. Aufl. 2023, VO (EU) 2017/745 Art 63 Rn 1–6.

[24] Siehe auch *Rehmann/Wagner/Rehmann*, 4. Aufl. 2023, VO (EU) 2017/745 Art 63 Rn 1–6.

[25] Siehe auch *Maier*, Forschung an einwilligungsunfähigen Personen, RdM 2013/55.

[26] Art 64 Abs 1 lit g) lässt einen Gruppennutzen für die Durchführung der Prüfung nicht genügen, sondern verlangt, dass es wissenschaftliche Gründe geben muss, auf deren Grundlage auch ein Einzelnutzen für den Probanden angenommen werden kann, der die mit der Prüfung verbundenen Risiken und Belastungen überwiegt, siehe dazu *Rehmann/Wagner/Rehmann*, 4. Aufl. 2023, VO (EU) 2017/745 Art 63 Rn 1–6.

[27] Gemäß Art 64 MP-VO Abs 1 lit g MP-VO (Art 60 Abs 1 lit g IVD-VO) muss es wissenschaftliche Gründe für einen direkten Nutzen geben, der die Risiken und Belastungen überwiegt.

begreifen, angemessen ist. Art 64 MP-VO Abs 1 lit c (Art 60 Abs 1 lit c IVD-VO) sieht vor, dass der ausdrückliche Wunsch eines nicht einwilligungsfähigen Prüfungsteilnehmers, an einer klinischen Prüfung (Leistungsstudie) nicht teilzunehmen, vom Prüfer zu beachten ist, insoweit er in der Lage ist, sich eine Meinung zu bilden und die ihm im Zuge der Aufklärung bereitzustellenden Informationen zu beurteilen. Art 64 MP-VO Abs 1 MP-VO (Art 60 Abs 1 IVD-VO) sehen vor, dass ein nach erteilter Einwilligung eingetretener Verlust der Einwilligungsfähigkeit nicht zu einer nachträglichen Ungültigkeit der erteilten Einwilligung führt.

17 Art 65 MP-VO (Art 61 IVD-VO) sieht **sinngemäße Bestimmungen** für die **Einwilligung von Minderjährigen** durch deren gesetzliche Vertreter vor. § 25 MPG 2021 sieht das zusätzliche Erfordernis der Einwilligung einer entscheidungsfähigen minderjährigen Person vor. Laut ErwG 72 soll es den Mitgliedstaaten überlassen bleiben, festzulegen, wer der gesetzliche Vertreter nicht einwilligungsfähiger Prüfungsteilnehmer und Minderjähriger ist. Diesbezüglich wird auf die Kommentierung von *S. Zippenfenig / M. Zippenfenig* zu § 25 MPG 2021 verwiesen.

III. Eingeschränktes Widerrufsrecht und Aufklärung

18 Art 62 Abs 5 MP-VO (Art 58 Abs 6 IVD-VO) sieht vor, dass die **Einwilligung jederzeit widerrufen** werden kann. Eine **weitere Nutzung** der bis zum Widerruf der Einwilligung **erhobenen und gespeicherten Daten** und die **Verwendung** der **auf dieser Grundlage erhobenen Daten** bleibt **vom Widerruf unberührt**. § 27 Abs 2 erster Satz MPG 2021 entspricht diesen Regelungen der MP-VO und IVD-VO und stellt ebenso klar, dass der Widerruf grundsätzlich auch keine Auswirkungen auf Tätigkeiten hat, die auf der Grundlage der Einwilligung bereits vor dem Widerruf durchgeführt wurden. § 27 Abs 2 zweiter Satz MPG 2021 sieht vor, dass das Recht der Prüfungsteilnehmer auf Löschung der Daten gemäß Art 17 Abs 1 aufgrund der Ausnahme gemäß Art 17 Abs 3 lit b) Datenschutzgrundverordnung (DSGVO)[28] ausgeschlossen ist und dieser somit nur ein eingeschränktes Widerrufsrecht hat. Darüber hinaus wird klargestellt, dass der Prüfungsteilnehmer über diese Einschränkung im Zuge der Einholung der Einwilligung explizit aufzuklären ist – dies entspricht den datenschutzrechtlichen Grundsätzen, da eine rechtsgültige Einwilligung naturgemäß nur auf Basis der entsprechend erfolgten Aufklärung erfolgen kann. Laut den erläuternden Bemerkungen ist diese Einschränkung im Sinne des Verhältnismäßigkeitsgrundsatzes gemäß § 1 Abs 2 Datenschutzgesetz (DSG)[29] zulässig, weil dies zur Erreichung der im öffentlichen Interesse liegenden wissenschaftlichen Forschungsziele unbedingt erforderlich ist[30]. Die Bestimmung soll somit der Herstellung der Verhältnismäßigkeit dienen.

19 § 29 Nr. MPDG sieht hinsichtlich der weiteren Verwendung die gespeicherten Daten im Fall eines Widerrufs der Einwilligung zur Teilnahme an der klinischen Prüfung, an der Leistungsstudie oder an einer sonstigen klinischen Prüfung ebenfalls vor, dass die Daten weiterhin verwendet werden dürfen, soweit dies erforderlich ist, um

a) Ziele der klinischen Prüfung, der Leistungsstudie oder der sonstigen klinischen Prüfung zu verwirklichen oder nicht ernsthaft zu beeinträchtigen; oder

---

[28] VO (EU) 2016/679 zum Schutz natürlicher Personen bei der Verarbeitung personenbezogener Daten, zum freien Datenverkehr und zur Aufhebung der Richtlinie 95/46/EG; (Datenschutzgrundverordnung), ABl. Nr. L 119 vom 04.05.2016; *Haidinger* in *Knyrim*, DatKomm Art 17 DSGVO, RZ 8 (Stand 1.7.2024, rdb.at).

[29] BGBl I 1999/165, Bundesgesetz zum Schutz natürlicher Personen bei der Verarbeitung personenbezogener Daten (Datenschutzgesetz – DSG).

[30] EB zu § 27 (109/ME XXVII. GP); EB des Gesundheitsausschusses zu § 27 (AB 884 BlgNR XXVII. GP).

b) sicherzustellen, dass schutzwürdige Interessen der Prüfungsteilnehmer nicht beeinträchtigt werden.

Im Sinne des **Verhältnismäßigkeitsgrundsatzes** gem. § 1 Abs 2 DSG wäre diese einschränkende Klarstellung aus Sicht der Autorin auch in § 27 Abs 2 zweiter Satz MPG 2021 sinnvoll[31]. Die Erreichung der im öffentlichen Interesse liegenden wissenschaftlichen Forschungsziele kann auch bei einer im Sinne der Einschränkungen gemäß lit a) und b) möglichen Weiterverwendung der Daten sichergestellt werden. § 1 Abs 2 DSG sieht auch im Falle zulässiger Beschränkungen vor, dass der Eingriff in das Grundrecht jeweils nur in der gelindesten, zum Ziel führenden Art vorgenommen werden darf.

IV. Klinische Prüfungen in Notfallsituationen

In **klinischen Notfällen** gelten nach Art 68 MP-VO (Art 64 IVD-VO) **Ausnahmeregelungen** zur **verpflichtenden Einholung** der **Einwilligungserklärung** bevor ein Prüfungsteilnehmer an einer klinischen Prüfung teilnimmt. Es müssen zusammenfassend jedoch alle der folgenden Voraussetzungen[32] erfüllt sein – es wird somit ein **strenger Maßstab** an das **Vorliegen** eines **„klinischen Notfalls“** angelegt: 20

- (i) aufgrund der Dringlichkeit der Situation ist der Prüfungsteilnehmer nicht in der Lage, im Voraus eine Einwilligung zu erteilen;
- (ii) aufgrund von wissenschaftlichen Gründen besteht die Erwartung, dass die Teilnahme dem Prüfungsteilnehmer potentiell einen klinisch relevanten Nutzen bringt;
- (iii) auch vom gesetzlichen Vertreter kann innerhalb der für die Behandlung zur Verfügung stehenden Zeit keine Einwilligung eingeholt werden;
- (iv) der Prüfungsteilnehmer hat nach Kenntnis des Prüfers zuvor keine Einwände gegen die Teilnahme geäußert;
- (v) die klinische Prüfung kann aufgrund ihrer Art ausschließlich in Notfallsituationen durchgeführt werden und steht in direktem Zusammenhang mit dem Krankheitszustand des Prüfungsteilnehmers, der die vorherige Einwilligung ebenfalls unmöglich macht;
- (vi) die klinische Prüfung stellt im Vergleich zur Standardbehandlung nur ein minimales Risiko und eine minimale Belastung des Prüfungsteilnehmers dar.

Art 68 Abs 2 MP-VO sieht vor, dass die Einwilligung in der Folge für die weitere Intervention so bald als möglich einzuholen ist. Art 68 Abs 3 MP-VO regelt, dass der Prüfungsteilnehmer (oder gegebenenfalls der gesetzliche Vertreter) darüber zu informieren ist, dass er im Falle der Verweigerung seiner Einwilligung das Recht hat, der Nutzung von Daten, die im Rahmen der klinischen Prüfung gewonnen wurden, zu widersprechen.

§ 27 Abs 3 MPG 2021 regelt, dass in den Fällen (i) der Beendigung einer klinischen Prüfung 21
in einer Notsituation oder (ii) dem Tod des Prüfungsteilnehmers die Verwendung der bereits erhobenen und verarbeiteten Daten auch ohne Einwilligung des Prüfungsteilnehmers zulässig

[31] Siehe dazu auch die Stellungnahme des Datenschutzrates, GZ 2021-0.332.355, RZ 15: Weiters sieht § 27 Abs 2 auch einen Ausschluss des Rechts auf Löschung („Recht auf Vergessenwerden“) vor. Die Beschränkung von Rechten der betroffenen Person müsste jedoch dem Art 23 DSGVO entsprechend ausgestaltet werden. Insbesondere müssten dabei auch die legistischen Vorgaben des Art 23 Abs 2 DSGVO berücksichtigt werden.

[32] Hinsichtlich der detaillierten Voraussetzungen wird auf Art 68 MPVO und Art 64 IVDVO verwiesen, siehe dazu auch *Rehmann/Wagner/Rehmann*, 4. Aufl. 2023, VO (EU) 2017/745 Art 63 Rn 1–6.

ist. Nach Ansicht der Autorin ist die in § 27 Abs 3 MPG 2021 festgelegte Möglichkeit zur Verwendung der bereits erhobenen und verarbeiteten Daten, ohne die Einwilligung des Prüfungsteilnehmers für den Fall der Beendigung der klinischen Prüfung in einer Notsituation kritisch zu sehen. Art 68 MP-VO (Art 64 IVD-VO) sehen nämlich vor, dass nach einer Notfallintervention für die weitere Teilnahme die Einwilligung einzuholen ist. Für den Fall, dass ein Prüfungsteilnehmer oder sein gesetzlicher Vertreter nachträglich die Einwilligung in die Teilnahme an der Studie nicht erteilen, ist er davon in Kenntnis zu setzen, dass er das Recht hat, der Nutzung von Daten, die im Rahmen der klinischen Prüfung gewonnen wurden, zu widersprechen. Weshalb im Falle der Beendigung der klinischen Prüfung keine nachträgliche Einwilligung einzuholen ist, und die Daten dennoch verwendet werden dürfen, ist auch im Sinne des Verhältnismäßigkeitsgrundsatzes sehr kritisch zu sehen.

V. Umfang und Zulässigkeit der Datenweiterverarbeitung

22 § 27 Abs 4 MPG 2021 regelt, dass für die **Weiterverarbeitung** gemäß Art 9 Abs 2 lit j der DSGVO gegebenenfalls § 2d Abs 3 des **Forschungsorganisationgesetzes** (FOG)[33] **gilt.**

23 Art 9 Abs 2 lit j der DSGVO regelt, dass die Verarbeitung personenbezogener Daten[34], sowie die Verarbeitung von genetischen Daten, biometrischen Daten zur eindeutigen Identifizierung einer natürlichen Person, Gesundheitsdaten oder Daten zum Sexualleben oder der sexuellen Orientierung einer natürlichen Person untersagt ist, soweit die Verarbeitung nicht aus Gründen des öffentlichen Interesses im Bereich der öffentlichen Gesundheit, wie dem Schutz vor schwerwiegenden grenzüberschreitenden Gesundheitsgefahren oder zur **Gewährleistung hoher Qualitäts- und Sicherheitsstandards** bei der Gesundheitsversorgung und bei Arzneimitteln und **Medizinprodukten** […] erforderlich ist.

24 § 2d Abs 3 FOG sieht vor, dass die Verarbeitung von Daten (§ 2b Z 5)[35] gemäß Art 9 Abs 2 lit j DSGVO zulässig ist, wenn die betroffene Person freiwillig, in informierter Weise und unmissverständlich ihren Willen in Form einer Erklärung oder einer sonstigen eindeutigen bestätigenden Handlung bekundet, mit der Verarbeitung der sie betreffenden personenbezogenen Daten einverstanden zu sein, wobei die Angabe eines Zweckes im Sinne eines (**„broad consent“**) durch die Angabe

(i) eines Forschungsbereiches; oder

(ii) mehrerer Forschungsbereiche[36]; oder

(iii) von Forschungsprojekten; oder

(iv) von Teilen von Forschungsprojekten

erfolgen darf.

---

33 BGBl 1981/341.

34 aus denen die rassische und ethnische Herkunft, politische Meinungen, religiöse oder weltanschauliche Überzeugungen oder die Gewerkschaftszugehörigkeit hervorgehen.

35 „*Daten*“: personenbezogene Daten im Sinne des Art 4 Nr 1 DSGVO sowie sonstige Informationen.

36 Die Gesetzesmaterialien verweisen hinsichtlich der Definition „*eines oder mehrerer Forschungsgebiete*“ auf die Österreichische Version der „Fields of Science and Technology (FOS) Classification; die österreichische Version der FOS Classification kennt folgende einstellige Forschungsgebiete: (1) Naturwissenschaften; (2) Technische Wissenschaften; (3) Humanmedizin, Gesundheitswissenschaften; (4) Agrarwissenschaften, Veterinärmedizin; (5) Sozialwissenschaften; (6) Geisteswissenschaften, siehe dazu *Gabauer*[1], Forschungsorganisationsgesetz, S 140.

§ 27 Abs 4 MPG 2021 stellt hinsichtlich der Weiterverarbeitung der Daten somit fest, dass deren Umfang und Zulässigkeit – soweit zutreffend – über die (gesetzliche) Grundlage des Forschungsorganisationsgesetzes (FOG) ausgedehnt werden kann. In der Stellungnahme des Datenschutzrates[37] zu § 27 Abs 4 wird angemerkt, dass unklar ist, welchen Regelungsinhalt die Norm hat. Ein bloßer Verweis auf das FOG erfüllt nicht die Vorgaben des Art 9 Abs 2 lit j DSGVO, zumal dieser die Weiterverarbeitung von für andere Zwecke erhobenen Daten nicht regelt. 25

Nach den Materialien ist § 2d Abs 3 FOG der Einwilligung nach Art 4 Z 11 DSGVO lediglich nachempfunden, stellt aber selbst keine Einwilligung iSd Art 9 Abs 2 lit a DSGVO dar, sondern beruht auf Art 9 Abs 2 lit j DSGVO[38],[39]. Im Vergleich zur Einwilligung gemäß Art 4 Z 11 DSGVO seien die Anforderungen an die Vorherbestimmtheit der Willenserklärung herabgesetzt, sodass insbesondere eine Angabe der Empfänger nicht zwingend erforderlich sein soll[40]. Inwieweit die Einwilligung in die Weiterverarbeitung der Daten widerrufen werden kann und die Ausnahme vom Widerspruchsrecht gemäß Art 21 Abs 6 DSGVO greift, ist nicht klar geregelt, allenfalls könnte sich die Ausnahme entsprechend § 27 Abs 2 MPG 2021 auch hier auf erhebliche öffentliche Interessen stützen, weil sie für die Erreichung der im öffentlichen Interesse liegenden wissenschaftlichen Forschungsziele unbedingt erforderlich ist[41]. Im Ergebnis besteht laut *Haimberger* grundsätzlich ein Widerspruchsrecht der betroffenen Person, wenn ihre Daten auf Grundlage des § 2 d Abs 3 FOG für Zwecke nach Art 89 Abs 1 DSGVO, ausgenommen Archivzwecke verarbeitet werden, und die Erreichung dieser Zwecke durch die Ausübung des Widerspruchsrechts nicht unmöglich gemacht oder ernsthaft beeinträchtigt wird[42]. Um die **Handhabung** des **broad consent in der Praxis** zu **erleichtern** sowie aus Gesichtspunkten der Rechtssicherheit, wäre es laut *Haimberger* also empfehlenswert **auf gesetzlicher Ebene** eine diesbezügliche **Informationspflicht des Verantwortlichen** vorzusehen. Solange eine solche ausdrückliche gesetzliche Verpflichtung nicht besteht, ist die Information des Verantwortlichen über die Widerspruchsmöglichkeit nach Ansicht von *Haimberger* Wirksamkeitsvoraussetzung der Zustimmung der betroffenen Person nach § 2 d Abs 3 FOG[43]. Dem ist zuzustimmen. Unklar ist auch, welche Verantwortlichen sich auf die Bestimmung des § 2d Abs 3 FOG stützen können. Der Wortlaut der Bestimmung sieht keine Einschränkung vor, die Datenschutzfolgeabschätzung führt jedoch aus, dass nur wissenschaftliche Einrichtungen gemäß § 2b Z 12 FOG 26

[37] Siehe dazu die Stellungnahme des Datenschutzrates, GZ 2021-0.332.355, RZ 16; zudem wurde Folgendes angemerkt: Zudem müssten angemessene und spezifische Maßnahmen zur Wahrung der Grundrechte und Interessen der betroffenen Person vorgesehen werden. Diese Vorgaben fehlen in § 27 Abs 4. Die Regelung wäre daher entsprechend anzupassen sowie ausführlicher zu erläutern.

[38] ErläutRV 68 BlgNR 26. GP 35 in *Gabauer*[1], Forschungsorganisationsgesetz, S 137.

[39] Siehe dazu auch kritisch *Haimberger*, Datenschutz in der medizinischen und pharmazeutischen Forschung (2021), 75 ff: Die Formulierung in § 2dAbs 3FOG, wonach eine Verarbeitung sensibler Daten zulässig ist, wenn die betroffene Person freiwillig, informiert und unmissverständlich ihren Willen, mit der Datenverarbeitung einverstanden zu sein, in Form einer Erklärung oder einer sonstigen eindeutigen Handlung bekundet hat, mag zwar an eine Einwilligung erinnern, und ist tatsächlich auch der Einwilligung iSd Art 4 Z 11 DSGVO nachempfunden, es handelt sich rechtsdogmatisch aber um keine Einwilligung, sondern um einen gesetzlichen Erlaubnistatbestand auf Grundlage des Art 9 Abs 2 lit j DSGVO. Dies ergibt sich neben der Tatsache, dass § 2 d Abs 3 FOG auf Art 9 Abs 2 lit j DSGVO gestützt wurde, aus den Materialien.

[40] ErläutRV 68 BlgNR 26. GP 36 in *Gabauer*[1], Forschungsorganisationsgesetz, S 137.

[41] Siehe dazu auch *Gabauer*[1], Forschungsorganisationsgesetz, S 138.

[42] *Haimberger*, Datenschutz in der medizinischen und pharmazeutischen Forschung (2021), 89.

[43] *Haimberger*, Datenschutz in der medizinischen und pharmazeutischen Forschung (2021), 92.

„weite" Zustimmungserklärungen einholen dürfen[44]. Die bereitgestellten Daten dürfen auch nur unter den Auflagen des § 2d Abs 1 FOG verarbeitet werden. Eine etwaige Veröffentlichung darf zudem nur unter den Voraussetzungen des § 2 d Abs 2 Z 1 FOG erfolgen. Nach § 2d Abs 3 FOG und ErwGr 33 DSGVO muss dem Betroffenen die Möglichkeit zur Beschränkung auf bestimmte Forschungsbereiche oder Teile von Forschungsprojekten eingeräumt werden[45]. Aus diesen Gründen ist laut *Haimberger*[46] bei **§ 2 d Abs 3 FOG** ganz besonders auf die Vereinbarkeit mit der DSGVO sowie mit den einschlägigen Grundrechten zu achten und die Auslegung zugrunde zu legen, dass er **nur angewendet werden soll, wenn eine nähere Konkretisierung des Forschungszwecks tatsächlich nicht möglich ist.**

27 Grundsätzlich ist aufgrund der Zweifel betreffend der Anwendbarkeit der Privilegierung in Art 5 Abs 1 lit b DSGVO im Kontext von klinischen Prüfungen die Klarstellung in § 27 Abs 4 MPG 2021 zu begrüßen[47]. Die **Weiterverarbeitung** von **Daten im Rahmen** des ***„broad consent"*** gemäß § 2d Abs 3 FOG **birgt** aber **einige rechtliche Unsicherheiten**[48],[49] und es sollte eine sorgfältige rechtliche Abwägung hinsichtlich dessen Inanspruchnahme erfolgen und das Ausmaß der Zulässigkeit der Weiterverarbeitung von Daten jeweils im Einzelfall geprüft werden. Hinsichtlich der Einwilligung ist auch der Grundsatz der Zweckbindung zu beachten[50], es sollte seitens des Verantwortlichen auch eine Information über die Widerspruchsmöglichkeit erfolgen. Zudem ist bei der Durchführung von multizentrischen klinischen Prüfungen (Leistungsstudien) auch außerhalb von Österreich zu beachten, dass in anderen Ländern (unter Umständen) kein *„broad consent"* iSd § 2d Abs 3 FOG d zulässig ist und sich im Hinblick auf die Auswertung und Weiterverarbeitung der Daten in ihrer Gesamtheit allein dadurch wiederum Limitierungen ergeben können.

VI. Geltung für nicht-interventionelle Studien

28 § 27 Abs 5 MPG 2021 stellt klar, dass die Abs 1, 2 und Abs 4 – und somit die darin festgelegten datenschutzrechtlichen Bestimmungen auch für die Durchführung von nicht-interventionellen Studien[51] gelten. Ein Verweis auf Abs 3 konnte naturgemäß entfallen, da es sich bei Anwendungsbeobachtungen nicht um klinische Notfallsituationen handelt und die Einwilligung vor der Teilnahme einzuholen ist. Auch bei der Teilnahme an Anwendungsbeobachtungen müs-

---

44 Vgl BGBl I 2018/31, Anhang 5, 4 in *Gabauer*[1], Forschungsorganisationsgesetz, S 137.

45 Siehe dazu auch *Gabauer*[1], Forschungsorganisationsgesetz, S 140.

46 *Haimberger*, Datenschutz in der medizinischen und pharmazeutischen Forschung (2021), 75 ff.

47 *Haimberger*, Datenschutz in der medizinischen und pharmazeutischen Forschung (2021), 75 ff.

48 Insbesondere auch dahingehend, wer berechtigt ist, sich darauf zu berufen.

49 Siehe auch *Stefan Knotzer*, Wissenschaftliche Forschung und Datenschutz: Eine kritische Analyse ausgewählter Aspekte der österreichischen Rechtslage, ZTR 2018, 202.

50 Nach Art 5 Abs 1 lit b DSGVO müssen die personenbezogenen Daten „für festgelegte, eindeutige und legitime Zwecke erhoben werden". Die Zwecke müssen bereits zum Zeitpunkt der Datenerhebung festgelegt werden. Der festgelegte Zweck muss „eindeutig", dh in hinreichender Bestimmtheit zum Ausdruck gebracht werden. Dies schließt mehrere Zwecke nicht per se aus, sofern sie mit ausreichender Bestimmtheit beschrieben werden. Unzulässig ist jedoch die Angabe von vagen und breiten Zweckbeschreibungen wie „zukünftige Forschungsprojekte" ohne nähere Details; siehe dazu *Herbst* in Kühling/Buchner, DSG-VO/ BDSG[2], Art 5 RZ 31, 32, 35, 36; *Feiler/Forgó,* EU-DSGVO Art 5, RZ 5, 7.

51 Gemäß § 4 Z 8 MPG 2021 ist eine *„Nichtinterventionelle Studie"* die systematische Untersuchung eines Medizinprodukts, das bereits die CE-Kennzeichnung trägt, im Rahmen seiner Zweckbestimmung, wenn diese keine oder keine invasiven oder belastenden zusätzlichen diagnostischen oder therapeutischen Maßnahmen notwendig macht.

sen die Teilnehmer somit schriftlich und ausdrücklich über Zweck und Umfang der Erhebung und Verarbeitung personenbezogener Daten sowie über das eingeschränkte Widerspruchsrecht aufgeklärt werden und in die Datenverarbeitung einwilligen. Auch der Umfang und die Zulässigkeit der Weiterverarbeitung der Daten kann – soweit zutreffend – über die (gesetzliche) Grundlage des Forschungsorganisationsgesetzes (FOG) ausgedehnt werden.

VII. Sanktionen

Gemäß § 80 MPG 2021 begeht eine Verwaltungsübertretung, wer bei klinischen Prüfungen 29
oder Leistungsstudien den Vorgaben der VO (EU) 2017/745 oder der VO (EU) 2017/746 oder den Vorgaben des 3. Abschnitts MPG 2021 – und somit auch § 27 MPG 2021 – zuwiderhandelt. Wer somit personenbezogene Daten unter Missachtung der Bestimmungen des § 27 MPG 2021 erhebt und verarbeitet, macht sich, sofern dies nicht den Tatbestand einer in die Zuständigkeit der Gerichte fallenden strafbaren Handlung bildet, einer Verwaltungsübertretung schuldig und ist mit Geldstrafe bis zu 25.000 €, im Wiederholungsfalle mit bis zu 50.000 € zu bestrafen. § 5 Abs 1 VStG sieht vor, dass nicht nur vorsätzliches, sondern auch schon fahrlässiges Verhalten potenziell strafbarkeitsbegründend ist. Auch der Versuch ist strafbar[52].

Hinsichtlich weiterer Ausführungen zu den Sanktionen wird auf die ausführliche Kommentierung zu § 80 MPG 2021 (*Dungl*) verwiesen.

Werden personenbezogene Daten entgegen den Vorschriften des § 27 MPG 2021 – und 30
somit insbesondere ohne Einwilligung der Prüfungsteilnehmer (bzw gesetzlichen Vertreters) verarbeitet und sind die betreffenden Verarbeitungen nicht anderweitig zu rechtfertigen, sind sie unrechtmäßig und begründen sohin zusätzlich auch einen Verstoß gegen die DSGVO. Die in Art 83 iVm Art 5 Abs 1 DSGVO bei Verstößen vorgesehenen Geldbußen können sich auf bis zu 20 Mio € bzw bis zu 4 % des Jahresumsatzes des vorangegangenen Geschäftsjahrs belaufen.

Betreffend Datenverarbeitungen zu wissenschaftlichen Forschungszwecken normiert Art 58 31
Abs 2 lit f DSGVO die Abhilfebefugnis der Aufsichtsbehörde, „*eine vorübergehende oder endgültige Beschränkung der Verarbeitung, einschließlich eines Verbots, zu verhängen*". Laut *Knotzer*[53] könne dies „*die weitere Durchführung bzw den Abschluss eines Forschungsprojekts massiv gefährden*", was im schlimmsten Fall dazu führen könne, dass „*große finanzielle und personelle Investitionen zunichtegemacht*" würden. Aus diesem Grund handle es sich bei Art 58 Abs 2 lit f DSGVO, insbesondere bei der Verhängung eines vollständigen Verarbeitungsverbots, um einen besonders beträchtlichen Eingriff, der nur mangels Verfügbarkeit gleich wirksamer, aber weniger schwerwiegen der Maßnahmen durchgeführt werden dürfe. Dem ist zuzustimmen.

Ist der betroffenen Person ein materieller oder immaterieller Schaden entstanden, hat sie 32
einen Schadenersatzanspruch nach Art 82 DSGVO iVm § 29 DSG[54]. Für eine Schadenersatzpflicht muss ein Verstoß gegen die DSGVO gegeben sein, der kausal für einen Schaden ist, der bei einer Datenverarbeitung entstanden ist.

---

[52] Siehe dazu auch die kritischen Anmerkungen von *Daniel Larcher* und *Lukas Beiglböck*, Das neue österreichische Medizinproduktegesetz 2021, RdM 2021/242; siehe auch *Schmid*, Strukturfragen der Verantwortlichkeit von juristischen Personen und ihren Organen im Verwaltungsstrafverfahren, in *Holoubek/Lang* (Hrsg), Grundfragen des Verwaltungs- und Finanzstrafverfahrens.

[53] *Stefan Knotzer*, Wissenschaftliche Forschung und Datenschutz: Eine kritische Analyse ausgewählter Aspekte der österreichischen Rechtslage, ZTR 2018, 202.

[54] siehe Art 82 Rz 12 ff. *Haidinger* in *Knyrim*, DatKomm Art 17 DSGVO, RZ 8 (Stand 1.7.2024, rdb.at).

§ 28 Kontaktstelle für Prüfungsteilnehmer

Der Sponsor hat dafür zu sorgen, dass dem Prüfungsteilnehmer eine Kontaktstelle zur Verfügung steht, bei welcher der Prüfungsteilnehmer selbständig oder unter Mithilfe eines Patientenvertreters (§ 11e des Bundesgesetzes über Krankenanstalten und Kuranstalten) Informationen einholen kann.

Beachte für die Bestimmung: Tritt hinsichtlich In-vitro-Diagnostika am 26.5.2022 in Kraft (vgl § 91 Abs 1).

Fassung: BGBl I 2021/122

Literatur: *Rehmann/Wagner/Rehmann*, 4. Aufl. 2023, VO (EU) 2017/745 Art. 63; *Haas/Plank/Unterkofler* (Hrsg.) Arzneimittelgesetz, 2. Auflage; *Schmid*, Strukturfragen der Verantwortlichkeit von juristischen Personen und ihren Organen im Verwaltungsstrafverfahren, in *Holoubek/Lang* (Hrsg), Grundfragen des Verwaltungs- und Finanzstrafverfahrens; *Daniel Larcher und Lukas Beiglböck*, Das neue österreichische Medizinproduktegesetz 2021, RdM 2021/242.

Inhaltsverzeichnis

I. Allgemeines und Bedeutung der Rechtsnorm

1 Der Sponsor hat dafür zu sorgen, dass den Prüfungsteilnehmern eine Kontaktstelle zur Verfügung steht, bei der sie selbständig oder mit Hilfe eines Patientenvertreters weitere Informationen einholen können. Dieses Erfordernis ergibt sich auch aus Art. 62 Abs. 4 (g) MP-VO (Art. 58 Abs. 5 (g) IVD-VO).

§ 11e des Bundesgesetzes über Krankenanstalten und Kuranstalten sieht vor, dass die jeweilige Landesgesetzgebung vorzusehen hat, dass zur Prüfung allfälliger Beschwerden und auf Wunsch zur Wahrnehmung der Patienteninteressen unabhängige Patientenvertretungen (Patientensprecher, Ombudseinrichtungen oder ähnliche Vertretungen) zur Verfügung stehen.

§ 28 MPG 2021 sieht analog dem Arzneimittelrecht eine Kontaktstelle für Prüfungsteilnehmer vor[1].

Das Zur-Verfügung-Stellen einer Kontaktstelle wird als Sponsor-Verpflichtung vorgesehen, weil der Sponsor über die umfassendsten Informationen über die klinische Prüfung verfügt. Bei der Bereitstellung der Information hat der Sponsor darauf zu achten, dass dies in einer für den Prüfungsteilnehmer verständlichen Weise geschieht[2]. Die Bereitstellung und Information sollte deshalb Teil der PatientInneninformation und Einwilligungserklärung zur klinischen Prüfung bzw. Leistungsstudie sein.

Diese Bestimmung gilt auch für Leistungsstudien an In-Vitro-Diagnostika.

II. Relevante Kontaktstellen

2 Die Patienten- und Pflegeanwaltschaften sind eigenständige Institutionen der Länder. Sie helfen bei der Vertretung der Interessen von Personen in allen Angelegenheiten des Gesund-

1 EB zu § 28 (109/ME XXVII.GP), EB des Gesundheitsausschusses zu §§ 28 und 29 (AB 884 BlgNR XXVII. GP).

2 *Haas/Plank/Unterkofler* (Hrsg.) Arzneimittelgesetz, 2. Auflage, S 327.

heitswesens und Pflegebereichs. Die genauen Kontaktdaten und weitere Informationen zu den in jedem Bundesland bestehenden Patienten- und Pflegeanwaltschaften sind unter dem folgenden Link zu finden: https://www.oesterreich.gv.at/themen/hilfe_und_finanzielle_unterstuetzung_erhalten/ombudsstellen_und_anwaltschaften/Seite.3240007.html[3].

In der PatientInneninformation und Einwilligungserklärung zur Teilnahme an der klinischen Prüfung bzw. Leistungsstudie sollten die relevanten Informationen auch im Sinne der Klarheit und Verständlichkeit der Aufklärung und Information möglichst ausführlich und umfassend bereitgestellt werden. Insbesondere sollten auch die Kontaktperson(en) bei der Prüfstelle sowie deren Zeiten der Erreichbarkeit angegeben werden, damit Prüfungsteilnehmer dort – eben wie in § 28 MPG 2021 gefordert – auch selbständig Informationen einholen können. Hinsichtlich der Informationen zur Patientenanwaltschaft sind die Kontaktdaten jener Patientenanwaltschaft anzugeben, die in dem Bundesland, in dem sich die Prüfstelle befindet, eingerichtet ist. Die Informationen könnten beispielsweise mit folgendem oder einem sinngemäßen Wortlaut für eine klinische Prüfung bereitgestellt werden:

Möglichkeit zur Diskussion weiterer Fragen

[*Informationen hinsichtlich der Beschreibung bzw Registrierung der klinischen Prüfung mit Verweis auf entsprechende Quellen*]

Für weitere Fragen im Zusammenhang mit dieser klinischen Prüfung stehen Ihnen der Prüfarzt und seine Mitarbeiter gern zur Verfügung. Sie beantworten auch gerne Fragen zu den Rechten des Patienten als Patient dieser Studie.

Name der Kontaktperson: [...]

Wochentags von […] bis […] Uhr erreichbar unter:

[...]

Name der Kontaktperson: [...]

Wochentags von […] bis […] Uhr erreichbar unter:

[...]

Falls zutreffend: In Notfällen ist ein Mitarbeiter unserer Abteilung [....] (bitte einfügen) [....] rund um die Uhr über das „Notfallhandy“ erreichbar (Notfallhandy): [.......] (bitte einfügen) [.......]

Abgesehen von den Informationen, die in diesem Informationsblatt gegeben werden, haben Sie das Recht, während der klinischen Prüfung jederzeit zusätzliche Informationen anzufordern.

Wenn Sie weitere Informationen über die Rechte der Patienten an der klinischen Studie wünschen, können Sie sich auch an die folgende Organisation wenden:

Patientenanwaltschaft

[*die jeweiligen Kontaktdaten der im Bundesland der Prüfstelle eingerichteten Patientenanwaltschaft angeben*]

Wenn Sie Bedenken zu irgendeinem Aspekt dieser klinischen Prüfung haben, sollten Sie mit dem Prüfarzt oder dem Studienpersonal sprechen, die ihr Bestes tun werden, um Ihre Fragen zu beantworten. Wenn Sie weiterhin unzufrieden sind und sich formell beschweren möchten, können Sie dies tun.

---

[3] Zuletzt abgerufen am 19.03.2025.

Hinsichtlich der Datenschutzrechtlichen Aufklärung und Information sollte neben den Angaben und Kontaktdaten zum Datenschutzbeauftragten auch noch auf die Kontaktdaten der österreichischen Datenschutzbehörde hingewiesen werden; beispielsweise mit folgendem Verweis:

Sie haben auch das Recht, bei der österreichischen Datenschutzbehörde eine Beschwerde über den Umgang mit Ihren Daten einzubringen (www.dsb.gv.at; E-Mail: dsb@dsb.gv.at).

III. Sanktionen

3 Gemäß § 80 MPG 2021 begeht eine Verwaltungsübertretung, wer bei klinischen Prüfungen oder Leistungsstudien den Vorgaben der VO (EU) 2017/745 oder der VO (EU) 2017/746 oder den Vorgaben des 3. Abschnitts MPG 2021 – und somit auch § 28 MPG 2021 – zuwiderhandelt und macht sich, sofern sie nicht den Tatbestand einer in die Zuständigkeit der Gerichte fallenden strafbaren Handlung bildet, einer Verwaltungsübertretung schuldig und ist mit Geldstrafe bis zu 25.000 €, im Wiederholungsfalle bis zu 50.000 € zu bestrafen. Auch der Versuch ist strafbar.

Hinsichtlich weiterer Ausführungen zu den Sanktionen wird auf die ausführliche Kommentierung zu § 80 MPG 2021 (*Dungl*) verwiesen.

§ 29 Prüfer

(1) Der Prüfer muss ein in Österreich zur selbständigen Berufsausübung berechtigter Arzt oder Zahnarzt sein.

(2) Er muss

1. ausgebildet und erfahren im Anwendungsbereich des zu prüfenden Medizinproduktes sein, und

2. mit dem Hintergrund und den Anforderungen der klinischen Prüfung vertraut sein und eine ausreichende Erfahrung in klinischen Prüfungen aufweisen.

Beachte für die Bestimmung: Tritt hinsichtlich In-vitro-Diagnostika am 26.5.2022 in Kraft (vgl § 91 Abs 1).

Fassung: BGBl I 2021/192

Literatur: § 7 ZÄG; § 6 Abs 2 ZÄG; Art 2 Z 54 MP-VO; Ärztegesetz (ÄrzteG), BGBl 1998/169 idF BGBl I 2023/108, § 3; BGBl 1996/657; *Deutsch/ Lipper/ Ratzel/Tag/Gassner,* Kommentar zum Medizinproduktegesetz (MPG), S. 90; EB zu § 29 (109/ME XXVII. GP); International Council for Harmonisation of Technical Requirements for Pharmaceuticals for Human Use (ICH), Good Clinical Practice – Scientific guideline, ICH E6(R2), https://www.ich.org/page/efficacy-guidelines; *Königshofer* in *Resch/Wallner*, Handbuch Medizinrecht (2020) Medizinprodukterecht, S. 1360; Art 72 Abs 1 bis 4 MP-VO; *Krauskopf* in *Neumayr/Resch/Wallner,* GmundKomm § 4 ZÄG (Stand 1.1.2022, rdb.at); *Stöger/Zahrl* in *Stöger/ Zahrl*, ÄrzteG § 3 (Stand 1.1.2023, rdb.at); *Wallner* in *Neumayr/Resch/Wallner,* GmundKomm § 3 ÄrzteG 1998 (Stand 1.1.2022, rdb.at); *Wallner* in *Neumayr/Resch/Wallner*, GmundKomm § 36b ÄrzteG 1998 (Stand 1.1.2022, rdb.at); *Zahrl* in *Stöger/Zahrl*, ÄrzteG § 36b (Stand 1.1.2023, rdb.at)

Inhaltsverzeichnis

I. Allgemeines

Die Definition des Prüfers wurde von der alten Fassung des MPG fast zur Gänze wörtlich übernommen.[1] Der Prüfer ist eine Person, die – neben dem Sponsor – für die Durchführung einer klinischen Prüfung an einer Prüfstelle verantwortlich ist.[2] Gemäß Art 62 Abs 6 MP-VO muss der Prüfer einen Beruf ausüben, der ihn aufgrund der dafür erforderlichen wissenschaftlichen Kenntnisse und Erfahrungen bei der Patientenbetreuung im jeweiligen Mitgliedstaat anerkanntermaßen für die Rolle qualifiziert. Darüber hinaus verlangt die MP-VO, dass alle sonstigen Mitarbeiter, die an der Durchführung einer klinischen Prüfung mitwirken, über eine entsprechende Qualifikation für diese Tätigkeit verfügen. Diese Qualifikation umfasst eine angemessene Ausbildung, Fortbildung und Erfahrung im relevanten medizinischen Bereich sowie Kenntnisse in klinischen Forschungsmethoden. Diese Anforderungen dienen vor allem dem Schutz der Patienten und der Sicherstellung der Qualität der klinischen Prüfung. Obwohl in der Regel Ärzte als Prüfer in Betracht kommen, macht die MP-VO dies nicht zur Voraussetzung. Es besteht daher kein genereller „Arztvorbehalt" für die Position des Prüfers auf Verordnungs- 1

[1] EB zu § 29 (109/ME XXVII. GP).

[2] Art 2 Z 54 MP-VO.

ebene. Der Gesetzgeber räumt den Mitgliedstaaten hier einen gewissen Handlungsspielraum ein. In Österreich hat der Gesetzgeber diesen Spielraum genutzt und einen Arztvorbehalt eingeführt: Nach § 29 Abs 1 MPG muss der Prüfer ein Arzt oder Zahnarzt sein, der zur selbstständigen Berufsausübung berechtigt ist.

2 Die Definition des Prüfers im MPG weist in seiner Konzeption starke Ähnlichkeiten mit jener des AMG auf. Ein Vergleich mit internationalen Normen zeigt, dass auch andere Staaten ähnliche Anforderungen an die Qualifikationen von prüfenden Personen im Forschungsbereich stellen. Zu verweisen ist hier auf die EN ISO 14155:2011, die im Erwägungsgrund 64 der MP-VO erwähnt wird. Es ist jedoch zu beachten, dass inzwischen die aktualisierte Version EN ISO 14155:2024 vorliegt.[3] Zudem ist auch die Deklaration von Helsinki[4] zu beachten, welche die Notwendigkeit betont, dass alle an medizinischer Forschung beteiligten Personen über die erforderliche ethische und wissenschaftliche Ausbildung sowie die notwendige Qualifikation verfügen, zu verweisen.[5]

II. Zur selbstständigen Berufsausübung berechtigter Arzt bzw Zahnarzt

A. Arzt nach dem ÄrzteG

3 In der neuen Fassung des Gesetzestextes ist die *„Qualifizierung des Prüfers"* im Gesetzeswortlaut selbst nicht mehr explizit erwähnt. Dies bedeutet allerdings nicht, dass ein minderer Standard an die Anforderungen des Prüfers gestellt wird.

4 Der Arztbegriff umfasst jede Person, die entweder in Österreich oder im Ausland das Medizinstudium erfolgreich abgeschlossen hat.[6] § 3 ÄrzteG unterscheidet zwischen der selbstständigen Berufsausübung (Abs 1 und Abs 2) und der unselbstständigen Berufsausübung (Abs 3).[7] Die selbstständige Ausübung des ärztlichen Berufes ist lediglich Ärzten für Allgemeinmedizin, approbierten Ärzten, Fachärzten sowie Ärzten mit partiellem Berufszugang erlaubt. Die selbständige Ausübung des ärztlichen Berufes besteht in der eigenverantwortlichen Ausführung der in § 2 Abs 2 und 3 ÄrzteG umschriebenen Tätigkeiten, gleichgültig, ob diese freiberuflich oder im Rahmen eines Anstellungsverhältnisses ausgeübt werden. Ausgeschlossen von der eigenständigen Berufsausübung sind noch in Ausbildung stehende Ärzte, sogenannte Turnusärzte, da diese von einem selbständigen Arzt angewiesen und ausgebildet werden und somit nicht selbstständig den ärztlichen Beruf ausüben können.[8]

5 Für die selbstständige Berufsausübung ist die fachliche Eigenverantwortlichkeit wesentlich. Es wird vom Gesetzgeber angenommen, dass ein Arzt die Fähigkeit hat, alle im Bereich seiner fachlichen Zuständigkeit aufkommenden Umstände und Fragen, selbstständig zu bewerten. Dies umfasst auch die Bewertung des Arztes, ab wann dieser Unterstützung und Mitwirkung von anderen Ärzten benötigt, wenn seine fachliche Kompetenz nicht mehr ausreicht.[9]

6 Der rechtliche Rahmen der Berufsausübung ist dabei nicht von Relevanz. Das ÄrzteG versteht unter der selbstständigen Berufsausübung allerdings nicht, dass ein Arzt seine Tätigkeit

3 EN ISO 14155:2024.

4 WMA Declaration of Helsinki – Ethical Principles for Medical Research Involving Human Participants, DoH-Oct2024, https://www.wma.net/policies-post/wma-declaration-of-helsinki/, zuletzt abgerufen am 09.12.2024.

5 *Deutsch/ Lipper/ Ratzel/Tag/Gassner,* Kommentar zum Medizinproduktegesetz (MPG), S. 90.

6 *Wallner* in *Neumayr/Resch/Wallner*, GmundKomm § 36b ÄrzteG 1998 (Stand 1.1.2022, rdb.at).

7 *Stöger/Zahrl* in *Stöger/Zahrl,* ÄrzteG § 3 (Stand 1.1.2023, rdb.at).

8 § 3 Ärztegesetz (ÄrzteG), BGBl 1998/169 idF BGBl I 2023/108.

9 *Stöger/Zahrl* in *Stöger/Zahrl*, ÄrzteG § 3 (Stand 1.1.2023, rdb.at).

als selbstständiger Unternehmer ausüben muss. Es ist ganz allgemein die eigenverantwortliche Ausführung der ärztlichen Tätigkeit gemeint.[10] Unter „*selbstständiger*“ Ausübung des ärztlichen Berufes fällt sowohl die freiberufliche Tätigkeit als auch die Anstellung im Rahmen eines Dienstverhältnisses.[11] Für beide Arten der Berufsausübung ist in § 3 Abs 2 ÄrzteG die Weisungsfreiheit verankert.[12]

Ärzte müssen bei der Österreichischen Ärztekammer gemeldet sein und unterliegen somit einschlägigen Berufspflichten und Disziplinarvorschriften.[13] 7

B. Zahnärzte nach dem ZÄG

Das Berufsbild und der Tätigkeitsbereich von Zahnärzten findet sich grundlegend in den unionsrechtlichen Vorschriften wieder (Art 5 der RL 78/687/EWG ebenso wie Art 36 Abs 3 der RL 2005/36/EG), wo er wie folgt umschrieben wird „*Tätigkeiten der Verhütung, Diagnose und Behandlung von Anomalien und Krankheiten der Zähne, des Mundes und der Kiefer und des dazugehörigen Gewebes*“.[14] 8

Die Ausübung der Zahnmedizin ist gemäß § 4 ZÄG Angehörigen des zahnärztlichen Berufs erlaubt. Der zahnärztliche Beruf umfasst jede auf zahnmedizinisch-wissenschaftlichen Erkenntnissen begründete Tätigkeit, einschließlich komplementär- und alternativmedizinischer Heilverfahren, die unmittelbar am Menschen oder mittelbar für den Menschen ausgeführt wird. 9

Der zahnärztliche Beruf darf selbstständig ausgeübt werden, wenn die Erfordernisse nach § 6 ZÄG erfüllt sind: Im Hinblick auf die Berufsausübung muss Handlungsfähigkeit vorliegen, das heißt es muss die zur Ausübung des zahnärztlichen Berufs erforderliche Vertrauenswürdigkeit gegeben sein, die gesundheitliche Eignung und Kenntnisse der deutschen Sprache, weiters bedarf es eines Qualifikationsnachweises und der Eintragung in die Zahnärzteliste. 10

Die erforderliche Vertrauenswürdigkeit ist jedenfalls nicht gegeben bei Verurteilung zu einer Freiheitsstrafe wegen einer oder mehrerer mit Vorsatz begangener strafbarer Handlungen, solange vergangene Verurteilungen nicht getilgt sind und wenn nach der Eigenart der strafbaren Handlung die Begehung der gleichen oder einer ähnlichen strafbaren Handlung bei Ausübung des zahnärztlichen Berufs zu befürchten ist.[15] 11

Als Qualifikationsnachweis für die Ausübung des zahnärztlichen Berufs gilt (i) ein an einer Medizinischen Universität oder der Medizinischen Fakultät einer Universität in der Republik Österreich erworbenes Doktorat der Zahnheilkunde, (ii) ein in einem EWR-Vertragsstaat oder in der Schweizerischen Eidgenossenschaft erworbener zahnärztlicher Qualifikationsnachweis gemäß § 9 ZÄG und (iii) ein im Ausland erworbener und in Österreich als Doktorat der Zahnheilkunde nostrifizierter akademischer Grad.[16] 12

III. Sonstige Aufgaben des Prüfers

Die Prüfung eines Medizinproduktes, darf nur durch einen Arzt und bei einschlägigen Produkten nur durch einen Zahnarzt vorgenommen werden. Abgesehen von der selbständigen Berechtigung zur Berufsausübung in Österreich werden bestimmte medizinrechtliche Kennt- 13

[10] *Wallner* in *Neumayr/Resch/Wallner*, GmundKomm § 3 ÄrzteG 1998 (Stand 1.1.2022, rdb.at).
[11] *Stöger/Zahrl* in *Stöger/Zahrl*, ÄrzteG § 3 (Stand 1.1.2023, rdb.at).
[12] *Wallner* in *Neumayr/Resch/Wallner*, GmundKomm § 3 ÄrzteG 1998 (Stand 1.1.2022, rdb.at).
[13] *Zahrl* in *Stöger/Zahrl*, ÄrzteG § 36b (Stand 1.1.2023, rdb.at).
[14] *Krauskopf* in *Neumayr/Resch/Wallner*, GmundKomm § 4 ZÄG (Stand 1.1.2022, rdb.at).
[15] § 6 Abs 2 Zahnärztegesetz (ZÄG) BGBl I 2005/126 idF BGBl I 2023/18.
[16] § 7 ZÄG.

nisse und Erfahrungen verlangt, damit es sich um einen qualifizierten Prüfer handelt. Ein sachgerechter Prüfer ist ein Arzt bzw Zahnarzt mit der notwendigen Ausbildung und Erfahrung in Bezug auf das zu prüfende Medizinprodukt sowie ausreichenden Kenntnissen über klinische Prüfungen und deren Ablauf. Der Prüfer ist auch für die Durchführung der umfassenden Aufklärung des Prüfungsteilnehmers bzw gesetzlichen Vertreters verantwortlich (informed consent[17]).

14 Gemeinsam mit dem Sponsor hat der Prüfer sicherzustellen, dass die klinische Prüfung nach dem genehmigten klinischen Prüfplan durchgeführt wird.[18]

[17] Art 63 Abs 1 MP-VO.

[18] *Königshofer* in *Resch/Wallner*, Handbuch Medizinrecht (2020) Medizinprodukterecht, S. 1360; Art 72 Abs 1 bis 4 MP-VO.

§ 30 Sponsor

(1) Der Sponsor hat die Durchführung einer klinischen Prüfung an einer Krankenanstalt vor deren Beginn sowie deren Beendigung dem ärztlichen Leiter der Krankenanstalt zu melden.

(2) Der Sponsor hat die Kosten aus der Bereitstellung der Prüfprodukte zu tragen, sofern nicht einer Kostenübernahme zugestimmt wurde.

(3) Der Sponsor hat Sorge dafür zu tragen, dass den österreichischen Sozialversicherungsträgern aus der Bereitstellung des Prüfprodukts keine Kosten entstehen, es sei denn, dass

1. **mit dessen Einsatz ein primärer individueller Nutzen insofern verbunden ist, als es zur Abwehr einer gesundheitlichen Schädigung oder zur Behebung eines körperlichen Leidens dringend benötigt wird und gegenüber verfügbaren, bereits zulässig in Verkehr befindlichen Medizinprodukten eine wesentliche Steigerung der Erfolgschancen ernsthaft erwarten lässt,**
2. **dem Sozialversicherungsträger Informationen über das verwendete Prüfprodukt und die klinische Prüfung zugänglich gemacht worden sind, und**
3. **der Sozialversicherungsträger auf Grund dieser Unterlagen nach Beurteilung des Vorliegens der Voraussetzungen der Z 1 und 2 einem Antrag auf Kostenübernahme zugestimmt hat.**

(4) Dem Prüfungsteilnehmer dürfen durch die Teilnahme an einer klinischen Prüfung jedenfalls keine Kosten erwachsen.

Beachte für die Bestimmung: Tritt hinsichtlich In-vitro-Diagnostika am 26.5.2022 in Kraft (vgl § 91 Abs 1).

Fassung: BGBl I 2021/192

Literatur: BASG/AGES, Leitfaden zur Einreichung und Durchführung von Klinischen Prüfungen von Medizinprodukten (MP) und LBP von IVD (https://www.basg.gv.at/fileadmin/redakteure/01_Formulare_Listen/I/L_I192_Leitfaden_KP_MPG.pdf, *Larcher/Beiglböck*, Das neue österreichische Medizinproduktegesetz 2021, RdM 2021/242 (133); OGH 27.3.2020, 10 Ob S 27/20y, RdM-LS 2020/108; *Stöger* in *Neumayr/Resch/Wallner*, GmundKomm § 7 KAKuG (Stand 1.1.2022, rdb.at).

Inhaltsverzeichnis

I. Allgemeines

Eine Legaldefinition des Sponsors ist im MPG seit 2021 nicht mehr gegeben. Während in der alten Fassung des MPG eine Begriffsdefinition in § 63 MPG aF angeführt war, sind aufgrund des allgemeinen Verweises in § 4 MPG die Definitionen der internationalen Normen der VO (EU) 2017/745 und der VO (EU) 2017/746 heranzuziehen. 1

II. Meldepflichten

2 Der Sponsor hat die Aufgabe die Durchführung einer klinischen Prüfung an einer Krankenanstalt vor deren Beginn sowie deren Beendigung dem ärztlichen Leiter der Krankenanstalt, an welcher die Prüfung vorgenommen werden soll, zu melden. Der ärztliche Leiter ist eine hauptberuflich in der Krankenanstalt angestellte Person, welche gemäß dem Zweck und des Leistungsangebots der konkreten Position befähigt ist, die Leitung zu übernehmen. Ein ärztlicher Leiter kann nur durch die Landesregierung bescheidmäßig angenommen werden, um rechtsgültig arbeiten zu können. Zu dem Hauptaufgabenbereich des ärztlichen Leiters zählen unter anderem die Diensteinteilung und die Überwachung der Tätigkeiten. Aufgrund seiner übergeordneten Stellung hat dieser ein fachliches Weisungsrecht gegenüber untergeordneten Ärzten. Es gibt Grenzen beim Weisungsrecht, da einerseits fachliche Standards eingehalten und andererseits nur Anordnungen befolgt werden müssen, solange sie im Rahmen der persönlichen fachlichen Eignung liegen.[1]

3 Da der ärztliche Leiter für die Feststellung der Ressourcen in einer Anstalt (insbesondere Krankenanstalt) zuständig ist, bestehen Meldepflichten des Leiters gegenüber der Anstalt bei festgestellten Mängeln. In solchen Fällen dürfen selbst medizinisch indizierte Maßnahmen nicht durchgeführt werden, bis die Anstalt die notwendigen Ressourcen aufgestellt hat, um den gesetzlich gebotenen Standard zu erfüllen.[2]

III. Kosten

4 In § 30 Abs 4 MPG ist normiert, dass dem Prüfungsteilnehmer durch die Teilnahme an der klinischen Prüfung keine Kosten erwachsen dürfen.[3] Der Sponsor hat die Kosten für die Bereitstellung des Prüfprodukts – wie auch nach dem AMG – zu übernehmen, außer der österreichische Sozialversicherungsträger hat einer Kostenübernahme zugestimmt. Die Kostenübernahme ist ein Leistungsanspruch auf die Übernahme von Kosten für in Zukunft liegende Ansprüche.[4]

5 In Bezug auf die Kostenübernahme durch den österreichischen Sozialversicherungsträger sind kumulativ drei Voraussetzungen normiert, nach welchen dieser die Kosten übernimmt. Dabei ist zunächst erforderlich, dass (i) mit dem Einsatz des Prüfprodukts ein primär individueller Nutzen verbunden ist, der zur Abwehr einer gesundheitlichen Schädigung oder zur Behebung eines körperlichen Leidens dringend benötigt wird. (ii) Das Prüfprodukt muss eine wesentliche Steigerung der Erfolgschancen gegenüber den verfügbaren und bereits zulässig in Verkehr befindlichen Medizinprodukten ernsthaft erwarten lassen. (iii) Weiters müssen dem Sozialversicherungsträger Informationen über das verwendete Prüfprodukt und die klinische Prüfung zugänglich gemacht worden sein und dieser hat aufgrund der zur Verfügung gestellten Unterlagen und nach Beurteilung der ersten beiden Voraussetzungen dem Antrag auf Kostenübernahme zugestimmt.

IV. Aufgaben des Sponsors

6 Vor Beginn der klinischen Prüfung liegt es in der Verantwortung des Sponsors die Klassifizierung des Prüfprodukts und die Einstufung der Studie primär vorzunehmen. Der Sponsor hat zudem die Verpflichtung, die erforderliche Dokumentation sicherzustellen und diese gegen-

---

1 *Stöger* in *Neumayr/Resch/Wallner*, GmundKomm § 7 KAKuG (Stand 1.1.2022, rdb.at).

2 *Stöger* in *Neumayr/Resch/Wallner*, GmundKomm § 7 KAKuG (Stand 1.1.2022, rdb.at).

3 *Larcher/Beiglböck*, Das neue österreichische Medizinproduktegesetz 2021, RdM 2021/242 (133).

4 OGH 27.3.2020, 10 Ob S 27/20y, RdM-LS 2020/108.

über den zuständigen nationalen Behörden nachzuweisen. Ist der Sponsor nicht zugleich der Hersteller des Prüfprodukts, kann der Hersteller diese Verpflichtung im Auftrag des Sponsors übernehmen.[5]

Im Rahmen der klinischen Prüfung gibt es gemäß § 26 MPG für Sponsoren eine Verpflichtung zum Abschluss einer Personenschadenversicherung für im Rahmen von klinischen Prüfungen verschuldensunabhängig verursachte Schäden an Prüfungsteilnehmern. Es wird dem Prüfungsteilnehmer nun auch – wie im AMG – eine Kontaktstelle zur Verfügung gestellt, bei welcher dieser Informationen einholen kann.[6] 7

Der Sponsor muss gemeinsam mit dem Prüfer sicherstellen, dass die klinische Prüfung entsprechend dem genehmigten klinischen Prüfplan durchgeführt wird. Der Sponsor muss eine angemessene Überwachung der Prüfung gewährleisten, damit die Rechte, die Sicherheit und das Wohl der Prüfungsteilnehmer geschützt und die gemeldeten Daten verlässlich und belastbar sind. Der Sponsor muss auch Ausmaß und Art der Überwachung auf Grundlage einer Bewertung festlegen, welche sämtliche Merkmale der klinischen Prüfung und insbesondere die Ziele und angewandte Methodik und den Grad der Abweichung der Intervention von der üblichen klinischen Praxis berücksichtigt.[7] 8

Der Sponsor – gegebenenfalls auch der Prüfer – zeichnet auf, verarbeitet, behandelt und speichert alle Daten zu einer klinischen Prüfung so, dass sie korrekt übermittelt, ausgelegt und überprüft werden können, wobei gleichzeitig die Vertraulichkeit der Unterlagen und der personenbezogenen Daten der Prüfungsteilnehmer gemäß den datenschutzrechtlichen Vorschriften gewahrt bleiben soll.[8] Der Sponsor muss auch ein Verfahren für Notfälle zusammenstellen, mit welchem die sofortige Identifizierung und erforderlichenfalls der sofortige Rückruf der Produkte ermöglicht wird.[9] 9

---

5 BASG/AGES, Leitfaden zur Einreichung und Durchführung von Klinischen Prüfungen von Medizinprodukten (MP) und LBP von IVD (https://www.basg.gv.at/fileadmin/redakteure/01_Formulare_Listen/I/L_I192_Leitfaden_KP_MPG.pdf, zuletzt abgerufen am 31. Mai 2024); MP-VO, Anhang XV, Kapitel III Z 1; MDCG 2021-6 Rev. 1, Regulation (EU) 2017/745 – Questions & Answers regarding clinical investigation, Q 20, https://health.ec.europa.eu/system/files/2023-12/mdcg_2021-6_en.pdf, zuletzt abgerufen am 06.01.2025.

6 *Larcher/ Beiglböck*, Das neue österreichische Medizinproduktegesetz 2021, RdM 2021/242 (133).

7 Art 72 Abs 1 und Abs 2 MP-VO.

8 Art 72 Abs 3 MP-VO.

9 Art 72 Abs 6 MP-VO.

§ 31 Qualitätskontrolle und Qualitätsmanagement

(1) Der Sponsor und der Prüfer haben im Hinblick auf die Planung, Durchführung und Auswertung einer klinischen Prüfung ein adäquates System des Qualitätsmanagements anzuwenden, das die vollständige Nachvollziehbarkeit aller Beobachtungen und Befunde, die korrekte Erhebung und Verarbeitung der Daten und die korrekte Ableitung von Schlussfolgerungen gewährleistet.

(2) Ein vom Sponsor veranlasstes Audit hat durch Stellen oder Organisationseinheiten zu erfolgen, die unabhängig von den für die klinische Prüfung Verantwortlichen sind.

(3) Prüfstellen, Einrichtungen einschließlich Laboratorien sowie jede Art von Daten sind für eine Überprüfung durch die zuständige Ethikkommission und für eine Inspektion durch das Bundesamt für Sicherheit im Gesundheitswesen oder durch eine ausländische Gesundheitsbehörde nach Vorankündigung zugänglich zu machen.

(4) Ziel einer Inspektion einer klinischen Prüfung oder Leistungsstudie ist es, mittels objektiver, unabhängiger Überprüfung festzustellen, ob die in diesem Bundesgesetz und in der Verordnung (EU) Nr. 745/2017 oder in der Verordnung (EU) Nr. 746/2017 vorgeschriebenen Standards hinsichtlich Planung, Durchführung und Auswertung klinischer Prüfungen oder Leistungsstudien eingehalten werden.

(5) Wird bei einer Inspektion festgestellt, dass eine klinische Prüfung oder Leistungsstudie entgegen den Vorschriften dieses Bundesgesetzes oder der Verordnung (EU) Nr. 745/2017 oder der Verordnung (EU) Nr. 746/2017 durchgeführt wird, oder entstehen Zweifel hinsichtlich der Unbedenklichkeit oder der wissenschaftlichen Grundlagen und wird dadurch das Leben oder die Gesundheit von Prüfungsteilnehmern oder Anwendern gefährdet, so kann das Bundesamt für Sicherheit im Gesundheitswesen Maßnahmen im Sinne des Art. 76 der Verordnung (EU) Nr. 745/2017 oder des Art. 72 der Verordnung (EU) Nr. 746/2017 auch ohne vorangegangenes Verfahren oder vor Erlassen eines Bescheides treffen; hierüber ist jedoch innerhalb von zwei Wochen ein schriftlicher Bescheid zu erlassen, widrigenfalls die Maßnahme als aufgehoben gilt.

(6) Entstehen dem Bundesamt für Sicherheit im Gesundheitswesen anlässlich der Inspektion einer klinischen Prüfung Barauslagen, so sind diese dem Sponsor in Rechnung zu stellen, es sei denn, der Prüfer nimmt die Aufgaben des Sponsors wahr.

Beachte für die Bestimmung: Tritt hinsichtlich In-vitro-Diagnostika am 26.5.2022 in Kraft (vgl § 91 Abs 1).

Fassung: BGBl I 2021/192

Literatur: BASG Gute klinische Praxis und GCP Inspektion (https://www.basg.gv.at/gesundheitsberufe/klinische-studien/gute-klinische-praxis-und-gcp-inspektion, Europäisches Parlament, Brustimplantate: PIP Skandal als Chance für strengere Regeln (https://www.europarl.europa.eu/topics/de/article/20120120STO35900/brustimplantate-pip-skandal-als-chance-fur-strengere-regeln, Königshofer in Resch/Wallner (Hrsg), Handbuch Medizinrecht (2020) Medizinprodukterecht, Rz 72. OGH 25.04.2023, 1Ob39/23a, *Rehmann/Wagner*, MP-VO, Kommentar, 4. Auflage, *Schrattbauer*, Maßnahmen zur Qualitätssicherung im Berufsrecht der medizinischen Berufe in *Auer-Mayer/Pfeil/Prantner (Hrsg), Qualitätssicherung im Gesundheitswesen. Hofmann/Schreck* in *Neumayr/Resch/Wallner*, GmundKomm Art 10 Medizinprodukte-VO (Stand 1.1.2022, rdb.at),

Inhaltsverzeichnis

I. Qualitätsmanagement

1 Zur Gewährleistung eines hohen Behandlungsstandards existieren im Gesundheitsbereich zahlreiche Maßnahmen zur Qualitätssicherung. Diese gelten nicht nur für Gesundheitseinrichtungen, sondern verpflichten auch Angehörige medizinischer Berufe zur Einhaltung und Umsetzung.[1] Im Rahmen klinischer Prüfungen bestehen darüber hinaus spezifische Anforderungen zur Errichtung eines adäquaten Qualitätsmanagementsystems (QMS),[2] das an die jeweilige Entwicklungsphase des Medizinprodukts angepasst ist.

2 Prüfprodukte im Sinne von Art 2 Z 46 der MP-VO orientieren sich an den Normen EN ISO 14155:2024 für Medizinprodukte und EN ISO 20916:2024 für In-vitro-Diagnostika. Diese Normen legen Anforderungen an das Qualitätsmanagement fest, um die Durchführung klinischer Prüfungen und Leistungsstudien zu regeln.

3 Für Medizinprodukte, die keine Prüfprodukte sind, sieht Art 10 Abs 9 MP-VO die Mindestanforderungen an das QMS für Hersteller vor.[3] Aufgrund vielfältiger Medizinproduktarten und unterschiedlichen Risikoklassen ist es erforderlich, ein auf das jeweilige Medizinprodukt spezifisch zugeschnittenes Qualitätsmanagementsystem zu implementieren.[4]

II. Audit

4 Laut § 4 Z 6 MPG bezeichnet ein Audit die systematische und unabhängige Überprüfung von Aktivitäten und Dokumenten im Zusammenhang mit klinischen Prüfungen oder Leistungsstudien. Ziel ist es festzustellen, ob die geprüften studienbezogenen Handlungen gemäß Prüfplan, Standardarbeitsanweisungen (SOPs, Standard Operating Procedures) des Sponsors und geltenden Gesetze durchgeführt wurden und ob Dokumentation, Auswertung und Berichterstattung der Daten diesen Vorgaben entsprechen.

5 Ein vom Sponsor veranlasstes Audit hat durch Stellen oder Organisationseinheiten zu erfolgen, die unabhängig von den für die klinische Prüfung Verantwortlichen sind. Ein Audit muss somit entweder durch eine interne Einheit des Sponsors, die strukturell und funktionell getrennt von jener Einheit arbeitet, die verantwortlich für die Durchführung der klinischen Prüfung oder Leistungsstudie ist, oder durch eine externe wissenschaftliche Einrichtung durchgeführt werden.[5]

---

1 *Schrattbauer,* Maßnahmen zur Qualitätssicherung im Berufsrecht der medizinischen Berufe in *Auer-Mayer/Pfeil/ Prantner (Hrsg),* Qualitätssicherung im Gesundheitswesen.

2 *Königshofer in Resch/Wallner* (Hrsg), Handbuch Medizinrecht (2020) Medizinprodukterecht, Rz 72.

3 *Hofmann/Schreck* in *Neumayr/Resch/Wallner*, GmundKomm Art 10 Medizinprodukte-VO (Stand 1.1.2022, rdb.at).

4 *Königshofer in Resch/Wallner* (Hrsg), Handbuch Medizinrecht (2020) Medizinprodukterecht, Rz 72.

5 § 4 Z 6 MPG.

III. GCP-Inspektionen

6 Die sogenannte gute klinische Praxis (Good Clinical Practice – GCP), welche sowohl für den Medizinprodukte- als auch Arzneimittelbereich rechtsverbindlich im MPG, AMG und in den GCP-Guidelines geregelt ist, umfasst einen Katalog an international anerkannten ethischen und wissenschaftlichen Qualitätsanforderungen, welche bei der Planung, Durchführung und Aufzeichnung sowie der Berichterstattung über die klinische Prüfung eingehalten werden müssen. Die GCP soll die Rechte, Sicherheit und das Wohlergehen der Prüfungsteilnehmer schützen und durch deren Einhaltung sollen die Prüfungsergebnisse glaubwürdig sein.[6]

7 Unabhängig vom Sponsor und dessen Verpflichtung die GCP-Leitlinien und andere gesetzlich normierte Bestimmungen einzuhalten, sind auch die Inspektionen ein wichtiger Bestandteil der klinischen Prüfung. Inspektionen sind von einer Behörde durchgeführte amtliche Kontrollen im Rahmen von klinischen Prüfungen, bei welchen die Einhaltung des Prüfplans, Datenschutz und Datenqualität, die Gültigkeit der Einwilligungserklärungen der Prüfungsteilnehmer, Patientenidentifikationslisten und Standard Operating Procedures (SOP) überprüft werden.[7]

8 Die Inspektionen finden nicht nur während laufender klinischer Prüfungen statt, sondern es gibt stichprobenartige Prozess- und Systeminspektionen in den Prüfzentren, die über individuelle Studien hinausgehen. Diese Routinekontrollen vom BASG werden dem Sponsor und/oder dem Prüfzentrum drei bis vier Wochen vorab angekündigt. Dafür wird die Übermittlung weiterer Unterlagen, wie Prüfplan, Einwilligungserklärungen und Ethikvoten, verlangt. Ausschlaggebend für den Inspektionsumfang ist die Art der klinischen Prüfung, wobei neben Sponsor und Prüfzentrum auch Vertragspartner, Labor und Datenverarbeitung betroffen sein können.[8]

9 Eine Überprüfung wird mit einer Eingangsbesprechung eingeleitet, bei der vom zuständigen Inspektor die Informationen zur Rechtsgrundlage und zum Ablauf der Inspektion bekannt gemacht werden. Nach Beendigung der Inspektion kommt es zu einem Abschlussgespräch, bei dem eine Aufschlüsselung der vorhandenen Mängel angesprochen wird. Es handelt sich dabei um eine vorläufige Zusammenfassung. Spätestens acht Wochen nach Prüfung ist ein Inspektionsbericht zu übermitteln. Dieser soll das Parteiengehör nach § 45 Abs 3 AVG gewährleisten und zur Kenntnis- und Stellungnahme der inspizierten Partei dienen. Innerhalb von weiteren vier Wochen muss sodann eine Stellungnahme elektronisch übermittelt werden. Diese soll fundierte Ausführungen zu den erhobenen Mängeln mit Lösungsvorschlägen enthalten. Das BASG verfasst anschließend den Endbericht, womit das Verfahren abgeschlossen ist. Eine Reinspektion zur Prüfung, ob die Maßnahmen umgesetzt wurden, ist möglich.[9]

10 Vom BASG wird eine Bearbeitungsliste quartalsweise veröffentlicht, die alle durchgeführten Kontrollen von klinischen Prüfungen nach MPG und AMG enthält. Die Ergebnisse und Namen der Inspizierten sind aus datenschutzrechtlichen Gründen allerdings nicht enthalten. Nachdem das BASG über begrenzte Ressourcen für Inspektionen verfügt, werden lediglich Stichprobenkontrollen aller Sponsoren und Prüfzentren durchgeführt. Bei der Auswahl jener zu überprüfenden Sponsoren und Prüfzentren, gibt es verschiedene Kriterien die befolgt werden. Diese Kriterien sind unter anderem, Anzeichen für Qualitätsprobleme in der Validierung und

---

6 BASG Gute klinische Praxis und GCP Inspektion (https://www.basg.gv.at/gesundheitsberufe/klinische-studien/gute-klinische-praxis-und-gcp-inspektion, abgerufen am 23. Oktober 2023)

7 BASG Gute klinische Praxis und GCP Inspektion (https://www.basg.gv.at/gesundheitsberufe/klinische-studien/gute-klinische-praxis-und-gcp-inspektion, abgerufen am 23. Oktober 2023)

8 BASG Gute klinische Praxis und GCP Inspektion (https://www.basg.gv.at/gesundheitsberufe/klinische-studien/gute-klinische-praxis-und-gcp-inspektion, abgerufen am 23. Oktober 2023)

9 BASG Gute klinische Praxis und GCP Inspektion (https://www.basg.gv.at/gesundheitsberufe/klinische-studien/gute-klinische-praxis-und-gcp-inspektion, abgerufen am 23. Oktober 2023)

Beurteilung von Anträgen, Unregelmäßigkeiten bei Ergebnissen der Marktüberwachung von Medizinprodukten, Sponsoren oder Zentren, welche bisher noch keiner Inspektion unterzogen wurden oder Auffälligkeiten bei vorangehenden Kontrollen.[10] Wenn dem BASG anlässlich einer Inspektion Barauslagen entstehen, sind diese dem Sponsor in Rechnung zu stellen. Davon ausgenommen sind Fälle, in denen der Prüfer die Aufgaben des Sponsors wahrnimmt.

Da dem BASG als Bundesbehörde gemäß dem Medizinproduktegesetz (MPG) die Verpflichtung zur Durchführung von Inspektionen auferlegt ist, handelt es sich um eine öffentliche Aufgabe zur Gewährleistung der Qualität der Medizinprodukte. Diese ist allerdings nicht mit dem Schutz der Allgemeinheit gleichzusetzen. Bei Inspektionen sind nur konkrete Einzelpersonen wie Patienten, Anwender und Dritte betroffen, auf den der Schutzzweck der Norm gerichtet ist. Dennoch muss das BASG als Bundesbehörde seine Überwachungspflichten sorgfältig ausüben. Eine mangelnde Sorgfalt könnte zur Haftung des Bundes gemäß dem Amtshaftungsgesetz führen. Insofern ist es von großer Bedeutung, dass das BASG seine Inspektionsaufgaben gewissenhaft erfüllt, um die Sicherheit und Qualität von Medizinprodukten zu gewährleisten und potenzielle Risiken für die betroffenen Personen zu minimieren.[11] 11

IV. Maßnahmen

Die Neubewertung einer bereits genehmigten und laufenden klinischen Prüfung kann Korrekturmaßnahmen erforderlich machen, wodurch sich die Möglichkeit ergibt, eine anfängliche Fehleinschätzung nachträglich zu korrigieren. Dabei müssen neue Erkenntnisse, potentieller Nutzen der Prüfung und damit verbundene Risiken evaluiert werden.[12] Wenn im Rahmen der Inspektion festgestellt wird, dass Verstöße gegen das MPG – oder die Verordnungen – vorliegen, oder wenn Zweifel hinsichtlich der Unbedenklichkeit oder der wissenschaftlichen Grundlagen bestehen und dadurch das Leben oder die Gesundheit von Prüfungsteilnehmern oder Anwendern gefährdet wird, kann das BASG ohne das unter Punkt III. beschriebene vorangegangene Verfahren und vor Erlass eines Bescheides, Maßnahmen treffen. Hierüber ist innerhalb von zwei Wochen ein schriftlicher Bescheid zu erteilen, widrigenfalls die Maßnahme als aufgehoben gilt. 12

Bei den Korrekturmaßnahmen gemäß Art 76 der VO (EU) 2017/745 handelt es sich um Interventionsmaßnahmen, sollten berechtigte Gründe für die Annahme bestehen, dass die Anforderungen der Verordnung bei einer klinischen Prüfung nicht eingehalten werden. Das BASG kann bei Annahme eines Verstoßes gegen das MPG oder einer Verordnungswidrigkeit (i) die Genehmigung für die klinische Prüfung widerrufen, (ii) die klinische Prüfung vorzeitig abbrechen oder aussetzen oder (iii) den Sponsor auffordern jedweden Aspekt der klinischen Prüfung zu ändern, wenn dies zur Gewährleistung eines hohen Schutzniveaus der an einer klinischen Prüfung teilnehmenden Prüfungsteilnehmer erforderlich ist.[13] 13

Die Entscheidung liegt im Ermessen des BASG. Bei der Beurteilung der Maßnahme muss der Verhältnismäßigkeitsgrundsatz herangezogen und gegenüberstehende Interessen und Risiken abgewogen werden.[14] Sofern keine Gefahr in Verzug besteht, muss vor Ergreifen einer Maßnahme eine Anhörung des Prüfers und/oder des Sponsors erfolgen und eine Stellungnahme 14

[10] BASG Gute klinische Praxis und GCP Inspektion (https://www.basg.gv.at/gesundheitsberufe/klinische-studien/gute-klinische-praxis-und-gcp-inspektion, abgerufen am 23. Oktober 2023)

[11] OGH 25.04.2023, 1Ob39/23a.

[12] *Rehmann/Wagner*, MP-VO, Kommentar, 4. Auflage, Art 76, Rz 1.

[13] Art 76 der VO (EU) 2017/745; ErwGr 69 VO (EU) 2017/745.

[14] *Rehmann/Wagner*, MP-VO, Kommentar, 4. Auflage, Art 76, Rz 2.

eingeholt werden. Um die Sicherheit zu gewährleisten und rasches Handeln zu ermöglichen, ist die Stellungnahme innerhalb von 7 Tagen abzugeben.[15]

15 Das BASG muss die entsprechend getroffene Maßnahme und Entscheidung sowie die Gründe dafür der zuständigen Ethikkommission mitteilen. Ebenso hat es die Ethikkommission darüber zu informieren, wenn vom Sponsor die klinische Prüfung aus Sicherheitsgründen vorzeitig abgebrochen wurde.

16 Wenn eine klinische Prüfung abgebrochen oder vorübergehend ausgesetzt wird, hat der Sponsor den Mitgliedstaat, der von der Maßnahme betroffen ist, innerhalb von 15 Tagen zu informieren.[16] Liegt der Grund für den Abbruch oder der Aussetzung in mangelnder Sicherheit, verkürzt sich die Frist auf 24 Stunden und es sind neben dem betroffenen Mitgliedstaat, auch alle anderen Mitgliedstaaten zu informieren, unabhängig davon, ob sie von der Maßnahme selbst betroffen sind.[17]

15 Art 76 der VO (EU) 2017/745; *Rehmann/Wagner*, MP-VO, Kommentar, 4. Auflage, Art 76, Rz 2.

16 Art 77 der VO (EU) 2017/745.

17 *Hofmann/Schreck* in *Neumayr/Resch/Wallner,* GmundKomm[2] Art 77 Medizinprodukte-VO (Stand 1.1.2022, rdb.at).

§ 32 Dringend gebotene Sicherheitsmaßnahmen

Der Sponsor und der Prüfer haben bei jeglichem neuen Umstand betreffend den Ablauf der Prüfung oder die Entwicklung des Prüfproduktes in einer klinischen Prüfung, der die Sicherheit der Prüfungsteilnehmer oder Anwender beeinträchtigen kann, die dringend gebotenen Sicherheitsmaßnahmen zu ergreifen, um die Prüfungsteilnehmer oder Anwender vor unmittelbarer Gefahr zu schützen. Sie haben unverzüglich das Bundesamt für Sicherheit im Gesundheitswesen und die zuständige Ethikkommission über diese neuen Umstände und die getroffenen Maßnahmen zu informieren.

Beachte für die Bestimmung: Tritt hinsichtlich In-vitro-Diagnostika am 26.5.2022 in Kraft (vgl § 91 Abs 1).

§ 33 [Dringend gebotene Sicherheitsmaßnahmen]

Hat das Bundesamt für Sicherheit im Gesundheitswesen Korrekturmaßnahmen gemäß Art. 76 der Verordnung (EU) Nr. 745/2017 ergriffen oder eine klinische Prüfung abgelehnt, hat es die entsprechende Entscheidung und die Gründe dafür der zuständigen Ethikkommission mitzuteilen. Die zuständige Ethikkommission ist vom Bundesamt auch darüber zu informieren, wenn der Sponsor dem Bundesamt mitgeteilt hat, dass die klinische Prüfung aus Sicherheitsgründen vorzeitig abgebrochen wurde.

Beachte für die Bestimmung: Tritt hinsichtlich In-vitro-Diagnostika am 26.5.2022 in Kraft (vgl § 91 Abs 1).

Fassung: BGBl I 2021/192

Literatur: BASG/AGES, Institut Überwachung, Abteilung Klinische Prüfung, Leitfaden zur Einreichung und Durchführung von Klinischen Prüfungen von Medizinprodukten gemäß VO (EU) 2017/745; BASG/AGES, Leitfaden zur Einreichung und Durchführung von Klinischen Prüfungen von Medizinprodukten (MP) und LBP von IVD; EB zu (209/ME XXXVII. 27) Guidance for the Submission and Conduct of Clinical Trials (CT) with Medicinal Products (Dokumentennummer: L_INS_VIE_CLTR_I209_05); *Rehmann/Wagner*, MP-VO, Kommentar, 4. Auflage; *Semp* in *Aigner/Kletečka/Kletečka-Pulker/Memmer*, Handbuch Medizinrecht;

Inhaltsverzeichnis

I. Allgemeines

1 Das BASG ist in Österreich neben den Ethikkommissionen die zuständige Behörde, an welche Meldungen über neue Umstände erfolgen muss und welche Korrekturmaßnahmen iSd Art 76 der VO (EU) 2017/745 ergreifen kann. Die Aufsicht über Klinische Prüfungen von Medizinprodukten und Leistungsbewertungsprüfungen (LBP) von In-Vitro Diagnostika (IVD) übernimmt innerhalb des BASG die Abteilung Klinische Prüfung (CLTR).[1]

2 §§ 32 und 33 MPG stellen eine Adaptierung des § 40a Abs 5 MPG aF dar.[2] § 40a MPG aF behandelte inhaltlich die Änderung des Prüfungsplans. Bestand die Gefahr, dass die Sicherheit der Prüfungsteilnehmer oder Anwender beeinträchtigt werden könnte, so mussten bereits nach alter Rechtslage Sponsor und klinischer Prüfer bei jeglichem neu aufkommenden Umstand betreffend Ablauf der Prüfung oder Entwicklung des Medizinprodukts während laufender klinischer Prüfung, dringend gebotene Sicherheitsmaßnahmen ergreifen.[3] Die neuen Regelungen betreffend Meldepflichten während laufender klinischer Prüfung unterscheiden sich im Wesentlichen inhaltlich aber nicht von den bisherigen.[4]

---

[1] BASG/AGES, Leitfaden zur Einreichung und Durchführung von Klinischen Prüfungen von Medizinprodukten (MP) und LBP von IVD (https://www.basg.gv.at/fileadmin/redakteure/01_Formulare_Listen/I/L_I192_Leitfaden_KP_MPG.pdf, zuletzt abgerufen am 31. Mai 2024).

[2] EB zu §§ 32 und 33 (209/ME XXXVII. 27).

[3] § 40a Abs 5 MPG aF.

[4] *Semp* in *Aigner/Kletečka/Kletečka-Pulker/Memmer*, Handbuch Medizinrecht Kap V.1 (Stand 1.5.2023, rdb.at)

Klinische Prüfungen unterliegen somit einer stetigen und fortlaufenden Überwachung durch Sponsor und Behörden, wodurch mit der Prüfung verbundene Risiken, Veränderungen und potenzieller Nutzen evaluiert werden soll.[5] 3

II. Dringend gebotene Sicherheitsmaßnahmen

Wenn unerwünschte Ereignisse betreffend Ablauf der klinischen Prüfung, Entwicklung des Prüfprodukts oder Produktmängel auftreten, welche die Sicherheit der Prüfungsteilnehmer oder Anwender beeinträchtigen, ergeben sich dringend gebotene Sicherheitsmaßnahmen („urgent amendments") für Sponsor und Prüfer. Diese müssen eine Meldung an die zuständige Behörde in dem Mitgliedstaat – in Österreich das BASG – erstatten, in welchem die klinische Prüfung durchgeführt wird. Bei der Meldung an das BASG sind alle relevanten Dokumente wie Protokoll, Handbuch des klinischen Prüfers, Gebrauchsanweisungen, Patienteninformationen etc zu übermitteln. Bei der elektronischen Meldung an das BASG ist das Formular F_1605 „USM_Halt_Restart" zu verwenden. Wenn die dringend gebotenen Sicherheitsmaßnahmen eine substantielle Änderung der Studiendokumente implizieren, müssen die wesentlichen Änderungen nachträglich und möglichst ohne Verzug eingereicht werden.[6] 4

Dringend gebotene Sicherheitsmaßnahmen können auch ohne vorherige Meldung an das BASG oder die zuständige Ethikkommission ergriffen werden, damit ohne Verzögerung auf einen neuen Umstand reagiert werden kann, wenn dies die Sicherheit der Prüfungsteilnehmer und Anwender erfordert. Solch ein Schutzmechanismus ermöglicht eine zeitnahe Reaktion auf einen neuen Umstand.[7] Die vorübergehende Aussetzung der klinischen Prüfung oder zusätzliche Überwachungsmaßnahmen sind in der Praxis Beispiele für dringend gebotene Sicherheitsmaßnahmen. Sponsor und Prüfer haben nachträglich das BASG und die zuständige Ethikkommission über die eingeleitete Maßnahme, die aufgetretenen Ereignisse und auch die Pläne für das weitere Vorgehen unverzüglich zu informieren. Hat die erste Kontaktaufnahme telefonisch stattgefunden, muss aus Gründen der Rückverfolgbarkeit ein Folge-E-Mail gesendet werden. Zuletzt besteht auch die Pflicht zur Übermittlung eines schriftlichen Berichts.[8] Informationen und abgeänderte Studiendokumente (sofern eine solche Änderung notwendig war), müssen im eingereichten Änderungsantrag als wesentliche Änderungen hervorgehoben werden. Dabei muss auch bekanntgegeben werden, dass sich die Einreichung auf eine bereits umgesetzte Sicherheitsmaßnahme bezieht.[9] 5

---

[5] *Rehmann/Wagner*, MP-VO, Kommentar, 4. Auflage, Art 76, Rz 1.

[6] BASG/AGES, Institut Überwachung, Abteilung Klinische Prüfung, Leitfaden zur Einreichung und Durchführung von Klinischen Prüfungen von Medizinprodukten gemäß VO (EU) 2017/745 (Dokumentennummer: L_INS_VIE_CLTR_I268_01), Seite 12, 13 (https://www.basg.gv.at/fileadmin/redakteure/06_Gesundheitsberufe/Klinische_Studien/MPG/L_I268_Leitfaden_KP_MDR.pdf, zuletzt abgerufen am 31. Mai 2024). (https://ethikkommission.meduniwien.ac.at/fileadmin/ethik/media/dokumente/rechtsgrundlagen/L_I268_Leitfaden_KP_MDR.pdf, abgerufen am 4. Oktober 2023)

[7] ErwGr 69 VO (EU) 2017/745.

[8] Guidance for the Submission and Conduct of Clinical Trials (CT) with Medicinal Products (Dokumentennummer: L_INS_VIE_CLTR_I209_05), Seite 12 (https://www.basg.gv.at/fileadmin/redakteure/01_Formulare_Listen/I/L_I209_Guidance_CT_submission_en.pdf, zuletzt abgerufen am 31. Mai 2024).

[9] Guidance for the Submission and Conduct of Clinical Trials (CT) with Medicinal Products (Dokumentennummer: L_INS_VIE_CLTR_I209_05), Seite 12 (https://www.basg.gv.at/fileadmin/redakteure/01_Formulare_Listen/I/L_I209_Guidance_CT_submission_en.pdf, zuletzt abgerufen am 31. Mai 2024).

6 Eine Meldung entfällt lediglich, wenn es sich um eine nicht an das BASG meldepflichtige Studie handelt, hier muss nur die zuständige Ethikkommission über Änderungen und ergriffene Maßnahmen informiert werden.[10]

III. Korrekturmaßnahmen

7 Die Durchführung einer klinischen Prüfung unterliegt einer fortlaufenden Überwachung durch den Sponsor und auch das BASG, welches – wie bereits unter Punkt II. ausgeführt – die Bewertung von unerwünschten Ereignissen innehat.[11] Eine Neubewertung einer bereits laufenden Prüfung kann Korrekturmaßnahmen erforderlich machen, wodurch anfängliche Fehleinschätzungen korrigiert werden können. Es müssen neue Erkenntnisse, potentieller Nutzen der Prüfung und damit verbundene Risiken evaluiert werden.[12] (Näheres zu den Korrekturmaßnahmen gemäß Art 76 der VO (EU) 2017/745 findet sich in der Kommentierung des § 31 MPG unter Punkt IV.)

10 BASG/AGES, Institut Überwachung, Abteilung Klinische Prüfung, Leitfaden zur Einreichung und Durchführung von Klinischen Prüfungen von Medizinprodukten gemäß VO (EU) 2017/745 (Dokumentennummer: L_INS_VIE_CLTR_I268_01) (https://ethikkommission.meduniwien.ac.at/fileadmin/ethik/media/dokumente/rechtsgrundlagen/L_I268_Leitfaden_KP_MDR.pdf, abgerufen am 4. Oktober 2023)

11 *Rehmann/Wagner*, MP-VO, Kommentar, 4. Auflage, Art 76, Rz 1.

12 *Rehmann/Wagner*, MP-VO, Kommentar, 4. Auflage, Art 76, Rz 1.

§ 34 Sanktionen

Wird eine klinische Prüfung ohne Genehmigung bzw. Meldung gemäß den Bestimmungen der Verordnung (EU) Nr. 745/2017 oder der Verordnung (EU) Nr. 746/2017 oder den Bestimmungen dieses Abschnittes durchgeführt, dürfen die gewonnenen Daten nicht publiziert, nicht entgeltlich oder unentgeltlich an Dritte weitergegeben und nicht im Rahmen eines Konformitätsbewertungsverfahrens oder eines Zulassungsverfahrens verwendet werden. Bereits erfolgte Publikationen müssen zurückgezogen werden.

Beachte für die Bestimmung: Tritt hinsichtlich In-vitro-Diagnostika am 26.5.2022 in Kraft (vgl § 91 Abs 1).

Fassung: BGBl I 2021/192

Literatur: ErläutRV 1289 BlgNR 27. GP; *Larcher/Beiglböck*, Das neue österreichische Medizinproduktegesetz 2021, RdM 2021/242.

Inhaltsverzeichnis

I. Allgemeines

1 § 34 MPG stellt eine neue Sanktionsnorm für den Fall dar, dass eine klinische Prüfung Daten verwendet, die ohne Genehmigung bzw ohne ordnungsgemäße Meldung einer Prüfung gewonnen wurden.[1] In Bezug auf die Genehmigung und Meldung wird auf die Bestimmungen (i) der VO (EU) 2017/745 (ii) der VO (EU) 2017/746 (iii) und des 3. Abschnitts des MPG (§§ 13 – 36) verwiesen.

II. Folgen fehlender Genehmigung und Meldung

2 Aus § 34 MPG lässt sich ein weitreichendes Verwendungsverbot von Daten ableiten. Sinn und Zweck der Regelung ist es, die Verwendung rechtswidrig gewonnener Daten zu unterbinden, indem sie nicht weiterverwendet werden dürfen bzw zurückgezogen werden müssen.[2]

3 Einerseits gibt es ein Verbot der Publikation von unrechtmäßig erlangten Daten. Sollten diese bereits publiziert worden sein, müssen sie zurückgezogen werden. Ebenso ist die Weitergabe an Dritte, egal ob durch entgeltliche oder unentgeltliche Rechtsgeschäfte, untersagt und auch die Verwendung in Konformitätsbewertungs- oder Zulassungsverfahren ist nicht erlaubt.

4 Mit der neu eingefügten Sanktionsnorm ist eine Annäherung an das AMG zu erkennen. Dort sind ähnliche Verwendungsverbote normiert. Ein bemerkenswerter Unterschied besteht allerdings darin, dass nach § 48 AMG bereits erfolgte Publikationen mit rechtswidrig erlangten Daten „nur“ mit einem Hinweis auf Unrechtmäßigkeit der Datenerhebung versehen werden müssen. Der Unterschied liegt also darin, dass eine Zurückziehung der Daten, wie sie im MPG vorgesehen ist, nach dem AMG nicht erforderlich ist.

---

[1] Vgl ErläutRV 1289 BlgNR 27. GP.

[2] *Larcher/Beiglböck*, Das neue österreichische Medizinproduktegesetz 2021, RdM 2021/242.

§ 35 Nichtinterventionelle Studien

(1) Der Bundesminister für Soziales, Gesundheit, Pflege und Konsumentenschutz kann, sofern dies aus Gründen der Medizinproduktesicherheit, zur Einhaltung internationaler wissenschaftlicher Standards oder gemeinschaftsrechtlicher Verpflichtungen oder zur Überprüfung der Einhaltung der Werbebestimmungen des 11. Abschnitts erforderlich ist, durch Verordnung Regelungen über die Durchführung von nichtinterventionellen Studien, eine Meldepflicht für nichtinterventionelle Studien, die zur Meldung Verpflichteten, den Umfang der Meldepflicht, die Rechtsfolgen einer unterlassenen Meldung sowie über die Führung eines Registers für nichtinterventionelle Studien einschließlich eines allenfalls öffentlich zugänglichen Teils dieses Registers erlassen.

(2) Das Bundesamt für Sicherheit im Gesundheitswesen ist berechtigt, Inspektionen im Zusammenhang mit der Durchführung nichtinterventioneller Studien durchzuführen und dabei in Unterlagen, Einrichtungen, Aufzeichnungen, Qualitätssicherungssystemen und allen sonstigen Ressourcen, die nach Ansicht des Bundesamtes für Sicherheit im Gesundheitswesen im Zusammenhang mit der nichtinterventionellen Studie stehen, Einsicht zu nehmen. Diese können sich bei den teilnehmenden Ärzten, Zahnärzten, Krankenanstalten oder Apotheken, in den Einrichtungen des Auftraggebers oder eines Auftragsforschungsinstituts oder in sonstigen Einrichtungen befinden.

Beachte für die Bestimmung: Tritt hinsichtlich In-vitro-Diagnostika am 26.5.2022 in Kraft (vgl § 91 Abs 1).

Fassung: BGBl I 2021/122

Literatur: AGES (Hrsg), Wissenschaftlicher Leitfaden zur Durchführung von Nicht-interventionellen Studien (NIS) in Österreich; *Aigner/Kletecka/Kletecka-Pulker/Memmer*, Handbuch Medizinrecht 38. ErgLfg; *Wild/ Gregor-Patera*, Nicht interventionelle Arzneimittelstudien, SozSi 2017, 351.

Inhaltsverzeichnis

Der Gesetzgeber hat bis dato nicht von seinem Recht Gebrauch gemacht, eine Verordnung gemäß § 35 MPG 2021 zur Regelung von Nicht-interventionellen Studien (NIS) im Bereich von Medizinprodukten zu erlassen.

I. Definition „Nicht-interventionelle Studie (NIS)"

1 Die Medizinprodukte-VO (EU) 2017/745 enthält keine direkte Definition oder spezifische Regelung für nicht-interventionelle Studien (NIS). Damit ist aber die Durchführung von NIS im Medizinproduktebereich nicht ausgeschlossen, vielmehr belegt die Verordnungsermächtigung

im § 35 MPG 2021, dass NIS für Medizinprodukte als wesentliches Element der Generierung von wissenschaftlicher Evidenz vorgesehen sind. Der „Wissenschaftlicher Leitfaden zur Durchführung von Nicht-interventionellen Studien (NIS) in Österreich“[1] vom BASG schließt sowohl Arzneimittel als auch Medizinprodukte ein. Nach der Logik und Systematik des BASG definiert sich eine NIS in Abgrenzung zur „klinischen Prüfung“. Die klinische Prüfung eines Medizinprodukts bezeichnet eine „systematische Untersuchung, bei der ein oder mehrere menschliche Prüfungsteilnehmer einbezogen sind und die zwecks Bewertung der Sicherheit oder Leistung eines Produkts durchgeführt wird“[2].

§ 4 Z 8 MPG 2021 definiert die „Nichtinterventionelle Studie“ als eine systematische Untersuchung eines Medizinprodukts, das bereits die CE-Kennzeichnung trägt, im Rahmen seiner Zweckbestimmung, wenn diese keine oder keine invasiven oder belastenden zusätzlichen diagnostischen oder therapeutischen Maßnahmen notwendig macht). Das nationale Recht enthält – wie im AMG – Anforderungen an den Datenschutz[3] und sieht eine dem AMG entsprechende Verordnungsermächtigung vor. Das BASG erachtet eine entsprechende Verordnung für Medizinprodukte derzeit nicht als erforderlich, weil für die Anforderungen betreffend Datenschutz und der Zustimmung der Studienteilnehmer die allgemeinen Regeln des Zivil- und Strafrechts, des Datenschutzrechts sowie weitere forschungsbezogene Vorschriften (zB nach § 8c KAKuG, FOG oder § 30 UG) gelten. Auch das in der Verordnungsermächtigung vorgesehene Register wird derzeit als nicht erforderlich bewertet[4].

Nichtinterventionelle Studien sind damit im Wesentlichen Untersuchungen, die am Menschen durchgeführt werden, um Daten über die Sicherheit und Wirksamkeit eines Arzneimittels zu generieren, ohne die Grenze zur klinischen Prüfung des MPG 2021 zu überschreiten. Der Prüfungsteilnehmer darf demgemäß nicht vorab einer bestimmten Behandlungsstrategie zugewiesen sein, die nicht der normalen klinischen Praxis entspricht, die Entscheidung, das Prüfpräparat zu verschreiben, darf nicht zusammen mit der Entscheidung getroffen werden, den Prüfungsteilnehmer in die klinische Studie aufzunehmen und es dürfen keine diagnostischen Verfahren oder Überwachungsverfahren angewendet werden, die über die normale klinische Praxis hinausgehen.

II. Durchführung von NIS

A. Ausgestaltung von NIS

Nach dem wissenschaftlichen Leitfaden für NIS ist das Medizinprodukt ausschließlich unter den in der Beschreibung des Herstellers (Gebrauchsinformation) genannten Bedingungen zu verwenden. Die Nichtintervention bezieht sich in diesem Zusammenhang insbesondere darauf, dass dem Arzt im Protokoll der NIS keine studienspezifischen Vorgaben darüber gemacht werden dürfen, ob und warum er ein Medizinprodukt verschreibt oder anwendet. Somit handelt es sich beim Protokoll nicht um einen Behandlungs-, sehr wohl aber um einen Beobachtungs- und Auswertungsplan. Die Entscheidung, einen Patienten in eine Nicht-interventionelle Studie einzuschließen, muss von der Entscheidung über die Verordnung Anwendung eines Medizin- 2

---

1 AGES (Hrsg), Wissenschaftlicher Leitfaden zur Durchführung von Nicht-interventionellen Studien (NIS) in Österreich, https://basg.gv.at/fileadmin/redakteure/01_Formulare_Listen/I/L_I212_Leitfaden_NIS_AT.pdf am 21.1.2026.

2 Art 2 Z 45 Medizinprodukte-VO.

3 § 27 MPG 2021.

4 Die entsprechende NIS-Verordnung die Register sowie eine Meldepflicht für NIS in Österreich vorsah wurde mit BGBl II 2022/20 aufgehoben.

produktes nachvollziehbar getrennt sein. Dies gilt folgerichtig auch für Nicht-interventionelle Studien mit zwei oder mehreren Gruppen. Die Ein- und Ausschlusskriterien müssen sich in jedem Fall mit den Angaben in der Gebrauchsinformation decken. Daraus ergibt sich, dass eine nicht-interventionelle Studie (NIS) mit Medizinprodukten eine systematische Untersuchung darstellt, bei der ein Medizinprodukt gemäß seiner CE-zertifizierten Zweckbestimmung und ohne aktive Einflussnahme auf die medizinische Behandlung angewendet wird.

Im Gegensatz zur klinischen Prüfung nach der Medizinprodukte-VO kann im Rahmen einer NIS keine zusätzliche Einflussnahme auf die Behandlung genommen werden. Nicht-interventionelle Studien können nach BASG nur im Rahmen der ärztlichen Routine durchgeführt werden. Findet eine darüber hinausgehend zusätzliche diagnostische oder therapeutische Maßnahme (Untersuchung, Behandlung, Überwachung, etc) statt, so liegt keine NIS, sondern eine klinische Prüfung vor. Gemäß der NIS-Definition darf die Behandlungsstrategie nicht im Voraus im Prüfplan festgelegt werden. Diese Bestimmung bezieht sich darauf, dass die Behandlungsstrategie durch die ärztliche Routine zu bestimmen ist. Sie muss für jeden einzelnen Patienten an Hand der medizinischen Praxis nach seinen individuellen Bedürfnissen getroffen werden. Als Qualitätskriterium der Nicht-interventionellen Studie wird jedoch ein Protokoll zu Durchführung und Auswertung gefordert. Eine Randomisierung ist im Rahmen einer Nicht-interventionellen Studie jedoch nicht erlaubt, denn eine solche würde bedeuten, dass die Behandlungstrategie für jeden einzelnen Patienten nicht im Voraus aufgrund der jeweiligen individuellen Bedürfnissen getroffen wurde. Ein solcher Studienansatz wäre aus Sicht des BASG als klinische Prüfung einzustufen.

3 Folgende Maßnahmen sind im Rahmen der NIS gestattet, sofern sie für den Patienten individuell von Nutzen (in Bezug auf Therapieerfolg und/oder –sicherheit), nicht invasiv (ohne Verletzung der körperlichen Integrität) und weder psychisch noch physisch belastend sind[5]:

- Erhebung von Daten durch Befragen, Beobachten, Messen oder Wiegen
- Mäßige Belastungstests, Muskelkraftmessungen und Bestimmung der Körper-Zusammensetzung, sofern sie routinemäßig in der klinischen Praxis verwendet werden und in Anbetracht des Alters, Gewichtes und des Gesundheitszustandes der Patientin/des Patienten vertretbar erscheinen
- Testprogramme für Verhalten und/oder sensorische und/oder mentale Fähigkeiten, sofern diese Methoden routinemäßig in der klinischen Praxis verwendet werden
- Körperliche Untersuchung (klinischer Befund)

Für Medizinprodukte bedeutet dies, dass das Produkt nur im Rahmen der normalen Anwendung im Sinne der Gebrauchsinformation beobachtet werden darf. Die klinische Prüfung nach Art 1 Abs 45 Medizinprodukte-V hingegen beinhaltet aktive Eingriffe, Änderungen der Anwendung oder zusätzliche diagnostische/therapeutische Maßnahmen. Wenn eine Studie eine aktive Einflussnahme auf die Behandlung (zB durch neue Anwendungsmethoden oder Off-Label-Use) beinhaltet, fällt sie unter eine klinische Prüfung und unterliegt den strengeren Anforderungen nach Art 62 ff Medizinprodukte-VO.

In der Medizinprodukte-VO gibt es bestimmte Vorgaben, die für solche Studien relevant sein können, insbesondere wenn es um die klinische Bewertung und die klinische Nachbeobachtung (PMCF – Post-Market Clinical Follow-up siehe RZ 6) von Medizinprodukten geht.

[5] Pkt 1., AGES (Hrsg), Wissenschaftlicher Leitfaden zur Durchführung von Nicht-interventionellen Studien (NIS) in Österreich, https://basg.gv.at/fileadmin/redakteure/01_Formulare_Listen/I/L_I212_Leitfaden_NIS_AT.pdf am 21.1.2026.

B. Befassung von Ethikkommissionen

4 Die Befassung einer Ethikkommission im Rahmen der Nicht-interventionellen Studie ist rechtlich nicht erforderlich. Eine diesbezügliche Befassung wird jedoch seitens des BASG im Wissenschaftlichen Leitfaden empfohlen. Es kann jede Leit-Ethikkommission gewählt werden.

Sollte die befasste Ethikkommission eine negative Stellungnahme abgeben und der Verantwortliche an der Durchführung der Nicht-interventionellen Studie festhalten, so hat die Meldung an das Bundesamt unter Vorlage dieser negativen Stellungnahme zu erfolgen. In diesem Fall hat das Bundesamt innerhalb von 60 Tagen bescheidmäßig über die Zulässigkeit der Durchführung der Nicht-interventionellen Studie abzusprechen. Wenn mit der Meldung keine Stellungnahme einer Ethikkommission vorgelegt wird, kann mit der Durchführung 21 Tage nach Erstattung einer ordnungsgemäßen Meldung begonnen werden. Über den „Beginn" der NIS findet sich in der Literatur, dass in Analogie zu klinischen Studien der Zeitpunkt der Rekrutierung des ersten Prüfungsteilnehmers herangezogen werden sollte[6]. Hat das BASG Zweifel an der Zulässigkeit der geplanten Nicht-interventionellen Studie, kann es innerhalb der genannten Frist dem Verantwortlichen die Vorlage einer Stellungnahme einer Leit-Ethikkommission auftragen. Die Nicht-interventionelle Studie darf in einem solchen Fall erst begonnen werden, wenn dem BASG vom Verantwortlichen eine entsprechende positive Stellungnahme übermittelt wurde.

III. Mögliche Anwendungen von NIS für Medizinprodukte

5 Die Möglichkeit nichtinterventioneller Studien im Off-Label-Use besteht bei Medizinprodukten nicht, da die Verwendung gemäß § 4 Z 8 MPG 2021 im Rahmen der Zweckbestimmung erfolgen muss. Die Anwendung eines Medizinproduktes außerhalb der Zweckbestimmung ist eine klinische Prüfung gemäß Art 74 Abs 2 Medizinprodukte-VO.

A. PMCF-Daten

6 PMCF-Studien sind Prüfungen im Sinne des Artikels 74 Medizinprodukte-VO[7], die nach der Inverkehrbringung des Produkts durchgeführt werden. Hersteller sind verpflichtet, auch nach der Marktzulassung klinische Daten zu sammeln, um die Sicherheit und Leistung des Produkts zu bestätigen. Zu diesem Zeitpunkt trägt das Produkt bereits eine CE-Kennzeichnung. Das Ziel der klinischen Nachbeobachtung nach der Inverkehrbringung (der Post-Market Clinical Follow-up) eines Produkts besteht darin, nach dem Markteintritt zusätzliche klinische Daten zum eigenen Produkt zu sammeln und damit die Sicherheit, Leistungsfähigkeit und Wirksamkeit des Produkts fortlaufend zu bewerten. Ein Großteil der PMCF-Studien findet innerhalb der Zweckbestimmung und ohne zusätzlich belastende und invasive Untersuchungen statt. In diesen Fällen findet die Medizinprodukte-VO keine Anwendung. Nicht-interventionelle Studien können eine Methode sein, um PMCF-Daten zu generieren.

B. Leistungsdaten zur Sicherheit und Wirksamkeit

7 Medizinproduktehersteller müssen eine klinische Bewertung durchführen, um Sicherheit und Leistung des Produkts nachzuweisen[8]. Falls klinische Daten aus der Literatur nicht ausreichend sind, kann eine NIS zur Datensammlung beitragen, ohne dass eine klinische Prüfung erforderlich ist. Eine NIS kann beispielsweise genutzt werden, um Langzeitdaten zur Sicherheit und Wirksamkeit zu erfassen.

---

6 Vgl dazu RdM-LS 2018/115 sowie BVwG vom 29.11.2017, W127 2167020-1.

7 Falls eine solche Studie Teil des PMCF-Plans ist, muss sie den Anforderungen der MDR-Anhänge XIV (Teil B) und XV (Kapitel I) entsprechen.

8 Art 61 Medizinprodukte-VO.

C. Vergleichsstudien / Gebrauchstauglichkeit (Human Factors Studies)

8 Eine NIS kann verwendet werden, um verschiedene zugelassene Medizinprodukte miteinander zu vergleichen. Diese Daten können für Produktverbesserungen oder strategische Marktentscheidungen genutzt werden bzw zur Verbesserung der Handhabung und Benutzerfreundlichkeit eines Medizinprodukts durch medizinisches Personal oder Patienten. Besonders relevant für die Erfüllung der Anforderungen der Medizinprodukte-VO zur Gebrauchstauglichkeit (Usability Engineering gemäß IEC 62366-1).

D. Adressierung regulatorischer Anforderungen

9 Die Forderung von Behörden und Sozialversicherung nach Real-World-Evidence (RWE) sowie ökonomische und versorgungsrelevante Daten können unter Umständen mit der Durchführung von Nis erfüllt werden.

E. Auswertung von Patientenregistern[9]

10 Patientenregister sind organisierte Systeme, die mit Hilfe von Beobachtungsmethoden einheitliche Daten über eine durch eine bestimmte Krankheit, ein bestimmtes Leiden oder eine bestimmte Exposition definierte Population erheben, die über einen längeren Zeitraum verfolgt wird. Patientenregister können eine wichtige Rolle bei der Überwachung der Sicherheit von Arzneimitteln oder Medizinprodukten spielen.

Die nachträgliche wissenschaftliche Auswertung von Patientenregistern, die zu anderen Zwecken legal erstellt wurden („secondary use of data"), ist eine retrospektive Datenauswertung und damit keine klinische Studie oder Prüfung am Menschen. Sie unterliegt nicht der Zuständigkeit des BASG (siehe „retrospektive Datenauswertungen"). Auch hier gilt, dass es im Register keine Daten geben darf, die aus Maßnahmen stammen, die zum Zeitpunkt der Durchführung nicht der gültigen Rechtslage entsprochen haben. Wissenschaftliche (= exploratorische) Register werden eigens zum Zwecke der wissenschaftlichen Auswertung eingerichtet oder befüllt. Die Einrichtung oder das Befüllen solcher Register ist als klinische Studie oder NIS zu sehen. Die zuständigen Ethikkommissionen haben zu prüfen, ob eine NIS oder eventuell eine klinische Prüfung vorliegt.

F. Verknüpfung von retrospektiven Datenauswertungen oder NIS mit Biobanken

11 Als Biobank bezeichnet man eine Sammlung von Stoffen, wie Körperflüssigkeiten oder Gewebeproben, mit assoziierten, in Datenbanken verwalteten Daten. Diese Daten werden in Probengewinnungsdaten (Name, Geschlecht, Alter) und Analysedaten unterschieden. In Biobanken werden große Mengen von biologischem Material wie beispielsweise DNA-, Blut- oder Gewebeproben zusammen mit Hintergrundinformationen (zB Krankengeschichte oder Lebensumstände bzw Artidentifizierung, Sammelort etc) der Spender bzw Organismen gespeichert. Die Verknüpfung einer bestehenden Biobank mit einer retrospektiven Datenauswertung oder NIS ist laut BASG zulässig, sofern auch die Biobank der gültigen Rechtslage entspricht[10].

---

[9] AGES (Hrsg), Wissenschaftlicher Leitfaden zur Durchführung von Nicht-interventionellen Studien (NIS) in Österreich, https://basg.gv.at/fileadmin/redakteure/01_Formulare_Listen/I/L_I212_Leitfaden_NIS_AT.pdf am 21.1.2026.

[10] siehe ÖVE/ÖNORM EN ISO 20387 Biotechnologie – Biobanking – Allgemeine Anforderungen an Biobanking (ISO 20387:2018) ZTR 2020, 208 sowie Pkt 1., AGES (Hrsg), Wissenschaftlicher Leitfaden zur Durchführung von Nicht-interventionellen Studien (NIS) in Österreich, https://basg.gv.at/fileadmin/redakteure/01_Formulare_Listen/I/L_I212_Leitfaden_NIS_AT.pdf am 21.1.2026.

§ 36 Leistungsstudien

(1) Die Regelungen der §§ 14 bis 34 gelten sinngemäß auch für Leistungsstudien, sofern Abs. 2 nichts anderes bestimmt.

(2) Wenn im Rahmen einer Leistungsstudie eines In-vitro-Diagnostikums

1. **weder Stichproben mittels chirurgisch-invasiver Verfahren ausschließlich zum Zweck der Leistungsstudie entnommen werden, noch**
2. **eine interventionelle klinische Leistungsstudie gemäß Art. 2 Z 46 der Verordnung (EU) Nr. 746/2017 vorliegt, noch**
3. **die Durchführung der Studie zusätzliche invasive Verfahren oder andere Risiken für die Prüfungsteilnehmer beinhaltet,**

kann diese nach befürwortender Stellungnahme durch die zuständige Ethikkommission begonnen werden. Die §§ 22 bis 26 gelten nicht für diese Art von Leistungsstudie.

Beachte für die Bestimmung: Tritt hinsichtlich In-vitro-Diagnostika am 26.5.2022 in Kraft (vgl § 91 Abs 1).

Fassung: BGBl I 2021/192

Literatur: *Larcher/Beiglböck*, Das neue österreichische Medizinproduktegesetz 2021, RdM 2021/242 (133); OGH 27.3.2020, 10 Ob S 27/20y, RdM-LS 2020/108; *Rehmann/Wagner*, MP-VO, Kommentar, 4. Auflage, *Semp* in *Aigner/Kletečka/Kletečka-Pulker/Memmer,* Handbuch Medizinrecht Kap V.1 (Stand 1.5.2023, rdb.at).

Inhaltsverzeichnis

I. In-vitro-Diagnostikum

Bei einem In-vitro-Diagnostikum handelt es sich um ein Medizinprodukt, welches vom Hersteller zur in-vitro-Analyse von menschlichen Körperproben, einschließlich Blut- und Gewerbespenden, entwickelt und bestimmt wurde. Dazu gehören sämtliche Komponenten wie Reagenzprodukte, Kontrollmaterialien, Instrumente, Software oder Systeme, unabhängig ob die Verwendung einzeln oder in Verbindung stattfindet. Dabei sollen ausschließlich oder vorrangig Information über (i) physiologische oder pathologische Prozesse oder Zustände, (ii) kongenitale körperliche oder geistige Beeinträchtigungen, (iii) Prädisposition über Gesundheitszustände oder Krankheiten, (iv) Unbedenklichkeit und Verträglichkeit bei potenziellen Empfängern, (v) Wirkung und Reaktion einer Behandlung (vi) Festlegung und Überwachung therapeutischer Maßnahmen gewonnen werden. Zusätzlich fallen auch speziell vom Hersteller entwickelte luftleere oder andere Produkte unter die Terminologie eines In-vitro-Diagnostikums, deren Verwendungszweck die unmittelbare Aufnahme von menschlichen Proben hinsichtlich der Aufbewahrung einer In-vitro-Untersuchung ist, sogenannte Probenbehältnisse.[1] **1**

[1] *Semp* in *Aigner/Kletečka/Kletečka-Pulker/Memmer,* Handbuch Medizinrecht Kap V.1 (Stand 1.5.2023, rdb.at)

II. Abgrenzung Medizinprodukt und In-vitro-Diagnostikum (IvD)

2 Gemäß Art 1 Abs 6 lit a MP-VO gilt die MP-VO nicht für In-vitro Diagnostika iSd IvD-VO (VO (EU) 2017/746), wodurch die Geltung beider Verordnungen voneinander abgegrenzt wird. Die Bestimmungen der IvD-VO gehen als lex specialis denen der MP-VO vor. In Art 1 IvD-VO finden sich die den Regelungen der MP-VO entsprechende Bestimmungen, welche im Einzelnen allerdings an den Bestimmungszweck und die Natur der IvD angepasst sind.[2]

3 Art 1 Abs 7 MP-VO legt für Produkte, die beim Inverkehrbringen oder bei der Inbetriebnahme ein IvD als integralen Bestandteil enthalten, die Geltung der MP-VO fest, wobei die Anforderungen der IvD-VO für den In-vitro-Diagnostikum-Teil des Produkts gelten. In Art 1 Abs 4 IvD-VO findet sich das Pendant zu dieser Regelung.[3]

4 Aus der genannten Abgrenzung in Art 6 lit a MP-VO lässt sich nicht ableiten, wie mit Zubehör zu verfahren ist. Es wird lediglich normiert, dass die MP-VO nicht für IvD gilt, jedoch wird der Begriff des Zubehörs nicht in die Abgrenzung miteinbezogen. Ein Zubehör zu einem Medizinprodukt, welches als IvD eingestuft wird, unterfällt dem Anwendungsbereich der IvD-VO, da hierfür die Abgrenzungsbestimmung zur Anwendung kommt, wohingegen für Zubehör zu einem IvD, bei welchem es sich um ein Medizinprodukt handelt, die Regelungen der MP-VO anzuwenden sind. Wenn ein Zubehör allerdings weder ein Medizinprodukt noch ein IvD ist, wird nach der Definition des Zubehörbegriffs in Art 2 Z 2 MP-VO und Art 2 Z 4 IvD-VO der Anwendungsbereich derjenigen VO zu tragen kommen, die auf das Hauptprodukt anwendbar ist, mit dem das Zubehör bestimmungsgemäß Verwendung finden soll.[4]

5 In Art 1 Abs 3 IvD-VO finden sich Bestimmungen, die den Geltungsbereich der IvD-VO von anderen gesetzlichen Bestimmungen abgrenzen. Danach ist die IvD-VO nicht auf Produkte für den Laborbedarf oder allein für Forschungszwecke bestimmte Produkte anzuwenden, da diese keinem diagnostischen Zweck gemäß Art 2 Z 2 dienen, es sei denn, sie sind aufgrund ihrer Merkmale vom Hersteller speziell für In-vitro-Untersuchungen bestimmt. Produkte, welche zur invasiven Entnahme von Proben und solche, die zum Zweck direkt am menschlichen Körper angewendet werden, unterfallen ebenso nicht der IVD-VO. Diese Produkte fallen in den Anwendungsbereich der MP-VO.[5]

III. Allgemeines zur IvD-VO (VO (EU) 2017/746)

6 Die Struktur des Definitionskatalogs in Art 2 MP-VO und Art 2 IvD-VO ist in gleicher Weise aufgebaut. Die Begriffsbestimmungen decken sich inhaltlich weitgehend, sofern der Anwendungsbereich der IvD-VO und dessen regulatorisches Umfeld nicht erweiterte oder abweichende Bestimmungen erfordert. Hervorzuheben sind die zusätzlichen Definitionen in Art 2 Z 5 bis 7 IvD-VO, welche im direkten Zusammenhang mit der Verwendung der IvD stehen. Darunter fallen Produkte zur Eigenanwendung in Z 5, welche zur Anwendung durch Laien bestimmt sind und Produkte für patientennahe Tests in Z 6, die außerhalb der Laborumgebung eingesetzt werden sollen. Für diese gelten besondere Regelungen im Konformitätsbewertungsverfahren (gemäß Art 48 Abs 3 IvD-VO), ebenso für therapiebegleitende Diagnostika in Z 7.[6]

7 Die Regelungen für Leistungsstudien in Kapitel VI IvD-VO sind denen der MP-VO zu den klinischen Prüfungen strukturell und inhaltlich nachgebildet, allerdings gibt es Unterschiede in

---

2 *Rehmann/Wagner*, MP-VO, Kommentar, 4. Auflage, Art 1 Rz 5 und Rz 16.
3 *Rehmann/Wagner*, MP-VO, Kommentar, 4. Auflage, Art 1 Rz 5.
4 *Rehmann/Wagner*, MP-VO, Kommentar, 4. Auflage, Art 1 Rz 5.
5 *Rehmann/Wagner*, MP-VO, Kommentar, 4. Auflage, Art 1 Rz 16.
6 *Rehmann/Wagner*, MP-VO, Kommentar, 4. Auflage, Art 2 Rz 13 und Rz 75.

der Terminologie, welche sich in den Begriffsbestimmungen in Art 2 Z 36 bis 46 und Z 49 bis 56 IvD-VO wiederfinden.[7] Dabei unterscheidet man zwischen der klinischen Bewertung bei Medizinprodukten und der Leistungsbewertung bei In-vitro Diagnostika. Die klinische Prüfung gemäß Art 62 ff MP-VO und die Leistungsstudie gemäß Art 56 ff IvD-VO sind Teil dieser klinischen Bewertung bzw Leistungsbewertung. Grundlegend gelten die Bestimmungen zum klinischen Nachweis, zur Leistungsbewertung und zu den Leistungsstudien in Kapitel VI IvD-VO weitgehend in entsprechender Weise jenen zur Durchführung von klinischen Prüfungen.[8] Dies spiegelt sich im MPG auf nationaler Ebene mit der kurzen Bestimmung in § 36 MPG wider.

§ 36 MPG verweist im Zusammenhang mit Leistungsstudien auf die vorangehenden Bestimmungen im MPG zu den klinischen Prüfungen. Sofern Abs 2 keine abweichenden Regelungen enthält, sind die Vorschriften der §§ 14 bis 34 sinngemäß auch auf Leistungsstudien anzuwenden. 8

IV. Zum Begriff der Leistungsstudie

Zum Begriff der Leistungsstudien gab es im Zuge der Gesetzgebung Kritik in den Stellungnahmen, wonach das Fehlen einer Legaldefinition im MPG selbst kritisiert wurde. In Art 2 Z 42 IvD-VO findet sich eine Definition zur Leistungsstudie. Danach ist eine Leistungsstudie eine Studie zur Feststellung oder Bestätigung der Analyseleistung oder der klinischen Leistung eines Produkts. Ein Produkt für eine Leistungsstudie ist vom Hersteller zur Verwendung in einer solchen zu bestimmen. Ist ein Produkt hingegen für Forschungszwecke vorgesehen und hat keine medizinische Zweckbestimmung, gilt es nicht als Produkt für Leistungsstudien.[9] Ein Produkt für Leistungsstudien muss den grundlegenden Sicherheits- und Leistungsanforderungen nach Anhang I IvD-VO in allen Punkten mit Ausnahme der von der Leistungsstudie abgedeckten Aspekte entsprechen. Zum Schutz der Sicherheit und Gesundheit des Patienten, des Anwenders oder anderer Personen müssen bezüglich der abzudeckenden Aspekte alle Vorkehrungen getroffen werden. Leistungsstudien werden gegebenenfalls unter ähnlichen Bedingungen durchgeführt, wie sie für die üblichen Verwendungsbedingungen des Produkts gelten.[10] Zweck einer klinischen Leistungsstudie ist die Feststellung bzw Bestätigung der Erkenntnisse des Leistungsaspekts des Produkts, welche nicht anhand von analytischen Leistungsstudien, Literatur und/oder aus diagnostischen Routinetests gewonnen werden können.[11] 9

Die Überprüfung der in Anhang I IvD-VO umschriebenen Sicherheits- und Leistungsanforderungen erfolgt anhand der Bewertung, ob ein ausreichender klinischer Nachweis erfüllt ist.[12] Gemäß Art 56 Abs 3 IvD-VO besteht der zu erbringende klinische Nachweis bei IvD aus drei Parametern, welche die wissenschaftliche Validität, die Analyseleistung und die klinische Leistung sind. Wenn nicht ausreichende Daten in Bezug auf die genannten Prüfparameter vorliegen, ist die Durchführung einer klinischen Leistungsstudie notwendig.[13] 10

Im Rahmen einer Leistungsstudie eines In-vitro-Diagnostikums kann sofort nach befürwortender Stellungnahme durch die zuständige Ethikkommission mit der Leistungsstudie begonnen werden, wenn (i) keine Stichproben mittels chirurgisch-invasiver Verfahren ausschließlich zum Zweck der Leistungsstudie entnommen werden, (ii) keine interventionelle klinische Leistungs- 11

[7] *Rehmann/Wagner*, MP-VO, Kommentar, 4. Auflage, Art 2 Rz 75.

[8] *Rehmann/Wagner*, MP-VO, Kommentar, 4. Auflage, Art 61 Rz 1.

[9] Art 2 Z 45 IvD-VO.

[10] Art 57 IvD-VO.

[11] IvD-VO, Anhang XIII, Teil A, Abschnitt 2, 2.1.

[12] Art 56 Abs 1 IvD-VO.

[13] *Rehmann/Wagner*, MP-VO, Kommentar, 4. Auflage, Art 61 Rz 16.

studie iSd Art 2 Z 46 IvD-VO vorliegt und (iii) die Durchführung der Studie kein zusätzliches invasives Verfahren oder andere Risiken für die Prüfungsteilnehmer beinhaltet.

12 Leistungsstudien iSd Art 78 IvD-VO, bei denen nur Restproben verwendet werden, unterliegen einer Anzeigepflicht, jedoch keiner Genehmigungspflicht. Allerdings sollte es zu einer ethischen Beurteilung durch die zuständige Ethikkommission kommen.[14]

13 Die Regelungen bezüglich der Durchführung von Leistungsstudien müssen in Übereinstimmung mit den etablierten medizinischen internationalen Leitlinien in diesem Bereich angewendet werden. Hierzu gehört beispielsweise die internationale Norm der EN ISO 20916:2024, welche die gute klinische Praxis (GCP) für klinische Leistungsstudien von IVD beschreibt. Die Anwendung dieser Regelung soll die internationale Anerkennung von Leistungsstudien, die innerhalb der Union durchgeführt wurden, erleichtern. Darüber hinaus sollen die Ergebnisse als Dokumentation auch außerhalb der Union dienen. Gleichzeitig erleichtert die Einhaltung internationaler Leitlinien die Anerkennung von Ergebnissen aus Leistungsstudien, die außerhalb der Union durchgeführt wurden, innerhalb der Union.[15]

[14] EB 109/ME XXVII. GP.

[15] ErwG 66 IvD-VO.

4. Abschnitt
Registrierung und Überwachung

§ 37 Registrierung

(1) Hersteller von Sonderanfertigungen gemäß Art. 2 Z 3 der Verordnung (EU) Nr. 745/2017 und Händler gemäß Art. 2 Z 34 der Verordnung (EU) Nr. 745/2017 oder gemäß Art. 2 Z 27 der Verordnung (EU) Nr. 746/2017, haben sich vor Aufnahme ihrer Tätigkeit bei einer von Bundesministerium für Soziales, Gesundheit, Pflege und Konsumentenschutz benannten Stelle zu registrieren.

(2) Abs. 1 gilt nicht für

1. **Hersteller von Sonderanfertigungen, die zum Zeitpunkt des Inkrafttretens dieses Bundesgesetzes im Register der Gesundheit Österreich GmbH bereits erfasst sind, und**
2. **Händler von in § 1 Z 1 bis 6 Freie Medizinprodukteverordnung, BGBl. II Nr. 355/2004, angeführten Medizinprodukten.**

(3) Meldungen gemäß Abs. 1 haben Name oder Firma, Anschrift und die Art der Tätigkeit zu enthalten; Meldungen von Herstellern von Sonderanfertigungen haben zusätzlich die Art der hergestellten Medizinprodukte und die Angaben hinsichtlich der für die Einhaltung der Regulierungsvorschriften verantwortlichen Person gemäß Art. 15 der Verordnung (EU) Nr. 745/2017 zu enthalten.

(4) Stellen, Einrichtungen oder Personen, die Prüf-, Inspektions- oder Zertifizierungstätigkeiten gemäß dieses Bundesgesetzes berufs- oder gewerbsmäßig durchführen, haben dies vor Aufnahme der Tätigkeit dem Bundesministerium für Soziales, Gesundheit, Pflege und Konsumentenschutz oder einer von diesem benannten Stelle unter Angabe des Namens und der Anschrift der Stelle, Einrichtung oder Person und der Art der durchgeführten Prüf-, Inspektions- oder Zertifizierungstätigkeiten zu melden.

(5) Nachträgliche Änderungen der Daten gemäß Abs. 1, 3 und 4 sind unverzüglich zu melden.

(6) Der Bundesminister für Soziales, Gesundheit, Pflege und Konsumentenschutz kann unter Bedachtnahme auf die Einheitlichkeit der Meldungen und auf die für die Medizinprodukteüberwachung erforderlichen Informationen durch Verordnung nähere Bestimmungen über Art, Inhalt, Form und Verfahren gemäß den Abs. 1, 3 und 4 erlassen.

Beachte für die Bestimmung: Tritt hinsichtlich In-vitro-Diagnostika am 26.5.2022 in Kraft (vgl § 91 Abs 1).

Fassung: BGBl I 2021/122

Literatur: *Aistleithner/Buchinger*, Die Gesundheit Österreich GmbH stellt sich vor, ÖZPR 2017, 37; *Anton/Wollersen*, Aktueller Stand der MDR-Implementierung sechs Monate nach MDR-Geltungsbeginn, MPR 2021, 205; *Ecker*, Medizinprodukte und IVD (2018); *Eickbusch*, Die Zweckbestimmung von Medizinprodukten und ihre Auswirkung auf Haftung und Verantwortlichkeit von Anwender und Betreiber (2020); *Gassner*, Neues EU-Medizinprodukterecht ante portas, RdM 2018, 124; *Gesundheit Österreich GmbH* (Hrsg), Gesundheit für alle: Reflexionen und Zukunftstrends (2023); *Graf*, Revision des europäischen Rechtsrahmens für Medizinprodukte – Neue Vorgaben zu Vigilanz und Marktbeobachtung und die Eudamed-Datenbank als zentrales Regulierungselement, PharmR 2017, 317; *Handorn*, Die Medizinprodukte-VO (EU) 2017/745. Ein Leitfaden für Wirtschaftsakteure zur MDR (2021); *Hastenteufel/Renaud*, Software als Medizinprodukt (2019); *Hofmann/Schreck* in *Neumayr/Resch/Wallner* (Hrsg), GmundKomm²

Art 2 Medizinprodukte-VO (Stand 1.1.2022, rdb.at); *Hofmann/Schreck* in *Neumayr/Resch/Wallner* (Hrsg), GmundKomm[2] Art 30 Medizinprodukte-VO (Stand 1.1.2022, rdb.at); *Koordinierungsgruppe Medizinprodukte*, MDCG 2021-3 Questions and Answers on Custom-Made Devices & considerations on Adaptable medical devices and Patient-matched medical devices (2021); *Königshofer*, Medizinprodukterecht, in *Resch/Wallner* (Hrsg), Handbuch Medizinrecht[2] (2015); *Königshofer*, Medizinprodukterecht, in *Resch/Wallner* (Hrsg), Handbuch Medizinrecht[3] (2020); *Larcher/Beiglböck*, Das neue österreichische Medizinproduktegesetz 2021, RdM 2021, 131; *Lücker* in *Spickhoff* (Hrsg), Medizinrecht[4] (2022) § 3 MPDG; *Lücker* in *Lücker/Baumann* (Hrsg), Schorn Medizinprodukte-Recht I (30. Lfg März 2018) B 1/6; *Rehmann* in *Rehmann/Wagner* (Hrsg), Medizinproduktegesetz (MPG)[4] (2023) Art 2 Medizinprodukte-VO; *Rief*, Implantierbare Medizinprodukte der Klasse III (2021); *Schüllner*, EU-Verordnung Medizinprodukte: Rechtliche Grundlagen, Aufbau, EDV-Systeme, ÖAZ 2020, 52; *Semp* in *Aigner/Kletečka/Kletečka-Pulker/Memmer* (Hrsg) Kap V.1.2.5 (Stand 1.5.2023, rdb.at); *Voit*, Abgabe von individuellen Korrektionsbrillen und Kontaktlinsen nach MDR, MPJ 2022, 26; *Zeinhofer*, Abgrenzung Arzneimittel und kosmetisches Mittel, RdM 2013, 34.

Rechtsprechung: EuGH 6.9.2012, C-308/11, *Chemische Fabrik Kreussler & Co GmbH/Sunstar Deutschland GmbH*; EuGH 16.2.2017, C-219/15, *Schmitt/TÜV Rheinland LGA Products GmbH*; OGH 27.6.2023, 1 Ob 28/23h; OGH 25.4.2023, 1 Ob 39/23a; BGH 9.7.2009, I ZR 193/06; VG Düsseldorf 2.9.2009, 16 K 1693/08.

Inhaltsverzeichnis

I. Abs 1 (Registrierungspflicht)

A. Überblick

1 § 37 Abs 1 statuiert eine nationale Registrierungspflicht für folgende – in Österreich ansässige[1] – Wirtschaftsakteure:[2]

- Hersteller von Sonderanfertigungen[3] (soweit sie nicht schon zum Zeitpunkt des Inkrafttretens des MPG 2021 [1.7.2021] im österreichischen Medizinprodukteregister erfasst waren[4]); und
- Händler[5] (soweit sie nicht ausschließlich Medizinprodukte iSd Freien Medizinprodukteverordnung[6] vertreiben[7]).

2 Diese Wirtschaftsakteure müssen sich – vor der Aufnahme ihrer Tätigkeit – im österreichischen Medizinprodukteregister[8] registrieren und idZ bestimmte Daten bei der Gesundheit Österreich GmbH (kurz: „GÖG") melden.[9] Dies hat online mittels einer webbasierten Eingabemaske zu erfolgen.[10]

3 Bis zur Funktionalität der Europäischen Datenbank für Medizinprodukte (kurz: „Eudamed")[11] sind auch 1.) Hersteller[12], 2.) Bevollmächtigte[13] und 3.) Importeure[14] zur Registrierung

---

1 § 1 Abs 1 und Abs 2 Verordnung des Bundesministers für Soziales, Gesundheit, Pflege und Konsumentenschutz über Meldungen von Herstellern von Sonderanfertigungen, von Händlern sowie von Prüf-, Inspektions- und Zertifizierungsstellen (Medizinproduktemeldeverordnung 2024) BGBl II 2024/23 (kurz: „Medizinproduktemeldeverordnung 2024").

2 *Larcher/Beiglböck*, Das neue österreichische Medizinproduktegesetz 2021, RdM 2021, 131 (134); *Hofmann/Schreck* in *Neumayr/Resch/Wallner* (Hrsg), GmundKomm² Art 30 Medizinprodukte-VO Rz 4 (Stand 1.1.2022, rdb.at).

3 „Hersteller" von Sonderanfertigungen gem Art 2 Z 3 Medizinprodukte-VO.

4 § 37 Abs 2 Z 1.

5 „Händler" gem Art 2 Z 34 Medizinprodukte-VO bzw Art 2 Z 27 IvD-VO.

6 Verordnung der Bundesministerin für Digitalisierung und Wirtschaftsstandort zur Festlegung dem reglementierten Gewerbe des Handels mit Medizinprodukten nicht vorbehaltener Medizinprodukte und dem Gewerbe der Drogisten zukommender Verkaufsrechte bezüglich Medizinprodukten (Freie Medizinprodukteverordnung) BGBl II 2004/355.

7 § 37 Abs 2 Z 2; AB 884 BlgNR 27. GP 8.

8 Siehe *Gesundheit Österreich GmbH*, Registersuche, https://medizinprodukteregister.at/registersuche (abgefragt am 4.8.2024).

9 § 3 Medizinproduktemeldeverordnung 2024; krit zum Wortlaut „bei einer von Bundesministerium für Soziales, Gesundheit, Pflege und Konsumentenschutz benannten Stelle" *Samoilova*, Stellungnahme zum Entwurf MPG 2021, https://www.parlament.gv.at/dokument/XXVII/SNME/87420/imfname_952232.pdf (6, abgefragt am 4.8.2024).

10 § 4 Abs 1 Medizinproduktemeldeverordnung 2024.

11 Zur Eudamed siehe: *Schüllner*, EU-Verordnung Medizinprodukte: Rechtliche Grundlagen, Aufbau, EDV-Systeme, ÖAZ 2020, 52 (53 ff); *Graf*, Revision des europäischen Rechtsrahmens für Medizinprodukte – Neue Vorgaben zu Vigilanz und Marktbeobachtung und die Eudamed-Datenbank als zentrales Regulierungselement, PharmR 2017, 317; *Anton/Wollersen*, Aktueller Stand der MDR-Implementierung sechs Monate nach MDR-Geltungsbeginn, MPR 2021, 205; *Keutgen*, EUDAMED: European Database on Medical Devices, https://www.johner-institut.de/blog/regulatory-affairs/eudamed/ (abgefragt am 4.8.2024).

12 In Bezug auf Medizinprodukte präziser formuliert: Hersteller, die keine Sonderanfertigungen darstellen.

13 Art 2 Z 32 Medizinprodukte-VO bzw Art 2 Z 25 IvD-VO; siehe dazu im Detail: *Rief*, Implantierbare Medizinprodukte der Klasse III (2021) 189 ff.

14 Art 2 Z 33 Medizinprodukte-VO bzw Art 2 Z 26 IvD-VO.

im österreichischen Medizinprodukteregister verpflichtet;[15] danach (also ab der Funktionalität der Eudamed[16]) nicht mehr.[17] Dies gilt auch iZm In-vitro-Diagnostika.[18]

4 Das – von der GÖG geführte[19] – österreichische Medizinprodukteregister ist allgemein zugänglich (nicht jedoch die darin enthaltenen personenbezogenen Daten).[20]

5 Die Registrierungspflicht gem § 37 Abs 1 dient der „effizienten Marktüberwachungstätigkeit"[21] durch das Bundesamt für Sicherheit im Gesundheitswesen („BASG").[22] Das BASG ist die österreichische Marktüberwachungsbehörde.[23]

6 Verstöße gegen die Meldepflicht gem § 37 sind als Verwaltungsübertretung strafbar.[24] Dies gilt auch für Verstöße gegen § 67 MPG 1966 (bis zur Funktionalität der Eudamed[25]).[26]

B. Normadressaten

1. Hersteller von Sonderanfertigungen

7 Hersteller von Sonderanfertigungen gem Art 2 Z 3 Medizinprodukte-VO, die in Österreich ansässig sind, unterliegen der Registrierungspflicht iSd § 37.[27]

8 Für die Auslegung des zusammengesetzten Begriffs „Hersteller von Sonderanfertigungen" sind die Legaldefinitionen zu „Hersteller" und „Sonderanfertigung" gem Medizinprodukte-VO heranzuziehen.[28]

---

15 §§ 82 Abs 3 und 84 Abs 4 MPG 2021 iVm § 67 Bundesgesetz betreffend Medizinprodukte (Medizinproduktegesetz – MPG) BGBl 1996/657; AB 884 BlgNR 27. GP 8; siehe auch *Windisch/Gombocz/Ma*, Österreichisches Register für Medizinprodukte. Webinar für Hersteller:innen von Sonderanfertigungen, https://medizinprodukteregister.at/sites/medizinprodukteregister.at/files/MPR_Webinar%20f%C3%BCr%20Sonderanfertiger_G%C3%96G_15.5.2024_final.pdf (7 f, abgefragt am 4.8.2024).

16 Konkreter: ab sechs Monaten nach dem Tag der Veröffentlichung der Mitteilung der EK über die volle Funktionalität der Eudamed im Amtsblatt der EU, siehe Art 123 Abs 3 lit d Medizinprodukte-VO.

17 AB 884 BlgNR 27. GP 8; Art 123 Abs 3 lit d Medizinprodukte-VO bzw Art 113 Abs 3 lit f IvD-VO (Übergangsbestimmung); zu den entsprechenden Pflichten siehe: Art 31 Medizinprodukte-VO und Art 28 IvD-VO; *Ecker*, Medizinprodukte und IVD (2018), 66 ff; *Handorn*, Die Medizinprodukte-VO (EU) 2017/745. Ein Leitfaden für Wirtschaftsakteure zur MDR (2021) 77, 111 und 157; *Gassner*, Neues EU-Medizinprodukterecht ante portas, RdM 2018, 124 (127).

18 Art 113 Abs 3 lit f IvD-VO; § 84 Abs 4 MPG 2021.

19 § 2 Medizinproduktemeldeverordnung 2024; krit *Samoilova*, Stellungnahme zum Entwurf MPG 2021, https://www.parlament.gv.at/dokument/XXVII/SNME/87420/imfname_952232.pdf (6, abgefragt am 4.8.2024).

20 § 2 Medizinproduktemeldeverordnung 2024.

21 AB 884 BlgNR 27. GP 8.

22 AB 884 BlgNR 27. GP 8; ErläutRV 313 BlgNR 22. GP 94; *Königshofer*, Medizinprodukterecht, in *Resch/Wallner* (Hrsg), Handbuch Medizinrecht² (2015) Rz 95; *Seeber-Grimm*, Stellungnahme zum Entwurf MPG 2021, https://www.parlament.gv.at/dokument/XXVII/SNME/87408/imfname_952228.pdf (7, abgefragt am 4.8.2024).

23 §§ 2 Abs 1, 38, 39, 43 und 44; für nähere Details zum BASG und dessen Funktion siehe *Rief*, § 2 Rz 1 ff und Rz 14 ff; zur Marktüberwachung siehe: *Rief*, § 2 Rz 6 ff; *Rief*, §§ 38, 39, 41, 43 und 44.

24 § 80 Abs 1 Z 16; siehe dazu *Dungl*, § 80.

25 Konkreter bis sechs Monate nach dem Tag der Veröffentlichung der Mitteilung der EK über die volle Funktionalität der Eudamed im Amtsblatt der EU, siehe § 82 Abs 3 bzw 84 Abs 4.

26 § 111 Z 14 MPG 1996.

27 § 1 Abs 1 Z 1 Medizinproduktemeldeverordnung 2024.

28 § 3; AB 884 BlgNR 27. GP 3; *Lücker* in *Spickhoff* (Hrsg), Medizinrecht⁴ (2022) § 3 MPDG Rz 10.

„Hersteller" ist „eine natürliche oder juristische Person, die ein [Medizin-]Produkt herstellt oder als neu aufbereitet bzw entwickeln, herstellen oder als neu aufbereiten[29] lässt und dieses [Medizin-]Produkt unter ihrem eigenen Namen oder ihrer eigenen Marke vermarktet".[30] **9**

Hofmann/Schreck fassen den Begriff „Hersteller" wie folgt zusammen: „Hersteller ist derjenige, der die Verantwortung für den Entwurf und die Herstellung eines Medizinproduktes trägt, das in seinem Namen oder unter seiner Marke in Verkehr gebracht werden soll."[31] **10**

Folgende zwei Tätigkeiten müssen somit kumulativ erfüllt sein:[32] **11**

- Herstellung oder Entwicklung bzw Neuaufbereitung des Medizinprodukts (eigenständig oder ausgelagert [herstellen, entwickelt oder neu aufbereiten lassen]); und
- Vermarktung dieses Medizinprodukts unter eigenem Namen oder eigener Marke.

  Anders formuliert: Selbst, wenn eine Person ein Medizinprodukt nicht selbst herstellt oder neu aufbereitet, sondern von anderen Personen entwickeln, herstellen oder neu aufbereiten lässt, ist sie als Hersteller iSd Medizinprodukte-VO zu qualifizieren, wenn sie dieses Medizinprodukt als ihr eigenes darstellt und nach außen hin als Hersteller dieses Medizinprodukts auftritt.[33]

Der Begriff „Sonderanfertigung" ist nur in der Medizinprodukte-VO legaldefiniert:[34] **12**

Nach Art 2 Z 3 Medizinprodukte-VO ist eine „Sonderanfertigung" „ein Produkt, das speziell gem einer schriftlichen Verordnung einer aufgrund ihrer beruflichen Qualifikation nach den nationalen Rechtsvorschriften zur Ausstellung von Verordnungen berechtigten Person angefertigt wird, die eigenverantwortlich die genaue Auslegung und die Merkmale des Produkts festlegt, das nur für einen einzigen Patienten bestimmt ist, um ausschließlich dessen individuelle[m] Zustand und dessen individuellen Bedürfnissen zu entsprechen".[35]

Hofmann/Schreck fassen den Begriff „Sonderanfertigung" wie folgt zusammen: Ein Medizinprodukt ist dann eine Sonderanfertigung, „wenn es in seiner Gesamtheit auf die persönlichen Anforderungen eines bestimmten Patienten angefertigt wird".[36] **13**

---

[29] Art 2 Z 31 Medizinprodukte-VO definiert „Neuaufbereitung" folgendermaßen: „‚Neuaufbereitung' im Sinne der Herstellerdefinition bezeichnet die vollständige Rekonstruktion eines bereits in Verkehr gebrachten oder in Betrieb genommenen Produkts oder die Herstellung eines neuen Produkts aus gebrauchten Produkten mit dem Ziel, dass das Produkt den Anforderungen dieser Verordnung entspricht; dabei beginnt für die als neu aufbereiteten Produkte eine neue Lebensdauer."

[30] Art 2 Z 30 Medizinprodukte-VO; zur Legaldefinition siehe auch: *Hofmann/Schreck* in *Neumayr/Resch/Wallner* (Hrsg), GmundKomm[2] Art 2 Medizinprodukte-VO Rz 7 (Stand 1.1.2022, rdb.at); *Königshofer*, Medizinprodukterecht, in *Resch/Wallner* (Hrsg), Handbuch Medizinrecht[3] (2020) Rz 32.

[31] *Hofmann/Schreck* in *Neumayr/Resch/Wallner*, GmundKomm[2] Art 2 Medizinprodukte-VO Rz 7.

[32] *Königshofer* in *Resch/Wallner*, Medizinrecht[3] Rz 32.

[33] *Eickbusch*, Die Zweckbestimmung von Medizinprodukten und ihre Auswirkung auf Haftung und Verantwortlichkeit von Anwender und Betreiber (2020) 46; *Rief*, Implantierbare Medizinprodukte 41; *Königshofer* in *Resch/Wallner*, Medizinrecht[3] Rz 32 mwN; *Hofmann/Schreck* in *Neumayr/Resch/Wallner*, GmundKomm[2] Art 2 Medizinprodukte-VO Rz 7.

[34] *Königshofer* in *Resch/Wallner*, Medizinrecht[3] Rz 26.

[35] Zur Legaldefinition siehe auch: *Königshofer* in *Resch/Wallner*, Medizinrecht[3] Rz 26 f; *Hofmann/Schreck* in *Neumayr/Resch/Wallner*, GmundKomm[2] Art 2 Medizinprodukte-VO Rz 4; *Handorn*, Medizinprodukte-Verordnung 22 f; *Lücker* in *Spickhoff*, Medizinrecht[4] § 3 MPDG Rz 10; *Rehmann* in *Rehmann/Wagner* (Hrsg), Medizinproduktegesetz (MPG)[4] (2023) Art 2 Medizinprodukte-VO Rz 24; *Häberle* in *Erbs/Kohlhaas* (Hrsg), Strafrechtliche Nebengesetze (251. Lfg März 2024) § 3 MPDG Rz 13.

[36] *Hofmann/Schreck* in *Neumayr/Resch/Wallner*, GmundKomm[2] Art 2 Medizinprodukte-VO Rz 4 mit Verweis auf BGH 9.7.2009, I ZR 193/06.

14 Sonderanfertigungen können zB sein:

- Zahnkronen[37];
- Knie-Knöchel-Fuß-Orthesen[38];
- Handprothesen[39].

15 Keine Sonderanfertigungen sind:

- „Serienmäßig hergestellte [Medizin-]Produkte, die angepasst werden müssen, um den spezifischen Anforderungen eines berufsmäßigen Anwenders zu entsprechen“[40], zB: Medizinprodukte für Linkshänder und an Körpermaße von Patienten angepasste Rollstühle[41];
- „[Medizin-]Produkte, die gemäß den schriftlichen Verordnungen einer dazu berechtigten Person serienmäßig in industriellen Verfahren hergestellt werden“ [42], zB: Medizinprodukte, die patientenindividuell mittels 3D-Drucktechnik angefertigt werden[43];
- Individuell angefertigte Korrektionsbrillen[44].

2. Händler

16 Die Medizinprodukte-VO und IvD-VO sehen eine Öffnungsklausel vor, wonach Mitgliedsstaaten nationale Bestimmungen „zur Registrierung von Händlern von Produkten, die in ihrem Hoheitsgebiet bereitgestellt wurden, […] erlassen“ können.[45] Mit § 37 machte der österreichische Gesetzgeber von dieser Öffnungsklausel Gebrauch.[46]

17 Nach § 37 unterliegen „Händler“ gem Art 2 Z 34 Medizinprodukte-VO bzw Art 2 Z 27 IvD-VO, die in Österreich ansässig sind, der Registrierungspflicht im österreichischen Medizinprodukteregister.[47]

---

37 *Koordinierungsgruppe Medizinprodukte*, MDCG 2021-3 Questions and Answers on Custom-Made Devices & considerations on Adaptable medical devices and Patient-matched medical devices (2021) 2: “A dental crown manufactured according to a written prescription provided by a dentist containing specific design characteristics for a particular patient’s individual condition.”; zur „Koordinierungsgruppe Medizinprodukte“ generell siehe: Art 103 Abs 5 Medizinprodukte-VO; *Hastenteufel/Renaud*, Software als Medizinprodukt (2019) 46; zur Rechtsnatur von Leitlinien der Koordinierungsgruppe Medizinprodukte siehe: EuGH 6.9.2012, C-308/11, *Chemische Fabrik Kreussler & Co GmbH/Sunstar Deutschland GmbH*; *Zeinhofer*, Abgrenzung Arzneimittel und kosmetisches Mittel, RdM 2013, 34; *Lücker* in *Lücker/Baumann* (Hrsg), Schorn Medizinprodukte-Recht I (30. Lfg März 2018) B 1/6; *Rief*, Implantierbare Medizinprodukte 27 ff.

38 *Koordinierungsgruppe Medizinprodukte*, MDCG 2021-3 2: “An orthosis made in accordance with a written prescription containing specific design characteristic to aid a person with neuromuscular or musculoskeletal impairment of the lower extremity, such as a Knee Ankle Foot Orthosis (KAFO).”

39 *Koordinierungsgruppe Medizinprodukte*, MDCG 2021-3 2: “Hand prosthesis intended to replace a lost body part and/or function made in accordance with a written prescription, where the practionner provides patient specific design characteristics necessary for the manufacturing of the device.”

40 Art 2 Z 3 Medizinprodukte-VO.

41 *Hofmann/Schreck* in *Neumayr/Resch/Wallner*, GmundKomm² Art 2 Medizinprodukte-VO Rz 4.

42 Art Z 3 Medizinprodukte-VO.

43 *Hofmann/Schreck* in *Neumayr/Resch/Wallner*, GmundKomm² Art 2 Medizinprodukte-VO Rz 4.

44 *Rehmann* in *Rehmann/Wagner*, Medizinproduktegesetz⁴ Art 2 Medizinprodukte-VO Rz 24 mit Verweis auf *Voit*, Abgabe von individuellen Korrektionsbrillen und Kontaktlinsen nach MDR, MPJ 2022, 26 f.

45 Art 30 Abs 2 Medizinprodukte-VO bzw Art 27 Abs 2 IvD-VO; AB 884 BlgNR 27. GP 8; *Hofmann/Schreck* in *Neumayr/Resch/Wallner*, GmundKomm² Art 30 Medizinprodukte-VO Rz 4.

46 *Hofmann/Schreck* in *Neumayr/Resch/Wallner*, GmundKomm2 Art 30 Medizinprodukte-VO Rz 4.

47 § 1 Abs 1 Z 2 Medizinproduktemeldeverordnung 2024.

Unter den Begriff „Händler“ fällt „jede natürliche oder juristische Person in der Lieferkette, die ein Produkt bis zum Zeitpunkt der Inbetriebnahme auf dem Markt bereitstellt, mit Ausnahme des Herstellers oder des Importeurs“.[48] 18

„Bereitstellung auf dem Markt“ ist „jede entgeltliche oder unentgeltliche Abgabe eines Produkts, mit der Ausnahme von Prüfprodukten, zum Vertrieb, zum Verbrauch oder zur Verwendung auf dem Unionsmarkt im Rahmen einer gewerblichen Tätigkeit“.[49]

Die „Inbetriebnahme“ bezeichnet „den Zeitpunkt, zu dem ein Produkt [...] dem Endanwender als ein Erzeugnis zu Verfügung gestellt wird, das erstmals als gebrauchsfertiges Produkt entsprechend seiner Zweckbestimmung auf dem Unionsmarkt verwendet werden kann“;[50] sie bezieht sich „nur auf den ersten Gebrauch bzw schon auf die Möglichkeit eines Gebrauchs eines Medizinprodukts“.[51]

Vereinfacht gesagt: Händler sind jene Personen in der Lieferkette, die Medizinprodukte nach deren Inverkehrbringen bis zur letzten Abgabe (zB durch die Lieferung an ein Krankenhaus als Endanwender) am Markt (entgeltlich oder unentgeltlich) bereitstellen.

§ 91 Abs 2 sieht für Händler eine einjährige Übergangsfrist bis zur Durchführung der Registrierung vor (gerechnet ab dem Inkrafttreten des MPG 2021). Diese Übergangsfrist ist zwischenzeitlich abgelaufen. 19

3. Zur Führung des österreichischen Medizinprodukteregisters benannte Stelle

Nicht direkt aus § 37, aber aus §§ 2, 3 Medizinproduktemeldeverordnung 2024 ergibt sich: Die – zur Führung des österreichischen Medizinprodukteregisters – benannte Stelle ist die GÖG.[52] 20

Die GÖG wurde als nationales Forschungs- und Planungsinstitut für das Gesundheitswesen gegründet und steht im Alleineigentum der Republik Österreich.[53] Sie hat den Auftrag, im Allgemeininteresse liegende Aufgaben nicht gewerblicher Art der Daseinsvorsorge auf dem Gebiet des Gesundheitswesens zu erbringen.[54] 21

Die – zur Führung des österreichischen Medizinprodukteregisters – „benannte Stelle“ iSd § 37 ist nicht mit dem Begriff „Benannte Stelle“ gem Medizinprodukte-VO bzw IvD-VO zu verwechseln.[55] 22

---

48 Art 2 Z 34 Medizinprodukte-VO bzw Art 2 Z 27 IvD-VO; zur Legaldefinition siehe: *Handorn*, Medizinprodukte-Verordnung 139 f; *Hofmann/Schreck* in *Neumayr/Resch/Wallner*, GmundKomm[2] Art 2 Medizinprodukte-VO Rz 9; *Rehmann* in *Rehmann/Wagner*, Medizinproduktegesetz[4] Art 2 Medizinprodukte-VO Rz 50.

49 Art 2 Z 27 Medizinprodukte-VO bzw Art 2 Z 20 IvD-VO.

50 Art 2 Z 29 Medizinprodukte-VO bzw Art 2 Z 22 IvD-VO.

51 *Rief*, Implantierbare Medizinprodukte 38 f; ErläutRV 313 BlgNR 22. GP 66; *Semp* in *Aigner/Kletečka/Kletečka-Pulker/Memmer* (Hrsg) Kap V.1.2.5 (Stand 1.5.2023, rdb.at).

52 §§ 2 und 3 Medizinproduktemeldeverordnung 2024.

53 § 1 Bundesgesetz über die Gesundheit Österreich GmbH (GÖGG) BGBl I 2006/132; *Aistleithner/Buchinger*, Die Gesundheit Österreich GmbH stellt sich vor, ÖZPR 2017, 38.

54 § 3 Abs 1 GÖGG; für weitere Details siehe: *Aistleithner/Buchinger*, ÖZPR 2017, 38; *Gesundheit Österreich GmbH* (Hrsg), Gesundheit für alle: Reflexionen und Zukunftstrends (2023).

55 Krit *Samoilova*, Stellungnahme zum Entwurf MPG 2021, https://www.parlament.gv.at/dokument/XXVII/SNME/87420/imfname_952232.pdf (6, abgefragt am 4.8.2024); zur Benannten Stelle iSd Medizinprodukte-VO bzw IvD-VO siehe: *Rief*, Implantierbare Medizinprodukte 48 ff.

II. Abs 2 (Ausnahmen)

23 § 37 Abs 2 statuiert Ausnahmen zum Normadressatenkreis gem § 37 Abs 1. Danach gilt die Registrierungspflicht gem § 37 Abs 1 für folgende Personen nicht:[56]

- Hersteller von Sonderanfertigungen, die zum Zeitpunkt des Inkrafttretens des MPG 2021 im österreichischen Medizinproduktregister bereits erfasst waren;[57] sowie
- Händler von Medizinprodukten gem § 1 Z 1 bis Z 6 Freie Medizinprodukteverordnung.[58]

A. Hersteller von Sonderanfertigungen, die zum Zeitpunkt des Inkrafttretens des MPG 2021 im österreichischen Medizinproduktregister bereits erfasst waren

24 Nach der alten Rechtslage waren Hersteller von Sonderanfertigungen, die ein Medizinprodukt erstmals im Geltungsbereich des EWR in Verkehr gebracht haben und im Inland (Österreich) ansässig gewesen sind, verpflichtet, sich im österreichischen Medizinprodukteregister zu registrieren.[59]

Erfolgte eine solche Registrierung vor Inkrafttreten des MPG 2021 (somit vor dem 1.7.2021[60]), ist keine nochmalige Registrierung gem § 37 Abs 1 und keine Änderung der bestehenden Registrierung notwendig.[61]

25 Allerdings besteht die Möglichkeit, freiwillig auf die Europäische Nomenklatur für Medizinprodukte (kurz: „EMDN")[62] umzustellen und dabei die einschlägigen Produktcodes gem EMDN den registrierten Medizinprodukten zuzuordnen.[63] Die freiwillige Umstellung auf die

---

56 § 37 Abs 2; § 3 Abs 4 Medizinproduktemeldeverordnung 2024.

57 § 37 Abs 2 Z 1; AB 884 BlgNR 27. GP 8.

58 § 37 Abs 2 Z 2 iVm § 1 Z 1 bis Z 6 Freie Medizinprodukteverordnung.

59 § 67 MPG 1996 iVm § 1 Abs 1 Z 2 und § 3 Abs 1 Verordnung des Bundesministers für Gesundheit über Meldungen von Herstellern von Medizinprodukten oder deren Bevollmächtigten, Meldungen von Prüf-, Überwachungs- und Zertifizierungsstellen und von benannten Stellen, Meldungen von Zwischenfällen und klinischen Prüfungen sowie Meldungen an die Europäische Datenbank für Medizinprodukte (Medizinproduktemeldeverordnung) BGBl II 2011/261.

60 § 91 Abs 1 MPG 2021.

61 *Windisch/Gombocz/Ma*, Österreichisches Register für Medizinprodukte. Webinar für Hersteller:innen von Sonderanfertigungen, https://medizinprodukteregister.at/sites/medizinprodukteregister.at/files/MPR_Webinar%20 f%C3%BCr%20Sonderanfertiger_G%C3%96G_15.5.2024_final.pdf (24, abgefragt am 4.8.2024).

62 Die EMDN ist die einheitliche europäische Nomenklatur für Medizinprodukte und In-vitro-Diagnostika gem Medizinprodukte-VO und IvD-VO. Sie wurde auf Basis der italienischen „Classificazione Nazionale Dispositivi medici" sowie der Global Medical Device Nomenclature („GMDN") weiterentwickelt (siehe: *Gesundheit Österreich GmbH*, EMDN, https://medizinprodukteregister.at/EMDN [abgefragt am 4.8.2024]). Im österreichischen Medizinprodukteregister ist der EMDN-Code seit 1.5.2024 hinterlegt. Die EMDN wird auch für die Eudamed verwendet (siehe: *Gesundheit Österreich GmbH*, Fragen zur Registrierung, https://medizinprodukteregister.at/Fragen_zur_Registrierung [abgefragt am 4.8.2024]). Die EMDN ist alphanumerische strukturiert und besteht aus einem hierarchisch gegliederten Baum mit sieben Ebenen, wobei es drei Hauptebenen gibt, in welche die Medizinprodukte gegliedert sind (siehe: *EK*, Fragen & Antworten. Europäische Nomenklatur für Medizinprodukte [EMDN], https://health.ec.europa.eu/document/download/e724bca0-7035-426e-9672-bd2404ebb6a7_de [abgefragt am 4.8.2024]).

63 *Windisch/Gombocz/Ma*, Österreichisches Register für Medizinprodukte. Webinar für Hersteller:innen von Sonderanfertigungen, https://medizinprodukteregister.at/sites/medizinprodukteregister.at/files/MPR_Webinar%20 f%C3%BCr%20Sonderanfertiger_G%C3%96G_15.5.2024_final.pdf (37, abgefragt am 4.8.2024).

EMDN führt dazu, dass auch diese Hersteller im österreichischen Medizinprodukteregister öffentlich aufscheinen.[64]

Weiters könnten diese Hersteller auch Angaben zur gem Art 15 Medizinprodukte-VO für die Einhaltung der Regulierungsvorschriften verantwortlichen Person (kurz: „PRRC")[65] im österreichischen Medizinprodukteregister ergänzen.[66] 26

B. Händler von Medizinprodukten gemäß Freie Medizinprodukteverordnung

Händler folgender Medizinprodukte fallen nicht unter die Registrierungspflicht gem § 37 Abs 1:[67] 27

- Fieberthermometer;
- Bandagen inklusive Stützbandagen, ausgenommen medizinische Kompressionsstrümpfe und ausgenommen orthopädische Bandagen, die individuell am Patienten angepasst oder angemessen werden;
- Heftpflaster und Verbände ohne Arzneimittelkomponente;
- Einfachere Erste-Hilfe-Ausstattungen wie Verbandzeug in Behältern iSd § 102 Abs 10 Kraftfahrgesetz[68];
- Kondome; sowie
- Blutdruckmessgeräte.

III. Abs 3 (Inhalt und Umfang der Meldung)

§ 37 Abs 3 legt den grundsätzlichen Inhalt und Umfang der Meldungen an die GÖG, die zur Erfüllung der Registrierungspflicht gem § 37 Abs 1 erforderlich sind (kurz: „Meldungen"), fest: 28

- Name oder Firma, Anschrift und die Art der Tätigkeit;
- Für Hersteller von Sonderanfertigungen gilt zusätzlich: Art der hergestellten Medizinprodukte und Angaben hinsichtlich der PRRC.

Die Medizinproduktemeldeverordnung 2024 konkretisiert den Inhalt und Umfang der erforderlichen Meldungen.[69] 29

---

[64] *Windisch/Gombocz/Ma*, Österreichisches Register für Medizinprodukte. Webinar für Hersteller:innen von Sonderanfertigungen, https://medizinprodukteregister.at/sites/medizinprodukteregister.at/files/MPR_Webinar%20f%C3%BCr%20Sonderanfertiger_G%C3%96G_15.5.2024_final.pdf (24, abgefragt am 4.8.2024).

[65] Gem Art 15 Abs 1 Medizinprodukte-VO müssen Hersteller eine PRRC benennen. Die PRRC hat eine weitreichende Verantwortung für die regulatorische Compliance über den gesamten Produktlebenszyklus und muss über Fachwissen auf dem Gebiet der Medizinprodukte verfügen (siehe *Handorn*, Medizinprodukte-Verordnung 121). Die Medizinprodukte-VO normiert die Verantwortungsbereiche der PRRC. Die PRRC ist ua zentraler Ansprechpartner für die Marktüberwachung (*Handorn*, Medizinprodukte-Verordnung 124).

[66] § 3 Abs 1 Z 2 Medizinproduktemeldeverordnung 2024; *Windisch/Gombocz/Ma*, Österreichisches Register für Medizinprodukte. Webinar für Hersteller:innen von Sonderanfertigungen, https://medizinprodukteregister.at/sites/medizinprodukteregister.at/files/MPR_Webinar%20f%C3%BCr%20Sonderanfertiger_G%C3%96G_15.5.2024_final.pdf (31, abgefragt am 4.8.2024).

[67] § 1 Z 1 bis Z 6 Freie Medizinprodukteverordnung.

[68] Bundesgesetz vom 23. Juni 1967 über das Kraftfahrwesen (Kraftfahrgesetz 1967 – KFG 1967) BGBl I 2024/116.

[69] § 37 Abs 6 MPG.

30 Zusammenfassend haben Hersteller von Sonderanfertigungen[70] und Händler[71] sowohl Angaben zur Person bzw zum Unternehmen als auch Angaben zu den in Verkehr gebrachten Medizinprodukten bzw In-vitro-Diagnostika zu machen.[72]

A. Zu meldende Daten im Detail

31 Hersteller von Sonderanfertigungen haben folgende Daten zu melden:[73]

- Firmenname oder Name, Anschrift, Kontaktperson mit Telefonnummer, E-Mail-Adresse und gegebenenfalls die Firmenwebseite;
- Name, Telefonnummer und E-Mail-Adresse der PRRC;
- Art der Tätigkeit;
- Produktname/-fabrikat oder sofern nicht verfügbar allgemeine Bezeichnung (generischer Name); sowie
- Produktcode (European Medical Device Nomenclature – EMDN).

32 Händler von Medizinprodukten und In-Vitro-Diagnostika haben folgende Daten zu melden:[74]

- Firmenname oder Name, Anschrift, Kontaktperson mit Telefonnummer, E-Mail-Adresse und gegebenenfalls die Firmenwebseite;
- Art der Tätigkeit; sowie
- Produktkategorien[75].

33 Hersteller von Sonderanfertigungen und Händler, die sich nach Inkrafttreten des MPG 2021, aber vor Inkrafttreten der Medizinproduktemeldeverordnung 2024[76] im österreichischen Medizinprodukteregister registriert haben, sind verpflichtet, die durch die Medizinproduktemeldeverordnung 2024 ergänzten Meldedaten bis spätestens 30.4.2025 nachzumelden (Übergangsbestimmung gem § 5 Abs 3 und Abs 4 Medizinproduktemeldeverordnung 2024).[77]

---

[70] Siehe dazu die Ausführungen in *Karall/Rief*, § 37 Rz 7 ff.

[71] Siehe dazu die Ausführungen in *Karall/Rief*, § 37 Rz 16 ff.

[72] § 3 Medizinproduktemeldeverordnung 2024; *Gesundheit Österreich GmbH*, Fragen zur Registrierung, https://medizinprodukteregister.at/Fragen_zur_Registrierung (abgefragt am 4.8.2024).

[73] § 3 Abs 1 Medizinproduktemeldeverordnung 2024.

[74] § 3 Abs 2 Medizinproduktemeldeverordnung 2024.

[75] Die von Händlern anzugebende Produktkategorie richtet sich auch nach der EMDN, siehe *Windisch/Gombocz/Ma*, Österreichisches Register für Medizinprodukte. Webinar für Händler:innen von Medizinprodukten, https://medizinprodukteregister.at/sites/medizinprodukteregister.at/files/MPR_Webinar%20f%C3%BCr%20H%C3%A4ndler_G%C3%96G_final_21.5.2024.pdf (27 f, abgefragt am 4.8.2024).

[76] Detailinformation: Das an die Medizinproduktemeldeverordnung 2024 angepasste österreichische Medizinprodukteregister wurde am 29.4.2024 (zwei Tage vor Inkrafttreten der Medizinproduktemeldeverordnung 2024 am 1.5.2024) veröffentlicht. Daher erfüllen alle erfolgten Registrierungen ab diesem Tag bereits die Anforderungen gem Medizinproduktemeldeverordnung 2024 und müssen nicht mehr überarbeitet werden, siehe *Windisch/Gombocz/Ma*, Österreichisches Register für Medizinprodukte. Webinar für Hersteller:innen von Sonderanfertigungen, https://medizinprodukteregister.at/sites/medizinprodukteregister.at/files/MPR_Webinar%20f%C3%BCr%20Sonderanfertiger_G%C3%96G_15.5.2024_final.pdf (24, abgefragt am 4.8.2024).

[77] § 5 Abs 3 und 4 Medizinproduktemeldeverordnung 2024; *Windisch/Gombocz/Ma*, Österreichisches Register für Medizinprodukte. Webinar für Hersteller:innen von Sonderanfertigungen, https://medizinprodukteregister.at/sites/medizinprodukteregister.at/files/MPR_Webinar%20f%C3%BCr%20Sonderanfertiger_G%C3%96G_15.5.2024_final.pdf (24, abgefragt am 4.8.2024).

Hersteller von Sonderanfertigungen, die unter die Übergangsbestimmung gem § 5 Abs 3 Medizinproduktemeldeverordnung 2024 fallen, haben folgende Daten nachzumelden:[78] 34

- E-Mail-Adresse und gegebenenfalls die Firmenwebseite;
- Name, Telefonnummer und E-Mail-Adresse der PRRC; sowie
- Produktcode (European Medical Device Nomenclature – EMDN).

Händler von Medizinprodukten und In-vitro-Diagnostika, die unter die Übergangsbestimmung gem § 5 Abs 4 Medizinproduktemeldeverordnung 2024 fallen, haben folgende Daten nachzumelden:[79] 35

- Kontaktperson mit Telefonnummer, E-Mail-Adresse und gegebenenfalls die Firmenwebseite;
- Produktkategorien.

IV. Abs 4 (Prüf-, Inspektions- oder Zertifizierungsstellen)

§ 37 Abs 4 erweitert den Normadressatenkreis der nationalen Registrierungspflicht auf: Stellen, Einrichtungen oder Personen, die Prüf-, Inspektions- oder Zertifizierungstätigkeiten gem MPG 2021 berufs- oder gewerbsmäßig durchführen. 36

Dabei sind insbesondere jene Stellen, Einrichtungen und Personen meldepflichtig, die wiederkehrende sicherheitstechnische Prüfungen und/oder messtechnische Kontrollen von Medizinprodukten durchführen.[80]

Gem § 37 Abs 4 haben diese Stellen, Einrichtungen und Personen ihre Prüf-, Inspektions- oder Zertifizierungstätigkeiten gem MPG 2021 – vor Aufnahme dieser Tätigkeiten – dem BMSGPK oder einer vom BMSGPK benannten Stelle zu melden. Aus der Medizinproduktemeldeverordnung 2024 ergibt sich, dass die Meldungen an die GÖG zu richten sind.[81] 37

Mit anderen Worten haben sich diese Stellen vor Aufnahme ihrer Tätigkeiten im – von der GÖG geführten[82] – österreichischen Medizinprodukteregister zu registrieren.[83]

Sie haben folgende Daten zu melden:[84] 38

- Firmenname oder Name und Anschrift der Stelle, Einrichtung oder Person, Kontaktperson mit Telefonnummer, E-Mail-Adresse und gegebenenfalls die Webseite;
- Art der Tätigkeit;
- Produktkategorien; sowie
- Gegebenenfalls Angabe, ob es sich um eine akkreditierte Stelle gem § 59 Abs 2 handelt.

---

78 § 5 Abs 3 Medizinproduktemeldeverordnung 2024.
79 § 5 Abs 4 Medizinproduktemeldeverordnung 2024.
80 *Gesundheit Österreich GmbH*, Fragen zur Registrierung, https://medizinprodukteregister.at/Fragen_zur_Registrierung (abgefragt am 4.8.2024).
81 § 3 Abs 3 Medizinproduktemeldeverordnung 2024.
82 § 2 Medizinproduktemeldeverordnung 2024.
83 § 1 Abs 1 Z 3 Medizinproduktemeldeverordnung 2024.
84 § 3 Abs 3 Medizinproduktemeldeverordnung 2024.

V. Abs 5 (Nachträgliche Änderung von Daten)

39 Meldepflichtige Hersteller von Sonderanfertigungen, Händler und Stellen, Einrichtungen oder Personen, die Prüf-, Inspektions- oder Zertifizierungstätigkeiten durchführen, sind für die Richtigkeit und Vollständigkeit von Meldungen verantwortlich.[85]

40 Nachträgliche Änderungen, Berichtigungen oder Ergänzungen der übermittelten Daten sind unverzüglich mitzuteilen.[86] Der unbestimmte Gesetzesbegriff „unverzüglich" ist im Zweifel streng auszulegen.[87]

41 Ein Verstoß gegen § 37 Abs 5 ist als Verwaltungsübertretung gem § 80 Abs 1 Z 16 zu qualifizieren.[88] Das ergibt sich nach Meinung der Autoren aus dem Wortlaut des § 80 Abs 1 Z 16 sowie aus dem Ziel und Zweck der Registrierungspflicht gem § 37 Abs 1 (effiziente Marktüberwachung).

VI. Abs 6 (Verordnungsermächtigung)

42 § 37 Abs 6 legt eine Verordnungsermächtigung zugunsten des BMSGPK fest. Danach kann das BMSGPK unter Bedachtnahme auf die Einheitlichkeit der Meldungen und auf die für die Medizinprodukteüberwachung erforderlichen Informationen durch Verordnung nähere Bestimmungen über Art, Inhalt, Form und Verfahren gem den § 37 Abs 1, 3 und 4 erlassen.

43 Das BMSGPK erlies auf Basis dieser gesetzlichen Grundlage die Medizinproduktemeldeverordnung 2024, welche mit 1.5.2024 in Kraft getreten ist.[89]

---

85 § 4 Abs 2 Medizinproduktemeldeverordnung 2024.

86 § 37 Abs 5; § 4 Abs 3 Medizinproduktemeldeverordnung 2024.

87 AB 884 BlgNR 27. GP 8; ErläutRV 313 BlgNR 22. GP 94 (zu § 67 Abs 1 MPG 1996: „rasche Identifizierung ist für alle Maßnahmen zur Abklärung von Zwischenfällen und gegebenenfalls zur Feldkorrektur erforderlich"; zu § 67 Abs 2 MPG 1996: „rasche und effiziente Kontaktnahme im Falle von Maßnahmen zum Schutz vor Risken durch Medizinprodukte sowie in den Fällen der Art 2, 7 und 14 der RL 90/385/EWG").

88 § 4 Abs 2 und 3 Medizinproduktemeldeverordnung 2024 iVm § 80 Abs 1 Z 16.

89 § 5 Abs 1 Medizinproduktemeldeverordnung 2024.

§ 38 Überwachung

(1) Ungeachtet der Überwachung der Wirtschaftsakteure gemäß Art. 93 der Verordnung (EU) Nr. 745/2017 oder Art. 88 der Verordnung (EU) Nr. 746/2017 unterliegen Gesundheitseinrichtungen oder Personen, die berufs- oder gewerbsmäßig Medizinprodukte anwenden oder betreiben, im Hinblick auf das Errichten, Betreiben, Anwenden, Instandhalten, Reinigen, Desinfizieren, Sterilisieren, Lagern, Befördern und das weitere Bereitstellen auf dem Markt der Überwachung.

(2) Die Überwachung gemäß Abs. 1 hat durch Organe des Bundesamtes für Sicherheit im Gesundheitswesen oder durch vom Bundesamt für Sicherheit im Gesundheitswesen beauftragte Sachverständige zu erfolgen.

(3) Die Überwachung gemäß Abs. 1 kann sich auf alle Aspekte beziehen, die die Sicherheit, Funktionstüchtigkeit und Qualität von Medizinprodukten sowie den Schutz der Sicherheit und Gesundheit der Patienten, Anwender oder Dritter beeinflussen können.

(4) Die Überwachung von Gesundheitseinrichtungen oder von Personen, die berufs- oder gewerbsmäßig Medizinprodukte anwenden oder betreiben, kann unter Bedachtnahme auf das jeweilige Gefährdungspotential systematisch, stichprobenweise oder im Anlassfall erfolgen, insbesondere im Hinblick auf mögliche Gefährdungen des Lebens oder der Gesundheit von Patienten, Anwendern oder Dritten im Zusammenhang mit Medizinprodukten oder im Hinblick auf die Gewährleistung einer qualitätsgesicherten Bereithaltung, Anwendung und Instandhaltung von Medizinprodukten im Interesse der Gesundheit. Liegt ein Verstoß gegen die Verordnung (EU) Nr. 745/2017 oder die Verordnung (EU) Nr. 746/2017 oder gegen Bestimmungen dieses Bundesgesetzes oder auf seiner Grundlage erlassener Verordnungen vor, so ist der Einrichtung die Behebung der Mängel innerhalb einer angemessenen Frist aufzutragen. Kommt bei der Überwachung zutage, dass durch einen Verstoß gegen diese Bestimmungen das Leben und die Gesundheit von Patienten, Anwendern oder Dritten gefährdet wird, sind die erforderlichen Maßnahmen zum Schutz des Lebens und der Gesundheit dieser Personen zu treffen.

(5) Die Überwachung von Einrichtungen und Betrieben, die von Gesundheitseinrichtungen oder Personen gemäß Abs. 1 mit der Lagerung oder dem Transport von Medizinprodukten beauftragt worden sind, ist nur zulässig, sofern Umstände vorliegen, die die Annahme rechtfertigen, dass Medizinprodukte gelagert oder die Beförderungsmittel zweckentfremdet als Lagereinrichtung über die zur Abwicklung der Beförderungsagenden erforderliche Zeit hinaus verwendet werden.

(6) Die Organe des Bundesamtes für Sicherheit im Gesundheitswesen sind befugt,

1. Grundstücke, Geschäftsräume, Betriebsräume, Lagerräume, Beförderungsmittel zu betreten und zu besichtigen, in oder auf denen eine Tätigkeit nach Abs. 1 ausgeübt wird,
2. Medizinprodukte zu besichtigen und zu prüfen, hiezu insbesondere in Betrieb zu nehmen sowie Proben zu entnehmen,
3. allenfalls erforderliche Mess- und Prüfmittel zu besichtigen und zu prüfen,
4. die auf Grund dieses Bundesgesetzes oder der nach diesem Bundesgesetz erlassenen Verordnungen bereitzuhaltenden Unterlagen über
   a) Entwicklung, Herstellung, Prüfung, klinische Prüfung und Bewertung, Leistungsstudien und Leistungsbewertung von In-vitro-Diagnostika, Erwerb, Lagerung, Verpackung, Inverkehrbringen, importieren, und über den sonstigen Verbleib der Medizinprodukte,

b) das Errichten, Betreiben, Anwenden, Aufbereiten und Instandhalten von Medizinprodukten,

c) Vorkehrungen und Maßnahmen zum Qualitätsmanagement beim Umgang mit Medizinprodukten,

d) Maßnahmen zur Gewährleistung der Medizinproduktesicherheit und zur Abwehr von Risiken, insbesondere auch gemäß § 41,

e) das in Verkehr befindliche Informations- und Werbematerial,

f) die Durchführung von Prüf-, Überwachungs- und Zertifizierungstätigkeiten,

g) die Konformitätsbewertung, und

h) die Nachweise der Erfüllung der Anforderungen der Konformität und sonstige für die Sicherheit der Medizinprodukte maßgeblichen Informationen anzufordern, einzusehen und hievon in begründeten Fällen Abschriften oder Kopien anzufertigen, und

5. alle erforderlichen Auskünfte, insbesondere über die in Z 4 genannten Betriebsvorgänge zu verlangen.

(7) Gesundheitseinrichtungen, Personen gemäß Abs. 1 und Einrichtungen oder Betriebe gemäß Abs. 5 haben Maßnahmen nach Abs. 6 zu dulden und die mit der Überwachung betrauten Organe des Bundesamtes für Sicherheit im Gesundheitswesen oder die gemäß Abs. 2 beauftragten Sachverständigen bei der Erfüllung ihrer Aufgaben zu unterstützen. Sie sind verpflichtet, diesen die Räumlichkeiten, Medizinprodukte und Aufzeichnungen zugänglich zu machen, die vorgeschriebene oder behördlich angeordnete Prüfung zu gestatten, die hiefür nötigen Mitarbeiter und Hilfsmittel bereitzustellen sowie die Angaben zu machen und die Unterlagen vorzulegen, die zur Erfüllung der Aufgaben der mit der Überwachung betrauten Organe oder der gemäß Abs. 2 beauftragten Sachverständigen erforderlich sind.

(8) Die Amtshandlungen gemäß Abs. 6 sind, außer bei Gefahr im Verzug oder wenn die begründete Annahme besteht, dass die Wirksamkeit der Amtshandlung beeinträchtigt wird, während der Betriebszeiten durchzuführen und vorher anzukündigen. Die Organe des Bundesamtes für Sicherheit im Gesundheitswesen oder die gemäß Abs. 2 beauftragten Sachverständigen haben bei ihrer Überwachungstätigkeit darauf Bedacht zu nehmen, dass jede nicht unbedingt erforderliche Störung oder Behinderung der Tätigkeit von Gesundheitseinrichtungen und Personen gemäß Abs. 1 oder Einrichtungen und Betrieben gemäß Abs. 5 vermieden wird.

(9) Die Abs. 6 bis 8 gelten auch für die Organe des öffentlichen Sicherheitsdienstes im Rahmen ihrer Mitwirkung nach § 87.

Fassung: BGBl I Nr 122/2021 zuletzt geändert durch BGBl I Nr 102/2024

Literatur: *Baumann* in *Lücker/Baumann* (Hrsg), Schorn Medizinprodukte-Recht I (30. Lfg März 2018) § 28 dMPG; *Beirer*, Die Amts- und Staatshaftung für Unterlassungen (2015); *Geroldinger*, Amtshaftung wegen Fehlern bei Bekämpfung der COVID-19-Epidemie? JBl 2020, 530; *Hauser*, OGH: Amtshaftung für fehlerhaftes behördliches Handeln gemäß Medizinproduktegesetz, JMG 2023, 357; *Hofmann/Schreck* in *Neumayr/Resch/Wallner* (Hrsg), GmundKomm[2] Art 5 Medizinprodukte-VO (Stand 1.1.2022, rdb.at); *Kahl/Weber*, Verwaltungsrecht[7] (2019); *Langner/Klindt/Schucht*, Technische Sicherheitsvorschriften und Normen, in *Dauses/Ludwigs* (Hrsg), Handbuch des EU-Wirtschaftsrechts (50. Lfg März 2020); *Larcher/Beiglböck*, Das neue österreichische Medizinproduktegesetz 2021, RdM 2021, 131; *Leischner-Lenzhofer*, RdM 2024, 3; *Messner-Kreuzbauer*, Amtshaftung für Medizinprodukt („Spirale"), EvBl 2024, 25; *Lücker* in *Spickhoff* (Hrsg), Medizinrecht[4] (2022) § 77 MPDG; *Lücker* in *Spickhoff* (Hrsg), Medizinrecht[4] (2022) § 78 MPDG; *Niermeier/Schucht*, Sonderweg oder Wegweiser? – Eine produktsicherheitsrechtliche Analyse des neuen Medizinprodukterechts, InTeR 2020, 66; *Nigl*, Arzthaftung[4] (2021); *Paar*,

Amtshaftung und Produkthaftung wegen gebrochener Spiralen, RdM 2024, 27; *Rebhahn*, Staatshaftung wegen mangelnder Gefahrenabwehr (1997); *Rief*, Implantierbare Medizinprodukte der Klasse III (2021); *Rief*, Ungewollte Schwangerschaft / Geburt trotz Spirale: Ersatz der daraus resultierenden Vermögensnachteile? JMG 2024, 36; *Schragel*, AHG[3] (2003) § 1; *Semp* in *Aigner/Kletečka/Kletečka-Pulker/Memmer* (Hrsg), Handbuch Medizinrecht Kap V.1 (Stand 1.5.2023, rdb.at); *Steinböck/Kopetzki*, Amtshaftung bei unterlassener „Mitteilung" durch das BASG über Materialfehler von Spiralen? RdM 2024, 25.

Rechtsprechung: EuGH 16.2.2017, C-219/15, *Schmitt/TÜV Rheinland LGA Products GmbH*; OGH 25.4.2023, 1 Ob 39/23a; VG Düsseldorf 2.9.2009, 16 K 1693/08.

Inhaltsverzeichnis

I. Abs 1 (Adressatenkreis)

A. Überblick

§ 38 Abs 1 bestimmt den Adressatenkreis der behördlichen Überwachung und die Tätigkeiten, die überwacht werden.[1] Die Bestimmung des § 38 Abs 1 gilt „ungeachtet der Überwachung der Wirtschaftsakteure gem Art 93 Medizinprodukte-VO bzw Art 88 IvD-VO". 1

Gem § 38 Abs 1 unterliegen Betriebe, Gesundheitseinrichtungen oder Personen, die eine der folgenden Tätigkeiten berufs- oder gewerbsmäßig ausüben, der behördlichen Überwachung: Medizinprodukte bzw IvD anwenden, betreiben, herstellen, prüfen, lagern, befördern, verpacken, instandhalten, als neu aufbereiten, montieren, anpassen, aufbereiten, reinigen, desinfizieren oder sterilisieren. Die Überwachung erfolgt „im Hinblick auf" diese Tätigkeiten. 2

Der Begriff „Gesundheitseinrichtung" ist in Art 2 Z 36 Medizinprodukte-VO bzw in Art 2 Z 29 IvD-VO legaldefiniert. Danach ist eine „Gesundheitseinrichtung" eine „Organisation, deren Hauptzweck in der Versorgung oder Behandlung von Patienten oder der Förderung der öffentlichen Gesundheit besteht". Nach ErwG 30 Medizinprodukte-VO sind zB Krankenhäuser oder Laboratorien „Gesundheitseinrichtungen", nicht aber „Einrichtungen, die für sich in 3

---

1 Vgl § 77 Abs 1 Gesetz zur Durchführung unionsrechtlicher Vorschriften betreffend Medizinprodukte (Medizinprodukterecht-Durchführungsgesetz – MPDG), BGBl I 2020, 960, der ebenso den Adressatenkreis der behördlichen Überwachung festlegt, siehe dazu: *Lücker* in *Spickhoff* (Hrsg), Medizinrecht[4] (2022) § 77 MPDG Rz 2; *von Czettritz/Strelow*, § 6 Inverkehrbringen und Überwachung von Medizinprodukten, in *Meier/von Czettritz/Gabriel/Kaufmann* (Hrsg), Pharmarecht[3] (2023) Rz 66.

Anspruch nehmen, in erster Linie die gesundheitlichen Interessen oder eine gesunde Lebensführung zu fördern" (zB Fitnessstudios, Heilbäder und Wellnesszentren).[2]

4 Im AB zum MPG findet sich folgende Klarstellung: Auch Personen, „deren gewerbliche Tätigkeit nicht primär das Betreiben von Medizinprodukten umfasst, die diese [Medizinprodukte] aber dennoch anwenden"[3] (zB Kosmetikstudios oder Fitnessstudios[4]), sind Normadressaten iSd § 38 Abs 1.[5]

B. Art 93 Medizinprodukte-VO bzw Art 88 IvD-VO (proaktive Marktüberwachung)

5 Art 93 Medizinprodukte-VO bzw Art 88 IvD-VO sieht Bestimmungen zur sogenannten „proaktive Marktüberwachung"[6] von Wirtschaftsakteuren[7] vor.[8] Danach sind Marktüberwachungsbehörden verpflichtet, durch „angemessene Stichproben" die Produktkonformität zu kontrollieren.[9]

6 Um diese „Pflichten"[10] zu erfüllen, führen Marktüberwachungsbehörden ua Kontrollen in den Räumlichkeiten der Wirtschaftsakteure und erforderlichenfalls in den „Einrichtungen beruflicher Anwender"[11] durch.[12]

7 Die zuständigen Behörden sind verpflichtet, Jahrespläne für die Überwachungstätigkeiten auszuarbeiten.[13]

8 Die proaktive Marktüberwachung iSd Medizinprodukte-VO bzw der IvD-VO erfolgt gegenüber den Wirtschaftsakteuren.[14]

C. Anwendbarkeit der Überwachungsbestimmungen auf Wirtschaftsakteure iSd Medizinprodukte-VO bzw der IvD-VO

9 Vor dem Hintergrund der unionsrechtlichen Marktüberwachungsbestimmungen[15] führt der AB zum MPG 2021 aus, dass die „Bestimmungen zur Überwachung […] nur mehr solche Be-

---

[2] ErwG 30 Medizinprodukte-VO; *Hofmann/Schreck* in *Neumayr/Resch/Wallner* (Hrsg), GmundKomm² Art 5 Medizinprodukte-VO Rz 7 (Stand 1.1.2022, rdb.at).

[3] AB 884 BlgNR 27. GP 8.

[4] Obwohl Betreiber von Fitnessstudios keine Gesundheitseinrichtungen darstellen, sind sie also Normadressaten iSd § 38 Abs 1.

[5] AB 884 BlgNR 27. GP 8; siehe auch: *Semp* in *Aigner/Kletečka/Kletečka-Pulker/Memmer* (Hrsg), Handbuch Medizinrecht Kap V.1.6 (Stand 1.5.2023, rdb.at); *Larcher/Beiglböck*, Das neue österreichische Medizinproduktegesetz 2021, RdM 2021, 131 (134).

[6] Zum Begriff „proaktive Marktüberwachung" siehe *Rief*, § 2 Rz 10.

[7] Zum Begriff „Wirtschaftsakteur" siehe: Art 2 Z 35 Medizinprodukte-VO; Art 2 Z 28 IvD-VO („‚Wirtschaftsakteur' bezeichnet einen Hersteller, einen bevollmächtigten Vertreter, einen Importeur, einen Händler und die in Artikel 22 Absätze 1 und 3 genannte Person"); *Niermeier/Schucht*, Sonderweg oder Wegweiser? – Eine produktsicherheitsrechtliche Analyse des neuen Medizinprodukterechts, InTeR 2020, 66 (67).

[8] *Rief*, Implantierbare Medizinprodukte der Klasse III (2021) 161 f.

[9] Art 93 Abs 1 Medizinprodukte-VO; Art 88 Abs 1 IvD-VO; *Rief*, Implantierbare Medizinprodukte 161.

[10] Art 93 Abs 3 Medizinprodukte-VO; Art 88 Abs 3 IvD-VO.

[11] Gem Art 2 Z 37 Medizinprodukte-VO bzw Art 2 Z 30 IvD-VO bezeichnet der Begriff „Anwender" „jeden Angehörigen der Gesundheitsberufe oder Laien, der ein Medizinprodukt anwendet".

[12] Art 93 Abs 3 lit b Medizinprodukte-VO; Art 88 Abs 3 lit b IvD-VO.

[13] Art 93 Abs 2 Medizinprodukte-VO; Art 88 Abs 2 IvD-VO; siehe *Rief*, § 2 Rz 29.

[14] Art 93 Abs 7 Medizinprodukte-VO bzw Art 88 Abs 7 IvD-VO („Wirtschaftsakteur, der Gegenstand der Kontrolle war"); vgl dazu Rz 17 (Überwachung von Gesundheitseinrichtungen oder Anwender bzw Betreiber).

[15] Konkret handelt es sich hierbei um die Art 93 bis 100 Medizinprodukte-VO bzw Art 88 bis 95 IvD-VO, siehe *von Czettritz/Strelow* in *Meier/von Czettritz/Gabriel/Kaufmann* Rz 60.

triebe, Einrichtungen oder Personen, die nicht unter den Begriff ‚Wirtschaftsakteur' der EU-Verordnungen subsumiert werden", erfassen.[16]

Diese Aussage[17] ist – nach der Meinung des Autors – differenziert zu betrachten. Denn soweit nationale Überwachungsbestimmungen Bereiche betreffen, die nationale Gesetzgeber ergänzend zur Medizinprodukte-VO bzw zur IvD-VO regeln dürfen bzw sogar müssen, sind sie auch auf solche Wirtschaftsakteure, die vom Wortlaut des § 38 Abs 1 erfasst sind, anwendbar. Diesfalls steht der unionsrechtliche Grundsatz des Anwendungsvorrangs der Anwendbarkeit der nationalen Überwachungsbestimmungen nämlich nicht entgegen.[18] 10

II. Abs 2 (Zuständigkeit)

§ 38 Abs 2 statuiert, dass die Überwachung gem § 38 Abs 1 durch die Organe des Bundesamtes für Sicherheit im Gesundheitswesen („BASG")[19] erfolgt. 11

III. Abs 3 (Inhalt, Umfang und Zweck der Überwachung)

§ 38 Abs 3 legt den „Inhalt und Umfang der Überwachung"[20] bzw die Aspekte, auf die sich die Überwachung gem § 38 Abs 1 beziehen kann, fest. 12

Konkret kann sich die Überwachung auf „alle Aspekte" beziehen, die Folgendes beeinflussen können: 13

- Sicherheit, Funktionstüchtigkeit und Qualität von Medizinprodukten; sowie
- Schutz der Sicherheit und Gesundheit der Patienten, Anwendern oder Dritter.

Die Bestimmung des § 38 Abs 3 entspricht der Vorgängerbestimmung des § 68 Abs 4 MPG 1996. Die ErläutRV zu § 68 Abs 4 MPG 1996 betonen, dass die Überwachung als „Kontrollmechanismus" zur „Abwehr von Risken" wichtig ist.[21] 14

Im Allgemeinen lässt sich den nationalen Bestimmungen zur Marktüberwachung das Ziel des Schutzes der Gesundheit von Patienten, Anwendern und Dritten als „Endempfänger der Medizinprodukte"[22] entnehmen.[23] 15

---

16 AB 884 BlgNR 27. GP 8; *Semp* in *Aigner/Kletečka/Kletečka-Pulker/Memmer* Kap V.1.6 (Stand 1.5.2023, rdb.at); nach *Larcher/Beiglböck*, RdM 2021, 134, stellt § 38 eine „als Auffangtatbestand formulierte" Bestimmung dar.

17 Die Aussage in AB 884 BlgNR 27. GP 8 lässt offen, welche Bestimmungen konkret zu den „Bestimmungen der Überwachung" zählen. Nach der Meinung des Autors zählen folgende Bestimmungen dazu: §§ 38, 39, 41 Abs 1 und Abs 2, 43 und 44.

18 Zum unionsrechtlichen Grundsatz des Anwendungsvorrangs siehe *Rief*, § 2 Rz 5.

19 Zum „Bundesamt für Sicherheit im Gesundheitswesen" siehe *Rief*, § 2 Rz 14 f.

20 ErläutRV 313 BlgNR 22. GP 96.

21 ErläutRV 313 BlgNR 22. GP 96; allgemeine zum Ziel der Marktüberwachung siehe auch ErläutRV 313 BlgNR 22. GP 57 („Während die Regelungen für klinische Prüfungen und für die Konformitätsbewertung [Zulassung] unter Sicherheits- und Leistungsaspekten die Voraussetzungen für die Verkehrsfähigkeit kontrollieren, erfordern die Binnenmarktregelungen darüber hinaus auch eine effiziente Marktüberwachung zur Gewährleistung der Sicherheit, Qualität und Leistungsfähigkeit von Medizinprodukten durch die zuständigen Behörden.").

22 EuGH 16.2.2017, C-219/15, *Schmitt/TÜV Rheinland LGA Products GmbH* Rz 50.

23 EuGH 16.2.2017, C-219/15, *Schmitt/TÜV Rheinland LGA Products GmbH* Rz 50 ff; OGH 27.6.2023, 1 Ob 28/23h; siehe dazu: *Rief*, Ungewollte Schwangerschaft / Geburt trotz Spirale: Ersatz der daraus resultierenden Vermögensnachteile? JMG 2024, 36; *Paar*, Amtshaftung und Produkthaftung wegen gebrochener Spiralen, RdM 2024, 27; OGH 25.04.2023, 1 Ob 39/23a, siehe dazu: *Hauser*, OGH:

IV. Abs 4 (Überwachung von Gesundheitseinrichtungen und Anwendern bzw Betreibern)

16 § 38 Abs 4[24] betrifft die Überwachung von „Gesundheitseinrichtungen oder von Personen, die berufs- oder gewerbsmäßig Medizinprodukte anwenden oder betreiben" (kurz: „Gesundheitseinrichtungen oder Anwendern bzw Betreibern") und reguliert folgende drei Bereiche:[25]

- Art der Überwachung von Gesundheitseinrichtungen oder Anwendern bzw Betreibern;[26]
- Vorgehensweise des BASG bei Compliance-Verstößen;[27]
- Vorgehensweise des BASG bei Compliance-Verstößen, die lebens- oder gesundheitsgefährdend sind.[28]

17 Die Überwachung von Gesundheitseinrichtungen oder Anwendern bzw Betreibern kann „systematisch, stichprobenweise oder im Anlassfall" erfolgen (maW: sowohl proaktiv als auch reaktiv); dies unter Bedachtnahme auf das jeweilige Gefährdungspotential (Stichwort: Verhältnismäßigkeit[29]).

18 Gem § 38 Abs 4 soll die Überwachung insbesondere in Bezug auf folgende Aspekte der Medizinproduktesicherheit durchgeführt werden:

- Mögliche Lebens- bzw Gesundheitsgefährdungen von Patienten, Anwendern oder Dritten iZm Medizinprodukten bzw IvD; oder
- Gewährleistung der qualitätsgesicherten Bereithaltung, Anwendung und Instandhaltung von Medizinprodukten bzw IvD im Interesse der Gesundheit.

19 Für den Fall, dass Gesundheitseinrichtungen oder Anwendern bzw Betreibern Compliance-Verstöße (Verstöße gegen die Medizinprodukte-VO[30], die IvD-VO, das MPG 2021[31] oder

---

Amtshaftung für fehlerhaftes behördliches Handeln gemäß Medizinproduktegesetz, JMG 2023, 357; *Leischner-Lenzhofer*, RdM 2024, 3; *Messner-Kreuzbauer*, Amtshaftung für Medizinprodukt („Spirale"), EvBl 2024, 25; *Steinböck/Kopetzki*, Amtshaftung bei unterlassener „Mitteilung" durch das BASG über Materialfehler von Spiralen? RdM 2024, 25; zum Ziel der Marktüberwachung iSd Medizinprodukte-VO bzw der IvD-VO siehe *Rief*, § 2 Rz 8 f.

[24] § 38 Abs 4 entspricht iW der Vorgängerbestimmung des § 68 Abs 5 MPG 1996. Im Unterschied zu § 68 Abs 5 MPG 1996 bezieht sich § 38 Abs 5 jedoch nicht nur auf „Einrichtungen des Gesundheitswesens" bzw „Gesundheitseinrichtungen", sondern auch auf „Personen, die berufs- oder gewerbsmäßig Medizinprodukte anwenden oder betreiben".

[25] Die Bereiche des Anwendens sowie Betreibens von Medizinprodukten bzw IvD dürfen nationale Gesetzgeber ergänzend zur Medizinprodukte-VO bzw zur IvD-VO regulieren, siehe *Rief*, § 2 Rz 5 mwN.

[26] Siehe sogleich Rz 17.

[27] Siehe sogleich Rz 18 ff.

[28] Siehe sogleich Rz 18 ff.

[29] ErläutRV 313 BlgNR 22. GP 96; *Lücker* in *Spickhoff* (Hrsg), Medizinrecht[4] (2022) § 78 MPDG Rz 2; *Baumann* in *Lücker/Baumann* (Hrsg), Schorn Medizinprodukte-Recht I (30. Lfg März 2018) § 28 dMPG Rz 4; *Rief*, Implantierbare Medizinprodukte 175 mit Verweis auf: *Geroldinger*, Amtshaftung wegen Fehlern bei Bekämpfung der COVID-19-Epidemie? JBl 2020, 530; *Langner/Klindt/Schucht*, Technische Sicherheitsvorschriften und Normen, in *Dauses/Ludwigs* (Hrsg), Handbuch des EU-Wirtschaftsrechts (50. Lfg März 2020) Rz 56.

[30] ZB Verstoß gegen Art 5 Medizinprodukte-VO, wonach ein Medizinprodukt nur in Betrieb genommen werden darf, wenn es bei sachgemäßer Lieferung, korrekter Installation und Instandhaltung und seiner Zweckbestimmung entsprechender Verwendung, der Medizinprodukte-VO entspricht; *Hofmann/Schreck* in *Neumayr/Resch/Wallner*, GmundKomm[2] Art 5 Medizinprodukte-VO Rz 1.

[31] ZB Verstoß gegen § 5, wonach es ua verboten ist, Medizinprodukte anzuwenden, wenn der begründete Verdacht besteht oder feststeht, dass sie die grundlegenden Sicherheits- und Leistungsanforderungen

Verordnungen auf Basis des MPG 2021) begehen, sieht § 38 Abs 4 einerseits eine allgemeine Vorschrift[32] und andererseits eine spezielle Vorschrift iZm Lebens- und Gesundheitsgefährdungen[33] vor:

- Nach der allgemeinen Vorschrift hat das BASG der Einrichtung, welcher der Compliance-Verstoß zuzuordnen ist, aufzutragen, die Mängel innerhalb einer angemessenen Frist zu beheben (kein Handlungsermessen[34] und kein Auswahlermessen[35]).[36] (Verstöße gegen einen solchen Auftrag stellen eine Verwaltungsübertretung dar.[37])
- Bei lebens- oder gesundheitsgefährdenden Compliance-Verstößen[38] hingegen hat das BASG „die erforderlichen Maßnahmen zum Schutz des Lebens und der Gesundheit dieser Personen zu treffen" (kein Handlungsermessen[39], aber Auswahlermessen[40]).

Zur Wahrung der Handlungspflichten gem § 38 Abs 4 ist das BASG – nach der Meinung des Autors – verpflichtet, allen bekannten bzw bekanntgemachten Hinweisen auf allfällige Compliance-Verstöße von Gesundheitseinrichtungen oder Anwendern bzw Betreibern nachzugehen.[41] Denn § 38 Abs 4 setzt – im Unterschied zu §§ 43 und 44 – für die Prüfung der Frage, ob ein Compliance-Verstoß vorliegt oder nicht, keinen „begründeten Verdacht" voraus.[42] In Bezug auf die Durchführung der Prüfung, ob ein Compliance-Verstoß vorliegt oder nicht, besteht sohin kein „Raum für autonomes Entscheiden"[43].[44] 20

Unterlassungen des BASG können zur Haftung des Bundes führen.[45] 21

gemäß Anhang I der Medizinprodukte-VO bzw Anhang I der IvD-VO nicht erfüllen, oder ihr Verfalldatum abgelaufen ist, oder sie gefälscht sind, siehe dazu *Nigl*, Arzthaftung[4] (2021) 167.

32 § 38 Abs 4 Satz 2.

33 § 38 Abs 4 Satz 3.

34 *Rief*, § 44 Rz 5 ff; Vgl *Baumann* in *Lücker/Baumann*, Schorn I § 28 dMPG Rz 3.

35 *Rief*, § 44 Rz 5 ff; Vgl *Baumann* in *Lücker/Baumann*, Schorn I § 28 dMPG Rz 4.

36 „Handlungsermessen" ist gegeben, sofern eine Behörde aktiv werden darf, aber nicht muss. Im Unterschied dazu liegt ein „Auswahlermessen" vor, wenn die Behörde agieren muss, aber das Gesetz mehrere Handlungsmöglichkeiten vorsieht, siehe: *Kahl/Weber*, Verwaltungsrecht[7] (2019) Rz 163; *Schragel*, AHG[3] (2003) § 1 Rz 149; zur Reduktion des behördlichen Ermessens „auf null" siehe *Rief*, § 44 Rz 18 ff mwN.

37 § 80 Abs 1 Z 17; siehe dazu *Dungl*, § 80.

38 ZB Compliance-Verstöße iZm der Reinigung und Desinfektion von Medizinprodukten, siehe: VG Düsseldorf 2.9.2009, 16 K 1693/08, das die „Aufbereitung von bestimmungsgemäß keimarm oder steril zur Anwendung kommenden Medizinprodukten mit nicht validierten Verfahren" als eine drohende Gefahr iSd § 28 Abs 2 Satz 1 dMPG qualifizierte; *Baumann* in *Lücker/Baumann*, Schorn I § 28 dMPG Rz 3.

39 *Rief*, § 44 Rz 5 ff; vgl *Baumann* in *Lücker/Baumann*, Schorn I § 28 dMPG Rz 3.

40 *Rief*, § 44 Rz 5 ff; vgl *Baumann* in *Lücker/Baumann*, Schorn I § 28 dMPG Rz 4.

41 Für Umstände, die als Hinweise auf allfällige Compliance-Verstöße von Gesundheitseinrichtungen oder Anwender bzw Betreiber zu betrachten sind, siehe *Rief*, § 43 Rz 7.

42 *Rief*, § 43 Rz 4 ff.

43 *Rebhahn*, Staatshaftung wegen mangelnder Gefahrenabwehr (1997) 474.

44 *Rebhahn*, Staatshaftung 474 f; *Rief*, § 43 Rz 8; *Beirer*, Die Amts- und Staatshaftung für Unterlassungen (2015) 50.

45 Zur Haftung des Bundes für Unterlassungen der Marktüberwachungsbehörde siehe *Rief*, § 44 Rz 16 ff mwN.

V. Abs 5 (Überwachung beauftragter Betriebe)

22 § 38 Abs 5 statuiert eine Spezialbestimmung iZm der Überwachung von beauftragten Einrichtungen und Betrieben. Das sind Einrichtungen und Betriebe, die von Personen gem § 38 Abs 1 mit der Lagerung oder dem Transport von Medizinprodukten beauftragt worden sind. Für die Anwendbarkeit des § 38 Abs 5 ist somit die Beauftragung durch eine Person gem § 38 Abs 1 vorausgesetzt.

23 Nach § 38 Abs 5 ist eine Überwachung von derartigen beauftragen Einrichtungen und Betrieben nur zulässig, sofern Umstände vorliegen, die die Annahme rechtfertigen, dass

- Medizinprodukte gelagert werden; oder
- Beförderungsmittel zweckentfremdet als Lagereinrichtung über die zur Abwicklung der Beförderungsagenden erforderliche Zeit hinaus verwendet werden.

24 Ziel und Zweck dieser Spezialbestimmung ist es, gesundheitsgefährdende Lagerungen oder Transporte von Medizinprodukten zu verhindern. Die ErläutRV zur wortidenten Vorgängerbestimmung des § 68 Abs 6 MPG 1996 hielt fest: „Diese Bestimmung [...] soll sicherstellen, daß eine allfällige, die Gesundheit von Patienten, Anwendern oder Dritten gefährdende ungeeignete Lagerung oder Transport unterbunden werden kann".[46]

VI. Abs 6 (Befugnisse)

25 § 38 Abs 6 regelt die Befugnisse, die den Organen des BASG (Überwachungsorgane) bei der Vollziehung der Überwachung zukommen.

26 Die Überwachungsorgane haben folgende Befugnisse:

- Betretungs- und Besichtigungsbefugnis iZm Grundstücken und Räumen;[47]
- Besichtigungs- und Prüfbefugnis iZm Medizinprodukten;[48]
- Besichtigungs- und Prüfbefugnis iZm Mess- und Prüfmitteln;[49]
- Befugnisse iZm Unterlagen, die gem MPG 2021 bzw Verordnungen nach dem MPG 2021 bereitzuhalten sind[50];[51] und
- Befugnis, alle erforderlichen Auskünfte zu verlangen.[52]

27 Die ErläutRV zu § 68 Abs 7 MPG 1996 hob ua hervor, dass alle – für den Gesundheitsschutz oder die Sicherheit von Patienten relevanten – Aspekte und Tätigkeiten iZm Medizinprodukten Gegenstand von Überwachungsvorgängen sein konnten.[53] § 38 Abs 6 entspricht iW § 68 Abs 7 MPG 1996. Insofern sind die ErläutRV zu § 68 Abs 7 MPG 1996 auch für die Auslegung des § 38 Abs 6 relevant.

---

46 ErläutRV 313 BlgNR 22. GP 96.

47 § 38 Abs 6 Z 1.

48 § 38 Abs 6 Z 2.

49 § 38 Abs 6 Z 3.

50 ZB Befugnis, Nachweise der Erfüllung der Anforderungen der Konformität und sonstige für die Sicherheit der Medizinprodukte maßgeblichen Informationen anzufordern, einzusehen und hievon „in begründeten Fällen" Abschriften oder Kopien anzufertigen.

51 § 38 Abs 6 Z 4.

52 § 38 Abs 6 Z 5.

53 ErläutRV 313 BlgNR 22. GP 96.

VII. Abs 7 (Unterstützungs- und Duldungspflicht)

28 § 38 Abs 7 verpflichtet die Normadressaten iSd § 38 Abs 1, behördliche Maßnahmen zu dulden und die Überwachungsorgane[54] bei der Erfüllung ihres Überwachungsauftrags zu unterstützen.[55]

29 Der Wortlaut des § 38 Abs 7 entspricht jenem des § 68 Abs 8 MPG 1996. Die ErläutRV zu § 68 Abs 8 MPG 1996 führten aus, dass die Unterstützung der Überwachungsorgane „nach besten Kräften" zu erfolgen hat.[56]

30 Im Detail sind Normadressaten iSd § 38 Abs 1 ua zu folgenden Handlungen verpflichtet:

- Medizinprodukten, Räumlichkeiten und Aufzeichnungen zugänglich zu machen;
- Vorgeschriebene oder behördlich angeordnete Prüfungen zu gestatten und für diese Prüfungen Mitarbeiter und Hilfsmittel bereitzustellen; und
- Unterlagen, die zur Aufgabenerfüllung der Überwachungsorgane erforderlich sind, vorzulegen.

31 Verstöße gegen diese Duldungs- und Unterstützungspflicht stellen eine Verwaltungsübertretung dar.[57]

VIII. Abs 8 (Verhältnismäßigkeitsgrundsatz)

32 Bei der Vollziehung der Überwachungstätigkeiten ist der Verhältnismäßigkeitsgrundsatz zu beachten.[58]

33 Störungen oder Behinderungen des Betriebs der Normadressaten iSd § 38 Abs 1 sollen vermieden werden.

34 Amtshandlungen gem § 38 Abs 4 bis Abs 7 sind grundsätzlich während der Betriebszeiten durchzuführen und vorher anzukündigen. Dies gilt nicht bei Gefahr in Verzug oder in Fällen, bei denen anzunehmen ist, dass die Wirksamkeit der Amtshandlung dadurch beeinträchtigt werden würde.

35 Der Wortlaut des § 38 Abs 8 entspricht jenem des § 68 Abs 9 MPG 1996.

IX. Abs 9 (Organe des öffentlichen Sicherheitsdienstes)

36 Die § 38 Abs 6 bis 8 gelten auch für die Organe des öffentlichen Sicherheitsdienstes im Rahmen ihrer Mitwirkung nach § 87.[59]

---

54 Der Verweis auf die „gemäß Abs 2 beauftragten Sachverständigen" stellt nach der Meinung des Autors ein redaktionelles Versehen dar. Im Unterschied zu § 68 Abs 2 MPG 1996 ist in § 38 Abs 2 keine Zuständigkeit für beauftragte Sachverständige vorgesehen.

55 Vgl dazu Art 94 Medizinprodukte-VO bzw Art 89 IvD-VO, der iZm der Bewertung von Produkten eine Kooperationspflicht der Wirtschaftsakteure statuiert.

56 ErläutRV 313 BlgNR 22. GP 96.

57 § 80 Abs 1 Z 17; siehe dazu *Dungl*, § 80.

58 ErläutRV 313 BlgNR 22. GP 96; siehe auch § 38 Abs 4 („unter Bedachtnahme auf das jeweilige Gefährdungspotential"); vgl § 78 Abs 1 MPDG; *Lücker* in *Spickhoff*, Medizinrecht[4] § 78 MPDG Rz 2.

59 Siehe dazu *Plank*, § 87.

§ 39 Überwachung von Prüf-, Inspektions-, und Zertifizierungsstellen

(1) Der Überwachung gemäß § 38 unterliegen auch jene Stellen, Einrichtungen oder Personen, die Prüf-, Inspektions- und Zertifizierungstätigkeiten nach diesem Bundesgesetz durchführen.

(2) Sofern es sich bei den Stellen oder Einrichtungen gemäß Abs. 1 um akkreditierte Stellen gemäß Akkreditierungsgesetz handelt, ist die Überwachung durch das Bundesamt für Sicherheit im Gesundheitswesen im Einvernehmen mit dem Bundesminister für Digitalisierung und Wirtschaftsstandort durchzuführen.

(3) Die Überwachung gemäß Abs. 1 und 2 kann alle Aspekte zum Gegenstand haben, die die ordnungsgemäße Durchführung der Prüf-, Inspektions- und Zertifizierungstätigkeiten gemäß diesem Bundesgesetz und die Gewährleistung der Medizinproduktesicherheit betreffen. Sie kann sich insbesondere auf die Überwachung des Vorliegens der erforderlichen Voraussetzungen für die Durchführung von Prüf-, Überwachungs- und Zertifizierungstätigkeiten nach diesem Bundesgesetz sowie der auf Grund dieses Bundesgesetzes erlassenen Verordnungen erstrecken. § 38 Abs. 3 sowie 5 bis 8 finden sinngemäße Anwendung.

Beachte für die Bestimmung: Tritt hinsichtlich In-vitro-Diagnostika am 26.5.2022 in Kraft (vgl § 91 Abs 1).

Fassung: BGBl I 2021/122

Literatur: *Bloehs/Frank* in *Bloehs/Frank* (Hrsg), Akkreditierungsrecht (2015) Systematische Einführung; *Gassner*, Die neue Medizinprodukteverordnung (2018); *Hofmann/Schreck* in *Neumayr/Resch/Wallner* (Hrsg), GmundKomm[2] Art 44 Medizinprodukte-VO; *Holoubek/Fuchs*, Akkreditierung und Zertifizierung, in *Holoubek/Potacs* (Hrsg), Öffentliches Wirtschaftsrecht[4] (2019); *Rehmann* in *Rehmann/Wagner* (Hrsg), Medizinproduktegesetz (MPG)[3] (2018) Art 44 Medizinprodukte-VO; *Rief*, Implantierbare Medizinprodukte der Klasse III (2021); *Unger*, Herstellerbegleitung oder Marktüberwachung? EuZW 2017, 299.

Rechtsprechung: EuGH 16.2.2017, C-219/15, *Schmitt/TÜV Rheinland LGA Products GmbH*; OGH 25.4.2023, 1 Ob 39/23a; VG Düsseldorf 2.9.2009, 16 K 1693/08.

Inhaltsverzeichnis

I. Abs 1 (Adressatenkreis)

1 Stellen, Einrichtungen oder Personen, die „Prüf-, Inspektions- und Zertifizierungstätigkeiten nach dem MPG 2021" durchführen, unterliegen der Überwachung gem § 38. Die Bestimmung des § 39[1] ergänzt somit den Adressatenkreis iSd § 38 Abs 1[2].

2 Prüftätigkeiten nach dem MPG 2021 sind zB:

- Prüfungen iZm der reaktiven Marktüberwachung durch Dritte (Benannte Stellen, sonst geeignete akkreditierte Stellen oder Sachverständige);[3]

---

[1] Der Wortlaut des § 39 entspricht – mit Ausnahme der Anpassung der Verweise – jenem des § 69 Bundesgesetz betreffend Medizinprodukte (Medizinproduktegesetz – MPG) BGBl 1996/657 („MPG 1996"), siehe AB 884 BlgNR 27. GP 8.

[2] *Rief*, § 38 Rz 2 f.

[3] § 43 Z 1.

- Prüfungen iZm der Instandhaltung[4] von Medizinprodukten;[5]
- Prüfungen nach der Instandsetzung von Medizinprodukten;[6] und
- Wiederkehrende sicherheitstechnische Prüfungen von Medizinprodukten.[7]

Bei der Überwachung von Personen, die Zertifizierungstätigkeiten durchführen, ist zu beachten: Nach dem Regelungskonzept der „Neuen Konzeption“, dem die Medizinprodukte-VO und die IvD-VO folgen, führen notifizierte Konformitätsbewertungsstellen („Benannte Stellen“) Zertifizierungen[8] bzw Konformitätsbewertungen durch.[9] Die Überwachung dieser Tätigkeiten ist – im Unterschied zur Rechtslage nach dem MPG 1996[10] – nunmehr durch unmittelbar wirksames und verbindliches Unionsrecht (Art 44 Medizinprodukte-VO bzw Art 40 IvD-VO) reguliert.[11] IZm der Überwachung von Benannten Stellen ist somit der Grundsatz des Anwendungsvorrangs zu wahren.[12] Dies bedeutet, dass die nationalen Bestimmungen gem § 39 in Bezug auf Benannte Stellen nicht anwendbar sind, soweit es unmittelbar wirksames und verbindliches Unionsrecht gibt.[13] 3

Nach *Rehmann* sind jedoch nationale Ausführungsbestimmungen zur „Bestimmung der Überwachungspflichten der zuständigen Behörde in dem jeweiligen Mitgliedstaat[14] und der damit einhergehenden Befugnisse[15] sowie zu Anzeige-[16], Duldungs- und Mitwirkungspflichten[17] der Benannten Stelle“ erforderlich.[18] IdS sind die nationalen Bestimmungen gem § 39 auch iZm Benannten Stellen iSd Medizinprodukte-VO und die IvD-VO anwendbar. 4

Die Überwachung gem § 39 bezweckt ua die indirekte Überwachung der Personen iSd § 38 Abs 1.[19] 5

II. Abs 2 (Akkreditierte Stellen)

Sofern sich die Überwachung gem § 39 Abs 1 auf akkreditierte Stellen iSd Akkreditierungsgesetz bezieht, ist diese im Einvernehmen mit dem BDW durchzuführen. 6

[4] Der Begriff „Instandhaltung“ umfasst ua Inspektion, siehe § 3 Z 1.
[5] § 54.
[6] § 55.
[7] § 56.
[8] ErläutRV 313 BlgNR 22. GP 80 („Drittzertifizierung“); *Gassner*, Die neue Medizinprodukteverordnung (2018) 37 („Fremdzertifizierung“).
[9] *Rief*, Implantierbare Medizinprodukte der Klasse III (2021) 48 ff mwN; siehe auch *Holoubek/Fuchs*, Akkreditierung und Zertifizierung, in *Holoubek/Potacs* (Hrsg), Öffentliches Wirtschaftsrecht[4] (2019) 565.
[10] Vgl den Untertitel „Überwachung der benannten Stellen“ unter dem § 69 MPG 1996 stand.
[11] *Hofmann/Schreck* in *Neumayr/Resch/Wallner* (Hrsg), GmundKomm[2] Art 44 Medizinprodukte-VO Rz 1 (Stand 1.1.2022, rdb.at).
[12] Art 44 Medizinprodukte-VO bzw Art 40 IvD-VO; siehe dazu: *Rief*, § 2 Rz 25 ff.
[13] Siehe *Rief*, § 2 Rz 5.
[14] Siehe dazu § 39 Abs 1.
[15] Siehe dazu § 38 Abs 6 iVm § 39 Abs 3.
[16] Siehe dazu § 40 Abs 1.
[17] Siehe dazu § 38 Abs 7 iVm § 39 Abs 3.
[18] *Rehmann* in *Rehmann/Wagner* (Hrsg), Medizinproduktegesetz (MPG)[3] (2018) Art 44 Medizinprodukte-VO Rz 123.
[19] ErläutRV 313 BlgNR 22. GP 96.

7 In Österreich reguliert das AkkG 2012[20] (ergänzend zur VO 765/2008/EG[21]) die Akkreditierung von Konformitätsbewertungsstellen.[22] Gem § 3 Abs 2 AkkG 2012 können Konformitätsbewertungsstellen, die im obligatorischen[23] und im freiwilligen Bereich Bewertungen der Konformität vornehmen, akkreditiert werden.

8 MaW bestimmt § 39 Abs 2, dass die Überwachung österreichischer Benannter Stellen iSd Medizinprodukte-VO bzw der IvD-VO im Einvernehmen mit dem BDW durchzuführen ist.

III. Abs 3 (Inhalt und Umfang der Überwachung)

9 § 39 Abs 3 legt (in Ergänzung zu § 38 Abs 3) den „Inhalt und Umfang der Überwachung"[24] bzw die Aspekte, auf die sich die Überwachung gem § 39 Abs 1 und Abs 2 beziehen kann, fest.

10 Konkret kann die Überwachung „alle Aspekte" zu Gegenstand haben, die Folgendes betreffen:

- Ordnungsgemäße Durchführung der Prüf-, Inspektions- und Zertifizierungstätigkeiten nach dem MPG 2021; und
- Gewährleistung der Medizinproduktesicherheit.

11 Die Überwachung kann sich insbesondere auf das Vorliegen der erforderlichen Voraussetzungen für die Durchführung der Prüf-, Inspektions- und Zertifizierungstätigkeiten (nach MPG 2021 oder dazu erlassenen Verordnungen) beziehen.

12 Für die Überwachung iSd § 39 gelten folgende Bestimmungen sinngemäß:

- § 38 Abs 3 (Inhalt, Umfang und Zweck der Überwachung);
- § 38 Abs 5 (Lagerung und Transport von Medizinprodukten);
- § 38 Abs 6 (Befugnisse);
- § 38 Abs 7 (Duldungs- und Unterstützungspflicht); und
- § 38 Abs 8 (Grundsatz der Verhältnismäßigkeit).

---

20 Bundesgesetz über die Akkreditierung von Konformitätsbewertungsstellen (Akkreditierungsgesetz 2012 – AkkG 2012) BGBl I 2012/28.

21 VO (EG) 765/2008 des Europäischen Parlaments und des Rates vom 9. Juli 2008 über die Vorschriften für die Akkreditierung und Marktüberwachung im Zusammenhang mit der Vermarktung von Produkten und zur Aufhebung der VO (EWG) 339/93 des Rates, ABl L 2008/218, 30.

22 *Holoubek/Fuchs* in *Holoubek/Potacs* 565; zum „System akkreditierter Zertifizierung" im europäischen Produktsicherheitsrecht siehe: *Holoubek/Fuchs* in *Holoubek/Potacs* 570; *Bloehs/Frank* in *Bloehs/Frank* (Hrsg), Akkreditierungsrecht (2015) Systematische Einführung Rz 13; *Unger*, Herstellerbegleitung oder Marktüberwachung? EuZW 2017, 299 (301); zur Weiterentwicklung des „Systems akkreditierter Zertifizierung" durch die Medizinprodukte-VO siehe *Rief*, Implantierbare Medizinprodukte 57 ff.

23 Vor der Anbringung der CE-Kennzeichnung ist im Rahmen eines Konformitätsbewertungsverfahrens die Produktkonformität nachzuweisen (siehe Art 10 Abs 6 Medizinprodukte-VO; Art 10 Abs 5 IvD-VO; *Rehmann* in *Rehmann/Wagner* [Hrsg], Medizinproduktegesetz [MPG][3] [2018] Art 10 Medizinprodukte-VO Rz 36). Je nach der Klassifizierung des Medizinprodukts ist eine „Selbstzertifizierung" durch den Hersteller oder eine „Fremdzertifizierung" durch eine Benannte Stelle durchzuführen (siehe *Gassner*, Medizinprodukteverordnung 37; *Rief*, Implantierbare Medizinprodukte 57 ff).

24 ErläutRV 313 BlgNR 22. GP 96.

5. Abschnitt
Meldepflichten, Bewertung von Meldungen, Untersuchungen

§ 40 Meldepflichten

(1) Angehörige eines gesetzlich geregelten Gesundheitsberufes, natürliche und juristische Personen, die berufs- oder gewerbsmäßig Medizinprodukte anwenden oder betreiben, Leiter von einschlägigen Prüf-, Inspektions- und Zertifizierungsstellen, natürliche oder juristische Personen, die Systeme oder Behandlungseinheiten gemäß Art. 2 Z 10 und 11 der Verordnung (EU) Nr. 745/2017 zusammenstellen, natürliche und juristische Personen, die Medizinprodukte umpacken, und technische Sicherheitsbeauftragte von Krankenanstalten haben Informationen über Medizinprodukte im Hinblick auf jedes schwerwiegende Vorkommnis, die ihnen auf Grund ihrer beruflichen Tätigkeit bekanntgeworden sind, unverzüglich dem Bundesamt für Sicherheit im Gesundheitswesen zu melden sowie alle Beobachtungen und Daten mitzuteilen, die für die Medizinproduktesicherheit von Bedeutung sein können.

(2) Die Meldepflichtigen gemäß Abs. 1 haben auch den Hersteller des Produktes oder gegebenenfalls den Bevollmächtigten darüber zu informieren.

(3) Meldungen gemäß Abs. 1 haben bei Krankenanstalten, außer bei sonstiger Gefahr im Verzug, einheitlich im Wege des ärztlichen Leiters zu erfolgen.

(4) Medizinprodukte, bei denen der Verdacht auf Fälschung gemäß Art. 2 Z 9 der Verordnung (EU) Nr. 745/2017 oder Art. 2 Z 10 der Verordnung (EU) Nr. 746/2017 besteht, sind dem Bundesamt für Sicherheit im Gesundheitswesen von den Meldepflichtigen gemäß Abs. 1 unverzüglich zu melden.

(5) Soweit es zur Gewährleistung der Einheitlichkeit und des Informationsgehaltes der Meldungen geboten ist, kann der Bundesminister für Soziales, Gesundheit, Pflege und Konsumentenschutz unter Bedachtnahme auf die Erfordernisse eingehender und rascher Information durch Verordnung nähere Bestimmungen über Inhalt, Umfang, Form und Übermittlung der Meldungen sowie der zu verwendenden Datenträger und Kommunikationswege zu erlassen.

(6) Die Abs. 1 bis 5 gelten auch für das weitere Bereitstellen auf dem Markt.

Fassung: BGBl I 2024/102

Literatur: *Aigner*, Behandlungsschäden durch Produktfehler – Beweisnotstand des Patienten? RdM 2006, 80; *Ecker*, Medizinprodukte und IVD (2018) 184 ff; *Ecker/Füszl/Renhardt/Semp*, Medizinprodukterecht (2004); *EK*, Guidelines on a Medical Devices Vigilance System – MEDDEV 2.12-1 rev 8 (2013) 34; *Ernst/Gabauer/Kräftner/Leischner-Lenzhofer/Steinböck*, Keine Haftung des Herstellers bei Geburt eines gesunden Kindes nach Spiralenbruch, RdM-LS 2022, 229; *Handorn*, Die Medizinprodukte-VO (EU) 2017/745. Ein Leitfaden für Wirtschaftsakteure zur MDR (2021); *Hill*, Die neue EU-Verordnung über Medizinprodukte (MDR), MPR 2017, 109; *Hofmann/Schreck* in *Neumayr/Resch/Wallner* (Hrsg), Art 87 Medizinprodukte-VO Rz 1 (Stand 1.1.2022, rdb.at); *Igl*, § 26 Hilfsmittel/Medizinprodukte, in *Igl/Welti* (Hrsg), Gesundheitsrecht[4] (2022); *Jäkel*, Meldepflichten der Ärzte bei unerwünschten Ereignissen (Vorkommnissen) mit Medizinprodukten, MPR 2008, 70; *Larcher/Beiglböck*, Das neue österreichische Medizinproduktegesetz 2021, RdM 2021, 131; *Lewisch* in *Höpfel/Ratz* (Hrsg), WK[2] StGB § 121 (Stand 1.3.2022, rdb.at); *Möller*, Medizinprodukte in Pflegeeinrichtungen – Anforderungen und Pflichten für Betreiber und Anwender, RDG 2015, 114; *Nigl*, Arzthaftung[4] (2021); *Oeben*, „Inverkehrbringen" und „Inbetriebnahme" beim Vertrieb von Medizinprodukten über Konsignationslager bei Krankenhäusern, MPR 2022, 157; *Rehmann* in *Rehmann/Wagner* (Hrsg), Medizinproduktegesetz (MPG)[3] (2018) Einführung dMPG; *Rehmann* in *Rehmann/Wagner* (Hrsg), Medizinproduktegesetz (MPG)[3] (2018) Art 2 Medizinprodukte-VO; *Rehmann* in *Rehmann/Wagner* (Hrsg), Medizinproduktegesetz (MPG)[3] (2018) Art 87 bis 92 Medizinprodukte-VO; *Rief*, Implantierbare Medizinprodukte der Klasse III (2021); *Saalfrank* (Hrsg), Handbuch des Medizin- und Gesundheitsrecht (10. Lfg August 2022); *Schickert/Thiermann/Schweiger*, The New European Medical Devices Regulation, LSR 2018, 71; *Schilbach*, Update zur Medizinprodukteverordnung – Einführung einer gesetzlichen Produkthaftung für den „bevollmächtigten Vertreter"? MPR 2016, 82; *Semp* in *Aigner/Kletečka/Kletečka-Pulker/Memmer* (Hrsg), Handbuch Medizinrecht Kap V.1.7 (Stand 1.5.2023, rdb.at); *Semp* in *Aigner/Kletečka/Kletečka-Pulker/Memmer* (Hrsg), Handbuch Medizinrecht Kap V.1 (Stand 1.3.2015, rdb.at); *Vcelouch* in *Jaeger/Stöger* (Hrsg), EUV/AEUV Art 288 AEUV Rz 20 ff (Stand 1.11.2017, rdb.at); *Wachenhausen/Weinert*, Der Bevollmächtigte des Herstellers nach Art 11 MDR. Benennung, Aufgaben und Haftungsumfang, MPJ 2019, 97.

Rechtsprechung: EuGH 16.2.2017, C-219/15, *Schmitt/TÜV Rheinland LGA Products GmbH*; OGH 3.10.1990, 1 Ob 44/89; OGH 30.10.1991, 1 Ob 25/91; OGH 26.3.1996, 1 Ob 2060/96i; OGH 25.6.1996, 1 Ob 2192/96a; OGH 17.10.1995, 1 Ob 20/94; OGH 22.6.1993, 1 Ob 22/92; OGH 24.6.1992, 1 Ob 15/92; OGH 28.1.2003, 1 Ob 8/03p; OGH 25.5.2022, 8 Ob 69/21m; OGH 25.4.2023, 1 Ob 39/23a; OGH 15.5.2023, 1 Ob 199/22d; OGH 27.6.2023, 1 Ob 28/23h; RIS-Justiz RS0081378; RIS-Justiz RS0038240; RIS-Justiz RS0031143; BVwG 22.6.2020, W147 2217204-1.

Inhaltsverzeichnis

I. Abs 1

A. Überblick

1 § 40 Abs 1 statuiert – iZm „schwerwiegenden Vorkommnissen"[1] – eine Meldepflicht für bestimmte Personen[2].[3]

2 Meldepflichtige Personen müssen dem BASG Informationen[4] über Medizinprodukte bzw IvD in Hinblick auf jedes „schwerwiegende Vorkommnis" melden.[5] IdZ sind alle Beobachtungen und Daten, die für die Medizinproduktesicherheit von Bedeutung sein „können", mitzuteilen.

[1] Siehe dazu Rz 8 ff.

[2] Siehe dazu Rz 6 f (zB Angehörige eines gesetzlich geregelten Gesundheitsberufs oder Personen, die berufs- oder gewerbsmäßig Medizinprodukte bzw IvD anwenden oder betreiben).

[3] *Semp* in *Aigner/Kletečka/Kletečka-Pulker/Memmer* (Hrsg), Handbuch Medizinrecht Kap V.1.7 (Stand 1.5.2023, rdb.at); *Larcher/Beiglböck*, Das neue österreichische Medizinproduktegesetz 2021, RdM 2021, 131 (134); *Nigl*, Arzthaftung[4] (2021) 170; siehe auch ErläutRV 313 BlgNR 20. GP 97.

[4] Die Meldepflicht bezieht sich auf Informationen, die den meldepflichtigen Personen aufgrund ihrer beruflichen Tätigkeit bekanntgeworden sind.

[5] Siehe dazu auch *Ecker/Füszl/Renhardt/Semp*, Medizinprodukterecht (2004) 67 (Rechtslage nach MPG 1996).

Die Bestimmungen zur Meldepflicht gem § 40 beruhen auf einem Regelungsauftrag, der sich unter den unionsrechtlichen Bestimmungen zur Vigilanz[6] wiederfindet.[7] Diesem Regelungsauftrag zufolge müssen Mitgliedsstaaten geeignete Maßnahmen ergreifen, um Angehörige der Gesundheitsberufe, Anwender und Patienten dazu zu ermutigen, Meldungen iZm „mutmaßlichen schwerwiegenden Vorkommnissen" zu erstatten. **3**

Die Meldepflicht gem § 40 bezieht sich daher auf Informationen, Beobachtungen und Daten iZm schwerwiegenden Vorkommnissen (nicht generell auf alle Beobachtungen und Daten, die für die Medizinproduktesicherheit von Bedeutung sein können).[8]

Ziel und Zweck der §§ 40, 41 ist die „rasche Erkennung, Abklärung und Beseitigung möglicher Risiken für die Gesundheit von Patienten durch Medizinprodukte"[9].[10] **4**

Meldungen gem § 40 ermöglichen es, Sicherheitsmängel eines Produkts rasch zu erkennen, weshalb Meldepflichtigen im Rahmen der Nachmarktkontrolle[11] eine bedeutsame Funktion zukommt.[12]

§ 40 dient somit auch der Vigilanz[13] und der effizienten Marktüberwachung[14].

---

[6] Art 87 bis Art 92 Medizinprodukte-VO; Art 82 bis 87 IvD-VO; zu den Vigilanzbestimmungen der Medizinprodukte-VO bzw der IvD-VO siehe: *Handorn*, Die Medizinprodukte-VO (EU) 2017/745. Ein Leitfaden für Wirtschaftsakteure zur MDR (2021) 93 ff; *Ecker*, Medizinprodukte und IVD (2018) 184 ff; *Hofmann/Schreck* in *Neumayr/Resch/Wallner* (Hrsg), Art 87 Medizinprodukte-VO Rz 1 (Stand 1.1.2022, rdb.at) („Hauptzweck der Vigilanzbestimmungen ist, den Schutz der Gesundheit und Sicherheit von Patienten, Anwendern und Dritten zu verbessern, indem die Wahrscheinlichkeit eines erneuten Auftretens eines Ereignisses an anderer Stelle verringert wird.").

[7] AB 884 BlgNR 27. GP 8; Art 87 Abs 10 Medizinprodukte-VO; Art 82 Abs 10 IvD-VO.

[8] AB 884 BlgNR 27. GP 8; Art 87 Abs 10 Medizinprodukte-VO; Art 82 Abs 10 IvD-VO; *Larcher/Beiglböck*, RdM 2021, 134, welche die Meldepflicht lediglich iZm „schwerwiegenden Vorkommnissen" darstellen; siehe auch ErläutRV 313 BlgNR 22. GP 97 („Meldungen über schwerwiegende Vorkommnisse oder sonstige schwerwiegende Mängel im Zusammenhang mit Medizinprodukten und ihrer Anwendung").

[9] ErläutRV 1899 BlgNR 26. GP 1.

[10] ErläutRV 1899 BlgNR 26. GP 1; ErläutRV 313 BlgNR 22. GP 98; zu §§ 70 ff MPG 1996 siehe: ErläutRV 504 BlgNR 23. GP 1 (Ziel der §§ 70 ff MPG 1996 ist der „Schutz der Bevölkerung (künftiger Patienten, Anwender oder Dritten) vor Schäden, die durch die Weiterverwendung eines als schadhaft erkannten Medizinprodukts entstehen könnten."); *Semp* in *Aigner/Kletečka/Kletečka-Pulker/Memmer* (Hrsg), Handbuch Medizinrecht Kap V.1.7.2 (Stand 1.3.2015, rdb.at); *Aigner*, Behandlungsschäden durch Produktfehler – Beweisnotstand des Patienten? RdM 2006, 80.

[11] Die Bestimmungen des § 40 lassen sich dem Bereich der Nachmarktkontrolle zuordnen, siehe: *Hofmann/Schreck* in *Neumayr/Resch/Wallner*, GmundKomm[2] Art 87 Medizinprodukte-VO Rz 1; *Aigner*, RdM 2006, 80; *Jäkel*, Meldepflichten der Ärzte bei unerwünschten Ereignissen (Vorkommnissen) mit Medizinprodukten, MPR 2008, 65.

[12] *Ernst/Gabauer/Kräftner/Leischner-Lenzhofer/Steinböck*, Keine Haftung des Herstellers bei Geburt eines gesunden Kindes nach Spiralenbruch, RdM-LS 2022, 229 mit Verweis auf: § 40 Abs 1 und 2; Art 87 Medizinprodukte-VO; ErwGr 76 Medizinprodukte-VO.

[13] Art 87 Abs 10 Medizinprodukte-VO; Art 82 Abs 10 IvD-VO; *Hofmann/Schreck* in *Neumayr/Resch/Wallner*, GmundKomm[2] Art 87 Medizinprodukte-VO Rz 4.

[14] Art 94 Medizinprodukte-VO; Art 89 IvD-VO; *Rehmann* in *Rehmann/Wagner* (Hrsg), Medizinproduktegesetz (MPG)[3] (2018) Einführung dMPG Rz 71; *Semp* in *Aigner/Kletečka/Kletečka-Pulker/Memmer*, Handbuch Medizinrecht Kap V.1.7.1 (Stand 1.3.2015, rdb.at); *Jäkel*, MPR 2008, 65; *Ecker/Füszl/Renhardt/Semp*, Medizinprodukterecht 67; indirekt *Igl*, § 26 Hilfsmittel/Medizinprodukte, in *Igl/Welti* (Hrsg), Gesundheitsrecht[4] (2022) Rz 15.

5 Verstöße gegen die Meldepflicht gem § 40 sind als Verwaltungsübertretung strafbar.[15] Zudem kann das Unterlassen einer Meldung gem § 40 zur schadenersatzrechtlichen Haftung gegenüber Patienten (konkreter: gegenüber zukünftigen Patienten, die durch die Weiterverwendung eines als schadhaft erkannten Medizinprodukts geschädigt worden sind[16]) führen.[17]

B. Meldepflichtige Personen

6 Meldepflichtig sind gem § 40 Abs 1:

- Angehörige eines gesetzlich geregelten Gesundheitsberufes[18] (zB Ärzte, Zahnärzte, Dentisten, Apotheker, Psychotherapeuten, klinische Psychologen, Gesundheitspsychologen, Hebammen, Sanitäter, medizinische Masseure, Heilmasseure, Angehörige der Gesundheits- und Krankenpflegeberufe, der medizinisch-technischen Dienste, des kardiotechnischen Dienstes und der Sanitätsdienste[19]);
- Natürliche und juristische Personen, die berufs- oder gewerbsmäßig Medizinprodukte bzw IvD anwenden oder betreiben (zB Rechtsträger von Krankenhäusern, Pflegeheimen, Rehabilitationseinrichtungen, medizinischen Laboratorien oder Rettungsdiensten[20]);
- Leiter von einschlägigen Prüf-, Inspektions- und Zertifizierungsstellen;
- Natürliche oder juristische Personen, die Systeme gem Art 2 Z 11 Medizinprodukte-VO[21] oder Behandlungseinheiten gem Art 2 Z 10 Medizinprodukte-VO[22] zusammenstellen;
- Natürliche und juristische Personen, die Medizinprodukte bzw IvD umpacken; und
- Technische Sicherheitsbeauftragte von Krankenanstalten.

7 Der Kreis der Meldepflichtigen wurde durch § 40 Abs 1 ua auf Kosmetikstudios erweitert. Zu dieser Erweiterung kam es, weil die Medizinprodukte-VO auch für Produkte ohne medizinische Zweckbestimmung[23] gilt, und solche Produkte vorwiegend in Kosmetikstudios angewandt werden.[24]

---

15 § 80 Abs 1 Z 18; siehe dazu *Dungl*, § 80.

16 ErläutRV 504 BlgNR 23. GP 1.

17 *Aigner*, RdM 2006, 80; *Jäkel*, MPR 2008, 69 f; ErläutRV 504 BlgNR 23. GP 1.b

18 Hierbei handelt es sich um eine „dynamische Umschreibung der Meldepflichtigen", siehe ErläutRV 504 BlgNR 23. GP 3.

19 Zu dieser Aufzählung siehe ErläutRV 698 BlgNR 22. GP 7; *Lewisch* in *Höpfel/Ratz* (Hrsg), WK[2] StGB § 121 Rz 3 (Stand 1.3.2022, rdb.at); für einen weiteren Überblick über gesetzlich geregelte Gesundheitsberufe siehe *BSGPK*, Gesundheitsberuf in Österreich, https://broschuerenservice.sozialministerium.at/Home/Download?publicationId=489 (abgefragt am 1.4.2024).

20 *Jäkel*, MPR 2008, 66; *Oeben*, „Inverkehrbringen" und „Inbetriebnahme" beim Vertrieb von Medizinprodukten über Konsignationslager bei Krankenhäusern, MPR 2022, 157; *Möller*, Medizinprodukte in Pflegeeinrichtungen – Anforderungen und Pflichten für Betreiber und Anwender, RDG 2015, 114.

21 Gem Art 2 Z 11 Medizinprodukte-VO gilt: „‚System' bezeichnet eine Kombination von Produkten, die zusammen verpackt sind oder auch nicht und die dazu bestimmt sind, verbunden oder kombiniert zu werden, um einen spezifischen medizinischen Zweck zu erfüllen".

22 Gem Art 2 Z 10 Medizinprodukte-VO gilt: „‚Behandlungseinheit' bezeichnet eine Kombination von zusammen verpackten und in Verkehr gebrachten Produkten, die zur Verwendung für einen spezifischen medizinischen Zweck bestimmt sind".

23 Art 1 Abs 2 iVm Anhang XVI Medizinprodukte-VO (zB „Laser und mit intensiv gepulstem Licht arbeitende Geräte zum Abtragen der oberen Hautschichten [‚skin resurfacing'], zur Tattoo- oder Haarentfernung oder zu anderen Formen der Hautbehandlung").

24 AB 884 BlgNR 27. GP 9; *Larcher/Beiglböck*, RdM 2021, 134.

C. „Schwerwiegendes Vorkommnis“

Die Meldepflicht gem § 40 Abs 1 besteht „im Hinblick auf jedes schwerwiegende Vorkommnis“. 8

Die Begriffe „Vorkommnis“ und „schwerwiegendes Vorkommnis“ sind in der Medizinprodukte-VO[25] bzw der IvD-VO[26] legaldefiniert.[27]. 9

„‚Vorkommnis‘ bezeichnet eine Fehlfunktion oder Verschlechterung der Eigenschaften oder Leistung eines bereits auf dem Markt bereitgestellten Produkts [...] sowie eine Unzulänglichkeit der vom Hersteller bereitgestellten Informationen oder eine unerwünschte Nebenwirkung“.[28]

„‚Schwerwiegendes Vorkommnis‘ bezeichnet ein Vorkommnis, das direkt oder indirekt eine der nachstehenden Folgen hatte, hätte haben können oder haben könnte:

a) den Tod eines Patienten, Anwenders oder einer anderen Person,

b) die vorübergehende oder dauerhafte schwerwiegende Verschlechterung des Gesundheitszustands[29] eines Patienten, Anwenders oder anderer Personen,

c) eine schwerwiegende Gefahr für die öffentliche Gesundheit“.

Ausgehend von diesen Legaldefinitionen fasst *Lippert* ein „schwerwiegendes Vorkommnis“ iSd Art 2 Z 65 Medizinprodukte-VO als Vorkommnis zusammen, das 10

- produkt- bzw instruktionsbezogen (zB Funktionsstörung oder unsachgemäße Kennzeichnung),
- folgebezogen (zB Tod oder schwerwiegendes Gesundheitsverschlechterung) und
- personenbezogen (Patienten, Anwender oder Dritte)

ist.[30]

Zur Begründung der Meldepflicht iSd § 40 Abs 1 ist bereits die Möglichkeit der Kausalität zB zwischen der Funktionsstörung und der schwerwiegenden Verschlechterung des Gesundheitszustandes ausreichend; der Kausalzusammenhang muss aber nicht erwiesen sein.[31] 11

---

25 Art 2 Z 64 und 65 Medizinprodukte-VO.

26 Art 2 Z 67 und 68 IvD-VO.

27 *Lippert*, Vorkommnisse und unerwünschte Ereignisse im Recht der Medizinprodukte und der In-vitro-Diagnostika, MedR 2018, 299 (301 f), hebt hervor, dass sich die Legaldefinition gem Art 2 Z 64 Medizinprodukte-VO von jener gemäß Art 2 Z 67 IvD-VO unterscheidet.

28 Art 2 Z 64 Medizinprodukte-VO.

29 Zur Bedeutung der Wortfolge „schwerwiegende Verschlechterung des Gesundheitszustands“ siehe *Lücker*, § 10 Grundlagen des Medizinprodukterechts, *Saalfrank* (Hrsg), Handbuch des Medizin- und Gesundheitsrecht (10. Lfg August 2022) Rz 232 („zumindest eine lebensbedrohliche Krankheit, eine dauerhafte Beeinträchtigung einer Körperfunktion oder eine dauerhafte Schädigung eines Körperteils sowie auch einen Gesundheitszustand, der medizinische Hilfe oder einen chirurgischen Eingriff erfordert, um den Eintritt der vorgenannten Zustände zu verhindern“).

30 *Lippert*, MedR 2018, 301.

31 *Lippert*, MedR 2018, 301; *Jäkel*, MPR 2008, 68.

12 Meldepflichtig iSd § 40 sind zB folgende Ereignisse:[32]

- Tod eines/einer Patienten/Patientin nach dem Gebrauch eines Defibrillators (bei Vorliegen eines Hinweises auf ein Problem iZm diesem Produkt);[33]
- Falsche Dosisabgabe einer Infusionspumpe aufgrund der Inkompatibilität zwischen der Pumpe und dem verwendeten Infusionsset (sofern die Kombination zwischen Pumpe und verwendetem Infusionsset mit den relevanten Gebrauchsanweisungen übereinstimmte);[34]
- Glaspartikel in einem Kontaktlinsenbehälter;[35]
- Vorzeitige Revision einer Kniegelenksendoprothese wegen einer Lockerung;[36]
- Percutaner Tracheostomie-Tubus mit löchrigem Cuff, der sich nicht aufblasen und daher nicht ordnungsgemäß positionieren ließ, wobei sich der/die betroffene Patient*in kurzfristig in schwerer Atemnot befand;[37]
- Beim Auspacken eines Zentralvenenkatheters wurde ein Loch mit der Gefahr einer Lungenembolie oder einer Keimkontamination entdeckt, weshalb der Katheter nicht verwendet und kein/keine Patient*in gefährdet wurde.[38]

D. Meldestellen

13 Meldungen gem § 40 sind an das BASG[39] und an den Hersteller des betreffenden Produkts („gegebenenfalls" an den Bevollmächtigen)[40] zu richten.

Wenn Meldungen von Angehörigen der Gesundheitsberufe, Anwendern oder Patienten über mutmaßliche schwerwiegende Vorkommnisse beim BASG eingehen, ist das BASG dazu verpflichtet, den Hersteller unverzüglich darüber zu unterrichten.[41]

---

[32] *EK*, Guidelines on a Medical Devices Vigilance System – MEDDEV 2.12-1 rev 8 (2013) 34; *Jäkel*, MPR 2008, 67 f; *Ecker/Füszl/Renhardt/Semp*, Medizinprodukterecht 67; siehe auch Lit, die iZm den Vigilanzbestimmungen der Medizinprodukte-VO auf dieses MEDDEV-Dokument verweist: *Hofmann/Schreck* in *Neumayr/Resch/Wallner*, GmundKomm² Art 87 Medizinprodukte-VO Rz 1; *Ecker*, Medizinprodukte 185 ff; *Hill*, Die neue EU-Verordnung über Medizinprodukte (MDR), MPR 2017, 109 (119).

[33] *EK*, MEDDEV 2.12-1 rev 8 (2013) 34, Bsp 1 („A patient dies after the use of a defibrillator and there is an indication of a problem with the defibrillator. The INCIDENT should be reported."); *Jäkel*, MPR 2008, 68.

[34] *EK*, MEDDEV 2.12-1 rev 8 (2013) 34, Bsp 4 („An infusion pump delivers the wrong dose because of an incompatibility between the pump and the infusion set used. If the combination of pump and set used was in accordance with the instructions for use for either pump or set, then the INCIDENT should be reported.").

[35] *EK*, MEDDEV 2.12-1 rev 8 (2013) 34; Bsp 7 („Glass particles are found by the user in a contact lens vial. The INCIDENT should be reported. ").

[36] *EK*, MEDDEV 2.12-1 rev 8 (2013) 34; Bsp 10 („The premature revision of an orthopaedic implant is required due to loosening. Although no cause is yet determined, this INCIDENT should be reported."); *Jäkel*, MPR 2008, 67 f.

[37] *Ecker/Füszl/Renhardt/Semp*, Medizinprodukterecht 67.

[38] *Ecker/Füszl/Renhardt/Semp*, Medizinprodukterecht 67.

[39] § 40 Abs 1.

[40] § 40 Abs 2.

[41] Art 87 Abs 11 Medizinprodukte-VO; Art 82 Abs 11 IvD-VO; *Hofmann/Schreck* in *Neumayr/Resch/Wallner*, GmundKomm² Art 87 Medizinprodukte-VO Rz 4.

II. Abs 2

14 Meldungen gem § 40 Abs 1 sind nicht nur an das BASG zu richten, sondern auch direkt an den Hersteller des betreffenden Produkts oder „gegebenenfalls" (also im Fall, dass der Hersteller des betreffenden Produkts keine Niederlassung in der EU hat[42]) an den Bevollmächtigen[43].[44]

15 Damit ist iZm Meldungen von Angehörigen der Gesundheitsberufe, Anwendern oder Patienten über mutmaßliche schwerwiegende Vorkommnisse die Unterrichtung des Herstellers zusätzlich abgesichert.[45]

III. Abs 3

16 Krankenanstalten haben Meldungen gem § 40 Abs 1 einheitlich im Weg des/der ärztlichen Leiter*in durchzuführen, „soweit dies mit der Dringlichkeit der Erstattung dieser Meldung vereinbar ist"[46], also nicht bei Gefahr im Verzug.

17 § 40 Abs 3 entspricht dem Wortlaut des § 70 Abs 2 MPG 1996. Zu § 70 Abs 2 führten die ErläutRV aus:[47] „Im Sinne einer ökonomischen Bearbeitung von Meldungen gemäß Abs 1 aus Krankenanstalten sollten diese, soweit im konkreten Einzelfall mit der Dringlichkeit der Erstattung dieser Meldung vereinbar, einheitlich über den Ärztlichen Direktor dem Bundesministerium für Gesundheit und Konsumentenschutz erstattet werden."

IV. Abs 4

18 § 40 Abs 4 erweitert den Kreis der meldepflichtigen Umstände auf Fälschungen.

19 Hinsichtlich des Begriffs „Fälschung" verweist § 40 Abs 4 auf die Legaldefinitionen zum Begriff „gefälschtes Produkt" in Art 2 Z 9 Medizinprodukte-VO und Art 2 Z 10 IvD-VO.

20 Der Begriff „gefälschtes Produkt" „bezeichnet ein Produkt mit falschen Angaben zu seiner Identität und/oder seiner Herkunft und/oder seiner CE-Kennzeichnung oder den Dokumenten zu den CE-Kennzeichnungsverfahren".[48] „Diese Begriffsbestimmung erstreckt sich nicht auf die unbeabsichtigte Nichteinhaltung von Vorgaben und lässt Verstöße gegen die Rechte des geistigen Eigentums unberührt."[49]

---

42 Hersteller ohne Niederlassung in der EU haben gem Art 11 Medizinprodukte-VO bzw Art 11 IvD-VO einen Bevollmächtigten zu benennen, um ihre Produkte in der EU vertreiben zu dürfen, siehe *Rief*, Implantierbare Medizinprodukte der Klasse III (2021) 189.

43 Für weitere Details zum Bevollmächtigten siehe: Art 11 Medizinprodukte-VO; Art 11 IvD-VO; *Rief*, Implantierbare Medizinprodukte 189 ff; *Schickert/Thiermann/Schweiger*, The New European Medical Devices Regulation, LSR 2018, 71; *Wachenhausen/Weinert*, Der Bevollmächtigte des Herstellers nach Art 11 MDR. Benennung, Aufgaben und Haftungsumfang, MPJ 2019, 97; *Schilbach*, Update zur Medizinprodukteverordnung – Einführung einer gesetzlichen Produkthaftung für den „bevollmächtigten Vertreter"? MPR 2016, 82.

44 AB 884 BlgNR 27. GP 9.

45 Art 87 Abs 11 Medizinprodukte-VO bzw Art 82 Abs 10 IvD-VO; *Rehmann* in *Rehmann/Wagner* (Hrsg), Medizinproduktegesetz (MPG)[3] (2018) Art 87 bis 92 Medizinprodukte-VO Rz 190.

46 ErläutRV 313 BlgNR 22. GP 97.

47 ErläutRV 313 BlgNR 22. GP 97.

48 Art 2 Z 9 Medizinprodukte-VO; Art 2 Z 10 IvD-VO; *Rehmann* in *Rehmann/Wagner* (Hrsg), Medizinproduktegesetz (MPG)[3] (2018) Art 2 Medizinprodukte-VO Rz 9.

49 Art 2 Z 9 Medizinprodukte-VO; Art 2 Z 10 IvD-VO; *Rehmann* in *Rehmann/Wagner*, Medizinproduktegesetz[3] Art 2 Medizinprodukte-VO Rz 9.

V. Abs 5

21 § 40 Abs 5 sieht – zur Gewährleistung der Einheitlichkeit und des Informationsgehaltes der Meldungen iSd § 40 – eine Verordnungsermächtigung des BSGPK vor.[50]

22 Aktuell gibt es keine Verordnung auf Basis des § 40 Abs 5. Stattdessen veröffentlichte das BSGPK im WWW Formular-Muster für Meldungen gem § 40.[51]

50 AB 884 BlgNR 27. GP 8.

51 *BSGPK*, Vigilanz – Marktüberwachung, https://www.usp.gv.at/brancheninformationen/produktion/medizinprodukte/vigilanz.html (abgefragt am 1.4.2024).

§ 41 Bewertung von Meldungen und Untersuchungen

(1) Meldepflichtige gemäß § 40 Abs. 1 sind im Zusammenhang mit der Bewertung von Meldungen gemäß § 40 oder eines begründeten Verdachts gemäß § 43 verpflichtet,

1. alle erforderlichen Maßnahmen und Vorsorgen im eigenen Bereich zu treffen, um mögliche Risiken und Gefahren für die Gesundheit und Sicherheit von Patienten, Anwendern oder Dritten zu erkennen und zu bewerten,
2. alle gebotenen Vorsorgen und Maßnahmen, insbesondere auch im Hinblick auf die Weitergabe von Informationen über Gefahren durch Medizinprodukte zu treffen, um den Schutz der Gesundheit und Sicherheit von Patienten, Anwendern oder Dritten zu gewährleisten, und
3. Untersuchungen der zuständigen Behörden mit allen zu Gebote stehenden Mitteln zu unterstützen und erforderlichenfalls eigene Untersuchungen an Medizinprodukten durchzuführen oder zu veranlassen und deren Ergebnisse den zuständigen Behörden unverzüglich zugänglich zu machen.

(2) Im Rahmen der Verpflichtungen gemäß Abs. 1 sind insbesondere auch

1. Medizinprodukte und deren Gebrauchsanweisungen oder Begleitinformationen und, soweit dies für die Bewertung von Bedeutung ist, auch Kombinationen mit Zubehör, mit anderen Medizinprodukten, mit Arzneimitteln oder sonstigen Produkten für Untersuchungen zugänglich zu machen,
2. gegebenenfalls Unterlagen und sonstige Informationen, wie auch Bescheinigungen zugänglich zu machen, die eine Beurteilung ermöglichen, inwieweit das Medizinprodukt und seine Herstellung den Anforderungen dieses Bundesgesetzes und der Verordnung (EU) Nr. 745/2017 oder der Verordnung (EU) Nr. 746/2017 entsprechen,
3. erforderlichenfalls Vergleiche mit gleichartigen oder ähnlichen Produkten aus dem eigenen Bereich zu ermöglichen,
4. Hinweise zur genauen Identifizierung der betroffenen Produkte oder Kombinationen gemäß Z 1 zu geben,
5. gegebenenfalls Daten betreffend die Verfolgbarkeit der Medizinprodukte vorzulegen, und
6. erforderlichenfalls alle für die Abklärung und Bewertung der konkreten Bedingungen der Installation, Errichtung, Instandhaltung und Anwendung der betroffenen Medizinprodukte nötigen Informationen und Hinweise zu liefern.

(3) Abs. 1 und 2 gelten – sofern zutreffend – auch im Zusammenhang mit

1. Sicherheitsanweisungen im Feld gemäß Art. 2 Z 69 der Verordnung (EU) Nr. 745/2017 oder Art. 2 Z 72 der Verordnung (EU) Nr. 746/2017, und
2. dem weiteren Bereitstellen auf dem Markt.

(4) Im Zusammenhang mit

1. Sicherheitsanweisungen im Feld gemäß Art. 2 Z 69 der Verordnung (EU) Nr. 745/2017, oder
2. einer Mitteilung des Bundesamtes für Sicherheit im Gesundheitswesen über bestehende Gesundheitsgefahren durch Implantate gemäß § 44 Abs. 1,

haben die für die Implantation verantwortlichen Gesundheitseinrichtungen oder Ärzte Patienten nachweislich und ohne unnötigen Aufschub über Gesundheitsgefährdungen durch Implantate zu informieren. Dies gilt nicht für Implantate, die unter die Ausnahmeregelung des Art. 18 Abs. 3 der Verordnung (EU) Nr. 745/2017 fallen.

Fassung: BGBl I 2024/102

Literatur: *Dullinger*, Zur Haftung wegen misslungener Empfängnisverhütung durch Produktfehler / Zurückweisung der ordentlichen Revision der Kläger, JBl 2022, 665; *Ernst/Gabauer/Kräftner/Leischner-Lenzhofer/Steinböck*, Keine Haftung des Herstellers bei Geburt eines gesunden Kindes nach Spiralenbruch, RdM-LS 2022, 229; *Nigl*, Arzthaftung[4] (2021); *Friedrich*, § 17 Grundzüge des Arzneimittel- und Medizinproduktrechts, in *Clausen/Schroeder-Printzen* (Hrsg), Münchener Anwaltshandbuch Medizinrecht[3] (2020); *Graf*, Revision des europäischen Rechtsrahmens für Medizinprodukte – Neue Vorgaben zu Vigilanz und Marktbeobachtung und die Eudamed -Datenbank als zentrales Regulierungselement, PharmR 2017, 317; *Hauser*, OGH: Amtshaftung für fehlerhaftes behördliches Handeln gemäß Medizinproduktegesetz, JMG 2023, 357; *Hofmann/Schreck* in *Neumayr/Resch/Wallner* (Hrsg), GmundKomm[2] Art 89 Medizinprodukte-VO (Stand 1.1.2022, rdb.at); *Hofmann/Schreck* in *Neumayr/Resch/Wallner* (Hrsg), GmundKomm[2] Art 87 Medizinprodukte-VO (Stand 1.1.2022, rdb.at); *Hofmann/Schreck* in *Neumayr/Resch/Wallner* (Hrsg), GmundKomm[2] Art 92 Medizinprodukte-VO (Stand 1.1.2022, rdb.at); *Igl*, § 26 Hilfsmittel/Medizinprodukte, in *Igl/Welti* (Hrsg), Gesundheitsrecht[4] (2022); *Köbler*, Was bringt die Medizinprodukteverordnung? GuP 2018, 132 (134 f); *Königshofer*, Medizinprodukterecht, in *Resch/Wallner* (Hrsg), Handbuch Medizinrecht[2] (2015); *Leischner-Lenzhofer*, Informationspflichten des Bundesamts für Sicherheit im Gesundheitswesen bei Implantaten. Zugleich Anmerkungen zu OGH 25.4.2023, 1 Ob 39/23a und zur MPG-Novelle BGBl I 2023/27, RdM 2024, 3; *Lippert*, Vorkommnisse und unerwünschte Ereignisse im Recht der Medizinprodukte und der In-vitro-Diagnostika, MedR 2018, 299; *Messner-Kreuzbauer*, Amtshaftung für Medizinprodukt („Spirale"), EvBl 2024, 25; *Paar*, Amtshaftung und Produkthaftung wegen gebrochener Spiralen, RdM 2024, 27; *Rehmann* in *Rehmann/Wagner* (Hrsg), Medizinproduktegesetz (MPG)[3] (2018) Art 87 bis 92 Medizinprodukte-VO; *Rief*, Österreich: Ungewollte Schwangerschaft trotz Spirale – „wrongful conception" im Lichte des Produkthaftungsrechts, PHi 2023, 8; *Rief*, Ungewollte Schwangerschaft / Geburt trotz Spirale: Ersatz der daraus resultierenden Vermögensnachteile? JMG 2024, 36; *Rief*, Schwangerschaft trotz Verhütungsspirale: Produkthaftung? ÖZPR 2023, 29; *Schickmair*, Keine Produkthaftung nach Bruch der "Spirale" und Geburt eines gesunden Kindes, iFamZ 2022, 233; *Schopper*, Nachvertragliche Pflichten – Das Pflichtenprogramm nach Erlöschen der vertraglichen Hauptleistungspflichten (2009); *Schüllner*, EU-Verordnung Medizinprodukte: Rechtliche Grundlagen, Aufbau, EDV-Systeme, ÖAZ 2020, 52; *Semp* in *Aigner/Kletečka/Kletečka-Pulker/Memmer* (Hrsg), Handbuch Medizinrecht Kap V.1.7.1 (Stand 1.5.2023, rdb.at); *Steinböck/Kopetzki*, Amtshaftung bei unterlassener „Mitteilung" durch das BASG über Materialfehler von Spiralen? RdM 2024, 25; *Pletzer*, Vor- und nachvertragliche Pflichten beim Behandlungsvertrag, RdM 2014, 232 (240).

Rechtsprechung: EuGH 16.2.2017, C-219/15, *Schmitt/TÜV Rheinland LGA Products GmbH*; OGH 3.10.1990, 1 Ob 44/89; OGH 30.10.1991, 1 Ob 25/91; OGH 26.3.1996, 1 Ob 2060/96i; OGH 25.6.1996, 1 Ob 2192/96a; OGH 17.10.1995, 1 Ob 20/94; OGH 22.6.1993, 1 Ob 22/92; OGH 24.6.1992, 1 Ob 15/92; OGH 28.1.2003, 1 Ob 8/03p; OGH 25.5.2022, 8 Ob 69/21m; OGH 25.4.2023, 1 Ob 39/23a; OGH 15.5.2023, 1 Ob 199/22d; OGH 27.6.2023, 1 Ob 28/23h; RIS-Justiz RS0081378; RIS-Justiz RS0038240; RIS-Justiz RS0031143; BVwG 22.6.2020, W147 2217204-1.

Inhaltsverzeichnis

I. Abs 1

A. Überblick

§ 41 Abs 1 statuiert abstrakt formulierte Pflichten[1] für Meldepflichtige gem § 40 Abs 1. Diese Pflichten gelten iZm der „Bewertung von Meldungen" und iZm der Bewertung eines „begründeten Verdachts" iSd § 43[2].[3] Zudem sind sie gem § 41 Abs 3 iZm „Sicherheitsanweisungen im Feld" gem Art 2 Z 69 Medizinprodukte-VO bzw Art 2 Z 72 IvD-VO zu wahren. 1

Als Ziel und Zweck der §§ 40, 41 lässt sich die „rasche Erkennung, Abklärung und Beseitigung möglicher Risiken für die Gesundheit von Patienten durch Medizinprodukte" erkennen.[4] 2

Verstöße gegen § 41 sind als Verwaltungsübertretung strafbar.[5] 3

B. Bewertung von Meldungen gem § 40

Die Bewertung von Meldungen gem § 40 ist nicht im MPG 2021 geregelt. Stattdessen sieht die Medizinprodukte-VO bzw die IvD-VO einschlägige Bestimmungen vor.[6] 4

Danach hat der Hersteller grundsätzlich jedes schwerwiegende Vorkommnis iZm Produkten, die auf dem Unionsmarkt bereitgestellt werden, den relevanten zuständigen Behörden zu melden.[7] Diese herstellerseitige Meldung eines schwerwiegenden Vorkommnisses ist zum einen durch den betroffenen Hersteller selbst[8] und zum anderen durch die zuständigen Behörden der Mitgliedsstaaten (unabhängig vom Hersteller) zu bewerten.[9] 5

Spezialvorschriften bestehen für „Meldungen von Angehörigen der Gesundheitsberufe, Anwendern oder Patienten über mutmaßliche schwerwiegende Vorkommnisse", die bei der zuständigen Behörde eingehen. Über derartige Meldungen hat die zuständige Behörde den Hersteller unverzüglich zu unterrichten.[10] Anschließend hat der betroffene Hersteller – vereinfacht dargestellt – zwei Möglichkeiten: Entweder meldet er der zuständigen Behörde, dass es sich bei dem Vorkommnis (seiner Auffassung nach) um ein schwerwiegendes Vorkommnis 6

---

[1] In § 41 Abs 2 werden konkrete Pflichten aufgelistet, die sich „insbesondere" aus § 41 Abs 1 ergeben.

[2] Siehe dazu *Rief*, § 43 Rz 4 ff.

[3] *Nigl*, Arzthaftung[4] (2021) 169; krit *Wiesflecker*, Stellungnahme zum Entwurf MPG 2021, https://www.parlament.gv.at/PAKT/VHG/XXVII/SNME/SNME_87383/index.shtml (4 abgefragt am 1.4.2024); vgl dazu das Wort „insbesondere" in § 72 Abs 1 MPG 1996, das sich in § 41 Abs 1 – zulasten des Patientenschutzes – nicht wiederfindet; zur alten Rechtslage siehe auch *Königshofer*, Medizinprodukterecht, in *Resch/Wallner* (Hrsg), Handbuch Medizinrecht[2] (2015) Rz 99.

[4] ErläutRV 1899 BlgNR 26. GP 1; ErläutRV 313 BlgNR 22. GP 98.

[5] § 80 Abs 1 Z 18; siehe dazu *Dungl*, § 80.

[6] Art 87 ff Medizinprodukte-VO; Art 82 ff IvD-VO; *Friedrich*, § 17 Grundzüge des Arzneimittel- und Medizinproduktrechts, in *Clausen/Schroeder-Printzen* (Hrsg), Münchener Anwaltshandbuch Medizinrecht[3] (2020) Rz 435 ff; *Köbler*, Was bringt die Medizinprodukteverordnung? GuP 2018, 132 (135 f); *Lippert*, Vorkommnisse und unerwünschte Ereignisse im Recht der Medizinprodukte und der In-vitro-Diagnostika, MedR 2018, 299.

[7] Art 87 Abs 1 Medizinprodukte-VO; Art 82 Abs 1 IvD-VO; *Igl*, § 26 Hilfsmittel/Medizinprodukte, in *Igl/Welti* (Hrsg), Gesundheitsrecht[4] (2022) Rz 15; *Friedrich* in *Clausen/Schroeder-Printzen*, Medizinrecht[3] Rz 436.

[8] Art 89 Abs 1 Medizinprodukte-VO; Art 84 Abs 1 IvD-VO; *Hofmann/Schreck* in *Neumayr/Resch/Wallner* (Hrsg), GmundKomm[2] Art 89 Medizinprodukte-VO Rz 1 (Stand 1.1.2022, rdb.at); *Friedrich* in *Clausen/Schroeder-Printzen*, Medizinrecht[3] Rz 438.

[9] Art 89 Abs 2 und 3 Medizinprodukte-VO; Art 84 Abs 2 und 3 IvD-VO; *Hofmann/Schreck* in *Neumayr/Resch/Wallner*, GmundKomm[2] Art 89 Medizinprodukte-VO Rz 2.

[10] Art 87 Abs 11 UAbs 1 Medizinprodukte-VO; Art 82 Abs 11 UAbs 1 IvD-VO.

handelt[11] oder er übermittelt der zuständigen Behörde eine Begründung, warum dieses Vorkommnis (seiner Auffassung nach) kein schwerwiegendes Vorkommnis ist[12].[13]

C. Abstrakte Pflichten der Meldepflichtigen gem § 40 Abs 1

7 IZm der Bewertung von Meldungen gem § 40 und der Bewertung eines begründeten Verdachts einer Gefährdung von Patienten, Anwendern oder Dritten iSd § 43 bestehen folgende Pflichten:

- Maßnahmen und Vorsorgen zur Gefahrenerkennung und -bewertung im eigenen Bereich: Pflicht, („intensiv und selbständig“[14]) alle erforderlichen Maßnahmen und Vorsorgen im eigenen Bereich zu treffen, um mögliche Risiken und Gefahren für die Gesundheit und Sicherheit von Patienten, Anwendern oder Dritten zu erkennen und zu bewerten;[15]
- Maßnahmen und Vorsorgen zur Gewährleistung des Gesundheitsschutzes: Pflicht, alle gebotenen Maßnahmen und Vorsorgen zu treffen (insbesondere: „im Hinblick auf die Weitergabe von Informationen über Gefahren durch Medizinprodukte“), um den Schutz der Gesundheit und Sicherheit von Patienten, Anwendern oder Dritten zu gewährleisten;[16] und
- Unterstützungspflicht gegenüber der zuständigen Behörde: Pflicht, Untersuchungen der zuständigen Behörden mit allen zu Gebote stehenden Mitteln zu unterstützen und (erforderlichenfalls) eigene Untersuchungen an Medizinprodukten durchzuführen oder zu veranlassen und deren Ergebnisse den zuständigen Behörden unverzüglich zugänglich zu machen.[17]

8 Die Pflichten gem § 41 Abs 1 entsprechen jenen des § 72 Abs 1 MPG 1996. Aus den Gesetzesmaterialien zu § 72 Abs 1 MPG 1996 ergibt sich: Damit Meldungen gemäß § 40 und begründete Verdachtsmomente gemäß § 43 rasch und eingehend abgeklärt werden können, ist – neben dem Tätigwerden des BASG – eine „intensive Mitarbeit“[18] ua der Meldepflichtigen gem § 40 Abs 1 geboten.[19]

II. Abs 2

9 § 41 Abs 2 listet folgende konkrete Bsp für Pflichten gem § 41 Abs 1 auf:

- Pflicht, Medizinprodukte und deren Gebrauchsanweisungen oder Begleitinformationen und (soweit für die Bewertung von Bedeutung) Kombinationen[20] für Untersuchungen zugänglich zu machen;[21]

---

11 Art 87 Abs 11 UAbs 2 Medizinprodukte-VO; Art 82 Abs 11 UAbs 2 IvD-VO.

12 Art 87 Abs 11 UAbs 3 Medizinprodukte-VO; Art 82 Abs 11 UAbs 3 IvD-VO.

13 Für Details siehe: *Hofmann/Schreck* in *Neumayr/Resch/Wallner* (Hrsg), GmundKomm[2] Art 87 Medizinprodukte-VO Rz 5 (Stand 1.1.2022, rdb.at); *Rehmann* in *Rehmann/Wagner* (Hrsg), Medizinproduktegesetz (MPG)[3] (2018) Art 87 bis 92 Medizinprodukte-VO Rz 190.

14 ErläutRV 313 BlgNR 22. GP 98.

15 § 41 Abs 1 Z 1.

16 § 41 Abs 1 Z 2.

17 § 41 Abs 1 Z 3.

18 ErläutRV 313 BlgNR 22. GP 98.

19 ErläutRV 313 BlgNR 22. GP 98; ErläutRV 1899 BlgNR 26. GP 1.

20 „Kombinationen mit Zubehör, mit anderen Medizinprodukten, mit Arzneimitteln oder sonstigen Produkten“.

21 § 41 Abs 2 Z 1; siehe auch ErläutRV 313 BlgNR 22. GP 98 (Bereitstellung von „Proben […], die für eine Abklärung von Zwischenfällen erforderlich sind“).

- Pflicht, Unterlagen und sonstige Informationen, wie auch Bescheinigungen, die eine Beurteilung der Produktkonformität (hinsichtlich MPG 2021 und Medizinprodukte-VO bzw IvD-VO) ermöglichen, zugänglich zu machen;[22]
- Pflicht, Vergleiche mit gleichartigen oder ähnlichen Produkten aus dem eigenen Bereich zu ermöglichen;[23]
- Pflicht, Hinweise zur genauen Identifizierung der betroffenen Produkte oder Kombinationen[24] zu geben;[25]
- Pflicht, Daten betreffend die Verfolgbarkeit der Medizinprodukte („zB die Angabe der mit einer fehlerhaften Charge von Infusionsbestecken belieferten Gesundheitseinrichtungen“[26]) vorzulegen;[27] und
- Pflicht, alle für die Abklärung und Bewertung der konkreten Bedingungen der Installation, Errichtung, Instandhaltung und Anwendung der betroffenen Medizinprodukte nötigen Informationen und Hinweise zu liefern.[28]

Unter Berücksichtigung der ErläutRV zu § 72 MPG 1996 sind darüber hinaus folgende konkrete Bsp für Pflichten gem § 41 Abs 1 erkennbar: 10

- Sicherstellung und Bewerkstelligung der umgehenden Identifikation der betroffenen Patienten (bei „Verdacht auf lebens- oder gesundheitsgefährdende Implantatfehler“);[29]
- „Mitarbeit […] bei der Abklärung allfälliger unerwünschter Wechselwirkungen (zB von Mobilfunkeinrichtungen mit elektronischen Medizinprodukten oder Interaktionen von Arznei- oder Desinfektionsmitteln mit dem Material von Infusionsbestecken)“.[30]

III. Abs 3

Gem § 41 Abs 3 gelten die Bestimmungen des §§ 41 Abs 1 und Abs 2 auch iZm „Sicherheitsanweisungen im Feld“ gem Art 2 Z 69 Medizinprodukte-VO bzw Art 2 Z 72 IvD-VO. 11

Eine „Sicherheitsanweisung im Feld“ ist „eine von einem Hersteller im Zusammenhang mit einer Sicherheitskorrekturmaßnahme im Feld an Anwender oder Kunden übermittelte Mitteilung“.[31] 12

22 § 41 Abs 2 Z 2; siehe auch ErläutRV 313 BlgNR 22. GP 98 (Bereitstellung von „Informationen […], die für eine Abklärung von Zwischenfällen erforderlich sind“).

23 § 41 Abs 2 Z 3.

24 „Kombinationen mit Zubehör, mit anderen Medizinprodukten, mit Arzneimitteln oder sonstigen Produkten“.

25 § 41 Abs 2 Z 4.

26 ErläutRV 313 BlgNR 22. GP 98.

27 § 41 Abs 2 Z 5.

28 § 41 Abs 2 Z 5.

29 ErläutRV 313 BlgNR 22. GP 98.

30 ErläutRV 313 BlgNR 22. GP 98.

31 Art 2 Z 69 Medizinprodukte-VO; Art 2 Z 72 IvD-VO.

13 Der Hersteller gibt die Sicherheitsanweisung im Feld in die Europäische Datenbank für Medizinprodukte („Eudamed“)[32] ein, über welche sie der Öffentlichkeit zugänglich gemacht wird.[33]

IV. Abs 4

14 § 41 Abs 4 statuiert – in Bezug auf implantierbare Medizinprodukte[34] – eine gesetzliche Informationspflicht der Gesundheitseinrichtungen und Ärzten gegenüber ihren Patienten.[35]

15 Danach sind die für die Implantation verantwortlichen Gesundheitseinrichtungen und Ärzte – iZm Sicherheitsanweisungen im Feld gem Art 2 Z 69 Medizinprodukte-VO[36] oder einer Mitteilung des BASG über bestehende Gesundheitsgefahren durch Implantate gem § 44 Abs 1[37] – verpflichtet, den betroffenen Patienten über Gesundheitsgefährdungen durch Implantate zu informieren.

16 *Leischner-Lenzhofer* leitet aus dem Wortlaut des § 41 Abs 4 folgende zwei ärztliche Pflichten im Fall der Kenntnis einer möglichen Gefährdung durch verwendete Implantate ab:[38]

1. Pflicht zur Überprüfung, ob (ehemalige) Patienten von der Warnung betroffen sein könnten („unabhängig vom konkreten Patienten, von einem noch aufrechten Behandlungsverhältnis und einer Registerführungspflicht iSd § 10 MPBV“); und
2. Pflicht zur Information der betroffenen Patienten (zunächst Kontaktaufnahme, zB telefonisch oder schriftlich [mittels Post oder E-Mail], und anschließend Durchführung eines Ärzt*in-Patient*in-Gesprächs samt Empfehlung zur weiteren Vorgehensweise).

17 Speziell iZm Sicherheitsanweisungen im Feld ist – nach der Meinung des Autors – darüber hinaus zu bedenken: Zur Wahrung der Informationspflicht gem § 41 Abs 4 ist es geboten, regelmäßig in die Eudamed Einsicht zu nehmen. Denn Hersteller geben die Sicherheitsanweisungen

---

32 Zur Eudamed siehe: *Schüllner*, EU-Verordnung Medizinprodukte: Rechtliche Grundlagen, Aufbau, EDV-Systeme, ÖAZ 2020, 52; *Graf*, Revision des europäischen Rechtsrahmens für Medizinprodukte – Neue Vorgaben zu Vigilanz und Marktbeobachtung und die Eudamed -Datenbank als zentrales Regulierungselement, PharmR 2017, 317.

33 Art 89 Abs 8 Medizinprodukte-VO; Art 84 Abs 8 IvD-VO; *Hofmann/Schreck* in *Neumayr/Resch/Wallner* (Hrsg), GmundKomm² Art 89 Medizinprodukte-VO Rz 3 (Stand 1.1.2022, rdb.at); *Rehmann* in *Rehmann/Wagner*, Medizinproduktegesetz³ Art 87 bis 92 Medizinprodukte-VO Rz 195; *Ecker*, VIGILANZSYSTEM – OFT VERNACHLÄSSIGT, ABER DANN BRENNT DER HUT? MUSS NICHT SEIN, https://www.encotec.at/2021/06/vigilanzsystem-oft-vernaechlaessigt-aber-dann-brennt-der-hut-muss-nicht-sein/ (abgefragt am 1.4.2024).

34 ZB: Brustimplantate, chirurgische Netze, Total- oder Teilprothesen von Gelenken, Bandscheibenprothesen sowie Produkte, die zur Verwendung in direktem Kontakt mit dem Herz, dem zentralen Kreislaufsystem oder dem zentralen Nervensystem bestimmt sind, siehe *Rief*, Implantierbare Medizinprodukte der Klasse III (2021) 40 mwN.

35 ErläutRV 1899 BlgNR 26. GP 1; *Ernst/Gabauer/Kräftner/Leischner-Lenzhofer/Steinböck*, Keine Haftung des Herstellers bei Geburt eines gesunden Kindes nach Spiralenbruch, RdM-LS 2022, 229; *Semp* in *Aigner/Kletečka/Kletečka-Pulker/Memmer* (Hrsg), Handbuch Medizinrecht Kap V.1.7.1 (Stand 1.5.2023, rdb.at).

36 Siehe dazu Rz 12 f.

37 Die Mitteilung des BASG über bestehende Gesundheitsgefahren durch Implantate gem § 44 Abs 1 wird zum einen auf der Homepage des BASG veröffentlicht, zum anderen an die Landessanitätsdirektionen und die Ärztekammer weitergeleitet, siehe ErläutRV 1899 BlgNR 26. GP 2.

38 *Leischner-Lenzhofer*, Informationspflichten des Bundesamts für Sicherheit im Gesundheitswesen bei Implantaten. Zugleich Anmerkungen zu OGH 25.4.2023, 1 Ob 39/23a und zur MPG-Novelle BGBl I 2023/27, RdM 2024, 3 (6) mwN.

im Feld öffentlich einsehbar in die Eudamed ein.[39] Ziel und Zweck der Eudamed ist ua die Erhöhung der Transparenz „durch besseren Zugang zu Informationen für die Öffentlichkeit und Angehörige der Gesundheitsberufe“.[40] Weiters ist nach dem Wortlaut des § 41 Abs 4 die direkte Zusendung der Sicherheitsanweisung im Feld nicht vorausgesetzt, um die Informationspflicht gem § 41 Abs 4 zu begründen. Ziel des § 41 ist auch die „rasche Erkennung, Abklärung und Beseitigung möglicher Risiken für die Gesundheit von Patienten durch Medizinprodukte“.[41]

In Bezug auf geänderte Kontaktdaten betroffener Patienten schränken die ErläutRV die Informationspflichten ein: „Im Zusammenhang mit einer etwaigen Änderung der Kontaktdaten des Patienten ist davon auszugehen, dass der Behandler – abgesehen von seinen ohnehin bestehenden ärztlichen Aufklärungspflichten – nicht verpflichtet ist, diesbezügliche Nachforschungen anzustellen. Hier ist vielmehr eine entsprechende Mitwirkungspflicht des Patienten anzunehmen (dieser bekommt ja einen Implantationsausweis mit allen Angaben zum Produkt, Behandler etc)“.[42] Nach *Leischner-Lenzhofer* müssen Implantationsverantwortliche die (gescheiterten) Kontaktaufnahmeversuche dennoch dokumentieren.[43] **18**

Die Information gem § 41 Abs 4 hat „ohne unnötigen Aufschub“ und „nachweislich“ zu erfolgen. **19**

„Ohne unnötigen Aufschub“ bedeutet, dass „die Information entsprechend dem Ausmaß der Gefährdung durch Implantate so rasch zu erfolgen hat (dh ohne schuldhafte Verzögerung), dass diese noch abgewehrt werden kann, um Schaden für die Gesundheit der Patienten zu verhindern“.[44] Der gebotene Zeithorizont für die Informationsweitergabe variiert daher je nach dem „Ausmaß der Gefährdung durch Implantate“ und ist durch den Implantationsverantwortlichen – anhand des objektive gebotenen Sorgfaltsmaßstabs („übliche Sorgfalt eines ordentlichen und pflichtgetreuen Durchschnittsarztes“[45] und „Stand der Wissenschaft im Zeitpunkt der Warnung“[46]) – zu beurteilen.[47]

„Nachweislich“ bedeutet, dass „die Information gemäß [§ 41] Abs 1 nachvollziehbar zu dokumentieren ist“.[48] Nach *Leischner-Lenzhofer* wird die Dokumentation idR in der Krankengeschichte erfolgen.[49]

Die Informationspflicht gem § 41 Abs 4 besteht „ergänzend“[50] zu den Verpflichtungen des BASG iSd § 44 Abs 1 bzw § 44 Abs 3.[51] **20**

[39] Art 89 Abs 8 Medizinprodukte-VO; Art 84 Abs 8 IvD-VO.
[40] ErwG 44 Medizinprodukte-VO; ErwG 41 IvD-VO; *Hofmann/Schreck* in *Neumayr/Resch/Wallner* (Hrsg), GmundKomm[2] Art 92 Medizinprodukte-VO Rz 1 (Stand 1.1.2022, rdb.at).
[41] Rz 2.
[42] ErläutRV 1899 BlgNR 26. GP 2.
[43] *Leischner-Lenzhofer*, RdM 2024, 6.
[44] ErläutRV 1899 BlgNR 26. GP 2.
[45] *Leischner-Lenzhofer*, RdM 2024, 6.
[46] *Leischner-Lenzhofer*, RdM 2024, 6.
[47] *Leischner-Lenzhofer*, RdM 2024, 6.
[48] ErläutRV 1899 BlgNR 26. GP 2.
[49] *Leischner-Lenzhofer*, RdM 2024, 6.
[50] *Ernst/Gabauer/Kräftner/Leischner-Lenzhofer/Steinböck*, RdM-LS 2022, 229.
[51] *Ernst/Gabauer/Kräftner/Leischner-Lenzhofer/Steinböck*, RdM-LS 2022, 229 f heben hervor „dass [eine] ärztliche Warnpflicht im Rahmen der nachvertraglichen Pflichten [...] in der Lit bereits im Ausnahmefall bejaht [wurde], wenn der Arzt vom Hersteller erfährt, dass vom implantierten Produkt Gefahren ausgehen“, mit Verweis auf: *Pletzer*, Vor- und nachvertragliche Pflichten beim Behandlungsvertrag, RdM 2014, 232 (240); *Schopper*, Nachvertragliche Pflichten – Das Pflichtenprogramm nach Erlöschen der vertraglichen Hauptleistungspflichten (2009) 252.

21 Die gesetzliche Neuerung des § 41 Abs 4 wird in der Lit[52] mit dem Fall einer fehlerhaften Verhütungsspirale in Verbindung gebracht.[53] Dieser Fall sorgte va aufgrund des Vorwurfs des österreichischen Verein „Verein zum Schutz von Verbraucherinteressen (Verbraucherschutzverein)“ gegenüber dem BASG, wonach dieses die Öffentlichkeit zu spät über die Gefährdung durch diese Verhütungsspirale gewarnt habe,[54] für mediales Aufsehen.[55]

22 Die Informationspflicht gilt nicht für implantierbare Produkte gem Art 18 Abs 3 Medizinprodukte-VO; das sind insbesondere folgende Produkte: Nahtmaterial, Klammern, Zahnfüllungen, Zahnspangen, Zahnkronen, Schrauben, Keile, Zahn- bzw Knochenplatten, Drähte, Stifte, Klemmen und Verbindungsstücke.[56]

---

[52] *Ernst/Gabauer/Kräftner/Leischner-Lenzhofer/Steinböck*, RdM-LS 2022, 229; *Leischner-Lenzhofer*, RdM 2024, 5.

[53] Zu diesem Fall ergingen bereits OGH-Ent: OGH 27.6.2023, 1 Ob 28/23h, siehe dazu: *Rief*, Ungewollte Schwangerschaft / Geburt trotz Spirale: Ersatz der daraus resultierenden Vermögensnachteile? JMG 2024, 36; *Paar*, Amtshaftung und Produkthaftung wegen gebrochener Spiralen, RdM 2024, 27; OGH 25.4.2023, 1 Ob 39/23a, siehe dazu: *Hauser*, OGH: Amtshaftung für fehlerhaftes behördliches Handeln gemäß Medizinproduktegesetz, JMG 2023, 357; *Leischner-Lenzhofer*, RdM 2024, 3; *Messner-Kreuzbauer*, Amtshaftung für Medizinprodukt („Spirale“), EvBl 2024, 25; *Steinböck/Kopetzki*, Amtshaftung bei unterlassener „Mitteilung“ durch das BASG über Materialfehler von Spiralen? RdM 2024, 25; OGH 25.5.2022, 8 Ob 69/21m (Thematik „wrongful conception“ im Kontext der Produkthaftung), siehe dazu: *Dullinger*, Zur Haftung wegen misslungener Empfängnisverhütung durch Produktfehler / Zurückweisung der ordentlichen Revision der Kläger, JBl 2022, 665; *Schickmair*, Keine Produkthaftung nach Bruch der "Spirale“ und Geburt eines gesunden Kindes, iFamZ 2022, 233; *Ernst/Gabauer/Kräftner/Leischner-Lenzhofer/Steinböck*, RdM-LS 2022, 229; *Rief*, Österreich: Ungewollte Schwangerschaft trotz Spirale – „wrongful conception“ im Lichte des Produkthaftungsrechts, PHi 2023, 8; *Rief*, Schwangerschaft trotz Verhütungsspirale: Produkthaftung? ÖZPR 2023, 29.

[54] OGH 25.4.2023, 1 Ob 39/23a („Das BASG habe bereits seit Frühjahr 2018 gewusst, dass die Spiralen der Erstbeklagten mangelhaft seien. Dennoch habe es erst im September 2020 auf der eigenen Homepage die Sicherheitsinformation der Erstbeklagten veröffentlicht und sie so der Öffentlichkeit zugänglichgemacht.“).

[55] Siehe zB *Kurier*, Defekte Verhütungsspirale: Druck auf Republik Österreich erhöht, https://kurier.at/wissen/gesundheit/defekte-verhuetungsspirale-eurogine-druck-republik-oesterreich-sammelklage/402529753 (abgefragt am 1.4.2024).

[56] Art 18 Abs 3 Medizinprodukte-VO.

§ 42 Haftung

(1) Besteht der begründete Verdacht, dass durch ein fehlerhaftes Medizinprodukt ein Patient einen Gesundheitsschaden erlitten hat oder getötet wurde, so ist die Gesundheitseinrichtung oder die Person, die berufs- oder gewerbsmäßig Medizinprodukte anwendet oder betreibt, verpflichtet, bei der Vorgehensweise nach § 41 die Rechtsposition des Patienten oder allfälliger Hinterbliebener im Hinblick auf die Bedeutung des Medizinprodukts für die Durchsetzung allfälliger Haftungsansprüche zu wahren.

(2) Vereinbarungen, durch die Gesundheitseinrichtungen oder Personen, die berufs- oder gewerbsmäßig Medizinprodukte anwenden oder betreiben, an der Erfüllung ihrer Pflichten gemäß Abs. 1 gehindert werden, sind nichtig.

Beachte für die Bestimmung: Tritt hinsichtlich In-vitro-Diagnostika am 26.5.2022 in Kraft (vgl § 91 Abs 1).

Fassung: BGBl I 2021/122

Literatur: *Aigner*, Behandlungsschäden durch Produktfehler – Beweisnotstand des Patienten? RdM 2006, 80; *Aigner/Hausreither*, Produkthaftung – MPG. Medizinproduktegesetz, Vorgehensweise in Produkthaftungsfällen, RdM 2014, 332; *Flörl/Lisowska*, Neuregelung der Anzeigepflichten, ZfG 2019, 111; *Kletečka-Pulker* in *Aigner/Kletečka/Kletečka-Pulker/Memmer* (Hrsg), Handbuch Medizinrecht Kap I.6 (Stand 1.3.2020, rdb.at); *Larcher/Beiglböck*, Das neue österreichische Medizinproduktegesetz 2021, RdM 2021, 131; *Rabl*, Produkthaftungsgesetz (2016) § 1 PHG; *Semp* in *Aigner/Kletečka/Kletečka-Pulker/Memmer* (Hrsg), Handbuch Medizinrecht Kap V.1 (Stand 1.5.2023, rdb.at).

Rechtsprechung: EuGH 16.2.2017, C-219/15, *Schmitt/TÜV Rheinland LGA Products GmbH*; OGH 3.10.1990, 1 Ob 44/89; OGH 30.10.1991, 1 Ob 25/91; OGH 26.3.1996, 1 Ob 2060/96i; OGH 25.6.1996, 1 Ob 2192/96a; OGH 17.10.1995, 1 Ob 20/94; OGH 22.6.1993, 1 Ob 22/92; OGH 24.6.1992, 1 Ob 15/92; OGH 28.1.2003, 1 Ob 8/03p; OGH 25.5.2022, 8 Ob 69/21m; OGH 25.4.2023, 1 Ob 39/23a; OGH 15.5.2023, 1 Ob 199/22d; OGH 27.6.2023, 1 Ob 28/23h; RIS-Justiz RS0081378; RIS-Justiz RS0038240; RIS-Justiz RS0031143; BVwG 22.6.2020, W147 2217204-1.

Inhaltsverzeichnis

I. Abs 1

A. Überblick

1 § 42 Abs 1[1] statuiert eine – ausdrückliche[2] – Beweissicherungspflicht iZm möglicherweise fehlerhaften Medizinprodukten.[3]

2 In Produkthaftungsprozessen hat der Geschädigte ua den Schaden, die Fehlerhaftigkeit des Produkts und die Kausalität zwischen Produktfehler und Schaden zu beweisen.[4] Wenn das fehlerhafte Medizinprodukt nicht mehr verfügbar ist, kann dieser Beweis nicht erbracht werden.[5] Die Vorgängerbestimmung zu § 42 (§ 72a MPG 1996) wurde beschlossen, weil Spitalsträger geschädigte Patienten zB durch die Entsorgung gebrochener Prothesen oder die Rückübermittlung gebrochener Schrauben an den Hersteller zur Fehleranalyse faktisch an der Geltendmachung von Produkthaftungsansprüchen gehindert haben.[6]

3 Die Bestimmung des § 42 bezweckt den Schutz von Patienten, die durch ein möglicherweise fehlerhaftes Medizinprodukt geschädigt worden sind.[7] Ziel des § 42 Abs 1 ist es, die „Beweisposition" bereits geschädigter Patienten zu sichern und diesen die „Durchsetzung allfälliger Schadenersatzansprüche gegen den Hersteller" zu ermöglichen.[8]

B. Normadressaten

4 Die Normadressaten der Beweissicherungspflicht gem § 42 Abs 1 sind:

- Gesundheitseinrichtungen; oder
- Personen, die berufs- oder gewerbsmäßig Medizinprodukte anwenden oder betreiben.

5 Durch § 42 Abs 1 wurde somit der Adressatenkreis der gesetzlichen Beweissicherungspflicht – im Vergleich zu § 72a MPG 1996 – auf „Personen, die berufs- oder gewerbsmäßig Medizinprodukte anwenden oder betreiben" (in der Folge kurz: „Anwender bzw Betreiber") erweitert.[9]

---

1 Der Wortlaut des § 42 Abs 1 entspricht (abgesehen von der Erweiterung des Adressatenkreis auf „Personen, die berufs- oder gewerbsmäßig Medizinprodukte anwenden oder betreiben" und dem Begriff „Gesundheitseinrichtung" anstelle des Begriffs „Einrichtung des Gesundheitswesen") dem Wortlaut des § 72a Bundesgesetz betreffend Medizinprodukte (Medizinproduktegesetz – MPG) BGBl 1996/657 („MPG 1996"), siehe im Ergebnis auch *Larcher/Beiglböck*, Das neue österreichische Medizinproduktegesetz 2021, RdM 2021, 131 (134).

2 Die Beweissicherungspflicht ergibt sich schon aus dem Behandlungsvertrag (zivilrechtliche Loyalitäts-, Aufklärungs- und Dokumentationspflichten) und dem Eigentumsrecht der Patienten. Die ausdrückliche gesetzliche Verankerung der Beweissicherungspflicht bewirkt jedoch eine einfachere Durchsetzbarkeit im Einzelfall, siehe: *Aigner*, Behandlungsschäden durch Produktfehler – Beweisnotstand des Patienten? RdM 2006, 80; ErläutRV 504 BlgNR 23. GP 2.

3 *Semp* in *Aigner/Kletečka/Kletečka-Pulker/Memmer* (Hrsg), Handbuch Medizinrecht Kap V.1.7.1.1 (Stand 1.5.2023, rdb.at); *Larcher/Beiglböck*, RdM 2021, 134; *Nigl*, Arzthaftung[4] (2021) 170; ErläutRV 504 BlgNR 23. GP 2; *Aigner*, RdM 2006, 80.

4 *Rabl*, Produkthaftungsgesetz (2016) § 1 PHG Rz 115.

5 *Aigner/Hausreither*, Produkthaftung – MPG. Medizinproduktegesetz, Vorgehensweise in Produkthaftungsfällen, RdM 2014, 331 (332).

6 ErläutRV 504 BlgNR 23. GP 1; *Aigner*, RdM 2006, 80.

7 ErläutRV 504 BlgNR 23. GP 4; *Aigner/Hausreither*, RdM 2014, 331.

8 ErläutRV 504 BlgNR 23. GP 2.

9 *Larcher/Beiglböck*, RdM 2021, 134.

C. Voraussetzung der Beweissicherungspflicht: „begründeter Verdacht“

Die Beweissicherungspflicht gem 42 Abs 1 setzt voraus, dass der „begründete Verdacht“[10] besteht, dass durch ein fehlerhaftes Medizinprodukt ein/eine Patient*in einen Gesundheitsschaden erlitten hat oder getötet wurde.[11] 6

Den ErläutRV zu § 72a MPG 1996 zufolge ergibt sich die Fehlerhaftigkeit des Medizinprodukts aus der Dokumentation der medizinischen Leistungserbringer, also der Gesundheitseinrichtungen oder der Anwender bzw Betreiber.[12] 7

Ein Bsp für einen begründeten Verdacht iSd § 42 Abs 1 ist die Revision einer Knieprothese aufgrund eines Bruchs 1,5 Jahre nach der Erstimplantation.[13] 8

Zu keinem „begründeten Verdacht“ führt die „bloße Behauptung eines geschädigten Patienten, seine Rechtsposition[14] sei nicht gewahrt worden“[15].[16] 9

D. Inhalt der Beweissicherungspflicht

Sofern ein Verdacht iSd § 42 Abs 1 besteht, sind die Gesundheitseinrichtungen oder die Anwender bzw Betreiber verpflichtet, bei der Vorgehensweise nach § 41 die Rechtsposition des/der Patienten oder allfälliger Hinterbliebener im Hinblick auf die Bedeutung des Medizinprodukts für die Durchsetzung allfälliger Haftungsansprüche (in der Folge kurz: „Rechtsposition“) zu wahren.[17] 10

Nach der Meinung des Autors setzt die Pflicht gem § 42 voraus, dass die Rechtsposition vorausschauend zu wahren ist; also bereits dann, wenn es in der Zukunft theoretisch zu einer Vorgehensweise nach § 41 kommen könnte.[18] Andernfalls wäre es nicht möglich, „bei der Vorgehensweise nach § 41“ iSd § 42 zu agieren. Im Ergebnis bedeutet dies: Wenn ein/eine Patient*in einen Gesundheitsschaden durch ein möglicherweise fehlerhaftes Medizinprodukt erlitten hat, ist die Rechtsposition daher – im Zweifel – immer zu wahren.[19] Dies entspricht auch dem Ziel 11

---

[10] Zu diesem Begriff siehe auch *Rief*, § 43 Rz 4 ff; zum „begründeten Verdacht“ iSd § 54 Abs 4 Bundesgesetz über die Ausübung des ärztlichen Berufes und die Standesvertretung der Ärzte (Ärztegesetz 1998 – ÄrzteG 1998) BGBl I 1998/169 siehe: *Flörl/Lisowska*, Neuregelung der Anzeigepflichten, ZfG 2019, 111 (113) mwN; *Kletečka-Pulker* in *Aigner/Kletečka/Kletečka-Pulker/Memmer* (Hrsg), Handbuch Medizinrecht Kap I.6.10.3.1 (Stand 1.3.2020, rdb.at).

[11] *Semp* in *Aigner/Kletečka/Kletečka-Pulker/Memmer* Kap V.1.7.1.1; *Larcher/Beiglböck*, RdM 2021, 134; *Nigl*, Arzthaftung[4] 170; *Aigner/Hausreither*, RdM 2014, 331; ErläutRV 504 BlgNR 23. GP 2.

[12] ErläutRV 504 BlgNR 23. GP 2 („Nach der vom Leistungserbringer zu führenden Dokumentation wird anzunehmen sein, dass das Medizinprodukt schadhaft war, so dass bei einer die Rechtsposition des Patienten vernachlässigenden Vorgehensweise der sorglose Behandlungsvertragspartner des Patienten zu verantworten hat, dass das vermeintlich fehlerhafte Medizinprodukt nicht mehr auffindbar ist.“).

[13] *Volksanwaltschaft*, Bericht über die Tätigkeit der Volksanwaltschaft im Jahr 2006 an den Nationalrat und den Bundesrat, https://volksanwaltschaft.gv.at/downloads/af9t7/pb30-hauptteil-pdf.pdf (69, abgefragt am 1.4.2024).

[14] Siehe dazu sogleich Rz 10.

[15] ErläutRV 504 BlgNR 23. GP 4.

[16] ErläutRV 504 BlgNR 23. GP 4; *Semp* in *Aigner/Kletečka/Kletečka-Pulker/Memmer* Kap V.1.7.1.1.

[17] *Semp* in *Aigner/Kletečka/Kletečka-Pulker/Memmer* Kap V.1.7.1.1; *Larcher/Beiglböck*, RdM 2021, 134; *Nigl*, Arzthaftung[4] 170

[18] Konkret iZm: einer Meldung gem § 40, einem begründeten Verdacht gem § 43, „Sicherheitsanweisungen im Feld“ gem Art 2 Z 69 Medizinprodukte-VO bzw Art 2 Z 72 IvD-VO oder Informationen gem § 41 Abs 4.

[19] Ein begründeter Verdacht gem § 43 kann sich zB darauf beziehen, dass ein Medizinprodukt „sonstige Mängel aufweist, die zu einer unvertretbaren Gefährdung von Patienten, Anwendern oder Dritten führen können“; zur eher niedrigen Aufgriffsschwelle iZm § 43 Z 1 siehe *Rief*, § 43 Rz 5 ff.

des § 42, dem „im Einzelfall bereits geschädigten Patienten die Beweisposition zu sichern und ihm die Durchsetzung seiner allfälligen Ansprüche gegen Hersteller zu ermöglichen".[20]

12 Ein Verstoß gegen § 42 Abs 1 liegt zB vor, wenn eine Gesundheitseinrichtung das möglicherweise fehlerhafte Medizinprodukt ohne Einwilligung des/der Patienten*in an den Hersteller zur Fehleranalyse weitergibt.[21]

E. Rechtsfolgen eines Verstoßes gegen die Beweissicherungspflicht

13 Bei einem Verstoß gegen § 42 Abs 1 stehen Patienten, die durch das möglicherweise fehlerhafte Medizinprodukt geschädigt worden sind, Schadenersatzansprüche gegenüber den jeweiligen medizinischen Leistungserbringern zu.[22]

14 Gesundheitseinrichtungen oder Anwender bzw Betreiber, „die zu verantworten haben, dass durch ihr Verhalten das Beweismittel, dh das nach ihrer eigenen Dokumentation fehlerhafte Medizinprodukt, nicht mehr zur Verfügung steht"[23], haben nachzuweisen, „dass auch bei einem pflichtgemäßen Verhalten der Patient seine Ansprüche nicht hätte durchsetzen können" (Stichwort: Beweislastumkehr).[24]

15 Verstöße gegen § 42 sind zudem strafbar (Verwaltungsübertretung).[25]

II. Abs 2

16 § 42 Abs 2 statuiert, dass Vereinbarungen, durch die Gesundheitseinrichtungen oder Anwender bzw Betreiber an der Erfüllung ihrer Pflichten gem § 42 Abs 1 gehindert werden, nichtig sind.

[20] ErläutRV 504 BlgNR 23. GP 2.
[21] *Aigner/Hausreither*, RdM 2014, 332.
[22] *Aigner*, RdM 2006, 80; ErläutRV 504 BlgNR 23. GP 2.
[23] ErläutRV 504 BlgNR 23. GP 2.
[24] ErläutRV 504 BlgNR 23. GP 2; *Semp* in *Aigner/Kletečka/Kletečka-Pulker/Memmer* Kap V.1.7.1.1.
[25] § 80 Abs 1 Z 18; siehe dazu *Dungl*, § 80.

§ 43 Schutz vor Risiken

Besteht der begründete Verdacht, dass ein Medizinprodukt

1. **die Gesundheit oder Sicherheit der Patienten, Anwender oder Dritter auch bei sachgemäßer Implantation, Errichtung, Instandhaltung oder seiner Zweckbestimmung entsprechender Verwendung über ein nach den Erkenntnissen der medizinischen Wissenschaft vertretbares Maß gefährden kann, oder**
2. **die grundlegenden Sicherheits- und Leistungsanforderungen gemäß Anhang I der Verordnung (EU) Nr. 745/2017 oder Anhang I der Verordnung (EU) Nr. 746/2017 nicht erfüllt, oder**
3. **sonstige Mängel aufweist, die zu einer unvertretbaren Gefährdung von Patienten, Anwendern oder Dritten führen können,**

hat das Bundesamt für Sicherheit im Gesundheitswesen erforderliche Bewertungen vorzunehmen, Maßnahmen gemäß § 41 zu überwachen, erforderliche Untersuchungen durchzuführen oder zu veranlassen oder die Person oder Einrichtung, die das Medizinprodukt anwendet oder betreibt, zu veranlassen, das Medizinprodukt von einer Benannten Stelle, einer sonst geeigneten akkreditierten Stelle oder von einem Sachverständigen prüfen zu lassen und ihm Berichte und Ergebnisse vorzulegen. Die Stellen bzw. Sachverständigen sind im Einvernehmen mit dem Bundesamt für Sicherheit im Gesundheitswesen auszuwählen.

Beachte für die Bestimmung: Tritt hinsichtlich In-vitro-Diagnostika am 26.5.2022 in Kraft (vgl § 91 Abs 1).

Fassung: BGBl I 2021/122

Literatur: *Baumann* in *Lücker/Baumann* (Hrsg), Schorn Medizinprodukte-Recht I (30. Lfg März 2018) § 28 dMPG; *Busch*, Riskmanagement von mobilen Gerätekombinationen nach Medizinproduktegesetz und DIN EN ISO 14971 (2012); *EK*, Bekanntmachung der Kommission – Leitfaden für die Umsetzung der Produktvorschriften der EU 2016 („Blue Guide"), ABl C 2016/272, 18; *Flörl/Lisowska*, Neuregelung der Anzeigepflichten, ZfG 2019, 111; *Hill/Schmitt* in *Hill/Schmitt* (Hrsg), WiKo Medizinprodukterecht II (19. Lfg Oktober 2018) Art 97 MDR; *Hofmann/Schreck* in *Neumayr/Resch/Wallner* (Hrsg), GmundKomm² Art 5 Medizinprodukte-VO (Stand 1.1.2022, rdb.at); *Igl*, § 26 Hilfsmittel/Medizinprodukte, in *Igl/Welti* (Hrsg), Gesundheitsrecht⁴ (2022); *Jäkel*, Meldepflichten der Ärzte bei unerwünschten Ereignissen (Vorkommnissen) mit Medizinprodukten, MPR 2008, 65; *Kletečka-Pulker* in *Aigner/Kletečka/Kletečka-Pulker/Memmer* (Hrsg), Handbuch Medizinrecht Kap I.6 (Stand 1.3.2020, rdb.at); *Larcher/Beiglböck*, Das neue österreichische Medizinproduktegesetz 2021, RdM 2021, 131; *Rebhahn*, Staatshaftung wegen mangelnder Gefahrenabwehr (1997); *Rehmann/Wagner* (Hrsg), Medizinproduktegesetz (MPG)³ (2018) Einführung dMPG; *Rief*, Implantierbare Medizinprodukte der Klasse III (2021); *Schucht*, Die neue Architektur im europäischen Produktsicherheitsrecht nach New Legislative Framework und Alignment Package, EuZW 2014, 848; *Semp* in *Aigner/Kletečka/Kletečka-Pulker/Memmer* Kap V.1 (Stand 1.5.2023, rdb.at); *Steinböck*, Arzneimittelrecht, in *Holoubek/Potacs* (Hrsg), Öffentliches Wirtschaftsrecht II⁴ (2019) 727.

Inhaltsverzeichnis

I. Gesetzesbestimmung

A. Überblick

1 § 43[1] legt die nationalen Vorschriften zur Abklärung von Verdachtsmomenten iZm mangelhaften bzw potentiell gefährlichen Medizinprodukten oder IvD fest.[2]

2 Gem § 43 muss das BASG Untersuchungen einleiten, wenn der „begründete Verdacht" eines bestimmten produktbezogenen Mangels vorliegt.[3] Ergibt sich aus diesen Untersuchungen zB, dass eine Gefährdung durch produktbezogene Mängel besteht, ist das BASG gem § 44 Abs 1 verpflichtet, „alle geeigneten Maßnahmen" zur Gefahrenabwehr zu treffen.[4]

3 Unterlassungen des BASG können zur Haftung des Bundes führen.[5]

B. „Begründeter Verdacht"

4 Der „begründete Verdacht" muss sich darauf beziehen, dass ein Medizinprodukt oder ein IvD einen der folgenden Mängel aufweist:

- Potentielle Gesundheits- bzw Sicherheitsgefährdung im unvertretbaren Ausmaß: Das Produkt „kann" die Gesundheit oder Sicherheit der Patienten, Anwender oder Dritter „über ein nach den Erkenntnissen der medizinischen Wissenschaft vertretbares Maß" gefährden (trotz sachgemäßer Implantation, Errichtung, Instandhaltung oder seiner Zweckbestimmung entsprechender Verwendung);[6]
- Fehlende Produktkonformität: Das Produkt erfüllt die grundlegenden Sicherheits- und Leistungsanforderungen gem Anhang I Medizinprodukte-VO oder Anhang I IvD-VO nicht;[7] oder
- Sonstige potentielle Gefährdung im unvertretbaren Ausmaß: Das Produkt weist sonstige Mängel auf, die zu einer unvertretbaren Gefährdung von Patienten, Anwendern oder Dritten führen „können"[8].[9]

5 Für das Bestehen eines begründeten Verdachts ist nicht vorausgesetzt, dass ein Mangel iSd § 43 bereits feststeht oder „als gesichert erscheint"[10]. Schließlich bezwecken Untersuchungen gem § 43 die Abklärung von Verdachtsmomenten.[11]

6 Der Begriff „begründeter Verdacht" statuiert auch keine höhere Aufgriffsschwelle als der Begriff „Verdacht".[12]

---

1 Der Wortlaut des § 43 entspricht (abgesehen von den Verweisen) jenem des § 75 Bundesgesetz betreffend Medizinprodukte (Medizinproduktegesetz – MPG) BGBl 1996/657 („MPG 1996").

2 ErläutRV 313 BlgNR 22. GP 99.

3 ErläutRV 313 BlgNR 22. GP 99.

4 ErläutRV 313 BlgNR 22. GP 57.

5 Siehe dazu *Rief*, § 44 Rz 16 ff.

6 § 43 Z 1.

7 § 43 Z 2.

8 ZB durch Transportschäden, durch ungeeignete Lagerung, Instandhaltung oder Anwendung, siehe ErläutRV 313 BlgNR 22. GP 99.

9 § 43 Z 3.

10 Vgl dazu *Steinböck*, Arzneimittelrecht, in *Holoubek/Potacs* (Hrsg), Öffentliches Wirtschaftsrecht II[4] (2019) 727 (786).

11 ErläutRV 313 BlgNR 22. GP 99.

12 *Rebhahn*, Staatshaftung wegen mangelnder Gefahrenabwehr (1997) 475; *Flörl/Lisowska*, Neuregelung der Anzeigepflichten, ZfG 2019, 111 (112) mwN; zum „begründeten Verdacht" iSd § 54 Abs 4 Bundesgesetz über die Ausübung des ärztlichen Berufes und die Standesvertretung der Ärzte (Ärztegesetz 1998 – ÄrzteG 1998) BGBl I 1998/169 siehe: *Flörl/Lisowska*, ZfG 2019, 113 mwN; *Kletečka-Pulker*

Ein begründeter Verdacht kann sich zB aus folgenden Umständen ergeben: 7

- Unfälle;[13]
- Beschwerden;[14]
- von Amts wegen geführte Initiativen der Marktüberwachungsbehörde;[15]
- Informationen von Wirtschaftsakteuren über Produkte, die risikobehaftet sind (Stichwort: Vigilanz);[16]
- Meldungen iSd § 40;[17] oder
- Warnungen anderer Marktüberwachungsbehörden (zB der US-amerikanischen Marktüberwachungsbehörde).[18]

Nach *Rebhahn* lassen „Bestimmungen, welche die Behörde zum Handeln oder Einschreiten verpflichten, wenn der Verdacht einer bestimmten Gefahr besteht", einen „Raum für autonomes Entscheiden" offen und sind in Hinblick auf das „Ob des Handelns" nicht eindeutig.[19] 8

Nach der Meinung des Autors besteht va iZm potentiellen Gesundheits- bzw Sicherheitsgefährdungen im unvertretbaren Ausmaß (§ 43 Abs 1 Z 1), nur ein äußerst geringer „Raum für autonomes Entscheiden": 9

- Die behördliche Entscheidung über die Abklärung von Verdachtsmomenten ist zentral für die Effektivität der reaktiven Marktüberwachung.[20] Marktüberwachungsmaßnahmen iSd § 44 setzten die Abklärung von Verdachtsmomenten voraus;[21]

---

in *Aigner/Kletečka/Kletečka-Pulker/Memmer* (Hrsg), Handbuch Medizinrecht Kap I.6.10.3.1 (Stand 1.3.2020, rdb.at).

13 *EK*, Bekanntmachung der Kommission – Leitfaden für die Umsetzung der Produktvorschriften der EU 2016 („Blue Guide"), ABl C 2016/272, 18 (105); *Rief*, Implantierbare Medizinprodukte der Klasse III (2021) 163; *Wiesflecker*, Stellungnahme zum Entwurf MPG 2021, https://www.parlament.gv.at/PAKT/VHG/XXVII/SNME/SNME_87383/index.shtml (5, abgefragt am 1.4.2024).

14 *EK*, Blue Guide 105; *Rief*, Implantierbare Medizinprodukte 163; *Wiesflecker*, Stellungnahme zum Entwurf MPG 2021, https://www.parlament.gv.at/PAKT/VHG/XXVII/SNME/SNME_87383/index.shtml (5, abgefragt am 1.4.2024).

15 *EK*, Blue Guide 105; *Rief*, Implantierbare Medizinprodukte 163; *Wiesflecker*, Stellungnahme zum Entwurf MPG 2021, https://www.parlament.gv.at/PAKT/VHG/XXVII/SNME/SNME_87383/index.shtml (5, abgefragt am 1.4.2024).

16 *EK*, Blue Guide 105; *Rief*, Implantierbare Medizinprodukte 163; *Wiesflecker*, Stellungnahme zum Entwurf MPG 2021, https://www.parlament.gv.at/PAKT/VHG/XXVII/SNME/SNME_87383/index.shtml (a5, bgefragt am 31.8.2023); *Igl*, § 26 Hilfsmittel/Medizinprodukte, in *Igl/Welti* (Hrsg), Gesundheitsrecht[4] (2022) Rz 15.

17 ErwG 76 Medizinprodukte-VO; ErwG 77 IvD-VO; Art 87 Abs 10 Medizinprodukte-VO; Art 82 Abs 10 IvD-VO; *Rief*, Implantierbare Medizinprodukte 163 f; *Wiesflecker*, Stellungnahme zum Entwurf MPG 2021, https://www.parlament.gv.at/PAKT/VHG/XXVII/SNME/SNME_87383/index.shtml (5, abgefragt am 1.4.2024); *Rehmann* in *Rehmann/Wagner* (Hrsg), Medizinproduktegesetz (MPG)[3] (2018) Einführung dMPG Rz 71; *Jäkel*, Meldepflichten der Ärzte bei unerwünschten Ereignissen (Vorkommnissen) mit Medizinprodukten, MPR 2008, 65.

18 *Rief*, Implantierbare Medizinprodukte 164 mit Verweis auf die Praxis der europäischen Marktüberwachungsbehörden.

19 *Rebhahn*, Staatshaftung 474 f.

20 ErläutRV 313 BlgNR 22. GP 57 (Ziel der effizienten Marktüberwachung).

21 *Rief*, Implantierbare Medizinprodukte 179; ErläutRV 313 BlgNR 22. GP 99.

- Die Frage, ob eine Gesundheits- bzw Sicherheitsgefährdung „über ein nach den Erkenntnissen der medizinischen Wissenschaft vertretbares Maß“[22] vorliegt, ist nach dem allgemein anerkannten Stand der Technik zu beantworten;[23]
- Nach dem Wortlaut des § 43 Abs 1 Z 1 reicht bereits der Umstand, dass ein Medizinprodukt eine Gesundheits- bzw Sicherheitsgefährdung im unvertretbaren Ausmaß darstellen „kann“, als Anknüpfungspunkt für einen begründeten Verdacht iSd § 43 aus;[24]
- Bei Gesundheitsgefährdungen ist ein höherer Einsatz geboten als bei Gefährdungen des Vermögens;[25]
- Die bloße Abklärung von Verdachtsmomenten stellt häufig keinen unverhältnismäßigen Eingriff gegenüber den betroffenen Hersteller dar.[26]

C. Vorgehensweise des BASG

10 Wenn ein begründeter Verdacht iSd § 43 besteht, ist das BASG verpflichtet, aktiv zu werden (zumindest in koordinierender Funktion);[27] die Entscheidung über das „Ob“ des Tätigwerdens liegt diesfalls nicht im Ermessen des BASG.[28]

11 § 43 sieht folgende Handlungsmöglichkeiten des BASG vor:

- Vornahme der erforderlichen Bewertungen;
- Überwachung von Maßnahmen gemäß § 41;
- Durchführung oder Veranlassung der erforderlichen Untersuchungen; oder
- Veranlassung der Person oder der Einrichtung, die das Medizinprodukt anwendet oder betreibt, das Medizinprodukt von einer Benannten Stelle, einer sonst geeigneten akkreditierten Stelle oder von einem Sachverständigen[29] prüfen zu lassen und dem BASG Berichte und Ergebnisse vorzulegen.

12 Die ErläutRV zu § 75 MPG 1993 stellten weiters klar: „Sollte das Produkt als solches Mängel aufweisen, ist gegebenenfalls weiter zu prüfen, ob sich dieser Mangel nur auf eine Serie oder Charge der Produktion oder auf die gesamte Type oder Baureihe bezieht und ob eventuell auch Mängel im Konformitätsbewertungsverfahren vorgelegen sind.“[30]

---

[22] Zum Begriff „unvertretbares Risiko“ siehe *Rief*, Implantierbare Medizinprodukte 162 mit Verweis auf: *Hill/Schmitt* in *Hill/Schmitt* (Hrsg), WiKo Medizinprodukterecht II (19. Lfg Oktober 2018) Art 97 MDR Rz B I/1; siehe Abschnitt 1. Anhang I MPVO (EU), nach dem bei der Beurteilung der Sicherheit, der Wirksamkeit und des vertretbaren Risikos eines Medizinprodukts der „allgemein anerkannte Stand der Technik zugrunde zu legen ist“; *Busch*, Riskmanagement von mobilen Gerätekombinationen nach Medizinproduktegesetz und DIN EN ISO 14971 (2012) 21; *Rebhahn*, Staatshaftung 484.

[23] *Rief*, Implantierbare Medizinprodukte 178.

[24] § 43 Abs 1 Z 1 („die Gesundheit oder Sicherheit der Patienten […] über ein nach den Erkenntnissen der medizinischen Wissenschaft vertretbares Maß gefährden kann“); vgl dazu den Wortlaut in § 43 Abs 1 Z 2 („die grundlegenden Sicherheits- und Leistungsanforderungen nicht erfüllt“).

[25] *Rebhahn*, Staatshaftung 482.

[26] *Rief*, Implantierbare Medizinprodukte 180 mit Verweis auf *Schucht*, Die neue Architektur im europäischen Produktsicherheitsrecht nach New Legislative Framework und Alignment Package, EuZW 2014, 848 (852), nach dessen Rechtsansicht, Nichtkonformitäten auf Grund der Sicherheit von Medizinprodukten von „vornherein mit einer höheren marktüberwachungsrechtlichen Eskalationsstufe verknüpft“ sind.

[27] ErläutRV 313 BlgNR 22. GP 99.

[28] Vgl *Baumann* in *Lücker/Baumann* (Hrsg), Schorn Medizinprodukte-Recht I (30. Lfg März 2018) § 28 dMPG Rz 4.

[29] Die Stellen bzw Sachverständigen sind im Einvernehmen mit dem BASG auszuwählen.

[30] ErläutRV 313 BlgNR 22. GP 99.

II. Überlegungen zum Anwendungsbereich des § 43

Abstrakt betrachtet regelt § 43 denselben Gegenstand wie Art 94 Medizinprodukte-VO bzw Art 89 IvD-VO[31], nämlich die erste Phase des Verfahrens der reaktiven Marktüberwachung (konkret: den Anlassgrund und die Pflicht, Untersuchungsmaßnahmen einzuleiten).[32] Aus den Gesetzesmaterialien ergibt sich im Allgemeinen, dass die „Bestimmungen zur Überwachung […] nur mehr solche Betriebe, Einrichtungen oder Personen, die nicht unter den Begriff ‚Wirtschaftsakteur' der EU-Verordnungen subsumiert werden", erfassen.[33] 13

Nach der Meinung des Autors ist daher jeweils im Einzelfall – unter Berücksichtigung des Grundsatzes des Anwendungsvorrangs[34] – zu prüfen, ob § 43 anwendbar ist. § 43 wäre zB dann anzuwenden, wenn der begründete Verdacht besteht, dass ein „In-House"-Produkt[35] die grundlegenden Sicherheits- und Leistungsanforderungen gem Anhang I Medizinprodukte-VO nicht erfüllt (nach der Meinung des Autors). 14

31 Zur reaktiven Marktüberwachung iSd Medizinprodukte-VO bzw der IvD-VO siehe *Rief*, § 2 Rz 11 ff.

32 So im Ergebnis auch *Wiesflecker*, Stellungnahme zum Entwurf MPG 2021, https://www.parlament.gv.at/PAKT/VHG/XXVII/SNME/SNME_87383/index.shtml (4, abgefragt am 1.4.2024).

33 AB 884 BlgNR 27. GP 8; siehe auch: *Semp* in *Aigner/Kletečka/Kletečka-Pulker/Memmer* Kap V.1.6 (Stand 1.5.2023, rdb.at); nach *Larcher/Beiglböck*, Das neue österreichische Medizinproduktegesetz 2021, RdM 2021, 131 (134), ist § 38 eine „als Auffangtatbestand formulierte" Bestimmung; siehe dazu *Rief*, § 38 Rz 10.

34 *Rief*, § 2 Rz 5.

35 Siehe dazu *Hofmann/Schreck* in *Neumayr/Resch/Wallner* (Hrsg), GmundKomm[2] Art 5 Medizinprodukte-VO Rz 4 (Stand 1.1.2022, rdb.at).

§ 44 [Schutz vor Risiken]

(1) Stellt das Bundesamt für Sicherheit im Gesundheitswesen fest, dass Medizinprodukte

1. **die Gesundheit oder die Sicherheit der Patienten, Anwender oder Dritter gefährden können, auch wenn sie sachgemäß implantiert, errichtet, betrieben, instandgehalten und ihrer Zweckbestimmung entsprechend verwendet werden, oder**
2. **die grundlegenden Sicherheits- und Leistungsanforderungen gemäß Anhang I der Verordnung (EU) Nr. 745/2017 oder Anhang I der Verordnung (EU) Nr. 746/2017 nicht erfüllen, oder**
3. **sonst hinsichtlich ihrer Herstellung Mängel aufweisen, die zu einer Gefährdung von Patienten, Anwendern oder Dritten führen können,**

hat es alle geeigneten Maßnahmen zu treffen, um diese Produkte vom Markt zurückzuziehen, sie sicherzustellen, ihr Betreiben, ihre An- oder Verwendung zu untersagen, einzuschränken oder von der Einhaltung bestimmter Auflagen abhängig zu machen oder um Anwender, Patienten und Dritte auf Gefahren oder geeignete Vorsichtsmaßnahmen aufmerksam zu machen. Soweit es zur Verhütung unmittelbar drohender Gefahren für die Gesundheit und Sicherheit geboten ist, kann das Bundesamt für Sicherheit im Gesundheitswesen diese Maßnahmen auch ohne vorausgegangenes Verfahren oder vor Erlassen eines Bescheides treffen. Hierüber ist jedoch innerhalb von vier Wochen ein schriftlicher Bescheid zu erlassen.

(2) Von Maßnahmen gemäß Abs. 1 können auch Medizinprodukte erfasst werden, deren Überlassung von den Zollbehörden gemäß Art. 26 Abs. 1 der Verordnung (EU) 2019/1020 ausgesetzt worden ist. Die betreffenden Produkte sind diesfalls in vorübergehender Verwahrung gemäß Art. 144 der Verordnung (EU) Nr. 952/2013 zur Festlegung des Zollkodex der Union, ABl. Nr. L 269 vom 10.10.2013 (Unionszollkodex), zu belassen.

(3) Besteht der begründete Verdacht, dass eine unmittelbare Gefährdung von Leben oder ernstliche und erhebliche Gefährdung der Gesundheit durch ein Medizinprodukt zu besorgen ist und besteht der begründete Verdacht, dass das Medizinprodukte bereits an Patienten oder Anwender gelangt ist, so hat das Bundesamt für Sicherheit im Gesundheitswesen unverzüglich, längstens aber innerhalb von 24 Stunden eine Information der Öffentlichkeit über Sicherheitsmangel und die davon ausgehenden Gefahren zu veranlassen. Allfällige vom Hersteller oder gegebenenfalls Bevollmächtigten bereits getroffene Maßnahmen sind dabei zu berücksichtigen.

Fassung: BGBl I 2021/122

Literatur: *Aigner*, Behandlungsschäden durch Produktfehler – Beweisnotstand des Patienten? RdM 2006, 80; *Apathy*, Haftungsfolgen fehlerhafter Staatsaufsicht, in *Aicher* (Hrsg), Die Haftung für staatliche Fehlleistungen im Wirtschaftsleben (1988) 207; *Baumann* in *Lücker/Baumann* (Hrsg), Schorn Medizinprodukte-Recht I (30. Lfg März 2018) § 28 dMPG; *Beirer*, Die Amts- und Staatshaftung für Unterlassungen (2015); *Ehring/Taeger* (Hrsg), Produkthaftungs- und Produktsicherheitsrecht (2022) Art 26 Marktüberwachungs-VO; *Ernst/Gabauer/Kräftner/Leischner-Lenzhofer/Steinböck*, Keine Haftung des Herstellers bei Geburt eines gesunden Kindes nach Spiralenbruch, RdM-LS 2022, 229; *Geroldinger*, Amtshaftung wegen Fehlern bei Bekämpfung der COVID-19-Epidemie? JBl 2020, 523; *Haas/Plank/Unterkofler*, Arzneimittelgesetz[2] (2015) § 75q AMG; *Handorn/Schucht*, Die EU-Marktüberwachungsverordnung – neuer Rechtsrahmen für die Marktüberwachung (auch) von Medizinprodukten und In-vitro-Diagnostika, MPR 2021, 59; *Hauser*, OGH: Amtshaftung für fehlerhaftes behördliches Handeln gemäß Medizinproduktegesetz, JMG 2023, 357; *Kahl/Weber*, Verwaltungsrecht[7] (2019); *Kucsko-Stadlmayer*, Österreich, in *Dörr* (Hrsg), Staatshaftung in Europa. Nationales und Unionsrecht (2014) 429; *Kucsko-Stadlmayer*, Säumnisschutz und Amtshaftung, in *Holoubek/Lang* (Hrsg), Rechtsschutz gegen staatliche Untätigkeit (2011) 353; *Langner/Klindt/Schucht*, Technische Sicherheitsvorschriften und Normen, in *Dauses/Ludwigs* (Hrsg), Handbuch des EU-Wirtschaftsrechts (50. Lfg März 2020); *Leischner-Lenzhofer*, Informationspflichten des Bundesamts für Sicherheit im Gesundheitswesen bei Implantaten. Zugleich Anmerkungen zu OGH 25.4.2023, 1 Ob 39/23a und zur MPG-Novelle BGBl I 2023/27, RdM 2024, 3; *Mader* in *Schwimann/Kodek* (Hrsg), ABGB: Praxiskommentar VII[5] (2022) § 1 AHG; *Paar*, Grundzüge des Amtshaftungsrechts (2010); *Messner-Kreuzbauer*, Amtshaftung für Medizinprodukt („Spirale"), EvBl 2024, 25; *Paar*, Amtshaftung und Produkthaftung wegen gebrochener Spiralen, RdM 2024, 27; *Rebhahn*, Haftung für fehlerhafte Staatsaufsicht, in *Holoubek/Lang* (Hrsg), Organhaftung und Staatshaftung in Steuersachen (2002) 277; *Rebhahn*, Staatshaftung wegen mangelnder Gefahrenabwehr (1997); *Rief*, Implantierbare Medizinprodukte der Klasse III (2021); *Rief*, Ungewollte Schwangerschaft/Geburt trotz Spirale: Ersatz der daraus resultierenden Vermögensnachteile? JMG 2024, 36; *Scholz*, Produktwarnungen im Gesundheitsrecht (Teil I) Rechtsnatur und Rechtsschutz, RdM 2017, 13; *Scholz*, Produktwarnungen im Gesundheitsrecht (Teil II) Rechtsnatur und Rechtsschutz, RdM 2017, 61; *Schragel*, AHG[3] (2003) § 1; *Stelzer/Maschke*, Rechtswidrigkeit und Rechtswidrigkeitszusammenhang als Voraussetzung des Haftungsanspruchs, in *Holoubek/Lang* (Hrsg), Organhaftung in Steuersachen (2002) 13; *Tschiderer*, Grundlagen des EU-Zollrechts, in *Tschiderer* (Hrsg), EU-Zollrecht[3] (2022); *Wagner* in *Rehmann/Wagner* (Hrsg), Medizinproduktegesetz (MPG)[3] (2018) § 26 dMPG.

Rechtsprechung: EuGH 16.2.2017, C-219/15, *Schmitt/TÜV Rheinland LGA Products GmbH*; OGH 3.10.1990, 1 Ob 44/89; OGH 30.10.1991, 1 Ob 25/91; OGH 26.3.1996, 1 Ob 2060/96i; OGH 25.6.1996, 1 Ob 2192/96a; OGH 17.10.1995, 1 Ob 20/94; OGH 22.6.1993, 1 Ob 22/92; OGH 24.6.1992, 1 Ob 15/92; OGH 28.1.2003, 1 Ob 8/03p; OGH 25.5.2022, 8 Ob 69/21m; OGH 25.4.2023, 1 Ob 39/23a; OGH 15.5.2023, 1 Ob 199/22d; OGH 27.6.2023, 1 Ob 28/23h; RIS-Justiz RS0081378; RIS-Justiz RS0038240; RIS-Justiz RS0031143; BVwG 22.6.2020, W147 2217204-1.

Inhaltsverzeichnis

I. Abs 1

A. Überblick

§ 44 Abs 1 bestimmt, wie das BASG vorgehen muss, wenn es produktbezogene Mängel festgestellt hat. 1

Nach der Feststellung eines produktbezogenen Mangels iSd § 44 Abs 1 ist das BASG verpflichtet, alle geeigneten Schutzmaßnahmen zu ergreifen (kein Handlungsermessen[1]). Zur 2

[1] *Baumann* in *Lücker/Baumann* (Hrsg), Schorn Medizinprodukte-Recht I (30. Lfg März 2018) § 28 dMPG Rz 3.

Wahrung dieser Pflicht bestehen unterschiedliche Handlungsmöglichkeiten des BASG (Auswahlermessen[2]).[3]

3 Ziel und Zweck des § 44 Abs 1 ist die Verhinderung von Schäden der Patientenen, Anwender[4] oder Dritter, die mit dem Medizinprodukt in Berührung kommen.[5] *Leischner-Lenzhofer* definiert „Dritte" – in unionsrechtskonformer Auslegung – als „Personen, die von dem bei dem Patienten oder Anwender verursachten Schaden betroffen sein oder deren Gesundheit oder Sicherheit durch das Produkt gefährdet werden können" (zB die „behandelnden, aber nicht implantierenden Ärzte oder sonstige Gesundheitsberufsangehörige").[6]

B. Produktbezogene Mängel iSd § 44 Abs 1

4 Das BASG muss alle geeigneten Maßnahmen ergreifen, wenn es einen der nachfolgenden produktbezogenen Mängel festgestellt hat:

- Potentielle Gesundheits- und Sicherheitsgefährdung: Produkte „können" die Gesundheit oder die Sicherheit der Patienten, der Anwender oder Dritter gefährden (trotz sachgemäßer Installation, Inbetriebnahme, Instandhaltung und Verwendung iSd Zweckbestimmung);[7]
- Fehlende Produktkonformität: Produkte erfüllen die grundlegenden Sicherheits- und Leistungsanforderungen gem Anhang I Medizinprodukte-VO oder Anhang I IvD-VO nicht;[8] oder
- Sonstige potentielle Gefährdung durch Mängel iZm der Herstellung: Produkte weisen „sonst hinsichtlich ihrer Herstellung"[9] Mängel auf, die zu einer Gefährdung von Patienten, Anwendern oder Dritten führen „können".[10]

---

2 *Baumann* in *Lücker/Baumann*, Medizinprodukte-Recht § 28 dMPG Rz 4.

3 „Handlungsermessen" ist gegeben, sofern eine Behörde aktiv werden darf, aber nicht muss. Im Unterschied dazu liegt ein „Auswahlermessen" vor, wenn die Behörde agieren muss, aber das Gesetz mehrere Handlungsmöglichkeiten vorsieht, siehe: *Kahl/Weber*, Verwaltungsrecht[7] (2019) Rz 163; *Schragel*, AHG[3] (2003) § 1 Rz 149.

4 Art 2 Z 37 Medizinprodukte-VO bezeichnet „jeden Angehörigen der Gesundheitsberufe oder Laien, der ein Medizinprodukt anwendet" als „Anwender"; so auch Art 2 Z 30 IvD-VO.

5 OGH 27.6.2023, 1 Ob 28/23h, siehe *Paar*, Amtshaftung und Produkthaftung wegen gebrochener Spiralen, RdM 2024, 27; *Rief*, Ungewollte Schwangerschaft/Geburt trotz Spirale: Ersatz der daraus resultierenden Vermögensnachteile? JMG 2024, 36; OGH 25.4.2023, 1 Ob 39/23a (zu § 77 Abs 1 MPG 1996) mit Verweis auf den Wortlaut des § 77 Abs 1 MPG 1996 sowie ErläutRV 313 BlgNR 20. GP 56 f; siehe auch ErläutRV 313 BlgNR 22. GP 98 („begründete Verdachtsmomente gemäß § 75 bedürfen einer raschen und eingehenden Abklärung, um mögliche Schäden oder Gefährdungen für Gesundheit oder Leben von weiteren Patienten, Anwendern oder Dritten abzuwenden"); *Hauser*, OGH: Amtshaftung für fehlerhaftes behördliches Handeln gemäß Medizinproduktegesetz, JMG 2023, 357; *Leischner-Lenzhofer*, Informationspflichten des Bundesamts für Sicherheit im Gesundheitswesen bei Implantaten. Zugleich Anmerkungen zu OGH 25.4.2023, 1 Ob 39/23a und zur MPG-Novelle BGBl I 2023/27, RdM 2024, 3; *Messner-Kreuzbauer*, Amtshaftung für Medizinprodukt („Spirale"), EvBl 2024, 25; *Aigner*, Behandlungsschäden durch Produktfehler – Beweisnotstand des Patienten? RdM 2006, 80.

6 *Leischner-Lenzhofer*, RdM 2024, 7.

7 § 44 Abs 1 Z 1.

8 § 44 Abs 1 Z 2.

9 Vgl hierzu den weiter formulierten Mangel („sonst oder hinsichtlich ihrer Herstellung") gem § 77 Abs 1 Z 3 Bundesgesetz betreffend Medizinprodukte (Medizinproduktegesetz – MPG) BGBl 1996/657 („MPG 1996").

10 § 44 Abs 1 Z 3.

Im Fall, dass ein produktbezogener Mangel iSd § 44 Abs 1 vorliegt, kommt dem BASG bei der Entscheidung, „ob" es aktiv wird, kein Ermessen zu.[11] 5

C. Vorgehensweise des BASG

Konkret muss das BASG nach der Feststellung eines produktbezogenen Mangels iSd § 44 Abs 1 „alle geeigneten Maßnahmen" ergreifen, um 6

- die betreffenden Produkte vom Markt zurückzuziehen;
- die betreffenden Produkte sicherzustellen;
- das Betreiben, die An- oder Verwendung der betreffenden Produkte zu untersagen, einzuschränken oder von der Einhaltung bestimmter Auflagen abhängig zu machen; oder
- die Anwender, Patienten und Dritte auf Gefahren oder geeignete Vorsichtsmaßnahmen aufmerksam zu machen.

Diese gesetzliche Auflistung an Handlungsmöglichkeiten in § 44 Abs 1 wurde – größtenteils wortident – aus § 77 Abs 1 MPG 1996 übernommen. 7

Sie ist als eine „Skala der möglichen Maßnahmen" zu verstehen, die „vom Rückruf[12] bzw der Beschlagnahme gefährlicher Produkte bis zu besonderen Warnhinweisen[13] oder zusätzlichen Hinweisen auf erforderliche Sicherheitsvorkehrungen" reicht.[14]

Das heißt: Wie das BASG im konkreten Fall vorzugehen hat, legt § 44 Abs 1 nicht eindeutig fest. So könnte das BASG – je nach den Umständen des Einzelfalls – „Warnhinweise" oder „Warnmeldungen" zB direkt an die Betroffenen und/oder über die Homepage des BASG, als Aushang in den Gesundheitseinrichtungen und/oder in Medien kommunizieren. Im Allgemeinen lässt sich jedoch festzuhalten, dass die Veröffentlichung auf der Homepage des BASG als einzige Maßnahme, um Anwender, Patienten und Dritte auf Gefahren oder geeignete Vorsichtsmaßnahmen aufmerksam zu machen, wohl nicht ausreichend sein wird.[15]

Anders formuliert: Die Handlungsmöglichkeiten in § 44 Abs 1 räumen dem BASG ein Auswahlermessen ein. Im Einzelfall kann es aber dazu kommen, dass nur eine einzige Maßnahme iS einer gesetzmäßigen Ermessensausübung zulässig ist.[16]

Das BASG kann diese Maßnahmen auch ohne vorausgegangenes Verfahren oder „vor dem Erlassen eines Bescheides"[17] treffen (soweit dies zur Verhütung unmittelbar drohender Gefahren für die Gesundheit und Sicherheit geboten ist).[18] Diesfalls ist allerdings innerhalb von 8

---

[11] *Baumann* in *Lücker/Baumann*, Medizinprodukte-Recht § 28 Rz 3.

[12] BVwG 22.06.2020, W147 2217204-1 (betrifft einen behördlich angeordneten Produktrückruf).

[13] *Scholz*, Produktwarnungen im Gesundheitsrecht (Teil I) Rechtsnatur und Rechtsschutz, RdM 2017, 13 (16) mwN qualifiziert gesundheitsrechtliche Produktwarnungen im Gesundheitsrecht als schlicht hoheitliche Verwaltungshandlungen, verweist jedoch darauf, dass ein Teil der Lehre diese als Akte unmittelbarer verwaltungsbehördlicher Befehls- und Zwangsgewalt qualifizieren; zur Rechtsnatur von Mitteilungen nach § 44 Abs 1 siehe auch *Leischner-Lenzhofer*, RdM 2024, 7 f.

[14] ErläutRV 313 BlgNR 22. GP 100; *Leischner-Lenzhofer*, RdM 2024, 4.

[15] *Leischner-Lenzhofer*, RdM 2024, 8 mwN.

[16] *Rebhahn*, Staatshaftung wegen mangelnder Gefahrenabwehr (1997) 468; *Baumann* in *Lücker/Baumann*, Medizinprodukte-Recht § 28 dMPG Rz 4 („Ermessensreduzierung auf Null"); *Wagner* in *Rehmann/Wagner* (Hrsg), Medizinproduktegesetz (MPG)^3 (2018) § 26 dMPG Rz 15.

[17] Zu dieser Gesetzesformulierung siehe *Samoilova*, Stellungnahme zum MPG 2021, https://www.parlament.gv.at/dokument/XXVII/SNME/87420/imfname_952232.pdf (6, abgefragt am 1.4.2024), die im Rahmen des Begutachtungsverfahren anregte, dass der „Ausdruck ‚vor Erlassen eines Bescheides' […] die Frage auf[wirft], in welcher Rechtssatzform die Maßnahme zu treffen ist", und festhielt, dass „nur die Ausübung unmittelbarer verwaltungsbehördlicher Befehls- und Zwangsgewalt in Frage [käme]."

[18] § 44 Abs 1 Satz 2.

vier Wochen ein schriftlicher Bescheid zu erlassen.[19] Die gleichlautenden Regelungen in § 77 Abs 1 Satz 2 und 3 MPG 1996 qualifizierte *Scholz* iZm Produktwarnungen als verfassungs- und europarechtlich bedenklich, zumal „jegliche gesetzliche Grundlage für die Richtigstellung, Widerrufung oder Entfernung der Informationen durch das BASG" fehlte.[20] Durch das MPG 2021 wurde dieses Rechtsschutzdefizit nicht behoben.

II. Abs 2

9 Die Maßnahmen gem § 44 Abs 1 können auch in Bezug auf Produkte ergriffen werden, deren Überlassung von den Zollbehörden gem Art 26 Marktüberwachungs-VO[21] ausgesetzt worden ist.[22] § 44 Abs 2 ergänzt somit die Liste der produktbezogenen Mängel iSd § 44 Abs 1.

10 Zu einer Aussetzung des Verfahrens der Überlassung zum zollrechtlich freien Verkehr kann es gem Art 26 Marktüberwachungs-VO wegen folgenden Unzulänglichkeiten iZm der Produktkonformität bzw Produktsicherheit kommen:[23]

- Fehlen der Unterlagen, die unionsrechtlich vorgeschrieben sind, bzw begründete Zweifel an der Echtheit, der Richtigkeit oder der Vollständigkeit dieser Unterlagen;[24]
- Keine dem anwendbaren Unionsrecht entsprechende Kennzeichnung bzw Etikettierung;[25]
- Anbringung der CE-Kennzeichnung oder einer anderen unionsrechtlich gebotenen Kennzeichnung in nicht wahrheitsgemäßer oder irreführender Weise;[26]
- Verpackung des Produkts entspricht nicht Art 4 Abs 4 Marktüberwachungs-VO (Informationen zum zuständigen Wirtschaftsakteur);[27]
- Anlass zur Annahme, dass sonstige Gründe für das Fehlen der Produktkonformität oder ein ernstes Risiko ua für Gesundheit, Sicherheit und Umwelt vorliegen.[28]

---

19 § 44 Abs 1 Satz 3.

20 *Scholz*, Produktwarnungen im Gesundheitsrecht (Teil II) Rechtsnatur und Rechtsschutz, RdM 2017, 61 (63 ff) mit Verweis auf VfGH 6.12.2012, V24/12.

21 Siehe dazu *Rief*, § 2 Rz 19 ff.

22 Für einen Überblick zum produktsicherheitsrechtlichen Zollrecht siehe *Handorn/Schucht*, Die EU-Marktüberwachungsverordnung – neuer Rechtsrahmen für die Marktüberwachung (auch) von Medizinprodukten und In-vitro-Diagnostika, MPR 2021, 59 (65 f).

23 *Streit* in *Ehring/Taeger* (Hrsg), Produkthaftungs- und Produktsicherheitsrecht (2022) Art 26 Marktüberwachungs-VO Rz 5.

24 Art 26 Abs 1 lit a Marktüberwachungs-VO; für Details siehe *Streit* in *Ehring/Taeger*, Produkthaftungs- und Produktsicherheitsrecht Art 26 Marktüberwachungs-VO Rz 8 f.

25 Art 26 Abs 1 lit b Marktüberwachungs-VO; für Details siehe *Streit* in *Ehring/Taeger*, Produkthaftungs- und Produktsicherheitsrecht Art 26 Marktüberwachungs-VO Rz 11 ff.

26 Art 26 Abs 1 lit c Marktüberwachungs-VO; für Details siehe *Streit* in *Ehring/Taeger*, Produkthaftungs- und Produktsicherheitsrecht Art 26 Marktüberwachungs-VO Rz 14 ff.

27 Art 26 Abs 1 lit d Marktüberwachungs-VO; für Details siehe *Streit* in *Ehring/Taeger*, Produkthaftungs- und Produktsicherheitsrecht Art 26 Marktüberwachungs-VO Rz 25 ff.

28 Art 26 Abs 1 lit e Marktüberwachungs-VO; für Details siehe *Streit* in *Ehring/Taeger*, Produkthaftungs- und Produktsicherheitsrecht Art 26 Marktüberwachungs-VO Rz 28 ff.

Sofern Maßnahmen gem § 44 Abs 1 ergriffen werden, sind die betreffenden Produkte in vorübergehender Verwahrung gem Art 144 Unionszollkodex[29] zu belassen.[30] Gem Art 144 Unionszollkodex gilt, dass sich Nicht-Unionswaren sich vom Zeitpunkt ihrer Gestellung an in der vorübergehenden Verwahrung befinden. 11

III. Abs 3

Die Maßnahme, „Anwender, Patienten und Dritte auf Gefahren aufmerksam zu machen", stellt gem § 44 Abs 1 eine mehrerer Handlungsalternativen dar.[31] Im Unterschied dazu statuiert § 44 Abs 3 – unter bestimmten Voraussetzungen[32] – die Pflicht[33] des BASG, die Öffentlichkeit über die Sicherheitsmängel und die davon ausgehenden Gefahren zu informieren.[34] Die Information hat „unverzüglich" (längstens innerhalb von 24 Stunden) zu erfolgen. 12

Diese Informationspflicht setzt – in zweierlei Hinsicht– einen „begründeten Verdacht"[35] voraus:[36] 13

- Zum einen muss der „begründete Verdacht" bestehen, dass eine qualifizierte Gefährdung durch ein Medizinprodukt zu besorgen ist;
- Zum anderen muss der „begründete Verdacht" bestehen, dass das Medizinprodukt bereits an Patienten oder Anwender gelangt ist.

Bei der Beurteilung, ob ein derartiger begründeter Verdacht gegeben ist, sind allfällige vom Hersteller oder gegebenenfalls vom Bevollmächtigten bereits getroffene Maßnahmen zu berücksichtigen. 14

Laut den Gesetzesmaterialien wurde § 44 Abs 3 „analog zu § 75q AMG[37]" geschaffen. 15

---

29 VO (EU) 952/2013 des Europäischen Parlaments und des Rates vom 9. Oktober 2013 zur Festlegung des Zollkodex der Union, ABl L 2013/269, 1.

30 Zum EU-Zollrecht siehe *Tschiderer*, Grundlagen des EU-Zollrechts, in *Tschiderer* (Hrsg), EU-Zollrecht[3] (2022).

31 So auch im Ergebnis *Lehner*, Stellungnahme Medizinproduktegesetz 2021, https://www.parlament.gv.at/dokument/XXVII/SNME/88504/imfname_953731.pdf (5, abgefragt am 1.4.2024).

32 Siehe sogleich Rz 13 f.

33 Vgl dagegen die – nach der Meinung des Autors missverständliche – Formulierung in AB 884 BlgNR 27. GP 9 („Möglichkeit […], dass das BASG bei drohender Gesundheitsgefährdung eine Information der Öffentlichkeit vornehmen kann").

34 *Ernst/Gabauer/Kräftner/Leischner-Lenzhofer/Steinböck*, Keine Haftung des Herstellers bei Geburt eines gesunden Kindes nach Spiralenbruch, RdM-LS 2022, 229, mit Verweis auf ErwG 31 Medizinprodukte-VO („In diesem Zusammenhang [Produkthaftung] sollten zudem Vorschriften festgelegt werden, die es einer zuständigen Behörde ermöglichen, die Bereitstellung von Informationen an Personen, die durch ein fehlerhaftes Produkt verletzt worden sein könnten, zu erleichtern.").

35 Zum Begriff „begründeter Verdacht" siehe *Rief*, § 43 Rz 5 ff.

36 *Ernst/Gabauer/Kräftner/Leischner-Lenzhofer/Steinböck*, RdM-LS 2022, 229; *Larcher/Beiglböck*, Das neue österreichische Medizinproduktegesetz 2021, RdM 2021, 131 (134).

37 Siehe dazu: *Steinböck* in *Holoubek/Potacs*, Öffentliches Wirtschaftsrecht 920 f; *Haas/Plank/Unterkofler*, Arzneimittelgesetz[2] (2015) § 75q AMG.

IV. Haftung des Bundes für Unterlassungen der Marktüberwachungsbehörde

A. Allgemeines

16 Unterlassungen der Marktüberwachungsbehörde (BASG) können zur Haftung des Bundes als Rechtsträger gem § 1 AHG führen.[38]

17 IdZ sind va zwei Fragen zentral:[39]

- Stellt die betreffende Unterlassung einen Verstoß gegen eine konkrete Handlungspflicht[40] dar (Rechtswidrigkeit)?[41]
- Sind durch die betreffende Unterlassung Schäden eintreten, welche die verletzte Norm gerade verhindern wollte (Rechtswidrigkeitszusammenhang)?[42]

B. Reaktive Marktüberwachung iSd MPG 2021

1. Handlungspflichten

18 Wenn sich die Behörde innerhalb rechtlicher Handlungsspielräume (Ermessen und unbestimmte Gesetzesbegriffe[43]) bewegt, handelt sie nicht rechtswidrig iSd AHG.[44]

19 Allerdings ist zu bedenken: Im Einzelfall können sich die „Vorgaben für die Ermessensausübung aus dem Sachverhalt […] so verdichten", dass eine konkrete Handlungspflicht besteht.[45]

---

[38] § 6a Abs 2 Bundesgesetz, mit dem die Österreichische Agentur für Gesundheit und Ernährungssicherheit GmbH errichtet und das Bundesamt für Ernährungssicherheit sowie das Bundesamt für Sicherheit im Gesundheitswesen eingerichtet werden (Gesundheits- und Ernährungssicherheitsgesetz – GESG) BGBl I 2002/63 idF BGBl I 2021/256; OGH 25.4.2023, 1 Ob 39/23a (zu § 77 Abs 1 MPG 1996); OGH 15.5.2023, 1Ob199/22d (zum EpiG); RIS-Justiz RS0081378.

[39] *Mader* in *Schwimann/Kodek* (Hrsg), ABGB: Praxiskommentar VII^5 (2022) § 1 AHG Rz 43; zur Frage der Kausalität siehe *Leischner-Lenzhofer*, RdM 2024, 4, die darauf hinweist, dass „ein Ursachenzusammenhang zwischen Pflichtverletzung und Schaden […] ua dann zu verneinen [ist], wenn die konkrete Patientin die Information über die Materialfehler auf anderem Wege erhalten hat, also insb vom Hersteller oder behandelnden Arzt".

[40] Zur Handlungspflicht im Detail (zB zur Unterscheidung zwischen konkreter und abstrakter Handlungspflicht) siehe *Rief*, Implantierbare Medizinprodukte der Klasse III (2021) 171 ff mwN.

[41] *Geroldinger*, Amtshaftung wegen Fehlern bei Bekämpfung der COVID-19-Epidemie? JBl 2020, 523 (529); *Mader* in *Schwimann/Kodek* VII^5 § 1 AHG Rz 43; *Kucsko-Stadlmayer*, Österreich, in *Dörr* (Hrsg), Staatshaftung in Europa. Nationales und Unionsrecht (2014) 429 (441); *Rief*, Implantierbare Medizinprodukte 17 f; RIS-Justiz RS0081378; RIS-Justiz RS0049798; OGH 25.4.2023, 1 Ob 39/23a (zu § 77 Abs 1 MPG 1996); OGH 24.6.2005, 1 Ob 285/04z.

[42] *Mader* in *Schwimann/Kodek* VII^5 § 1 AHG Rz 43; *Rebhahn*, Haftung für fehlerhafte Staatsaufsicht, in *Holoubek/Lang* (Hrsg), Organhaftung und Staatshaftung in Steuersachen (2002) 277 (282); *Beirer*, Die Amts- und Staatshaftung für Unterlassungen (2015) 50; *Rief*, Implantierbare Medizinprodukte 18; RIS-Justiz RS0031143; OGH 25.4.2023, 1 Ob 39/23a (zu § 77 Abs 1 MPG 1996).

[43] *Rebhahn*, Staatshaftung 464, betrachtet „unbestimmte Gesetzesbegriffe […], die der Behörde einen Spielraum […] einräumen" als „Übergang von gebundener Entscheidung zum Ermessen".

[44] *Kucsko-Stadlmayer* in *Dörr* 444; *Paar*, Grundzüge des Amtshaftungsrechts (2010) 44 f; *Schragel*, AHG^3 § 1 Rz 151; *Stelzer/Maschke*, Rechtswidrigkeit und Rechtswidrigkeitszusammenhang als Voraussetzung des Haftungsanspruchs, in *Holoubek/Lang* (Hrsg), Organhaftung in Steuersachen (2002) 13 (20); *Apathy*, Haftungsfolgen fehlerhafter Staatsaufsicht, in *Aicher* (Hrsg), Die Haftung für staatliche Fehlleistungen im Wirtschaftsleben (1988) 207 (219).

[45] *Rebhahn*, Staatshaftung 468; siehe auch *Baumann* in *Lücker/Baumann* Medizinprodukte-Recht § 28 dMPG Rz 4; *Wagner* in *Rehmann/Wagner*, Medizinproduktegesetz § 26 dMPG Rz 15.

Eine derartige Reduktion des behördlichen Ermessens (sowohl Handlungs- als auch Auswahlermessen[46]) „auf null“ bedarf einer strengen Begründung.[47]

20 Bei der Prüfung des Ausmaßes der geforderten Sorgfalt (bzw des Vorliegens einer konkreten Handlungspflicht[48]) sind nach *Rebhahn* folgende Aspekte zu berücksichtigen:[49]

- Normative Grundlage: Ziele der jeweiligen behördlichen Ermächtigung (insbesondere Aufsichtsziele);[50]
- Gefährdete Interessen: „Ausmaß des möglichen beziehungsweise drohenden Schadens und Art der gefährdeten Rechtsgüter“;[51]
- Gebotener Sachverstand der Behörde: „maßstabgerechte[r] Organwalter“ (§ 1299 ABGB);[52]
- Wahrscheinlichkeit der Gefährdung: „Eintrittswahrscheinlichkeit des drohenden Nachteils“[53] und „Ausmaß des erwarteten Schadens“[54];[55]
- Unterscheidung zwischen der „Pflicht zur weiteren Aufklärung“ („Aufgriffsschwelle“) und der „Befugnis zu Eingriffen“ („Eingriffsschwelle“):[56] Die Aufgriffsschwelle ist niedriger als die Eingriffsschwelle;[57]
- Berechtigte Schutzerwartungen (zB Vertrauen auf Schutz der Gesundheit);[58]
- „Übermaßverbot gegenüber dem Eingriffsadressaten (Erforderlichkeit, Eignung und Verhältnismäßigkeit[59])“;[60]
- Gebotene Eile des behördlichen Handelns zur Verhinderung des Schadenseintritts;[61]
- Verfügbare Mittel der Behörde und Zumutbarkeit.[62]

21 § 43 räumt dem BASG iZm dem „Ob“ des behördlichen Tätigwerdens (Einleitung von Untersuchungen) einen gewissen Handlungsspielraum ein.[63] Sofern jedoch ein begründeter Verdacht iSd § 43 besteht, ist das BASG zumindest in koordinierender Funktion verpflichtet, aktiv zu werden (gebundene Entscheidung).[64]

---

[46] *Rebhahn* in *Holoubek/Lang*, Organhaftung 285.
[47] *Rebhahn* in *Holoubek/Lang*, Organhaftung 285 f.
[48] *Rebhahn*, Staatshaftung 479.
[49] *Rief*, Implantierbare Medizinprodukte 173 ff mwN.
[50] *Rebhahn*, Staatshaftung 481.
[51] *Rebhahn* in *Holoubek/Lang*, Organhaftung 286; *Rebhahn*, Staatshaftung 482; siehe auch *Apathy* in *Aicher* 217.
[52] *Rebhahn*, Staatshaftung 483 ff.
[53] *Rebhahn*, Staatshaftung 486.
[54] *Rebhahn*, Staatshaftung 486.
[55] *Rebhahn* in *Holoubek/Lang*, Organhaftung 286; *Rebhahn*, Staatshaftung 486; siehe auch OGH 25.6.1996, 1 Ob 2192/96a.
[56] *Rebhahn*, Staatshaftung 486.
[57] *Rebhahn*, Staatshaftung 487.
[58] *Rebhahn*, Staatshaftung 490.
[59] Siehe dazu *Rief*, Implantierbare Medizinprodukte 176 (Grundsatz der Verhältnismäßigkeit) mit Verweis auf: *Geroldinger*, JBl 2020, 530; *Langner/Klindt/Schucht*, Technische Sicherheitsvorschriften und Normen, in *Dauses/Ludwigs* (Hrsg), Handbuch des EU-Wirtschaftsrechts (50. Lfg März 2020) Rz 56.
[60] *Rebhahn*, Staatshaftung 492.
[61] *Rebhahn*, Staatshaftung 494.
[62] *Rebhahn*, Staatshaftung 496.
[63] Siehe *Rief*, § 43 Rz 8 f mwN.
[64] Siehe *Rief*, § 43 Rz 10 mwN.

22 § 44 legt fest, dass das BASG tätig werden muss, wenn ein produktbezogener Mangel iSd § 44 Abs 1 vorliegt (gebundene Entscheidung, kein Handlungsermessen).[65] Bei der Wahl der Handlungsmöglichkeiten („alle gebotenen Maßnahmen") kommt dem BASG ein Auswahlermessen zu.[66]

2. Rechtswidrigkeitszusammenhang

23 Bei der Prüfung des Rechtswidrigkeitszusammenhangs ist entscheidend, ob die betreffende Handlungspflicht auch dem Interesse einzelner Betroffener dient (nicht bloß dem Interesse der Allgemeinheit).[67]

24 IZm §§ 68, 75, 77 MPG 1996 entschied der OGH, dass „durch die dem BASG auferlegten Pflichten gerade (und nicht bloß als Reflexwirkung des Gesetzes) Schäden der Patienten, Anwender oder Dritter, die mit dem Medizinprodukt in Berührung kommen, verhindert werden sollten". Bei dieser Gruppe handelte es sich – laut OGH – um eine „abgrenzbare bestimmte Gruppe von Personen, die vom Schutzzweck der Norm erfasst waren". Begründend verwies der OGH auf den Gesetzeszweck[68] (Hintanhaltung einer Gefährdung der Patienten, Anwender und Dritter).[69] Diese Ent steht nach der Meinung des Autors im Einklang mit der bisherigeren OGH-Rsp zu vergleichbaren Reglungsbereichen (Weinaufsicht [Stichwort: „Letztverbraucher"][70], Bankaufsicht [Stichwörter: „Anleger" und „Sparer"][71], Gewässeraufsicht[72], wiederkehrende Begutachtungen iSd § 57a KFG 1967[73]).[74]

25 Das Ergebnis dieser OGH-Ent lässt sich nach der Meinung des Autors auf die Bestimmungen des MPG 2021 übertragen: Zum einen beinhalten auch die §§ 38 Abs 2, 43 Z 1 und 44 Abs 1 Z 1 den Wortlaut „Schutz der Sicherheit und Gesundheit der Patienten, Anwender oder Dritter"; zum anderen hat sich die Funktion der Marktüberwachung durch das MPG 2021 nicht geändert.[75]

---

65 *Baumann* in *Lücker/Baumann*, Medizinprodukte-Recht § 28 Rz 3.

66 Rz 6 f.

67 *Mader* in *Schwimann/Kodek* VII[5] § 1 AHG Rz 61; *Kucsko-Stadlmayer*, Säumnisschutz und Amtshaftung, in *Holoubek/Lang* (Hrsg), Rechtsschutz gegen staatliche Untätigkeit (2011) 353 (358); *Schragel*, AHG[3] § 1 Rz 130; *Rief*, Implantierbare Medizinprodukte 175 f; OGH 25.4.2023, 1 Ob 39/23a (zu § 77 Abs 1 MPG 1996); OGH 22.6.1993, 1 Ob 22/92; OGH 24.6.1992, 1 Ob 15/92.

68 Diesen Gesetzeszweck leitete der OGH aus dem Gesetzeswortlaut des MPG 1996 und aus den allgemeinen Ausführungen zur Funktion der Marktüberwachung in den entsprechenden ErläutRV (ErläutRV 313 BlgNR 22. GP 56 f) ab.

69 OGH 25.4.2023, 1 Ob 39/23a (Vorwurf der klagenden Partei im hiesigen Verfahren: Unterlassen der gebotenen Schutzmaßnahmen durch das BASG als Aufsichtsbehörde).

70 RIS-Justiz RS0038240; OGH 26.3.1996, 1 Ob 2060/96i; OGH 3.10.1990, 1 Ob 44/89; *Kucsko-Stadlmayer* in *Holoubek/Lang*, Rechtsschutz 358; zwfl *Rebhahn* in *Holoubek/Lang*, Organhaftung 284; *Rebhahn*, Staatshaftung 303.

71 OGH 17.10.1995, 1 Ob 20/94; *Kucsko-Stadlmayer* in *Holoubek/Lang*, Rechtsschutz 359; *Rebhahn* in *Holoubek/Lang*, Organhaftung 282.

72 OGH 30.10.1991, 1 Ob 25/91; *Rebhahn* in *Holoubek/Lang*, Organhaftung 283; *Rebhahn*, Staatshaftung 303.

73 OGH 28.1.2003, 1 Ob 8/03p; *Paar*, Grundzüge 47.

74 Zu den Judikaturverweisen siehe *Rief*, Implantierbare Medizinprodukte 188.

75 AB 884 BlgNR 27. GP 2, wonach die Änderungen der Gesetzeslage (nur) insoweit erforderlich waren, als dass jene nationalen Bestimmungen aufzuheben gewesen sind, welche die Bereiche betroffen haben, die nunmehr unmittelbar die Medizinprodukte-VO bzw der IvD-VO reguliert; siehe auch: EuGH 16.2.2017, C-219/15, *Schmitt/TÜV Rheinland LGA Products GmbH* Rz 50 ff; ErläutRV 313 BlgNR 22. GP 98 („begründete Verdachtsmomente gemäß § 75 bedürfen einer raschen und eingehenden Abklärung, um mögliche Schäden oder Gefährdungen für Gesundheit oder Leben von weiteren Patienten,

MaW: Die Bestimmungen des MPG 2021 zur reaktiven Marktüberwachung bezwecken gerade den Schutz der Gesundheit die Endempfänger der Medizinprodukte (Patienten, Anwender oder Dritter).[76] 26

Anwendern oder Dritten abzuwenden"); *Hauser*, OGH: Amtshaftung für fehlerhaftes behördliches Handeln gemäß Medizinproduktegesetz, JMG 2023, 357.

76 Zur Rechtslage iSd Medizinprodukte-VO bzw der IvD-VO siehe *Rief*, Implantierbare Medizinprodukte 188.

Spezielle Haftungsfragen bezogen auf Medizinprodukte

Literatur: *Birklbauer*, Ist die Befassung von Strafgerichten mit ärztlichen Behandlungsfehlern noch zeitgemäß?, RdM 2009/165; *Brandstetter/Zahrl*, Rechtspolitische Anmerkungen zu Reformen der strafrechtlichen Haftung von Angehörigen der Gesundheitsberufe, in *Bernat/Grabenwarter/Kneihs/Pöschl/Stöger/Wiederin/Zahrl* (Hrsg), Festschrift Christian Kopetzki zum 65. Geburtstag; *Dietrich*, Ablauf- und Verfalldatum von persönlicher Schutzausrüstung und Medizinprodukten als starre Grenzen?, RdM 2023/52; *Ernst*, Anspruch auf Arzneimitteltherapien in Krankenanstalten, RdM 2021/244; *Ernst*, Die französische Antwort auf das EuGH-Urteil im PIP-Skandal, GPR 2019, 133; *Fitz/Grau* in *Fitz/Grau/Reindl*, Produkthaftung[2], 2004, § 5; *Fuchs/Zerbes*, Strafrecht Allgemeiner Teil 1; *Gassner*, Neues EU-Medizinprodukterecht ante portas, RdM 2018/99; *Haag*, Strafrechtliche Verantwortlichkeit für Aufklärungsfehler?, RdM 2005/48; *Hofmann/Schreck* in *Neumayr/Resch/Wallner*, GmundKomm2 Art 8 Medizinprodukte-VO; *Kodek* in *Kletečka/Schauer*, ABGB-ON § 1295; *Koziol*, Grundfragen des Schadenersatzrechts, 2010; *Koziol/Apathy/Koch*, Österreichisches Haftpflichtrecht III[3], 2014; *Kuhlen* in Handbuch Wirtschaftsstrafrecht[5] 2/9; *Larcher*, Medizinprodukte-Software: Abgrenzung und Produkthaftung, RdM 2018/100; *Lienbacher/Lukan*, Die Feststellung des rechtlich gebotenen Behandlungsniveaus in Krankenanstalten und die Rolle von „Boards", RdM-ÖG 2022/2; *Loerzer*, Harmonisierte Normen - Das „HAS-Assessment" und Auswirkungen auf die Normanwender, ZfPC 2023; *Marek/Tipold* in *Neumayr/Resch/Wallner*, GmundKomm[2] §§ 80, 88 StGB; *Mayr/Rauner/Schweiger*, Die geplante Produkthaftungsreform und ihre Auswirkungen auf die Medizinproduktehaftung, ZfPC 2023, 2; *Mayrhofer*, Das rechtlich gebotene Niveau der Arzneimittelversorgung in Krankenanstalten, RdM-ÖG 2019/5; *Paar*, Amtshaftung, in RDB Keywords[1]; *Pilz*, Zur strafrechtlichen Verantwortung von Krankenanstalten nach dem neuen Unternehmensstrafrecht, RdM 2006/75; *Piovano*, Rechtsfragen bei der Identifikation des produktsicherheitsrechtlichen Herstellers bei OEM-Geschäften, InTeR 2021, 6; *Posch/Terlitza* in *Schwimann/Kodek*, ABGB Praxiskommentar VII[4] 2016, § 3; *Preslmayr, Der Scheinhersteller im Produkthaftungsgesetz, ecolex 1991, 149*; *Rabl*, Produkthaftungsgesetz, 2017; *Rohrleitner*, Vertragshaftung, in RDB Keywords[1]; *Rohrßen*, Die EU-Produkthaftungs-RL 2024: Der „final compromise text", ZfPC 2024, 2; *Schacherreiter* in *Kletečka/Schauer*, ABGB-ON § 1311; *Schwimann/Kodek*, ABGB[4] § 1311; *Steinböck*, Die Bedeutung der arzneimittel- und medizinprodukterechtlichen Vorschriften für die Produkthaftung, in *Bernat/Grabenwarter/Kneihs/Pöschl/Stöger/Wiederin/Zahrl* (Hrsg), Festschrift Christian Kopetzki zum 65. Geburtstag; *Steiner*, Krankenhausmanagement und Verbandsverantwortlichkeit, RdM 2007/113; *Stelzer*, Produkthaftung in der Medizin, 2020; *Stöger*, Darf die Art der Beschaffung die medizinische Therapie beeinflussen? (Teil I), RdM-ÖG 2019/7; *Streit*, Fehlerhafte Silikonbrustimplantate: Medizinprodukte, Kontrolle und Haftung - und die Folgen, JMG 2017, 68; *Stricker*, Produktstrafrecht, 2023; *Taeger*, Haftung für Verdachtsfehler aus § 1 Abs 1ProdHaftG, ZfPC 2022, 62.; *Welser/Zöchling-Jud*, Bürgerliches Recht II14, 2015.

Inhaltsverzeichnis

I. Zivilrechtliche Haftung - Schadenersatz

Im Hinblick auf ein (vermeintlich) mangelhaftes Produkt sind grundsätzlich zwei Themenkomplexe zu trennen. Einerseits die Frage, wie mit dem mangelhaften Produkt selbst umzugehen ist. Hier sei primär auf das Vertrags- und Gewährleistungsrecht verwiesen. Und andererseits die Frage, wie für Schäden an anderen Sachen oder Personen, die sich aus dem Produkt ergeben einzustehen bzw zu haften ist, auf welche in der Folge eingegangen werden soll.[1] 1

Wird vom allgemeinen Grundsatz, casum sentit dominus, abgewichen, so bedarf es besonderer Zurechnungsgründe, die zum Schadenersatz verpflichten. 2

Auch im Bereich der Medizinprodukte sind Schadenersatzansprüche aufgrund der dem Zivilrecht bekannten vertraglichen Haftung oder deliktischen Haftung möglich.[2] 3

Die vertragliche Haftung räumt dem Geschädigten eine gegenüber der deliktischen Haftung vorteilhaftere Position ein, insofern diese eine strengere Gehilfenhaftung, eine Beweislastumkehr im Hinblick auf das Verschulden sowie eine Haftung für reine Vermögensschäden vorsieht.[3] 4

A. Medizinprodukterecht als Schutzgesetz

Besondere Bedeutung in der deliktischen Haftung kommt der Frage zu, ob der (vermeintliche) Schädiger einen Schaden unter Verstoß gegen eine als Schutzgesetz iSd § 1311 ABGB einzustufende Rechtsnorm verursacht hat. Bejahendenfalls, greift die in § 1298 ABGB normierte Beweislastumkehr, was zur Folge hat, dass das Verschulden der (gegen das Schutzgesetz verstoßenden, sorgfaltswidrig handelnden) Person angenommen wird und sich diese frei zu beweisen hätte.[4] Weiterhin durch den Geschädigten zu beweisen sind auch in diesem Fall freilich das Vorliegen des Schadens und der Verstoß gegen das Schutzgesetz. Für den Geschädigten bedeutet dies eine weitaus bessere Position. 5

Das MPG 2021 sowie die MDR als auch auf Basis des MPG 2021 erlassene Verordnungen können als Schutzgesetze iSd § 1311 ABGB klassifiziert werden.[5] Der Begriff „Gesetz" ist dabei nicht im formellen sondern im materiellen Sinn zu verstehen, weshalb auch Verordnungen oder Bescheide ein Schutzgesetz sein können.[6] 6

Entscheidend für das Vorliegen eines Schutzgesetzes ist, dass jenes ein gebotenes oder verbotenes Verhalten beschreibt und damit den Schutz bestimmter Güter bzw Personen oder Personengruppen verfolgt, was bei den medizinprodukterechtlichen Regelungen nahezu durchgehend bejaht werden kann. 7

Geprüft wird bei Schutzgesetzübertretungen im konkreten Fall, ob das Schutzgesetz gerade jene Schäden als wie den eingetretenen verhindern soll – der sogenannte Schutzzweck der Norm.[7] Im Hinblick auf das Medizinprodukterecht sind wohl eine Vielzahl von Schäden als in den Schutzzweck der Norm fallend einzustufen. Eindeutig fallen darunter Schädigungen der Gesundheit von Menschen (arg ErwGr 2 MDR: „hohes Gesundheitsschutzniveau", „hohe 8

[1] Vgl *Stelzer*, Produkthaftung in der Medizin, 2020.
[2] Weiterführend bspw *Koziol*, Grundfragen des Schadenersatzrechts, 2010.
[3] Vgl *Rohrleitner*, Vertragshaftung, in RDB Keywords[1].
[4] Vgl *Schacherreiter* in *Kletečka/Schauer*, ABGB-ON § 1311 Rz 49 f; keine Beweislastumkehr wird bei einer Schutzgesetzverletzung hinsichtlich der Kausalität angenommen, wobei aber gleichzeitig kein strenger Beweis zu erbringen ist.
[5] Vgl bspw *Dietrich*, Ablauf- und Verfalldatum von persönlicher Schutzausrüstung und Medizinprodukten als starre Grenzen?, RdM 2023/52.
[6] Vgl *Harrer* in *Schwimann/Kodek*, ABGB[4] § 1311 Rz 9.
[7] Vgl *Schacherreiter* in *Kletečka/Schauer*, ABGB-ON § 1311 Rz 11.

Standards für die Qualität und Sicherheit von Medizinprodukten“) sowie naheliegenderweise auch sich daraus ergebende finanzielle Nachteile einer an der Gesundheit geschädigten Person. Das MPG 2021 ergänzt die Vorgaben der (direkt anwendbaren) MDR noch um den nationalen Anwendungsbereich[8] und schafft zusätzliche bzw flankierende Regelungen im Hinblick auf die Anwendung von Medizinprodukten sowie im Hinblick auf behördliche und sonstige Überwachungspflichten.

9 Aus dem Regelungsgegenstand sowie den einzelnen materiellen Bestimmungen ergibt sich ebenfalls ein Schutzzweck der Norm, welcher auf die Sicherheit von Medizinprodukten und damit auf die Abwendung von Schäden im Zusammenhang mit denselben ausgerichtet ist. Auch die (behördlichen) Überwachungspflichten des MPG 2021 zielen auf den Schutz des Lebens und der Gesundheit von Patienten vor Gefahren durch Medizinprodukte ab.[9]

10 Weniger eindeutig ist, ob sich aus den Zielsetzungen der MDR (arg ErwGr 2 MDR: „[...] soll mit der vorliegenden Verordnung ein reibungslos funktionierender Binnenmarkt für Medizinprodukte unter Berücksichtigung der in diesem Sektor tätigen kleinen und mittleren Unternehmen sichergestellt werden [...]“) auch als Zweck der Norm der Schutz einzelner Wirtschaftsakteure (bspw Hersteller oder Händler) ableiten lässt. Bejahendenfalls könnte ein Verstoß gegen einzelne Bestimmungen der MDR auch Erleichterungen in schadenersatzrechtlicher Sicht mit sich bringen, wenn Zuwiderhandlungen sich negativ auf das Funktionieren des Binnenmarkts, bspw den freien Handel auswirken. Zu denken wäre dabei an Schäden, die sich durch die Missachtung von Händlerpflichten (Art 14 MDR) oder durch gesetzwidriges Umetikettieren (Art 16 MDR) ergeben. mE wäre die Erstreckung des Schutzwecks der Norm in diese Richtung wohl eher als überschießend zu beurteilen. Fallkonstellationen dieser Art könnten in manchen Fällen wohl auch wettbewerbsrechtlich relevant sein (§ 1 Abs 1 UWG, Fallgruppe Rechtsbruch).[10]

B. Vertrag zugunsten Dritter und Verkehrssicherungspflichten

11 Zu Erleichterungen für den Geschädigten, vergleichbar mit jenen aufgrund einer Schutzgesetzverletzung, führt auch die Schutzwirkung eines Vertrags zugunsten Dritter. Diese von der Lehre und Rechtsprechung entwickelte Konstruktion dehnt die grundsätzlich nur einem Vertragspartner zukommende vorteilhafte Wirkung vertraglicher Verpflichtungen in bestimmten Fällen auf Dritte aus. Konkret besteht somit für den Dritten Anspruch auf vertraglichen Schadenersatz und nicht bloß auf deliktischen. Dies bedeutet bspw auch, dass der Schädiger nicht nur gegenüber seinem Vertragspartner sondern auch gegenüber den geschützten Dritten für Erfüllungsgehilfen (§ 1313a ABGB) einzustehen hat.[11]

12 Im Bereich der Medizinprodukte kann davon ausgegangen werden, dass die Schädigung von Personen bzw deren Sachen, bei welchen üblicherweise damit gerechnet werden kann, dass die Produkte direkte Auswirkungen auf sie haben, von der Schutzwirkung zugunsten Dritter von Kauf- und Bestandverträgen erfasst sind. So entfalten Verträge hinsichtlich der Beschaffung von Medizinprodukten in Gesundheitseinrichtungen Schutzwirkung zugunsten der Anwendern und Patienten, welche in diesen Einrichtungen mit den Medizinprodukten befasst sind. Eine Schutzwirkung zugunsten unbeteiligter Dritter, welche bspw nur zufällig von Auswirkungen der Medizinprodukte erfasst sind (bspw Passanten) ist nicht anzunehmen. Hier kommt als Haf-

---

8 Vgl ErlRV 109/ME 27. GP, 2.

9 Vgl OGH 1 Ob 39/23a sowie OGH 27.6.2023, 1 Ob 28/23h = RdM 2024/8 (*Paar*).

10 OGH 22.3.2018, 4 Ob 48/18i, JusGuide 2018/18/16695 (OGH).

11 Vgl zum Ganzen *Welser/Zöchling-Jud*, Bürgerliches Recht II[14], 2015, Rz 644 ff oder *Kodek* in *Kletečka/Schauer*, ABGB-ON § 1295.

tungsgrundlage bloß ein Verstoß des Schädigers gegen Verkehrssicherungspflichten in Betracht. Ein solcher Verstoß könnte bspw in der mangelhaften Wartung von Medizinprodukten durch Betreiber oder in der Verletzung von Marktüberwachungsmaßnahmen durch Hersteller liegen.[12]

Insbesondere Gesundheitseinrichtungen unterliegen im Hinblick auf ihren Tätigkeitsbereich, dessen Gefahrengeneigtheit und die üblicherweise dort anzutreffenden Verkehrskreise erhöhten Anforderungen im Hinblick auf Verkehrssicherungspflichten. Solche Verpflichtungen umfassen im Hinblick auf Medizinprodukte bspw die Sicherstellung deren Funktionstüchtigkeit, wobei für diese Umsetzung in Sondergesetzen auch spezielle personelle Ressourcen vorgesehen sind.[13] Ebenso kann die Sicherstellung der angemessenen Ausstattung einer Gesundheitseinrichtung – auch im Hinblick auf die dort zur Verfügung zu haltenden Produkte, wie bspw Notfallausstattung und damit auch uA Medizinprodukte – als Verkehrssicherungspflicht verstanden werden.[14] 13

C. Aktiv- und Passivlegitimation

Ausgehend von den beschriebenen Haftungsszenarien liegt auf der Hand, dass der Kreis der aktivlegitimierten Personen im Hinblick auf Medizinproduktehaftung sehr weit ist. Besonders hervorzuheben sind Patienten, Anwender und Gesundheitseinrichtungen. 14

Im Bereich der Passivlegitimation knüpft der Kreis der entsprechenden Wirtschaftsakteure an den Verantwortlichkeiten an, welche jenen medizinprodukterechtlich übertragen wird. Die Haftung für mangelhafte/fehlerhafte Medizinprodukte trifft primär den Hersteller oder Bevollmächtigten bzw Importeur, da jene für das Inverkehrbringen der Produkte am europäischen Markt umfassend verantwortlich sind. Die MDR sieht die Rolle des Bevollmächtigten zur Wahrnehmung von Herstellerverpflichtungen vor, wenn der Hersteller nicht in einem Mitgliedstaat ansässig ist. Dies soll insbesondere auch den Zugriff europäischer Behörden und Gerichte auf eine in einem Mitgliedstaat niedergelassene Person sicherstellen und insofern zur effektiven Rechtsdurchsetzung beitragen.[15] Passivlegitimiert können auch Benannte Stellen oder Behörden sein, welche ihren Verpflichtungen aus dem Medizinprodukterecht nicht nachkommen, bspw ihren Prüfpflichten im Rahmen der Konformitätsbewertung von Produkten oder ihren Überwachungspflichten.[16] 15

Gesundheitseinrichtungen können insbesondere dann in Anspruch genommen werden, wenn sie ihren Verpflichtungen zur ordnungsgemäßen Instandhaltung von Medizinprodukten nicht nachkommen,[17] oder ggf ein Auswahlverschulden hinsichtlich der Qualität der eingesetzten Medizinprodukte vorliegt. Im Hinblick auf die Aufrechterhaltung einer angemessenen Medizinprodukteausstattung ist auf den jeweils anwendbaren medizinischen Standard zu verweisen.[18] Je nach Gesundheitseinrichtung wird hier ein unterschiedliches Leistungsniveau geboten sein. 16

D. Haftpflichtversicherung

Wirtschaftsakteure im Medizinproduktebereich sind somit im Hinblick auf ihre Haftung für mangelhafte (fehlerhafte) Produkte aufgrund der engmaschigen Regulierung, welche auf 17

---

[12] Vgl *Fitz/Grau* in *Fitz/Grau/Reindl*, Produkthaftung², 2004, § 5 Rz 154.

[13] Bspw Technischer Sicherheitsbeauftragter gem § 8b Kranken- und Kuranstaltengesetz BGBl 1957/1 idF BGBl I 2000/80.

[14] Vgl VwGH 26.3.2015, Ro 2014/11/0011, RdM-LS 2015/79.

[15] Vgl ErwGr 37 MDR.

[16] Vgl EuGH 16.2.2017, C-219/15, VbR 2017/40 bzw OGH 25.4.2023, 1 Ob 39/23a, RdM 2024/7.

[17] Vgl VwSlg 19094 A/2015.

[18] Vgl zum rechtlich gebotenen Niveau der Versorgung mit Arzneimitteln *Ernst*, Anspruch auf Arzneimitteltherapien in Krankenanstalten, RdM 2021/244 (148) bzw *Mayrhofer*, Das rechtlich gebotene Niveau der Arzneimittelversorgung in Krankenanstalten, RdM-ÖG 2019/5.

den Schutz vor von Medizinprodukten ausgehenden Gefahren abstellt, mit hohen Anforderungen konfrontiert. Auch deshalb sieht das Medizinprodukterecht an unterschiedlicher Stelle die Verpflichtung von Wirtschaftsakteuren zum Abschluss angemessener Haftpflichtversicherungen, insbesondere für die verschuldensunabhängige Haftung, vor.[19] Auch Benannte Stellen sind davon erfasst.[20] Dazu korrespondierend werden oftmals im Rahmen der öffentlichen (und privaten) Beschaffung vertragliche Zusagen zum Abschluss entsprechender Haftpflichtversicherungen verlangt.

E. Sonderfall: Haftung Benannter Stellen

18 Benannten Stellen kommt im Hinblick auf die Konformitätsbewertung eine besonders wichtige und verantwortungsvolle Rolle zu. Dieser wurde durch die Neuregelung des europäischen Rechtsrahmens mit der MDR Rechnung getragen, welche viele Anforderungen an die Benannten Stellen nunmehr engmaschiger vorschreibt.[21] Tatsächlich war der aufmerksamkeiterregende Fall einer Patientin, welche die Benannte Stelle eines Herstellers von Brustimplantaten klagte, da diese ihren Prüfpflichten nicht nachgekommen wäre, einer der Auslöser für die medizinprodukterechtlichen Neuerungen im Rahmen der MDR.

19 Im Anlassfall ging es konkret darum, ob eine Benannte Stelle (unangekündigte) Vor-Ort-Überprüfungen der durch sie zertifizierten Hersteller durchführen müsse. Daran knüpfte nämlich der BGH[22] (sowie der EuGH[23], dem dies zur Vorabentscheidung vorgelegt wurde) die Frage, ob eine Pflichtverletzung der Benannten Stelle vorläge, welche zu einer Haftung gegenüber der Patientin führen würde. Obwohl der EuGH ausführte, dass grundsätzlich der Vertrag zwischen Hersteller und Benannter Stelle eine Schutzwirkung zugunsten Dritter (hier der Patientin) entfalten würde, verneinte er einen Verstoß gegen ein Schutzgesetz (hier dMPG) und damit eine Haftung der benannten Stelle.[24]

20 Konkret kann also davon ausgegangen werden, dass Benannte Stellen jedenfalls bei Verstößen gegen Schutzgesetze, wie es die MDR oder das MPG 2021 sind, als Haftungssubjekt in Frage kommen. Es ist anzumerken, dass sich durch die Regelungen der MDR die Anforderungen (inkl. Prüfpflichten) an Benannte Stellen gegenüber der MDD stark erhöht haben. Bei der Beurteilung ist im Einzelfall zu prüfen, ob tatsächlich ein Verstoß gegen ein Schutzgesetz oder sonst ein Verschulden einer Benannten Stelle vorliegt.[25]

II. Produkthaftung

21 Das Produkthaftungsrecht[26] sieht eine besondere Haftung im Hinblick auf Produkte vor, welche verschuldensunabhängig[27] und gegenüber auch vom Vertragspartner (bspw Käufer, Mieter) unterschiedlichen Personen gilt. Durch die Produkthaftung werden somit etwaige Lücken geschlossen, welche durch eine rein deliktische Haftung entstehen könnten. Sie sollen der

19 Bspw Art 69 MDR sowie § 26 MPG 2021 bzw ErwGr 31 MDR.

20 Vgl Anhang 7 Pkt 1.4.1. MDR.

21 Vgl *Gassner*, Neues EU-Medizinprodukterecht ante portas, RdM 2018/99.

22 Vgl das im Endeffekt ergangene Urteil BGH 22.6.2017, VII ZR 36/14.

23 Vgl EuGH 16.2.2017, C-219/15.

24 EuGH 16.2.2017, C-219/15, VRInfo 2017 H 1-4, 15.

25 Vgl *Streit*, Fehlerhafte Silikonbrustimplantate: Medizinprodukte, Kontrolle und Haftung – und die Folgen, JMG 2017, 68.

26 Zum Ganzen bspw *Rabl*, Produkthaftungsgesetz, 2017.

27 Von der Rechtsprechung vielfach bejaht, sonst tw umstritten, vgl *Koziol/Apathy/Koch*, Österreichisches Haftpflichtrecht III[3], 2014, Abt B, 24, mwN *Stelzer*, Produkthaftung in der Medizin, 2020, 39.

besonderen Verantwortung des Inverkehrbringens von Produkten Rechnung tragen. Man kann daher bei der Produkthaftung auch von einem erweiterten Verbraucherschutz sprechen, wobei nicht nur der Schutz Dritter, sondern auch Konkretisierungen der Rechte von Vertragspartnern (bspw Käufern, Mietern) Inhalt des Produkthaftungsrechts sind.[28]

Zum Zeitpunkt der Entstehung dieses Beitrags befand sich die Neuregelung der Produkt- 22
haftungsrichtlinie im finalen Beschlussstadium.[29] Wesentliche Auswirkungen ergeben sich für den Medizinproduktebereich einerseits daraus, dass das allg Produkthaftungsregime auch auf diesen Bereich anwendbar ist und kein Sonderhaftungsrecht für Medizinprodukte besteht.[30] Andererseits soll die neue Produkthaftungsrichtlinie auch inhaltlich Bereiche miteinschließen, wie bspw Regelungen für Software und Künstliche Intelligenz, welche für Medizinprodukte von hoher Relevanz sind. Zuletzt enthält der finale Entwurf auch Elemente, welche die bisherige Rechtsprechung auch speziell im Bereich der Medizinprodukte herausgebildet hat, wie bspw die in Pkt II.c. beschriebene Haftung für Verdachtsfehler.

Zuletzt sei an dieser Stelle auch erwähnt, dass die ab Dezember 2024 geltende Produkt- 23
sicherheitsverordnung[31] eine gewisse Relevanz für Medizinprodukte haben wird. Diese regelt uA Marktüberwachungspflichten, Informations- und Prüfpflichten sowie sonstige sicherheitsrelevante Verpflichtungen der Wirtschaftsakteure. Medizinprodukte sind, anders als bspw Arzneimittel, nicht vom Geltungsbereich gänzlich ausgenommen. Die V legt jedoch fest, dass den Vorgaben der ProduktsicherheitsV durch spezifische Bestimmungen, Sicherheitsanforderungen oder Harmonisierungsvorschriften für bestimmte Produkte derogiert wird bzw bestimmte Teile der V in diesen Fällen zur Gänze nicht anwendbar sind.[32] Für Medizinprodukte scheinen nahezu lückenlos für die Bestimmungen der V speziellere Bestimmungen im Medizinprodukterecht zu bestehen, weshalb die Relevanz der V als begrenzt eingestuft werden kann. Gleichzeitig gilt die V eben schon für sämtliche Aspekte, die nicht in spezielleren Bestimmungen reguliert sind, weshalb eine detaillierte Auseinandersetzung mit jener nicht unterbleiben kann.

A. Maßgeblichkeit medizinprodukterechtlicher Vorgaben für die Produkthaftung

Die strengen und engmaschigen Vorschriften, insbesondere für die Herstellung von Medi- 24
zinprodukten, stellen den Mindestmaßstab für die berechtigten Sicherheitserwartungen an ein Produkt iSd PHG dar. Insofern kann davon ausgegangen werden, dass Nichteinhaltung gesetzlicher Sicherheitsvorschriften jedenfalls Fehlerhaftigkeit iSd § 5 PHG indiziert, wobei deren Befolgung noch nicht zwangsläufig Fehlerfreiheit iSd PHG bedeutet.[33]

Wenn es sich dabei auch um keine im Gesetzesrang stehenden Vorschriften handelt, kommt 25
den einschlägigen Normen, insbesondere den harmonisierten Normen[34], hohe Bedeutung bei der Beurteilung der Konformität von Produkten mit dem Stand der Technik zu. Deren Einhaltung bei der Auslegung und Herstellung von Medizinprodukten bewirkt eine Konformitätsvermu-

---

28 Vgl *Stelzer*, Produkthaftung in der Medizin, 2020, 37 f.

29 Vgl *Rohrßen*, Die EU-Produkthaftungs-RL 2024: Der „final compromise text“, ZfPC 2024, 2.

30 Vgl *Mayr/Rauner/Schweiger*, Die geplante Produkthaftungsreform und ihre Auswirkungen auf die Medizinproduktehaftung, ZfPC 2023, 2.

31 VO (EU) 2023/988 des Europäischen Parlaments und des Rates vom 10. Mai 2023 über die allgemeine Produktsicherheit (ProduktsicherheitsV).

32 Vgl Art 2 Abs 1 ProduktsicherheitsV.

33 Vgl *Steinböck*, Die Bedeutung der arzneimittel- und medizinprodukterechtlichen Vorschriften für die Produkthaftung, in *Bernat/Grabenwarter/Kneihs/Pöschl/Stöger/Wiederin/Zahrl* (Hrsg), Festschrift Christian Kopetzki zum 65. Geburtstag, 668 f.

34 Vgl *Loerzer*, Harmonisierte Normen - Das „HAS-Assessment“ und Auswirkungen auf die Normanwender, ZfPC 2023, 130.

tung[35], was mit einer Indizwirkung bzgl der Fehlerfreiheit iSd PHG gleichgesetzt werden kann. Diese Konformitätsvermutung ist jedoch jedenfalls widerlegbar und die Einhaltung der einschlägigen Vorschriften und Normen befreit daher nicht zwangsläufig von der Produkthaftung.

26 Medizinprodukterechtliche Vorgaben stellen keine gesetzliche Vorschrift, welche einen Haftungsausschluss iSd § 8 Abs 1 PHG bewirken würde dar. Ihnen fehlt es an der endgültigen Präzisierung (vgl meist bloß „grundlegende Anforderungen), welche somit dem Hersteller noch weitreichenden Gestaltungsspielraum lassen.[36]

B. Haftung von Hersteller und Anscheinshersteller

27 Besondere Bedeutung im Hinblick auf Medizinprodukte kommt dem Herstellerbegriff iSd Produkthaftungsgesetzes (PHG) zu. Einzustehen für fehlerhafte Produkte hat gem PHG grundsätzlich der Hersteller, wobei andere Akteure in der Vertriebskette (Lieferanten) nur ausnahmsweise in Anspruch genommen werden können, insbes wenn diese den tatsächlichen Hersteller iSd PHG nicht namhaft machen.[37]

28 Der Herstellerbegriff wird dabei in § 3 PHG definiert und ist weitestgehend deckungsgleich mit dem Herstellerbegriff des Art 2 Z 30 MDR. Im Hinblick auf Medizinprodukte soll die Haftung des Anscheinsherstellers (Quasi-Hersteller) iSd PHG nicht unerwähnt bleiben. Der Anscheinshersteller ist jene Person, welche am Produkt mit einem ihr zuzuordnenden Erkennungszeichen, bspw einer Marke, angebracht ist. Der Anscheinshersteller haftet grundsätzlich neben dem Hersteller, wobei der abstrakte Vertrauensschutz oft als Begründung dafür herangezogen wird. Beim Anscheinshersteller wird es sich im Medizinproduktebereich meist um einen Händler iSd Art 2 Z 34 MDR handeln. Nach hL wird im Falle des Vorhandenseins von Kennzeichen mehrerer Personen am Produkt eine solidarische Haftung angenommen.[38] Eine solche Konstellation ist im Medizinprodukterecht insofern nunmehr oft vorstellbar, da in der Kennzeichnung sowohl der tatsächliche Hersteller als auch Händler, die das Produkt unter eigener Marke vertreiben, oder Importeure anzuführen sind, wenn sich diese unterscheiden. Auch im Bereich der OEM-Konstellationen[39] sind nunmehr mehrere Personen am Produkt namhaft zu machen, welche jedoch hinsichtlich ihrer Rolle, meist unter Verwendung der entsprechenden Symbole[40], zu kennzeichnen sind. Fraglich ist mE, ob es Verbrauchern, aber auch Anwendern, zumutbar ist, anhand der Piktogramme zuzuordnen, bei welcher Person es sich tatsächlich um den Hersteller (gem MDR und PHG) handelt und ob daher die Solidarhaftung der weiteren auf der Kennzeichnung genannten Personen nach PHG entfällt. Es scheinen aber die besseren Gründe dafür zu sprechen, dass eine Haftung als Anscheinshersteller des/der zusätzlich zum Hersteller angeführten Personen dann nicht angenommen werden kann, wenn der tatsächliche Hersteller im Zeitpunkt des Inverkehrbringens auf dem Produkt angeführt ist und auch sonst keine Maßnahmen gesetzt wurden, die die Person des Herstellers unklar scheinen lassen oder

---

[35] Vgl OGH 22.9.2020, 4 Ob 135/20m, EvBl 2020/153 bzw *Hofmann/Schreck* in *Neumayr/Resch/Wallner*, GmundKomm2 Art 8 Medizinprodukte-VO.

[36] Vgl *Steinböck*, Die Bedeutung der arzneimittel- und medizinprodukterechtlichen Vorschriften für die Produkthaftung, in *Bernat/Grabenwarter/Kneihs/Pöschl/Stöger/Wiederin/Zahrl* (Hrsg), Festschrift Christian Kopetzki zum 65. Geburtstag, 673.

[37] Vgl *Rabl*, Produkthaftungsgesetz, 2017, § 1 Rz 62.

[38] Vgl *Preslmayr*, Der Scheinhersteller im Produkthaftungsgesetz, ecolex 1991, 149.

[39] Vgl *Piovano*, Rechtsfragen bei der Identifikation des produktsicherheitsrechtlichen Herstellers bei OEM-Geschäften, InTeR 2021, 6.

[40] Vgl EN ISO 15223-1.

umgekehrt, dass der Anschein der Herstellereigenschaft erweckt wurde.[41] Der OGH[42] entschied im Hinblick auf Implantate dahingehen, dass von einer Anscheinsherstellereigenschaft jedenfalls dann nicht ausgegangen werden kann, wenn im Zeitpunkt des Inverkehrbringens des in Frage stehenden Medizinprodukts kein Hinweis auf den vermeintlichen Anscheinshersteller am Produkt angebracht ist, auch wenn ein solcher Hinweis ggf zu einem späteren Zeitpunkt am Produkt oder einem Zubehör angebracht werden kann (hier: Klebeetiketten mit Hinweis auf den vermeintlichen Anscheinshersteller, welche nur zusätzlich zu dem Produkt zur Verfügung gestellt wurden, wobei der tatsächliche Hersteller jedoch der Kennzeichnung/Verpackung zu entnehmen war).[43]

C. Haftung bei Verdachtsfehlern

Das Vorliegen eines Fehlers, konkret, dass das Produkt nicht die berechtigterweise erwartbare Sicherheit bietet, ist conditio sine qua non für die Produkthaftung. Praxishinweis: Nicht deckungsgleich zu verstehen ist der Produktfehler mit dem Mangel iSd Gewährleistungsrechts, da dieser in einer Abweichung einer Leistung von der vertraglich geschuldeten besteht. Fehler iSd PHG werden von der Rsp in Konstruktions-, Produktions- und Instruktionsfehler unterteilt.[44] Deren Vorliegen ist regelmäßig durch entsprechende Überprüfungen nachweisbar. 29

Probleme bereiten kann das Anknüpfen an das Vorliegen eines Fehlers dann, wenn ein Verdacht hinsichtlich des Vorliegens eines Fehlers besteht, das konkrete Vorliegen aber nicht mit zumutbarem Aufwand nachgewiesen werden kann. Es wirft sich dadurch die Frage auf, ob ein hinreichender Verdacht auf das Vorliegen eines Fehlers bereits ausreichend ist, dass feststeht, dass das Produkt nicht den berechtigt erwarteten Sicherheitsmerkmalen entspricht. 30

Konkret hatte der EuGH einen Fall im Hinblick auf Herzschrittmacher zu beurteilen. Aufgrund einer Sicherheitsinformation des Herstellers wurde der Austausch von Geräten – also eine Explantation und neuerliche Implantation – empfohlen, wobei der Hersteller die Austauschgeräte kostenfrei zur Verfügung stellte. Mittels weiterem Informationsschreiben informierte der Hersteller, dass jedoch auch die Austauschgeräte eine höhere Fehlerwahrscheinlichkeit als ursprünglich angenommen aufweisen würden. Ein Krankenversicherungsträger begehrte daraufhin den Ersatz der Kosten der Operation für Ex-/Implantation, da durch die erhöhte Fehlerwahrscheinlichkeit ein Produktfehler vorliege. 31

Bemerkenswert ist, dass der EuGH das Vorliegen eines Produktfehlers bejahte, obwohl für die Produkte im konkreten Fall kein Fehler nachgewiesen wurde (eine solche Untersuchung nach der Explantation unterblieb offenbar gänzlich). Voraussetzung dafür sei das Vorliegen dreier Voraussetzungen: das implantierte Medizinprodukt erfüllt eine lebenswichtige Funktion, es liegt eine anormale Potenzialität des Schadeneintritts vor und es muss sich um eine besonders verletzliche Personengruppe handeln.[45] Aufgrund dieser Kriterien ist nicht zu erwarten, dass diese Jud auf sämtliche Medizinprodukte zu übertragen sein wird, nachdem die drei Voraussetzungen wohl nur in bestimmten Fällen vorliegen werden. 32

Neben eines Fehlers muss zur Haftungsbegründung auch ein ersatzfähiger Schaden vorliegen. Dies bejahte der EuGH im Hinblick auf die Kosten der Revisionsoperation. Auf Österreich 33

---

41 Vgl *Posch/Terlitza* in *Schwimann/Kodek*, ABGB Praxiskommentar VII[4] 2016, § 3 Rz 8ff.

42 Vgl OGH 7 Ob 82/15g - RdM 2015/161 (*Kresbach/Pomorski*).

43 Vgl OGH 10.6.2015, 7 Ob 82/15g, ZTR 2015, 277.

44 Vgl bspw OGH 18.10.2016, 3 Ob 139/16m, RdM-LS 2017/88, mwN *Stelzer*, Produkthaftung in der Medizin, 2020, 106.

45 Vgl EuGH 05.03.2015, C-503/13 und C-504/13 *Boston Scientific/AOK Sachsen Anhalt/RWE*; dazu ausführlich uA *Taeger*, Haftung für Verdachtsfehler aus § 1 Abs 1ProdHaftG, ZfPC 2022, 62.

umgelegt ist anzumerken, dass – damit es sich bei Operationskosten nicht um einen reinen Vermögensschaden handelt, für welchen kein Ersatz gebühren würde – das Element der Körperverletzung als Schädigung eines durch das PHG geschützten Rechtsguts hinzutreten muss.[46] Deren Vorliegen wird in der Lit meist bejaht – entweder bezogen auf die Körperverletzung, die durch die Revisionsoperation notwendig wurde oder insofern, dass bereits der Einbau eines fehlerhaften Medizinprodukts eine Körperverletzung sei.[47]

34 Durch im Anschluss an die Boston Scientific Entscheidung des EuGH ergangenen Urteile wird deutlich, dass Serienfehler bei implantierbaren Medizinprodukten (und zwar nicht bloß bei aktiven Medizinprodukten) wohl regelmäßig zu einer entsprechenden Produkthaftung trotz bloßem Verdachtsfehler führen können.[48]

D. Software als Medizinprodukt in der Produkthaftung

35 Software stellt in vielen Fällen ein Medizinprodukt dar, wenn sie für den Einsatz im medizinischen Bereich vorgesehen ist. Im Hinblick auf die Produkthaftung sei darauf verwiesen, dass Software grundsätzlich nur dem Produktbegriff des PHG unterliegt, wenn sie auf einem körperlichen Datenträger in Verkehr gebracht ist. Die Distribution von Software über den Weg des Downloads, also nicht auf einem körperlichen Datenträger, schreitet jedoch stetig voran. Der Ausschluss einer Software, wenn diese mittels Download bezogen wird und nicht auf einem Datenträger, aus der Produkthaftung würde einen nur schwer rechtfertigbaren Wertungsunterschied bedeuten. Es sprechen daher gute Gründe dafür, wie auch in der Lit erwähnt, auch Software, welche nicht auf einem Datenträger bezogen wurde, dem PHG zu unterwerfen, wenn alle sonstigen Voraussetzungen für diese Einordnung erfüllt sind.[49] Eine solche Auslegung – wenn auch entgegen dem Wortlaut des PHG – wäre auch richtlinienkonform, da diese nicht auf die Körperlichkeit des Produkts abstellt.

36 Medizinproduktesoftware stellen auch oftmals die sogenannten „DiGAs“ (Digitale Gesundheits-Applikationen) dar. Deren Zweck besteht in vielen Fällen darin, Patienten oder medizinischem Personal Informationen bezogen auf einen bestimmten Anlassfall, bspw Auskünfte über Inkompatibilitäten von Produkten oder Anweisungen zu therapeutischen Maßnahmen, zu liefern. Eine solche Zurverfügungstellung von Information kann grundsätzlich inkorrekt oder fehlerhaft sein. Einen Produktfehler iSd PHG wird diese jedoch meist nicht darstellen, auch ist eine Zuordnung zu den Fehlerarten Konstruktions-, Produktions- und Instruktionsfehler nicht möglich. Eine Instruktion bezieht sich nach der Rs auf die Darbietung bzw Erklärung eines Produkts und nicht auf ein durch das Produkt erzeugtes Ergebnis.

III. Strafrechtliche Haftung

37 Im gesamten Lebenszyklus von Medizinprodukten – von ihrer Auslegung und Herstellung über ihren Vertrieb und ihre Anwendung bis hin zu ihrer Entsorgung – können Handlungen oder deren Unterlassung Straftatbestände verwirklichen. Bspw ist es naheliegend, dass mit dem Einsatz von Medizinprodukten durch Angehörige der Gesundheitsberufe regelmäßig Körperverletzungen einhergehen, welche im Regelfall als medizinische Heilbehandlung nach erfolgter Aufklärung und Einwilligung jedoch nicht strafbar sind.

---

46 Vgl *Stelzer*, Produkthaftung in der Medizin, 2020, 135.

47 Vgl *Rabl*, Produkthaftungsgesetz (2017), § 1 Rz 136.

48 Vgl bspw G Freiburg 2.8.2019, 1 O 266/12, PharmR 2019, 55 im Hinblick auf ein Hüftimplantat.

49 Vgl *Larcher*, Medizinprodukte-Software: Abgrenzung und Produkthaftung, RdM 2018/100.

An dieser Stelle soll ein Überblick der strafrechtlichen Verantwortung von Herstellern von Medizinprodukten aufgrund ihrer Produkte sowie von Angehörigen der Gesundheitsberufe aufgrund der Anwendung von Medizinprodukten skizziert werden. **38**

A. Strafrechtliche Haftung für fehlerhafte Medizinprodukte

Die zivilrechtliche Haftung knüpft an das Vorliegen eines Produktmangels, die Produkthaftung im Speziellen an das Vorliegen eines Produktfehlers an. Für die strafrechtliche Haftung ist demgegenüber das Fehlverhalten, also das objektiv sorgfaltswidrige Handeln, einer Person maßgeblich, welches zu einer Gefährdung oder Verletzung geschützter Rechtsgüter, bspw von Leib und Leben, führt.[50] **39**

Für die strafrechtliche Beurteilung ist daher das Vorliegen eines Produktfehlers bzw Produktmangels nur insofern relevant, als dass zu prüfen ist, ob dieser Fehler/Mangel einerseits ein geschütztes Rechtsgut verletzt hat, im Sinne eines Mangelfolgeschadens, und andererseits auf ein Fehlverhalten einer Person zurückzuführen ist.[51] **40**

Zur Beurteilung eines Verhaltens als objektiv sorgfaltswidrig muss im Medizinprodukterecht regelmäßig auf die engmaschigen produktrechtlichen Vorschriften Bezug genommen werden. Ein Zuwiderhandeln gegen medizinprodukterechtliche Vorschriften, bspw die MDR, das MPG 2021 oder darauf basierende Normen – auch als mangelnde Produktcompliance bezeichenbar[52] – indiziert sorgfaltswidriges Verhalten. **41**

Als anwendbare Tatbestände des StGB kommen insbesondere die Delikte gegen Leib und Leben, bspw (fahrlässige) Körperverletzung[53] oder fahrlässige Tötung[54] in Betracht sowie die Gemeingefährdungsdelikte. Das MPG 2021 kennt keine Delikte des gerichtlichen Nebenstrafrechts, wie diese bspw im Arzneimittel- oder Lebensmittelrecht enthalten sind. Die wohl bekanntesten strafrechtlichen Fälle im Hinblick auf Produkte aus dem medizinischen Bereich sind *Contergan* [55]und *Brustimplantate*.[56] Auch wenn die Mehrzahl der Haftungsfälle auf Fahrlässigkeitsdelikten beruht, zeigt bspw *Contergan*, dass auch Strafverfolgung und Verurteilungen im Hinblick auf Vorsatzdelikte erfolgen. **42**

Die Abgrenzung zwischen fahrlässigem und vorsätzlichem Handeln (insbes dolus eventualis) scheint auf den ersten Blick in Bereichen, welche grundsätzlich risikogeneigt sind, wie bspw die Auslegung und Herstellung von Medizinprodukten für besonders invasive Einsatzgebiete, besonders diffizil. Nachdem diese Abgrenzung jedoch eine Tat- und keine Rechtsfrage ist[57] und der Wortlaut des § 5 Abs 1 StGB zur Frage des Vorsatzes nicht unterscheidet wie risikogeneigt eine Handlung grundsätzlich ist, ist das voluntative Element der Handlung immer separat zu prüfen und kann vom Eingehen auch sehr hoher Risiken nicht auf das Sich-Abfinden deren Realisierung geschlossen werden kann.[58] **43**

Im Hinblick auf Medizinprodukte stellt sich weitergehend die Frage, inwieweit eine erfolgte Zulassung bzw vorangegangene externe Prüfung von Produkten (durch einen Dritten, insbes behördliche oder behördlich akkreditierte Stellen) den Hersteller von der strafrechtlichen Haf- **44**

---

50 Vgl *Fuchs/Zerbes*, Strafrecht Allgemeiner Teil 1, 11/6.

51 Im Hinblick auf das Vermögensstrafrecht vgl *Stricker*, Produktstrafrecht, 2023, 52 ff.

52 Vgl *Stricker*, Produktstrafrecht, 2023, 205.

53 Vgl *Marek/Tipold* in *Neumayr/Resch/Wallner*, GmundKomm^2 § 88 StGB.

54 Vgl *Marek/Tipold* in *Neumayr/Resch/Wallner*, GmundKomm^2 § 80 StGB.

55 Vgl *Kuhlen* in Handbuch Wirtschaftsstrafrecht^5 2/9.

56 Vgl Le tribunal correctionnel de Marseille, 10.12.2013.

57 RIS-Justiz RS0089048.

58 Vgl *Stricker*, Produktstrafrecht, 2023, 234.

tung für deren Fehler befreien kann. Im Fall von *Hüftprothesen* ließ ein deutsches Gericht eine Anklage (wegen eines Gemeingefährdungsdelikts) nicht zu, weil sich der Hersteller aufgrund der behördlichen Zulassung[59] auf eine vertretbare Fehlerhäufigkeit verlassen dürfe.[60] Diese Entscheidung ist mE nicht auf sämtliche Medizinprodukte übertragbar, insbesondere auf jene niedrigerer Klassen, wo im Geltungsbereich der MDR keine Produktprüfung selbst durch die involvierte benannte Stelle erfolgt.

45 Im viel beachteten Fallkomplex *PIP-Brustimplantate*, welcher neben den zivil- und produkthaftungsrechtlichen Aspekten auch Strafprozesse auslöste, wurde ungeachtet der durch die benannte Stelle erfolgten Prüfungen eine strafrechtliche Verantwortung des Herstellers, konkret der vertretungsbefugten Personen, bejaht.[61]

46 Besondere Bedeutung für die strafrechtliche Verantwortlichkeit im Medizinprodukterecht haben auch Produktrückrufe. Einerseits ist deren Durchführung bei Vorliegen entsprechender Voraussetzungen materiengesetzlich geboten und ein Zuwiderhandeln wohl von vornherein sorgfaltswidrig. Andererseits soll gerade durch Rückrufe der Erfolgseintritt im Falle potenziell gefährlicher Produkte verhindert werden, weshalb deren Beachtung exakt im Schutzzweck der Norm liegt und ein Zuwiderhandeln daher auch als vorsätzlich bewertet werden muss. Die Rückrufpflicht wird auch als Garantenpflicht iSd § 2 StGB gesehen.[62] Gleichzeitig sehen Materiengesetze, wie MPG 2021 und die MDR, sowie ganz allgemein das Produktsicherheitsgesetz (PSG) weitere Pflichten zur Marktbeobachtung und Mitwirkung an Beobachtung und Rückruf für weitere Personen, bspw Händler oder Importeure, vor.

B. Strafrechtliche Haftung aus der Anwendung von Medizinprodukten

47 Eine Heilbehandlung, welche ohne Einwilligung oder nicht lege artis erfolgt, stellt im Regelfall eine Körperverletzung, schlimmstenfalls mit Todesfolge, dar und wird somit strafrechtlich sanktioniert.[63] Dabei trifft die strafrechtliche Verantwortung je nach Sachlage natürliche Personen (Angehörige der Gesundheitsberufe) und/oder Verbände (Gesundheitseinrichtungen, wie bspw Krankenanstaltenträger).[64]

48 Es besteht eine gewisse strafrechtliche Privilegierung der Angehörigen gesetzlich geregelter Gesundheitsberufe in der Ausübung ihrer beruflichen Tätigkeit, dahingehend, dass, außer im Falle grober Fahrlässigkeit, keine Bestrafung gem § 88 Abs 1 StGB erfolgt.[65] Dies soll dem ultima ratio-Prinzip des Strafrechts im Hinblick auf die Gesundheitsberufe Rechnung tragen.[66]

49 Das MPG 2021 regelt uA die Anwendung von Medizinprodukten. Eine Anwendung von Medizinprodukten entgegen dieser einschlägigen Vorschriften, bspw wenn Medizinprodukte nicht ordnungsgemäß instandgehalten werden oder nicht angemessen geschulte Personen Medizinprodukte anwenden, ist somit objektiv sorgfaltswidrig und kann haftungsbegründend sein.

---

[59] Hier am Sitz des Herstellers DePuy in Großbritannien, wobei noch die Rechtslage nach MDD anwendbar war.

[60] Vgl LG Saarbrücken 28.5.2015, 3 Kls 40/14.

[61] Vgl *Ernst*, Die französische Antwort auf das EuGH-Urteil im PIP-Skandal, GPR 2019, 133.

[62] Vgl *Stricker*, Produktstrafrecht, 2023, 353.

[63] Vgl *Birklbauer*, Ist die Befassung von Strafgerichten mit ärztlichen Behandlungsfehlern noch zeitgemäß?, RdM 2009/165 bzw *Haag*, Strafrechtliche Verantwortlichkeit für Aufklärungsfehler?, RdM 2005/48.

[64] Vgl *Steiner*, Krankenhausmanagement und Verbandsverantwortlichkeit, RdM 2007/113.

[65] Vgl zum Ganzen *Brandstetter/Zahrl*, Rechtspolitische Anmerkungen zu Reformen der strafrechtlichen Haftung von Angehörigen der Gesundheitsberufe, in *Bernat/Grabenwarter/Kneihs/Pöschl/Stöger/Wiederin/Zahrl* (Hrsg), Festschrift Christian Kopetzki zum 65. Geburtstag, 97 ff.

[66] Vgl ErläutRV 689 BlgNR 25. GP 7.

Ebenso ist zu konstatieren, dass aus dem Schutzzweck des Medizinprodukterechts abzuleiten ist, dass für den Einsatz im Rahmen der medizinischen Heilbehandlung nur rechtmäßig in Verkehr gebrachte Medizinprodukte angewendet werden dürfen und nicht etwa bloße Gebrauchsgegenstände für Zwecke medizinischer Tätigkeiten herangezogen werden dürfen. Auch der Einsatz eines nicht rechtmäßig als Medizinprodukt in Verkehr gebrachten Gegenstands, der jedoch die Definition des Medizinprodukts erfüllt, kann dazu führen, dass die damit ausgeführte Heilbehandlung nicht lege artis erfolgt und somit bspw eine (fahrlässige) Körperverletzung darstellt. **50**

Anwender von Medizinprodukten werden im Regelfall darauf vertrauen dürfen, dass ein als Medizinprodukt korrekt gekennzeichnetes und vermarktetes Produkt rechtmäßig in Verkehr gebracht ist. Gleichzeitig bestehen wohl, insbes wegen der Gefahrengeneigtheit medizinischer Heilbehandlungen per se, erhöhte Prüfpflichten von Gesundheitseinrichtungen hinsichtlich der von ihnen eingesetzten Medizinprodukte und deren Angemessenheit für den Einsatz im Rahmen medizinischer Tätigkeiten. Wird dabei durch Entscheidungsträger sorgfaltswidrig gehandelt und sind auch die übrigen Voraussetzungen des Verbandsverantwortlichkeitsgesetzes erfüllt, ist auch eine strafrechtliche Haftung eines Verbands, bspw eines Krankenanstaltenträgers, denkbar.[67] Beachtlich im Rahmen der Prüfpflichten über die Angemessenheit von Medizinprodukten, welche in Gesundheitseinrichtungen eingesetzt werden, kann auch das krankenanstaltenrechtlich gebotene Behandlungsniveau am Stand der medizinischen Wissenschaft sein.[68] Zusammenfassend bestehen also auch im Rahmen der Auswahl und des Einsatzes von Medizinprodukten umfassende Sorgfaltspflichten für die handelnden Personen, deren Nicht-Beachtung in letzter Konsequenz auch strafrechtliche Folgen nach sich ziehen kann. **51**

IV. Amtshaftung

Unter Amtshaftung versteht man die Haftung des Bundes, der Länder, der Gemeinden, der sonstigen Körperschaften des öffentlichen Rechts und der Träger der Sozialversicherung nach den Bestimmungen des ABGB für den Schaden am Vermögen oder an der Person, den die als ihre Organe handelnden Personen in Vollziehung der Gesetze durch ein rechtswidriges Verhalten wem immer schuldhaft zugefügt haben.[69] **52**

Kommt das Bundesamt für Sicherheit im Gesundheitswesen seinen gem MPG 1996 vorgesehenen Aufsichts-, Überwachungs- und Informationspflichten nicht angemessen nach, so kommt eine Haftung des Bundes gem Amtshaftungsgesetz (AHG) in Frage, nachdem der Schutzzweck des MPG auch einzelne betroffene Personen (Patienten) erfasst.[70] Der Schutzzweck umfasst insbes auch die Verhinderung der Gefährdung von Patienten, Anwendern und Dritten. Darauf richten sich auch die Pflichten des BASG, hier bspw die rechtzeitige Information von Patienten hinsichtlich der vermuteten Gefährlichkeit eines Medizinprodukts. **53**

Dieses Urteil ist wohl problemlos auf die aktuelle Rechtslage (MDR, MPG 2021) zu übertragen. **54**

---

[67] Vgl *Pilz*, Zur strafrechtlichen Verantwortung von Krankenanstalten nach dem neuen Unternehmensstrafrecht, RdM 2006/75.

[68] Vgl *Stöger*, Darf die Art der Beschaffung die medizinische Therapie beeinflussen? (Teil I), RdM-ÖG 2019/7 oder *Lienbacher/Lukan*, Die Feststellung des rechtlich gebotenen Behandlungsniveaus in Krankenanstalten und die Rolle von „Boards“, RdM-ÖG 2022/2,

[69] Vgl *Paar*, Amtshaftung, in RDB Keywords[1].

[70] Vgl OGH 25.4.2023, 1 Ob 39/23a, EvBl 2024/1 (*Messner-Kreuzbauer*).

6. Abschnitt
Register, Verfolgbarkeit von Medizinprodukten

§ 45 Herzschrittmacher-, ICD-, Looprecorder-Register

(1) Die Gesundheit Österreich GmbH ist berechtigt,

1. zum Zweck des Schutzes der Gesundheit und Sicherheit von Patienten, Anwendern oder Dritten und zur Abwehr von Risiken im Zusammenhang mit Implantationen von Herzschrittmachern, implantierbaren Defibrillatoren und Loop-Recordern,
2. zum Zweck der Medizinproduktevigilanz und Marktüberwachung im Zusammenhang mit Herzschrittmachern, implantierbaren Defibrillatoren und Loop-Recordern,
3. zum Zweck der qualitätsgesicherten Behandlung im Zusammenhang mit den entsprechenden Implantationen,
4. zum Zweck der Qualitätssicherung von Herzschrittmachern, implantierbaren Defibrillatoren und Loop-Recordern,
5. zum Zweck der Statistik als Grundlage für Planung, Qualitätssicherung und Qualitätsberichterstattung im österreichischen Gesundheitswesen, und
6. zu wissenschaftlichen Zwecken

ein Register für Herzschrittmacher, implantierbare Defibrillatoren und Loop-Recordern zu führen. Die Gesundheit Österreich GmbH ist Verantwortlicher des Registers.

(2) In dem Register werden folgende Datenkategorien verarbeitet:

1. Daten über die implantierendebzw. behandelnde Gesundheitseinrichtung (Bezeichnung der implantierenden bzw. behandelnden Einrichtung bzw. Name des behandelnden Arztes, Krankenhausnummer, Kontaktdaten),
2. Daten zur Patientenidentifikation (Name, Geschlecht, Geburtsjahr, Kontaktdaten, bereichsspezifisches Personenkennzeichen),
3. gegebenenfalls Sterbedaten (Datum, Todesursache, Autopsiestatus),
4. relevante klinische Daten zu Anamnese, aktuellem Gesundheitszustand und Indikation (Vorintervention, Symptome, Ätiologie, präoperativer Herzrhythmus),
5. technische, klinische, organisatorische und zeitliche Daten zum Versorgungsprozess (Operateur, Implantationsdaten der Medizinprodukte und der dazugehörigen Sonden, Datum der Implantation, Lokalisation der Medizinprodukte, Zugang, Sekundärprophylaxe),
6. technische Daten zum Implantat, spezifische Implantatparameter, Daten zur individuellen Implantateinstellung (Modell, Hersteller und Seriennummer der Medizinprodukte und der dazugehörigen Sonden, Implantatparameter), und
7. technische, klinische, organisatorische, zeitliche und ereignisbezogene Daten zur Nachsorge (technisch und klinische Kontrolldaten der implantierten Medizinprodukte und der dazugehörigen Sonden, Funktionszustand, Datum und Indikation der Kontrolle, Komplikationen, Explantationsdatum, Explantationsgrund).

(3) Die implantierenden bzw. behandelnden Gesundheitseinrichtungen sind nach Maßgabe des Abs. 4 verpflichtet, die in Abs. 2 genannten Datenarten der Gesundheit Österreich GmbH elektronisch zu übermitteln.

(4) Die Übermittlung des Namens und der Kontaktdaten ist nur zulässig, wenn die betroffenen Personen

1. **über die Verarbeitung für ihre Behandlungszwecke informiert wurden, und**
2. **ausdrücklich in diese Verarbeitung eingewilligt haben.**

Wird bei einem Folgekontakt die Einwilligung widerrufen, so ist die Gesundheit Österreich GmbH über den Widerruf zu informieren. Die Gesundheit Österreich GmbH hat die Daten unverzüglich zu pseudonymisieren.

(5) Soweit keine Einwilligung erteilt wurde, haben die implantierenden bzw. behandelnden Gesundheitseinrichtungen

1. **die Daten gemäß Abs. 2 Z 1 und 3 bis 7, und**
2. **das bereichsspezifische Personenkennzeichen Gesundheit (bPK-GH) zu übermitteln.**

Aufgrund dieses Absatzes übermittelte Daten dürfen nur zu Zwecken nach Abs. 1 Z 5 und 6 verarbeitet werden.

(6) Die Erteilung von Zugriffsberechtigungen auf das Herzschrittmacher-, ICD- und Loop-Recorder-Register durch Gesundheitseinrichtungen ist durch die Gesundheit Österreich GmbH nachvollziehbar zu dokumentieren. Bei der Erteilung von Zugriffsberechtigungen durch Gesundheitseinrichtungen ist darauf zu achten, dass Zugriffsrechte stets nur in jenem Umfang gewährt werden, als dies für einen Zweck gemäß Abs. 1 konkret notwendig ist. Die Erteilung der Zugriffsberechtigung hat sich auf konkrete Personen zu beziehen, deren eindeutige Identität und Umfang der Berechtigung der Gesundheit Österreich GmbH nachzuweisen ist.

(7) Bei der Datenverarbeitung gemäß Abs. 1 und 2 ist zur Patientenidentifikation die Verwendung des Namens und des bereichsspezifischen Personenkennzeichens GH und AS (§ 10 Abs. 2 E- Government-Gesetz, BGBl. I Nr. 10/2004) zulässig. Das bereichsspezifische Personenkennzeichen AS darf nur in verschlüsselter Form verwendet und gespeichert werden. Der Personenbezug ist vom Verantwortlichen unverzüglich unumkehrbar zu löschen, sobald er für die Zwecke nach Abs. 1 Z 1 und 3 nicht mehr erforderlich ist.

(8) Die Gesundheit Österreich GmbH ist berechtigt, bei der Bundesanstalt „Statistik Österreich" Informationen zum Todeszeitpunkt und zur Todesursache von Personen anzufordern, deren Daten im Register verarbeitet sind.

(9) Der Geschäftsführer der Gesundheit Österreich GmbH hat sicherzustellen, dass Identität und Rolle der Zugriffsberechtigten bei jedem Zugriff dem Stand der Technik entsprechend nachgewiesen und protokolliert werden. Er muss sicherstellen, dass geeignete, dem jeweiligen Stand der Technik entsprechende Vorkehrungen getroffen werden, um eine Vernichtung oder Veränderung der Daten durch Programmstörungen (Viren) zu verhindern, um eine Vernichtung, Veränderung oder Abfrage der Daten des Registers durch unberechtigte Benutzer oder Systeme zu verhindern. Weiters muss er sicherstellen, dass alle durchgeführten Verarbeitungsvorgänge, wie insbesondere Eintragungen, Änderungen, Abfragen und Übermittlungen, nachvollziehbar sind. Er hat ein Datensicherheitskonzept zu erstellen, das für die Mitarbeiter der Gesundheit Österreich GmbH verbindlich ist.

(10) Die Gesundheit Österreich GmbH darf auf die im Register verarbeiteten oder zu verarbeitenden Daten

1. **grundsätzlich nur in pseudonymisierter Form, und**
2. **zur Wahrnehmung der Rechte der betroffenen Personen gemäß Kapitel 3 Datenschutz-Grundverordnung aber auch personenbezogen**

zugreifen. Für wissenschaftliche Zwecke darf die Gesundheit Österreich GmbH nur in pseudonymisierter Form zugreifen.

(11) Die an den Registern teilnehmenden Gesundheitseinrichtungen dürfen

1. **für die Zwecke des Abs. 1 Z 3 auf alle diese Person betreffenden Daten im Register auch in personenbezogener Form zugreifen, wenn dies im Rahmen einer konkreten Behandlungssituation der jeweiligen Person erforderlich ist,**
   a) **mit ausdrücklicher Einwilligung der betroffenen Person, oder**
   b) **wenn die Einholung der Einwilligung unmöglich ist, im lebenswichtigen Interesse der betroffenen Person, und**
2. **für wissenschaftliche Zwecke (Abs. 1 Z 6) in pseudonymisierter Form auf die im Register verarbeiteten Daten zugreifen.**

(12) Das Bundesamt für Sicherheit im Gesundheitswesen ist für Zwecke der Medizinproduktevigilanz berechtigt, auf die im Register verarbeiteten Daten in personenbezogener Form zuzugreifen, sofern dies im Einzelfall zum Schutz der Gesundheit und Sicherheit von Patienten und zur Abwehr von ernsten Risiken unbedingt notwendig ist. Ansonsten ist das Bundesamt für Sicherheit im Gesundheitswesen für Zwecke der Medizinproduktevigilanz und Marktüberwachung berechtigt, auf die Daten im Register in pseudonymisierter Form zuzugreifen. Das Bundesamt für Sicherheit im Gesundheitswesen und das Bundesministerium für Soziales, Gesundheit, Pflege und Konsumentenschutz sind darüber hinaus für Zwecke der Qualitätssicherung von Medizinprodukten berechtigt, auf die Daten im Register in pseudonymiserter Form zuzugreifen.

(13) Der Geschäftsführer der Gesundheit Österreich GmbH ist verpflichtet, die Zugriffsberechtigung für die einzelnen Benutzer der Gesundheit Österreich GmbH individuell zuzuweisen. Die Zugriffsberechtigten der Gesundheit Österreich GmbH sind über die Bestimmungen der Datenschutzgrundverordnung und das Datensicherheitskonzept zu belehren. Diesen Zugriffsberechtigten ist ihre Zugriffsberechtigung zu entziehen, wenn sie diese zur weiteren Erfüllung der ihnen übertragenen Aufgaben nicht mehr benötigen oder sie die Daten nicht entsprechend ihrer Zweckbestimmung verarbeiten.

(14) Die Inverkehrbringer von Medizinprodukten, die im Herzschrittmacher-, ICD-, Loop Recorder-Register geführt werden, sind verpflichtet, die für Zwecke des Registers erforderlichen technischen Daten ihrer Implantate der Gesundheit Österreich GmbH in elektronischer Form zur Verfügung zu stellen.

Beachte für die Bestimmung: Tritt hinsichtlich In-vitro-Diagnostika am 26.5.2022 in Kraft (vgl § 91 Abs 1).

Fassung: BGBl I 2021/122

Literatur: *Bresich/Dopplinger/Dörnhöfer/Kunnert/Riedl*, DSG (2018); *Jahnel*, Kommentar zur Datenschutzgrundverordnung (DSGVO) (2021); *Königshofer* in *Resch/Wallner*, Medizinrecht[3] (2020) Kap XXXII; *Larcher/Beiglböck*, Das neue österreichische Medizinproduktegesetz 2021 Ein systematischer Überblick, RdM 2021/242; *Leischner-Lenzhofer*, Informationspflichten des Bundesamts für Sicherheit im Gesundheitswesen bei Implantaten Zugleich Anmerkungen zu OGH 25.4.2023, 1 Ob 39/23a und zur MPG-Novelle BGBl I 2023/27, RdM 2024/2; *Löffler* in *Knyrim*, DatKomm (Stand Dezember 2023); *Rehmann/Wagner/Rehmann*, MP-VO[4] (2023): *Resch* in *Resch/Wallner*, Medizinrecht[3] (2020) Kap XV; *Semp* in *Aigner/Kletečka/Kletečka-Pulker/Memmer*, Handbuch Medizinrecht Kap V.1; *Stärker* in *Neumayr/Resch/Wallner*, Gmundner Kommentar zum Gesundheitsrecht[2] (2022).

Inhaltsverzeichnis

I. Grundlagen

A. Normentwicklung

1 Die aktuellen Regelungen der §§ 45 und 46 entsprechen weitgehend den Vorgängerbestimmungen. In der StF des MPG 1996[1]war in § 73 lediglich eine Verordnungsermächtigung im Hinblick auf die Einrichtung von Registern für „bestimmte implantierbare Medizinprodukte, die im Falle einer Fehlfunktion oder einer Änderung der Merkmale und Leistungen mit einem erheblichen Risiko für die Implantatträger verbunden sind und für die (…) aus Gründen der Medizinproduktesicherheit eine rasche Information der Implantatträger geboten erscheint"[2] enthalten. Als deren Zweck wurde die Verfolgbarkeit, insb iZm Rückrufen angesehen.[3] Einzige inhaltliche Vorgabe für die Ausgestaltung derartiger Register war, dass der Personenbezug durch Verschlüsselung im zugänglichen Teil des Implantatregisters aufzuheben war.[4] Die aktuelle Struktur wurde mit der Nov 2008[5] in die §§ 73 ff MPG 1996 ein- und wird in den §§ 45 f fortgeführt.

2 Motiv für die grundlegende Änderung der §§ 73 ff MPG 1996 waren, abgesehen von der Einführung der GÖG und der Übertragung der Aufgaben iZm Registern an diese,[6] datenschutz-

[1] BGBl 1996/657.

[2] Auf welche Medizinprodukte sich diese Ermächtigung konkret bezogen hat, blieb unklar. Die Mat (ErläutRV 313 BlgNR 20. GP 98) erwähnen ein Herzschrittmacherregister, das in Österreich bereits 1980 eingeführt wurde; ebenso ErläutRV 504 BlgNR 23. GP 1, 2 iZm der Übertragung dieses Registers auf die GÖG.

[3] ErläutRV 313 BlgNR 20. GP 98.

[4] § 73 Abs 1 letzter S MPG 1996 idF BGBl 1996/657.

[5] BGBl I 2008/77.

[6] § 4 Abs 1 Z 8 und Abs 2 Z 3 GÖGG.

rechtliche Überlegungen.[7] Mit dem 2. Materien-Datenschutz-Anpassungsgesetz 2018[8] erfolgte eine Anpassung an die DSGVO,[9] ohne grds inhaltliche Änderungen.

3 Verglichen mit § 73 MPG 1996 in der Letztfassung weist § 45 nur punktuelle Änderungen auf, die sich (abgesehen von sprachlichen Anpassungen) auf einen verstärkten Schutz der personenbezogenen Daten der Patient:innen[10] und auf technische/organisatorische Maßnahmen auf Seiten der GÖG[11] beziehen; inhaltlich entspricht § 45 aber im Wesentlichen § 73 MPG 1996.[12] Die Regelungen über Implantatregister fallen (weiterhin) in die Zuständigkeit der Mietgliedstaaten[13] und sind sohin unabhängig von der Medizinprodukte-VO und der IvD-VO.

B. Normziel

4 Die Bestimmung des § 45 enthält in erster Linie Ermächtigungen an die GÖG, die durch Abs 1 berechtigt wird, hinsichtlich der konkret angeführten Kategorien von Medizinprodukten (Herzschrittmacher, ICD und Loop-Recorder) entsprechende Register zu führen. Hinsichtlich der Zielsetzung des § 45 ist zu differenzieren: Die Einführung der (Möglichkeit zur Einrichtung der) Register dient grds dem Schutz der Bevölkerung (künftiger Patient:innen, Anwender:innen oder Dritter) vor Schäden, die durch die Weiterverwendung eines als schadhaft erkannten Medizinproduktes entstehen können, der Qualitätssicherung betroffenen Medizinprodukte und der Behandlungen,[14] der Transparenz und, im Hinblick auf die Schaffung einer Rechtsgrundlage für die Führung derartiger Register durch die GÖG,[15] der Rechtssicherheit.[16]

5 Die konkrete Ausgestaltung der Norm dient darüber hinaus dem Schutz der im Zusammenhang mit den Registern verarbeiteten personenbezogenen Daten, primär der Patient:innen.[17] Auch die Differenzierung zwischen den von § 45 erfassten Medizinprodukten und der weniger spezifischen Bestimmung des § 46 beruht auf Datenschutzüberlegungen: bei Herzschrittmachern, ICD[18] und Loop Recordern[19] ist die Führung des Registers im Hinblick auf die verfolgten Zwecke (direkt) personenbezogen erforderlich, während bei sonstigen Implantatregistern ein indirekter Personenbezug (Pseudonymisierung) ausreicht.[20]

C. Erfasste Medizinprodukte

6 § 45 bezieht sich nur auf die darin taxativ angeführten Medizinprodukte. Ein Herzschrittmacher ist ein Medizinprodukt, das in regelmäßiger Abfolge einen elektrischen Impuls abgibt

---

7 ErläutRV 504 BlgNR 23. GP 1 f.

8 BGBl I 2018/37.

9 ErläutRV 108 26. GP 61.

10 Streichung der Datenkategorien „Geburtsdatum“ und „Sozialversicherungsnummer“ in Abs 2 Z 2, Inhalt der Aufklärung bei Widerruf der Einwilligung in Abs 4 Z 2.

11 Streichung der Abs 15 und 16.

12 Vgl AB 884 27. GP 9; ebenso *Larcher/Beiglböck*, Das neue österreichische Medizinproduktegesetz 2021 Ein systematischer Überblick, RdM 2021/242, 134 f; *Semp* in *Aigner/Kletečka/Kletečka-Pulker/Memmer*, Handbuch Medizinrecht V/12/b.

13 Vgl *Königshofer* in *Resch/Wallner*, Medizinrecht[3] Kap XXXII Rz 231, 235.

14 ErläutRV 504 BlgNR 23. GP 5.

15 Die Führung derartiger Register ist bereits in § 4 Abs 1 Z 8 GÖGG vorgesehen; die nähere Ausgestaltung hinsichtlich Herzschrittmachern, ICD und Loop Recordern erfolgt in § 45; vgl AB 531 BlgNR 23. GP 1.

16 ErläutRV 504 BlgNR 23. GP 1, 4.

17 Vgl AB 531 BlgNR 23. GP 1.

18 Implantable cardioverter-defibrillator bzw implantierbarer Defibrillator, s Rz 6.

19 Ereignisrecorder, dh implantierbares EKG-Gerät samt Speicher, s Rz 6.

20 ErläutRV 504 BlgNR 23. GP 1.

und so (zu langsame oder zu schnelle) Herzrhythmusstörungen verhindert. Ein implantierbarer Defibrillator (ICD) überwacht die Aktivität des Herzens. Wenn Kammerflimmern, dh eine ungeordnete, quasi chaotische Ausbreitung der elektrischen Erregung im Herzen (welche, wenn sie unbehandelt bleibt, zum Tod des Patienten führt) auftritt, beendet der Defibrillator das Kammerflimmern durch Abgabe eines gezielten elektrischen Schocks. Ein implantierbarer Loop Recorder überwacht das EKG des/der Patient:in kontinuierlich und dient zur Aufzeichnung bestimmter Ereignisse wie Tachykardien („Herzjagen"), Arrhythmien etc[21]

II. Registerzwecke

Die in § 45 Abs 1 verwendeten Begriffe des „Zweckes" (und des „Verantwortlichen") sind im MPG nicht definiert. Angesichts der (auch) datenschutzrechtlichen Zielsetzung der Bestimmung[22] ist allerdings davon auszugehen, dass beide Begriffe iSd DSGVO auszulegen sind. § 45 Abs 1 legt daher jene legitimen Zwecke fest, für welche die jeweiligen Daten für das Register erhoben und dort weiterverarbeitet werden dürfen.[23] 7

Die Zwecke, zu welchen ein Herzschrittmacher-, ICD- bzw Loop Recorder-Register geführt werden, sind explizit (und iZw auch taxativ) in § 45 Abs 1 angeführt, nämlich Schutz der Gesundheit und Sicherheit von Patient:nnen, Anwender:innen oder Dritten, Abwehr von Risiken iZm Implantationen[24], Medizinproduktevigilanz und Marktüberwachung,[25] qualitätsgesicherte Behandlung,[26] Qualitätssicherung der betroffenen Implantate selbst,[27] Statistik als Grundlage für Planung, Qualitätssicherung und Qualitätsberichterstattung im österreichischen Gesundheitswesen[28] sowie wissenschaftliche Zwecke.[29] 8

A. Gesundheitsschutz und Patient:innensicherheit

Gemeinsam ist den von § 45 erfassten Medizinprodukten, dass ihr Ausfall bzw eine Fehlfunktion für die betroffenen Patient:innen zu einer Verschlechterung des Gesundheitszustandes bzw sogar zu einer lebensbedrohlichen Situation führen kann, sodass ein Register derartiger Medizinprodukte dem Schutz lebenswichtiger Interessen von Patient:innen dienen kann.[30] Aus diesem Grund soll über die Register iSd § 45 auch die Früherkennung von Trends und Hinweisen auf gravierende Fehlfunktionen erfolgen können, um möglichst frühzeitig Maßnahmen zum Schutz der betroffenen Patient:innen einleiten zu können.[31] 9

B. Medizinproduktevigilanz und -überwachung, Qualitätssicherung

Im Hinblick auf § 45 Abs 1 Z 2 und 4 ist die Einrichtung von Registern auch Teil der Qualitätssicherung und des Vigilanzsystems der Erfassung und Bewertung von Zwischenfällen mit Medizinprodukten und von Qualitätsmängeln. Einrichtungen des Gesundheitswesens sowie Hersteller und Vertreiber der Produkte müssen schwerwiegende Vorkommnisse mit Medizinprodukten und alle Beobachtungen und Daten, die für die Medizinproduktesicherheit von 10

---

21 ErläutRV 504 BlgNR 23. GP 4.
22 S Rz 5.
23 Art 5 Abs 1 lit b) DSGVO.
24 § 45 Abs 1 Z 1.
25 § 45 Abs 1 Z 2.
26 § 45 Abs 1 Z 3.
27 § 45 Abs 1 Z 4.
28 § 45 Abs 1 Z 5.
29 § 45 Abs 1 Z 6.
30 ErläutRV 504 BlgNR 23. GP 4; AB 884 BlgNR 27. GP 9.
31 ErläutRV 504 BlgNR 23. GP 5.

Bedeutung sind, an das BASG melden.[32] Zu diesem Zweck dürfen auch Informationen über die Medizinprodukte selbst gesammelt werden, um die Qualität und Sicherheit der Medizinprodukte anhand einer größeren Fallzahl beurteilen, Trends frühzeitig erkennen zu können und die Beurteilung möglicher Fehler bei bestimmten Serien, Chargen oder Typen von Implantaten zu verbessern.[33]

C. Qualitätsgesicherte Behandlung

11 Die in § 45 geregelten Register dienen ferner auch der qualitätsgesicherten Behandlung der betroffenen Patient:innen während des gesamten Behandlungsprozesses ab der Indikationsstellung, der peri- und postoperativen Betreuung und der Nachsorge sowie auch bei Komplikationen. Aus diesem Grund sollen im jeweiligen Register alle wichtigen Parameter zur Einstellung des Implantats auffindbar sein. Dies ist insb dann notwendig, wenn Patient:innen ihren „Implantatpass" nicht mit sich führen. Ähnliches gilt für die Erfassung der genauen Lokalisation des Implantats, damit dieses stets aufzufinden ist.[34]

D. Statistik und Wissenschaft

12 Schließlich sollen die im Register enthaltenen Daten der GÖG als statistische Grundlage für die Planungsarbeit im Österreichischen Gesundheitswesen, als Input für die Qualitätsberichterstattung und für wissenschaftliche Zwecke dienen. Aufgrund der ausdrücklichen Aufnahme dieser Zwecke in § 45 Abs 1 ist es primär nicht erforderlich, sich iZm den gegenständlichen Registern für deren statistische und wissenschaftliche Nutzung auf die von der DSGVO[35] geschaffenen Möglichkeiten der kompatiblen Weiterverarbeitung[36] zu stützen. Allerdings sind die statistischen Zwecke durch § 45 Abs 1 Z 5 eingeschränkt auf Planung, Qualitätssicherung und Qualitätsberichterstattung im österreichischen Gesundheitswesen. Die Verarbeitung von Registerdaten zu anderen statistischen Zwecken kann daher jedenfalls nur im Rahmen einer kompatiblen Weiterverarbeitung iSd DSGVO erfolgen. Die von der DSGVO abweichende Formulierung des § 45 Abs 1 Z 6 (hier ist von „wissenschaftlichen Zwecken" die Rede, während die DSGVO von „wissenschaftlichen Forschungszwecken" spricht)[37] deutet auf einen weiteren wissenschaftlichen Verarbeitungszweck im Rahmen der gegenständlichen Register hin.[38] Die fehlende Einschränkung auf „Forschung"[39] kann durchaus so verstanden werden, dass zB auch die wissenschaftliche Lehre Teil der Registerzwecke ist. Soweit es allerdings nur um Forschung geht, scheint die abweichende Formulierung keine inhaltlichen Auswirkungen zu haben, zumal der in der DSGVO verwendete Begriff weit auszulegen ist und Forschungen im Bereich der öffentlichen Gesundheit inkludiert.[40]

---

32 S §§ 40 ff; Art 87 ff Medizinprodukte-VO.

33 ErläutRV 504 BlgNR 23. GP 5.

34 ErläutRV 504 BlgNR 23. GP 5.

35 Vgl Art 5 Abs 1 lit b) und Art 89 DSGVO.

36 *Jahnel* in *Jahnel*, Kommentar zur Datenschutzgrundverordnung (DSGVO) Art 5 Rz 29.

37 Legaldefinitionen existieren für beide Varianten nicht; das DSG orientiert sich an den Begrifflichkeiten der DSGVO, vgl *Bresich/Dopplinger/Dörnhöfer/Kunnert/Riedl*, DSG, 106.

38 Nach den Mat zu § 46 Abs 8, wo ebenfalls von wissenschaftlichen Zwecken die Rede ist, schließt dieser Begriff auch die interne Qualitätssicherung von Krankenanstalten ein, s ErläutRV 504 BlgNR 23. GP 8 f.

39 Zum Begriff vgl *Löffler* in *Knyrim*, DatKomm Art 89 Rz 21/1 ff.

40 *Jahnel* in *Jahnel*, Kommentar zur Datenschutzgrundverordnung (DSGVO) Art 89 Rz 9 mwN.

III. Datenkategorien

13 Entsprechend einer datenschutzrechtlichen Systematik definiert § 45 Abs 2 diejenigen Datenkategorien, welche im Register verarbeitet werden (dürfen) bzw zur Zweckerreichung erforderlich sind.[41] Konkret zu erfassen sind Daten über die implantierende bzw behandelnde Gesundheitseinrichtung,[42] Daten zur Patientenidentifikation,[43] ggf Sterbedaten,[44] relevante klinische Daten zu Anamnese, aktuellem Gesundheitszustand und Indikation,[45] technische, klinische, organisatorische und zeitliche Daten zum Versorgungsprozess,[46] technische Daten zum Implantat, spezifische Implantatparameter, Daten zur individuellen Implantateinstellung[47] sowie technische, klinische, organisatorische, zeitliche und ereignisbezogene Daten zur Nachsorge.[48] Für diese Datenarten soll in der Eingabemaske die Möglichkeit des Ankreuzens bestimmter Spezifikationen geboten werden.[49]

14 Im Hinblick darauf, dass § 45 Abs 2 Z 1 den Namen des behandelnden Arztes als Teil dieser Datenkategorie anführt, ist der Begriff der „Gesundheitseinrichtung" auslegungsbedürftig, zumal hier, anders als bei den übrigen Datenkategorien, die nähere Umschreibung im Gesetzestext das grds eindeutige Verständnis des Begriffes relativiert. Dabei stellt sich die Frage, ob die in der Klammer angeführten Begriffe[50] als nähere Beschreibung der im Register zu erfassenden Elemente (Subkategorien) der Datenkategorie „Gesundheitseinrichtung" zu verstehen sind,[51] oder als nähere Definition des Begriffes.[52] Auch wenn die betreffenden Medizinprodukte idR stationär implantiert werden, spricht die in § 45 Abs 2 Z 1 enthaltene Aufzählung dafür, dass auch (niedergelassene) Ärzt:innen unter den Begriff der Gesundheitseinrichtung subsumiert werden könnten, zumal die Datensubjekte „behandelnde Einrichtung" und „Name des behandelnden Arztes" mit einem „bzw" getrennt sind. Die Verwendung des „bzw" könnte dahingehend verstanden werden, dass nicht zwingend der/die behandelnde Ärzt:in innerhalb der behandelnden Einrichtung gemeint ist, sondern gegebenenfalls auch der Behandler selbst als implantierende bzw behandelnde „Gesundheitseinrichtung" verstanden werden könnte. Die Frage ist insofern nicht akademisch, als sich allenfalls iZm mit Belegspitälern die Frage stellen kann, was/wer konkret als implantierende bzw behandelnde Gesundheitseinrichtung zu verstehen ist, zumal Patient:innen hier den eigentlichen Behandlungsvertrag nicht mit der Krankenanstalt, sondern

---

41 So ErläutRV 504 BlgNR 23. GP 5.

42 Bezeichnung der implantierenden bzw behandelnden Einrichtung bzw Name des behandelnden Arztes, Krankenhausnummer, Kontaktdaten, vgl § 45 Abs 2 Z 1.

43 Name, Geschlecht, Geburtsjahr, Kontaktdaten, bPK, vgl § 45 Abs 2 Z 2.

44 Datum, Todesursache, Autopsiestatus, vgl § 45 Abs 2 Z 3; Abs 8.

45 Vorintervention, Symptome, Ätiologie, präoperativer Herzrythmus, vgl § 45 Abs 2 Z 4.

46 Operateur, Implantationsdaten der Medizinprodukte und der dazugehörigen Sonden, Datum der Implantation, Lokalisation der Medizinprodukte, Zugang, Sekundärprophylaxe, vgl § 45 Abs 2 Z 5.

47 Modell, Hersteller und Seriennummer der Medizinprodukte und der dazugehörigen Sonden, Implantatparameter, vgl § 45 Abs 2 Z 6.

48 Technische und klinische Kontrolldaten der implantierten Medizinprodukte und der dazugehörigen Sonden, Funktionszustand, Datum und Indikation der Kontrolle, Komplikationen, Explantationsdatum, Explantationsgrund, vgl § 45 Abs 2 Z 7.

49 ErläutRV 504 BlgNR 23. GP 5.

50 Bezeichnung der implantierenden bzw behandelnden Einrichtung bzw Name des behandelnden Arztes, Krankenhausnummer, Kontaktdaten.

51 So können iZw die Mat verstanden werden, vgl ErläutRV 504 BlgNR 23. GP 5.

52 Die Mat können auch in diese Richtung verstanden werden, zumal als Beispiel für eingebundene Gesundheitsdienstleister ausdrücklich „in Betracht kommende Krankenanstalten oder einschlägige Fachärzte" angeführt sind, vgl ErläutRV 504 BlgNR 23. GP 5.

mit dem/der Behandler:in abschließen.[53] Darüber hinaus besteht für die implantierende/behandelnde Gesundheitseinrichtung die Verpflichtung zur Datenübermittlung an die GÖG,[54] sodass auch unter diesem Aspekt klar sein muss, wen diese Verpflichtung trifft.

15 Im MPG selbst findet sich keine Definition; aus dem in § 4 S 1 enthaltenen Verweis auf die Medizinprodukte-VO ergibt sich allerdings die Anwendbarkeit der Begriffsbestimmung des Art 2 Z 36 Medizinprodukte-VO. Demnach ist unter „Gesundheitseinrichtung" eine Organisation zu verstehen, deren Hauptzweck in der Versorgung oder Behandlung von Patienten oder der Förderung der öffentlichen Gesundheit besteht.[55] Ärzt:innen sind demgegenüber im gegebenen Zshg unter den Begriff der „Anwender"[56] zu subsumieren, zumal sie Angehörige eines Gesundheitsberufes sind, die ein Medizinprodukt anwenden. Daraus folgt, dass Ärzt:innen iZm § 45 Abs 2 Z 1 nicht unter den Begriff der Gesundheitseinrichtung fallen, sondern Angaben zu Ärzt:innen lediglich als eine im Register zu erfassende Angabe (Subkategorie) innerhalb der Datenkategorie Gesundheitseinrichtung anzusehen sind.

IV. Meldepflichten

16 Die implantierenden bzw behandelnden Gesundheitseinrichtungen sind verpflichtet, die in § 45 Abs 2 definierten Daten elektronisch[57] an die GÖG zu melden.[58] Obwohl bei Belegspitälern der Behandlungsvertrag idR mit dem/der behandelnden Ärzt:in abgeschlossen wird, trifft die Meldungsverpflichtung iZw den Träger der Krankenanstalt.[59] Die Verpflichtung zur Meldung ist der Zielsetzung des Schutzes des Lebens und der Gesundheit der Patient:innen geschuldet.[60] Umgekehrt ist die GÖG berechtigt, von der Statistik Austria[61] Informationen zum Todeszeitpunkt und zur Todesursache von Personen anzufordern, deren Daten in einem Register verarbeitet sind.[62]

17 Ergänzend zu den Verpflichtungen die im Register zu verarbeitenden Daten zu melden, sind die Inverkehrbringer[63] von Medizinprodukten, die in einem der Register geführt werden, verpflichtet, die für die Zwecke des Registers erforderlichen technischen Daten ihrer Implantate der GÖG in elektronischer Form zur Verfügung zu stellen.[64]

18 Getrennt von § 45 Abs 3, 8 und 14 sind die Verpflichtungen der Betreiber[65] zur Führung von (eigenständigen) Implantatregistern zu sehen,[66] auch wenn es bei den erfassten Medizinprodukten[67] und beim Zweck, nämlich der Gewährleistung rascher Identifikation von Implantaten

---

53 S dazu ausf zB *Resch* in *Resch/Wallner*, Medizinrecht[3] Kap XV.

54 § 45 Abs 3.

55 Sohin Krankenanstalten und sonstige Behandlungseinrichtungen, nicht aber Einzelordinationen; vgl *Rehmann/Wagner/Rehmann*, MP-VO[4] Art 2 Rn 51.

56 Art 2 Z 37 Medizinprodukte-VO; zum Begriff vgl zB *Rehmann/Wagner/Rehmann*, MP-VO[4] Art 2 Rn 52.

57 Die Mat sprechen von „online", vgl ErläutRV 504 BlgNR 23. GP 5.

58 § 45 Abs 3.

59 S Rz 15.

60 ErläutRV 504 BlgNR 23. GP 5 f.

61 Diese Möglichkeit dient einer Minimierung des Nacherhebungs- und Dokumentationsaufwandes iZm Angaben nach § 45 Abs 2 Z 3; vgl ErläutRV 504 BlgNR 23. GP 6.

62 § 45 Abs 8.

63 Vgl Art 2 Z 28 Medizinprodukte-VO.

64 § 45 Abs 14.

65 § 2 Abs 2 MPBV.

66 S § 5 MPBV.

67 S Z 1 in Anh 5 zur MPBV.

und Patient:innen zum Schutz der Gesundheit und Sicherheit von Patient:innen,[68] naturgemäß Überschneidungen gibt.

A. Personenbezug

Aus den gleichen Erwägungen ist es auch erforderlich, dass die Meldung (direkt) personenbezogene Daten (Name und Kontaktdaten) der Patient:innen enthält. Die Rechtfertigung des direkten Personenbezuges bei der Verarbeitung von Daten in Registern nach § 45 ist in der Einrichtung des Registers für „Hochrisikoimplantate"[69] als besondere Schutzmaßnahme für die betroffene Patient:innengruppe zu sehen, zumal nur ein direkter Personenbezug geeignete Schutzmaßnahmen (ohne „Umwege" über Behandlungseinrichtungen und dadurch bewirkte Verzögerungen) in Vigilanzfällen ermöglicht.[70] Die vom jeweiligen Medizinprodukt ausgehenden konkreten Gefahren korrelieren sohin mit den für die Verfolgbarkeit zu führenden Aufzeichnungen und der Reichweite der zulässigen Datenverarbeitung.[71] Trotz dieser grds Rechtfertigung verlangt § 45 Abs 4 für die Übermittlung von Namen und Kontaktdaten an das Register, sohin von jenen Angaben, die zur Identifikation der betroffenen Personen erforderlich sind, zusätzlich eine entsprechende Information über die Behandlungszwecke[72] und auch die ausdrückliche Einwilligung in diese Verarbeitung.[73] **19**

Weder der Begriff der „betroffenen Person" noch jener der „(ausdrücklichen) Einwilligung" sind im MPG oder in der Medizinprodukte-VO definiert. Angesichts des Regelungsgegenstandes liegt es aber nahe, beide datenschutzrechtlich, dh iSd DSGVO, auszulegen.[74] Bei der ausdrücklichen Einwilligung ergeben sich daraus keinerlei Probleme.[75] Bei der „betroffenen Person" gibt es dagegen Auslegungsbedarf. Es handelt es sich hierbei um eine identifizierte oder identifizierbare natürliche Person, auf die sich Informationen beziehen.[76] Es liegt auf der Hand, dass damit im gegebenen Zusammenhang Patient:innen gemeint sind. Fraglich ist allerdings, inwieweit sich die in § 45 Abs 4 enthaltenen Anforderungen an Information und ausdrückliche Einwilligung auch auf andere natürliche Personen beziehen, deren Daten im Register verarbeitet werden, insb auf Ärzt:innen.[77] Eine teleologische Auslegung der Bestimmung[78] muss zum Ergebnis führen, dass die hier aufgestellten besonderen Erfordernisse der Information und der ausdrücklichen Einwilligung auf Patient:innen bezogen sind, nicht aber **20**

---

[68] Vgl § 5 Abs 2 MPBV.

[69] ErläutRV 504 BlgNR 23. GP 4, 6; AB 884 BlgNR 27. GP 9; ebenso *Semp* in *Aigner/Kletečka/Kletečka-Pulker/Memmer*, Handbuch Medizinrecht V/12/b.

[70] ErläutRV 504 BlgNR 23. GP 4, 6; iZm dem MPG gehen die Mat davon aus, dass Herzschrittmacher-, ICD- und Loop Recorder-Register aufgrund der verfolgten Zwecke personenbezogen, dh mit Namen und Kontaktdaten der Patietent:innen, geführt werden müssen, s AB 884 BlgNR 27. GP 9.

[71] *Leischner-Lenzhofer*, Informationspflichten des Bundesamts für Sicherheit im Gesundheitswesen bei Implantaten, RdM 2024/2, 5.

[72] § 45 Abs 4 Z 1.

[73] § 45 Abs 4 Z 2.

[74] IdS ist auch der Begriff des „Verantwortlichen" in § 45 Abs 1 datenschutzrechtlich auszulegen, vgl Art 4 Z 7 DSGVO.

[75] Vgl Art 4 Z 11, Art 9 Abs 2 lit a) DSGVO.

[76] Art 4 Z 1 DSGVO; infrage käme auch eine Orientierung an § 2 Z 7 E-Gov-G; demnach sind „Betroffene" natürliche und juristische Personen sowie sonstige Personenmehrheiten oder Einrichtungen, welchen bei der Teilnahme am Wirtschaftsverkehr eine Identität (iSd § 2 Z 1 E-Gov-G) zukommt. Hier sind, anders als nach der DSGVO, auch juristische Personen umfasst, was aber für die Frage, ob sich § 45 Abs 4 nur auf Patient:innen bezieht, oder auch auf Ärzt:innen keinen Unterschied macht.

[77] § 45 Abs 2 Z 1.

[78] S Rz 4 f.

auf andere natürliche Personen, deren Daten im Register allenfalls erfasst werden, insb nicht auf Gesundheitsdienstleister:innen.[79]

21 Zur Identifikation der Patient:innen im Rahmen der weiteren Verarbeitung gem Abs 1 und 2 ist lediglich die Verwendung des Namens und des bPK-GH[80] bzw des bPK-AS zulässig,[81] wobei letzteres in nur verschlüsselter Form verwendet und gespeichert werden darf.

B. Pseudonymisierung

22 Systematisch konsequent ist die GÖG verpflichtet, die Daten zu pseudonymisieren,[82] wenn eine erteilte Einwilligung widerrufen wird. Abgesehen davon, dass auch diese Anordnung dafür spricht, dass sich § 45 Abs 4 auf Patient:innen bezieht, nicht aber auf Behandler:innen, ist sie auch unter einem Qualitätssicherungsaspekt zu sehen, zumal auf diese Weise sichergestellt wird, dass keine nicht aktuellen Daten von Patient:innen im Register aufscheinen und im Rahmen von Behandlungen herangezogen werden.[83]

23 Analog zum Widerruf der Einwilligung haben die verpflichteten Gesundheitseinrichtungen vorzugehen, wenn keine wirksame Einwilligung erteilt wird. In diesem Fall sind die in § 45 Abs 2 angeführten Daten mit Ausnahme der Patientenidentifikation[84] und zusätzlich das bPK-GH zu übermitteln.[85] Diese Daten dürfen nur zu Zwecken der Statistik und zu wissenschaftlichen,[86] nicht aber zu Behandlungs- und Vigilanzzwecken genutzt werden.[87] Schließlich hat die GÖG den Personenbezug auch unverzüglich unumkehrbar zu löschen, sobald er für die Zwecke des Gesundheitsschutzes und der Sicherheit von Patient:innen, Anwender:innen oder Dritten, zur Abwehr von Risiken[88] bzw zur qualitätsgesicherten Behandlung[89] nicht mehr erforderlich ist.[90]

V. Zugriffsberechtigung

A. GÖG

24 Ein Zugriff auf die im Register verarbeiteten bzw zu verarbeitenden Daten durch die GÖG selbst bzw deren Mitarbeiter:innen ist grundsätzlich nur in pseudonymisierter Form und zur Wahrnehmung der Rechte der Betroffenen iSd Kapitel 3 DSGVO (dann aber auch personenbezogen) zulässig. Für wissenschaftliche Zwecke darf jeglicher Zugriff durch die GÖG stets nur in pseudonymisierter Form erfolgen.[91]

---

79 Die Vorgaben der DSGVO sind natürlich auch bei der Verarbeitung von personenbezogenen Daten von Gesundheitsdienstleister:innen im Register einzuhalten.

80 S §§ 9 ff E-GovG; § 3 E-Gov-BerAbgrV; zum bPK allgemein vgl zB *Jahnel* in *Jahnel*, Kommentar zur Datenschutzgrundverordnung (DSGVO) Art 87; zum bPK-GH zB *Stärker* in GmundKomm^2 § 4 GTelG Rz 5 f.

81 § 45 Abs 7.

82 Auch dieser Begriff ist zweifellos iSd des allgemeinen Datenschutzrechts zu verstehen, vgl Art 4 Z 5 DSGVO.

83 IdS ErläutRV 504 BlgNR 23. GP 6.

84 § 45 Abs 2 Z 1.

85 § 45 Abs 5.

86 § 45 Abs 1 Z 5 und 6; s Rz 12.

87 Vgl ErläutRV 504 BlgNR 23. GP 6.

88 § 45 Abs 1 Z 1.

89 § 45 Abs 1 Z 3.

90 § 45 Abs 7.

91 § 45 Abs 10.

B. BASG und BMSGPK

Für Zwecke der Medizinproduktevigilanz[92] ist das BASG berechtigt, auf die im Register verarbeiteten Daten auch in personenbezogener Form zuzugreifen, sofern das im Einzelfall zum Schutz der Gesundheit und Sicherheit von Patient:innen und zur Abwehr von ernsten Risiken unbedingt notwendig ist.[93] Ansonsten beschränkt sich die Berechtigung des BASG für Zwecke der Medizinproduktevigilanz und Marktüberwachung auf Daten in pseudonymisierter Form. Gleiches gilt für Zwecke der Qualitätssicherung von Medizinprodukten, für die (zusätzlich zum BASG) auch das BMSGPK zugriffsberechtigt ist.[94] 25

C. Gesundheitsdienstleister

Der datenschutzrechtliche Charakter des § 45 zeigt sich auch iZm den vorgesehenen Datensicherheitsmaßnahmen. In Übereinstimmung mit dem allgemeinen datenschutzrechtlichen Zweckbindungsgrundsatz[95] orientieren sich die Vorgaben bei Herzschrittmacher-, ICD- und Loop Recorder-Registern am GTelG.[96] So ist die Erteilung von Zugriffsberechtigungen für Gesundheitsdienstleister durch die GÖG nur in jenem Umfang zulässig, in dem es für den jeweiligen Zweck[97] unbedingt erforderlich ist. Zweckentsprechend sind daher auch (individuelle) Beschränkungen der Zugriffsberechtigungen vorzusehen. Zugriffsberechtigungen sind jeweils konkreten natürlichen Personen zu erteilen, deren eindeutige Identität der GÖG ebenso nachzuweisen ist, wie der Umfang der Berechtigung. Es ist daher Sache der anfragenden Gesundheitseinrichtung für die Erteilung von Zugriffsberechtigungen konkrete natürliche Personen zu benennen, denen die Zugriffsberechtigung individualisiert zu erteilen ist. Damit soll verhindert werden, dass der Zugriff unkontrolliert durch verschiedene Bedienstete der Gesundheitseinrichtung erfolgen kann.[98] In diesem Zusammenhang sind die Identität und der Umfang der Zugriffsberechtigung der GÖG auch nachzuweisen. Die Erteilung von Zugriffsberechtigungen ist durch die GÖG zu dokumentieren; die Dokumentation hat iZw auch Beschränkungen der Zugriffsberechtigungen zu umfassen. 26

Der Zugriff der an den Registern teilnehmenden Gesundheitseinrichtungen[99] auf personenbezogene Daten ist ausschließlich zum Zweck der qualitätsgesicherten Behandlung[100] zulässig, wenn dies im Rahmen einer konkreten Behandlungssituation der jeweiligen (betroffenen) Person erforderlich ist. Zusätzlich zu diesem Zweck bedarf der Zugriff noch der ausdrücklichen Einwilligung oder, sofern die Einwilligung unmöglich ist, des Vorliegens eines lebenswichtigen Interesses der betroffenen Person.[101] Der Zugriff für wissenschaftliche Zwecke ist auch für Gesundheitseinrichtungen lediglich in pseudonymisierter Form zulässig.[102] 27

---

92 S Rz 10.

93 Die betroffenen Patient:innen sollen möglichst rasch verständigt werden können, wenn im Vigilanzfall Schutzmaßnahmen erforderlich sind; vgl ErläutRV 504 BlgNR 23. GP 7.

94 § 45 Abs 12.

95 Art 5 Abs 2 lit b), Art 32 Abs 1 DSGVO.

96 ErläutRV 504 BlgNR 23. GP 6.

97 § 45 Abs 1.

98 ErläutRV 504 BlgNR 23. GP 6.

99 Zum Begriff s Rz 15.

100 § 45 Abs 1 Z 3.

101 § 45 Abs 11 Z 1.

102 § 45 Abs 11 Z 2.

VI. Datensicherheit

28 Die Zuweisung der Zugriffsberechtigungen für einzelne Benutzer der GÖG hat individuell durch deren Geschäftsführer[103] zu erfolgen.[104] Die Zugriffsberechtigten sind über die DSGVO und das Datensicherheitskonzept[105] zu belehren. Sofern die betreffenden Mitarbeiter:innen die Zugriffsberechtigung nicht mehr benötigen, ist sie ihnen zu entziehen, was ebenso gilt, wenn Daten nicht entsprechend der Zweckbestimmung verarbeitet werden.[106]

29 Den Geschäftsführer der GÖG trifft auch für Berechtigungen außerhalb seiner Organisation die Verpflichtung sicherzustellen, dass Identität und Rolle der Zugriffsberechtigten bei jedem Zugriff dem Stand der Technik entsprechend nachgewiesen und protokolliert werden. Er muss ferner geeignete, dem Stand der Technik entsprechende Vorkehrungen treffen lassen, um eine Vernichtung oder Veränderung der Daten durch Programmstörungen[107] ebenso zu verhindern, wie eine Vernichtung, Veränderung oder Abfrage der Daten des Registers durch unberechtigte Nutzer oder Systeme.[108] Die verwendeten Begriffe der „Rolle" und der „Identität" der Zugriffsberechtigten sind weder im MPG noch in der Medizinprodukte-VO definiert. Nachdem sich die Bestimmungen über die Datensicherheitsmaßnahmen ausweislich der Mat[109] an das GTelG anlehnen, liegt es nahe auch diese Begriffe anhand der Definitionen im GTelG auszulegen. „Identität" ist daher die Bezeichnung der Nämlichkeit von Betroffenen durch Merkmale, die geeignet sind, ihre Unterscheidbarkeit von anderen zu ermöglichen.[110] „Rolle" bezeichnet die Klassifizierung von Gesundheitsdiensteanbietern[111] nach der Art ihres Aufgabengebietes, ihrer Erwerbstätigkeit, ihres Betriebszweckes oder ihres Dienstleistungsangebotes.[112]

30 Der Geschäftsführer der GÖG muss außerdem sicherstellen, dass alle durchgeführten Verarbeitungsvorgänge (insb Eintragungen, Änderungen, Abfragen und Übermittlungen) nachvollziehbar sind und ein Datensicherheitskonzept erstellen, das für die Mitarbeiter der GÖG verbindlich ist.[113]

---

103 Der in § 45 Abs 9 und 13 verwendete Begriff ist nicht gegendert.

104 § 45 Abs 9 und 13 ergänzen bzw konkretisieren insoweit § 15 GÖGG.

105 § 45 Abs 9, s Rz 30.

106 § 45 Abs 13.

107 Dh Viren.

108 § 45 Abs 9.

109 ErläutRV 504 BlgNR 23. GP 6.

110 § 4 Abs 1 GTelG iVm § 2 Z 1 E-GovG; solche Merkmale sind insb der Name und das Geburtsdatum, aber auch etwa die Firma oder (alpha)nummerische Bezeichnungen.

111 ISd § 2 Z 2 GTelG, dh Verantwortlicher oder Auftragsverarbeiter (Art 4 Z 7 und 8 DSGVO), die regelmäßig Gesundheitsdaten oder genetische Daten in elektronischer Form zu Zwecken der medizinischen Behandlung oder Versorgung, pflegerischen Betreuung, Verrechnung von Gesundheitsdienstleistungen, Versicherung von Gesundheitsrisiken oder Wahrnehmung von Patient:innenrechten verarbeiten; s insb Anl 1 zu § 2 GTelV.

112 § 2 Z 5 GTelG.

113 § 45 Abs 9.

§ 46 Weitere Implantatregister

(1) Die Gesundheit Österreich GmbH ist berechtigt,

1. zum Zweck des Schutzes der Gesundheit und Sicherheit von Patienten, Anwendern oder Dritten und zur Abwehr von Risiken von implantierbaren Medizinprodukten,
2. zum Zweck der Medizinproduktevigilanz und Marktüberwachung von implantierbaren Medizinprodukten,
3. zum Zweck der Qualitätssicherung von implantierbaren Medizinprodukten,
4. zum Zweck der Statistik als Grundlage für Planung, Qualitätssicherung und Qualitätsberichterstattung im österreichischen Gesundheitswesen, und
5. zu wissenschaftlichen Zwecken

Implantatregister für aktive implantierbare Medizinprodukte, Weichteilimplantate, cardiovaskuläre, neurologische und orthopädische Implantate zu führen.

(2) In den Registern können folgende Datenkategorien verarbeitet werden:

1. Patientenidentifikation (Geburtsjahr, Geschlecht, bereichsspezifisches Personenkennzeichen),
2. Daten über die implantierende Gesundheitseinrichtung, insbesondere zu deren Identifikation,
3. relevante klinische Daten zu Anamnese, aktuellem Gesundheitszustand und Indikation,
4. technische, klinische, organisatorische und zeitliche Daten zum Versorgungsprozess,
5. Daten zur Ergebnismessung (Outcome),
6. technische Daten zum Implantat, spezifische Implantatparameter, Daten zur individuellen Implantateinstellung, und
7. technische, klinische, organisatorische, zeitliche und ereignisbezogene Daten zur Nachsorge.

(3) Die implantierenden/behandelnden Gesundheitseinrichtungen sind, wenn dies zum Schutz der Gesundheit und Sicherheit von Patienten erforderlich ist, verpflichtet, die im Abs. 2 genannten und für Zwecke der Registerführung benötigten Daten der Gesundheit Österreich GmbH personenbezogen elektronisch zu übermitteln. Die Erteilung von Zugriffsberechtigungen für Übermittlungen und Datenverwendungen an Gesundheitseinrichtungen ist durch die Gesundheit Österreich GmbH nachvollziehbar zu dokumentieren.

(4) Der Bundesminister für Soziales, Gesundheit, Pflege und Konsumentenschutz kann die Einrichtung von Implantatregistern und die spezifischen Datensätze für die einzelnen Register durch Verordnung festlegen, sofern einschlägige Informationen nicht durch die Auswertung von Daten gewonnen werden können, die von Krankenanstalten im Rahmen des Bundesgesetzes über die Dokumentation im Gesundheitswesen, BGBl. Nr. 745/1996, in der jeweils geltenden Fassung, dem Bundesministerium für Soziales, Gesundheit, Pflege und Konsumentenschutz übermittelt werden. In dieser Verordnung sind auch die konkreten Verarbeitungszwecke und die dem jeweiligen Verarbeitungszweck entsprechenden Zugriffsberechtigungen festzulegen.

(5) Personenbezogene Daten sind unverzüglich zu pseudonymisieren. Bei der Datenverarbeitung gemäß Abs. 1 und 2 ist zur Patientenidentifikation nur die Verwendung

des bereichsspezifischen Personenkennzeichens AS (§ 10 Abs. 2 E Government-Gesetz, BGBl. I Nr. 10/2004) zulässig. Das bereichsspezifische Personenkennzeichen AS darf nur in verschlüsselter Form verwendet und gespeichert werden. Der Personenbezug ist unverzüglich nach Umrechnung unumkehrbar zu löschen.

(6) Das bereichsspezifischen Personenkennzeichen AS ist zu löschen, sobald es für die Zwecke nach Abs. 1 nicht mehr erforderlich sind. Die Bundesanstalt „Statistik Österreich“ hat der Gesundheit Österreich GmbH – auf deren Anfrage – personenbezogene Daten zum Todeszeitpunkt und zur Todesursache von Personen, deren Daten in einem Implantatregister gemäß Abs. 1 gespeichert sind, zu übermitteln.

(7) Der Geschäftsführer der Gesundheit Österreich GmbH hat sicherzustellen, dass die eindeutige Identität und Rolle der Zugriffsberechtigten bei jedem Zugriff dem Stand der Technik entsprechend nachgewiesen und protokolliert werden. Er muss sicherstellen, dass geeignete, dem jeweiligen Stand der Technik entsprechende Vorkehrungen getroffen werden, um eine Vernichtung oder Veränderung der Daten durch Programmstörungen (Viren) zu verhindern, und um eine Vernichtung, Veränderung oder Abfrage der Daten des Registers durch unberechtigte Benutzer oder Systeme zu verhindern. Weiters muss er sicherstellen, dass alle durchgeführten Verwendungsvorgänge, wie insbesondere Eintragungen, Änderungen, Abfragen und Übermittlungen, nachvollziehbar sind. Er hat ein Datensicherheitskonzept zu erstellen, das für die Mitarbeiter der Gesundheit Österreich GmbH verbindlich ist.

(8) Die an den Registern teilnehmenden Gesundheitseinrichtungen dürfen auf Daten in den Registern für wissenschaftliche Zwecke in anonymisierter Form zugreifen.

(9) Jeder Zugriff auf die in den Registern verarbeiteten oder zu verarbeitenden Daten durch die Gesundheit Österreich GmbH darf nur für Zwecke des Abs. 1 erfolgen.

(10) Das Bundesamt für Sicherheit im Gesundheitswesen ist berechtigt, auf die in den Registern verarbeiteten Daten in pseudonymisierter Form zuzugreifen, wenn dies zum Zweck des Schutzes der Gesundheit und Sicherheit von Patienten, zur Abwehr von Risiken und zum Zweck der Medizinproduktevigilanz und Marktüberwachung notwendig ist. Das Bundesministerium für Soziales, Gesundheit, Pflege und Konsumentenschutz ist für Zwecke der Qualitätssicherung von Medizinprodukten berechtigt, auf die Daten im Register in pseudonymisierter Form zuzugreifen.

(11) Der Geschäftsführer der Gesundheit Österreich GmbH ist verpflichtet, die Zugriffsberechtigung für die einzelnen Benutzer der Gesundheit Österreich GmbH individuell zuzuweisen. Die Zugriffsberechtigten der Gesundheit Österreich GmbH sind über die Bestimmungen der Datenschutz-Grundverordnung und das Datensicherheitskonzept zu belehren. Diesen Zugriffsberechtigten ist ihre Zugriffsberechtigung zu entziehen, wenn sie diese zur weiteren Erfüllung der ihnen übertragenen Aufgaben nicht mehr benötigen oder sie die Daten nicht entsprechend ihrer Zweckbestimmung verarbeiten.

(12) Die Inverkehrbringer von Implantaten, die in Registern nach Abs. 1 geführt werden, sind verpflichtet, die für Zwecke des Registers erforderlichen technischen Daten ihrer Implantate der Gesundheit Österreich GmbH in elektronischer Form zur Verfügung zu stellen.

Beachte für die Bestimmung: Tritt hinsichtlich In-vitro-Diagnostika am 26.5.2022 in Kraft (vgl § 91 Abs 1).

Fassung: BGBl I 2021/122

Literatur: *Leischner-Lenzhofer*, Informationspflichten des Bundesamts für Sicherheit im Gesundheitswesen bei Implantaten Zugleich Anmerkungen zu OGH 25.4.2023, 1 Ob 39/23a und zur MPG-Novelle BGBl I 2023/27, RdM 2024/2; *Rehmann/Wagner/Rehmann*, MP-VO[4] (2023).

Inhaltsverzeichnis

Grundlagen

Die Bestimmungen über weitere Implantatregister[1] folgen im Aufbau weitgehend jenen über Register für Herzschrittmacher, ICD und Loop-Recorder[2] und beinhalten Abweichungen, die dem Regelungsgegenstand und insb auch den sich daraus ergebenden anderwärtigen datenschutzrechtlichen Anforderungen geschuldet sind. Insgesamt wesentlichster Unterschied zu Registern iSd § 45 ist, dass in den weiteren Implantatregistern keine personenbezogenen Daten verarbeitetet werden.[3] 1

IdS entspricht § 46 weitgehend § 73a MPG 1996. Abweichungen von der Vorgängerbestimmung betreffen terminologische sowie Anpassungen an die geänderte Rechtslage. 2

Normziel des § 46 ist die Sammlung von Informationen über die betreffenden Medizinprodukte zur Beurteilung von deren Qualität und Sicherheit anhand einer größeren Fallzahl sowie das frühzeitige Erkennen von Trends (zB bei Qualitätsproblemen bei einer speziellen Art/Type von Implantaten durch zB vorzeitige Materialermüdung), zumal oft erst auf einer entsprechenden statistischen Basis eine verlässliche Beurteilung möglicher Fehler bei bestimmten Serien, Chargen oder Typen von Implantaten möglich ist.[4] Zusätzlich sollen die weiteren Implantatregister auch dazu dienen, in anonymisierter Form Benchmarks in Bezug auf den Outcome zwischen Behandlungseinrichtungen zu erstellen und damit einen kontinuierlichen Verbesserungsprozess im Bereich der Patientenversorgung herbeizuführen. Die betreffenden Register dienen insofern auch der Behandlungsoptimierung für Patient:innen im Rahmen der österreichweiten Qualitätsarbeit im Gesundheitswesen.[5] 3

---

1 Dh andere als Herzschrittmacher-, ICD und Loop Recorder-Register, s dazu § 45.
2 Es kann daher vielfach auf die Kommentierung zu § 45 verwiesen werden.
3 S ErläutRV 884 BlgNR 27. GP 9.
4 ErläutRV 504 BlgNR 23. GP 7 f.
5 ErläutRV 504 BlgNR 23. GP 8.

I. Erfasste Medizinprodukte

4 Regelungsgegenstand des § 46 sind Register für aktive implantierbare Medizinprodukte,[6] Weichteilimplantate,[7] cardiovaskuläre,[8] neurologische[9] und orthopädische[10] Implantate.[11] Während der Begriff der aktiven, implantierbaren Medizinprodukte aus Art 2 Z 1, 4 und 5 Medizinprodukte-VO abzuleiten und insofern (durchaus weit) definiert ist, finden sich für die übrigen von § 46 erfassten Implantate keine Begriffsbestimmungen im MPG oder in der Medizinprodukte-VO.[12] Wesentlich erscheint im gegebenen Zusammenhang, einerseits die „Aktivität" der infrage stehenden Medizinprodukte, dh dass sie einer über die vom menschlichen Körper erzeugten Energie hinausgehenden Energiezufuhr bedürfen[13] und andererseits der Umstand, dass sie implantiert werden, dh zum dauerhaften, 30 Tage übersteigenden, Verbleib in den Körper eingebracht werden.[14]

II. Registerzwecke

5 Die Zwecke, für welche die GÖG berechtigt ist, weitere Implantatregister zu führen, beinhalten den Schutz der Gesundheit und Sicherheit von Patient:innen, Anwender:innen oder Dritten zur Abwehr von Risiken von implantierbaren Medizinprodukten,[15] Medizinproduktevigilanz und Marktüberwachung von implantierbaren Medizinprodukten,[16] Qualitätssicherung von implantierbaren Medizinprodukten,[17] Statistik als Grundlage für Planung, Qualitätssicherung und Qualitätsberichterstattung im österreichischen Gesundheitswesen[18] sowie wissenschaftliche Zwecke.[19] Die Zwecke der weiteren Implantatregister entsprechen daher den Zwecken für Herzschrittmacher-, ICD- und Loop Recorder-Registern; es findet sich allerdings keine Entsprechung im Hinblick auf den Zweck der qualitätsgesicherten Behandlung iZm mit weiteren Implantaten iSd § 46.

III. Datenkategorien

6 Auch hinsichtlich der Definition der zulässigen Datenkategorien entspricht § 46 Abs 2 weitgehend den Kategorien für Herzschrittmacher-, ICD- und Loop Recorder-Register, dies naturgemäß angepasst an den abweichenden Regelungsgegenstand. Abgesehen von einer abweichenden Reihenfolge der Aufzählung der Kategorien wird für die weiteren Implantatregister kein

---

[6] ZB implantierbare Arzneimittelpumpen oder Cochleaimplantate samt Zubehör (Elektroden), vgl ErläutRV 504 BlgNR 23. GP 7.
[7] ZB Brustimplantate, vgl ErläutRV 504 BlgNR 23. GP 7.
[8] ZB Herzklappen, Stents, vgl ErläutRV 504 BlgNR 23. GP 7.
[9] ZB Hydrocephalus shunts, vgl ErläutRV 504 BlgNR 23. GP 7.
[10] ZB Hüft-, Knie-, Schultergelenks- oder Wirbelsäulenimplantate, vgl ErläutRV 504 BlgNR 23. GP 7.
[11] § 46 Abs 1; zu Bestrebungen einer Erweiterung auf weitere Medizinprodukte, zB Verhütungsspiralen s *Leischner-Lenzhofer*, Informationspflichten des Bundesamts für Sicherheit im Gesundheitswesen bei Implantaten, RdM 2024/2, 5.
[12] Insofern ist, abgesehen von der rein medizinischen Bedeutung, die beispielsweise Umschreibung in den Mat hilfreich.
[13] Art 2 Z 4 Medizinprodukte-VO, vgl *Rehmann/Wagner/Rehmann*, MP-VO[4] Art 2 Rn 25.
[14] Art 2 Z 5 Medizinprodukte-VO, vgl *Rehmann/Wagner/Rehmann*, MP-VO[4] Art 2 Rn 26.
[15] § 46 Abs 1 Z 1; entspricht § 45 Abs 1 Z 1, s § 45 Rz 9.
[16] § 46 Abs 1 Z 2; entspricht § 45 Abs 1 Z 2, s § 45 Rz 10.
[17] § 46 Abs 1 Z 3; entspricht § 45 Abs 1 Z 4.
[18] § 46 Abs 1 Z 4; entspricht § 45 Abs 1 Z 5, s § 45 Rz 12.
[19] § 46 Abs 1 Z 5; entspricht § 45 Abs 1 Z 6, s § 45 Rz 12.

Personenbezug durch Name, Geburtsdatum und Kontaktdaten hergestellt;[20] stattdessen werden nur Geburtsjahr, Geschlecht und bPK verarbeitet.[21] Hinsichtlich der implantierenden Gesundheitsrichtung[22] weichen die Formulierungen in § 46 Abs 2 Z 2 von § 45 Abs 1 Z 1 ab, zumal bei den weiteren Implantationsregistern keine Hinweise auf den Namen des/der behandelnden Arztes/Ärztin enthalten und im Übrigen Daten zur Identifikation der Gesundheitseinrichtung lediglich allgemein angeführt sind.[23] Sterbedaten[24] werden in den weiteren Implantatregistern nicht verarbeitet, obwohl ausdrücklich vorgesehen ist, dass die Statistik Austria der GÖG auf deren Anfrage personenbezogene Daten zum Todeszeitpunkt und zur Todesursache von Personen, deren Daten in einem Register gespeichert sind, zu übermitteln hat.[25] Als zusätzliche Kategorie sind bei den weiteren Implantatregistern Daten zur Ergebnismessung (Outcome) vorgesehen.[26]

IV. Meldepflichten

Die implantierenden/behandelnden Gesundheitseinrichtungen sind, wenn dies zum Schutz 7
der Gesundheit und Sicherheit von Patient:innen erforderlich ist, verpflichtet, die in § 46 Abs 2 genannten und für Zwecke der Registerführung benötigten Daten der GÖG elektronisch zu übermitteln, wobei diese Übermittlung personenbezogen zu erfolgen hat.[27] Anders als bei Herzschrittmacher-, ICD- und Loop Recorder-Registern ist eine zusätzliche Information der Betroffenen und deren ausdrücklich Einwilligung in die Übermittlung[28] bei den weiteren Implantatregistern nicht vorgesehen, offenbar zumal keine Übermittlung von Namen und Kontaktdaten vorgesehen ist.

Analog zu den Verpflichtungen bei Herzschrittmacher-, ICD- und Loop Recorder-Registern 8
sind die Inverkehrbringer[29] von Medizinprodukten, die in einem weiteren Implantatregister geführt werden, verpflichtet, die für die Zwecke des Registers erforderlichen technischen Daten ihrer Implantate der GÖG in elektronischer Form zur Verfügung zu stellen.[30]

Die Verpflichtungen der Betreiber[31] zur Führung von (eigenständigen) Implantatregistern[32] 9
sind getrennt von den aufgrund § 46 einzurichtenden weiteren Implantatregistern zu sehen, auch wenn es bei den erfassten Medizinprodukten[33] und beim Zweck, nämlich der Gewährleistung rascher Identifikation von Implantaten und Patient:innen zum Schutz der Gesundheit und Sicherheit von Patient:innen,[34] auch hier naturgemäß Überschneidungen gibt.[35]

---

[20] So aber in § 45 Abs 1 Z 2.
[21] § 46 Abs 2 Z 1.
[22] Zum Begriff s § 45 Rz 14f.
[23] § 46 Abs 2 Z 2.
[24] S § 45 Abs 2 Z 3.
[25] § 46 Abs 6 S 2; die Begründung dafür liegt in der Aktualität des Registers, der im Rahmen der Qualitätssicherung erforderlichen Berechnung der Parameter „Letalität" und „Mortalität" sowie gleichzeitig in der Geringhaltung des Dokumentationsaufwandes; vgl ErläutRV 504 BlgNR 23. GP 8.
[26] § 46 Abs 2 Z 5.
[27] § 46 Abs 3.
[28] S § 45 Abs 4.
[29] Vgl Art 2 Z 28 Medizinprodukte-VO.
[30] § 46 Abs 12; die Verpflichtung ist parallel zu jener in § 45 Abs 14; s § 45 Rz 17.
[31] § 2 Abs 2 MPBV.
[32] S § 5 MPBV.
[33] S Z 2 in Anh 5 zur MPBV.
[34] Vgl § 5 Abs 2 MPBV.
[35] Sa § 45 Rz 18.

V. Einrichtung von weiteren Implantatregistern

10 Im Hinblick auf die bei den unterschiedlichen infrage kommenden Medizinprodukten zu beachtenden Besonderheiten[36] ist für deren Einrichtung eine Verordnungsermächtigung an das BMSGPK ebenso vorgesehen, wie für die Festlegung spezifischer Datensätze.[37] Diese Ermächtigung ist allerding insofern eingeschränkt, als sie nur besteht, wenn einschlägige Informationen vom BMSGPK nicht durch Auswertung von Daten gewonnen werden können, die von Krankenanstalten im Rahmen des Bundesgesetzes über Dokumentation im Gesundheitswesen übermittelt werden.

11 Von dieser Ermächtigung wurde[38] iZm der V betreffend die Einrichtung eines Implantatregisters für den Bereich der Hüftendoprothetik[39] Gebrauch gemacht. Diese V legt neben der Einrichtung des Registers[40] die Registerzwecke,[41] die Datenarten[42] und die Zugriffsberechtigungen[43] fest.

VI. Datenschutz in weiteren Implantatregistern

12 Hinsichtlich der Erteilung von Zugriffsberechtigungen für Übermittlungen und Datenverwendungen an Gesundheitseinrichtungen gilt bei den weiteren Implantatregistern lediglich, dass diese durch die GÖG nachvollziehbar zu dokumentieren sind.[44]

13 Personenbezogene Daten sind im Register unverzüglich zu pseudonymisieren.[45] Zur Patientenidentifikation darf bei der Datenverarbeitung im Register nur das bPK-AS[46] verwendet werden. Diese Vorgehensweise ist erforderlich, um Behandlungsschritte, die bei verschiedenen Gesundheitsdienstleistern erfolgen, iS einer „Patient:innenkarriere“ zusammenzuführen.[47] Auch dieses bPK darf nur in verschlüsselter Form verwendet und gespeichert werden, der Personenbezug ist unmittelbar nach der Umrechnung unumkehrbar zu löschen.[48] Ebenso ist das bPK-AS zu löschen, sobald es für die konkreten Verarbeitungszwecke nicht mehr erforderlich ist.[49]

---

36 ErläutRV 504 BlgNR 23. GP 8.

37 § 46 Abs 4.

38 Noch zur Vorgängerbestimmung des § 73a Abs 4 MPG 1996.

39 BGBl II 2008/428 idgF.

40 § 1 V betreffend die Einrichtung eines Implantatregisters für den Bereich der Hüftendoprothetik.

41 Dies ist in § 46 Abs 4 ausdrücklich vorgesehen; vgl § 2 V betreffend die Einrichtung eines Implantatregisters für den Bereich der Hüftendoprothetik; die Zwecke entsprechen § 46 Abs 1 Z 1, 3, 4 und 5.

42 § 3 V betreffend die Einrichtung eines Implantatregisters für den Bereich der Hüftendoprothetik; die Datenarten entsprechen § 46 Abs 2, allerdings mit erhöhtem Detaillierungsgrad durch Subkategorien.

43 Dies ist in § 46 Abs 4 ebenfalls ausdrücklich vorgesehen; vgl § 4 V betreffend die Einrichtung eines Implantatregisters für den Bereich der Hüftendoprothetik; demnach dürfen die GÖG, die teilnehmenden Gesundheitseinrichtungen (diese nur für wissenschaftliche Zwecke) und das BASG auf die Daten in pseudonymisierter Form (indirekt personenbezogen) bzw für wissenschaftliche Zwecke in anonymisierter Form zugreifen; dies entspricht § 46 Abs 8.

44 § 46 Abs 3 S 2.

45 § 46 Abs 5 S 1; zum Begriff s Art 4 Z 5 DSGVO.

46 ISd § 10 Abs 2 E-GovG, s § 45 Rz 21.

47 Vgl ErläutRV 504 BlgNR 23. GP 8.

48 § 46 Abs 5.

49 § 46 Abs 6.

14 Den Geschäftsführer der GÖG treffen hinsichtlich der Datensicherheit iZm den weiteren Implantatregistern ähnliche Verpflichtungen wie bei Herzschrittmacher-, ICD- und Loop Recorder-Registern.[50]

15 Der Zugriff auf die Registerdaten ist für die GÖG selbst (naturgemäß) auf die Zwecke des § 46 Abs 1 beschränkt.[51] Analog zu Herzschrittmacher-, ICD- und Loop Recorder-Registern[52] ist die Zugriffsberechtigung für die einzelnen Benutzer der GÖG individuell zuzuweisen und die Zugriffsberechtigten sind über die DSGVO und das Datensicherheitskonzept zu belehren.[53] Die Zugriffsberechtigung ist den betreffenden GÖG-Mitarbeiter:innen wieder zu entziehen, wenn sie diese zur weiteren Erfüllung der ihnen übertragenen Aufgaben nicht mehr benötigen oder Daten nicht entsprechend ihrer Zweckbestimmung verarbeiten.[54]

16 Gesundheitseinrichtungen dürfen für wissenschaftliche Zwecke[55] auf weitere Implantatregister ausschließlich in anonymisierter Form zugreifen.[56] Das BASG darf auf die in den weiteren Registern verarbeiteten Daten in pseudonymisierter Form zum Zweck des Schutzes der Gesundheit und Sicherheit von Patient:innen, Abwehr von Risiken sowie zum Zweck der Medizinproduktevigilanz und Marküberwachung zugreifen.[57] Gleiches gilt für das BMSGPK für den Zweck der Qualitätssicherung von Medizinprodukten.[58]

---

50 § 46 Abs 7; Unterschiede zu § 45 Abs 9 betreffen lediglich den Nachweis der „eindeutigen" Identität und die Anordnung, dass sich die Nachvollziehbarkeit auf alle „Verwendungsvorgänge" (nicht „Verarbeitungsvorgänge") beziehen muss; s daher § 45 Rz 29.

51 § 46 Abs 9.

52 § 45 Abs 13, s § 45 Rz 28.

53 § 46 Abs 11.

54 § 46 Abs 11 letzter S.

55 S dazu § 45 Rz 12.

56 § 46 Abs 8; dies stellt gegenüber der Beschränkung auf pseudonymisierte Daten in § 45 eine Verschärfung dar, die den Unterschieden in den Registerzwecken geschuldet ist, s Rz 5.

57 § 46 Abs 10; die Bestimmung ist, mit Ausnahme des aufgrund der abweichenden Registerzwecke geforderten Pseudonymisierung, parallel zu § 45 Abs 12 ausgestaltet; sa *Leischner-Lenzhofer*, Informationspflichten des Bundesamts für Sicherheit im Gesundheitswesen bei Implantaten, RdM 2024/2, 5; § 45 Rz 25.

58 § 46 Abs 10 letzter S; die Bestimmung ist insoweit parallel zu § 45 Abs 12 ausgestaltet; s § 45 Rz 25.

§ 47 Verfolgbarkeit von Medizinprodukten

Der Bundesminister für Soziales, Gesundheit, Pflege und Konsumentenschutz kann, soweit dies im Hinblick auf den Schutz der Gesundheit und Sicherheit von Patienten, Anwendern oder Dritten und die Abwehr von Risiken erforderlich ist, unter Bedachtnahme auf Arten, Gruppen oder Klassen von Medizinprodukten mit erhöhtem Risikopotential durch Verordnung Gesundheitseinrichtungen zu geeigneten Maßnahmen im Hinblick auf die Verfolgbarkeit von Medizinprodukten zu verpflichten und dabei Festlegungen zu treffen über

1. **die Arten, Gruppen oder Klassen von Medizinprodukten, die von den Anforderungen an die Verfolgbarkeit erfasst sind,**
2. **die produkt- oder produktgruppenspezifischen Anforderungen hinsichtlich der Verfolgbarkeit sowie hinsichtlich Art, Inhalt, Spezifität und Verfügbarkeit der diesbezüglich erforderlichen Aufzeichnungen, und**
3. **die Art und Weise der Einrichtung geeigneter Implantatregister in Gesundheitseinrichtungen und die dafür erforderlichen Aufzeichnungen.**

Beachte für die Bestimmung: Tritt hinsichtlich In-vitro-Diagnostika am 26.5.2022 in Kraft (vgl § 91 Abs 1).

Fassung: BGBl I 2021/122

Literatur: *Pölzleitner/Fegerl*, Medizinprodukterecht in Österreich[2] (2014).

1 Die Verordnungsermächtigung des § 47 entspricht der Vorgängerbestimmung des § 73b MPG 1996. Aufgrund des § 47 wurde keine Verordnung erlassen;[1] § 73b MPG 1996 war Grundlage für § 10 MPBV und die dort vorgesehenen, von Betreibern zu führenden, Implantatregister.[2]

2 Entsprechend § 47, der sich auf Medizinprodukte mit erhöhtem Risikopotential bezieht und dem Schutz der Gesundheit und Sicherheit von Patient:innen, Anwender:innen oder Dritten sowie der Abwehr von Risiken dient, definiert § 10 MPBV die Arten, Gruppen bzw Klassen von Medizinprodukten, die in die Implantatregister der Betreiber aufzunehmen sind,[3] nämlich aktive implantierbare Medizinprodukte samt implantierbarem Zubehör[4] und nicht aktive implantierbare Medizinprodukte.[5] Ebenso werden produkt- bzw produktgruppenspezifische Anforderungen zur Verfolgbarkeit und zu den erforderlichen Aufzeichnungen festgelegt,[6] indem die im Register aufzunehmenden Angaben[7] und die notwendige Aufbewahrungsdauer[8] definiert und angeordnet wird, dass diese Daten auch Teil der Patienteninformation zu sein haben.

---

[1] Zur Rückverfolgbarkeit innerhalb der Lieferkette s Art 25 ff Medizinprodukte-VO.

[2] ErläutRV 504 BlgNR 23. GP 9.

[3] § 47 Z 1.

[4] Anh 5 Z 1 zur MPBV, zB Herzschrittmacher, Cochlea-Implantate, Elektroden.

[5] Anh 5 Z 2 zur MPBV, zB (Hüft- oder Knie-) Gelenks-, Weichteil- (zB Brust-), Organ- (zB künstliche Herzklappen) und Implantate im zentralen Kreislaufsystem (zB Stents, Vena cava-Filter).

[6] § 47 Z 2.

[7] § 10 Abs 3 MPBV, beinhaltend Bezeichnung, Art und Typ, Loscode oder Seriennummer, Name und Anschrift des Herstellers und des Vertreibers, Name und Sozialversicherungsnummer des/der Patient:in, Datum der Implantation, Name der für die Implantation verantwortlichen Person sowie Intervalle der nachfolgenden Kontrolluntersuchungen.

[8] 30 Jahre, vgl § 10 Abs 4 MPBV.

Schließlich wird auch die Art der Aufzeichnungen für das Register geregelt,[9] für die alle Datenträger einschließlich der Papierform zulässig sind.[10] Wenig Aussagen trifft die MPBV allerdings über die Art und Weise der Einrichtung der Implantatregister in Gesundheitseinrichtungen;[11] sie begnügt sich lediglich damit festzuhalten, dass die Register so zu führen sind, dass eine rasche Identifikation von Implantaten und von Patient:innen zum Schutz von deren Gesundheit und Sicherheit gewährleistet ist.[12] 3

9 § 47 Z 3.

10 § 10 Abs 5 MPBV.

11 So aber die Anforderung des § 47 Z 3.

12 § 10 Abs 2 MPBV; nach *Pölzleitner/Fegerl*, Medizinprodukterecht in Österreich[2], 25, muss das Implantatregister direkt vor Ort im OP geführt werden und ist nicht Sache der Medizintechnik.

7. Abschnitt

§ 48 Medizinprodukteberater

(1) Wer gewerbs- oder berufsmäßig Medizinprodukte in Verkehr bringt oder auf dem Markt bereit stellt, darf nur solche Personen beauftragen, Fachkreise im Rahmen der Berufsausübung aufzusuchen, um sie über die jeweiligen Medizinprodukte fachlich zu informieren und in die sachgerechte Handhabung der Medizinprodukte einzuweisen, die die dafür erforderliche medizinische und medizintechnische Sachkenntnis besitzen (Medizinprodukteberater).

(2) Die Medizinprodukteberater sind regelmäßig zu schulen. Nach Aufforderung durch das Bundesamt für Sicherheit im Gesundheitswesen ist die Sachkenntnis der Medizinprodukteberater nachzuweisen.

(3) Eine Tätigkeit als Medizinprodukteberater darf nur ausüben, wer die dafür erforderliche medizinische und medizintechnische Sachkenntnis besitzt.

(4) Der Medizinprodukteberater hat Mitteilungen von Angehörigen der Fachkreise über Nebenwirkungen, wechselseitige Beeinflussungen, Fehlfunktionen, technische Mängel, Gegenanzeigen, Verfälschungen, oder sonstige Risiken bei Medizinprodukten zeitnah schriftlich aufzuzeichnen und an denjenigen, der ihn nach Abs. 1 beauftragt hat, schriftlich zu übermitteln.

Beachte für die Bestimmung: Tritt hinsichtlich In-vitro-Diagnostika am 26.5.2022 in Kraft (vgl § 91 Abs 1).

Fassung: BGBl I 2021/122

Literatur: *Gesundheitsberufe in Österreich 2023, BMSGPK, April 2023; PHARMIG Verhaltenskodex & Verfahrensordnung der Fachausschüsse VHC I und II Instanz idF 1.7.2020; Cerha in Cerha/Heissenberger/Steinböck, AMG § 50 (Stand 1.9.2020, rdb.at); Cerha in Cerha/Heissenberger/Steinböck, AMG § 74 (Stand 1.9.2020, rdb.at); Semp in Aigner/Kletečka/Kletečka-Pulker/Memmer, Handbuch Medizinrecht Kap V.1.1.10 (Stand 1.5.2023, rdb.at); Pölzleitner, „Der Medizinproduktberater", TÜV Austria; ErläutRV 109/ME 27 GP 8.*

Inhaltsverzeichnis

I. Einleitung

Der Medizinprodukteberater stellt ein wichtiges Bindeglied zwischen den Wirtschaftsakteuren (zB Hersteller, Händler ua) und den Fachkreisen dar. Zu seinem Aufgabengebiet zählt das Aufsuchen von Fachkreisen, um diese zu beraten, zu informieren und in die Anwendung und Handhabung des Medizinproduktes einzuweisen. Weiters treffen ihn wesentliche Berichts- und Informationspflichten gegenüber seinem Auftraggeber. 1

In der MDR ist das Tätigkeitsprofil des Medizinprodukteberaters nicht direkt vorgesehen. Die jeweiligen Aufgaben finden sich grundsätzlich in ungebündelter Weise in der Verordnung wieder (vgl Art 10, Art 13, Art 14). Umfangreiche Anforderungen an die Post-Market-Surveillance sind vorgesehen, ebenso wie entsprechende Einweisungserfordernisse. Das österreichische Recht hat, ähnlich wie das deutsche Recht, eine Verbindung in der Kommunikationskette durch Schaffung einer neuen Funktion etabliert. 2

II. Medizinprodukteberater

A. Allgemeines

Grundsätzlich stellt der Medizinprodukteberater im Medizinproduktebereich das Pendant zum Pharmareferenten dar. Beide Berufsgruppen zählen zu den Gesundheitsberufen, die jedoch nicht in einem eigenen Berufsgesetz geregelt sind.[1] Es handelt sich um hochqualifizierte Außendienstmitarbeiter, denen sowohl fachliche Informationspflichten als auch vigilanzrelevante Pflichten zukommen. Aufgrund der Unterschiede der Produktgruppen ergeben sich rechtlich unterschiedliche Anforderungen an die Berufsbilder. Der Pharmareferent unterliegt wesentlich strengeren Regularien als der Medizinprodukteberater. 3

B. Zielgruppe

Die Zielgruppe von Medizinprodukteberatern sind die „*Fachkreise*" (§ 48 Abs 1 MPG 2021). Eine Legaldefinition für Fachkreise findet sich im Medizinproduktegesetz allerdings nicht. 4

Im Gegensatz dazu ist die Zielgruppe des Pharmareferenten im Arzneimittelgesetz[2] („AMG") genau geregelt. Pharmareferenten sind gemäß § 2 Z 13 AMG "[...] Personen, die Ärzte, Zahnärzte, Tierärzte, Dentisten, Hebammen, Apotheker oder im § 59 Abs 3, 4 und 8 genannte Gewerbetreibende aufsuchen, um diese über Arzneimittel fachlich zu informieren." Im Arzneimittelgesetz ist somit genau definiert, welche Berufsgruppen von Pharmareferenten aufgesucht werden dürfen. Neben der Legaldefinition des Pharmareferenten sind auch die arzneimittelwerberechtlichen Bestimmungen zur Identifikation der Zielgruppe zu beachten. So sieht § 50 Abs 1 Z 3 AMG den Besuch von Pharmareferenten bei verschreibungs- oder abgabeberechtigten Personen, zur Bewerbung von Arzneimitteln, vor, wodurch eine Ausdehnung der Zielgruppe erfolgt. 5

Im arzneimittelrechtlichen Kontext findet sich lediglich im Verhaltenskodex der PHARMIG[3] („VHC"[4]) eine Definition des Begriffes Angehörige der „*Fachkreise*" wieder.[5] 6

---

[1] Gesundheitsberufe in Österreich 2023, BMSGPK, April 2023.

[2] Arzneimittelgesetz – BGBl 1983/185 idgF.

[3] Verband der pharmazeutischen Industrie Österreichs.

[4] PHARMIG Verhaltenskodex & Verfahrensordnung der Fachausschüsse VHC I und II Instanz idF 1.7.2020.

[5] *Cerha* in *Cerha/Heissenberger/Steinböck*, AMG § 50 Rz 8 (Stand 1.9.2020, rdb.at).

7 *„Angehörige der Fachkreise“* sind gem Art 2.2 VHC „die zur Anwendung, Abgabe und Verschreibung berechtigten natürlichen Personen, wie Ärzte, Apotheker, Zahnärzte, Tierärzte, Dentisten, Hebammen, Angehörige des Krankenpflegefachdienstes, der medizinisch-technischen Dienste und der Sanitätshilfsdienste und sonstiger Sanitätseinrichtungen, soweit diese das Arzneimittel zur Erfüllung ihrer Aufgaben benötigen“.

8 Zu beachten ist, dass sich der VHC „nur“ an die Mitglieder der PHARMIG richtet und für Außenstehende keine unmittelbare Wirkung entfaltet (er spricht selbst von *„pharmazeutischen Unternehmen“* als Adressaten, vgl Art 2.1 VHC).

9 Die Gesamtschau der arzneimittelrechtlichen Bestimmungen zeigt, dass die Zielgruppe grundsätzlich jene Gesundheitsberufe sind, die im Rahmen ihrer Berufsausübung Arzneimittel verschreiben, anwenden oder abgeben dürfen. Der Adressatenkreis ist in diesem Zusammenhang eingeschränkt.

10 Für den Adressatenkreis der Tätigkeit eines Medizinprodukteberaters kann eine Analogie zu den arzneimittelrechtlichen Bestimmungen nicht gezogen werden. Die Einschränkung der Zielgruppe auf Gesundheitsberufe wie im AMG erscheint im Zusammenhang mit einer derart heterogenen Produktpalette zu eng.

11 Betrachtet man das MPG 2021 sind Bestimmungen zur Abgabe und Anwendung im Gegensatz zum AMG sehr weit gefasst. Medizinprodukte, die sich rechtmäßig im Verkehr befinden, dürfen grundsätzlich auch an Laien[6] abgegeben werden.[7] Der Anwenderkreis des Medizinproduktes ergibt sich hingegen aus der Gebrauchsanweisung des Herstellers. Aus der weit gefassten Systematik im Medizinprodukterecht zeigt sich, dass die Zielgruppe des Medizinprodukteberaters weitestgehend aus den Bestimmungen zur Abgabe und Anwendung direkt abgeleitet werden kann. Die Zielgruppe wird allerdings durch § 48 Abs 1 leg cit eingeschränkt, wonach der Medizinprodukteberater nur Personen im Rahmen ihrer Berufsausübung im Gesundheitswesen[8] *„ansprechen“* darf. Entscheidendes Kriterium ist in diesem Zusammenhang daher die Interaktion mit dem Produkt während der Berufsausübung. Umfasst sein können sowohl jene Personen, die im Rahmen ihrer Berufsausübung Medizinprodukte abgeben oder anwenden (Fachkreise im engeren Sinne) als auch sonstige Wirtschaftsakteure (Fachkreise im weiteren Sinne).

12 Daraus ergibt sich, dass Fachkreise jene Personen sind, die im Rahmen ihrer Berufsausübung Medizinprodukte abgeben, anwenden, herstellen oder vertreiben.

13 Exkurs deutsche Rechtslage:

Blickt man über die Grenzen Österreichs, so findet sich im deutschen Recht die Tätigkeit des Medizinprodukteberaters ebenfalls wieder (§ 83 Medizinprodukterecht-Durchführungsgesetz – MPDG). Auch das deutsche Recht spricht von einer Beratung gegenüber *„Fachkreisen“*. Im Gegensatz zum österreichischen Recht, hat der deutsche Gesetzgeber jedoch in den Begriffsbestimmungen unter § 3 Z 17 MPDG den Begriff *„Fachkreise“* definiert. Danach sind „Angehörige der Heilberufe, Angehörige des Heilgewerbes oder Angehörige von Einrichtungen, die der Gesundheit dienen, sowie sonstige Personen, die Medizinprodukte herstellen, prüfen, in der Ausübung ihres Berufs in den Verkehr bringen, implantieren, in Betrieb nehmen, betreiben oder anwenden“ von dieser Begriffsbestimmung umfasst.

14 Die Definition der Fachkreise über den Anwenderkreis hinaus, wie sie im deutschen Recht zu finden ist, entspricht somit der sich aus dem MPG 2021 abgeleiteten Definition.

---

6 Zu beachten sind die einschlägigen gewerberechtlichen Vorschriften.

7 Ausnahmen von dieser Regelung ergeben sich aus den Bestimmungen des §§ 66 und 67 MPG 2021.

8 In diesem Zusammenhang sind nicht die gesetzliche definierten Gesundheitsberufe zu verstehen.

C. Fachliche Kompetenz

1. Ausbildung

Das MPG 2021 verlangt im Zusammenhang mit den Ausbildungsvoraussetzungen des Medizinprodukteberaters eine *„medizinische und medizintechnische Sachkenntnis*" (Abs 3). Über den genauen Inhalt und Umfang verschweigt sich das Gesetz.[9] 15

Betrachtet man die Materialien zum MPG 2021 umfasst der Begriff Medizinprodukte „eine sehr breite Produktpalette, welche von einfachen Verbrauchsmaterialen und Produkten wie Pflaster, Verbandsmaterial, Krücken bis hin zu hochkomplexen Geräten wie implantierbare Herzschrittmacher, Herz-Lungen-Maschinen reicht. Entsprechend heterogen gestalten sich auch die Anforderungen an die Sachkenntnis der Medizinprodukteberater, welche letztendlich vom Hersteller [oder sonstigen Wirtschaftsakteur] der Medizinprodukte festzulegen sind."[10] Das MPG 1996 hatte eine Verordnungsermächtigung des zuständigen Bundesministers zur Festlegung von näheren Anforderungen an die Sachkenntnis (§ 79 Abs 5 MPG 1996) vorgesehen, von der jedoch nie Gebrauch gemacht wurde.[11] 16

Diese Bestimmung wurde im MPG 2021 aufgrund der „Heterogenität des Medizinproduktesektors und aus Gründen der Verwaltungsvereinfachung"[12] bewusst nicht übernommen. Das Anforderungsprofil an Medizinprodukteberater bleibt somit weiterhin vage. 17

In Abs 1 wird definiert, dass Wirtschaftakteure, die das Produkt in Verkehr bringen oder auf dem Markt bereitstellen, nur solche Personen beauftragen dürfen, die die dafür erforderliche medizinische oder medizintechnische Sachkenntnis besitzen, um über die jeweiligen Produkte fachlich zu informieren und in die sachgerechte Handhabung der Medizinprodukte einzuweisen. Daraus ergibt sich, dass für die Festlegung der konkreten Sachkenntnis jener Wirtschaftsakteur verantwortlich ist, der auch die Beauftragung erteilt hat. In diesem Zusammenhang erwähnenswert ist, dass das beauftragende Unternehmen auch für die Auswahl bzw für das Vorliegen der notwendigen Sachkenntnis haftet. 18

Betrachtet man die erläuternden Bemerkungen zum MPG 2021, wurde bewusst auf die Schaffung eines zusätzlichen Berufsbildes im Gesundheitswesen verzichtet.[13] Die TÜV Austria Service GmbH bietet allerdings beispielsweise einen Lehrgang zum zertifizierten Medizinprodukteberater® an. Dadurch soll ein möglichst einheitliches Qualitätsbild geschaffen werden. Die Anforderungen zur Erlangung einer Zertifizierung entsprechen im Wesentlichen jenen der deutschen Gesetzeslage. 19

Im deutschen MPDG (§ 83 leg cit) findet sich eine präzise Definition der erforderlichen Sachkenntnis: „Sachkenntnis besitzt, wer 20

1. eine Ausbildung in einem naturwissenschaftlichen, medizinischen, technischen oder IT-kaufmännischen Beruf erfolgreich abgeschlossen hat und auf die jeweiligen Medizinprodukte bezogen geschult worden ist oder
2. durch eine mindestens einjährige Tätigkeit, die in begründeten Fällen auch kürzer sein kann, Erfahrungen in der Information über die jeweiligen Medizinprodukte und, soweit erforderlich, in der Einweisung in deren Handhabung erworben hat."

---

[9] Im Gegensatz dazu werden für den Pharmareferenten erforderliche Qualifikationen detailliert in § 72 AMG definiert.

[10] MwN ErläutRV 109/ME 27 GP 8; vgl auch *Semp* in *Aigner/Kletečka/Kletečka-Pulker/Memmer*, Handbuch Medizinrecht Kap V.1.1.10 (Stand 1.5.2023 rdb.at).

[11] *Pölzleitner*, „Der Medizinproduktberater", TÜV Austria, 1 (alte Rechtslage).

[12] ErläutRV 109/ME 27 GP 8.

[13] ErläutRV 109/ME 27 GP 8.

21 Eine genauere Definition ähnlich dem deutschen Recht wäre auch im österreichischen Medizinproduktegesetz im Sinne der Qualitätssicherung durchaus wünschenswert gewesen.

2. Schulung

22 Der Medizinprodukteberater ist *„regelmäßig“* zu schulen. Genauere Anforderungen an die Regelmäßigkeit finden sich weder in den gesetzlichen Bestimmungen noch in den Gesetzesmaterialen.

23 Die Regelmäßigkeit der Intervalle orientiert sich aufgrund der Heterogenität der Medizinprodukte an dem jeweiligen Produkt selbst, sowie an den medizinischen und technischen Entwicklungen in dem jeweiligen Fachbereich. Eine gesetzliche Verankerung konkreter Schulungsintervalle ist daher nicht zielführend. Vielmehr sind diese produktspezifisch anhand eines beweglichen Systems zu definieren: Je höher die Risikoklasse ist, umso höher sind die Anforderungen an die Sachkenntnis und umso kürzer sind die notwendigen Schulungsintervalle.

3. Nachweiserbringung

24 Die Einhaltung regemäßiger Schulungsmaßnahmen ist gem Abs 2 zu dokumentieren, da das Bundesamt für Sicherheit im Gesundheitswesen einen Nachweis über die Sachkenntnis des Medizinprodukteberaters jederzeit einfordern kann. Die Verantwortung über die Durchführung der Schulungsmaßnahmen trägt das beauftragende Unternehmen. Über die Art und Weise, wie ein solcher Nachweis auszusehen hat schweigt das Gesetz.

D. Aufgabenbereich

25 Zu den drei Hauptaufgaben des Medizinprodukteberaters gehört (i) das Einweisen in das Medizinprodukt, (ii) die fachliche Information der Fachkreise, sowie (iii) Vigilanzaktivitäten.

1. Einweisung

26 Der Medizinprodukteberater hat die Fachkreise in der Anwendung und Handhabung des Medizinproduktes einzuweisen. Ob und in welchen Umfang eine Einweisung notwendig ist, entscheidet grundsätzlich der Hersteller. Die Einweisung wird in der Regel von einer Schulung begleitet. Je nach Anwender umfasst die Schulung neben produktspezifischen Informationen und Meldepflichten auch medizinische Grundlagen und Therapiemöglichkeiten.

27 Für Produkte, die noch unter den Richtlinien 93/42/EWG, 98/79 EG oder 90/385/EWG in Verkehr gebracht werden, ist zusätzlich die Medizinproduktebetreiberverordnung – MPBV (BGBl II 2007/70) zu beachten. Diese sieht eine Pflicht des Betreibers (zB das Krankenhaus) vor den Anwender (zB Arzt) in das Medizinprodukt einzuweisen. Dazu gehören beispielsweise Medizinprodukte zur Anwendung am zentralen Herz-/Kreislaufsystem, Medizinprodukte zur maschinellen Beatmung, etc

28 Für Produkte, die unter der MDR (VO (EU) 2017/745 über Medizinprodukte) bzw der IVDR (VO (EU) 2017/746 über In-vitro-Diagnostika in Verkehr gebracht werden, sieht § 61 Abs 2 Z 4 MPG 2021 eine Verordnungsermächtigung des zuständigen Bundesministers vor. Eine solche wurde bisher noch nicht erlassen.

2. Fachliche Information

29 Der Medizinprodukteberater hat sich an die vom Hersteller bereit gestellten Gebrauchsanweisung zu halten.

Die fachlichen Informationen in der Gebrauchsanweisung sind uneingeschränkt zu vermitteln, wobei insbesondere auch auf Risiken und Nebenwirkungen hinzuweisen ist.[14] 30

3. Vigilanz

Ein weiterer wichtiger Aspekt ist die Einbindung des Medizinprodukteberaters in den Vigilanzprozess. Er hat zeitnahe und schriftlich Rückmeldungen der Fachkreise an den Auftraggeber weiterzuleiten, das beinhaltet Nebenwirkungen, wechselseitige Beeinflussungen, technische Mängel, Gegenanzeigen, Verfälschungen oder sonstige Risiken (§ 48 Abs 4 MPG 2021). 31

Die Rückmeldepflicht besteht somit nur gegenüber dem Auftraggeber. In der Regel ist dies der Hersteller, es kann aber auch ein anderer Wirtschaftsakteur sein. 32

---

[14] Als Analogie können die entsprechenden über den Pharmareferenten herangezogen werden. Vgl dazu *Cerha* in *Cerha/Heissenberger/Steinböck*, AMG § 74 Rz 3 (Stand 1.9.2020, rdb.at).

8. Abschnitt
Errichten, Betreiben, Anwenden, Instandhalten und das weitere Bereitstellen auf dem Markt von Medizinprodukten

§ 49 Allgemeine Anforderungen

(1) Gesundheitseinrichtungen und Personen, die berufs- oder gewerbsmäßig Medizinprodukte anwenden oder betreiben, haben sicherzustellen, dass

1. **Medizinprodukte nur ihrer Zweckbestimmung entsprechend, nach den Vorschriften dieses Bundesgesetzes oder der auf seiner Grundlage erlassenen Verordnungen, der Verordnung (EU) Nr. 745/2017 oder der Verordnung (EU) Nr. 746/2017, den allgemein anerkannten Regeln der Technik sowie den Arbeitsschutz- und Unfallverhütungsvorschriften errichtet, betrieben, angewendet und instandgehalten werden,**
2. **Medizinprodukte zur gemeinsamen Anwendung mit anderen Medizinprodukten, mit Zubehör, mit Software oder mit anderen Gegenständen nur dann verbunden werden, wenn diese Verbindung im Hinblick auf die gesundheitliche Sicherheit und Funktionstüchtigkeit unbedenklich ist,**
3. **Medizinprodukte nur von solchen Personen angewendet werden, die auf Grund ihrer Ausbildung, ihrer sonstigen Kenntnisse oder auf Grund ihrer praktischen Erfahrungen und erforderlichenfalls einer produkt- oder produktgruppenspezifischen Einweisung die Gewähr für eine sachgerechte Handhabung bieten; dabei sind die Gebrauchsanweisungen sowie die sonstigen beigefügten sicherheitsbezogenen Informationen der beteiligten Produkte zu beachten,**
4. **die Anwender sich vor jeder Anwendung eines Medizinproduktes von der Funktionstüchtigkeit, Betriebssicherheit und dem ordnungsgemäßen Zustand des Medizinproduktes überzeugen, soweit eine solche Überprüfung nach den Umständen der konkreten Anwendung billigerweise erwartet werden kann; dies gilt entsprechend auch für die mit dem Medizinprodukt zur gemeinsamen Anwendung verbundenen anderen Medizinprodukte, Zubehör, Software und anderen Gegenstände, und**
5. **in ihrem Bereich nur Medizinprodukte errichtet, bereitgehalten, in Betrieb genommen und angewendet werden, deren Übereinstimmung mit den Anforderungen dieses Bundesgesetzes oder der auf seiner Grundlage erlassenen Verordnungen, der Verordnung (EU) Nr. 745/2017 oder der Verordnung (EU) Nr. 746/2017 festgestellt wurde.**

(1a) Abs. 1 gilt – sofern zutreffend – auch für das weitere Bereitstellen auf dem Markt.

(2) Der Bundesminister für Soziales, Gesundheit, Pflege und Konsumentenschutz kann für bestimmte Arten, Gruppen oder Klassen von Medizinprodukten durch Verordnung über die Anforderungen gemäß Abs. 1 hinausgehende Anforderungen im Hinblick auf das Errichten, Betreiben, Anwenden und Instandhalten von Medizinprodukten festlegen, soweit dies zur Abwendung besonderer Gefahren für Patienten, Anwender oder Dritte erforderlich ist und soweit nicht bereits auf Grund der gewerberechtlichen Vorschriften besondere Anforderungen dafür festgelegt sind.

Fassung: BGBl I 2024/102

Literatur: Bundesgesetz über Sicherheit und Gesundheitsschutz bei der Arbeit (ArbeitnehmerInnenschutzgeetz – AschG) StF: BGBl 1994/450 idF BGBl 1995/457 (DFB) (NR: GP XVIII RV 1590 AB 1671 S. 166. BR: AB 4794 S. 587.)

Inhaltsverzeichnis

I. Bedeutung der Rechtsnorm

Der Gesetzestext legt die Anforderungen für das Errichten, Betreiben, Anwenden und Instandhalten von Medizinprodukten in Gesundheitseinrichtungen und für Personen, die berufs- oder gewerbsmäßig Medizinprodukte anwenden oder betreiben, fest. Ziel ist es, die Sicherheit und Wirksamkeit von Medizinprodukten zu gewährleisten. Dabei ist eine Reihe von Vorschriften zu beachten, die sowohl von nationalen als auch von EU-Gesetzen vorgeschrieben sind. Gesundheitseinrichtungen und Personen, die Medizinprodukte anwenden oder betreiben, sind für die Einhaltung dieser Bestimmungen verantwortlich. Im besonderen Fällen kann der Bundesminister für Soziales, Gesundheit, Pflege und Konsumentenschutz weitere Anforderungen festlegen. 1

II. Anforderungen an Gesundheitseinrichtungen und Personen

Abs. (1) listet folgende Anforderung an Gesundheitseinrichtung und Personen, welche berufs- oder gewerbsmäßig Medizinprodukte anwenden: 2

- Einsatz nur entsprechend der Zweckbestimmung gemäß des MPG 2021 oder der MPVO
- Einhaltung der „allgemein anerkannten Regeln der Technik"
- Einhaltung des Arbeitsschutzes und der Unfallverhütungsvorschriften
- Unbedenklicher Funktionstüchtigkeit bei gemeinsamen Einsatz und oder Verbindung von Medizinprodukten, deren Zubehör und mit Software oder anderen Gegenständen
- Anwender des Medizinproduktes muss über Ausbildung, Kenntnis, praktische Erfahrung oder Einweisung verfügen, wobei die Gebrauchsanweisung zu beachten ist.
- Vor jeder Anwendung muss die Funktionstüchtigkeit, Betriebssicherheit und dem ordnungsgemäßen Zustand des Medizinproduktes überprüft werden, sofern dies „billigerweise" erwartet werden kann.
- Für die Errichtung und die Inbetriebnahme muss Übereinstimmung mit den Anforderungen dieses Gesetzes und der MPVO herrschen.

A. Zweckbestimmung

Der Art 2 Begriffsbestimmungen, Punkt 12 der MPVO definiert die Zweckbestimmung: 3

12. „Zweckbestimmung" bezeichnet die Verwendung, für die ein Produkt entsprechend den Angaben des Herstellers auf der Kennzeichnung, in der Gebrauchsanweisung oder dem Werbe- oder Verkaufsmaterial bzw den Werbe- oder Verkaufsangaben und seinen Angaben bei der klinischen Bewertung bestimmt ist;

B. Allgemein anerkannte Regeln der Technik

4 Die Benannten Stellen erachten die *letztgültigen* Normen und Standards als die „allgemein anerkannten Regeln der Technik" auf dem entsprechenden Gebiet. Im Englischen wird dies als „State of the art" bezeichnet.

C. Arbeitsschutz und Unfallverhütung

5 Abs. (1), Punkt 1 verweist auf das ArbeitnehmerInnenschutzgesetz (ASchG), welches den Arbeitsschutz und den Unfallschutz regelt.

D. Kompatibilität bei gemeinsamer Anwendung

6 Die Kombination von Medizinprodukten, Stichwort „Behandlungseinheit" (siehe Art 2, Punkt 10 der MPVO), mit Zubehör, mit Software oder anderer Gegenstände in Form eines Systems obliegt dem Hersteller. Der Hersteller sollte eine sorgfältige Abwägung treffen, um die optimale Kombination aus Marketingperspektiven und Risikomanagementüberlegungen für sein System zu ermitteln. Diese Entscheidung sollte in seiner Zweckbestimmung festgelegt werden. Die MPVO fordert klar bei Behandlungseinheiten ein gemeinsames Konformitätsbewertungsverfahren gemäß Art 52 der MPVO.

E. Anforderungen an den Anwender

7 Die notwendigen Kenntnisse und Fähigkeiten eines Anwenders können entweder durch eine Ausbildung oder praktische Erfahrung mit dem Medizinprodukt erworben können. Gegebenenfalls ist zusätzlich eine produktgruppenspezifische Einschulung, welche die sachgerechte Handhabung und die Übermittlung aller sicherheitsrelevanten Informationen sicherstellen soll, notwendig und muss dokumentiert werden.

F. Vor jeder Anwendung

8 In vernünftigen und gerechtfertigtem Rahmen muss vor jeder Anwendung eines Medizinproduktes dessen Funktionstüchtigkeit, Betriebssicherheit und der ordnungsgemäße Zustand geprüft werden.

G. Errichtung und Inbetriebnahme

9 Gesundheitseinrichtungen und Personen, die berufs- oder gewerbsmäßig Medizinprodukte anwenden oder betreiben, müssen bei der Errichtung, Bereithaltung und Inbetriebnahme von Medizinprodukten die Anforderungen dieses Gesetzes und der MPVO erfüllen.

III. Weitere Anforderungen

10 Im Abs. (2) wird dem zuständigen Minister des Bundesministeriums für Soziales, Gesundheit, Pflege und Konsumentenschutz, die Befugnis erteilt, spezielle Anforderungen für bestimmte Medizinprodukte festzulegen. Details zu diesen Verordnungsermächtigungen werden in § 61 angeführt.

§ 50 Betreiben, Anwenden

(1) Der Bundesminister für Soziales, Gesundheit, Pflege und Konsumentenschutz kann, sofern dies im Hinblick auf die sichere Anwendung von Medizinprodukten oder die Abwehr anwendungs- oder sonst medizinproduktebezogener Gefahren erforderlich ist, durch Verordnung Arten, Klassen oder Gruppen von Medizinprodukten bezeichnen, für deren sicheren Betrieb und sichere Anwendung besondere Sicherheitsvorkehrungen zu treffen sind, und Mindestanforderungen an Art und Umfang dieser Sicherheitsvorkehrungen näher festzulegen. Sofern durch eine solche Verordnung Regelungen betreffend die Anwendung von Medizinprodukten durch Gewerbetreibende vorgesehen sind, hat der Bundesminister für Soziales, Gesundheit, Pflege und Konsumentenschutz im Einvernehmen mit dem Bundesminister für Digitalisierung und Wirtschaftsstandort vorzugehen.

(2) Die für die Implantation eines Medizinproduktes verantwortliche Einrichtung oder Person hat dem Patienten, dem ein Medizinprodukt implantiert wird, oder gegebenenfalls seinem gesetzlichen Vertreter, eine Information mit den in Art. 18 Abs. 1 lit. a bis d der Verordnung (EU) Nr. 745/2017 enthaltenen Angaben in einer Form bereitzustellen, die einen schnellen Zugang zu den Informationen ermöglicht und ihnen gleichzeitig den Implantationsausweis, der die Angaben zu ihrer Identität enthält, zur Verfügung zu stellen. Die entsprechenden Informationen in der Gebrauchsanweisung und den sonstigen beigefügten sicherheitsbezogenen Informationen der implantierbaren Medizinprodukte sind dabei zu beachten.

(3) Der Bundesminister für Soziales, Gesundheit, Pflege und Konsumentenschutz kann, wenn dies unter Bedachtnahme auf den Schutz der Gesundheit und Sicherheit sowie die Rechte von Patienten und im Hinblick auf die Einheitlichkeit und Praktikabilität notwendig erscheint, in einer Verordnung gemäß § 61 nähere Bestimmungen über Art, Inhalt, Umfang, Ausstellung und Zugänglichkeit von Informationen gemäß Abs. 2 sowie sonstiger für Patienten bestimmter Informationen im Zusammenhang mit der Anwendung von Medizinprodukten treffen.

(4) Bei der Information von Patienten im Zusammenhang mit der Anwendung von Medizinprodukten ist auf die entsprechenden Hinweise in der Gebrauchsanweisung Bedacht zu nehmen.

Fassung: BGBl I 2021/122 idF BGBl I 2024/102

Literatur: VERORDNUNG (EU) 2017/745 DES EUROPÄISCHEN PARLAMENTS UND DES RATES vom 5. April 2017 über Medizinprodukte, zur Änderung der RL 2001/83/EG, der VO (EG) 178/2002 und der VO (EG) 1223/2009 und zur Aufhebung der Richtlinien 90/385/EWG und 93/42/EWG des Rates

Inhaltsverzeichnis

I. Bedeutung der Rechtsnorm

1 § 50 stellt eine umfassende Regelung dar, die Sicherheit, die Abwehr von Gefahren und das Wohlergehen von Patienten beim Umgang mit Medizinprodukten zu fördern, indem klare Vorgaben für die Inbetriebnahme, Anwendung und Information über Medizinprodukte, welche auch Implantate beinhalten, festgelegt werden.

2 Die Informationspflicht bei Implantaten ist ein wichtiger Aspekt des Patientenrechts und der medizinischen Ethik, der sicherstellt, dass Patienten vollständig über die Risiken, Vorteile und möglichen Nebenwirkungen von Implantaten informiert werden, bevor sie sich einer Implantation unterziehen.

A. Verordnungsbefugnis des Ministers

3 Bundesminister für Soziales, Gesundheit, Pflege und Konsumentenschutz wird ermächtigt für bestimmte Arten, Klassen oder Gruppen von Medizinprodukten spezielle Sicherheitsmaßnahmen in Form von Mindestanforderungen für deren Betrieb und Anwendung per Verordnung (siehe auch § 61 Verordnungsermächtigung) zu erlassen, wobei eine Abstimmung mit dem Bundesminister für Digitalisierung und Wirtschaftsstandort notwendig ist.

B. Informationspflicht bei Implantaten und Implantationsausweis

4 Gesundheitseinrichtungen oder Personen, die für die Implantation von Medizinprodukten verantwortlich sind, müssen dem Patienten folgende spezifische Informationen gemäß Art 18 Abs 1 lit. a bis d der MPVO bereitstellen:

a) Angaben zur Identifizierung des Produkts einschließlich des Produktnamens, der Seriennummer, der Losnummer, der UDI, des Produktmodells sowie des Namens, der Anschrift und der Website des Herstellers;

b) alle Warnungen und vom Patienten oder Angehörigen der Gesundheitsberufe zu ergreifenden Vorkehrungen oder Vorsichtsmaßnahmen im Hinblick auf Wechselwirkungen mit nach vernünftigem Ermessen vorhersehbaren äußeren Einwirkungen, medizinischen Untersuchungen oder Umgebungsbedingungen;

c) Angaben zur voraussichtlichen Lebensdauer des Produkts und zu den notwendigen Folgemaßnahmen;

d) etwaige weitere Angaben, um den sicheren Gebrauch des Produkts durch den Patienten zu gewährleisten, einschließlich der in Anhang I Abschnitt 23.4 Buchstabe u angegebenen Informationen.

Im Anhang I Abschnitt 23.4 lit. u der MPVO wird folgendes angegeben:

u) bei implantierbaren Produkten die gesamten qualitativen und quantitativen Informationen zu den Werkstoffen und Stoffen, mit denen Patienten in Berührung kommen können;

5 Weiters müssen auch die Sicherheitshinweise der Gebrauchsanweisung berücksichtigt werden. Diese Informationen sollen einen schnellen Zugang zu relevanten Daten ermöglichen

und werden zusammen mit einem Implantationsausweis übergeben, der die Identität des Patienten enthält.

1. Ausnahmen zum Implantationsausweis der MPVO

Nicht unerwähnt bleiben sollen die folgenden Ausnahmen gemäß Art 18 Absatz (3) der MPVO: 6

Nahtmaterial, Klammern, Zahnfüllungen, Zahnspangen, Zahnkronen, Schrauben, Keile, Zahn- bzw Knochenplatten, Drähte, Stifte, Klemmen und Verbindungsstücke

C. Weitere Regelungsbefugnisse

In Abs. (3) wird dem Bundesminister für Soziales, Gesundheit, Pflege und Konsumentenschutz erlaubt mit Verweis auf § 61 Verordnungsermächtigung weitere Verordnungen über die Art, den Inhalt, den Umfang, die Ausstellung und die Zugänglichkeit der im Abs. (2) genannten Informationen sowie andere patientenbezogene Informationen in Bezug auf die Anwendung von Medizinprodukten, zu erlassen. Dies soll den Schutz der Gesundheit und Sicherheit der Patienten sicherstellen und gleichzeitig die Einheitlichkeit und Praktikabilität dieser Regelungen gewährleisten. 7

D. Gebrauchsanweisung

In Abs. (4) wird darauf hingewiesen, dass die Inhalte der Gebrauchsanweisung des Medizinprodukts bei der Information von Patienten einzubeziehen ist. 8

§ 51 Informationen für Anwender

Gebrauchsanweisungen und dem Medizinprodukt beigefügte sicherheitsbezogene Informationen für den Anwender sind bei Medizinprodukten gemäß einer Verordnung nach § 50 Abs. 1 so aufzubewahren, dass sie den mit der Anwendung befassten Personen jederzeit zugänglich sind.

Beachte für die Bestimmung: Tritt hinsichtlich In-vitro-Diagnostika am 26.5.2022 in Kraft (vgl § 91 Abs 1).

Fassung: BGBl I 2021/122

Literatur: VERORDNUNG (EU) 2017/745 DES EUROPÄISCHEN PARLAMENTS UND DES RATES vom 5. April 2017 über Medizinprodukte, zur Änderung der RL 2001/83/EG, der VO (EG) 178/2002 und der VO (EG) 1223/2009 und zur Aufhebung der Richtlinien 90/385/EWG und 93/42/EWG des Rates

VERORDNUNG (EU) Nr 207/2012 DER KOMMISSION vom 9. März 2012 über elektronische Gebrauchsanweisungen für Medizinprodukte.

Inhaltsverzeichnis

I. Bedeutung der Rechtsnorm

1 Da im Anhang I grundlegende Sicherheits- und Leistungsanforderungen der MPVO, Punkt 23 Kennzeichnung und Gebrauchsanweisung, sehr umfangreiche Anforderungen and die Gebrauchsanweisung gestellt werden, ist in diesem § 51 nur mehr die Zugänglichkeit mit „*jederzeit*" festgelegt.

II. Elektronische Gebrauchsanweisungen

2 Besonderes Augenmerk ist auf „elektronische Gebrauchsanweisungen" (im Englischen: „electronic instruction for use – eIFU) zu legen. Für diese eIFUs sind gemäß VO (EU) 207/2012 über elektronische Gebrauchsanweisungen für Medizinprodukte besondere Anforderungen, wie zB eine Bewertung zusätzlicher Risiken im Rahmen des Risikomanagements gemäß Art 4 der Verordnung, und eine Beschränkung auf bestimmte Medizinprodukte für professionelle Nutzer, zu berücksichtigen[1].

3 eIFU sind **nur für bestimmte Produktkategorien** erlaubt wie (i) Implantierbare Produkte und (ii) Fest installierte Produkte, (iii) aktive Produkte zur Diagnose oder Überwachung, die in spezifischen Umgebungen (zB Krankenhäusern) eingesetzt werden und (iv) Produkte, die ausdrücklich in der VO (EU) 207/2012 aufgeführt sind. In der Verpackung des Produkts muss ein Hinweis enthalten sein, der folgendes angibt: (i) Information, dass eine eIFU verfügbar ist und wie die eIFU abgerufen werden kann. Ebenso ist eine **Kontaktinformation** zur Verfügung zu stellen, um bei Bedarf eine gedruckte Version anzufordern zu können. Eine gedruckte Version der Gebrauchsanweisung muss den Nutzern auf Anfrage kostenlos und in angemessener Zeit zur Verfügung gestellt werden.

---

[1] EN ISO 20417:2022 Medizinprodukte – Anforderungen an vom Hersteller bereitzustellende Informationen.

Auf der Kennzeichnung[2] muss das eIFU-Symbol (zB **Buchsymbol mit Computer**, gemäß EN ISO 15223-1) angebracht sein. Betreffend Format und Zugänglichkeit müssen die eIFU müssen auf einer frei zugänglichen, kontinuierlich erreichbaren Website bereitgestellt werden (keine Zugangsbeschränkungen, zB keine Paywalls). Die Anleitungen müssen in einem lesbaren, herunterladbaren und druckbaren Format (zB PDF) bereitgestellt werden. Die Website hat stabil und sicher zu sein, um Ausfallzeiten zu vermeiden. Der Zugang muss DSGVO-konform erfolgen (zB bei Erhebung von Daten wie Anmeldedaten). Die eIFU müssen in **allen Amtssprachen** der EU-Mitgliedstaaten verfügbar sein, in denen das Produkt vermarktet wird. 4

Die eIFU müssen **stets die aktuelle Version** der Gebrauchsanweisung widerspiegeln, insbesondere nach Änderungen am Produkt oder bei neuen sicherheitsrelevanten Informationen. Es muss ein System implementiert werden, das verschiedene Versionen identifiziert und nachvollziehbar verwaltet (Versionskontrolle). 5

Nach dem Stand der Technik ist eine **Risikoanalyse** durchzuführen, um sicherzustellen, dass die Bereitstellung der eIFU keine negativen Auswirkungen auf die Sicherheit oder Gebrauchstauglichkeit hat. Dabei sind insbesondere folgende Punkte zu berücksichtigen: (i) Die Umgebung, in der das Produkt verwendet wird (zB Zugang zu elektronischen Geräten in Krankenhäusern). (ii) Das Risiko, dass in Notfällen kein Zugriff auf die eIFU besteht. 6

Als **technische Dokumentation** sind Unterlagen zu führen, die die Einhaltung der Anforderungen an eIFU nachweisen, einschließlich: Ergebnisse der Risikoanalyse. Usability-Studien, die belegen, dass Nutzer die eIFU problemlos abrufen und verstehen können. Nachweise zur Sicherheit und Stabilität der Website. eIFU-bezogene Aspekte sind in den Pharmakovigilanz-Plan aufzunehmen[3]. 7

Zusammenfassung der Anforderungen für eIFU 8

Aspekt	**Anforderung**
Produktzulässigkeit	Implantierbare, fest installierte oder spezifische aktive Produkte.
Zugriff	Frei, uneingeschränkt, kontinuierlich, sicher und in mehreren Sprachen.
Kennzeichnung	Hinweis auf eIFU und entsprechendes Symbol in der Verpackung.
Gedruckte Kopie	Kostenlos auf Anfrage verfügbar.
Risikoanalyse	Nachweis der Sicherheit und Gebrauchstauglichkeit von eIFU.
Aktualisierungen	Ständige Aktualisierung und Versionskontrolle der Gebrauchsanweisungen.
Marktüberwachung	Überwachung auf Probleme bei der Nutzung oder Zugänglichkeit der eIFU.

[2] EN ISO 15223-1:2022 Medizinprodukte – Symbole zur Verwendung im Rahmen der vom Hersteller bereitzustellenden Informationen – Teil 1: Allgemeine Anforderungen

[3] EN 62366-1:2021 Medizinprodukte – Teil 1: Anwendung der Gebrauchstauglichkeit auf Medizinprodukte.

§ 52 Einweisung des Personals

(1) Medizinprodukte gemäß einer Verordnung nach § 50 Abs. 1 dürfen nur von Personen angewendet werden, die am Medizinprodukt oder an einem Medizinprodukt dieses Typs unter Berücksichtigung der Gebrauchsanweisung sowie der beigefügten sicherheitsbezogenen Informationen in die sachgerechte Handhabung eingewiesen und auch auf besondere anwendungs- und medizinproduktespezifische Gefahren hingewiesen worden sind. Es dürfen nur solche Personen einweisen, die auf Grund ihrer Ausbildung, Kenntnisse und praktischen Erfahrungen für die Einweisung in die Handhabung dieser Medizinprodukte geeignet sind. Erforderlichenfalls hat der Betreiber wiederkehrende Schulungen vorzusehen.

(2) Werden Medizinprodukte gemäß einer Verordnung nach § 50 Abs. 1 mit Zubehör, Software oder weiteren Medizinprodukten zu Gerätekombinationen erweitert, hat sich die Einweisung des Personals auf die jeweiligen Kombinationen und deren Besonderheiten zu erstrecken.

(3) Einweisungen gemäß Abs. 1 und 2 sind zu dokumentieren.

(4) Der Hersteller, sein Bevollmächtigter oder der Lieferant haben sicherzustellen, dass für die Einweisung Personen gemäß Abs. 1, zweiter Satz, zur Verfügung stehen.

Beachte für die Bestimmung: Tritt hinsichtlich In-vitro-Diagnostika am 26.5.2022 in Kraft (vgl § 91 Abs 1).

Fassung: BGBl I 2021/122

Literatur: VERORDNUNG (EU) 2017/745 DES EUROPÄISCHEN PARLAMENTS UND DES RATES vom 5. April 2017 über Medizinprodukte, zur Änderung der RL 2001/83/EG, der VO (EG) 178/2002 und der VO (EG) 1223/2009 und zur Aufhebung der Richtlinien 90/385/EWG und 93/42/EWG des Rates

Inhaltsverzeichnis

I. Bedeutung der Rechtsnorm

1 Abs. (1) spezifiziert, dass Medizinprodukte nur von Personen verwendet werden dürfen, die in die korrekte Handhabung des Produkts oder der Produkttypen eingewiesen wurden und über spezifische Risiken informiert sind, wobei die Gebrauchsanweisung und sicherheitsrelevante Informationen berücksichtigten sind.

A. Befähigung der Einweisenden

2 Die Einweisung muss von qualifizierten Personen durchgeführt werden, die aufgrund ihrer Ausbildung, ihres Wissens und ihrer Erfahrung dazu geeignet sind. Der Betreiber des Medizinprodukts muss regelmäßige Schulungen organisieren, um das Wissen des Personals aktuell zu halten.

B. Behandlungseinheit

Abs. (2) besagt, dass Einweisungen auch die Besonderheiten von Kombination von Medizinprodukte mit Zubehör, Software oder anderen Medizinprodukten zu einer Behandlungseinheit (siehe Art 2, Punkt 10 der MPVO) zu berücksichtigen haben. 3

C. Schulungsdokumentation

Folgende Inhalte sollten von der Schulung umfasst werden: Die Schulung sollte alle relevanten Aspekte des Medizinprodukts abdecken: 4

- **Produktbeschreibung:** Funktionsweise, technische Spezifikationen und Anwendungsbereiche.
- **Sicherheitshinweise:** Risiken, Kontraindikationen, und Maßnahmen zur Risikominderung.
- **Anwendung:** Schritt-für-Schritt-Anleitung zur Bedienung des Produkts. Praktische Übungen, falls möglich.
- **Fehlererkennung und -behebung:** Typische Fehlermeldungen, Troubleshooting, Wartung und Reinigung.
- **Notfallsituationen:** Umgang mit unerwarteten Ereignissen oder Fehlfunktionen.
- **Dokumentation:** Führung von Nutzungs- und Wartungsprotokollen, wenn erforderlich.

Zur **Häufigkeit der Schulung** ist auszuführen, dass zumindest eine Erstschulung (vor der erstmaligen Anwendung des Produkts) erforderlich ist und regelmäßige Wiederholungsschulungen, abhängig von gesetzlichen Vorgaben und der Komplexität des Produkts geplant werden sollten. Updates sind erforderlich bei Änderungen am Produkt oder neuen Erkenntnissen zu Risiken und Sicherheitsmaßnahmen. 5

Abs. (3) verdeutlicht ein grundlegendes Prinzip des Qualitätsmanagements. Schulungen und Einweisungen sollten Bestandteil des Qualitätsmanagementsystems[1] des Herstellers oder Betreibers sein. Die Effektivität der Schulungen muss regelmäßig überprüft und dokumentiert werden. Ein Ereignis kann nur als geschehen betrachtet werden, wenn es dokumentiert ist. Daher sind Einweisungen mit all ihren Details gemäß Abs. (1) und (2) zwingend zu dokumentieren. 6

D. Sicherstellung von Ressourcen für die Einweisung

Abs. (4) verpflichtet Hersteller, Bevollmächtigte oder Lieferanten dazu, qualifiziertes Personal für die Einweisung bereitzustellen. 7

---

[1] verpflichtend gemäß EN ISO 13485:2022 Medizinprodukte – Qualitätsmanagementsysteme – Anforderungen für regulatorische Zwecke.

§ 53 Bestandsverzeichnis

(1) Gesundheitseinrichtungen und Personen, die berufs- oder gewerbsmäßig Medizinprodukte anwenden oder betreiben, haben für Medizinprodukte, die in einer Verordnung gemäß § 61 hiefür bezeichnet sind, ein Bestandsverzeichnis zu führen.

(2) Das Bestandsverzeichnis gemäß Abs. 1 ist so anzulegen, dass unverzüglich festgestellt werden kann, ob und gegebenenfalls wo Medizinprodukte, die von Maßnahmen gemäß § 44 betroffen sind, betrieben werden.

Beachte für die Bestimmung: Tritt hinsichtlich In-vitro-Diagnostika am 26.5.2022 in Kraft (vgl § 91 Abs 1).

Fassung: BGBl I 2021/122

Literatur: Verordnung der Bundesministerin für Gesundheit, Familie und Jugend über das Errichten, Betreiben, Anwenden und Instandhalten von Medizinprodukten in Einrichtungen des Gesundheitswesens (Medizinproduktebetreiberverordnung – MPBV) StF: BGBl II 2007/70

Inhaltsverzeichnis

I. Bedeutung der Rechtsnorm

1 Ein Bestandsverzeichnis ist entscheidend für die schnelle Identifizierung von aktiven Medizinprodukten im Falle von Rückholaktionen oder für die zügige Übermittlung von Sicherheitsinformationen durch die zuständige Behörde (BASG[1]) gemäß § 44 bezüglich Rückholaktionen, Nutzungseinschränkungen oder Warnung vor Risiken. Es dient somit der Sicherheit und dem Schutz der Verbraucher sowie der effektiven Reaktion auf potenzielle Risiken im Zusammenhang mit Medizinprodukten. Die MDR fordert die Dokumentation der Nutzung und des Lebenszyklus‘ von Produkten, insbesondere bei sicherheitskritischen Geräten.

A. Verordnungsermächtigungen gemäß § 61

2 Abs. (1) verweist auf § 61 Verordnungsermächtigung, in dem der Bundesministerin für Soziales, Gesundheit, Pflege und Konsumentenschutz ermächtigt wird per Verordnung dieses Medizinproduktegesetz zu erweitern.

B. Praktische Ausgestaltung[2]

3 Hersteller und Betreiber müssen sicherstellen, dass Medizinprodukte rückverfolgbar sind. Unternehmen, die Medizinprodukte verwenden oder betreiben, sollten ein dokumentiertes System zur Verwaltung und Überwachung der Geräte haben. Ein Bestandsverzeichnis dient der Sicherheitsüberwachung (wie zB Einhaltung von Wartungs- und Prüfterminen); der schnelle Identifikation im Falle eines Rückrufs oder Sicherheitsproblems. Das Bestandsverzeichnis

---

[1] In § 2 bestimmte national zuständige Behörde: Bundesamt für Sicherheit und Gesundheit

[2] EN ISO 13485:2022 Medizinprodukte – Qualitätsmanagementsysteme – Anforderungen für regulatorische Zwecke.

dient aber auch der rechtlichen Absicherung wie dem Nachweis der Einhaltung gesetzlicher Vorgaben, zB bei Prüfungen durch Behörden und der Optimierung der Geräteverwaltung durch einen guten Überblick über den Bestand, der eine Planung von Ersatzinvestitionen oder Modernisierungen ermöglicht. Das Bestandsverzeichnis sollte in das QM-System zur Optimierung der Betriebsabläufe integriert werden. In der Praxis nutzen viele Einrichtungen eine spezielle Inventarverwaltungssoftware, um ein digitales Bestandsverzeichnis zu führen.

C. Maßnahmen gemäß § 44

Abs. (2) soll sicherstellen, dass rasch bestimmt werden kann, ob und wo Medizinprodukte 4
betrieben werden, welche von Maßnahmen des BASG gemäß § 44, wie zB Rückholaktionen, Nutzungseinschränkungen oder Warnung vor Risiken, betroffen sind.

II. Zusammenhang mit § 9 MPBV

Im § 9 Bestandsverzeichnis des MPBV wird folgendes definiert: 5

(1) Die Betreiberin/Der Betreiber hat für alle zur Verwendung bereit stehenden aktiven Medizinprodukte ein Bestandsverzeichnis zu führen.

(2) In das Bestandsverzeichnis sind folgende Angaben einzutragen:

1. *Bezeichnung, Art und Typ, Loscode oder Seriennummer, Herstellungsjahr,*
2. *Name und Anschrift des Herstellers,*
3. *Name und Anschrift des Vertreibers,*
4. *die der CE-Kennzeichnung allenfalls hinzugefügte Kennnummer der benannten Stelle, und*
5. *Standort bzw betriebliche Zuordnung.*

(3) Für das Bestandsverzeichnis sind alle Datenträger inklusive Papierform zulässig, die die Verfügbarkeit der in Abs 2 genannten Angaben während der Dauer der Aufbewahrungsfrist sicherstellen.

(4) Das Bestandsverzeichnis kann mit der Gerätedatei gemäß § 8 gemeinsam geführt werden.

Damit wird klar definiert, dass dies für aktive Medizinprodukte, also mit externer Energie- 6
quelle ausgestattete, gilt. Auch wird detailliert angeführt welche Angaben ein Bestandsverzeichnis enthalten muss.

§ 54 Instandhaltung von Medizinprodukten

(1) Medizinprodukte sind unter Beachtung der Angaben des Herstellers durch Inspektion, Wartung und Instandsetzung nachvollziehbar und fachgerecht so instand zu halten, dass über ihre Lebensdauer die Funktionstüchtigkeit und die Sicherheit für Patienten, Anwender und Dritte gewährleistet ist.

(2) Inspektion, Wartung und Instandsetzung sowie alle damit verbundenen Prüfungen dürfen nur Personen oder Stellen übertragen werden, die auf Grund ihrer fachlichen Ausbildung und ihrer durch praktische Tätigkeit gewonnenen Erfahrungen sowie ihrer Kenntnisse, insbesondere auch hinsichtlich der einschlägigen Rechtsvorschriften und Normen, in der Lage sind, die dafür jeweils erforderlichen Maßnahmen zu setzen und zu beurteilen sowie die möglichen Auswirkungen und Gefahren zu erkennen und ihre Tätigkeit fachgerecht durchzuführen. Sie müssen bei der Durchführung und Auswertung der Prüfungen in ihrer fachlichen Beurteilung weisungsfrei sein.

(3) Gesundheitseinrichtungen und Personen, die berufs- oder gewerbsmäßig Medizinprodukte anwenden oder betreiben, haben alle erforderlichen Vorkehrungen für die ordnungsgemäße Instandhaltung von Medizinprodukten zu treffen und sicherzustellen, dass diese umgesetzt werden.

(4) Sofern die entsprechenden Arten, Gruppen oder Klassen von Medizinprodukten in einer Verordnung gemäß § 61 angeführt sind, haben

1. **die Träger der Sozialversicherung sowie der Kranken- und/oder Unfallfürsorge für Medizinprodukte, die den Versicherten/Versorgten von den genannten Trägern zur Behandlung in einer häuslichen Umgebung oder für die Eigenanwendung zur Verfügung gestellt werden oder im Rahmen der Versicherungs-/Versorgungsleistung in den Kosten zumindest teilweise erstattet werden, und**
2. **Einrichtungen, die lebensrettende oder sonst für die Gesundheit wichtige Medizinprodukte in ihrem oder in einem öffentlichen Bereich für die Anwendung bereithalten,**

die erforderlichen Vorkehrungen für deren ordnungsgemäße Instandhaltung zu treffen. Der Bundesminister für Soziales, Gesundheit, Pflege und Konsumentenschutz hat bei der Bestimmung dieser Medizinprodukte in einer Verordnung gemäß § 61 jeweils auf beträchtliche Risiken für die Gesundheit und Sicherheit von Patienten und auf Verschlechterungen der Leistung dieser Medizinprodukte, die bei Fehlen einer ordnungsgemäßen Instandhaltung zu erwarten wären, Bedacht zu nehmen. In der Verordnung gemäß § 61 können auch besondere Anforderungen hinsichtlich der ordnungsgemäßen Bereithaltung und Anwendung dieser Medizinprodukte und hinsichtlich erforderlicher Schulungsmaßnahmen (§ 52) festgelegt werden.

Beachte für die Bestimmung: Tritt hinsichtlich In-vitro-Diagnostika am 26.5.2022 in Kraft (vgl § 91 Abs 1).

Fassung: BGBl I 2021/122

Literatur: *Birklbauer*, Die Bedeutung von (medizinischen) Leitlinien im Strafrecht, JMG 2019; *Dungl*, Das Versorgungssystem der Krankenversicherung im Hinblick auf Medizinprodukte als Heilmittel und Heilbehelfe, RdM 2022; *Hasenteufel/Renaud*, Software als Medizinprodukt; *Hofmann/Schreck* in *Neumayr/Resch/Wallner*, GmundKomm2 Art 8 Medizinprodukte-VO; *Larcher/Beiglböck*, Zur Entmystifizierung von Medizinproduktebetreiberpflichten; RdM 2022/194; *Lippert*, § 8 Harmonisierte Normen, Gemeinsame Technische Spezifikationen in *Deutsch/Lippert/Ratzel/Tag/Gassner*, Kommentar zum Medizinproduktegesetz; *Lücker*, § 10 Grundlagen des Medizinprodukterechts in *Saalfrank*, Handbuch des Medizin- und

Gesundheitsrechts 10. EL August 2022; *Mosler*, Ärztliches und nichtärztliches Vertragspartnerrecht; *Stelzer*, Produkthaftung in der Medizin; *Webel*, MPBetreibV § 7 Instandhaltung von Medizinprodukten in *Bergmann/Pauge/Steinmeyer*, Gesamtes Medizinrecht.

Inhaltsverzeichnis

I. Einordnung der Rechtsnorm – Instandhaltung und Herstellung

§ 3 MPG 2021 definiert die Instandhaltung ergänzend zu den Begriffsbestimmungen der MDR. 1

Bemerkenswert ist, dass im österreichischen Medizinprodukterecht, ähnlich wie bspw im deutschen Medizinprodukterecht, die Instandhaltung von der Aufbereitung[1] getrennt geregelt wird, obgleich die MDR die Instandhaltung ansich als Teil der Aufbereitung definiert. Genauer als „Wiederherstellung der technischen und funktionellen Sicherheit des gebrauchten Produkts“.[2] Diese – sachlich sinnvolle – Trennung wurde bereits vor Geltung der MDR in Österreich und bspw Deutschland angewendet.[3]

Im Hinblick der Neuerlassung des MPG 2021 wurde die Definition gegenüber dem MPG großteils beibehalten. Ergänzt wurde sie um die Klarstellung, dass die entsprechenden Maßnahmen unter Verwendung von Teilen, Hilfsmitteln, Hilfsstoffen oder Software, die hinsichtlich ihrer Eignung und Auswahl sowie in ihren technischen Eigenschaften den Originalteilen, Originalhilfsmitteln, Originalstoffen oder der Originalsoftware gleichwertig sind, zu erfolgen haben, wobei die Verwendung von Originalteilen, Originalhilfsmitteln, Originalstoffen oder der Originalsoftware im Zuge der Instandhaltung davon unberührt bleiben.[4] Dies entspricht im Wesentlichen der schon bisher geltenden Meinung, welche bspw von der zuständigen Behörde in entsprechenden FAQs auf deren Website zum Ausdruck gebracht wird[5] bzw vom zuständigen Gremium der Wirtschaftskammer Österreich ebenfalls so ausgelegt wird.[6] Personen, die Medizinprodukte also unter Verwendung von anderen als vom Hersteller als „Original“ festgelegten Teilen instand halten, haben sich von deren Gleichwertigkeit zu überzeugen und haften für diese. 2

Überhaupt sind die Angaben des Herstellers maßgeblich für die Beurteilung, ob eine ordnungsgemäße Instandhaltung durch den Betreiber vorliegt und nicht insofern verändernd in das

---

1 Vgl § 61 MPG. idF BGBl I 2021/122.

2 Vgl Art 2 Z 39 MDR.

3 Vgl *Webel*, MPBetreibV § 7 Instandhaltung von Medizinprodukten in *Bergmann/Pauge/Steinmeyer*, Gesamtes Medizinrecht, 3. Auflage 2018, Rn 2; vgl ebenso *Hofmann/Schreck* in Neumayr/Resch/Wallner, GmundKomm2 Art 2 Medizinprodukte-VO, Rz 1, die im Hinblick auf Art 2 Z 39 MDR bloß auf die in Österreich üblichen Sachverhalte der Aufbereitung Bezug nehmen.

4 Vgl AB 884 BlgNR 27. GP, 10.

5 Vgl Bundesamt für Sicherheit im Gesundheitswesen, FAQ Medizinproduktebetreiber, https://www.basg.gv.at/gesundheitsberufe/faq (abgerufen am 13.07.2023).

6 https://www.wko.at/oe/handel/foto-optik-medizinproduktehandel/reparaturen-von-medizinprodukten (abgerufen am 12.09.2024).

Medizinprodukt eingegriffen wird, dass von der Herstellung eines neuen Medizinprodukts auszugehen ist. Die Anforderung an den Betreiber, die Herstellerangaben zu beachten wird durch die Regelungen der MDR quasi vice versa ergänzt, insofern der Hersteller in der Gebrauchsanweisung zwingend Angaben zur Art und Häufigkeit präventiver und regelmäßiger Instandhaltungsmaßnahmen zu machen hat.[7] Weicht der Betreiber im Rahmen der Instandhaltung von Herstellerangaben ab oder verwendet dabei keine Originalteile oder jenen gleichwertige Teile, so wird er durch diesen Vorgang zum Hersteller eines (neuen) Medizinprodukts.[8] Im Falle von Gesundheitseinrichtungen kann allenfalls eine Eigenherstellung vorliegen.[9]

Diese Regelung ist systematisch korrekt und auch haftungsrechtlich bedeutsam. Im Rahmen des Konformitätsbewertungsverfahrens hat der Hersteller uA Instandhaltungsmaßnahmen und dabei zum Einsatz kommende Mittel zu definieren und auf ihre Geeignetheit hin zu prüfen sowie diese zu bescheinigen. Werden somit durch den Betreiber andere Maßnahmen durchgeführt, sind diese der Herstellerverantwortung entzogen und lösen somit eine Haftung des Betreibers für allfällige Schäden aller Art aus. Es ist somit die in geringem Maße vorhandene Rechtsprechung in Bezug auf vom Hersteller nicht vorgesehene Manipulationen an Medizinprodukten auf die Instandhaltung umlegbar.[10] Im Übrigen sind Fragen des Schadenersatzes und der Produkthaftung nach den Regelungen der RL 85/374/EWG sowie des Produkthaftungsgesetzes zu beurteilen[11] und ebenso eine allfällige Haftungsbefreiung des Herstellers aufgrund nicht ordnungsgemäß durchgeführter Instandhaltungsmaßnahmen.

3 Es ist zu beachten, dass die Instandhaltung die Bewahrung oder Wiederherstellung des Sollzustandes zum Ziel hat. Das Medizinprodukt darf sich somit nach der Durchführung der Instandhaltung im Hinblick auf seine Konformität, also der Erfüllung der Leistungs- und Sicherheitsanforderungen, nicht vom Neuzustand, der vom Hersteller festgelegt wurde, unterscheiden. Der Betreiber hat somit auch für bspw Elemente der Kennzeichnung und Beschriftung sicherzustellen, dass dem vom Hersteller vorgegebenen Sollzustand entsprochen wird. Dies kann in der Praxis bei der Beschriftung von wiederverwendbaren Medizinprodukten (bspw chirurgischen Instrumenten) zu Schwierigkeiten führen, wenn im Rahmen der Instandhaltung Kennzeichnungen entfernt und danach wieder aufgebracht werden. Denn auch hierfür ist durch den Betreiber sicherzustellen, dass der definierte Sollzustand vollständig wiederhergestellt wird.[12]

II. Maßgebliche weitere medizinprodukterechtliche Vorgaben – Medizinproduktebetreiberverordnung

4 Bereits die Stammfassung des MPG aus 1996 sah eine Ermächtigung für den Gesundheitsminister vor, nähere Bestimmungen über die Instandhaltung von Medizinprodukten im

---

7 Vgl Anhang 1 Pkt 23.4 lit k MDR.

8 Vgl zur deutschen Rechtslage, die mE ohne weiteres auf Österreich umlegbar ist, *Webel*, MPBetreibV § 7 Instandhaltung von Medizinprodukten in *Bergmann/Pauge/Steinmeyer*, Gesamtes Medizinrecht, 3. Auflage 2018, Rn 3.

9 Vgl § 9 MPG 2021 BGBl I 2021/192 idF BGBl I 2023/27.

10 Vgl OLG Koblenz 26.3.2013 – 5 U 1474/12; VersR 2014, 251 ff.

11 Vgl *Stelzer*, Produkthaftung in der Medizin, 31. siehe weiterführend dazu in diesem Kommentar: Exkurs Haftung, 316.

12 Im Hinblick auf die Kennzeichnung ist Art 10 Abs 11 MDR, der vorsieht, dass die durch den Hersteller anzubringenden Angaben auf der Kennzeichnung „unauslöschlich“ zu sein haben, wohl so zu interpretieren, dass die Kennzeichnung über die gesamte Lebensdauer des Medizinprodukts an dieser angebracht sein muss, um die entsprechenden Informationen für die Anwender ersichtlich zu machen. Eine kurzfristige Entfernung und Wiederanbringung wird daher im Rahmen der Instandhaltung zulässig sein.

Verordnungsweg zu erlassen.[13] Darauf basierend wurde die Medizinproduktebetreiberverordnung (MPBV) erlassen, welche seitdem unverändert ist. Sie wurde bis dato auch noch nicht im Hinblick auf die nunmehr durch das MPG 2021 neue Verordnungsermächtigung neu erlassen oder novelliert. Eine Anpassung wurde durch den zuständigen Minister jedoch in Aussicht gestellt.[14] Dabei besteht inhaltlich wohl wenig Anpassungsbedarf, weshalb die Geltung der noch auf Basis des MPG erlassenen V in der Praxis wenig Probleme bereiten wird. Einzig im Hinblick auf den Adressatenkreis ist die Verordnungsermächtigung des nunmehrigen § 62 MPG weiter zu verstehen, insofern dieser nicht auf Gesundheitseinrichtungen beschränkt ist. Durch die Beschränkung des persönlichen Anwendungsbereichs der MPBV in der aktuellen Fassung auf Gesundheitseinrichtungen[15], besteht derzeit eine gewisse Regelungslücke für sonstige beruflich oder gewerblich Medizinprodukte betreibende Personen auf welche Betreiberpflichten des MPG 2021 nunmehr anwendbar sind.[16]. Es wäre in diesem Zusammenhang bei einer Neuerlassung oder Novellierung der MPBV zu überlegen, ob deren Geltungsbereich, analog zum 8. Abschnitt des MPG 2021, ebenfalls auf (alle) Personen, die berufs- oder gewerbsmäßig Medizinprodukte anwenden oder betreiben, ausgeweitet wird. Dabei ist zu beachten, dass einzelne Betreiberpflichten von vornherein bloß für Gesundheitseinrichtungen einschlägig und relevant sein werden, bspw weil Implantate ausschließlich dort eingesetzt werden (vgl § 10 MPBV). Andere Regelungen der MPBV sind wohl für jedwede Betreiber von Medizinprodukten relevant und einschlägig, wie bspw Verpflichtungen zu Einweisung oder zur Durchführung sicherheitstechnischer Kontrollen.

Einschlägig für die Instandhaltung von Medizinprodukten ist insbesondere § 5 MPBV. 5

§ 5 MPBV Instandhaltung von Medizinprodukten

(1) Die Instandhaltung ist unter Berücksichtigung der Herstellerangaben so vorzunehmen und im Hinblick auf die Art, Größe und Aufgabenstellung der Einrichtung des Gesundheitswesens so zu organisieren, dass die Sicherheit und Gesundheit von Patientinnen/Patienten, Anwenderinnen/Anwendern oder Dritten nicht gefährdet wird.

(2) Bei der Instandsetzung verwendete Ersatzteile und etwaige Hilfsmittel oder -stoffe müssen hinsichtlich ihrer Eignung und Auswahl sowie ihrer technischen Eigenschaften den Originalteilen und Originalhilfsmitteln oder -stoffen gleichwertig sein. Bei Verwendung von Originalersatzteilen gilt diese Anforderung als erfüllt.

Im Wesentlichen konkretisiert diese Regelung bloß die ohnehin im MPG enthaltenen Regelungen. Zu betonen ist, dass die Bezugnahme auf die Art, Größe und Aufgabenstellung der jeweiligen Gesundheitseinrichtung, sich ausschließlich auf die entsprechend auszugestaltende (Ablauf-) Organisation der Instandhaltung bezieht. Daraus ist keinesfalls abzuleiten, dass die qualitativen und quantitativen Anforderungen an die Instandhaltung abhängig von der Art, Größe und Aufgabenstellung der Gesundheitseinrichtung wären. Diese Anforderungen treffen auf jeden Betreiber im gleichen Maße zu. Maßgeblich für jene sind also primär die Herstellervorgaben sowie in weiterer Linie die anwendbaren sonstigen Regelungen, welche den Stand der Technik abbilden.

---

[13] Vgl § 92 MPG idF BGBl 1996/657.

[14] Vgl Anfragebeantwortung 11165/AB 1 vom 23.08.2022 zu 11462/J (27. GP).

[15] Zum Zeitpunkt der Erlassung der V noch gebräuchlich Einrichtungen des Gesundheitswesens.

[16] Vgl dazu ausführlich *Larcher/Beiglböck*, Zur Entmystifizierung von Medizinproduktebetreiberpflichten; RdM 2022/194.

III. Normen und Leitlinien

6 Das Medizinprodukterecht baut in der Regulierung aufgrund der Komplexität und der ständigen Weiterentwicklung des Stands der Technik in diesem Feld vielfach auf dem Verweis auf (technische) Normen auf, anstatt Vorgaben konkret in Gesetzestexten zu regeln.[17] Diese Regelungssystematik wird auch als New Approach bezeichnet.[18] Diese Systematik wurde zwar grundsätzlich zur Zeit der Geltung der Medizinprodukterichtlinie eingeführt[19], gilt aber im Hinblick auf die die Verlagerung von Detailbestimmungen in außergesetzliche Regelungen weiterhin. Eine besondere Stellung nehmen dabei die sogenannten Harmonisierten Normen ein, welche durch die Kommission im Amtsblatt der Europäischen Union veröffentlicht werden und deren Anwendung eine (widerlegliche) Konformitätsvermutung mit sich bringen.[20] Einige dieser Normen, bspw die EN ISO 13485, regeln auch Aspekte zur Durchführung von Instandhaltungsmaßnahmen. Deren Anwendung ist freiwillig, bietet jedoch dem jeweiligen Wirtschaftsakteur Vorteile im Hinblick auf die Beweisführung der ordnungsgemäßen Durchführung einer Maßnahme.[21] Besondere Bedeutung für aktive Medizinprodukte hat die Norm IEC 60601, welche als EN 60601 in die harmonisierten Normen aufgenommen wurde. Sie legt Anforderungen an die Sicherheit und Leistungsfähigkeit medizinischer elektrischer Geräte fest. Aufgrund der dynamischen Entwicklungen innerhalb dieses Bereichs der Medizinprodukts wurden laufend Ergänzungsnormen zu der IEC 60601 geschaffen.

7 Im Unterschied zu harmonisierten Normen stellen sonstige Normen oder Leitlinien, welche Fachgesellschaften oder sonstige Vereinigungen veröffentlichen, zunächst keine verbindlichen Regelungen dar. Insbesondere im Hinblick auf Haftungsfragen oder im Rahmen strafrechtlicher Beurteilungen kann die Einhaltung solcher Leitlinien oder Normen jedoch ein Indiz für sorgfältiges, sohin im Rahmen des Stands der Technik und der Wissenschaft gelegenes, Verhalten darstellen.[22]

IV. Normadressaten

8 Die Vorgaben des MPG zur Instandhaltung von Medizinprodukten verpflichten primär Gesundheitseinrichtungen. Durch das MPG 2021, im Unterschied zum MPG, sind diesbezüglich auch Personen, die berufs- oder gewerbsmäßig Medizinprodukte anwenden oder betreiben, erfasst. Dies sind bspw Kosmetikstudios oder Fitnesscenter.[23]

9 Als eines der zahlreichen in der Qualitätssicherungsverordnung der österreichischen Ärztekammer[24] festgelegten Qualitätskriterien nennt § 13 leg cit die ordnungsgemäße apparative Ausstattung von Ordinationen und Gruppenpraxen. Im Wesentlichen wiederholt die QS-VO die Vorgaben aus MPG 2021 und MPBV, insbesondere wird auf die Notwendigkeit der Einhaltung aller gesetzlichen Regelungen im Hinblick auf die Instandhaltung und Instandsetzung

---

17 Vgl *Hasenteufel/Renaud*, Software als Medizinprodukt, 2019, 41.

18 Näher dazu *Lücker*, Einführung und Konzeption des Medizinprodukterechts in *Lücker/Baumann/Schorn*, Medizinprodukte-Recht, B1.

19 *Lippert*, § 8 Harmonisierte Normen, Gemeinsame Technische Spezifikationen in *Deutsch/Lippert/Ratzel/Tag/Gassner*, Kommentar zum Medizinproduktegesetz, 122.

20 Vgl *Hofmann/Schreck* in Neumayr/Resch/Wallner, GmundKomm2 Art 8 Medizinprodukte-VO, Rz 1.

21 Die meisten entsprechenden Normen richten sich primär an Hersteller von Medizinprodukten.

22 *Birklbauer*, Die Bedeutung von (medizinischen) Leitlinien im Strafrecht, JMG 2019, 16.

23 Vgl *Larcher/Beiglböck*, Zur Entmystifizierung von Medizinproduktebetreiberpflichten; RdM 2022/194.

24 Verordnung der Österreichischen Ärztekammer zur Qualitätssicherung der ärztlichen Versorgung durch niedergelassene Ärzte und Ärztinnen sowie Gruppenpraxen, erlassen aufgrund des § 117c Abs 2 Z 8 iVm § 118c unter Bezugnahme auf §§ 49 Abs 2a und 56 Abs 1 Ärztegesetz 1998, idF 01.01.2023.

abgestellt. Auch dadurch wird deutlich, dass sämtliche Gesundheitseinrichtungen den Vorgaben im Hinblick auf die Instandhaltung unterliegen.

Explizit als mögliche Verpflichtete nennt Abs 4 die Träger der Sozialversicherung sowie der Kranken- und/oder Unfallfürsorge im Hinblick auf Medizinprodukte, welche durch diese den Versicherten oder Versorgten, wenigstens mittels Kostenbeteiligung, zur Verfügung gestellt werden. Aufgrund der Risikogeneigtheit, gerade im Rahmen der Anwendung im häuslichen Bereich ohne zwingende Anwesenheit von Gesundheitspersonal, verpflichtet dadurch der Gesetzgeber die genannten Träger zur Sicherstellung der ordnungsgemäßen Instandhaltung. Sie haben dafür Vorsorge zu treffen, sei es durch Leistungen im eigenen Bereich oder durch Vereinbarungen mit geeigneten Dienstleistern. Beispiele für solche Medizinprodukte sind Heimdialysegeräte, Schlafapnoegeräte, Beatmungsgeräte, Insulinpumpen oder elektrisch betriebene Rollstühle.[25] Nachdem die Zurverfügungstellung solcher Medizinprodukte im Regelfall durch Vertragspartner der Träger erfolgt[26], werden die Instandhaltungsmaßnahmen meist Teil dieser Vertragsbeziehungen sein oder durch die Träger separate Verträge mit Dienstleistern abzuschließen sein. 10

Ebenso explizit genannt werden Einrichtungen, die lebensrettende oder sonst für die Gesundheit wichtige Medizinprodukte in ihrem oder in einem öffentlichen Bereich für die Anwendung bereithalten. Zu nennen wären hier bspw automatische oder halbautomatische Defibrillatoren im öffentlichen Bereich.

V. Normzweck

Bereits in der Stammfassung des Medizinproduktegesetzes aus 1996 (BGBl 1996/657) entschied sich der Gesetzgeber, Vorschriften für das Errichten, Betreiben, Anwenden und Instandhalten von Medizinprodukten in Einrichtungen des Gesundheitswesens zu erlassen. Die Vorschriften betreffend die Instandhaltung im MPG sind seitdem nahezu unverändert geblieben und wurden auch nahezu identisch in das MPG 2021 übernommen. Sie stellten grundsätzlich seit jeher eine nationale Regelung dar, welche nicht auf europäischen Rechtsakten basierte. Auch seit Geltung der MDR stellen diese Vorschriften eine rein national zu regelnde Materie dar. Diese Vorschriften werden in den Erl damit begründet, dass trotz härtester Beanspruchung von Medizinprodukten, insbesondere medizintechnischer Geräte, deren Sicherheit und Funktionstüchtigkeit über die gesamte Einsatzdauer aufrecht erhalten werden muss.[27] Wegen ihrer Bedeutung für die Sicherheit und Gesundheit der Patienten, der Anwender und gegebenenfalls Dritter dürfen die Instandhaltungsmaßnahmen nur von dafür ausreichend qualifizierten Personen oder Stellen durchgeführt werden. 11

Grundsätzlich ergibt sich die Verpflichtung von Gesundheitseinrichtungen zur ordnungsgemäßen (dazu idF) Instandhaltung von Medizinprodukten ohnehin bereits aus anderen Rechtsquellen. Es sei an dieser Stelle auf die allgemeinen Sorgfaltspflichten im Haftungsrecht sowie auf die ärztlichen Berufspflichten (lege artis-Behandlung) verwiesen. Dass eine ärztliche Behandlung bloß dann lege artis durchgeführt sein wird, wenn die etwaig zum Einsatz kommenden Medizinprodukte sich in einem ordnungsgemäßen Zustand befinden, ist mE selbstverständlich. Das KAKuG sieht in § 8b die zwingend zu besetzende Position des Technischen Sicherheitsbeauftragten vor, welcher das einwandfreie Funktionieren der in der Krankenanstalt verwendeten medizinisch-technischen Geräte und technischen Einrichtungen sicherzustellen 12

---

25 Vgl ErlRV 236 22. GP, 5.

26 Vgl *Mosler*, Ärztliches und nichtärztliches Vertragspartnerrecht oder *Dungl*, Das Versorgungssystem der Krankenversicherung im Hinblick auf Medizinprodukte als Heilmittel und Heilbehelfe, RdM 2022.

27 Vgl ErlRV 313 20. GP, 104.

hat. In diesem Themenkomplex wird also auch die Instandhaltung von Medizinprodukten eine gewichtige Rolle spielen.

13 Jedenfalls sind die Vorgaben zur Instandhaltung im MPG 2021 als Schutzgesetze iSd § 1311 ABGB zu qualifizieren. Bereits das europäische Medizinprodukterecht ist geprägt vom Ziel eines hohen Gesundheitsschutzniveaus für Patienten und Anwender.[28] Dies zielt also direkt auf den Schutz des Einzelnen ab und zeigt, dass dieser Schutz im beabsichtigten Aufgabenbereich der Norm gelegen ist.[29] Somit ist die Einhaltung der gesetzlichen Vorgaben auch im Hinblick auf Haftungsfragen sehr relevant.

Der deutsche Gesetzgeber entschied sich für ähnliche Regelungen im dMPG sowie ebenfalls für eine diese konkretisierende Verordnung (dMPBV).[30]

VI. Auslagerung der Instandhaltung

14 Es ist davon auszugehen, dass die Durchführung von Instandhaltungsmaßnahmen seitens des Betreibers einer sehr weitreichenden Möglichkeit der Auslagerung zugänglich ist, wobei maßgeblich ist, dass diese Dienstleister dafür die entsprechende Fachkompetenz besitzen.[31] Dieser Bezug auf die entsprechende Kompetenz zeigt, dass der Gesetzgeber besonderes Augenmerk auf die sorgfältige Auswahl entsprechender Dienstleister legt.

VII. Strafbestimmungen und Haftung

15 Die Nichteinhaltung der Vorgaben zur Instandhaltung wird durch die Verwaltungsstrafbestimmung des §§ 80 Z 28 sowie 32 MPG 2021 sanktioniert. Zusätzlich ist eine Haftung des Betreibers für Schäden, welche auf eine nicht ordnungsgemäße Instandhaltung von Medizinprodukten zurückzuführen sind, im Schadenersatzrecht relevant. Die Klassifizierung der Vorgaben zur Instandhaltung als Schutzgesetz führen zu einer Beweislastumkehr zu Lasten des Betreibers, weshalb der ordnungsgemäßen Durchführung der Instandhaltung, sowie deren Dokumentation, große Bedeutung zur Minimierung dieses Haftungsrisikos zukommt.

Es ist zu beachten, dass die Dokumentation der Instandhaltung, abhängig vom konkreten Medizinprodukt, auch einen Teil der lege artis zu führenden ärztlichen Dokumentation oder der Pflegedokumentation darstellen kann und daher zur Einhaltung weiterer gesetzlicher Vorgaben notwendig sein kann.

16 Die Beauftragung eines Dienstleisters mit der Durchführung konkreter Instandhaltungsmaßnahmen kann zur Reduktion von Haftungsrisiken des Betreibers beitragen. Zu beachten ist, dass den Betreiber jedoch diesbzgl. Sorgfaltspflichten im Hinblick auf die Auswahl des Dienstleisters treffen bzw ein entsprechendes Auswahlverschulden wiederum haftungsbegründend sein kann. Betreiber sollten daher die entsprechende Eignung des Dienstleisters prüfen, mindestens das Vorliegen der entsprechenden Gewerbeberechtigungen.

---

28 vgl ErwGr 2 MDR; ebenso AB 884 BlgBR, 27. GP 2.

29 vgl OGH 8 Ob 145/09w, 19.05.2010

30 Weiterführend bspw *Lücker*, § 10 Grundlagen des Medizinprodukterechts in *Saalfrank*, Handbuch des Medizin- und Gesundheitsrechts 10. EL August 2022, Rn 352–356.

31 Vgl § 54 Abs 2 MPG 2021 idF BGBl I 2021/192.

§ 55 [Instandhaltung von Medizinprodukten]

Nach Instandsetzung von Medizinprodukten müssen die für die Sicherheit und Funktionstüchtigkeit wesentlichen konstruktiven und funktionellen Merkmale geprüft werden, soweit sie infolge der Instandsetzung beeinflusst sein können.

Beachte für die Bestimmung: Tritt hinsichtlich In-vitro-Diagnostika am 26.5.2022 in Kraft (vgl § 91 Abs 1).

Fassung: BGBl I 2021/122

Nach der Instandsetzung von Medizinprodukten müssen die für die Sicherheit und Funktionstüchtigkeit wesentlichen konstruktiven und funktionellen Merkmale geprüft werden, soweit sie infolge der Instandsetzung beeinflusst sein können. Es ist anzunehmen, dass der Begriff der „Instandsetzung" hier synonym mit dem Begriff der „Instandhaltung" verwendet wird, da es systematisch korrekt scheint, dass auch nach Maßnahmen der Instandhaltung, welche eine Wartung darstellen und somit wohl oft geeignet sein werden, die Sicherheit und Funktionstüchtigkeit des Produkts zu beeinflussen, eine solche (Nach-) Kontrollpflicht auslösen.

§ 56 Wiederkehrende sicherheitstechnische Prüfungen von Medizinprodukten

Gesundheitseinrichtungen und Personen, die berufs- oder gewerbsmäßig Medizinprodukte anwenden oder betreiben, haben sicherzustellen, dass Medizinprodukte, die in einer Verordnung nach § 61 angeführt sind, von einer hiezu fachlich geeigneten Person oder Stelle regelmäßig überprüft werden.

Beachte für die Bestimmung: Tritt hinsichtlich In-vitro-Diagnostika am 26.5.2022 in Kraft (vgl § 91 Abs 1).

Fassung: BGBl I 2021/122

Literatur: *Hofmann/Schreck* in *Neumayr/Resch/Wallner*, GmundKomm2 Art 8 Medizinprodukte-VO.

1 Aufgrund der Kritikalität bestimmter Medizinprodukte im Hinblick auf die Aufrechterhaltung deren medizinischer Leistungsfähigkeit und zur Gewährleistung der Kontinuität ihrer sicheren Anwendung und der Abwehr von Risken kann der Bundesminister für Soziales, Gesundheit, Pflege und Konsumentenschutz im Rahmen der Verordnungsermächtigung des § 61 festlegen, welche Medizinprodukte einer wiederkehrenden sicherheitstechnischen Prüfung zu unterziehen sind. Diese Prüfungen werden meist als Sicherheitstechnische Kontrolle („STK“) bezeichnet.

Es handelt sich hierbei um aktive[1] nicht implantierbare Medizinprodukte und, auf Verlangen des Herstellers, auch um nicht aktive nicht implantierbare Medizinprodukte. Die STK kann jedoch bei bestimmten aktiven nicht implantierbaren Medizinprodukten entfallen, wenn diese nicht in Anhang 1 MPBV angeführt sind und ausschließlich batteriebetrieben sind, es sei denn, der Hersteller hat für diese Medizinprodukte eine STK vorgeschrieben.[2]

2 Grundsätzlich sind für die Durchführung von STKs im Hinblick auf deren Umfang die Angaben des Herstellers maßgeblich. Diese stellen einen Teil der mit dem Medizinprodukt zu liefernden Informationen dar, insofern der Hersteller eine STK vorschreibt. Schreibt der Hersteller keine STK vor, so sind sicherheitstechnische Kontrollen nach dem Stand der Technik vorzunehmen. Den Stand der Technik können dabei wiederum Normen, Leitlinien und andere Empfehlungen darstellen. Einen besonderen Stellenwert innerhalb der einschlägigen Normen nimmt in Österreich dabei die ÖVE/ÖNORM EN 62353 ein, insofern diese durch § 3 Abs 2 Elektrotechnikverordnung 2020 als sogenannte „kundgemachte elektrotechnische Norm“ gilt und bei deren Anwendung die Anforderungen des § 3 Abs 1 und 2 Elektrotechnikgesetz 1992 als erfüllt angesehen werden. Diese schreibt uA vor, dass elektrische Betriebsmittel und elektrische Anlagen so instand zu halten und zu betreiben sind, dass ihre Betriebssicherheit, die Sicherheit von Personen und Sachen gewährleistet ist.

3 Werden durch den Hersteller STKs explizit ausgeschlossen, sind dennoch Sichtprüfungen vorzunehmen.

Auch das Prüfintervall kann grundsätzlich der Hersteller vorschreiben. Liegt ein solches nicht vor, so ist es durch eine vom Betreiber zu benennende, fachlich geeignete Person, festzulegen und hat zwischen sechs und sechsunddreißig, bei bestimmten Produkten vierundzwanzig, Monaten zu betragen.

4 Über die STK ist ein Protokoll anzufertigen, welches die Identifikation der Prüferin/des Prüfers, das Datum der Durchführung, Art und Umfang der Prüfung und die Ergebnisse unter

---

[1] Vgl *Hofmann/Schreck* in *Neumayr/Resch/Wallner*, GmundKomm2 Art 2 Z 4 Medizinprodukte-VO.

[2] Vgl Anhang 1 MPBV idF BGBl II 2007/163.

Angabe der ermittelten Messwerte und der Messverfahren sowie die Gesamtbeurteilung zu enthalten hat. Der Betreiber hat das Protokoll mindestens fünf Jahre aufzubewahren. Die geprüften Medizinprodukte sind bei erfolgreicher Prüfung mit dem Datum der nächsten Prüfung (Monat, Jahr) zu kennzeichnen.

§ 57 [Wiederkehrende sicherheitstechnische Prüfungen von Medizinprodukten]

(1) Die Prüfungen gemäß § 56 haben unter Bedachtnahme auf die Art des zu prüfenden Medizinproduktes und der Angaben des Herstellers in einem Umfang zu erfolgen, der ausreicht, um den sicherheits- und funktionstechnischen Zustand des Medizinproduktes beurteilen zu können. Zubehör oder Produktkombinationen, die das Medizinprodukt in sicherheitserheblichem Maße beeinflussen können, sind zu berücksichtigen.

(2) Der Bundesminister für Soziales, Gesundheit, Pflege und Konsumentenschutz hat in der Verordnung gemäß § 61 im Hinblick auf die Sicherheit der Patienten, Anwender und Dritter und dem ordnungsgemäßen Zustand von Medizinprodukten jene Arten, Gruppen oder Klassen von Medizinprodukten zu bezeichnen, die regelmäßigen Überprüfungen zu unterziehen sind und Mindestanforderungen an Art, Umfang, Durchführung und Intervalle von wiederkehrenden Prüfungen festzulegen.

Beachte für die Bestimmung: Tritt hinsichtlich In-vitro-Diagnostika am 26.5.2022 in Kraft (vgl § 91 Abs 1).

Fassung: BGBl I 2021/122

1 Es wird wiederum auf die Verordnungsermächtigung des § 61 abgestellt. Im Hinblick auf die Arten von Medizinprodukten, welche regelmäßigen STKs zu unterziehen sind, ist diese Bestimmung teilweise redundant zu § 56. Im Hinblick auf Art, Umfang, Durchführung und Intervalle von wiederkehrenden Prüfungen ergänzt § 57 Abs 2 die Verordnungsermächtigung des § 61 dahingehend, dass eine Verpflichtung des Bundesministers für Soziales, Gesundheit, Pflege und Konsumentenschutz besteht, diese Aspekte zu regeln, falls eine solche Verordnung erlassen wird. Welche Regelungen in der aktuellen MPBV nun tatsächlich die Art und den Umfang der durchzuführenden wiederkehrenden Prüfungen präzisieren, ist nicht gänzlich klar. Dahingehend mutet die Strafdrohung des § 80 Z 29 an, als ob sie in Konflikt mit dem Bestimmtheitsgebot stehen könnte.

§ 58 Auswertung und Dokumentation der Prüfungen, Gerätedatei

(1) Für die regelmäßig zu prüfenden aktiven Medizinprodukte haben Gesundheitseinrichtungen und Personen, die berufs- oder gewerbsmäßig Medizinprodukte anwenden oder betreiben, eine Gerätedatei zu führen.

(2) Die Gerätedatei gemäß Abs. 1 kann mit dem Bestandsverzeichnis gemäß § 53 in einem geführt werden.

(3) Wiederkehrende Prüfungen, Prüfungen nach Instandsetzung oder nach Zwischenfällen und deren Ergebnisse sind zu dokumentieren und in der Gerätedatei anzuführen. In der Gerätedatei sind auch die Intervalle wiederkehrender Prüfungen evident zu halten.

Beachte für die Bestimmung: Tritt hinsichtlich In-vitro-Diagnostika am 26.5.2022 in Kraft (vgl § 91 Abs 1).

Fassung: BGBl I 2021/122

Literatur: EN 62353:2014 Medizinische elektrische Geräte –Wiederholungsprüfungen und Prüfung nach Instandsetzung von medizinischen elektrischen Geräten

VERORDNUNG (EU) 2017/745 DES EUROPÄISCHEN PARLAMENTS UND DES RATES vom 5. April 2017 über Medizinprodukte, zur Änderung der RL 2001/83/EG, der VO (EG) 178/2002 und der VO (EG) 1223/2009 und zur Aufhebung der Richtlinien 90/385/EWG und 93/42/EWG des Rates

Verordnung der Bundesministerin für Gesundheit, Familie und Jugend über das Errichten, Betreiben, Anwenden und Instandhalten von Medizinprodukten in Einrichtungen des Gesundheitswesens (Medizinproduktebetreiberverordnung – MPBV) StF: BGBl II 2007/70

Inhaltsverzeichnis

I. Bedeutung der Rechtsnorm

1 Für die Überwachung und Verwaltung von aktiven Medizinprodukten innerhalb von Gesundheitseinrichtungen und durch Personen, die berufs- oder gewerbsmäßig Medizinprodukte anwenden oder betreiben, empfiehlt sich ein genauer Blick in die Medizinproduktebetreiberverordnung 2007 (MPBV 2007). In der MPBV werden die drei wesentlichen Begriffe dieses Paragrafen, Gerätedatei, Bestandsverzeichnis und Wiederkehrende Prüfungen, genau erklärt.

A. Gerätedatei

2 Abs. (1) verpflichtet Gesundheitseinrichtungen dazu, eine „Gerätedatei" zu führen, die alle regelmäßig zu prüfenden aktiven Medizinprodukte umfasst. Die in der Gerätedatei zu tätigenden Angaben sind in § 8 Gerätedatei der MPBV genau aufgeführt. Zudem müssen Gesundheitseinrichtungen gemäß § 8 der MPBV einen Verantwortlichen für die Gerätedatei bestimmen.

B. Bestandsverzeichnis[1]

3 Abs. (2) legt fest, dass die Gerätedatei und das in § 53 genannte Bestandsverzeichnis gemeinsam geführt werden können. § 9 der MPBV legt folgende Eintragungen in das Bestandsverzeichnis fest:

1. *Bezeichnung, Art und Typ, Loscode oder Seriennummer, Herstellungsjahr,*
2. *Name und Anschrift des Herstellers,*
3. *Name und Anschrift des Vertreibers,*
4. *die der CE-Kennzeichnung allenfalls hinzugefügte Kennnummer der benannten Stelle, und*
5. *Standort bzw betriebliche Zuordnung.*

C. Wiederkehrende Prüfungen

4 Absatz (3) führt Prüfungen ein, welche in der Gerätedatei zu dokumentieren sind. Die Pflicht gilt für aktive nicht implantierbare Medizinprodukte, ausgenommen batteriebetriebene Medizinprodukte, sofern der Hersteller keine Prüfung vorschreibt. Auch in § 6 der MPBV werden „wiederkehrende sicherheitstechnische Prüfungen" spezifiziert. Wie bereits in § 3 Begriffsbestimmungen angeführt, werden diese Prüfungen normkonform unter Anwendung der EN 62353[2] durchgeführt.

5 Die Intervalle für diese wiederkehrenden Prüfungen muss der Hersteller unter Berücksichtigung der Geräteart und des Gefährdungspotentials festlegen. Sieht der Hersteller in den Begleitpapieren eine wiederkehrende Prüfung vor, so ist diese im angegebenen Intervall durchzuführen. Liegt für das Prüfintervall keine Herstellerangabe vor, so ist dieses von dem nach dem KAKuG Kranken- und Kuranstaltengesetz (KAKuG-BGBl.-Nr 1/1957 idgF.) bestellten technische Sicherheitsbeauftragte (TSB) unter Berücksichtigung von Geräteart und Gefährdungspotential wie folgt festzulegen:

a) für kritische Medizinprodukte nach MPBV, Anhang 1 zwischen 6 und 24 Monate
b) für die übrigen Medizinprodukte zwischen 12 und 36 Monate

6 Über die Prüfungen sind schriftliche Aufzeichnungen zu führen, die der Behörde auf Verlangen vorzulegen sind. Die Ergebnisse sind in der Gerätedatei zu dokumentieren. Für die Bestimmung des Gefährdungspotentials des Gerätes sind zu berücksichtigen:

- der Gefährdungsgrad
- die Einsatzhäufigkeit
- die Unersetzbarkeit
- der Betriebsort (Ordination oder Spital)
- die Eigentumsverhältnisse
- der Einsatzort (stationär, mobil, Notfall)
- die Fehlerhäufigkeit

[1] Vgl dazu *Fegerl*, Wiederkehrende Prüfung von Medizinprodukten, https://www.medizinprodukte.at/media/uploads/medizinproduktegesetz/wiederkehrende_pruefung_von_medizinprodukten.pdf am 15.01.2025.

[2] EN 62353:2015 Medizinische elektrische Geräte –Wiederholungsprüfungen und Prüfung nach Instandsetzung von medizinischen elektrischen Geräten.

Der TSB kann in begründeten Einzelfällen ein kürzeres Intervall vorschreiben. Er darf jedoch das vom Hersteller vorgegebene Prüfintervall nicht vergrößern. Eventuell vorgenommene Änderungen des TSB sind jedenfalls zu dokumentieren. 7

Wenn der Hersteller keine Angaben über den Prüfumfang macht, ist die wiederkehrende sicherheitstechnische Prüfung nach dem Stand der Technik durchzuführen. Die Prüfung muss auch eine Kontrolle der sicherheitsrelevanten Funktionen beinhalten. Der TSB kann in begründeten Fällen den vom Hersteller vorgegebenen Prüfumfang erweitern, darf jedoch den Prüfumfang nicht verringern. Eventuell vorgenommene Änderungen des TSB sind zu dokumentieren. 8

Hinter dieser Anforderung steckt ein großer Aufwand für Prüfer/Prüfstellen; sie müssen laufend für die zu prüfenden Geräte die in den Begleitpapieren enthaltenen Herstellerangaben sammeln und daraus Prüfchecklisten erstellen, um die Prüfungen ordnungsgemäß durchführen zu können. Es liegt im Verantwortungsbereich des Auftraggebers, die Prüfungen an kompetente und kapazitiv entsprechend ausgestattete Stellen zu vergeben, andernfalls ihn ein Auswahlverschulden treffen kann. 9

Eine vollständige Prüfung enthält vier Prüfgruppen: 10

- Sichtprüfungen (Zustand, Aufschriften, Beschädigungen, Sicherungen etc)
- Mechanische Prüfungen (Gehäuse, Abdeckungen, Befestigung etc)
- Elektrische Sicherheitsprüfungen (nach Europanorm EN 62 353)
- Prüfung auf einwandfreie Funktion (nach Herstellerangaben oder Stand der Technik)

Die Sichtprüfung besteht aus ca. 5–10, die mechanische Prüfung je nach Geräteart ebenfalls aus ca. 5–10 Einzelprüfschritten. Die Funktionsprüfungen stellen immer den aufwendigsten, zugleich aber auch den wichtigsten Teil der Prüfungen dar. 11

Die geprüften Geräte sind mit einer Prüfplakette versehen, auf der das Datum der nächsten Prüfung aufscheint. Vor Ablauf dieses Datums ist die nächste Prüfung durchzuführen. 12

In Österreich hat sich eine vierstufige Bewertungsskala etabliert: 13

- Es wurden keine Mängel festgestellt Das Gerät erhält einen Prüfaufkleber und darf weiter verwendet werden.
- Es wurden leichte Mängel festgestellt. Das Gerät erhält einen Prüfaufkleber und darf weiter verwendet werden. Die festgestellten Mängel sollten kurzfristig behoben werden.
- Es wurden schwere Mängel festgestellt. Das Gerät erhält keinen Prüfaufkleber und darf erst nach der Behebung der Mängel wieder verwendet werden.
- Das Gerät entspricht nicht mehr dem Stand der Technik, es wird zur Umrüstung bzw Ausscheidung empfohlen. Das Gerät erhält keinen Prüfaufkleber, ist auszuscheiden oder darf erst nach einer Umrüstung wieder verwendet werden.

Über die wiederkehrende sicherheitstechnische Prüfung ist ein Prüfprotokoll anzufertigen, das folgende Angaben enthalten muss: 14

- Identifikation des Prüfers (Name, Vorname, Firma)
- Datum der Durchführung
- Art und Umfang der Prüfung (Sichtprüfungen, mechanische Prüfungen,
- elektrische Prüfungen Funktionsprüfungen)
- Prüfergebnisse (Messwerte, Messverfahren, Messmittel)
- Gesamtbeurteilung

15 Der Betreiber hat die Prüfprotokolle mindestens 10 Jahre für Nicht-Implantate und 15 Jahre für Implantate nach der Prüfung aufzubewahren. Die MDR fordert für Nicht-Implantate eine Aufbewahrungsfrist von 10 Jahren und für Implantate von 15 Jahren (Art 10 Punkt 8). Die Prüfung ist in die nach dem MPG und der MPBV zu führende Gerätedatei einzutragen.

§ 59 Eignung für Prüfungen

(1) Für die Durchführung von Prüfungen gemäß den §§ 55 bis 57 dürfen nur Personen herangezogen werden, die

1. **auf Grund ihrer fachlichen Ausbildung und ihrer durch praktische Tätigkeit bei der Prüfung von Medizinprodukten gewonnenen Erfahrungen sowie ihrer Kenntnisse, insbesondere auch hinsichtlich der einschlägigen Bestimmungen und Normen über die erforderliche Sachkenntnis,**
2. **über die erforderlichen Mess- und Prüfmittel,**
3. **über die erforderliche Zuverlässigkeit, und**
4. **insbesondere im Hinblick auf die Fälle der §§ 56 und 57 über die erforderlichen organisatorischen Voraussetzungen für die Planung, Durchführung und Auswertung der Prüfungen**

verfügen und in der Lage sind, die Prüfungen gemäß den §§ 55 bis 57 nach Art und Umfang ordnungsgemäß und nachvollziehbar durchzuführen. Andere als die in Abs. 2 genannten Prüf- oder Inspektionsstellen sind für die Prüfungen geeignet, wenn sie über Personen verfügen, die die Anforderungen der Z 1 bis 4 erfüllen.

(2) Einschlägige als Prüf- oder Inspektionsstellen für Produkte für den relevanten Medizinproduktebereich akkreditierte Stellen gelten jedenfalls als im Sinne des Abs. 1 geeignete Stellen.

Beachte für die Bestimmung: Tritt hinsichtlich In-vitro-Diagnostika am 26.5.2022 in Kraft (vgl § 91 Abs 1).

Fassung: BGBl I 2021/122

Literatur: EN ISO 13485:2016 + AC:2018 + A11:2021 Medizinprodukte – Qualitätsmanagementsysteme – Anforderungen für regulatorische Zwecke; VERORDNUNG (EU) 2017/745 DES EUROPÄISCHEN PARLAMENTS UND DES RATES vom 5. April 2017 über Medizinprodukte, zur Änderung der RL 2001/83/EG, der VO (EG) 178/2002 und der VO (EG) 1223/2009 und zur Aufhebung der Richtlinien 90/385/EWG und 93/42/EWG des Rates; Verordnung der Bundesministerin für Gesundheit, Familie und Jugend über das Errichten, Betreiben, Anwenden und Instandhalten von Medizinprodukten in Einrichtungen des Gesundheitswesens (Medizinproduktebetreiberverordnung – MPBV) StF: BGBl II 2007/70

Inhaltsverzeichnis

I. Bedeutung der Rechtsnorm

Dieser Paragraf soll eine hohe Integrität und Professionalität bei den Prüfungen von aktiven Medizinprodukten sicherstellen. **1**

A. Eignung der prüfenden Person

Die Anforderungen an eine Person, die Prüfungen an aktiven Medizinprodukten, durchführt, sind umfangreich und werden auch im Anhang 4 der MPBV gelistet: **2**

1. Ausbildung und Sachkenntnis der Prüferin/des Prüfers:

a) Abschluss einer einschlägigen technischen Fachausbildung,

b) laufende Fort- und Weiterbildung

c) Kenntnis der für die messtechnischen Kontrollen relevanten Gesetze, Verordnungen und Normen

2. Erforderliche Mess- und Prüfmittel für die Durchführung der Prüfungen (Eignung, Rückführbarkeit auf nationale oder internationale Normale, Angabe der Besitzverhältnisse; Wartung, Rekalibrierung):

3. Zuverlässigkeit

4. Organisatorische Voraussetzungen für die Planung, Durchführung und Auswertung von sowie Kalibrierungen eine gegebenenfalls Prüfungen und einschlägige Gewerbeberechtigung

3 Die Anforderungen der MPBV sind sehr ähnlich, nennen aber zusätzlich noch etwas spezifischer den Umgang mit Messmitteln als notwendige Erfahrung (siehe nächsten Absatz „Mess- und Prüfmittel“).

4 Der Autor sieht den Nachweis der Zuverlässigkeit mit objektiven Beweisen kritisch und schwer nachweisbar.

B. Mess- und Prüfmittel

5 Die Lenkung und Überwachung von Messmitteln wird auch im Kapitel 7.6 der Norm EN ISO 13485 gefordert. Besonderes Augenmerk möchte der Autor auf die „Messmitteleignung“ legen, welche im Rahmen der Entwicklung von Medizinprodukten nachgewiesen werden muss und auch für wiederkehrende Prüfungen gilt.

6 § 7 Messtechnische Kontrollen Abs. (3) der MPBV fordert, dass messtechnische Kontrollen unter Verwendung von Normalen durchgeführt werden, welche auf ein nationales oder internationales Normal rückführbar sind und hinreichend kleine Fehlergrenzen und Messunsicherheiten einhalten.

C. Akkreditierte Prüf- oder Inspektionsstellen

7 In Österreich ist die Akkreditierung Austria[1] gemäß Akkreditierungsgesetz 2012 (AkkG 2012), die im Bundesministerium für Digitalisierung und Wirtschaftsstandort angesiedelt ist, für die Akkreditierung von Prüf- und Kalibrierlaboratorien, Inspektions- und Zertifizierungsstellen zuständig. Akkreditierung Austria ist das nationale Akkreditierungsorgan, das gemäß den internationalen Normen und den Anforderungen der Europäischen Union akkreditierte Stellen listet und überwacht.

8 Um eine Übersicht der akkreditierten Prüfstellen zu finden, kann die offizielle Webseite der Akkreditierung Austria besucht werden. Dort findet man Informationen und Datenbanken zu allen akkreditierten Organisationen in Österreich, einschließlich Prüf- und Kalibrierlaboratorien sowie Inspektions- und Zertifizierungsstellen. Diese Datenbanken sind öffentlich zugänglich und bieten detaillierte Informationen über die Akkreditierungsbereiche, die von den jeweiligen Stellen abgedeckt werden.

---

1 https://akkreditierung-austria.gv.at/ (18.03.2024)

§ 60 Vermeidung von Gefährdungen

(1) Sofern im Zuge von Maßnahmen zur Instandhaltung eines Medizinproduktes Gefährdungen für Patienten, Anwender oder Dritte auftreten können, sind geeignete Maßnahmen zu treffen, um diese Gefährdungen von Personen abzuwenden.

Beachte für die Bestimmung: Tritt hinsichtlich In-vitro-Diagnostika am 26.5.2022 in Kraft (vgl § 91 Abs 1).

Fassung: BGBl I 2021/122

Literatur: VERORDNUNG (EU) 2017/745 DES EUROPÄISCHEN PARLAMENTS UND DES RATES vom 5. April 2017 über Medizinprodukte, zur Änderung der RL 2001/83/EG, der VO (EG) 178/2002 und der VO (EG) 1223/2009 und zur Aufhebung der Richtlinien 90/385/EWG und 93/42/EWG des Rates; Verordnung der Bundesministerin für Gesundheit, Familie und Jugend über das Errichten, Betreiben, Anwenden und Instandhalten von Medizinprodukten in Einrichtungen des Gesundheitswesens (Medizinproduktebetreiberverordnung – MPBV) StF: BGBl II 2007/70

Inhaltsverzeichnis

I. Bedeutung der Rechtsnorm

1 Der § 60 des MPG adressiert die Notwendigkeit, Gefährdungen zu vermeiden, die im Rahmen der Instandhaltung von Medizinprodukten für Patienten, Anwender oder Dritte entstehen können. Der Autor anerkennt die hohe Bedeutung von Sicherheit bei der Instandhaltung von Medizinprodukten, hält diesen Paragrafen allerdings für unpräzise formuliert und angesichts der Forderung in Anhang I Punkt 14.4 der MPVO nach sicherer Instandhaltung und der §§ 3, 38, 41, 43, 54 des MPG 2021 für redundant.

Ein Hinweis auf eine Betrachtung der Risiken bei der Instandhaltung von Medizinprodukten im Rahmen des Risikomanagements, zu der jeder Medizinproduktehersteller verpflichtet ist, wäre zielführender.

A. Geeignete Maßnahmen gegen Gefährdungen

2 An welche Maßnahmen der Gesetzgeber hier gedacht hat wird nicht erwähnt. Der Autor würde die Nennung der logischen Maßnahmen wie zB begrüßen:

- Regelmäßige Wartung
- Qualifiziertes Fachpersonal
- Verwendung von Originalteilen
- Einhaltung der Herstellervorgaben und Normen
- Sicherheitsüberprüfungen
- Schulungen und Weiterbildungen

Die Erstinbetriebnahme und die Wiederholungsprüfungen nach Instandsetzung von Medizinprodukten ist in der Norm EN 62353[1] geregelt.

---

[1] EN 62353:2015 Medizinische elektrische Geräte - Wiederholungsprüfungen und Prüfungen nach Instandsetzung von medizinischen elektrischen Geräten.

B. Patienten, Anwender oder Dritte

3 Dieser Paragraf benennt die üblichen Personengruppen für Medizinprodukte für Gefährdungen, welche auch vom § 5 der MPBV zum Thema Instandhaltung genannt werden.

§ 61 Verordnungsermächtigung

(1) Der Bundesminister für Soziales, Gesundheit, Pflege und Konsumentenschutz kann zur Gewährleistung und Aufrechterhaltung der medizinischen Leistungsfähigkeit von Medizinprodukten und zur Gewährleistung der Kontinuität ihrer sicheren Anwendung und der Abwehr von Risken durch Verordnung nähere Bestimmungen über die Errichtung, den Betrieb, die Anwendung und Instandhaltung von Medizinprodukten oder bestimmten Arten oder Gruppen von Medizinprodukten, soweit die elektrotechnische Sicherheit und die vom Maß- und Eichgesetz erfassten Funktionen von Medizinprodukten betroffen sind, im Einvernehmen mit dem Bundesminister für Digitalisierung und Wirtschaftsstandort festlegen. Er hat dabei einschlägige harmonisierte Normen zu beachten. Soweit solche im spezifischen Regelungsbereich nicht vorliegen, kann er sonstige geeignete nationale oder internationale Normen heranziehen.

(2) In einer Verordnung gemäß Abs. 1 sind insbesondere nähere Bestimmungen über

1. **allenfalls erforderliche zusätzliche Anforderungen gemäß § 49 Abs. 2,**
2. **Art, Inhalt, Umfang, Ausführung und Zugänglichkeit von Aufzeichnungen und Dokumentationen gemäß den §§ 50 bis 53 und 58,**
3. **die Einweisung des Personals gemäß § 52,**
4. **die Anforderungen an jene Personen oder Stellen, die zu Maßnahmen der Instandhaltung oder zu Prüfungen gemäß den §§ 50 und 55 bis 57 befugt sind,**
5. **Maßnahmen zur ordnungsgemäßen Instandhaltung,**
6. **Arten, Gruppen oder Klassen von Medizinprodukten, die regelmäßigen Überprüfungen zu unterziehen sind,**
7. **Arten, Gruppen oder Klassen von Medizinprodukten, die einer Instandhaltungsverpflichtung gemäß § 54 Abs. 4 Z 1 oder 2 unterliegen, einschließlich allfälliger Anforderungen an die Bereithaltung und Anwendung dieser Medizinprodukte und erforderlicher Schulungsmaßnahmen, und**
8. **Art, Umfang, Durchführung und Intervalle von Prüfungen gemäß den §§ 55 bis 57**

zu erlassen und jene Medizinprodukte zu bezeichnen, für deren sicheren Betrieb oder deren sichere Anwendung besondere Sicherheitsvorkehrungen zu treffen sind, sowie Mindestanforderungen an deren Art und Umfang.

(3) Der Dachverband der Sozialversicherungsträger ist vor Erlassung einer Verordnung gemäß Abs. 1 hinsichtlich Medizinprodukte im Sinne des § 54 Abs. 4 Z 1 zu hören.

Beachte für die Bestimmung: Tritt hinsichtlich In-vitro-Diagnostika am 26.5.2022 in Kraft (vgl § 91 Abs 1).

Fassung: BGBl I 2021/122

Literatur: Bundesgesetz vom 5. Juli 1950 über das Maß- und Eichwesen (Maß- und Eichgesetz – MEG) StF: BGBl 1950/152 (NR: GP VI RV 159 AB 172 S. 28. BR: S. 55.)

Inhaltsverzeichnis

I. Bedeutung der Rechtsnorm

1 Die Verordnungen (EU) Nr 745/2017 und (EU) Nr 746/2017 enthalten eine Reihe von Öffnungsklauseln für den jeweiligen nationalen Gesetzgeber; zugleich enthalten die Verordnungen auch konkrete, an die Mitgliedstaaten gerichtete Regelungsaufträge und räumen dem nationalen Gesetzgeber einen Gestaltungsspielraum für nationale Bestimmungen ein. In diesem Sinne ist auch die Verordnungsermächtigung zu verstehen. Diese Verordnungsermächtigung erlaubt es dem Minister, spezifische Regelungen zur Sicherstellung und Aufrechterhaltung der medizinischen Leistungsfähigkeit sowie der sicheren Anwendung von Medizinprodukten zu erlassen. Diese Regelung birgt aus Sicht der Praxis sowohl Risiken als auch Chancen. Die Nutzung von Verordnungsermächtigungen erfordert daher eine sorgfältige Abwägung zwischen der Notwendigkeit von Flexibilität und Expertise einerseits und der Wahrung demokratischer Prinzipien und Rechtssicherheit andererseits. Bis dato wurde keine Verordnung erlassen.

A. Bundesminister für Soziales, Gesundheit, Pflege und Konsumentenschutz

2 Solche Verordnungsermächtigung können Bestimmungen, die den gesamten Lebenszyklus von Medizinprodukten abdecken, wie zur Errichtung, zum Betrieb, zur Anwendung und zur Instandhaltung von Medizinprodukten enthalten, insbesondere wenn es um elektrotechnische Sicherheit und die vom Maß- und Eichgesetz erfassten Funktionen geht.

3 Bei der Ausarbeitung solcher Verordnungen muss der Minister sowohl harmonisierte als auch, falls notwendig, geeignete nationale oder internationale Normen berücksichtigen. Die Verordnung soll unter anderem Anforderungen an die Dokumentation, Personalqualifikation, Prüfungen und die Instandhaltung von Medizinprodukten festlegen. Vor dem Erlass einer solchen Verordnung ist der Dachverband der Sozialversicherungsträger zu konsultieren und Einvernehmen mit dem Bundesminister für Digitalisierung und Wirtschaftsstandort herzustellen.

B. Maß- und Eichgesetz

4 Hersteller und Betreiber von Medizinprodukten, die messende Funktionen ausführen, müssen sich mit den relevanten Bestimmungen der §§ 1 und 2 des österreichischen Maß- und Eichgesetzes vertraut machen, um die Konformität ihrer Produkte sicherzustellen.

5 Folgende Funktionen von Medizinprodukten, die messende Eigenschaften haben, fallen unter das österreichische Maß- und Eichgesetz:

- Messung physiologischer Parameter: Geräte, die für die Messung von Körperfunktionen wie Blutdruckmessgeräte, Blutzuckermessgeräte, Fieberthermometer oder Geräte zur Messung der Atemfunktion verwendet werden.
- Volumen- oder Massenmessungen von Körperflüssigkeiten: Geräte, die zum Messen des Volumens oder der Masse von Körperflüssigkeiten, wie beispielsweise automatisierte Pipettiersysteme in Laboratorien, eingesetzt werden.
- Dosierung und Abgabe von Medikamenten oder Therapeutika: Infusionspumpen oder andere medizinische Geräte, die für die präzise Dosierung von Medikamenten oder für die Abgabe von Therapeutika in genauen Mengen verwendet werden.
- Radiologische Messungen: Geräte, die in der Radiologie für Messungen eingesetzt werden, beispielsweise zur Bestimmung der Expositionsdosis bei Röntgenaufnahmen.

C. Harmonisierte Normen

Europäische harmonisierte Normen[1] werden von den beiden europäischen Normungsorganisationen CEN[2] und CENENLEC[3] im Rahmen eines Mandats der Europäischen Kommission erarbeitet. 6

Wenn Hersteller ihre Medizinprodukte gemäß den harmonisierten Normen fertigen und dies nachweislich belegen können, gilt die Konformität mit den relevanten gesetzlichen Vorschriften des Anhangs I der MPVO als vermutet, die sogenannte „*Konformitätsvermutung*". Die Anhänge ZA und ZB der harmonisierten Normen spezifizieren, welche Teile der Norm den grundlegenden Anforderungen des Anhangs I der MPVO (ZA) bzw der IVDVO (ZB) entsprechen und damit zu dieser Konformitätsvermutung berechtigen. 7

Der Autor vertritt die Auffassung, dass gegenwärtig eine signifikante Verzögerung in der Harmonisierung und Bekanntgabe neuer harmonisierter Normen besteht, die gezielt auf die Konformitätsvermutung der MPVO und der IVDVO ausgerichtet sind. 8

D. Dachverband der Sozialversicherungsträger, Sachleistungsprinzip

Alle österreichischen Sozialversicherungsträger gehören dem Dachverband der Sozialversicherungsträger an. Der Dachverband folgt damit dem bis 31.12.2019 bestehenden Hauptverband der österreichischen Sozialversicherungsträger.[4] 9

§ 61 iVm § 54 Abs 4 leg cit trägt dem Sachleistungsprinzip der sozialen Krankenversicherung Rechnung. Das Sachleistungsprinzip in der sozialen Krankenversicherung bedeutet, dass die Sozialversicherungsträger ein Leistungssystem organisieren, welches den Versicherten ermöglicht, medizinische Leistungen in Anspruch zu nehmen, ohne mit Honorarforderungen der Leistungserbringer belastet zu sein. Die Leistungen werden nicht nach Inanspruchnahme „erstattet" sondern direkt von den Krankenkassen hauptsächlich über Vertragspartner zur Verfügung gestellt[5]. Nach der im Sechsten Teil des ASVG enthaltenen Bestimmung des § 338 Abs 1 ASVG werden die Beziehungen der Träger der Sozialversicherung zu den freiberuflich tätigen Ärzten, Gruppenpraxen, Dentisten, Hebammen, Apothekern, freiberuflich tätigen klinischen Psychologen, freiberuflich tätigen Psychotherapeuten, Pflegepersonen, die medizinische Hauskrankenpflege gemäß § 151 erbringen, und anderen Vertragspartnern durch privatrechtliche Verträge geregelt. Durch diese Verträge ist die ausreichende Versorgung der Versicherten und ihrer anspruchsberechtigten Angehörigen mit den gesetzlich und satzungsmäßig vorgesehenen Leistungen sicherzustellen. Schließlich ist auch in § 133 Abs 2 letzter Satz ASVG festgelegt, dass die Leistungen der Krankenbehandlung, soweit in diesem Bundesgesetz nichts anderes bestimmt wird, als Sachleistungen erbracht werden. 10

Medizinprodukte und In-Vitro-Produkte werden von der sozialen Krankenversicherung als Teil der Anstaltspflege (§ 144 ff ASVG), der ärztlichen Hilfe (§ 135 ASVG) oder über Gesamtverträge mit bestimmten medizinischen Fachberufen oder Leistungserbringern wie zB Bandagisten, Hörgeräteakustiker, ua zur Verfügung gestellt. Die Gesamtverträge enthalten sehr detaillierte Angaben über die zu erbringende Qualität der Leistung bzw den Stand der Technik. 11

---

[1] https://health.ec.europa.eu/medical-devices-topics-interest/harmonised-standards_de (zuletzt besucht am 18.03.2024)

[2] European Committee for Standardization

[3] European Committee for Electrotechnical Standardization, https://www.cencenelec.eu/european-standardization/cen-and-cenelec/ (zuletzt besucht am 18.03.2024)

[4] https://www.sozialversicherung.at/cdscontent/?contentid=10007.845634 (zuletzt besucht am 18.03.2024)

[5] Vgl dazu RdM 1999/18, RdM 1999/18: VfGH 10.3.1999, G 64, 65/98.

Aus diesem Aspekt heraus ist eine Anhörung der Sicht der Sachleistungserbringer hinsichtlich der Qualitäts- und Leistungsstandards mit der sozialen Krankenversicherung sinnvoll.

9. Abschnitt
Reinigung, Desinfektion und Sterilisation von Medizinprodukten

§ 62 Reinigung, Desinfektion und Sterilisation von Medizinprodukten

(1) Reinigung, Desinfektion und Sterilisation von Medizinprodukten in oder für Gesundheitseinrichtungen und durch oder für Personen, die berufs- oder gewerbsmäßig Medizinprodukte anwenden oder betreiben, sind unter Bedachtnahme auf die Art der Medizinprodukte mit solchen Geräten oder Gerätesystemen und geeigneten validierten Verfahren so durchzuführen und im Hinblick auf die Art, Größe und Aufgabenstellung der Einrichtung so zu organisieren, dass der Erfolg dieser Verfahren nachvollziehbar gewährleistet ist und die Sicherheit und Gesundheit von Patienten, Anwendern oder Dritten nicht gefährdet wird.

(2) Reinigung, Desinfektion und Sterilisation von Medizinprodukten gemäß Abs. 1 haben insbesondere den in einer Verordnung gemäß § 63 festgelegten Anforderungen zu entsprechen.

Beachte für die Bestimmung: Tritt hinsichtlich In-vitro-Diagnostika am 26.5.2022 in Kraft (vgl § 91 Abs 1).

Fassung: BGBl I 2021/122

Literatur: *Birklbauer*, Die Bedeutung von (medizinischen) Leitlinien im Strafrecht, JMG 2019; *Friedrich* § 17 Grundzüge des Arzneimittel- und Medizinproduktrechts in *Clausen/Schroeder-Printzen*, Münchener Anwaltshandbuch Medizinrecht; *Gärtner*, Die Haftung der Benannten Stelle für Medizinprodukte, MedR, 2021, 27 ff; *Großkopf/Jäkel*, Rechtliche Rahmenbedingungen zur Aufbereitung von Medizinprodukten, RDG, 2007; *Handorn*, Die Medizinprodukte-Verordnung EU 2017/745; *Hofmann/Schreck* in *Neumayr/Resch/Wallner*, GmundKomm2 Art 8 Medizinprodukte-VO; *Hofmann/Schreck* in *Neumayr/Resch/Wallner*, GmundKomm2 Art 2 Medizinprodukte-VO; *Jäkel*, Zur Historie der Aufbereitung von Medizinprodukten, MPR 2020, 144; *Kunze*, Medizinische Leitlinien – Anwendung, Hürden, Kritik, DAG 2018/2; *Larcher/Beiglböck*, Zur Entmystifizierung von Medizinproduktebetreiberpflichten; RdM 2022/194; *Lücker*, § 10 Grundlagen des Medizinprodukterechts in *Saalfrank*, Handbuch des Medizin- und Gesundheitsrechts 10. EL August 2022; *Rüden/Kampf*, Sterilisation und Desinfektion in *Suerbaum et al.* (Hrsg.), Medizinische Mikrobiologie und Infektiologie, 2016; *Schacherreiter* in *Kletečka/Schauer*, ABGB-ON § 1313a; *Webel*, MPBetreibV § 7 Instandhaltung von Medizinprodukten in *Bergmann/Pauge/Steinmeyer*, Gesamtes Medizinrecht; *Weller*, Die Aufbereitung gebrauchter Medizinprodukte – Unsicherheiten und Probleme in der Praxis, MPR 2012, 82.; *Zahrl*, Die Bedeutung von medizinischen Leit- oder Richtlinien im Vergleich zum medizinischen Sachverständigen, DAG 2020/19.

Inhaltsverzeichnis

I. Einordnung der Rechtsnorm

1 Reinigung, Desinfektion und Sterilisation von Medizinprodukten wird regelmäßig als „Aufbereitung" bezeichnet. Anders als die MDR, welche die Aufbereitung quasi als Überbegriff für Maßnahmen der Instandhaltung als auch der Reinigung, Desinfektion und Sterilisation verwendet, sind diese beiden Sachverhalte (Aufbereitung, Instandhaltung) im österreichischen (und bspw deutschen) Recht separat behandelt.[1]

II. Normadressaten

2 Die Vorgaben des MPG zur Instandhaltung von Medizinprodukten verpflichten primär Gesundheitseinrichtungen. Durch das MPG 2021, (im Unterschied zum MPG) sind diesbezüglich auch Personen, die berufs- oder gewerbsmäßig Medizinprodukte anwenden oder betreiben, erfasst. Dies sind bspw Kosmetikstudios oder Fitnesscenter.[2]

Insofern unter den Begriff der Gesundheitseinrichtung[3] alle Organisationen fallen, deren Hauptzweck in der Versorgung oder Behandlung von Patienten oder der Förderung der öffentlichen Gesundheit besteht, ist der Kreis der Normadressaten weit gefasst. Den Vorgaben unterliegen somit Ordinationen genauso wie Krankenanstalten, ebenso solche, die in Form eines selbständigen Ambulatoriums betrieben werden.

3 Die Anforderungen an die Aufbereitung unterscheiden sich somit grundsätzlich nicht basierend darauf, in welcher Art von Gesundheitseinrichtung sie eingesetzt werden. Es besteht jedoch die Möglichkeit, je nach der Kritikalität der Medizinprodukte, unterschiedliche Verfahren für deren Aufbereitung einzusetzen (arg „unter Bedachtnahme auf die Art der Medizinprodukte"). Aus diesem Grund haben sich in der Praxis Einstufungen von Medizinprodukten in unterschiedliche Kategorien[4] etabliert, welche eine unterschiedliche Behandlung in der Aufbereitung mit sich bringen können, was fachlich sachgemäß ist und auch von der Rechtsprechung anerkannt wird.[5]

In der Praxis wohl zu Unklarheiten kann die Bestimmung, dass die Aufbereitung „im Hinblick auf die Art, Größe und Aufgabenstellung der Einrichtung" zu organisieren ist, führen. Diese Bestimmung ist mE so zu interpretieren, dass die Anforderungen im Hinblick auf den Anwendung findenden Stand der Technik und Wissenschaft nicht von der Art, Größe und Aufgabenstellung der Einrichtung abhängig sind. Abhängig von Art, Größe und Aufgabenstellung der Einrichtung ist bloß die Art und Weise, wie die Aufbereitung zu organisieren ist. Im Hinblick auf ärztliche Ordinationen hat die Österreichische Ärztekammer die verbindliche Hygieneverordnung im eigenen Wirkungsbereich erlassen.[6] Diese wiederholt im Wesentlichen medizinprodukterechtliche Bestimmungen und referenziert bspw auch auf bestehende Normen oder Leitlinien.[7]

---

1 *Webel*, MPBetreibV § 7 Instandhaltung von Medizinprodukten in *Bergmann/Pauge/Steinmeyer*, Gesamtes Medizinrecht, 3. Auflage 2018, Rn 2.

2 Vgl *Larcher/Beiglböck*, Zur Entmystifizierung von Medizinproduktebetreiberpflichten; RdM 2022/194.

3 Vgl Art 2 Z 36 MDR.

4 Bspw kritisch, semikritisch, unkritisch, vgl Empfehlung der Kommission für Krankenhaushygiene und Infektionsprävention beim Robert Koch-Institut und des Bundesinstitutes für Arzneimittel und Medizinprodukte (BfArM), Bundesgesundheitsbl 2012, 1248 f.

5 Vgl bspw in der deutschen Rechtsprechung OVG Münster, Beschl. v. 29.09.2010, Az.: 13 A 2422/09 = VuR 2010, 469; OVG NRW, Urt. v. 05.02.2018 – 13 A 3045/15 = MPR 2018, 89.

6 Verordnung der Österreichischen Ärztekammer über die hygienischen Anforderungen von Ordinationsstätten und Gruppenpraxen (Hygiene-V 2014) auf Grund des § 117b Abs 2 Z 9 Ärztegesetzes 1998 idF BGBl I 2022/65.

7 Vgl bspw Anlage 4 der Hygiene-V 2014.

III. Normzweck

4 Medizinprodukte werden durch den Hersteller entweder als Produkte zur einmaligen Verwendung (Einmalprodukt[8], Single-Use) oder als wiederverwendbare Produkte ausgelegt und gekennzeichnet.

5 Nachdem im Rahmen einer Wiederverwendung eines Medizinprodukts dieselben Leistungs- und Sicherheitsanforderungen als wie bei dessen erstmaliger Verwendung erfüllt werden müssen, ist eine sachgerechte Aufbereitung unerlässlich. Die entsprechenden zur Verfügung stehenden Methoden haben sich freilich in den vergangenen Jahrzehnten erheblich weiterentwickelt.[9]

6 Die Aufbereitung ist im Wesentlichen in Österreich bloß für wiederverwendbare Medizinprodukte von Relevanz, nachdem Österreich von der Öffnungsklausel des Art 17 MDR nicht Gebrauch gemacht hat, somit die Aufbereitung von Einmalprodukten nicht zulässt.[10]

In anderen europäischen Ländern, bspw in Deutschland, ist diese Wiederaufbereitung von Einmalprodukten erlaubt, jedoch aufgrund der erheblichen Risiken im Hinblick auf die Sicherheit und Konformität dieser neu aufbereiteten Produkte nicht unumstritten.[11]

7 Durch den Hersteller ist festzulegen und in der Gebrauchsanweisung anzugeben[12], welche Verfahren zur Aufbereitung eines Medizinprodukts geeignet sind, damit dieses sicher (wieder-) verwendet werden kann. Die Aufbereitung von Medizinprodukten ist insbesondere bei jenen Produkten, welche nach Herstellervorgaben bzw nach dem Stand der Technik und Wissenschaft steril[13] zum Einsatz kommen sollen, ein kritischer Prozess und maßgeblich für die Sicherheit von Patienten und Anwendern.[14] Auch hierzu sind durch den Hersteller spezifische Angaben in der Gebrauchsanweisung anzuführen.[15] Wiederum gilt, analog zu den Vorgaben im Hinblick auf die Instandhaltung, dass die Herstellervorgaben durch den Betreiber zu beachten sind. Die Systematik der gesetzlichen Regelungen auf europäischer Ebene sieht insbesondere den Hersteller in der Pflicht, entsprechende Verfahren und Prozesse festzulegen, welche dann von den Betreibern (Anwendern) umzusetzen sind. Insofern ist es auch nachvollziehbar, dass viele der einschlägigen Normen mit besonderer Bedeutung[16] sich an den Hersteller richten und in welchen Bereichen er Festlegungen für die von ihm in Verkehr gebrachten Produkte zu treffen hat.[17]

8 Systematisch zweckmäßig ist es daher, dass der Gesetzgeber mit den Regelungen des nationalen Medizinprodukterechts das Ziel verfolgt, die Betreiber und Anwender von Medizin-

---

8 Vgl Art 2 Z 8 MDR.

9 Im Detail zum Ganzen *Jäkel*, Zur Historie der Aufbereitung von Medizinprodukten, MPR 2020, 144.

10 Die Aufbereitung eines Einmalprodukts würde in Österreich somit mit der Herstellung eines neuen Medizinprodukts gleichzusetzen sein und bei dem (Neu-) Aufbereiter somit Herstellerpflichten auslösen. Etwaig könnte es sich auch um eine Eigenherstellung (in einer Einrichtung des Gesundheitswesens) handeln iSd Art 5 Abs 4 MDR.

11 Vgl § 8 Abs 4 deutsche Medizinprodukte-Betreiberverordnung BGBl. I S. 3396 idF BGBl. I S. 833; zur Thematik auch vor der MDR bspw *Weller*, Die Aufbereitung gebrauchter Medizinprodukte – Unsicherheiten und Probleme in der Praxis, MPR 2012, 82.

12 Vgl Anhang 1 Pkt 23.4 lit n MDR.

13 Oder sonstwie speziell gereinigt oder desinfeziert-

14 Im Detail dazu bspw *Rüden/Kampf*, Sterilisation und Desinfektion in *Suerbaum et al.* (Hrsg.), Medizinische Mikrobiologie und Infektiologie, 2016, 165 ff.

15 Vgl Anhang 1 Pkt 23.4 lit m MDR.

16 Als Abbildung des Stands der Technik und Wissenschaft.

17 Vgl bspw EN ISO 17664-1:2021 „Aufbereitung von Produkten für die Gesundheitsfürsorge – Vom Medizinprodukt-Hersteller bereitzustellende Informationen für die Aufbereitung von Medizinprodukten".

produkten zur Einhaltung uA ebendieser Festlegungen zu verpflichten, um die Sicherheit und Leistungsfähigkeit im Einsatz befindlicher Medizinprodukte sicherzustellen.[18]

Diese Bestimmung des MPG 2021 stellt eine gesundheitspolizeiliche Vorschrift dar, deren Einhaltung somit einerseits eine Voraussetzung für die Erteilung und Aufrechterhaltung der krankenanstaltenrechtlichen Betriebsbewilligung darstellt.[19] Andererseits unterliegt die Einhaltung dadurch der sanitätspolizeilichen Kontrolle.[20] In seiner Leitentscheidung zu dieser Bestimmung[21] stellte der VwGH fest, dass die Einhaltung der medizinprodukterechtlichen Anforderungen an die Reinigung, Desinfektion und Aufbereitung auch conditio sine qua non für die Durchführung einer dem Stand der medizinischen Wissenschaft entsprechenden (Heil-) Behandlung ist.[22] Dabei wird insbesondere die erfolgte Validierung des Aufbereitungsverfahrens – also die Prüfung der jeweiligen Verfahrensschritte und der zum Einsatz kommenden Geräte und Mittel – in ihrer Bedeutung hervorgehoben. Auch wenn eine Verordnung gem § 64 MPG 2021 (noch immer, so wie bei der Vorgängerbestimmung des MPG) fehlt, welche konkrete Detailanforderungen an die Aufbereitung festlegt, so ist dennoch unstrittig ein dem Stand der medizinischen Wissenschaft entsprechendes validiertes Verfahren anzuwenden. Den Erl zum MPG aus 1996 ist zu entnehmen, dass der Gesetzgeber schon damals konkrete Normen als Abbildung des Stands der Technik und Wissenschaft ansah[23], was sich auch heute nicht geändert haben wird.

IV. Validierte Verfahren der Aufbereitung

9 Von einem validierten Verfahren kann dann gesprochen werden, wenn eine Prüfung des Verfahrens gezeigt hat, dass dessen Ergebnisse den Soll-Ergebnissen entsprechen, das Verfahren reproduzierbar ist und anhand objektiver Parameter im Zeitablauf überprüfbar und dokumentiert ist.[24] Um eine solche Validierung durchführen zu können, stehen eine Vielzahl von Normen und Leitlinien zur Verfügung.

Überragende Bedeutung kommt dabei der „Empfehlung zu den Anforderungen an die Hygiene bei der Aufbereitung von Medizinprodukten“ der Kommission für Krankenhaushygiene und Infektionsprävention am Robert-Koch-Institut und des Bundesinstituts für Arzneimittel und Medizinprodukte zu.[25] Diese wird in § 4 Abs 2 dMPBetreibV referenziert und stellt die Vermutungsregel auf, dass, bei deren nachweislicher Einhaltung, eine ordnungsgemäße Aufbereitung stattgefunden hat.

10 Im Hinblick auf bestimmte (kritische) Medizinprodukte legt die dMPBetreibV weiters fest, dass akkreditierte Stellen den Aufbereitungsprozess zu validieren haben – dass also eine selbst

---

[18] Vgl ErlRV 313 20. GP, 109.

[19] Vgl § 3 Abs 2 lit c Bundesgesetz über Krankenanstalten und Kuranstalten BGBl 1957/1 idF BGBl I 2019/13 sowie bspw § 6a Abs 1 Z 2 Wiener Krankenanstaltengesetz 1987 LGBl. Nr 23/1987 idF LGBl. Nr 6/2023.

[20] Dazu VwGH Ro 2014/11/0011 = ZTR 2015, 198.

[21] Damals noch zur, jedoch gleichlautenden, Vorgängerbestimmung des MPG.

[22] ZTR 2015, 198.

[23] Vgl ErlRV 313 20. GP, 105.

[24] Vgl bspw *Lücker*, § 10 Grundlagen des Medizinprodukterechts in *Saalfrank*, Handbuch des Medizin- und Gesundheitsrechts 10. EL August 2022, Rz 360 ff.

[25] Vgl Robert Koch Institut, https://www.rki.de/DE/Content/Infekt/Krankenhaushygiene/Kommission/Downloads/Medprod_Rili_2012.html (abgerufen am 27.07.2023).

durchgeführte Validierung des Aufbereiters nicht ausreichend ist.[26] Insofern in Österreich entsprechende Präzisierungen im Gesetzesrang – insbesondere eine Verordnung gem § 64 MPG 2021 – fehlen, ist, wie schon in der Leitentscheidung des VwGH[27] dargelegt, auf den Stand der medizinischen Wissenschaft als Maßstab abzustellen, welcher sich wiederum maßgeblich an den vorzitierten Empfehlungen und in Deutschland im Gesetzesrang stehenden Vorschriften orientieren wird.

National kommt den Leitlinien und Empfehlungen der Österreichischen Gesellschaft für Sterilgutversorgung (ÖGSV) besondere Bedeutung zu.[28] Auch wenn eine der dMPBetreibV vergleichbare Regelung, die auf bestimmte Leitlinien, Empfehlungen, udgl referenziert, in Österreich fehlt, wird die Einhaltung der von anerkannten Fachgesellschaften erlassenen Dokumente über die Abbildung des Stands der Technik und Wissenschaft wiederum eine Vermutung der Einhaltung der gesetzlichen Vorgaben durch den Betreiber und Anwender rechtfertigen. Jene Leitlinien und Empfehlungen können aber nicht unbesehen mit dem Stand der Wissenschaft gleichgesetzt werden, insofern ihnen bloß Indizwirkung zukommt.[29] **11**

§ 25 der Hygiene-V 2014, anwendbar auf ärztliche Ordinationen, regelt, dass eine externe Validierung der Aufbereitungsvorgänge nur notwendig wäre, wenn sich das aus einer behördlichen Prüfung ergeben hätte oder sich aus dem MPG[30] nicht anderes ergeben würde. Im Wesentlichen, auch im Hinblick auf die Einschränkung des § 117b Abs 2 Z 9 lit c ÄrzteG, der regelt, dass die Ärztekammer durch Verordnung hygienische Anforderungen an Ordinationsstätten und Gruppenpraxen nur insoweit regeln kann, sofern nicht bundesrechtliche Vorschriften bestehen, ergibt sich, dass auch Ordinationen eine gemäß der medizinprodukterechtlichen Regelungen und somit nach dem Stand der Technik und Wissenschaft gebotene Validierung der Aufbereitung durchzuführen haben.

V. Auslagerung der Aufbereitung

Maßnahmen der Aufbereitung von Medizinprodukten können durch den Betreiber an Dritte ausgelagert werden. Dies kann einerseits aus ökonomischen Überlegungen erfolgen, insofern der Aufwand des Betriebs, der erstmaligen und laufenden Validierung, der Aufrechterhaltung angemessener Ausstattung und die Beschäftigung kompetenten Personals erheblich sein kann. Andererseits kann durch eine Auslagerung an einen entsprechenden Dienstleister auch eine Qualitätssteigerung erreicht werden. **12**

Es ist zu beachten, dass eine Aufbereitung (im Sinne Reinigung, Desinfektion, Sterilisation) nicht mit einer Neuaufbereitung[31] verwechselt werden darf. Eine Neuaufbereitung liegt vor, wenn eine Person Medizinprodukte aufbereitet und im eigenen Namen (wieder) in Verkehr bringt, also quasi als „refurbished" anbietet.[32] Für jene Medizinprodukte beginnt mit dem neu- **13**

---

[26] Vgl *Großkopf/Jäkel*, Rechtliche Rahmenbedingungen zur Aufbereitung von Medizinprodukten, RDG, 2007, 94.

[27] VwGH Ro 2014/11/0011 = ZTR 2015, 198.

[28] Vgl https://oegsv.com/wp/guidelines/, abgerufen am 02.08.2023.

[29] Vgl *Zahrl*, Die Bedeutung von medizinischen Leit- oder Richtlinien im Vergleich zum medizinischen Sachverständigen, DAG 2020/19, 42 sowie *Kunze*, Medizinische Leitlinien – Anwendung, Hürden, Kritik, DAG 2018/2, 3. bzw OGH 24.10.2019, 4 Ob 176/19i.

[30] Es wird hier noch auf s § 68 MPG idF BGBl 1996/657 referenziert. Die Nachfolgebestimmung ist § 38 MPG 2021 und regelt die Überwachung von Gesundheitseinrichtungen und sonstigen Betrieben durch Organe des Bundesamts für Sicherheit im Gesundheitswesen.

[31] Vgl Art 2 Z 31 MDR.

[32] Vgl *Hofmann/Schreck* in *Neumayr/Resch/Wallner*, GmundKomm2 Art 2 Medizinprodukte-VO, Rz 10.

erlichen Inverkehrbringen eine neue Lebensdauer und kann die Person, in deren Verantwortung dies geschieht, nicht als bloßer Aufbereiter sondern als Hersteller dieses neu aufbereiteten Medizinproduktes betrachtet werden.[33] Dies selbstverständlich mit der Konsequenz, dass bspw ein neuerliches Konformitätsbewertungsverfahren vorzunehmen ist und sonstige Herstellerpflichten zur Anwendung kommen.

Für eine bloße Aufbereitung (im Sinne Reinigung, Desinfektion, Sterilisation) im Auftrag des Betreibers hat wiederum die durchführende Person (Auftragsaufbereiter) kein eigenes Konformitätsbewertungsverfahren vorzunehmen, weil eben gerade keine Neuaufbereitung bzw Herstellung vorliegt.[34]

Andererseits hat der Auftragsaufbereiter sämtliche Anforderungen im Hinblick auf seine Tätigkeiten, welchen der selbst aufbereitende Betreiber unterliegt, zu erfüllen.

Die Verantwortung der einwandfreien Aufbereitung gegenüber Dritten verbleibt auch bei ausgelagerten Tätigkeiten zunächst bei dem Betreiber des Medizinprodukts und im Haftungsfall kann ein Auswahlverschulden[35] relevant sein.

Zur Thematik der Auslagerung der Aufbereitung von Medizinprodukten besteht eine ausführliche Stellungnahme der ÖGSV.[36]

Betreffend die Auftragsaufbereitung wurde im Rahmen der Geltung der Vorgängerbestimmungen des MPG tw vertreten, dass diese den Anforderungen des § 34 MPG BGBl 1996/657 idF BGBl I 2009/143 zu entsprechen haben. Hierbei handelte es sich um die Bestimmung, dass jede Person, die Medizinprodukte, für die der Hersteller eine Sterilisation vor ihrer Verwendung vorgesehen hat, für das erstmalige Inverkehrbringen sterilisiert, eines der Verfahren im Sinne der Anhänge II oder V der RL 93/42/EWG anzuwenden hat. Dabei wäre eine Benannte Stelle[37] zu involvieren gewesen. Nachdem es sich bei der Auftragsaufbereitung jedoch mE nicht um ein erstmaliges Inverkehrbringen eines Medizinprodukts handelte, war diese Bestimmung nicht einschlägig. Durch die Präzisierungen im Hinblick auf die Definitionen des Inverkehrbringens, der Aufbereitung bzw der Neuaufbereitung durch die MDR stellt sich diese Problematik nun nicht mehr und ist eindeutig geregelt, dass im Rahmen der Auftragsaufbereitung kein (erstmaliges) Inverkehrbringen eines Medizinprodukts vorliegt.

VI. Strafbestimmungen und Haftung

14 Es wird auf die Ausführungen zu § 56 verwiesen.

33 Vgl *Handorn*, Die Medizinprodukte-Verordnung EU 2017/745, 55.

34 Vgl dazu die auf Österreich umzulegende hA in Deutschland *Friedrich* § 17 Grundzüge des Arzneimittel- und Medizinproduktrechts in *Clausen/Schroeder-Printzen*, Münchener Anwaltshandbuch Medizinrecht, 3. Auflage 2020, Rz 335 f.

35 Vgl *Schacherreiter* in *Kletečka/Schauer*, ABGB-ON § 1313a.

36 *ÖGSV*, 1. Stellungnahme zur Auslagerung der Medizinprodukteaufbereitung, https://oegsv.com/wp/wp-content/uploads/S-01-Stellungnahme-zur-Auslagerung-1.pdf, abgerufen am 02.08.2023.

37 *Gärtner*, Die Haftung der Benannten Stelle für Medizinprodukte, MedR, 2021, 27 ff.

§ 63 [Verordnungsermächtigung zur Konkretisierung von Anforderungen an Desinfektion, Reinigung und Sterilisation von Medizinprodukten]

Der Bundesminister für Soziales, Gesundheit, Pflege und Konsumentenschutz kann unter Bedachtnahme auf die Art und Größe der Gesundheitseinrichtung und unter Berücksichtigung des Standes von Wissenschaft und Technik im Hinblick auf die Gewährleistung des Schutzes der Sicherheit und Gesundheit von Patienten, Anwendern oder Dritten durch Verordnung besondere Bestimmungen erlassen hinsichtlich der

1. **zu verwendenden Geräte oder -systeme, ihrer Eigenschaften und ihrer Instandhaltung,**
2. **zu verwendenden Hilfsmittel,**
3. **zu verwendenden Verfahren,**
4. **Maßnahmen zur Validierung und Routinekontrolle,**
5. **Organisation der Sterilisation und Desinfektion,**
6. **Maßnahmen zum Qualitätsmanagement,**
7. **regelmäßigen Inspektionen, und**
8. **einschlägigen Aus-, Fort- und Weiterbildung des Personals.**

Beachte für die Bestimmung: Tritt hinsichtlich In-vitro-Diagnostika am 26.5.2022 in Kraft (vgl § 91 Abs 1).

§ 64 [Verordnungsermächtigung zur Beschränkung der Anwendung und des Betriebs gewisser Medizinprodukte]

Der Bundesminister für Soziales, Gesundheit, Pflege und Konsumentenschutz kann, sofern dies im Hinblick auf schwerwiegende Interessen der öffentlichen Gesundheit oder die Abwehr gravierender Risiken erforderlich ist, durch Verordnung die Anwendung oder den Betrieb bestimmter Arten oder Gruppen von Medizinprodukten auf Gesundheitseinrichtungen einschränken, deren Qualitätsmanagement-Systeme nachweislich die Anforderungen einer Verordnung nach § 63 erfüllen.

Beachte für die Bestimmung: Tritt hinsichtlich In-vitro-Diagnostika am 26.5.2022 in Kraft (vgl § 91 Abs 1).

§ 65 Besondere Regelungen für den Betrieb

(1) Der Bundesminister für Soziales, Gesundheit, Pflege und Konsumentenschutz kann im Einvernehmen mit dem Bundesminister für Digitalisierung und Wirtschaftsstandort, sofern dies unter Bedachtnahme auf einen ordnungsgemäßen Betrieb und die erforderliche Qualität, Sicherheit und Leistung der Medizinprodukte sowie den Schutz der Sicherheit und Gesundheit der Patienten, der Anwender oder Dritter geboten ist, durch Verordnung besondere Bestimmungen für Betriebe oder Einrichtungen, die Medizinprodukte im Geltungsbereich dieses Bundesgesetzes herstellen, in Verkehr bringen, aufbereiten oder lagern, erlassen.

(2) In einer Verordnung gemäß Abs. 1 sind im Hinblick auf die Sicherheit und Leistungsfähigkeit von Medizinprodukten und den Schutz der Patienten, Anwender oder Dritter insbesondere Regelungen zu treffen über

1. **Herstellung, Lagerung, Erwerb und Vertrieb,**
2. **Vorkehrungen für die Information und Beratung sowie die Einweisung in den Betrieb und in die Anwendung der Medizinprodukte,**
3. **Anforderungen an das Personal,**
4. **Festlegung der jeweiligen Aufgabengebiete des Personals,**
5. **Beschaffenheit, Größe und Ausstattung der Räumlichkeiten,**
6. **Anforderungen an die Hygiene,**
7. **betriebliche Vorkehrungen und Abläufe im Rahmen der Medizinprodukteüberwachung und der Abwehr von Risiken,**
8. **Instandhaltung von Medizinprodukten in Gesundheitseinrichtungen und bei Personen, die berufs- oder gewerbsmäßig Medizinprodukte anwenden oder betreiben,**
9. **Maßnahmen zum Qualitätsmanagement bei der Herstellung und beim sonstigen Umgang mit Medizinprodukten,**
10. **sonstige betriebliche Vorkehrungen für eine gute Vertriebs- und Dienstleistungspraxis, und**
11. **die Führung und Aufbewahrung von Nachweisen über die für Medizinprodukte relevanten Betriebsvorgänge.**

(3) In einer Verordnung nach Abs. 1 kann ferner vorgesehen werden, dass bestimmte Betriebe die Herstellung und Lagerung von und den Handel mit Medizinprodukten erst aufnehmen dürfen, wenn sie eine Genehmigung durch das Bundesamt für Sicherheit im Gesundheitswesen erlangt haben. Dabei kann vorgesehen werden, dass die Genehmigung nur für den Handel oder Großhandel mit bestimmten Arten oder Gruppen von Medizinprodukten erforderlich ist. In einer Verordnung gemäß Abs. 1 sind ferner die Voraussetzungen für die Genehmigung, soweit diese die Sicherheit, Qualität und Funktionstüchtigkeit der Medizinprodukte und die Sicherheit und Gesundheit der Patienten, Anwender oder Dritter betreffen, zu regeln. Dabei ist auf die Sachkenntnis, Zuverlässigkeit und auf organisatorische Voraussetzungen zur Gewährleistung der Medizinproduktesicherheit besonders Bedacht zu nehmen.

(4) Stellt das Bundesamt für Sicherheit im Gesundheitswesen fest, dass in Betrieben gemäß Abs. 1 die jeweils festgelegten Anforderungen gemäß Abs. 2 nicht eingehalten werden und daraus eine nicht unerhebliche Gefährdung der Gesundheit und Sicherheit von Patienten, Anwendern oder Dritten erwächst, kann das Bundesamt für Sicherheit

im Gesundheitswesen den Betrieb schließen, sofern nicht durch andere Maßnahmen das Auslangen gefunden werden kann. Führt der Verstoß gegen die gemäß Abs. 2 jeweils festgelegten Anforderungen zu einer unmittelbaren Gefährdung der Gesundheit, können diese Maßnahmen auch ohne vorangegangenes Verfahren getroffen werden. Hierüber ist jedoch innerhalb von vier Wochen ein Bescheid zu erlassen.

(5) Die in den Abs. 1 bis 4 getroffenen Regelungen gelten auch für Personen, die die in Abs. 1 angeführten Tätigkeiten berufsmäßig ausüben.

Beachte für die Bestimmung: Tritt hinsichtlich In-vitro-Diagnostika am 26.5.2022 in Kraft (vgl § 91 Abs 1).

Fassung: BGBl I 2021/122

Literatur: *Larcher/Panholzer*, Antiseptika als Fremdkörper im nationalen Arzneimittelbegriff?, RdM 2019/127.

1 Verordnungen gemäß der §§ 63, 64 und 65 wurden noch nicht erlassen und bestanden auch auf Basis der Vorgängerbestimmungen des MPG nicht.[1] Gemäß entsprechender parlamentarischer Anfragebeantwortung bedarf die Vorbereitung einer Verordnung nach den §§ 63, 64 und 65 einer Berücksichtigung des Ergebnisses der auf europäischer Ebene laufenden Diskussionen. Vor Erlassung der jeweiligen Verordnungen sind die Ergebnisse und Entwicklungen auf europäischer Ebene abzuwarten. Verordnungen zu den genannten Verordnungsermächtigungen werden demnach vom zuständigen Ressort zeitgerecht entsprechend vorbereitet und mit den betroffenen Kreisen abgestimmt.[2]

2 Zum MPG idF BGBl 1996/657 hatte der Gesetzgeber vor Augen, dass es im Hinblick auf den Gesundheitsschutz nötig sein könnte, im Verordnungsweg nähere Bestimmungen zu Aspekten der Aufbereitung sowie des Qualitätsmanagements in Gesundheitseinrichtungen zu erlassen.[3] Diese Notwendigkeit besteht wohl noch immer, wobei die mittlerweile höhere Dichte einschlägiger Normen, Leitlinien und Empfehlungen es ausreichend erscheinen lässt, anhand derer den Stand der Technik und Wissenschaft ablesen zu können, der sodann maßgeblich ist. Die Ansicht, dass sich die Anforderungen an die Aufbereitung auch ohne Vorliegen einer entsprechenden Verordnung nachvollziehen lassen, vertrat der VwGH bereits im Jahr 2014.[4]

3 Nicht gänzlich klar ist, inwieweit es dem nationalen Gesetzgeber gestattet ist, Regelungen über die Herstellung[5] (Inverkehrbringen) – iSd Abs 2 Z 1 – von Medizinprodukten zu treffen, insofern diese nunmehr durch die MDR prinzipiell dem Ziel einer Vollharmonisierung auf europäischer Ebene unterliegt[6] und daher nationale Regelungen mit dieser in Konflikt stehen könnten.[7] Zum Zeitpunkt der Geltung der Vorgängerbestimmung des MPG[8] war eine solche Vollharmonisierung auf europäischer Ebene im Hinblick auf die Herstellung (noch) nicht gegeben, weshalb es dem nationalen Gesetzgeber weitreichend möglich war, Regelungen hinsichtlich der Herstellung (Inverkehrbringen) zu treffen. Derartige Regelungen bzgl der weiteren Bereitstellung auf dem Markt sind jedoch jedenfalls möglich und national zu regeln.[9]

---

1 Vgl §§ 94 bis 96 MPG idF BGBl 1996/657.
2 Vgl Anfragebeantwortung 11165/AB 1 vom 23.08.2022 zu 11462/J (27. GP).
3 Vgl ErlRV 313 20. GP, 108.
4 Dazu VwGH Ro 2014/11/0011 = ZTR 2015, 198.
5 Vgl § 65 Abs 2 Z 1 MPG BGBl I 2021/192.
6 Vgl ErwGr 2 MDR.
7 Vgl dazu bspw EuGH C-528/16 bzw in anderer Hinsicht *Larcher/Panholzer*, Antiseptika als Fremdkörper im nationalen Arzneimittelbegriff?, RdM 2019/127.
8 Vgl §§ 98 MPG idF BGBl 1996/657.
9 Vgl ErwGr 3 MDR.

10. Abschnitt
Vertrieb

§ 66 Abgabe und Verschreibung von Medizinprodukten

(1) Der Bundesminister für Soziales, Gesundheit, Pflege und Konsumentenschutz kann unter Bedachtnahme auf den Schutz der Sicherheit und Gesundheit der Patienten, Anwender oder Dritter auf die Gewährleistung der erforderlichen Qualität der Medizinprodukte und unter Berücksichtigung der Anforderungen an die Abgabe, insbesondere im Hinblick auf Aufklärung, Einweisung, Installation oder Funktionsprüfung sowie im Hinblick auf geeignete Vorsorgen zur Abwehr von Risiken im Einvernehmen mit dem Bundesminister für Digitalisierung und Wirtschaftsstandort durch Verordnung festlegen, dass bestimmte Arten von Medizinprodukten nur durch bestimmte Gewerbebetriebe oder durch Apotheken an Laien abgegeben werden dürfen oder dass für die Abgabe des Medizinproduktes eine Person zur Verfügung stehen muss, deren Ausbildung und praktische Erfahrung durch diese Verordnung festgelegt ist. Die Abgabe dieser Medizinprodukte und die Beratung darüber sind dieser Person vorbehalten. In dieser Verordnung kann auch festgelegt werden, dass bestimmte Arten von Medizinprodukten nicht in Selbstbedienung oder durch Automaten abgegeben werden dürfen.

(2) Der Bundesminister für Soziales, Gesundheit, Pflege und Konsumentenschutz kann für Medizinprodukte, deren Installation, Inbetriebnahme, Betrieb, An- oder Verwendung Angehörigen der Gesundheitsberufe oder Gesundheitseinrichtungen vorbehalten ist, oder deren sichere und bestimmungsgemäße An- oder Verwendung nur durch Gesundheitseinrichtungen gewährleistet ist, durch Verordnung zum Schutz der Gesundheit und Sicherheit des Menschen festlegen, dass die Abgabe dieser Medizinprodukte nur an diese Personen oder Einrichtungen erfolgen darf.

Beachte für die Bestimmung: Tritt hinsichtlich In-vitro-Diagnostika am 26.5.2022 in Kraft (vgl § 91 Abs 1).

§ 67 [Abgabe und Verschreibung von Medizinprodukten]

Der Bundesminister für Soziales, Gesundheit, Pflege und Konsumentenschutz kann durch Verordnung für Medizinprodukte, die zur An- oder Verwendung durch Verbraucher vorgesehen sind und die

1. **die Gesundheit des Menschen auch bei bestimmungsgemäßer Verwendung unmittelbar oder mittelbar gefährden können, wenn sie ohne ärztliche oder zahnärztliche Überwachung angewendet werden, oder deren Anwendung eine ärztliche oder zahnärztliche Behandlung, Diagnose oder Beratung voraussetzt, oder**
2. **die häufig in erheblichem Umfang nicht bestimmungsgemäß verwendet werden, wenn dadurch die Gesundheit von Menschen unmittelbar oder mittelbar gefährdet wird,**

bestimmen, dass sie nur über ärztliche oder zahnärztliche Verschreibung abgegeben werden dürfen.

Beachte für die Bestimmung: Tritt hinsichtlich In-vitro-Diagnostika am 26.5.2022 in Kraft (vgl § 91 Abs 1).

Fassung: BGBl I 2021/122

Literatur: *Cerha* in *Cerha/Heissenberger/Steinböck*, AMG § 59 (Stand 1.9.2020, rdb.at); *Larcher/Beiglböck*, Das neue österreichische Medizinproduktegesetz 2021 – Ein systematischer Überblick, RdM 2021/242; *Wallner* in *Ennöckl/Raschauer/Wessely*, GewO § 115 (Stand 1.1.2015, rdb.at); ErläutRV 389 dB 20 GP; ErläutRV 109/ME dB 27 GP; WHO: Aktionsplan für Maßnahmen des Gesundheitswesens gegen HIV in der Europäischen Region der WHO 1.8.2016. *Gruber/Paliege-Barfuß*, GewO7 § 52 Rz 13 (Stand 22.9.2018, rdb.at)

Inhaltsverzeichnis

I. Einleitung

1 Die nunmehrigen § 66 und § 67 MPG 2021 entsprechen, abgesehen von redaktionellen Änderungen, den Vorgängerbestimmungen § 99 und § 100 MPG 1996.[1] Die Abgabe von Medizinprodukten an Laien wird durch die in § 66 und § 67 MPG 2021 vorgesehenen Verordnungsermächtigungen eingeschränkt.

---

[1] ErläutRV 109/ME dB 27 GP 9; *Larcher/Beiglböck*, Das neue österreichische Medizinproduktegesetz 2021 – Ein systematischer Überblick, RdM 2021/242, 135.

II. Allgemeines

A. Abgabe

Grundsätzlich dürfen alle Medizinprodukte, die sich rechtmäßig im Verkehr befinden auch an Laien abgegeben werden. Der Begriff „*Abgabe*“ umschließt sowohl die entgeltliche als auch die unentgeltliche Abgabe von Medizinprodukten.[2] 2

Eine strenge Regelung oder gar gänzliche Beschränkung der Abgabe, wie sie zB im Bereich der Arzneimittel zu finden ist, erscheint im Hinblick auf die Heterogenität des Medizinproduktemarktes und der unterschiedlichen Risiken, die sich aus derartigen Produkten ergeben können, nicht erforderlich. Ein besonderer Schutz des Laien als Letztanwender ist nur in besonderen Fällen geboten. 3

In sensiblen Bereichen ist eine Beschränkung der Abgabe im Sinne der Medizinprodukte- und Patientensicherheit möglich, sofern von dem Produkt selbst oder durch dessen Falschanwendung ein erhöhtes Gefahrenpotential ausgehen könnte. In diesen Fällen erscheint ein besonders hoher Verbraucherschutz notwendig. 4

Um dieser Anforderung gerecht zu werden, hat der Gesetzgeber in § 66 und § 67 MPG 2021 (ehemals § 99 und § 100 MPG 1996) Verordnungsermächtigungen des zuständigen Bundesministers, zur Beschränkung der Abgabe, vorgesehen. 5

B. Exkurs: Vertrieb

Der Handel mit Medizinprodukten stellt ein reglementiertes Gewerbe dar. Unternehmen mit einer Gewerbeberechtigung gemäß § 94 Z 33 GewO dürfen Medizinprodukte verkaufen. 6

Die Freie Medizinprodukteverordnung[3] schafft eine „*Erweiterung*“ des Vertriebsweges, da die darin genannten Produkte auch von anderen Wirtschaftsakteuren, wie beispielsweise Drogisten gehandelt werden dürfen (zB Fieberthermometer, Blutmessgeräte, etc).[4] Dabei handelt es sich um Medizinprodukte, bei denen aufgrund der Eigenart des Produktes bei bestimmungsgemäßem Gebrauch keine Auswirkung auf die Gesundheit des Anwenders zu erwarten ist. 7

Eine Differenzierung in den Vertriebswegen im Sinne des oben genannten scheint in Anbetracht der heterogenen Produktpalette bei Medizinprodukten (Bandagen genauso wie beispielsweise Herzschrittmacher) angebracht. 8

III. § 66 MPG 2021

A. Abgabe durch Gewerbebetreibende und Apotheken

Ist für ein Medizinprodukt eine zusätzliche Aufklärung des Laien erforderlich, kann der zuständige Bundesminister vorsehen, dass die Abgabe über bestimmte Gewerbebetriebe oder 9

---

[2] Der OGH versteht darunter ein „Inverkehrbringen durch einen Verkaufsvorgang“ (OGH 4 Ob 139/08 g). Folgt man der Ansicht von *Steinböck* ist der Rechtsprechung des OGH zurecht nicht zuzustimmen, da „es nach hL im AMG auf das einer Abgabe zugrundeliegende Rechtsgeschäft bzw eine Entgeltlichkeit nicht ankommt (s nur ErläutRV 1362 18 GP 40 zur entsprechenden Änderung in § 59 Abs 1 AMG; krit bereits Kopetzki, RdM 2009/33; ebenso Schmoll, Zulassung 217).“ vgl *Steinböck* in *Cerha/Heissenberger/Steinböck*, AMG § 2, Rz 88 (Stand 1.9.2020, rdb.at). Dieser Ansicht kann man als Analogie auch für Medizinprodukte folgen, da der Begriff „*Abgabe*“ weder im MPG noch im AMG definiert ist.

[3] BGBl II 2004/355; Die Freie Medizinprodukteverordnung basiert auf der Verordnungsermächtigung gemäß § 115 GewO.

[4] *Wallner* in *Ennöckl/Raschauer/Wessely*, GewO § 115 Rz 1 ff (Stand 1.1.2015, rdb.at).

Apotheken erfolgen muss bzw für die Abgabe eine besonders geschulte Person zur Verfügung stehen muss. Weiters kann die Abgabe für Medizinprodukte, deren Nutzung ausschließlich den Angehörigen der Gesundheitsberufe oder den Gesundheitseinrichtungen vorbehalten ist, auf diese beschränkt werden.

10 Durch diese Beschränkung der Abgabe wird sichergestellt, dass der Laie als Letztanwender durch erfahrenes Personal korrekt informiert, beraten und in der Anwendung geschult wird.[5] § 66 betont die Beratungsfunktion von Apothekern oder sonstigen Gewerbebetreibenden basierend auf dem Informationsgehalt von Kennzeichnung und Gebrauchsinformation.

11 Exkurs: Im Gegensatz dazu ist die Abgabe von Arzneimitteln an Laien in Abschnitt VI Arzneimittelgesetz streng geregelt und – abgesehen von den gesetzlichen Ausnahmeregelungen – den Apotheken vorbehalten (Apothekenvorbehalt gem § 59 Abs 1 AMG).[6] Die Bestimmungen über die Abgabe von Arzneimitteln und von Medizinprodukten an Laien sind sozusagen „gegengleich".

12 Eine Ausnahme sieht die Abgrenzungsverordnung[7] vor, wonach für bestimmte Arzneimittel ein geringeres Schutzniveau anzuwenden ist. Es handelt sich dabei um Arzneimittel, die nicht der Verschreibungspflicht unterliegen (§ 1 Abs 5 RezeptpflichtG) und die „selbst bei einer nach den Erfahrungen des täglichen Lebens vorhersehbaren nicht bestimmungsgemäßen Verwendung keine Gefährdung der Gesundheit oder des Lebens von Mensch oder Tier besorgen lassen" (§ 59 Abs 3 AMG).[8] Die Abgabe dieser Arzneimittel an Laien kann auch über Inhaber einer Gewerbeberechtigung zur Herstellung von Arzneimittel (§ 94 Z 32 GewO), sonstige Gewerbebetreibende oder Drogisten (§ 91 Z 14 GewO) erfolgen.

B. Abgabe in Selbstbedienung oder durch Automaten

13 In konsequenter Weise wurde auch die Einschränkung der Abgabe in Selbstbedienung oder durch Automaten wie schon in der Vorgängerbestimmung (§ 99 MPG 1996) beibehalten.

14 Der Vorbehalt der Abgabe durch Apotheken bzw durch bestimmte Gewerbeberechtigte soll nicht durch den Verkauf in Selbstbedienung oder durch Automaten umgangen werden, dadurch soll das Informationsbedürfnis von Laien sichergestellt werden.

15 Für Gewerbebetreibenden, nicht aber für Apotheker, sind zusätzlich zu den vorgenannten Einschränkungen für die Abgabe über Automaten die gewerberechtlichen Vorschriften (§ 52 GewO) zu beachten.

16 Exkurs: Die Einschränkung der Abgabe in Selbstbedienung oder durch Automaten finden sich in den arzneimittelrechtlichen Vorschriften in strenger Weise wieder.

17 Die Abgabe in Selbstbedienung ist für Arzneimittel gänzlich verboten (§ 59 Abs 9 AMG). Dies beruht auf einem Schutzgedanken, der im Interesse der „Volksgesundheit" liegt.[9] Dadurch soll „vermieden werden, dass die oft medizinisch weniger kundigen Käufer Heilmittel und Heilbehelfe erwerben können, die vom gesundheitlichen Standpunkt völlig unbrauchbar sind, ja sogar für den Käufer schädlich sein können."[10]

---

[5] ErläutRV 389 dB 20 GP 59f, 109f.

[6] *Cerha* in *Cerha/Heissenberger/Steinböck*, AMG § 59 Rz 1f (Stand 1.9.2020, rdb.at).

[7] Siehe dazu Abgrenzungsverordnung BGBl II 2004/122.

[8] *Cerha* in *Cerha/Heissenberger/Steinböck*, AMG § 59 Rz 5 (Stand 1.9.2020, rdb.at).

[9] *Cerha* in *Cerha/Heissenberger/Steinböck*, AMG § 59 Rz 6 (Stand 1.9.2020, rdb.at).

[10] MwN *Cerha* in *Cerha/Heissenberger/Steinböck*, AMG § 59 Rz 6 (Stand 1.9.2020, rdb.at); *Gruber/Paliege-Barfuß*, GewO7 § 52 Rz 13 (Stand 22.9.2018, rdb.at).

IV. § 67 MPG 2021

18 Ebenso kann der Verbraucherschutz dadurch erhöht werden, dass Medizinprodukte nur aufgrund ärztlicher- oder zahnärztlicher Verschreibung abgegeben werden dürfen. Die notwendige Aufklärung erfolgt in diesen Fällen durch den Arzt oder den Zahnarzt.

19 Diese Verordnungsermächtigung greift, wenn (i) die Gesundheit des Menschen auch bei bestimmungsgemäßer Verwendung unmittelbar oder mittelbar gefährdet werden kann oder die Anwendung des Medizinproduktes eine ärztliche oder zahnärztliche Behandlung, Diagnose oder Beratung voraussetzt oder (ii) das Medizinprodukt häufig in erheblichem Umfang nicht bestimmungsgemäß verwendet wird und dadurch die Gesundheit des Menschen unmittelbar oder mittelbar gefährdet wird.

20 Bei dieser Bestimmung kommt es somit auf ein besonderes Gefährdungspotential des Medizinproduktes an. Dieses „Sicherheitsregulativ“ kann nach den Materialien zum MPG 1996[11] auch eingesetzt werden, wenn die Praxis[12] einen „erheblichen Missbrauch bestimmter Medizinprodukte mit Gefährdungspotential zeigen sollte“.

V. Verordnungsemächtigungen

21 Bis dato wurden zwei Verordnungen unter Anwendung dieser Verordnungsermächtigungen erlassen, und zwar die Verordnung über die Abgabe von HIV-Tests zur Eigenanwendung (BGBl II 2018/113) sowie die Verordnung über die Abgabe von Magnetfeldtherapiegeräten zur Eigenanwendung (BGBl II 2003/343).

22 Aus Sicht des zuständigen Bundesministers wird die Notwendigkeit der Erlassung von Verordnungen unter den §§ 66 und 67 leg cit wie folgt beurteilt:

23 Zu § 66 MPG 2021

24 „Die Erlassung allfälliger weiterer Verordnungen über die den Apotheken vorbehaltene Abgabe von Medizinprodukten ist jeweils anhand der Abwägungskriterien des § 66 MPG 2021 (Schutz der Sicherheit und Gesundheit der Patienten, Gewährleistung der erforderlichen Qualität der Medizinprodukte, Anforderungen an die Abgabe zur Abwehr von Risiken) zu beurteilen.“[13]

25 Zu § 67 MPG 2021

26 „Die Erlassung allfälliger weitere Verordnungen über eine Abgabe von Medizinprodukten nach ärztlicher oder zahnärztlicher Verschreibung ist jeweils an Hand des Gefährdungspotentials zu beurteilen oder hängt auch davon ab, ob ein erheblicher Missbrauch festgestellt worden ist.“[14]

A. HIV-Tests zur Eigenanwendung

27 Mit der Abgabe der HIV-Selbsttests an den Laien sollte der 2016 von der WHO verabschiedete Aktionsplan zur Prävention und Eindämmung von HIV umgesetzt werden. HIV-Schnelltests stellen in Kombination mit der richtigen Aufklärung über die Anwendung und Ergebnisinterpretation, sowie über die durchzuführenden Folgeschritte bei positivem Ergebnis eine wesentliche Präventivmaßnahme im Kampf gegen HIV dar.[15]

[11] ErläutRV 313 dB 20 GP 109.

[12] Siehe bei Magnetfeldtherapiegeräte.

[13] 11165 AB vom 23.8.2022 zu 11462J 27 GP zu §§ 66 f MPG2021.

[14] 11165 AB vom 23.8.2022 zu 11462J 27 GP§§ 66 f MPG2021.

[15] WHO: *Aktionsplan für Maßnahmen des Gesundheitswesens gegen HIV in der Europäischen Region der WHO* vom 1.8.2016, https://bitstream/handle/10665/338100/66wd09g-HIVActionPlan-160560.pdf?sequence=1&isAllowed=y (abgerufen am 19.9.2023).

28 Bereits in der vom Bundesministerium für Gesundheit, Sport und Konsumentenschutz erlassenen Verordnung über die Qualitätskontrolle und Qualitätssicherung in der HIV-Diagnostik (BGBl 1994/772, in der Fassung der Verordnung BGBl II 2008/294) wurde der individuellen Beratung des Patienten in Zusammenhang mit HIV-Tests eine besondere Bedeutung eingeräumt. Der Arzt hat den Patienten laut HIV-Diagnostik Verordnung bereits im Vorfeld eingehend über den Zweck des HIV-Tests und die Tragweite eines positiven Befundes, über die Arten der Infektionsmöglichkeiten mit HIV, sowie die Verhaltensregeln zur Vermeidung einer solchen Infektion zu informieren.

29 Dieses Niveau der Beratung erscheint nötig, um ein allfälliges positives Testergebnis in seiner Bedeutung richtig einordnen zu können und um die Betroffenen vor Schaden zu bewahren.

30 Durch die Möglichkeit der Eigenanwendung von HIV-Tests sollte dieses Schutzniveau nicht geschmälert werden. In der Verordnung betreffend die Abgabe von HIV-Tests zur Eigenanwendung (BGBl II 2018/113) ist ein Apothekenvorbehalt vorgesehen. Die Abgabe im Versandhandhandel ist verboten. Dadurch soll sichergestellt werden, dass auch weiterhin das notwendige Maß an Beratung erreicht wird.[16] Lediglich die Hemmschwelle zur Testung soll reduziert werden.

B. Verordnung über die Abgabe von Magnetfeldtherapiegeräten

31 Unter § 100 MPG 1996 (nunmehrigen § 67 MPG 2021) wurde von dem zuständigen Bundesminister die Magnetfeldtherapiegeräteverordnung – MFTGV (BGBl II 2003/343) erlassen.

32 Ausgangspunkt dieser Verordnung war die bis dahin problematische Vertriebspraxis von teuren Magnetfeldtherapiegeräten an Laien unter dem Versprechen weitreichender Therapieerfolge, welche jedoch nur in wenigen Fällen auch mit wissenschaftlichen Daten gestützt werden konnten.

33 Dem Endverbraucher wurden durch irreführende Werbeaussagen im Zusammenhang mit aggressiven Vertriebsmethoden Therapieerfolge im Wege der Selbstmedikation in Aussicht gestellt. Das hat dazu geführt, dass der Endverbraucher auf die angepriesene Wirkung vertraute und aufgrund der Erwartungshaltung zum Teil auf ärztliche Diagnose und Therapie verzichtet hat.[17]

34 Nicht zuletzt war die aggressive Werbetaktik der Vertriebshändler der ausschlaggebende Punkt, dass der zuständige Bundesminister hier von seiner Verordnungsermächtigung Gebrauch gemacht hat.

35 Durch die bis dahin ungeregelte Vertriebspraxis von Magnetfeldtherapiegeräten wurde eine mittelbare Gefährdung des Menschen ermöglicht. Dieser wurde durch Verordnungserlass und damit einhergehendem Verbot der Laienwerbung gem § 104 Z 1 MPG 1996 (nunmehr § 71 Z 1 MPG 2021) entgegengewirkt.

---

[16] https://www.ris.bka.gv.at/Dokumente/Begut/BEGUT_COO_2026_100_2_1426450/COO_2026_100_2_1426464.html.

[17] MwN 53/A(E) 22. GP 1 ff; 108 dB 22 GP 1 ff – Ausschussbericht NR; Parlamentskorrespondenz Nr 578 vom 10.07.2003.

§ 68 [Abgabe und Verschreibung von Medizinprodukten]

(1) Verlangt ein Patient eine Verschreibung (Rezept), um sie in einer anderen Vertragspartei des Abkommens über den Europäischen Wirtschaftsraum zu verwenden, hat diese mindestens zu enthalten:

1. **den Namen sowie Angaben zur beruflichen Qualifikation und Berufssitz des verschreibenden Arztes oder Zahnarztes, samt dessen E-Mailadresse und Telefon- oder Fax-Nummer mit internationaler Vorwahl,**
2. **den Namen und das Geburtsdatum der Person, für die das Medizinprodukt bestimmt ist,**
3. **die Bezeichnung sowie gegebenenfalls weitere Angaben zur Identität des verschriebenen Medizinproduktes,**
4. **das Ausstellungsdatum, und**
5. **die Unterschrift oder qualifizierte elektronische Signatur des Verschreibenden.**

(2) Als Verschreibungen im Sinne des § 67 gelten auch Rezepte, die in anderen Vertragsparteien des Abkommens über den Europäischen Wirtschaftsraum von einem dort zur Verschreibung Berechtigten unter Berücksichtigung der Angaben des Abs. 1 zur grenzüberschreitenden Verwendung ausgestellt wurden und in Österreich zur Abgabe vorgelegt werden.

Beachte für die Bestimmung: Tritt hinsichtlich In-vitro-Diagnostika am 26.5.2022 in Kraft (vgl § 91 Abs 1).

Fassung: BGBl I 2021/122

Literatur: ErläutRV 109/ME dB 27 GP 9; ErläutRV 33 dB 25 GP 12 zu Z 2 (§ 100a); Wallner in Resch/Wallner (Hrsg), Europäisches Gesundheitsrecht, Handbuch Medizinrecht[3], Kap 2, (Stand April 2020, lexis360.at); WHO Guidelines, International Nonproprietary Names Programme and Classification of Medical Products; RL 2012/52/EU.

Inhaltsverzeichnis

I. Einleitung

1 § 68 MPG 2021 entspricht – bis auf redaktionelle Änderungen – dem ehemaligen § 100a MPG 1996.[1]

2 „§ 100a MPG 1996 (nunmehr § 68 MPG 2021) diente der Umsetzung des Art 11 Abs 1 der RL 2011/24/EU über die Ausübung der Patientenrechte in der grenzüberschreitenden Gesundheitsversorgung („*Patientenrichtlinie*") iVm Art 2 f der Durchführungsrichtlinie 2012/52/EU."[2] Die Vorgaben der Durchführungsrichtlinie 2012/52/EU betreffend die Rezeptausstellung im EU-Raum umfassen sowohl Arzneimittel als auch Medizinprodukte. Damit wird die Ausübung von Patientenrechten in der grenzüberschreitenden Gesundheitsversorgung sichergestellt.[3]

---

1 ErläutRV 109/ME dB 27 GP 9.

2 ErläutRV 33 dB 25 GP 12 zu Z 2 (§ 100a).

3 ErläutRV 33 dB 25 GP 12 zu Z 2 (§ 100a).

3 Die Patientenrichtlinie stellt ein wichtiges Instrument dar, um das Nichtdiskriminierungsverbot gegenüber anderen EU-Bürgern beim Zugang zu Gesundheitsleistungen umzusetzen.[4] Diese erleichtert die Anerkennung von ärztlichen Verschreibungen bei der Inanspruchnahme von Gesundheitsleistungen im EU-Ausland. „Verschreibungen zugelassener Arzneimittel [und Medizinprodukte] sind grundsätzlich in allen Mitgliedstaaten anzuerkennen."[5]

A. Umsetzung von Unionsrecht

4 Die Umsetzung der Durchführungsrichtlinie 2012/52/EU im Hinblick auf die Verschreibung von Arzneimitteln erfolgte durch das Bundesgesetz BGBl I 2013/162, mit dem § 3a in das Rezeptpflichtgesetz eingefügt wurde.

5 Da die Durchführungsrichtlinie auf Arzneimittel und Medizinprodukte gleichermaßen anwendbar ist, würde eine unterschiedliche Behandlung von Arzneimitteln und Medizinprodukten in Hinblick auf die Mindestanfordernisse eines Rezeptes in der nationalen Gesetzgebung zu Rechtsunsicherheit und Unklarheit führen. Daher stellt das Einfügen einer inhaltsähnlichen Bestimmung auch im Medizinproduktegesetz eine logische Folge dar. Die Umsetzung der Durchführungsrichtlinie 2012/52/EU in Hinblick auf die Verschreibung von Medizinprodukten erfolgte in § 100a MPG 1996 (nunmehr § 68 MPG 2021).

B. Mindestinhalt einer Verschreibung

6 § 68 MPG 2021 definiert den Mindestinhalt, den eine Verschreibung aufweisen muss, um innerhalb der EU anerkannt zu werden. Darunter fallen Merkmale zur Identifikation des verschreibenden Arztes (Name und Kontaktdaten, sowie berufliche Qualifikation, ua), sowie insbesondere Merkmale zur Identifikation des Medizinproduktes.

7 Im Hinblick auf die Identifizierung eines Produktes bei der Verschreibung ergeben sich nachfolgende Unterschiede zwischen Arzneimitteln und Medizinprodukten. Die Angabe des internationalen Freinamens (INN) oder des einschlägigen chemischen Namens sowie die Darreichungsform, Menge und Stärke des verordneten Arzneimittels und das Dosierungsschema ist bei Arzneimitteln erforderlich. Die gebräuchliche Bezeichnung (INN) ist ein von der Weltgesundheitsorganisation (WHO) vergebener und produktneutraler Name eines Arzneimittelwirkstoffes.[6] Erwägungsgrund 4 der Durchführungsrichtlinie 2012/52/E führt dazu aus, dass „um die Identifizierung von Produkten, die in der EU unter verschiedenen Markennamen vertrieben werden oder nicht in allen Mitgliedstaaten erhältlich sind, zu erleichtern, sollte für Arzneimittel die gebräuchliche Bezeichnung angegeben werden."[7]

8 Bei Medizinprodukten gibt es im Gegensatz zu Arzneimittelrecht keine europaweit anerkannten gebräuchlichen Bezeichnungen zur Identifikation des Produktes. Daher erlangt die eindeutige Identifizierbarkeit des verschreibenden Arztes eine besonders hohe Bedeutung. Dadurch soll gewährleitet werden, dass der Abgebende in dem anderen Mitgliedstaat erforderlichenfalls Fragen zu dem verschriebenen Medizinprodukt stellen kann, um dieses korrekt zu

---

4 *Wallner* in *Resch/Wallner* (Hrsg), Europäisches Gesundheitsrecht, Handbuch Medizinrecht³, Kap 2, Rz 109 ff, (Stand April 2020, lexis360.at).

5 *Wallner* in *Resch/Wallner* (Hrsg), Europäisches Gesundheitsrecht, Handbuch Medizinrecht³, Kap 2, Rz 109c, (Stand April 2020, lexis360.at).

6 WHO Guidelines, International Nonproprietary Names Programme and Classification of Medical Products (aufrufbar unter https://www.who.int/teams/health-product-and-policy-standards/inn, Stand 19.9.2023).

7 RL 2012/52/EU der Europäischen Kommission vom 20. Dezember 2012 mit Maßnahmen zur Erleichterung der Anerkennung von in einem anderen Mitgliedstaat ausgestellten ärztlichen Verschreibungen.

identifizieren. Die hohe Bedeutung zeigt sich auch darin, dass Erwägungsgrund 5 der Durchführungsrichtlinie 2012/52/E explizit darauf hinweist.[8]

Abgesehen von den dargestellten Unterscheidungskriterien, die sich aus der Natur der unterschiedlichen Produkte ergeben, sind die Inhaltserfordernisse an ein innereuropäisch gültiges Rezept in § 3a Rezeptpflichtgesetz und § 100a MPG 2021 wortident. 9

[8] RL 2012/52/EU der Europäischen Kommission vom 20. Dezember 2012 mit Maßnahmen zur Erleichterung der Anerkennung von in einem anderen Mitgliedstaat ausgestellten ärztlichen Verschreibungen.; ErläutRV 33 dB 25 GP 12 zu Z 2 (§ 100a).

§ 69 [Abgabe und Verschreibung von Medizinprodukten]

Das Aufsuchen von Personen, die weder zum Verkauf von Medizinprodukten berechtigt noch in Gesundheitseinrichtungen tätig sind, zum Zwecke des Sammelns von Bestellungen für Medizinprodukte ist verboten. Es ist auch verboten, den Auftrag dazu zu erteilen.

Beachte für die Bestimmung: Tritt hinsichtlich In-vitro-Diagnostika am 26.5.2022 in Kraft (vgl § 91 Abs 1).

Fassung: BGBl I 2021/122

Literatur: ErläutRV 109/ME dB 27 GP 9; ErläutRV 313 dB 20 GP 110.

Inhaltsverzeichnis

I. Einleitung

1 Der nunmehrige § 69 MPG 2021 entspricht im Wesentlichen der Vorgängerbestimmung § 101 MPG 1996.[1] Abgesehen von redaktionellen Änderungen wurde die Bestimmung insoweit geändert, als nunmehr das Sammeln von Bestellungen unabhängig davon, ob eine ärztliche Verschreibung vorliegt, verboten ist.

A. Verbot des Sammelns von Bestellungen

2 Neben den §§ 66 – 67 MPG 2021 stellt § 69 MPG 2021 ein weiteres Regulativ zur Abgabe von Medizinprodukten an Laien als Letztanwender dar. Auch bei Medizinprodukten deren Abgabe nicht durch § 66 und § 67 MPG 2021 eingeschränkt ist, soll der Laie als Letztanwender unter Schutz gestellt werden.

3 „Im Einklang mit den Abgaberegelungen des [ehemaligen] § 99 Abs 1 sollte der Zugang von Laien zu Medizinprodukten unter dem Schutz entsprechender Vorkehrungen stehen, die die hier meist gebotene sorgfältige Abwägung eines Bedarfs und der Auswahl des geeigneten Produktes, gegebenenfalls unter entsprechender medizinischer Beratung und Verschreibung, den Vorrang einräumen“.[2]

4 Bei Produkten, von denen ein mögliches Gefährdungspotential ausgeht, soll als logische Konsequenz, die sich insbesondere aus dem Verbraucherschutz ergibt, der Laie nicht zu einem Erwerb durch „ungeschultes“ Personen animiert werden. Auch die Beauftragung von Personen, zur Anleitung zur Abgabe von Bestellungen, ähnlich einem Haustürgeschäft, ist verboten.

---

[1] ErläutRV 109/ME dB 27 GP 9.

[2] ErläutRV 313 dB 20 GP 110.

11. Abschnitt
Werbung für Medizinprodukte

Vor §§ 70–76

In den Regierungsmaterialien zum MPG 2021[1] wird angeführt, dass es sich bei den werberechtlichen Bestimmungen „um eigenständige nationale Regelungen“ handelt, „die im wesentlichen der bisher geltenden Rechtslage entsprechen“. Lediglich das – schon im UWG angesiedelte – Irreführungsverbot wird nicht mehr im MPG 2021 geregelt, da es eigenständig in Art 7 der MDR enthalten ist. Im besonderen Teil wird dazu ausgeführt: 1

„Zu §§ 70 bis 76: Das Verbot der irreführenden Bewerbung von Medizinprodukten ist bereits in Art 7 der VO (EU) 2017/745 geregelt, gilt somit unmittelbar und darf daher national nicht geregelt werden; dieser Passus wurde daher aus dem 11. Abschnitt über die Werbung entfernt. Ansonsten handelt es sich bei der Werbung um eigenständige nationale Regelungen, die im wesentlichen der bisher geltenden Rechtslage entsprechen. 2

Im Übrigen enthielten auch die mittlerweile außer Kraft getretenen Richtlinien 93/42/EWG über Medizinprodukte, 98/79/EG über In-vitro-Diagnostika und 90/385/EWG über aktive implantierbare medizinische Geräte keine Werbebestimmungen. 3

Judikatur und Literatur zu den werberechtlichen Bestimmungen des MPG[2] können und müssen daher dort beachtet werden, wo sich die Rechtslage tatsächlich nicht geändert hat. 4

Es folgt nicht nur die Gliederung der werberechtlichen Bestimmungen dem Aufbau des AMG[3], sondern wurden diese teilweise wortgleich vom AMG ins MPG und MPG 2021 übernommen. Die Werbevorschriften sind vom Gesetzgeber teilweise ausdrücklich in Analogie zum Arzneimittelwerberecht ausgestaltet worden (so zB § 106 MPG zu den verbotenen Elementen der Laienwerbung), teilweise zeigt ihre wörtliche Übernahme aus dem Arzneimittelrecht ihre inhaltliche Nähe (so zB das im AMG und MPG 2021 die Verbraucherwerbung prägende Merkmal „Werbung, die für Verbraucher bestimmt ist“, oder das Prämien- und Provisionsverbot nach § 75 MPG 2021, das nahezu wortgleich mit § 55b AMG ist). Der Gesetzgeber bekennt sich daher zum Teil zur Analogie[4], welche auch in der Rechtsprechung aufgegriffen wurde.[5] Neben allgemeinen Anforderungen (§ 70) werden die Verbraucherwerbung (§§ 71-74) und die Fachwerbung (§§ 75 f) geregelt. Im Unterschied zu Deutschland befinden sich die werberechtlichen Bestimmungen im Materiengesetz und nicht in einem eigenen Gesetz (dem dHWG). Daraus ist aber die Nähe der Produkte zueinander zu erkennen, wie auch zahlreiche Abgrenzungsfragen zeigen.[6] Für die Auslegung von Begriffen aus dem MPG 2021 sind daher uE jedenfalls Bestimmungen des AMG heranziehbar. 5

Angesichts der Tatsache, dass das Medizinproduktewerberecht ebenfalls das Ziel verfolgt, das Verhalten in Bezug auf Verbraucher zu steuern und eine objektive Information zu fördern, 6

---

1 Bericht des Gesundheitsausschusses, 884 dB, XXVII GP.

2 StF BGBl 1996/657.

3 Arzneimittelgesetz BGBl I 2023/193.

4 ErläutRV 313 BlgNR 20. GP 110

5 OGH vom 28.04.2004, 3Ob19/04x.

6 MDCG 2022 – 5, Guidance on borderline between medical devices and medicinal products under Regulation (EU) 2017/745 on medical devices, April 2022.

tritt eine vergleichbare Zielsetzung wie im Wettbewerbsrecht auf.[7] Aufgrund ähnlicher Zielsetzung erscheint es außerdem sachgerecht, wettbewerbsrechtliche Grundsätze auch bei der Beurteilung von Medizinproduktewerbung anzuwenden.

[7] ErläutRV 313 BlgNR 20. GP 110; *Heidinger/Handig/Wiebe/Frauenberger/Burgstaller* in *Wiebe/Kodek*, UWG² § 1 Rz 942 (Stand 22.5.2021, rdb.at).

§ 70 Allgemeine Anforderungen

Angaben zur Zweckbestimmung in Werbematerialien dürfen der Kennzeichnung und Gebrauchsanweisung nicht widersprechen.

Beachte für die Bestimmung: Tritt hinsichtlich In-vitro-Diagnostika am 26.5.2022 in Kraft (vgl § 91 Abs 1).

Fassung: BGBl I 2021/122

Literatur: *Cerha/Heissenberger/Steinböck*, Arzneimittelgesetz (Stand 1.9.2020, rdb.at); *Ciresa*, Arzneimittelwerberecht[2]; *Heidinger/Handig/Wiebe/Frauenberger/Burgstaller* in *Wiebe/Kodek*, UWG[2] § 1 (Stand 1.10.2023, rdb.at); *Rehmann/Wagner*, Medizinproduktegesetz, VO (EU) 2017/745 über Medizinprodukte[3]; *Wolinska*, Arzneimittel- und Medizinproduktewerbung;

Inhaltsverzeichnis

I. Einleitung/Historisches

Die Regelung ist nicht ident mit § 103 MPG. Der Halbsatz *„und keine Angaben betreffend eine zusätzliche Zweckbestimmung enthalten“* wurde nicht mehr aufgenommen. UE stellt eine zusätzliche, in der Kennzeichnung oder Gebrauchsanweisung nicht enthaltene Zweckbestimmung, einen Widerspruch dar. Insofern war der nunmehr entfallende Halbsatz unnötig. 1

Vertritt man eine andere Ansicht, würde das die Möglichkeit der *off-label* Bewerbung von Medizinprodukten ermöglichen, die auch in anderen Bereichen, etwa dem AMG, nicht erlaubt ist.[1] Berücksichtigen muss man jedoch, dass § 70 MPG 2021 unterschiedslos für Verbraucherwerbung (dazu unten Rz 3) und Fachwerbung (dazu unten Rz 22) gilt und für Fachwerbung § 76 MPG 2021 ähnliches regelt (dazu unten Rz 23). Im Bereich der Verbraucherwerbung kann der Gesetzgeber uE eine off-label Bewerbung nicht gewollt haben, da dies dem Gesundheitsschutz zuwiderlaufen und das Genehmigungsverfahren von Medizinprodukten unterlaufen würde. 2

II. Anwendungsbereich

§ 70 MPG 2021 gilt unterschiedslos für Verbraucher- und Fachwerbung wie bereits der Systematik und dem Aufbau des Gesetzes zu entnehmen ist. 3

A. Angaben zur Zweckbestimmung

Das MPG 2021 enthält keine Definition der Angabe. Auf EU-Gesetzgebungsebene wird im Bereich des Lebensmittelrechts der Begriff *Angabe* definiert in der VO (EG) Nr 1924/2006 über nährwert- und gesundheitsbezogene Angaben über Lebensmittel als: 4

---

1 *Ciresa*, Arzneimittelwerberecht[2] 305 ff mwN.

5 *jede Aussage oder Darstellung, die nach dem Gemeinschaftsrecht oder den nationalen Vorschriften nicht obligatorisch ist, einschließlich Darstellungen durch Bilder, grafische Elemente oder Symbole in jeder Form, und mit der erklärt, suggeriert oder auch nur mittelbar zum Ausdruck gebracht wird, dass ein Lebensmittel besondere Eigenschaften besitzt;*

6 Ähnlich definiert das UWG in § 39 auch „bildliche Darstellungen und sonstige Veranstaltungen", als Angaben, wenn sie geeignet sind, die wörtlichen Angaben zu ersetzen.

7 Eine Angabe ist daher nicht nur das gesprochene oder geschriebene Wort, sondern auch jede andere Form des damit gleichzusetzenden Ausdrucks. Es kommt also auf die Botschaft an, die vermittelt werden soll, nicht auf die Art, wie sie vermittelt wird.

8 § 70 MPG 2021 beschränkt sich auf *Angaben zur Zweckbestimmung.* Angaben die nicht die Zweckbestimmung betreffen dürften idR unter dem Gesichtspunkt der Irreführung auch nicht Kennzeichnung und Gebrauchsanweisung widersprechen.

B. Werbematerialien/Werbung

9 Auch der Begriff Werbematerialien wird weder in der MDR noch im MPG 2021 definiert, wobei uE Werbematerialien mit Werbung gleichzusetzen ist, da Werbematerialien die Träger der Werbung sind. Das AMG verwendet den Begriff Werbung und definiert diesen in § 50 AMG wie folgt:[2]

10 *Als „Werbung für Arzneimittel" gelten alle Maßnahmen zur Information, zur Marktuntersuchung und Marktbearbeitung und zur Schaffung von Anreizen mit dem Ziel, die Verschreibung, die Abgabe, den Verkauf oder den Verbrauch von Arzneimitteln zu fördern.*

11 Eine Differenzierung zwischen Werbung und Werbematerialien erscheint nicht sinnvoll. Eine Person, die auf einem öffentlichen Platz verbal ein Medizinprodukt anpreist, betreibt unzweifelhaft Medizinproduktewerbung, dies kann aber nicht als „Werbematerial" bezeichnet werden. Eine Einschränkung auf physische Medien durch den Begriff „Material" würde dazu führen, dass im Verbraucherwerbungsbereich die soeben dargestellte Werbemaßnahme zulässig wäre, im Bereich der Fachkreiswerbung aufgrund § 76 jedoch nicht.

12 Daher ist uE entgegen dem Wortlaut der Begriff Werbematerial mit Werbung gleichzusetzen.

III. Zweckbestimmung

13 Die Zweckbestimmung eines Medizinprodukts ist in Art 2 Z 12 MDR definiert und *„bezeichnet die Verwendung, für die ein Produkt entsprechend den Angaben des Herstellers auf der Kennzeichnung, in der Gebrauchsanweisung oder dem Werbe- oder Verkaufsmaterial bzw den Werbe- oder Verkaufsangaben und seinen Angaben bei der klinischen Bewertung bestimmt ist".*[3]

14 Die Zweckbestimmung muss dem durchgeführten Konformitätsbewertungsverfahren entsprechen, andernfalls *off-label* Werbung vorliegt. Möchte ein Hersteller eine weitere Zweckbestimmung des Medizinprodukts bewerben, muss die Geeignetheit und Unbedenklichkeit in einem weiteren Konformitätsbewertungsverfahren belegt und von der Benannten Stelle überprüft werden.[4]

---

[2] Ausführlich zum Begriff Werbung für Arzneimittel *Ciresa*, Arzneimittelwerberecht[2] Rz 193 ff.

[3] *Rehmann* in Rehmann/Wagner, MPG, MDR[3], Art 2, 3 MPVO, Rz 9.

[4] *Rehmann* in Rehmann/Wagner, MPG, MDR[3], § 3 MPG Rz 14.

In der Judikatur wurde die Frage behandelt, ob wettbewerbsrechtlich gegen Inhalte der Konformitätserklärung vorgegangen werden kann.[5] Die Klägerin begehrt, der Beklagten zu verbieten, bestimmte von ihr hergestellte Medizinprodukte ohne ausreichende Information über eine sichere Anwendung auf der Stückpackung und in der Gebrauchsanweisung in Verkehr bringen zu lassen, insbesondere wenn auf der Stückpackung und in der Gebrauchsanweisung (von der Klägerin näher angeführte) Informationen und Angaben (ua über den Produktinhalt, die Verwechslungsgefahr mit ähnlichen Produkten, die In-vitro-Anwendung etc) fehlten. Stückpackung (Kennzeichnung) und Gebrauchsanweisung sind jedoch von der Benannten Stelle im Rahmen des Konformitätsbewertungsverfahrens geprüft und freigegeben worden. 15

Der OGH kam zum Ergebnis, dass der Rechtsstandpunkt der Beklagten, dass sie im Hinblick auf die Vermutung der aufrechten CE-Kennzeichnung davon ausgehen durfte, die von ihr vertriebenen Produkte entsprächen den Anforderungen des MPG, jedenfalls vertretbar ist. Das umfasse mit Blick auf Anhang III Punkt 6.1 RL 98/79/EG auch den Standpunkt, dass bei der EG-Konformitätserklärung „*die Angaben, die auf der Kennzeichnung und in der Gebrauchsanweisung des Produkts anzubringen sind*“ geprüft werden. Somit wurde der auf § 1 UWG (Rechtsbruch) gestützte Anspruch der klagenden Partei abgewiesen. 16

Dieses Ergebnis ist richtig. Wie bereits aus der Entscheidung des EuGH C-6/05 (*Medipac-Kazantzidis*) abzuleiten ist[6], haben Marktteilnehmer im Falle von Zweifel an der Korrektheit einer Konformitätserklärung ein Verfahren nach Art 94 iVm Art 95 anzuregen, und die nationalen Behörden müssen tätig werden. 17

Offen bleibt, ob dies auch im Falle von (angeblichen) irreführenden Angaben in der Kennzeichnung oder Gebrauchsanweisung gilt. Im Falle der Berufung auf spezielle Normen des UWG (so zB den Tatbestand des § 2 UWG (Irreführung)) ist die Berufung auf eine vertretbare Rechtsauffassung ausgeschlossen.[7] Insofern ist eine abschließende Antwort durch die Judikatur zu erwarten. 18

IV. Kennzeichnung und Gebrauchsanweisung

Die Kennzeichnung bezeichnet die „geschriebene, gedruckte oder grafisch dargestellte Informationen, die entweder auf dem Produkt selbst oder auf der Verpackung jeder Einheit oder auf der Verpackung mehrerer Produkte angebracht sind“ (Art 2 Z 13 MDR). 19

Die „Gebrauchsanweisung“ bezeichnet die vom Hersteller zur Verfügung gestellte Informationen, in denen der Anwender über die Zweckbestimmung und korrekte Verwendung eines Produkts sowie über eventuell zu ergreifende Vorsichtsmaßnahmen unterrichtet wird (Art 2 Z 14 MDR). 20

---

5 OGH vom 22.09.2020, 4 Ob 135/20m = EvBl 2020/153 S 1091 – EvBl 2020,1091 = wbl 2021,54/14 - wbl 2021/14 = Staber, RdM 2021/112 S 66 – Staber, RdM 2021,66 = RdM 2021/175 S 82 – RdM 2021,82 = ecolex 2021/113 S 142 (Staber) – ecolex 2021,142 (Staber) = Streit, JMG 2021,4 - Schwangerschaftstest.

6 vgl Rn 52: „verpflichten ihn dazu, ein Verfahren wie das Schutzverfahren nach Art 8 der Richtlinie 93/42/EWG einzuhalten“.

7 *Heidinger/Handig/Wiebe/Frauenberger/Burgstaller* in *Wiebe/Kodek*, UWG², § 1 Rz 872 (Stand 1.10.2023, rdb.at).

V. Widersprechen

21 Die Frage, wann ein Widerspruch vorliegt, hat im Bereich des AMG eine lange Tradition.[8] Im Unterschied zur Formulierung des AMG idF BGBl I 2012/110 aufgrund der EuGH E C-249/09,[9] unterscheidet das MPG aber nicht zwischen Verbraucher- und Fachwerbung.[10]

22 Die Frage, ob daher jede Angabe zur Zweckbestimmung durch die Kennzeichnung oder Gebrauchsanweisung **positiv gedeckt** sein muss, ist auch mithilfe des AMG nicht eindeutig zu beantworten und wird von der Rechtsprechung geklärt werden müssen. Die besseren Argumente sprechen dafür, dass jede Angabe zur Zweckbestimmung auch von der Kennzeichnung oder Gebrauchsanweisung umfasst sein muss und nicht die Zweckbestimmung erweitert werden darf. Die Inhalte der Kennzeichnung und Gebrauchsanweisung sind Gegenstand des Konformitätsbewertungsverfahrens. Würden zusätzliche Zweckbestimmungen über Kennzeichnung oder Gebrauchsanweisung hinaus zulässig sein, würde dies das Konformitätsbewertungsverfahren *ad absurdum* führen. Dort werden unter anderem Sicherheits- und Wirksamkeitsaspekte behandelt (und durch Benannte Stellen geprüft). Dies wäre andernfalls nicht gegeben. Außerdem fehlt im MPG 2021 eine ähnliche Bestimmung wie § 50a Abs 4 AMG, welche die für Laien- und Fachwerbung geltende Bestimmung des § 50 Abs 3 Z 3 AMG (vergleichbar mit § 70 MPG 2021) für Fachwerbung wieder aufweicht. Umformulierungen müssen aber jedenfalls zulässig sein.[11] UE wäre eine Unterscheidung zwischen Laien- und Fachwerbung, analog zum AMG sachgerechter.

VI. Verhältnis zu § 76 MPG 2021

23 § 70 MPG 2021 ist in seinem Anwendungsbereich einerseits weiter (bzgl des Adressatenkreises) andererseits enger (bzgl der verbotenen Werbeinhalte). Im Bereich der Fachwerbung ist ein Verstoß gegen § 70 MPG 2021 auch ein Verstoß gegen § 76 MPG 2021, hat also dort keinen eigenständigen Anwendungsbereich, da die Kennzeichnung, als Teil der mit dem Produkt gelieferten Informationen und somit maßgeblich für die grundlegenden Sicherheits- und Leistungsanforderungen (Anhang I, Kapitel III MDR), regelmäßig Gegenstand des Konformitätsbewertungsverfahrens ist.

VII. Exkurs: Präsentationsmedizinprodukt

24 Im Arzneimittelrecht ist es unstrittig, dass durch die Bewerbung eines Produkts mit krankheitsbezogenen Angaben, ein Präsentationsarzneimittel geschaffen werden kann (Arg: „zur Anwendung … bestimmt sind", § 1 Abs 1 Z 1 AMG).[12]

25 Durch die Formulierung „für Menschen bestimmt ist" und „einen oder mehrere der folgenden spezifischen medizinischen Zwecke erfüllen soll" in Art 2 Z 1 MDR sind auch im Medizinprodukterecht Präsentationsmedizinprodukte denkbar.[13] Insbesondere bei der Bewerbung von Software zu spezifischen medizinischen Zwecken ohne, dass diese Software als Medizinprodukt zertifiziert ist, wird regelmäßig ein unzulässiges Präsentationsmedizinprodukt vorliegen.

[8] Vgl etwa *Ciresa*, Arzneimittelwerberecht², Rz 335 ff; *Wolinska*, Arzneimittel- und Medizinproduktewerbung, 98 f.

[9] Ein generelles Verbot jeder über Fachinformation hinausgehenden Werbung ist unionsrechtswidrig, vgl *Cerha* in *Cerha/Heissenberger/Steinböck*, AMG § 50 b, Rz 13 (Stand 1.9.2020, rdb.at).

[10] Insofern enthält das MPG 2021 daher mit § 70 eine die Fachwerbung erheblich beeinflussende Regelung.

[11] Vgl etwa *Ciresa*², Arzneimittelwerberecht, Rz 352.

[12] RS0126741; *Ciresa*², Arzneimittelwerberecht, Rz 60 ff.

[13] So HG Wien, Beschluss vom 5.9.2022, 41 Cg 54/22y.

§ 71 Verbraucherwerbung

Werbung, die für Verbraucher bestimmt ist, darf nicht für

1. **Medizinprodukte, die der Verschreibungspflicht gemäß einer Verordnung nach § 67 unterliegen,**
2. **Medizinprodukte, die ausschließlich dazu bestimmt sind, von Angehörigen der Gesundheitsberufe am oder für den Patienten angewendet zu werden, und**
3. **Medizinprodukte, deren Anwendung durch Verbraucher auf Grund der Gebrauchsanweisung nur im Zusammenhang mit einer ärztlichen oder zahnärztlichen Behandlung oder Überwachung erfolgen darf,**

betrieben werden.

Beachte für die Bestimmung: Tritt hinsichtlich In-vitro-Diagnostika am 26.5.2022 in Kraft (vgl § 91 Abs 1).

Fassung: BGBl I 2021/122

Literatur: *Ciresa*, Arzneimittelwerberecht[2]; *Heidinger/Handig/Wiebe/Frauenberger/Burgstaller* in *Wiebe/Kodek,* UWG[2] § 1 (Stand 1.10.2023, rdb.at); *Resch/Wallner*, Handbuch Medizinrecht[3];

Inhaltsverzeichnis

I. Allgemein

§ 71 MPG 2021 verbietet Verbraucherwerbung für die in Z 1 bis 3 näher bezeichneten Medizinproduktegruppen. Damit entspricht diese Bestimmung dem damaligen § 104 MPG und wurde – bis auf wenige redaktionelle Änderungen – unverändert übernommen. Das verwandte Arzneimittelwerberecht kennt eine vergleichbare Regelung in § 51 Abs 1 AMG. 1

Diese Bestimmung diente und dient nach wie vor noch dem „*besonderen Schutz der Laien hinsichtlich jener Medizinprodukte, deren Anwendung nur im Zusammenhang mit einer medizinischen Betreuung stattfinden sollte*." Es muss die „*Beratung über Indikationen, Auswahl, Handhabung des Medizinproduktes und gegebenenfalls Interpretation von Medizinproduktmeßergebnissen unbeeinflußt vom Druck eventueller aggressiver externer Werbemaßnahmen durchgeführt werden können*".[1] Ihr Inhalt ist daher in diesem Kontext zu verstehen. 2

---

[1] ErläutRV 313 BlgNR 20. GP 110.

II. Verbraucher

3 Der Begriff des Verbrauchers ist im MPG 2021 nicht ausdrücklich definiert und wird auch in den Gesetzesmaterialien nicht näher beschrieben.

4 Der Verbraucher kann nun im Kontext des Laienwerbeverbots entweder mit dem Laien im Sinne des Art 2 Z 38 MDR, also im Unterschied zu den Angehörigen der Gesundheitsberufe, oder in Abgrenzung zu den Fachkreisangehörigen im Sinne des § 75 MPG 2021 verstanden werden. Die besseren Gründe sprechen dafür, den Verbraucher im Sinne der §§ 70 bis 77 MPG 2021 als jene Person zu verstehen, auf die die Kriterien des § 75 MPG 2021 nicht zutreffen. § 75 MPG 2021 sieht ein Prämien- und Provisionsverbot gegenüber all jenen Personen vor, denen Aufgaben im Zusammenhang mit der Verschreibung, der Abgabe, der Beschaffung für Gesundheitseinrichtungen, der Errichtung, der Inbetriebnahme oder der Anwendung zukommen. Berücksichtigt man den Normzweck, nämlich die Vermeidung von Gesundheitsgefahren durch unsachgemäße Anwendung, so ist es sachgerecht, **all diejenigen Personen als Verbraucher zu identifizieren, die im Einzelfall, bezogen auf das konkrete Medizinprodukt, regelmäßig nicht über die erforderliche Fachkenntnis für die Anwendung und Beratung verfügen**. Dies hat zur Folge, dass auch Angehörige der Gesundheitsberufe im Einzelfall als Verbraucher zu qualifizieren sind. Diese Auslegung steht im Einklang zum Laienbegriff nach Art 2 Z 38 MDR. Dieser Definition zufolge ist ein Laie eine Person, die über keine formale Ausbildung auf dem **betreffenden** Gebiet des Gesundheitswesens oder der Medizin verfügt.

III. Zielgruppe Verbraucher

5 Verbraucherwerbung ist eine solche, die **für Verbraucher bestimmt** ist. § 71 erster Halbsatz MPG 2021 „*Werbung, die für Verbraucher bestimmt ist*" entspricht damit der Definition von Laienwerbung gemäß § 50 Abs 1 Z 1, nämlich „*Arzneimittelwerbung, die für Verbraucher bestimmt ist*". Aufgrund der vergleichbaren Zielrichtung dieser Werbebestimmungen ist von einem deckungsgleichen Begriffsverständnis auszugehen.

6 Ob eine Werbemaßnahme für Verbraucher bestimmt ist, hängt von der **objektiven Zielrichtung** der Werbung ab.[2] Diese objektive Zielrichtung ergibt sich aus den Umständen einer Ankündigung im Einzelfall. Dies kann ihr Inhalt, aber auch das benützte Medium sein.[3]

IV. Werbung

7 Der Begriff der Werbung wird im MPG 2021 nicht explizit definiert und auch in den Regierungsmaterialien nicht näher erläutert.

8 Ein erster Anhaltspunkt ergibt sich mittelbar aus § 75 MPG 2021. § 75 MPG 2021 regelt unter der Überschrift „Fachwerbung" die „Verkaufsförderung für Medizinprodukte". Unter Werbung sind daher **Maßnahmen zur Verkaufs- bzw Absatzförderung für Medizinprodukte** zu verstehen. Im verwandten Arzneimittelwerberecht wird Werbung ebenso als Förderung des Verkaufs und Verbrauchs von Arzneimitteln verstanden, § 50 Abs 1 AMG definiert dies jedoch näher als alle Maßnahmen zur Information, zur Marktuntersuchung und Marktbearbeitung und zur Schaffung von Anreizen mit dem Ziel, den Verkauf oder den Verbrauch zu fördern. Der Arzneimittelwerbebegriff wird zudem um eine demonstrative Aufzählung von Werbemaßnahmen

[2] *Heidinger/Handig/Wiebe/Frauenberger/Burgstaller* in *Wiebe/Kodek*, UWG² § 1 Rz 78 (Stand 22.5.2021, rdb.at).

[3] OGH vom 20.12.2011, 4 Ob 121/11i.

in § 50 Abs 1 Z 1 bis 7 AMG ergänzt. Der Begriff der Werbung ist somit sehr weit gefasst[4]. Aufgrund der Vergleichbarkeit des Medizinprodukte- mit dem Arzneimittelwerberecht ist der Medizinproduktewerbung dasselbe Begriffsverständnis zugrunde zu legen. Für eine detaillierte Auseinandersetzung mit Informations-, Marktuntersuchungs-, Marktbearbeitungs- und Anreizmaßnahmen wird auf einschlägige arzneimittelwerberechtliche Literatur verwiesen.[5]

Dieses Verständnis entspricht im Wesentlichen auch der Definition der Geschäftspraktik nach § 1 Abs 4 Z 2 UWG und rechtfertigt es der Normzweck des § 75 MPG 2021, die Werbung für Medizinprodukte auch unter diesem Gesichtspunkt weit zu verstehen, so dass Maßnahmen zur Förderung der Verschreibung, der Abgabe, des Absatzes oder des Verbrauchs im weitesten Sinne und damit in jeder Handlung, Unterlassung, Verhaltensweise oder Äußerung, kommerziellen Mitteilung einschließlich Werbung und Marketing bestehen können. Ob mit einer Maßnahme das Ziel verfolgt wird, die Verschreibung, die Abgabe, den Verkauf oder den Verbrauch zu fördern, ist nicht nach der subjektiven Absicht des Werbenden, sondern nach der objektiven Zweckbestimmung der Angaben zu beurteilen.[6] 9

V. Unzulässige Verbraucherwerbung

A. Verschreibungspflichtige Medizinprodukte

§ 71 Z 1 MPG 2021 verbietet Laienwerbung für Medizinprodukte, die gemäß einer nationalen Verordnung nach § 67 der Verschreibungspflicht unterliegen. 10

Die Möglichkeit zur Festlegung einer Verschreibungspflicht ist analog zum Arzneimittelbereich für jene Medizinprodukte geschaffen worden, deren Anwendung durch Laien zwar vorgesehen ist, die jedoch in Anbetracht eines gewissen, nicht unerheblichen Gefahrenpotentials nur im Rahmen einer ärztlichen Behandlung, Beratung oder Überwachung erfolgen sollte. Das Werbeverbot soll eine Beratung über Indikationen, Auswahl, Handhabung und gegebenenfalls Interpretation von Medizinproduktmessergebnissen unbeeinflusst vom Druck eventueller aggressiver externer Werbemaßnahmen sicherstellen.[7] Durch ein solches Werbeverbot soll die durch Werbung induzierte Selbstbehandlung von Patienten in Anbetracht von Gesundheitsgefahren, die mit dem Umgang von verschreibungspflichtigen Medizinprodukten verbunden sein kann, verhindert werden.[8] 11

Basierend auf § 67 MPG 2021 wurde bislang nur die Magnetfeldtherapiegeräteverordnung erlassen.[9] Magnetfeldtherapiegeräte zur Eigenanwendung sind Medizinprodukte, deren Zweckbestimmung durch die Einwirkung von Magnetfeldern auf den menschlichen Körper erreicht werden soll und die nach der vom Hersteller festgelegten Zweckbestimmung von Laien in der häuslichen Umgebung angewendet werden können (§ 1 MFTGV). 12

---

4 *Königshofer* in *Resch/Wallner* (Hrsg), Handbuch Medizinrecht³ (2020) Arzneimittelrecht Rz 150.

5 Hierzu näher zB *Ciresa*², Arzneimittelwerberecht, Rz 193 ff.

6 RIS-Justiz RS0117613, vgl auch 4Ob75/03p, wo bereits ein Rückgriff auf lauterkeitsrechtliche Grundsätze erfolgte.

7 ErläutRV 313 BlgNR 20. GP 109 f.

8 Rz 57 der Schlussanträge der Generalanwältin Verica Trstenjak vom 24. November 2010, C-316/09.

9 Verordnung der Bundesministerin für Gesundheit und Frauen über die Abgabe von Magnetfeldtherapiegeräten zur Eigenanwendung StF BGBl II 2003/343.

B. Der Anwendung durch Angehörige der Gesundheitsberufe vorbehaltene Medizinprodukte

13 § 72 Z 2 MPG 2021 verbietet Laienwerbung für Medizinprodukte, die ausschließlich dazu bestimmt sind, von Angehörigen der Gesundheitsberufe am oder für den Patienten angewendet zu werden.

14 Unter Angehörige der Gesundheitsberufe sind jene Personen zu verstehen, die über eine formale Ausbildung in dem einschlägigen Bereich des Gesundheitswesens oder dem medizinischen Fachgebiet verfügen (Art 2 Z 38 MDR *e contrario*).

15 Ob ein Medizinprodukt ausschließlich von Angehörigen der Gesundheitsberufe am oder für den Patienten angewendet wird, hängt von der Zweckbestimmung des Herstellers ab (vgl Anhang I Kapitel III Z 23.4. lit b) MDR).

C. Der (zahn-)ärztlichen Behandlung oder Überwachung unterliegenden Medizinprodukte

16 § 72 Z 3 MPG 2021 verbietet Laienwerbung für Medizinprodukte, deren Anwendung durch Verbraucher auf Grund der Gebrauchsanweisung nur im Zusammenhang mit einer ärztlichen oder zahnärztlichen Behandlung oder Überwachung erfolgen darf.

17 Die „Gebrauchsanweisung" bezeichnet die vom Hersteller zur Verfügung gestellten Informationen, in denen der Anwender über die Zweckbestimmung und korrekte Verwendung eines Produkts sowie über eventuell zu ergreifende Vorsichtsmaßnahmen unterrichtet wird (Art 2 Z 14 MDR).

§ 72 [Darstellung von Verbraucherwerbung]

Medizinproduktewerbung, die für Verbraucher bestimmt ist, muss so gestaltet sein, dass der Werbecharakter deutlich zum Ausdruck kommt und das Produkt eindeutig als Medizinprodukt dargestellt wird.

Beachte für die Bestimmung: Tritt hinsichtlich In-vitro-Diagnostika am 26.5.2022 in Kraft (vgl § 91 Abs 1).

Fassung: BGBl I 2021/122

Literatur: *Anderl/Appl* in *Wiebe/Kodek*, UWG² § 2 (Stand 10.1.2023, rdb.at);

Inhaltsverzeichnis

I. Allgemein

1 Medizinproduktewerbung, die für Verbraucher bestimmt ist, muss deutlich als solche erkennbar sein und muss das Medizinprodukt eindeutig als solches darstellen. § 72 MPG 2021 entspricht dem früheren § 105 MPG in seiner letzten Fassung BGBl I 2021/122. Die Regelung soll nach Absicht des Gesetzgebers durch das deutliche Herausstellen des Werbecharakters von Informationen die Kritikfähigkeit der Verbraucher erhöhen[1].

2 Der Wortlaut ist im Übrigen ident mit § 52 Abs 1 Satz 1 AMG, durch welchen wiederrum Art 89 Abs 1 lit a Kodex Humanarzneimittel umgesetzt wird. Aufgrund der wörtlichen Übernahme ist anzunehmen, dass der Gesetzgeber eine vergleichbare Bestimmung schaffen wollte. Im Unterschied zu § 72 MPG 2021 ging der Gesetzgeber in § 52 Abs 1 AMG jedoch weiter und ergänzt die Bestimmung um einen zweiten Satz, wonach Werbung und redaktionelle Beiträge deutlich zu trennen sind. Es handelt sich um eine nationale Ergänzung und findet sich auch so nicht in Art 89 Abs 1 lit a Kodex Humanarzneimittel. Das **Trennungsgebot** ist allerdings logischer Ausfluss der deutlichen Erkennbarkeit des Werbecharakters einer Ankündigung, sodass davon auszugehen ist, dass dieses **auch für die Medizinproduktewerbung zu berücksichtigen ist**.

3 Unter welchen Voraussetzungen der Werbecharakter und die Eigenschaft als Medizinprodukt deutlich zum Ausdruck kommen, regelt § 72 MPG 2021 nicht. Eine generelle Pflicht zur Kennzeichnung von Laienwerbung als Werbung kann daraus jedenfalls nicht abgeleitet werden. Dagegen spricht der Wortlaut der Vorschrift, der bloß eine deutliche Hervorhebung des Werbecharakters und nicht eine ausdrückliche Kennzeichnung als Werbung verlangt.

4 Zudem muss das Produkt als Medizinprodukt erkennbar sein, was dahingehend verstanden werden kann, dass die Werbeadressaten über diese Eigenschaft des beworbenen Produkts nicht in die Irre geführt werden dürfen, was eine lauterkeitsrechtliche Betrachtungsweise nahelegt.

---

1 ErläutRV 313 BlgNR 20. GP 110.

II. Deutlichkeit und Erkennbarkeit

5 Als Beurteilungsmaßstab bietet es sich an, Parallelen zum vom Wahrheits- und Informationsgrundsatz geprägten Wettbewerbsrecht zu ziehen[2]. Das Vorenthalten von Informationen über den Werbezweck und -anlass einer Ankündigung kann dem selbständigen Tatbestand des § 2 Abs 4 UWG zugeordnet werden. Nach § 2 Abs 4 Z 2 UWG ist eine Geschäftspraktik in der Regel irreführend, wenn sie ihren kommerziellen Zweck nicht erkennen lässt, wenn also Werbemaßnahmen getarnt sind. Eine unzulässige Tarnung liegt dann vor, wenn der Werbeadressat – jedenfalls bei bloßem Durchlesen ohne langes Nachdenken – die betreffende Werbemaßnahme nicht als solche erkennen kann[3]. Darüber hinaus stellt die Verschleierung der Medizinprodukteeigenschaft eine Irreführung über die Beschaffenheit der Ware im Sinne des § 2 Abs 1 Z 2 UWG dar[4].

6 Nach dem im Wettbewerbsrecht entwickelten Verbraucherleitbild zufolge kommt es daher für die Beurteilung der Deutlichkeit und Erkennbarkeit darauf an, wie der angesprochene durchschnittlich informierte, aufmerksame und verständige Durchschnittsverbraucher, dessen Aufmerksamkeitsgrad von der jeweiligen Situation abhängt, in der er mit der Werbung konfrontiert wird, eben diese wahrnimmt.

7 § 6 Abs 1 Z 1 ECG verlangt im Übrigen ähnlich, dass ein Dienstanbieter dafür zu sorgen hat, dass eine kommerzielle Kommunikation, die Bestandteil eines Dienstes der Informationsgesellschaft ist oder einen solchen Dienst darstellt, klar und eindeutig als solche erkennbar ist. Ebenso ist nach § 26 MedienG eine Kennzeichnung entgeltlicher Veröffentlichungen in periodischen Medien unter anderem als „Anzeige“ nicht nötig, wenn „Zweifel über die Entgeltlichkeit durch Gestaltung oder Anordnung ausgeschlossen werden können“ (§ 26 letzter Halbsatz MedienG). Die Rechtsprechung schließt daraus, dass die Kennzeichnung entfallen kann, wenn die Werbung auch deutlich als solche erkennbar ist.[5] Nach der dazu ergangenen medienrechtlichen Rechtsprechung richtet sich die Beurteilung des deutlichen Werbecharakters einer Aussage daher danach, ob das angesprochene Publikum, an dessen Aufmerksamkeit, Erfahrung und Sachkunde ein Durchschnittsmaßstab anzulegen ist, diesen zweifelsfrei erkennen kann[6].

---

2 *Anderl/Appl* in *Wiebe/Kodek*, UWG² § 2 Rz 18 f (Stand 10.1.2023, rdb.at); Ciresa Rz 433 ff mwN; RS0043590.

3 *Anderl/Appl* in *Wiebe/Kodek*, UWG² § 2 Rz 503 (Stand 10.1.2023, rdb.at).

4 *Anderl/Appl* in *Wiebe/Kodek*, UWG² § 2 Rz 239 (Stand 10.1.2023, rdb.at).

5 RS0067606.

6 RS0067658, RS0067646

§ 73 [Verbotene Elemente]

Medizinproduktewerbung, die für Verbraucher bestimmt ist, darf keine Elemente enthalten, die

1. **nahelegen, dass die Wirkung einer anderen Behandlung oder einem anderen Medizinprodukt entspricht oder überlegen ist,**
2. **ausschließlich oder hauptsächlich für Kinder bestimmt sind,**
3. **eine ärztliche Behandlung als überflüssig erscheinen lassen, insbesondere dadurch, dass sie zu einer falschen Selbstdiagnose verleiten können, oder eine Behandlung auf dem Korrespondenzweg empfehlen,**
4. **sich auf Genesungsbescheinigungen beziehen, und**
5. **bildliche Darstellungen der Veränderungen des menschlichen Körpers auf Grund von Krankheiten, Verletzungen oder Behinderungen oder der Wirkung eines Medizinproduktes am oder im menschlichen Körper verwenden.**

Beachte für die Bestimmung: Tritt hinsichtlich In-vitro-Diagnostika am 26.5.2022 in Kraft (vgl § 91 Abs 1).

Fassung: BGBl I 2021/122

Literatur: *Ciresa*, Arzneimittelwerberecht[2]; *Görg*, Kommentar zu UWG;

Inhaltsverzeichnis

I. Allgemein

Die Bestimmung erinnert an § 53 AMG, enthält jedoch weniger verbotene Elemente. Sie ist mit Ausnahme der Z 4. und 5. wortgleich mit § 106 MPG. Die Unterschiede in Z 4. und 5. durch Entfall der Wortfolge „in mißbräuchlicher, besorgniserregender oder irreführender Weise" sind jedoch erheblich, weil Werbemaßnahmen im Bereich der Medizinprodukte dadurch verboten sind, die im Bereich der Arzneimittel zulässig sind (siehe unten D und E). 1

A. Vergleichende Werbung

Vergleichende Werbung ist bei Medizinprodukten unabhängig von ihrem Wahrheitsgehalt per se verboten. Dabei ist jeder ausdrückliche oder konkludente Vergleich untersagt, sofern die verglichene Behandlung bzw das verglichene Medizinprodukt erkennbar ist. Das Medizinprodukt, zu dem der Vergleich gezogen wird, muss erkennbar bzw individualisierbar sein[1]. Ist dies nicht der Fall, kann aber immer noch eine erkennbare Behandlung vorliegen, wodurch dieser Tatbestand erfüllt ist. 2

---

[1] Vgl *Ciresa*[2], Arzneimittelwerberecht, Rz 517.

B. Kinderwerbung

3 Medizinproduktewerbung ist außerdem verboten, wenn sie ausschließlich oder hauptsächlich für Kinder bestimmt ist. Wann dies der Fall ist, ist aufgrund einer umfassenden Betrachtung sämtlicher Umstände zu beurteilen und muss sich nicht zwangsläufig aus dem Inhalt ergeben, sondern kann uU auch aus dem Medium geschlossen werden oder der Darstellung. Werbung, die sich sowohl an Kinder als auch an Erwachsene (oder Jugendliche) richtet, erfüllt ebenso den Tatbestand, da es ausreicht, wenn sich die Werbung hauptsächlich an Kinder richtet.[2]

4 Zu beachten ist bei Kinderwerbung auch der Tatbestand der Z 28 des Anhangs zum UWG.[3]

5 Das MPG enthält keine Definition des Begriffs „Kinder". Eine einheitliche gesetzliche Definition ist ebenso wenig vorhanden. Auch in der Literatur gibt es keine Einigkeit, welches Alter der Begriff „Kinder" umfasst.[4] Personen vor Vollendung des 14. Lebensjahres sind nach Auffassung des OGH iZm der Bestimmung der Z 28 des Anhangs zum UWG jedenfalls Kinder. Dies wird auch im Medizinproduktebereich gelten.

C. Überflüssige ärztliche Behandlung

6 Grundtatbestand ist zunächst das Verbot von Inhalten, die dazu führen, dass man eine nötige oder beabsichtigte ärztliche Behandlung nicht in Anspruch nimmt, weil man sie, aufgrund der Werbeelemente, für überflüssig hält.

7 Dies kann insbesondere durch eine Anregung zur falschen Selbstdiagnose geschehen oder indem eine Behandlung auf dem Korrespondenzweg empfohlen wird. Da es sich um eine demonstrative Aufzählung handelt, sind auch andere Inhalte möglich, die zum gleichen Resultat führen.

8 Die Bestimmung mischt Elemente von § 53 Abs 1 Z 2 und Z 10 AMG. Dadurch wird sie nicht klarer. Dennoch wird man sich daran orientieren können. So wird eine Verleitung zur falschen Selbstdiagnose in Analogie zu § 53 Abs 1 Z 10 AMG dann gegeben sein, wenn die Anamnese in der Werbung ausführlich beschrieben oder dargestellt wird. Bei der Anamnese wird durch Symptome die Leidensgeschichte eines Patienten festgestellt, indem nach aktuellen und vergangenen körperlichen Beschwerden sowie nach bisherigen Behandlungen bzw der Einnahme von Arzneimitteln (und der Anwendung von Medizinprodukten) gefragt wird.[5] Nach der deutschen Judikatur zum Arzneimittelrecht reicht die Möglichkeit der falschen Selbstdiagnose aus, sofern die Werbung zumindest mittelbar zu einer Gesundheitsgefährdung führt.[6] Das ist bei einer falschen Selbstdiagnose regelmäßig gegeben. Eine richtige Selbstdiagnose ist nicht tatbestandsmäßig.

D. Genesungsbescheinigungen

9 Im MPG war nur die *missbräuchliche, besorgniserregende oder irreführende* Bezugnahme auf Genesungsbescheinigungen verboten. Nunmehr sind nach dem Wortlaut des Gesetzes *sämtliche* Bezugnahmen auf Genesungsbescheinigungen verboten. Ob dies vom Gesetzgeber beabsichtigt war oder ein redaktionelles Versehen ist, bzw was die Beweggründe dafür waren, ist den überschaubaren Materialien nicht zu entnehmen. Selbst im AMG (§ 53 Abs 1 Z 11 AMG) sind nur Elemente verboten, die sich *in missbräuchlicher, besorgniserregender oder irreführender Weise auf Genesungsbescheinigungen beziehen.*

---

2 Vgl *Ciresa*², Arzneimittelwerberecht, Rz 526.

3 Vgl *Görg* in *Görg* (Hrsg), Kommentar zum UWG, Anhang Rz 565 ff.

4 Vgl die Zusammenfassung von *Görg* in *Görg* (Hrsg), Kommentar zum UWG, Anhang Rz 570.

5 Vgl *Ciresa*², Arzneimittelwerberecht, Rz 549.

6 Ciresa², Arzneimittelwerberecht, Rz 550, mwN.

Nach dem EuGH sind unter **Genesungsbescheinigungen** *„alle Maßnahmen zur Information, unabhängig von ihrer Darstellung und ihrem Urheber, zu verstehen, in denen angegeben wird, dass die Verwendung des Arzneimittels zu einer Genesung führt, dh zur Wiederherstellung der Gesundheit eines an einer bestimmten Krankheit oder an bestimmten Gesundheitsstörungen Leidenden.“*[7] **Das wird auch für Medizinprodukte gelten. In der deutschen Judikatur zu Arzneimitteln** fallen auch Auswertungen von Konsumentenbefragungen oder Kundenbewertungen, die in der Werbung verwendet werden, darunter.[8] 10

Der Entfall der Begriffe *missbräuchlich, besorgniserregend oder irreführend* ist uE unsachlich, da damit selbst die Darstellung, dass ein Schnitt im Finger mit einem Pflaster geschützt und dadurch wieder verheilt, unzulässig ist. 11

E. Bildliche Darstellung

Ebenso wie bei § 73 Z 4 MPG 2021 wurden die Begriffe missbräuchlich, besorgniserregend oder irreführend in Z 5 gestrichen, wonach nun sämtliche *bildlichen Darstellungen der Veränderungen des menschlichen Körpers auf Grund von Krankheiten, Verletzungen oder Behinderungen oder der Wirkung eines Medizinproduktes am oder im menschlichen Körper* in der Werbung verboten sind. Damit darf bei der Bewerbung einer Prothese, der Körper mit dem fehlenden Körperteil nicht abgebildet werden. Im Rahmen der Bewerbung einer Wundheilsalbe (Arzneimittel) darf eine Schürfwunde dargestellt werden, bei der Bewerbung eines Pflasters jedoch nicht. Auch das ist uE unsachlich und im Vergleich zur Parallelbestimmung des AMG (§ 53 Abs 1 Z 12) erheblich strenger. Unter bildliche Darstellung fallen alle Arten Fotos, Grafiken, Zeichnungen, Collagen, Videos, etc 12

---

7 EuGH vom 8.11.2007, C-374/05, Rz 43.

8 Ciresa², Arzneimittelwerberecht, Rz 554, mwN.

§ 74 [Verpflichtende Elemente]

(1) Medizinproduktewerbung hat zumindest folgende Angaben zu enthalten:

1. die Bezeichnung des Medizinproduktes,

2. eine Kurzbeschreibung der Zweckbestimmung des Medizinproduktes,

3. die für die sinnvolle Anwendung des Medizinproduktes unerlässliche Information, und

4. einen deutlich wahrnehmbaren Hinweis darauf, falls das Medizinprodukt auch unerwünschte Wirkungen hervorrufen kann oder seine Anwendung besondere Sicherheitsvorkehrungen erfordert.

(2) Abs. 1 gilt nicht für Erinnerungswerbung. Abs. 3 letzter Satz gilt.

(3) Medizinproduktewerbung, die für Verbraucher bestimmt ist, hat zutreffendenfalls einen Hinweis darauf zu enthalten, dass die Gebrauchsanweisung genau zu beachten und erforderlichenfalls der Rat eines Arztes, Zahnarztes, Dentisten, Apothekers oder einer sonstigen, auf Grund ihrer beruflichen Ausbildung dazu befugten Person einzuholen ist. Erfolgt die Werbung über akustische oder audiovisuelle Medien, so muss dieser Hinweis akustisch deutlich wahrnehmbar sein.

Beachte für die Bestimmung: Tritt hinsichtlich In-vitro-Diagnostika am 26.5.2022 in Kraft (vgl § 91 Abs 1).

Fassung: BGBl I 2021/122

Literatur: *Ciresa*, Arzneimittelwerberecht[2]; *Hütthaler-Brandauer*, Werberecht für Medizinprodukte in Österreich, MPJ 4/2021, 315;

Inhaltsverzeichnis

I. Allgemein

1 § 74 Abs 1 und 3 MPG 2021 entspricht § 107 MPG aF und regelt damit Mindestangaben, die in fast jeder Verbraucherwerbung vorkommen müssen. Neu sind Ausnahmen für die *Erinnerungswerbung*. In den Erläuterungen zum MPG aF heißt es. *„Diese Bestimmungen legen in Analogie zum Arzneimittelbereich Mindestinhalte der Medizinproduktewerbung für Verbraucher fest und sind dazu bestimmt, der Werbebotschaft einen primär informativen, sachlichen Charakter zu verleihen.“*[1] Dies zeigt wiederholt, dass die Werbebestimmungen im MPG den (älteren) Werbebestimmungen im AMG nachgebildet sind.

[1] 313 der Beilagen XX. GP.

Das Konzept der Pflichtangaben ist daher bereits im AMG enthalten.[2] 2

II. Bezeichnung

Obwohl weder die MDR noch das MPG 2021 eine Definition der *Bezeichnung* eines Medizinprodukts enthält, wird darunter unzweifelhaft der Name, unter dem das Medizinprodukt in Verkehr gebracht wird, zu verstehen sein. Werbung für ein Produkt ohne dessen Namen zu nennen ist idR auch sinnlos. 3

III. Zweckbestimmung

Die Zweckbestimmung eines Medizinprodukts ist in Art 2 Z 12 MDR definiert und „*bezeichnet die Verwendung, für die ein Produkt entsprechend den Angaben des Herstellers auf der Kennzeichnung, in der Gebrauchsanweisung oder dem Werbe- oder Verkaufsmaterial bzw den Werbe- oder Verkaufsangaben und seinen Angaben bei der klinischen Bewertung bestimmt ist*". 4

Hersteller sind nach Anhang I Kapitel III 23.2 b) verpflichtet, in der **Kennzeichnung** alle **unbedingt erforderlichen Angaben** zu machen, aus denen der Anwender ersehen kann, worum es sich bei dem Produkt, dem Packungsinhalt sowie der Zweckbestimmung eines Produkts, sofern diese für den Anwender nicht offensichtlich ist, handelt. 5

Werbung ohne zumindest eine verkürzte Darstellung der Zweckbestimmung ist daher (mit Ausnahme der Erinnerungswerbung) verboten. Hier wird man allerdings auch die Verbrauchererwartung und gewöhnlich vorausgesetzte Verbraucherkenntnis im Zusammenhang mit der Bezeichnung berücksichtigen müssen (Arg: sofern diese für den Anwender nicht offensichtlich ist). Beim Bewerben eines Fieberthermometers oder eines Wundpflasters wird eine weitere Angabe der Zweckbestimmung nicht nötig sein. 6

IV. Information für die sinnvolle Anwendung

Verbraucherwerbung hat die für die sinnvolle Anwendung unerlässliche Information zu enthalten. Die Formulierung ist an § 52 Abs 2 Z 2 AMG angelehnt. Die unbestimmten und nicht definierten Begriffe *sinnvolle Anwendung* und *unerlässliche Information* erweisen sich in der Anwendung in der Praxis schwierig.[3] 7

A. Für die sinnvolle Anwendung unerlässliche Information

Wie bereits bei der Angabe der Zweckbestimmung, wird man auch bei der sinnvollen Anwendung die Verbrauchererwartung und gewöhnlich vorausgesetzte Verbraucherkenntnis berücksichtigen müssen, allerdings sind uE strengere Maßstäbe anzulegen, als bei der Zweckbestimmung. So wird der Begriff „Fieberthermometer" als Zweckbestimmung ausreichen, wo zu messen ist und wie lange, wird jedoch als Information für die sinnvolle Anwendung jedenfalls anzugeben sein müssen.[4] 8

In Anhang I Kapitel III MDR sind Inhalte der Kennzeichnung und Gebrauchsanweisung geregelt. An diesen wird man sich orientieren. Stehen nämlich Inhalte die einen Zusammenhang 9

---

2 Zu diesen grundlegenden Gesichtspunkten vgl *Ciresa*² Arzneimittelwerberecht Rz 462 ff.

3 Vgl *Ciresa*², Arzneimittelwerberecht Rz 467 f.

4 Dies zeigt auch Anhang I Kapitel II 23.1 d) MDR, wonach sogar eine Gebrauchsanweisung für Produkte der Klassen I und IIa ausnahmsweise entbehrlich ist, wenn eine sichere Anwendung dieser Produkte ohne Gebrauchsanweisung gewährleistet ist.

zur Anwendung des Medizinprodukts haben bereits in der Kennzeichnung oder Gebrauchsanweisung, sind diese die Basis für die weitere Entscheidung welche davon *unerlässlich* sind.

10 Für die Beurteilung der Unerlässlichkeit wird auch auf das jeweilige Werbemedium abzustellen sein. Bei Radio- und TV-Werbung ist die Aufmerksamkeit des Publikums relativ gering. Dennoch ist ein grundlegendes Maß an Information zur Anwendung zu erteilen. Zu berücksichtigen ist in diesem Zusammenhang auch, dass wesentliche Informationen nicht verschwiegen werden dürfen.[5] Letztendlich bleibt es eine Einzelfallentscheidung, aus den Informationen zur Anwendung in Kennzeichnung und Gebrauchsanweisung das *unerlässliche* in einer dem Werbemedium angepassten Form anzugeben.

V. Hinweis auf unerwünschte Wirkung oder besondere Sicherheitsvorkehrungen

11 Mögliche unerwünschten Wirkungen oder besonderen Sicherheitsvorkehrungen bei der Anwendung werden in einer eigenen Bestimmung geregelt. Der Gesetzgeber hat auf diese offensichtlich besonderes Augenmerk gelegt, andernfalls sie auch unter den Tatbestand des § 74 Abs 1 Z 3 MPG 2021 subsumiert hätten werden können. Wesentlich ist, dass diese Angaben jedoch nur nötig sind, *falls* das konkret beworbene Medizinprodukt auch tatsächlich unerwünschte Wirkungen hervorrufen kann oder besondere Sicherheitsvorkehrungen bei der Anwendung einzuhalten sind.

12 Diesbezüglich sind wieder die Kennzeichnung und Gebrauchsanweisung relevant. In Betracht kommen Angaben nach Anhang I Kapitel III 23.2. m in der Kennzeichnung und 23.4. b, g, s und t in der Gebrauchsanweisung.

13 Der Hinweis hat jedoch abstrakt zu erfolgen[6], eine konkrete Nennung der Nebenwirkungen oder besonderen Sicherheitsvorkehrungen bedarf es uE nicht, da dies in Werbemedien idR gar nicht möglich und zumutbar ist.

14 Die Formulierung *deutlich wahrnehmbar* wird bei einer inhaltlich anderen Bestimmung im Zusammenhang mit Hinweisen im AMG verwendet (§ 52 Abs 2 Z 3 AMG). Eine gesetzliche Definition fehlt da wie dort. Es bedarf daher einer, dem jeweiligen Werbemedium entsprechende, sachgerechte Information im Einzelfall.[7] Anders als bei § 74 Abs 3 MPG wird aber eine akustische bzw audiovisuelle Darstellung bei Radio bzw TV Werbung (bzw Videospot mit Ton im Internet oder sozialen Medien) gerade nicht verlangt, weshalb uE eine deutliche Wahrnehmbarkeit auch anders erzielt werden kann.

VI. Erinnerungswerbung

15 Neu eingeführt hat der Gesetzgeber Erleichterungen für Erinnerungswerbung im MPG 2021. Erinnerungswerbung ist im MPG 2021 jedoch nicht definiert.[8] Nach § 52 Abs 4 AMG besteht Erinnerungswerbung ausschließlich aus dem Namen einer Arzneispezialität. **Erinnerungswerbung** im MPG 2021 wird daher in Analogie ausschließlich aus der Bezeichnung (Name) des Medizinprodukts bestehen (§ 74 Abs 1 Z 1 MPG 2021).

---

[5] Vgl *Ciresa*², Arzneimittelwerberecht Rz 467a.
[6] Vgl *Ciresa*², Arzneimittelwerberecht Rz 468.
[7] Vgl *Ciresa*², Arzneimittelwerberecht Rz 470.
[8] Vgl *Hütthaler-Brandauer*, Werberecht für Medizinprodukte in Österreich, MPJ – Medizinproduktejournal, 4/2021, 315.

Im Falle einer solchen Erinnerungswerbung sind daher die Kurzbeschreibung der Zweckbestimmung des Medizinproduktes (Z 2), die für die sinnvolle Anwendung des Medizinproduktes unerlässliche Information (Z 3), und ein deutlich wahrnehmbarer Hinweis darauf, falls das Medizinprodukt auch unerwünschte Wirkungen hervorrufen kann oder seine Anwendung besondere Sicherheitsvorkehrungen erfordert (Z 4) **nicht** anzugeben. Die Bezeichnung (Z 1) kommt notwendigerweise vor, andernfalls keine Erinnerungswerbung vorliegt. 16

Sprachlich schwierig ist Satz 2, wonach Abs 3 letzter Satz bei Erinnerungswerbung gelten soll. Dieser lautet: „*Erfolgt die Werbung über akustische oder audiovisuelle Medien, so muss dieser Hinweis akustisch deutlich wahrnehmbar sein.*" 17

Diese Regelung kann nur bedeuteten, dass der Warnhinweis nach § 74 Abs 3 S 1 MPG 2021 bei Werbung in akustischen (Radio) oder audiovisuellen Medien (TV, Youtube, Videoclips in sozialen Netzwerken, etc) auch akustisch deutlich wahrnehmbar sein muss.[9] Anders kann die Bestimmung nicht gelesen werden. Denn „*dieser Hinweis*" in § 74 Abs 3 S 2 MPG 2021 bezieht sich eindeutig auf Satz 1, und damit auf den dort geregelten Warnhinweis und nicht auf die Angaben nach § 74 Abs 1 MPG 2021. 18

Insgesamt erscheint es im Verhältnis zum AMG unlogisch, zutreffendenfalls den Hinweis auf die Beachtung der Gebrauchsanweisung oder die Nachfrage bei Arzt/Apotheker/etc bei Erinnerungswerbung nicht auch bei anderen Medien (im AMG etwa Plakate oder Inserate[10]) zu verlangen. 19

Erinnerungswerbung darf auch andere Elemente enthalten, als bloß die Bezeichnung, solange diese keinen medizinisch relevanten Inhalt aufweisen. Angaben über Mengen, Preise, Packungsgrößen, etc sollen nicht aus der Erinnerungswerbung hinaus führen.[11] 20

VII. Warnhinweis

Dem Nebenwirkungshinweis des AMG (§ 52 Abs 2 Z 3 AMG) nachgebildet, regelt Abs 4 auch einen Hinweis, der sich aber nicht auf Nebenwirkungen bezieht (so nämlich bereits in Abs 4 Z 4), sondern nur *zutreffendenfalls* auf die Beachtung der Gebrauchsanweisung und *erforderlichenfalls* die Einholung von Rat eines Arztes, Zahnarztes, Dentisten, Apothekers oder einer sonstigen, auf Grund ihrer beruflichen Ausbildung dazu befugten Person. 21

A. *Zutreffendenfalls* und *erforderlichenfalls*

Besonderes Augenmerk ist auf die Worte *zutreffendenfalls* und *erforderlichenfalls* zu legen. Denn der Hinweis ist nicht in jedem Fall anzugeben (was bei nötiger Wiedergabe in Radio und TV relevant sein kann), sondern eben nur, wenn es auch zutrifft, dass die Gebrauchsanweisung zu beachten ist (insbesondere also nicht, wenn es keine gibt) oder es auch erforderlich ist, von einem Arzt, Zahnarzt, Dentisten, Apotheker oder einer sonstigen, auf Grund ihrer beruflichen Ausbildung dazu befugten Person, Rat einzuholen. Dies ist eine Einzelfallentscheidung, bei der jedoch die Angaben in Kennzeichnung und Gebrauchsanweisung genau zu beachten sind. 22

Wird dort auf die Beachtung der Gebrauchsanweisung oder die Notwendigkeit, Rat einzuholen, direkt oder indirekt hingewiesen ist dies auch in der Werbung zu tun.[12] 23

9 Damit abgehend von der Auffassung in *Hütthaler-Brandauer*, Werberecht für Medizinprodukte in Österreich, MPJ – Medizinproduktejournal, 4/2021, 315.

10 § 52 Abs 4 S 2 AMG.

11 Vgl *Ciresa*², Arzneimittelwerberecht Rz 478 f.

12 So etwa nach Anhang I Kapitel III 23.3 w) MDR.

24 **B. Formulierung**

25 Die Formulierung dieses Hinweises ist vom Gesetzgeber nicht vorgegeben. Insbesondere sind nicht alle genannten Berufsgruppen anzugeben. In der Praxis hat sich die Kombination mit dem Hinweis auf die Eigenschaft als Medizinprodukt und dem Hinweis nach § 74 Abs 1 Z 4 MPG 2021 (falls erforderlich) bewährt. Dies insbesondere auch, um mögliche Irreführung im Zusammenhang mit dem Arzneimittelnebenwirkungshinweis zu eliminieren, welche auch bei Medizinprodukten vorkommen kann.[13]

26 „Medizinprodukt. Gebrauchsanweisung beachten."

27 „Dieses Medizinprodukt kann auch unerwünschte Wirkungen entfalten. Lesen Sie die Gebrauchsanweisung– oder fragen Sie Ihren Arzt/Zahnarzt/Dentisten/Apotheker".

C. Akustische oder audiovisuelle Medien

28 Dem AMG wörtlich nachgebildet, ist die Bestimmung wonach dieser Hinweis bei Werbung über akustische oder audiovisuelle Medien, akustisch deutlich wahrnehmbar sein muss.[14] Sprechgeschwindigkeit und Darstellung des Schriftbilds müssen für den angesprochenen Durchschnittsverbraucher wahrnehmbar sein.

[13] Vgl *Ciresa*², Arzneimittelwerberecht Rz 473.

[14] Vgl *Ciresa*², Arzneimittelwerberecht Rz 471.

§ 75 Fachwerbung

Im Rahmen der Verkaufsförderung für Medizinprodukte bei den Personen, denen im Rahmen der Verschreibung, Abgabe, Beschaffung für Gesundheitseinrichtungen, Errichtung, Inbetriebnahme oder Anwendung Aufgaben zukommen, ist es verboten, diesen eine Prämie, finanzielle oder materielle Vorteile zu gewähren, anzubieten oder zu versprechen, es sei denn, sie sind von geringem Wert und für die medizinische oder medizintechnische Praxis von Belang. Den Personen, denen im Zusammenhang mit der Verschreibung, Abgabe, Beschaffung für Gesundheitseinrichtungen, Errichtung, Inbetriebnahme oder Anwendung von Medizinprodukten Aufgaben zukommen, ist es untersagt, eine Prämie, finanzielle oder materielle Vorteile zu fordern, sich versprechen zu lassen oder anzunehmen.

Beachte für die Bestimmung: Tritt hinsichtlich In-vitro-Diagnostika am 26.5.2022 in Kraft (vgl § 91 Abs 1).

Fassung: BGBl I 2021/122

Literatur: *Cerha/Heissenberger/Steinböck*, Arzneimittelgesetz (Stand 1.9.2020, rdb.at); *Ciresa*, Arzneimittelwerberecht[2]; *Petsche/Mair*, Handbuch Compliance[3];

Inhaltsverzeichnis

I. Allgemein

§ 75 MPG 2021 sieht ein Prämien- und Provisionsverbot für den dort näher bezeichneten Fachkreis vor. An diesen Personenkreis dürfen keine Prämien, finanzielle oder materielle Vorteile gewährt, angeboten oder versprochen werden, umgekehrt dürfen diese derartige Zuwendungen weder fordern, sich versprechen lassen oder annehmen. 1

Diese Bestimmung entspricht dem früheren § 108 MPG in seiner letzten Fassung BGBl I 2021/122. Die Regelung stellt nach Absicht des Gesetzgebers auf eine einwandfreie Fachwerbung und insbesondere auch auf ein korrektes Beschaffungswesen für Medizinprodukte in Einrichtungen des Gesundheitswesens ab.[1] Die sachgerechte Beratung des Patienten soll dadurch sichergestellt werden, dass ein möglicher finanzieller Vorteil keinen Einfluss auf die Entscheidung hat, welches Medizinprodukt empfohlen wird.[2] Man geht daher von der Annahme

---

1 ErläutRV 313 BlgNR 20. GP 110

2 RIS-Justiz RS0118198 [T1].

einer abstrakten Gefährlichkeit finanzieller und materieller Zuwendungen an Angehörige der Fachkreise in dem Sinne aus, dass diese Zuwendungen geeignet erscheinen, die Behandlung von Patienten durch sachfremde Erwägungen zu beeinflussen.[3]

2 Die Formulierung des § 75 MPG 2021 entspricht dem Verbot gemäß § 55a Abs 1 AMG, welcher wiederrum in Umsetzung des Art 94 der RL 2001/83 erlassen wurde. In der Literatur wird die Meinung vertreten, dass § 55a AMG eine inhaltlich identische Vorschrift zu § 75 MPG 2021 darstellt. Die dazu ergangene Judikatur ist gleichermaßen anwendbar.[4]

II. Adressatenkreis

3 Im Unterschied zur verwandten Vorschrift des § 55a Abs 1 AMG, die nur die zur Abgabe oder Verschreibung berechtigten Personen erfasst, erweitert § 75 MPG 2021 den Kreis der Normadressaten auch auf diejenigen, die mit Aufgaben im Zusammenhang mit der Beschaffung für Gesundheitseinrichtungen, der Errichtung, Inbetriebnahme oder Anwendung betraut sind. Dieser im Gegensatz zum AMG ausdrücklich weit gefasste Adressatenkreis ist nicht nur Ausfluss der Omnipräsenz von Medizinprodukten in der Gesundheitsversorgung, sondern auch zur Erreichung des gesetzgeberischen Zwecks notwendig.

A. Personen, denen Aufgaben bei der Verschreibung und Abgabe zukommen

4 Zur **Verordnung** von Heilmitteln, Heilbehelfen und (zahn-)medizinisch diagnostischen Hilfsmitteln ausdrücklich berufen sind zunächst die Angehörigen des (zahn-)ärztlichen Berufes.[5] Angehörige des gehobenen Dienstes für Gesundheits- und Krankenpflege sind ebenso berechtigt, nach Maßgabe der ärztlichen oder pflegerischen Diagnose Medizinprodukte in den Bereichen Nahrungsaufnahme, Inkontinenzversorgung, Mobilisations- und Gehhilfen, Verbandsmaterialien, prophylaktische Hilfsmittel, Messgeräte sowie Illeo-, Jejuno-, Colo- und Uro-Stomas zu verordnen (§ 15a Abs 1 GuKG). Sonstige Berufsgruppen mit einer ausdrücklichen Befugnis zur Verschreibung von Medizinprodukten gibt es nicht. Der Normzweck der Bestimmung rechtfertigt es, zum erfassten Personenkreis auch die Ehegattin zu zählen, die das Humanmedizinstudium absolvierte, das „Ius practicandi" jedoch nicht erworben und auch den ärztlichen Beruf niemals ausgeübt hat, allerdings als Sprechstundenhilfe in der ärztlichen Ordination des Ehegatten tätig ist.[6] Erfasst ist weiter ein Arzt, der Magnetfeldtherapiegeräte zur Eigenanwendung an Laien nicht selbst abgibt, sondern ein solches Gerät in seiner Praxis zur Behandlung seiner Patienten einsetzt, Bestellungen seiner Patienten entgegennimmt und diese gegen eine Provision an den Händler weiterleitet. Selbst wenn der Einsatz einer medizinischen Behandlung dient, so wirkt dies allein schon deshalb verkaufsfördernd, weil damit dem Patienten die Sinnhaftigkeit der Anwendung der Magnetfeldtherapiegeräte vor Augen geführt wird. Die Verwendung eines Gerätes einer bestimmten Herstellerin hat Werbewirkung.[7]

5 Mit Blick auf den Normzweck sind unter Personen, denen Aufgaben bei der **Abgabe** zukommen, wohl jene erfasst, deren gesetzliches Berufsbild die Abgabe vorsieht. Dem Händler und dem Importeur im Sinne der MDR, die sich beide über die Abgabe eines Medizinproduktes definieren[8], kommen folglich keine Aufgaben bei der Abgabe von Medizinprodukten im Sinne des § 75 MPG 2021 zu. Sie sind daher nicht vom Adressatenkreis erfasst. Personen, denen daher

3 *Ciresa,* Arzneimittelwerberecht² Rz 656.
4 *Ciresa,* Arzneimittelwerberecht² Rz 658.
5 § 2 Abs 2 Z 7 ÄrzteG und § 4 Abs 3 Z 5 ZÄG.
6 OGH vom 21.10.2003, 4Ob156/03z.
7 OGH vom 21.10.2003, 4Ob104/03b.
8 Siehe Art 2 Z 27, 33 und 34 MPVO.

Aufgaben bei der Abgabe zukommen sind allem voran Apothekerinnen und Apotheker[9], weiters aber wohl auch einschlägige handwerkliche Berufsgruppen wie etwa Orthopädietechnik[10]. UE sind auch pharmazeutische kaufmännische Assistenten (PKA) vom Personenkreis umfasst, da sie regelmäßig in Apotheken Medizinprodukte an Patienten abgeben und dies nicht – wie bei Arzneimitteln – dem pharmazeutischen Fachpersonal vorbehalten ist.[11]

B. Personen, denen Aufgaben bei der Anwendung zukommen

Mit Blick auf den Normzweck ist davon auszugehen, dass Adressat all jene Personen sind, denen eine gesetzliche Aufgabe bei der Anwendung von Medizinprodukten zukommt. Vergleichbar wie bei der Abgabe von Medizinprodukten wären das beispielsweise Angehörige des ärztlichen Berufes oder Angehörige facheinschlägiger handwerklicher Berufe. 6

Der Begriff Anwendung sollte nicht mit dem Anwender im Sinne der Definition gemäß Art 2 Z 37 MDR gleichgesetzt werden. „Anwender" bezeichnet jeden Angehörigen der Gesundheitsberufe oder Laien, der ein Medizinprodukt anwendet. Eine derartige Auslegung wäre im Hinblick auf das Ziel, die Beeinflussung der Behandlung von Patienten durch sachfremde Erwägungen zu vermeiden, überschießend. Mit anderen Worten, dem Laien kommt bei der Anwendung eines Medizinprodukts keine Aufgabe im Sinne des § 75 MPG 2021 zu, selbst wenn die Anwendung nach ärztlicher Anordnung erfolgt. 7

C. Personen, denen Aufgaben bei der Beschaffung für Gesundheitseinrichtungen zukommen

Der Gesetzgeber will mit dieser Bestimmung insbesondere das korrekte Beschaffungswesen für Medizinprodukte in Einrichtungen des Gesundheitswesens sicherstellen.[12] Die MDR definiert Gesundheitseinrichtungen als eine Organisation, deren Hauptzweck in der Versorgung oder Behandlung von Patienten oder der Förderung der öffentlichen Gesundheit besteht.[13] Gemeint sind beispielsweise Krankenhäuser und Einrichtungen wie Laboratorien und öffentliche Gesundheitseinrichtungen, die zwar das Gesundheitssystem unterstützen und/oder auf die Bedürfnisse von Patienten eingehen, mit denen Patienten jedoch nicht unmittelbar behandelt oder betreut werden. Von diesem Begriff nicht erfasst sind jedoch Einrichtungen, die für sich in Anspruch nehmen, in erster Linie die gesundheitlichen Interessen oder eine gesunde Lebensführung zu fördern, wie etwa Fitnessstudios, Heilbäder und Wellnesszentren.[14] 8

Der Begriff Beschaffung kommt sonst an keiner anderen Stelle im MPG 2021 vor. Damit gemeint sind wohl all jene Personen, die mit der Ausstattung der Gesundheitseinrichtungen zuständig sind. Die davon erfassten Bereiche sind denkbar weit, beginnend bei der Anschaffung von täglichem Verbrauchsmaterial bis zur Anschaffung von langfristig in Verwendung stehenden Geräten. 9

D. Personen, denen bei Inbetriebnahme Aufgaben zukommen

„Inbetriebnahme" bezeichnet den Zeitpunkt, zu dem ein Produkt, mit Ausnahme von Prüfprodukten, dem Endanwender als ein Erzeugnis zur Verfügung gestellt wird, das erstmals als 10

---

9 § 1 Abs 3 ABO 2005; § 2 Abs 1 Verordnung der Bundesministerin für Arbeit, Soziales, Gesundheit und Konsumentenschutz über die Abgabe von HIV-Tests zur Eigenanwendung.

10 Siehe näher zum Berufsprofil in der Orthopädietechnik-Ausbildungsordnung StF: BGBl II 2003/306.

11 § 3 Abs 4 ABO 2005 iVm § 1 Abs 1 iVm § 2 Abs 1 Pharmazeutische Fachkräfteverordnung.

12 ErläutRV 313 BlgNR 20. GP 110.

13 Art 2 Z 36 MDR.

14 ErwGr 30 MDR.

gebrauchsfertiges Produkt entsprechend seiner Zweckbestimmung auf dem Unionsmarkt verwendet werden kann.[15]

11 Fraglich ist, welche unsachliche Beeinflussung der mit dieser Aufgabe befassten Personen dahingehend stattfinden kann, so dass die sachgerechte Beratung von Patientinnen und Patienten gefährdet wird.

E. Personen, denen beim Errichten Aufgaben zukommen

12 Das Errichten, Betreiben und Anwenden von Medizinprodukten in Gesundheitseinrichtungen ist jener Anwendungsbereich, den der nationale Gesetzgeber im MPG 2021 regelt, nachdem dieser von der MDR nicht erfasst ist. § 75 MPG 2021 erfasst jedoch sämtliche Personen, denen beim Errichten ganz allgemein Aufgaben zukommen und nicht nur in Gesundheitseinrichtungen. Das Tatbestandsmerkmal der Errichtung war bislang noch nicht Gegenstand einer näheren Auseinandersetzung in Judikatur oder Literatur.

13 Das Errichten im allgemeinen Sprachgebrauch und wohl auch im Sinne des § 75 MPG 2021 meint das Aufstellen oder Aufbauen eines Medizinproduktes. Doch auch hier ist fraglich, inwieweit die Gewährung eines Vorteils an diesen Personenkreis eine objektive Beratung oder Behandlung von Patientinnen oder Patienten gefährdet.

III. Prämie, finanzielle oder materielle Vorteile

A. Allgemein

14 „Prämie“, „finanzieller Vorteil“ und „materieller Vorteil“ sind unbestimmte Rechtsbegriffe, die von der Rechtsprechung bisher nicht explizit behandelt wurden. In den wenigen einschlägigen Entscheidungen des OGH zur Vorgängerbestimmung § 108 MPG[16] ging es um die Zahlung einer Provision, welche unbestrittenermaßen in den Anwendungsbereich der Bestimmung fällt. Wie jedoch schon einleitend ausgeführt, ist § 75 MPG 2021 im Wesentlichen inhaltlich ident zu § 55a AMG und sind somit die Begriffe „Prämie“, „finanzieller Vorteil“ und „materieller Vorteil“ in diesem Sinne auszulegen. Die Prämie ist ein Anreiz, der das Eintreten eines bestimmten Ereignisses oder das Erreichen eines bestimmten Zieles belohnt. Die Provision – als Unterfall der Prämie – stellt einen direkten Konnex zwischen der Vorteilsgewährung und der Gegenleistung des Empfängers her. Ein finanzieller oder materieller Vorteil bewirkt eine objektiv messbare wirtschaftliche Besserstellung des Begünstigten[17]. Festzuhalten ist, dass einer Prämie, einem finanziellen und materiellen Vorteil keine (angemessene) Gegenleistung des Vorteilsempfängers gegenübersteht[18]. Das Verbot richtet sich gegen die Gewährung von Geschenken und anderen geldwerten Vorteilen im weitesten Sinne[19].

B. Naturalrabatte

15 Schon in der frühen Rechtsprechung zum arzneimittelrechtlichen Prämien- und Provisionsverbot ging man davon aus, dass eine Mehrlieferung derselben Ware nicht geeignet ist, den

[15] Art 2 Z 29 MDR.

[16] OGH vom 16.12.2003, 4Ob237/03m; OGH vom 21.10.2003, 4Ob104/03b; OGH vom 21.10.2003, 4Ob156/03z.

[17] *Ciresa,* Arzneimittelwerberecht², Rz 664 f.

[18] *Cerha* in *Cerha/Heissenberger/Steinböck,* Arzneimittelgesetz (2020) § 55a Rz 6.

[19] *Larcher* in *Petsche/Mair* (Hrsg), Handbuch Compliance[Aufl. 3] (2019) Healthcare Compliance – Anti-Korruption und Medizinethik im Heilmittelbereich, Seite 479.

Kaufentschluss unsachlich zu beeinflussen.[20] Naturalrabatte sind daher auch im Anwendungsbereich des § 75 MPG 2021 zulässig.

Es ist jedoch anzumerken, dass § 55b AMG ein Verbot von Naturalrabatten bei jenen Arzneimitteln vorsieht, die im vom Dachverband der Sozialversicherungsträger herausgegebenen Erstattungskodex enthalten sind. Die Regelung wurde geschaffen, da in dem durch das Erstattungssystem geschaffenen wirtschaftlichen Umfeld ein finanzieller Anreiz zur Änderung des Verschreibe- oder Abgabeverhaltens besonders zu vermuten ist[21]. Naturalrabatte werden im MPG 2021 nicht ausdrücklich geregelt, insbesondere gibt es keine mit § 55b AMG vergleichbare Bestimmung. Ein solches Verbot ließe sich auch nicht aus dem Sozialversicherungsrecht ableiten, zumal Normadressat der einschlägigen Bestimmungen, insbesondere unter Berücksichtigung der vom Dachverband der Sozialversicherungsträger erlassenen Richtlinien über die ökonomische Verschreibweise von Heilmitteln und Heilbehelfen, nicht der in § 75 MPG 2021 bezeichnete Personenkreis ist[22]. 16

C. Geldrabatte

Die Zulässigkeit von Geldrabatten leitet man im Arzneimittelrecht unter anderem daraus ab, dass Art 94 Abs 4 Kodex Humanarzneimittel vorsieht, dass das Verbot die in den Mitgliedstaaten bestehenden Maßnahmen oder Handelspraktiken hinsichtlich der Preise, Gewinnspannen und Rabatte unberührt lässt. In Österreich gibt es keine solchen gesetzlichen Regelungen, sodass Maßnahmen wie Geldrabatte aus arzneimittelrechtlicher Sicht als zulässig erachtet werden[23]. Der Gesetzgeber erkennt an, dass die Gewährung von Geldrabatten im Wirtschaftsleben ein durchaus üblicher Vorgang ist. Nachdem selbst im Arzneimittelbereich die Eingriffe der Gesetzgebung in das Wirtschaftsleben auf die tatsächlich gebotenen Regelungen zu beschränken sind[24], hat dasselbe auch für Medizinprodukte zu gelten. Die Zulässigkeit von Geldrabatten im Anwendungsbereich des § 75 MPG 2021 ist daher auch unter diesem Gesichtspunkt zu rechtfertigen. Geldrabatte sind daher trotz des Prämien- und Provisionsverbotes zulässig. 17

D. Repräsentationsaufwand

Nicht übernommen hat der Gesetzgeber § 55a Abs 2 und Abs 3 AMG. Nach diesen Bestimmungen ist trotz des Prämien- und Provisionsverbotes erlaubt, einen sogenannten Repräsentationsaufwand im Zusammenhang mit Veranstaltungen zur Verkaufsförderung zu gewähren, worunter man kurzum all jene personenbezogenen Aufwendungen versteht, die im Zusammenhang mit Gastfreundschaft anfallen[25]. In diesem Sinne ist auch die Kostenübernahme für Reise und Aufenthalt sowie Teilnahmegebühren in Zusammenhang mit berufsbezogenen wissenschaftlichen Veranstaltungen erlaubt. 18

Art 94 Art 2 Kodex Humanarzneimittel sieht vor, dass der Repräsentationsaufwand im Zusammenhang mit Veranstaltungen zur Verkaufsförderung grundsätzlich erlaubt ist, aber eben auf deren Hauptzweck begrenzt sein muss und nur Angehörigen der Gesundheitsberufe gewährt werden darf. 19

Der Gesetzgeber hält in § 55a Abs 3 AMG fest, dass das Prämien- und Provisionsverbot der direkten oder indirekten Übernahme von angemessenen Reise- und Aufenthaltskosten und der Teilnahmegebühren bei ausschließlich berufsbezogenen wissenschaftlichen Veranstaltungen 20

20 OGH 4 Ob 250/98p.
21 RV 1092 der Beilagen XXII. GP 9.
22 VfGH G113/06.
23 *Ciresa,* Arzneimittelwerberecht², Rz 672.
24 RV 1092 der Beilagen XXII. GP 9.
25 *Ciresa,* Arzneimittelwerberecht², Rz 706.

nicht entgegensteht. Die Formulierung indiziert, dass der Gesetzgeber damit keine strengere Vorgabe als der Kodex Humanarzneimittel schaffen wollte. Fraglich ist daher, ob dieser Grundsatz auch auf das Prämien- und Provisionsverbot gemäß § 75 MPG 2021 übertragbar ist. Es besteht kein Grund das Prämien- und Provisionsverbot in dieser Hinsicht anders zu verstehen. Beachtlich ist aber dennoch, dass der Gesetzgeber, obwohl er das Verbot wortwörtlich aus dem AMG übernommen hat, die Klarstellung des § 55a Abs 3 AMG nicht übernommen hat. Aufgrund der ähnlichen Zielsetzungen dieser beiden Bestimmungen sprechen aber die besseren Gründe dafür, § 75 MPG 2021 gleich zu verstehen. Es bedarf der abschließenden Klärung durch die Rechtsprechung.

21 Im Verhaltenskodex der AUSTROMED, der Interessenvertretung der Medizinprodukteunternehmen, wird die Übernahme angemessener Reise-, Verpflegungs- und Unterkunftskosten für zulässig erachtet[26].

IV. Geringer Wert

22 Vom Prämien- und Provisionsverbot ausgenommen sind Zuwendungen von geringem Wert (sofern sie für die medizinische oder medizintechnische Praxis von Belang sindunten V.). Österreichische oder europäische Rechtsprechung zum Ausmaß der Geringfügigkeit gibt es noch nicht. Es ist jedoch jenen Stimmen in der Literatur beizupflichten, die den Wert aufgrund des strengen medizinischen Ethos möglichst gering ansetzen, was auf den Wert typischer Werbegeschenke hinausläuft (höchstens EUR 3,-- bis 5,--)[27].

V. Bedeutung für die medizinische oder medizintechnische Praxis

23 Der Ausnahmetatbestand setzt kumulativ neben dem geringen Wert die Bedeutung für die medizinische oder medizintechnische Praxis voraus. Erforderlich ist daher ein Zusammenhang mit der beruflichen Tätigkeit. Hierzu können die üblichen Werbehilfsmittel zählen (zB Kugelschreiber, USB-Sticks, Kalender), aber auch andere Objekte, wie etwa (geringwertige) medizinische Gebrauchs- und Demonstrationsgegenstände[28].

24 Im Verhaltenskodex der AUSTROMED werden unter zulässigen Zuwendungen beispielsweise typische Werbegeschenke verstanden, auf denen der Firmenname, Firmenlogo oder die entsprechende Marke ersichtlich ist[29].

---

[26] Verhaltenskodex der Austromed, Fassung vom 29.3.2017, 4 f.

[27] *Larcher* in *Petsche/Mair* (Hrsg), Handbuch Compliance[Aufl. 3] (2019) Healthcare Compliance – Anti-Korruption und Medizinethik im Heilmittelbereich, Seite 480.

[28] *Ciresa,* Arzneimittelwerberecht[2], Rz 696.

[29] Verhaltenskodex der Austromed, Fassung vom 29.3.2017, 6.

§ 76 [Umfang von Fachwerbung]

Medizinproduktewerbung, die für Angehörige der Gesundheitsberufe bestimmt ist, darf der Gebrauchsanweisung oder sonstigen, in einem Konformitätsbewertungsverfahren gemäß der Verordnung (EU) Nr. 745/2017 oder der Verordnung (EU) Nr. 746/2017 genehmigten Informationen nicht widersprechen.

Beachte für die Bestimmung: Tritt hinsichtlich In-vitro-Diagnostika am 26.5.2022 in Kraft (vgl § 91 Abs 1).

Fassung: BGBl I 2021/122

Inhaltsverzeichnis

I. Allgemein

§ 76 MPG 2021 verlangt, wie auch schon die Vorgängerbestimmung in § 109 MPG, dass Fachwerbung weder der Gebrauchsanweisung noch sonstigen, im Konformitätsbewertungsverfahren genehmigten Informationen widersprechen darf. Diese Bestimmung stellt auf eine objektive Information der Fachkreise ab und nimmt dabei Bezug auf jene Produktinformationen, die durch die grundlegenden Sicherheits- und Leistungsanforderungen gefordert werden[1]. 1

II. Angehörige der Gesundheitsberufe

Zur Definition der Angehörigen der Gesundheitsberufe vgl die Kommentierung zu § 71 MPG 2021 Rz 13 ff. 2

III. Gebrauchsanweisung

„Gebrauchsanweisung" bezeichnet vom Hersteller zur Verfügung gestellte Informationen, in denen der Anwender über die Zweckbestimmung und korrekte Verwendung eines Produkts sowie über eventuell zu ergreifende Vorsichtsmaßnahmen unterrichtet wird[2]. Die verpflichtenden Inhalte der Gebrauchsanweisung werden in Anhang I Kapitel III Z 23.4. MDR dargestellt. 3

IV. Sonstige genehmigte Informationen

Die Bestimmung bezieht sich weiters auf „in einem Konformitätsbewertungsverfahren genehmigte Informationen". Der Gesetzgeber nimmt damit Bezug auf jene Produktinformationen, die durch die grundlegenden Sicherheits- und Leistungsanforderungen gefordert werden, bei welchen es sich jedoch nach dem gesetzgeberischen Verständnis um solche Informationen handelt, die im Rahmen der Konformitätsbewertung bei Produkten mit einem gewissen Ri- 4

---

1 ErläutRV 313 BlgNR 20. GP 111.

2 Art 2 Z 14 MDR.

sikopotential Gegenstand der Beurteilung durch eine benannte Stelle gewesen sind. Solche Informationen dürfen daher nicht im Widerspruch zur Fachwerbung stehen[3].

5 Die Aufgabe der benannten Stelle im Zusammenhang mit der Konformitätsbewertung besteht in der Bescheinigung des Konformitätsbewertungsverfahrens, dessen Gegenstand unter anderem produktbezogene Prüfungen, klinische Bewertungen und/oder das Qualitätsmanagement sein können[4]. Unter den „in einem Konformitätsbewertungsverfahren genehmigten Informationen" sind daher wohl jene Informationen zu verstehen, die Gegenstand des von der benannten Stelle zu bescheinigenden Konformitätsbewertungsverfahrens waren.

6 Anzumerken ist, dass zwar für jedes Medizinprodukt ein Konformitätsbewertungsverfahren durchzuführen, allerdings nur bei Medizinprodukten der Klassen Is, Im, Ir, IIa, IIb und III auch eine benannte Stelle miteinzubeziehen ist. Das Konformitätsbewertungsverfahren für Medizinprodukte der Klasse I erfolgt daher ohne Involvierung der benannten Stelle. In diesem Fall gibt es wohl keine im Sinne des § 76 MPG 2021 „genehmigten Informationen". Daraus ist uE jedoch nicht zu schließen, dass Fachkreiswerbung inhaltlich dem Konformitätsbewertungsverfahren von Medizinprodukten der Klasse I widersprechen darf.

V. Widerspruch

7 Was unter einem Widerspruch zu verstehen ist wird zu § 70 MPG 2021 Rz 21 näher erörtert.

VI. Verhältnis zu § 70 MPG 2021

8 Siehe § 70 MPG 2021 Rz 23.

[3] ErläutRV 313 BlgNR 20. GP 111.
[4] Art 56 MDR, Anhang XII Kapitel I MDR.5.

Nach § 76 – UWG-Ansprüche bei Verstößen gegen das MPG

Literatur: *Anderl*, Praxishandbuch UWG[2] (2025); *Appl*, Zur Kooperation von Augenärzten und Optikern, ÖBl 2014/55; *Brenn*, Ein Rechtsbruch muss zu einer spürbaren Beeinflussung des Wettbewerbs führen, EvBl-LS 2018/89, ÖJZ 12/2018; *Brenn*, CE-Kennzeichnung von Medizinprodukten begründet Vermutung der Rechtskonformität, EvBl 2020/153, ÖJZ 23-24/2020; *Görg*, Kommentar zum UWG (2020); *Hebenstreit*, OGH: Nasenspray als Medizinprodukt oder (Funktions-/Präsentations)Arzneimittel?, JMG 2023, 168; *Hinger*, Glosse zu OGH 22.3.2018, 4 Ob 48/18i, Beipackzettel, ÖBl-LS 2018/27, 5/2018; *Kraft/Steinmair*, UWG-Praxiskommentar[2] (2020); *Kriwanek/Tuma*, Wettbewerbsvorsprung durch Rechtsbruch – Beweislast, RdW 2018/427; *Kriwanek/Tuma*, Vermittlung von Medizinprodukten durch Handelsagent - kein Rechtsbruch. RdW 2024/413; *Larcher/Beiglböck*, Das neue österreichische Medizinproduktegesetz 2021 – Ein systematischer Überblick, RdM 2021/242; *Müller*, UWG Kompakt[3] (2023); *Schmidt*; Das neue deutsche Medizinprodukterecht und das deutsche Lauterkeitsrecht, WRP 2020/700; *Schultes*, Inverkehrbringen einer Zigarettenattrappe als Arzneimittel, ÖBl 2008/66; *Seidelberger*, Verkauf von Medizinprodukten durch eine Handelskette, ÖBl 2009/4; *Staber*, Schützt die CE-Kennzeichnung eines Medizinprodukts gegen Ansprüche nach dem UWG, ecolex 2021/113; *Staber*, Gilt die Konformitätsvermutung für Medizinprodukte mit CE-Kennzeichnung auch im UWG-Prozess?, RdM 2021/112; *Tonninger*, Arzneimittelwerbung gegenüber Fachleuten, ecolex 2018/230; *Wiebe/Kodek*, Kommentar zum UWG[2] (2024); *Wiltschek/Horak*, UWG[9] – UWG Gesetz gegen den unlauteren Wettbewerb (2023); *Woller*, Behauptungs- und Beweislast bei der Spürbarkeit des Rechtsbruchs, ecolex 2018/404; *Zemann*, Werbung mit Auszeichnungen, ecolex 2015/240.

Rechtsprechung: OGH 09.07.1996, 4 Ob 2077/96m; OGH 14.11.2000, 4 Ob 260/00i; OGH 14.05.2001, 4 Ob 107/01s; OGH 21.10.2003, 4 Ob 156/03z (ÖJZ-LSK 2004/52 = ecolex 2004,292 (*Tonninger*) = EvBl 2004/66 S 303 – EvBl 2004,303); OGH 20.01.2004, 4 Ob 261/03s; OGH 16.03.2004, 4 Ob 20/04a; OGH 26.04.2005, 4 Ob 275/04a (RdM 2005,122 = ÖBl-LS 2005/259 = ÖBl-LS 2005/260 = ÖBl-LS 2005/261); OGH 08.04.2008, 4 Ob 27/08m (ÖBl-LS 2008/101 = ÖBl-LS 2008/102 = ÖBl-LS 2008/116 = ÖBl-LS 2008/140 = ÖBl 2008/66 S 325 (*Schultes*) – ÖBl 2008,325 (*Schultes*) – Zigarettenattrappe = RdM-LS 2009/8 = HS 39.444); OGH 20.05.2008, 4 Ob 37/08g (ÖBl-LS 2008/159 = ÖBl-LS 2008/175 = ÖBl-LS 2008/176 = ÖBl-LS 2008/177 – 400 Betriebsstätten = ecolex 2008/382 S 1035 (*Horak*) – ecolex 2008,1035 (*Horak*) = wbl 2008,553/263 – wbl 2008/263 = ÖBl 2009/4 S 27 (Seidelberger) – ÖBl 2009,27 (*Seidelberger*) = RZ 2009,40 EÜ72, 73 – RZ 2009 EÜ72 – RZ 2009 EÜ73 = HS 39.179); OGH 18.11.2008, 4 Ob 156/08g (ÖBl-LS 2009/86 = ÖBl-LS 2009/87 – Stiftung Warentest = wbl 2009,206/89 – wbl 2009/89 = ecolex 2009/161 S 423 – ecolex 2009,423 = HS 39.171 = HS 39.187); OGH 24.03.2015, 4 Ob 29/15s (wbl 2015,421/146 – wbl 2015/146 = ecolex 2015/240 S 582 (Zemann) – ecolex 2015,582 (Zemann) = ZIIR 2015,314 (Thiele) Blutzuckermessgeräte – Calla); OGH 21.02.2017, 4 Ob 269/16m (wbl 2017,295/96 (Schuhmacher) – wbl 2017/96 (Schuhmacher) = RdMLS 2017/61 = GRUR Int 2017,640 = ÖBlLS 2017/16 (Hinger) = ecolex 2017/279 S 690 (Hofmarcher) – ecolex 2017,690 (Hofmarcher) = Leitner/Fischer, ZfG 2017,44 (Rechtsprechungsübersicht) = RZ 2017,191 EÜ128 – RZ 2017 EÜ128 = Streit, JMG 2017,68 = JMG 2017,117 (Hebenstreit) Herz und Nieren Diabetesmedikamente wirksam und verträglich); OGH 24.08.2017, 4 Ob 66/17k (MR 2017,286 = EvBl 2018/25 S 173 (*Plasser*) – EvBl 2018,173 (*Plasser*) = RdMLS 2018/62 = ÖBlLS 2018/17 (*Hofmarcher*) – Augenzentrum); OGH 24.10.2017, 4 Ob 118/17g (ZfG 2017,129 = RdMLS 2018/63); OGH 21.12.2017, 4 Ob 190/17w (ZfG 2018,32 = RdMÖ&G 2018/5 S 17 (*Steiner/Stockbauer*) – RdMÖ&G 2018,17 (*Steiner/Stockbauer*) = PHi 2018,193 = JMG 2018,184 (*Streit*)); OGH 20.02.2018, 4 Ob 136/17d (RdMLS 2018/67 = ecolex 2018/230 S 538 (Tonninger) – ecolex 2018,538 (Tonninger) = ÖBlLS 2018/28 (Hinger) = ZfG 2018,72 NOAKs NOAK); OGH 22.03.2018, 4 Ob 48/18i (RdMLS 2018/82 = EvBlLS 2018/89 = ÖBlLS 2018/27 = RdW 2018/427 S 577 – RdW 2018,577 = ecolex 2018/404 S 923 (*Woller*) – ecolex 2018,923 (*Woller*) = *Streit*, JMG 2018,196 Beipackzettel); OGH 22.09.2020, 4 Ob 135/20m (EvBl 2020/153 S 1091 – EvBl 2020,1091 = wbl 2021,54/14 wbl 2021/14 = *Staber*, RdM 2021/112 S 66 – *Staber*, RdM 2021,66 = RdM 2021/175 S 82 – RdM 2021,82 = ecolex 2021/113 S 142 (*Staber*) – ecolex 2021,142 (*Staber*) = *Streit*, JMG 2021,4 Schwangerschaftstest); OGH 22.09.2020, 4 Ob 157/20x (*Streit*, JMG 2021,4); OGH 20.10.2020, 4 Ob 158/20v (wbl 2021,113/27 wbl 2021/27 = EvBl 2021/36 S 272 – EvBl 2021,272 Zahnschienen); OGH

26.11.2020, 4 Ob 193/20s (RdM-LS 2021/29 = *Streit*, JMG 2021,4); OGH 23.09.2022, 4 Ob 163/22g (JMG 2023, 168 (*Hebenstreit*)); OGH 31.1.2023, 4 Ob 219/22t; OGH 19.03.2024, 4 Ob 23/24x.

Inhaltsverzeichnis

I. Allgemeines

1 In der Rsp werden lauterkeitsrechtliche Verstöße von Unternehmen gegen das MPG in den meisten Fällen als *Rechtsbruch* unter die Generalklausel des § 1 UWG oder als *irreführende Geschäftspraktik* unter § 2 UWG subsumiert. § 1 Abs 1 Z 1 UWG untersagt unlautere Geschäftspraktiken oder sonstige unlautere Handlungen im geschäftlichen Verkehr, die den Wettbewerb zum Nachteil von Unternehmen nicht nur unerheblich beeinflussen (B2B-Bereich). § 2 UWG verbietet eine Auslobung mit unrichtigen oder sonst täuschenden Angaben oder ein Vorenthalten wesentlicher Informationen, die für eine informierte geschäftliche Entscheidung erforderlich sind (B2B und B2C-Bereich).

2 Bei der Prüfung, unter welche Bestimmung ein lauterkeitsrelevanter Sachverhalt subsumiert werden muss, ist zuerst zu hinterfragen, ob einer der Spezialtatbestände der Schwarzen Liste erfüllt sein könnte. Wenn solche Per-se-Verbote nicht verletzt sind, sind als nächstes die §§ 1a, 2 und 2a UWG zu prüfen und erst als letztes kommt ein Verstoß gegen die Generalklausel des § 1 UWG in Betracht.[1]

[1] *Anderl/Appl* in *Wiebe/Kodek*, UWG² § 2, Z 32 ff.

II. Rechtsbruch § 1 Abs 1 Z 1 UWG

A. Tatbestandsmerkmale

1. Handeln im geschäftlichen Verkehr

Handeln im geschäftliche Verkehr umfasst jede Tätigkeit zu selbständigen wirtschaftlichen Zwecken, die weder privat noch amtlich ist und die nach außen wirkt, wobei eine Gewinnabsicht nicht unbedingt erforderlich ist.[2] Akte der Hoheitsverwaltung einer Behörde, bei denen die Erfüllung typischer Aufgaben der öffentlichen Hand im Vordergrund stehen, stellen üblicherweise kein Handeln im geschäftlichen Verkehr dar.[3] Auch konzerninterne Vorgänge fallen nicht unter ein Handeln im geschäftlichen Verkehr.[4] Relevant sind daher (nur) Tätigkeiten mit Marktbezug, die nach außen gerichtet sind und sich am Markt und auf Marktteilnehmer (unmittelbar) auswirken können.[5] 3

2. Unlautere Geschäftspraktik oder sonstige unlautere Handlung

§ 1 Abs 4 Z 2 UWG definiert als „*Geschäftspraktik*" jede Handlung, Unterlassung, Verhaltensweise oder Erklärung, kommerzielle Mitteilung einschließlich Werbung und Marketing eines Unternehmens, die unmittelbar mit der Absatzförderung, dem Verkauf oder der Lieferung eines Produkts zusammenhängt. Mit der Aufnahme des Begriffs „*sonstige unlautere Handlung*" in § 1 Abs 1 Z 1 UWG wollte der Gesetzgeber sicherstellen, dass zusätzlich alle unlauteren Handlungen erfasst werden, die nur in mittelbarem Zusammenhang mit der Absatzförderung stehen, wie beispielsweise ein „*sittenwidriges Abwerben von Mitarbeitern*".[6] 4

In § 1 Abs 4 Z 8 UWG findet sich eine Definition der „*beruflichen Sorgfalt*". Diese wird als der Standard an Fachkenntnissen und Sorgfalt, bei dem billigerweise davon ausgegangen werden kann, dass ihn der Unternehmer gemäß den anständigen Marktgepflogenheiten in seinem Tätigkeitsbereich anwendet, bezeichnet. In der Rsp wurde die „*berufliche Sorgfalt*" bisher erst selten in die Fallbeurteilung einbezogen, auf die Vertragstreue von Geschäftspartnern darf jedoch grundsätzlich vertraut werden.[7] 5

3. Rechtsbruch als unlautere Geschäftspraktik oder sonstige unlautere Handlung

Das *Unlauterkeitselement* beim Tatbestand des Rechtsbruchs, ist das Erlangen eines sachlich nicht gerechtfertigten Vorsprungs durch Missachtung von Verhaltenspflichten, mit tatsächlicher Auswirkung auf den Wettbewerb.[8] Diese Verhaltenspflichten können sich sowohl aus Gesetzen, Verordnungen, als auch anderen Normen oder aus (Kollektiv-)Verträgen ergeben.[9] 6

Der Verstoß gegen eine nicht dem Lauterkeitsrecht im engeren Sinn zuzuordnende generelle Norm stellt dann eine unlautere Geschäftspraktik oder sonstige unlautere Handlung dar, wenn diese Norm nicht auch mit guten Gründen so ausgelegt werden kann, dass sie dem beanstandeten Verhalten des Unternehmers nicht entgegensteht und der Verstoß somit auf einer unvertretbaren Rechtsansicht beruht.[10] Maßgebend für die *Vertretbarkeit einer Rechtsauffassung* 7

---

2 RIS-Justiz RS0077485.
3 RIS-Justiz RS0127039.
4 RIS-Justiz RS011288.
5 OGH 15.12.2010, 4 Ob 130/10m, Frauenmagazin D.O.
6 EB-RV 144 BlgNR 23. GP 3.
7 *Heidinger/Handig/Wiebe/Frauenberger/Burgstaller* in *Wiebe/Kodek*, UWG² § 1, RZ 216.
8 OGH 22.03.2018, 4 Ob 48/18i, Beipackzettel.
9 *Heidinger/Handig/Wiebe/Frauenberger/Burgstaller* in *Wiebe/Kodek*, UWG² § 1, RZ 25.
10 RIS-Justiz RS0123239.

sind der eindeutige Wortlaut und Zweck der angeblich übertretenen Norm sowie gegebenenfalls die einschlägige Rechtsprechung oder die beständige Verwaltungspraxis.[11]

8 Der Rsp eines Händlers oder Herstellers eines CE-gekennzeichneten Medizinprodukts, er dürfe im Hinblick auf die Vermutung der aufrechten CE-Kennzeichnung für die Dauer deren Bestehens davon ausgehen, dieses Produkt entspreche der Anforderungen des MPG 1996, wurde als *vertretbare Rechtsansicht* beurteilt.[12] Bei einem mit einer CE-Kennzeichnung versehenen Medizinprodukt, kann lauterkeitsrechtlich angenommen werden, dass dieses zulässig in Verkehr gebracht wurde.[13]

9 Ebenso ist nach der Rsp die Rechtsansicht vertretbar, dass der Verkäufer von In-vitro-Diagnostika bzw Medizinprodukten allein wegen der aufrechten Zertifizierung von der Einhaltung der §§ 9 ff MPG iVm § 6 Z 1 MPG ausgehen kann, so lange kein *„begründeter Verdacht"* nach § 6 MPG besteht, dass die Medizinprodukte die grundlegenden Anforderungen des MPG nicht erfüllen.[14]

10 Der Inhaber einer Gewerbeberechtigung für das Handelsagentengewerbe, der Verträge über PCR-Testprodukte an einen Apotheker lediglich vermittelte, kann sich vertretbar darauf berufen, nicht gegen § 94 Z 33 GewO (Handel mit Medizinprodukten) zu verstoßen, somit lag auch kein Rechtsbruch iSd § 1 UWG vor.[15]

4. Nicht nur unerhebliche Beeinflussung des Wettbewerbs – Spürbarkeit des Rechtsbruchs

11 Gemäß § 1 Abs 1 Z 1 UWG muss das beanstandete Verhalten (objektiv) geeignet sein, den Wettbewerb spürbar zu beeinflussen. Diese Beeinflussung der Marktverhältnisse muss eine gewisse Mindestintensität, also eine *Erheblichkeitsschwelle*, erreichen.[16]

12 Die tatsächliche Überschreitung der Erheblichkeitsschwelle im Einzelfall stellt eine **Rechtsfrage** dar.

13 Die Eignung der Beeinflussung kann sich bereits aus dem einmaligen Verstoß gegen die Norm ergeben, wobei die konkrete Wirkung des lauterkeitswidrigen Verhaltens unerheblich ist. Ausgehend von der durch den Verstoß indizierten Wiederholungsgefahr ist zu prüfen, welche Auswirkung ein erneuter Verstoß auf den Wettbewerb hat.[17]

14 Die Verletzung der Anzeigepflicht einer weiteren Betriebsstätte beim Vertrieb von Medizinprodukten iSd GewO wurde von der Rsp als *nicht spürbare* Beeinflussung des Wettbewerbs erachtet. Das Unterlassen einer Anzeige im Betrieb des Bekl hätte keinen erheblichen Aufwand verursacht, daher war in diesem Fall keine Ersparnis ersichtlich, die dem Bekl einen unlauteren Wettbewerbsvorsprung verschafft hätte.[18]

15 Eine *Spürbarkeit* wurde ebenfalls bei der Abgabe von Medizinprodukten ohne deutsche Gebrauchsanweisung verneint, wenn diese nur an sachkundiges Personal abgegeben wurden und nicht zur Eigenanwendung[19] bestimmt sind. Dies wurde damit begründet, dass in diesem

---

[11] RIS-Justiz RS0077771.
[12] OGH 31.01.2023, 4 Ob 219/22t.
[13] RIS-Justiz RS0133387.
[14] OGH 22.09.2020, 4 Ob 135/20m, Schwangerschaftstest.
[15] OGH 19.03.2024, 4 Ob 23/24x.
[16] EB-RV 144 BlgNR 23. GP 3.
[17] OGH 08.07.2008, 4 Ob 113/08h.
[18] OGH 20.05.2008, 4 Ob 37/08g.
[19] Mit Verweis auf EuGH C-277/2015, Servoprax, RN 39 f.

Fall die Ersparnis von Übersetzungs- und Druck- bzw Papierkosten jedenfalls auf den ersten Blick nicht ins Gewicht fallen würde.[20]

Die Eignung zu einer *spürbaren Wettbewerbsbeeinflussung* wurde bei einer Verletzung des Versandhandelsverbots für Arzneimittel und des Verbots der Abgabe nicht zugelassener Arzneimittelspezialitäten bejaht.[21] 16

B. Bestimmtheit des Klagebegehrens

Gemäß § 405 ZPO darf ein Gericht einer Partei nicht etwas zusprechen, was diese nicht beantragt hat. Der Kl, der sich auf einen Rechtsbruch des Bekl stützt, muss daher darlegen, welche Normen das Verhalten des Bekl verletzt hat.[22] Die Gerichte sind an die Behauptungen des Kl, der diese gesetzlichen oder vertraglichen Bestimmungen konkretisieren und individualisieren muss, gebunden. Die Behauptung, dass ein Verstoß *„gegen Normen der Rechtsordnung"* vorliegt, wäre nicht gesetzmäßig ausgeführt.[23] Dass eine vertretbare Rechtsansicht vorliegt, hat hingegen der Bekl zu behaupten.[24] 17

Wenn bei einem Normverstoß ein ausreichend gravierender Wettbewerbsvorteil nicht offensichtlich bzw typisch ist, muss der Kl auch ein konkretes Vorbringen zur *„Spürbarkeit"* des von ihm aufgezeigten lauterkeitswidrigen Verhaltens des Bekl erstatten und dafür auch Beweise anbieten.[25] Hingegen ist es Sache des Bekl, die objektive Eignung zur *„spürbaren Wettbewerbsbeeinflussung"* bei marktverhaltensregelnden Normen konkret zu widerlegen.[26] 18

C. Prüfungsstufen durch den OGH

Der OGH prüft die *Vertretbarkeit einer Rechtsansicht* in einem zweistufigen Verfahren:[27] In der ersten Stufe wird ausschließlich beurteilt, ob die Auslegung der verletzen Norm(en) vertretbar ist, um das Vorliegen eines Rechtsbruchs beurteilen zu können.[28] Kommt das Gericht zweiter Instanz zum Ergebnis, dass eine vertretbare Rechtsansicht vorliegt, wird in der zweiten Stufe vom OGH nur noch geprüft, ob das Gericht zweiter Instanz die Rechtsfrage vertretbar gelöst, also ob es seinen Ermessensspielraum bei der Beurteilung der Vertretbarkeitsfrage möglicherweise überschritten hat. Wenn das Gericht zweiter Instanz hingegen eine unvertretbare Rechtsansicht des Bekl angenommen hat, prüft der OGH auch, ob die Gesetzesauslegung vom Instanzgericht richtig gelöst wurde.[29] 19

III. Irreführung § 2 UWG

A. Fallprüfung beim Irreführungstatbestand

Eine Geschäftspraktik fällt unter § 2 UWG, wenn sie entweder unrichtige – objektiv falsche – Auslobungen enthält oder zur Täuschung geeignet ist, allenfalls auch als Folge aufgrund irreführender Unterlassungen von relevanten Angaben. 20

---

[20] OGH 22.03.2018, 4 Ob 48/18i, Beipackzettel.
[21] OGH 08.04.2008, 4 Ob 48/08z.
[22] RIS-Justiz RS0129497.
[23] OGH 24.06.2014, 4 Ob 65/14h, Überklebte Wahlwerbeständer – Überkleben von Wahlplakaten.
[24] OGH 15.06.2016, 4 Ob 119/16b, Strafverteidiger – Verteidiger in Strafsachen.
[25] *Heidinger/Handig/Wiebe/Frauenberger/Burgstaller* in *Wiebe/Kodek*, UWG² § 1, RZ 177.
[26] *Heidinger/Handig/Wiebe/Frauenberger/Burgstaller* in *Wiebe/Kodek*, UWG² § 1, RZ 890 f.
[27] RIS-Justiz RS0124004.
[28] OGH 19.03.2024, 4Ob23/24x.
[29] OGH 09.06.2009, 4 Ob 40/09z – Lademulden XPUBLEND.

21 Ist dies zu bejahen, dann ist der nächste Prüfschritt die Ermittlung der **Verkehrsauffassung**. Maßgebend ist das Verständnis der durch die Auslobung konkret angesprochenen Verkehrskreise. Die Rsp wendet dabei folgendes Prüfschema an: (a) wie versteht ein durchschnittlich informierter und verständiger Interessent für das Produkt, der eine dem Erwerb solcher Produkte angemessene Aufmerksamkeit aufwendet, die strittige Ankündigung, (b) entspricht dieses Verständnis den Tatsachen und (c) ist eine nach diesem Kriterium unrichtige Angabe geeignet, den Kaufinteressenten zu einer geschäftlichen Entscheidung zu veranlassen, die er sonst nicht getroffen hätte.[30]

22 Bei **gesundheitsbezogener Werbung** wendet die Rsp besonders strenge Anforderungen an die Richtigkeit und Vollständigkeit der Werbeaussagen an, selbst wenn sich diese an Fachleute richten. Die Gesundheit wird als hohes Schutzgut betrachtet, das bei unrichtigen Angaben gefährdet sein kann. Gesundheitsbezogene Angaben müssen daher nach dem jeweiligen Stand wissenschaftlicher Erkenntnisse eindeutig belegt sein.[31] Wenn günstige Teilergebnisse einer medizinischen Studie ausgelobt werden, muss auch darüber informiert werden, welche Ziele die Studie verfolgt hat und zu welchen Ergebnissen sie in diesem Zusammenhang gelangt ist, andernfalls kann diese Werbung irreführend sein.[32]

23 Ganz generell hat derjenige, der mit **mehrdeutigen Aussagen** wirbt, die ungünstigste Auslegung gegen sich gelten zu lassen.[33]

24 Ein aufklärender Hinweis muss zumindest einen gleichen Auffälligkeitswert wie die Werbeaussage selbst haben. Es kommt darauf an, ob sie von den Adressaten der Auslobung entsprechend wahrgenommen wird.[34]

B. Beweislast und Präzisierung Unterlassungsbegehren

25 Grundsätzlich trifft den Kl die Beweislast für die Unrichtigkeit einer Werbeangabe.[35] Der Kl muss den konkreten Sachverhalt, die detaillierte Benennung des Irreführungspunkts und das Begehren wie folgt ausführen: (i) Welchen Eindruck gewinnt der Durchschnittsverbraucher von der Angabe, (ii) inwieweit weicht dieser Eindruck von der Wirklichkeit ab, und (iii) ist der unrichtige Eindruck geeignet, die geschäftliche Entscheidung zu beeinflussen. Dieser so präzisierte Irreführungspunkt muss sich auch im Begehren widerspiegeln.[36] Zwar ist eine gewisse allgemeine Fassung des Unterlassungsbegehrens zulässig, dennoch muss das verbotene Verhalten deutlich ausgeführt sein und dem Bekl als Richtschnur für sein künftiges Verhalten dienen.[37]

---

30 RIS-Justiz RS01232929.

31 *Görg* in *Görg* (Hrsg), Kommentar zum UWG (2020) § 2 UWG RZ 466 ff.

32 RIS-Justiz RS0121785.

33 RIS-Justiz RS0079648.

34 RIS-Justiz RS0118488.

35 RIS-Justiz RS0011634.

36 RIS-Justiz RS0133172; OGH 23.09.2022, 4 Ob 163/22g.

37 RIS-Justiz RS0119807.

IV. Ansprüche und deren Durchsetzung

A. Die einzelnen Ansprüche

1. Anspruch auf Unterlassung und Beseitigung

Wird eine Unterlassungspflicht verletzt – zB liegt ein Rechtsbruch iSd § 1 Abs 1 Z 1 UWG vor – und droht eine neuerliche Zuwiderhandlung (besteht daher *Wiederholungsgefahr*) – sind die Anspruchsvoraussetzungen für den wettbewerbsrechtlichen Unterlassungsanspruch gemäß § 14 UWG erfüllt. § 15 UWG normiert, dass vom Unterlassungsanspruch auch die Beseitigung des rechtswidrigen Zustands umfasst ist. **26**

2. Anspruch auf Schadenersatz

§ 16 UWG[38] unterscheidet beim Anspruch auf Schadenersatz zwischen Verbrauchern und Unternehmern: Verbraucher können den ihnen durch unlautere Geschäftspraktiken, die sie zu einer geschäftlichen Entscheidung veranlasst haben, entstandenen positiven Schaden verlangen, während Unternehmern zusätzlich auch ein Anspruch auf entgangenen Gewinn zusteht. **27**

3. Anspruch auf Urteilsveröffentlichung

§ 25 UWG normiert einen Anspruch auf Urteilsveröffentlichung, die vom Kl zu beantragen und zu begründen ist. Sie soll der Aufklärung der Öffentlichkeit dienen und hängt davon ab, ob ein schutzwürdiges Interesse des Kl an der Aufklärung des Publikums im begehrten Ausmaß besteht.[39] **28**

B. Aktiv- und Passivlegitimation

Das UWG kennt keinen abschließenden Katalog der von der Rechtsverletzung betroffenen klagsberechtigten Unternehmen. Diese sind jedenfalls Mitbewerber, aber auch bestimmte Verbände, sonstige Amtsparteien und der Verein für Konsumenteninformation, wie sie in § 14 UWG aufgezählt sind.

Die Passivlegitimation für Ansprüche aus UWG-Verstößen ist ebenfalls nicht abschließend geregelt. Ein Vorgehen ist gegen den unmittelbaren Verletzer selbst, aber auch gegen Mittäter, Anstifter und Gehilfen möglich.[40] § 18 UWG normiert eine strenge Unternehmerhaftung für Handlungen Dritter im Betrieb eines Unternehmens. Diese Haftung erstreckt sich auf alle Personen, welche im Auftrag des Unternehmers, gleichgültig auf welcher Rechtsgrundlage, bestimmte Arbeiten für das Unternehmen verrichten. Dies können sogar Geschäftspartner sein, solange der Unternehmer die Möglichkeit hat, den Wettbewerbsverstoß abzustellen.[41]

C. Zuständigkeit

UWG-Streitigkeiten sind gem § 51 Abs 2 Z 10 JN vor den Handelsgerichten zu verhandeln, wobei sich die örtliche Zuständigkeit gemäß § 83c JN nach dem Sitz des Bekl richtet. Für die internationale Zuständigkeit für lauterkeitsrechtliche Beseitigungs- und Unterlassungsansprüche im Inland ist darauf abzustellen, ob sich das unlautere Verhalten auf den österr Markt auswirkt.[42] **29**

---

[38] Diese umfassende Neuregelung erfolgte durch das MoRUG II (BGBl I 2022/110, in Kraft seit 20.07.2022).

[39] RIS-Justiz RS0079737.

[40] RIS-Justiz RS0079765.

[41] RIS-Justiz RS0079674.

[42] OGH 23.11.2021, 4 Ob 178/21m, EvBl-LS 2022/59.

D. Einstweilige Verfügung (EV)

30 § 24 UWG sieht vor, dass EV zur Sicherung von Unterlassungsansprüchen (die kl und gefährdete Partei hat den Unterlassungsanspruch zu bescheinigen – also glaubhaft zu machen) auch ohne die Voraussetzungen des § 381 EO und somit ohne Nachweis einer Gefährdung oder eines drohenden Schadens erlassen werden können. Anders als zB in Deutschland, ist auch eine *Dringlichkeit* nicht Voraussetzung für die Erlangung einer EV.[43]

E. Unterlassungsexekution

31 Wenn ein vollstreckbarer Unterlassungstitel oder das Unterlassungsgebot einer EV nach Zustellung an den Bekl weiterhin verletzt wird, indem dieser neue Verstöße setzt oder vor der Schaffung des Exekutionstitels vorhandene Störungsquellen nicht beseitigt,[44] kann der Kl Zwangsvollstreckung gemäß § 355 EO führen und die Verhängung von Geldstrafen und bei weiteren Verstöße sogar eine Haftstrafe verlangen. Dem Bekl steht neben Rechtsmitteln gegen die Beschlüsse des Exekutionsgerichts auch die Impugnationsklage gemäß § 36 Abs 1 Z 1 zur Verfügung, wenn er der Ansicht ist, dass er gegen den Exekutionstitel nicht verstoßen hat oder ihn am Verstoß kein Verschulden trifft.[45]

---

[43] *Görg* in *Görg* (Hrsg), Kommentar zum UWG (2020) § 24 UWG RZ 18 ff.

[44] RIS-Justiz RS0004490.

[45] RIS-Justiz RS0123123.

12. Abschnitt
Datenschutz

§ 77 Verschwiegenheitspflicht und automationsunterstützter Datenverkehr

Soweit nicht andere gesetzliche Verschwiegenheitspflichten bestehen, sind Personen, denen Aufgaben im Zusammenhang mit der Vollziehung dieses Bundesgesetzes übertragen sind, zur Verschwiegenheit über alle ihnen ausschließlich aus dieser Tätigkeit bekannt gewordenen Tatsachen verpflichtet.

Beachte für die Bestimmung: Tritt hinsichtlich In-vitro-Diagnostika am 26.5.2022 in Kraft (vgl § 91 Abs 1).

Fassung: BGBl I 2021/122

Literatur: *Rehmann/Wagner*, MP-VO[4]; *Schwamberger*, MPG; *Anhalt/Dieners*, Medizinprodukterecht; *Königshofer* in Resch/Wallner, Medizinrecht[3]; *Larcher/Beiglböck*, Das neue österreichische Medizinproduktegesetz 2021, RdM 2021/242; *Aigner/Kletečka/Kletečka-Pulker/Memmer* (Hrsg), Handbuch Medizinrecht (2023); *Groß/Klamet*, Unionsrechtliche Grenzen öffentlich-rechtlicher Barzahlungsregelungen, EuR 2022, 23; *Rehmann/Wagner*, MP-VO[4]; *Muzak*, B-VG[6]; *Bresich/Dopplinger/Dörnhöfer/Kunnert/Riedl*, DSG; *Klaus*, Ärztliche Schweigepflicht (1991); *Lewisch*, WK[2]; *Thiele*, SbgK.

Inhaltsverzeichnis

I. Bedeutung der Rechtsnorm

§ 77 verpflichtet alle mit der Vollziehung des MPG 2021 betrauten Personen zu einer umfassenden Verschwiegenheit. 1

II. Unionsrechtliche Bezüge

§ 77 entspricht dem bisherigen § 110 MPG. Während dessen Aufnahme in den österreichischen Rechtsbestand noch der Umsetzung der seinerzeitigen Art 15 der RL 90/385/EWG und Art 20 („Vertraulichkeit") der RL 93/42/EWG geschuldet war (vgl ErläutRV 313 BlgNR 20. GP 111), tritt § 77 nunmehr als eine zusätzliche mitgliedstaatliche Regelung zum – unmittelbare Anwendbarkeit und Geltung beanspruchenden – **Art 109 Medizinprodukte-VO („Vertraulichkeit")** hinzu. Mit § 77 liegt aber **weder** ein **Verstoß gegen das unionsrechtliche Normwiederholungsverbot** (vgl EuGH, Rs. C-34-73 (Variola), ECLI:EU:C:1973:101, Slg. 1973, 981, Rn 9-11; Rs. C-39/72 (Kommission/Italien), ECLI:EU:C:1973:13, Slg. 1973, 101, Rn 16 und 17.) vor, **noch** ist darin gar eine **Unvereinbarkeit** mit Art 109 Medizinprodukte-VO zu verorten. Denn § 77 sieht einen **Geltungsvorbehalt** zugunsten „*andere*[r] *gesetzlicher Verschwiegenheitspflichten*" vor – sohin auch einen Geltungsvorbehalt zugunsten des Art 109 Medizinprodukte-VO. Umgekehrt ordnet Art 109 Medizinprodukte-VO eine Vertraulichkeit „*unbeschadet der in den Mitgliedstaaten geltenden Bestimmungen*" an, worin die für § 77 erforderliche Öffnungsklausel zu erblicken ist. 2

III. Tatbestand

3 Da es sich beim MPG 2021 um einen nationalen, das EU-Recht *ergänzenden* Bereich handelt, sind von der Verschwiegenheitspflicht des § 77 **nicht nur Tatsachen** erfasst, die aus der Tätigkeit zur Erfüllung von Aufgaben im Zusammenhang mit der Vollziehung des **MPG 2021** („*dieses Bundesgesetzes*") resultieren, **sondern auch** solche Tatsachen, die aus der **Vollziehung der Medizinprodukte-VO** sowie der **IvD-VO** bekannt werden.

4 Die Verschwiegenheitspflicht des § 77 gilt selbstredend insoweit **nicht**, als das MPG 2021 bzw die Medizinprodukte-VO oder die IvD-VO **ausdrücklich** die **Veröffentlichung** oder **anderweitige Offenlegung** bestimmter Informationen gegenüber Dritten vorsehen, zB klinischer Prüfberichte und deren Zusammenfassungen (vgl *Rehmann* in *Rehmann/Wagner*, MP-VO[4] Art 110 Rz 1).

5 Vom Schutz des § 77 ausgenommen sind – mangels Schutzwürdigkeit – wohl solche (**offenkundigen, allgemein bekannten**) **Tatsachen**, die für Dritte beliebig zugänglich sind oder einer ungewissen Anzahl von Personen zur Kenntnis gelangen. Unbestätigte Gerüchte vermögen aber die Schutzwürdigkeit nicht aufzuheben (vgl *Aigner/Kletečka/Kletečka-Pulker/Memmer* (Hrsg), Handbuch Medizinrecht (2023) I/212).

6 Die Verschwiegenheitspflicht des § 77 soll außerdem nur zur Anwendung kommen, „[s] *oweit* ***nicht andere gesetzliche Verschwiegenheitspflichten*** *bestehen*". Damit sind jene gesetzlichen Verschwiegenheitspflichten gemeint, die konkret für jene Personen gelten, „*denen Aufgaben im Zusammenhang mit der Vollziehung dieses Bundesgesetzes übertragen sind*", also Personen, die Aufgaben im Sinne des MPG 2021 erfüllen und zur Durchführung ihrer Aufgaben Informationen erhalten haben (vgl ErläutRV 313 BlgNR 20. GP 111).

7 Für die Verschwiegenheitspflicht nach § 77 ist es ohne Belang, ob die **Personen, denen Aufgaben übertragen** werden, (organisatorisch) den vollziehenden Stellen (als Beamte, Vertragsbedienstete, Angestellte, Amtssachverständige usw) angehören oder als Externe (zB als externer Sachverständiger) für Aufgaben im Zusammenhang mit der Vollziehung herangezogen werden. Die mit BGBl I 2021/122 in § 14 Abs 5 für Mitglieder und zusätzliche Experten der Ethikkommissionen iSd § 14 eigens normierte Verschwiegenheitspflicht erscheint insofern entbehrlich.

8 Als „***andere gesetzliche Verschwiegenheitspflichten***" kommen nur solche gesetzlichen Verschwiegenheitspflichten in Betracht, die der betreffenden Person (unmittelbar) ein subjektives Recht auf Wahrung der Verschwiegenheit vermitteln, nicht also etwa (für sich genommen) Art 20 Abs 3 B-VG (vgl VfSlg 3005, 7455, 12.838). Zu denken ist in erster Linie an **dienst- und berufsrechtliche Verschwiegenheitspflichten** (bspw § 46 BDG, § 79 VBG bzw § 54 ÄrzteG, §§ 21 ZÄG), § 6 DSG („Datengeheimnis") und an den gerichtlichen Straftatbestand der **Verletzung des Amtsgeheimnisses** gemäß § 310 StGB.

9 Für den Fall, dass „andere gesetzliche Verschwiegenheitspflichten" bestehen, ist in einem zweiten Schritt auf deren **Umfang** abzustellen [arg „*soweit*"]. Da § 77 „*alle ... aus* [der] *Tätigkeit bekannt gewordenen Tatsachen*" unter seinen Schutz stellt, kommt dieser Bestimmung insofern eine **Auffangfunktion** zu, gerade auch, weil sie im Vergleich zu anderen, gesetzlich normierten Verschwiegenheitspflichten einen besonders weit gefassten Schutz gewährt. Genießt bspw eine bestimmte Tatsache nicht (mehr) den strafrechtlichen Schutz nach § 310 StGB (etwa, weil es sich um kein Geheimnis handelt, dessen Offenbarung oder Verwertung geeignet ist, ein öffentliches oder privates Interesse zu verletzen) oder keinen Schutz nach § 6 DSG (etwa, weil es sich bei der Tatsache um kein personenbezogenes Datum handelt), dann greift stets noch die Verschwiegenheitspflicht des § 77, da diese schlechthin „**alle**" Tatsachen schützt.

Tatsachen, die „**ausschließlich** aus [der] Tätigkeit bekannt“ sind, sind solche, welche die betreffende Person in Ausübung ihrer Tätigkeit wahrnimmt, aber auch solche, die ihr als Privatperson erkennbar deshalb offenbart werden, *weil* sie diese Tätigkeit ausübt (vgl RIS-Justiz RS0105775). 10

Zu einem **Bruch der Verschwiegenheit** kommt es durch ein **Offenbaren** der Tatsachen, das heißt durch ein Offenlegen von Tatsachen an einen Dritten, dem die mitgeteilte Tatsache noch neu, mindestens aber noch nicht sicher bekannt ist (vgl *Lewisch*, WK² § 121 Rz 7; *Thiele*, SbgK § 121 Rz 59). Ein Offenbaren kann durch ein aktives Tun erfolgen, aber auch durch Unterlassungen, zB indem Dokumente für jedermann einsehbar liegen gelassen werden, anstatt sie sicher zu verwahren. 11

IV. Verwaltungsstrafbewehrung

Ein Verstoß gegen § 77 ist gemäß § 80 Abs 1 Z 2 mit einer **Verwaltungsstrafe** von bis zu 25.000 € (50.000 € im Wiederholungsfall) bedroht. Zufolge § 5 Abs 1 VStG ist nicht nur vorsätzliches, sondern auch **schon fahrlässiges Verhalten** potenziell strafbarkeitsbegründend. Beispielsweise ist eine Verwaltungsstrafe denkbar bei einer Verletzung der Verschwiegenheitspflicht durch ein leichtsinniges Liegenlassen von Dokumenten, wodurch (außenstehenden) Dritten die Einsichtnahme möglich ist. Auch eine nicht dem Stand der Technik gesicherte IT-Umgebung oder ein unzureichender Passwortschutz bzw fahrlässiger Umgang mit Passwörtern könnte als strafbegründend eingestuft werden. Regelmäßig wird § 77 aber ohnedies von spezielleren Vertraulichkeitspflichten verdrängt (vgl III. Tatbestand), deren Missachtung gesetzlich mit Sanktionen bedroht ist. Das rechtswidrige Offenbaren von Tatsachen entgegen § 77 kann darüber hinaus insbesondere zivil- und dienstrechtliche (Haftungs)Folgen auslösen. 12

§ 78 [Verschwiegenheitspflicht und automationsunterstützter Datenverkehr]

(1) Zur Gewährleistung der Medizinproduktesicherheit sowie zur Gewährleistung des Schutzes von Leben und Gesundheit von Menschen dürfen die für die Vollziehung dieses Bundesgesetzes benötigten Daten (Art. 4 Z 1 Datenschutz-Grundverordnung) über die Herstellung, das Inverkehrbringen, das Bereithalten, das Errichten, die Anwendung, die Prüfung, die klinische Bewertung und Prüfung, die Leistungsbewertung und Leistungsprüfung, die Aufbereitung, die Inbetriebnahme, das Qualitätsmanagement, die Instandhaltung, die Marktüberwachung und Vigilanz von Medizinprodukten automationsunterstützt verarbeitet werden.

(2) Zur Gewährleistung der Medizinproduktesicherheit sowie zur Gewährleistung des Schutzes von Leben und Gesundheit von Menschen dürfen die für die Vollziehung dieses Bundesgesetzes im Hinblick auf die Medizinprodukteüberwachung benötigten personenbezogenen Daten gemäß Art. 9 Abs. 2 lit. i Datenschutz-Grundverordnung durch das Bundesamt für Sicherheit im Gesundheitswesen verarbeitet werden. Im Hinblick auf die Verarbeitung dieser personenbezogenen Daten ist Art. 13, 14, 17, 18 und 21 Datenschutz-Grundverordnung ausgeschlossen.

(3) Das Bundesamt für Sicherheit im Gesundheitswesen ist ermächtigt, im oder für den automationsunterstützten Datenverkehr Daten im Sinne des Abs. 1 und 2 zu übermitteln an

1. **das Bundesministerium für Soziales, Gesundheit, Pflege und Konsumentenschutz und nachgeordnete Behörden für Zwecke des Abs. 1,**
2. **die Österreichische Agentur für Gesundheit und Ernährungssicherheit, den Beirat gemäß § 93 Abs. 2 sowie Sachverständige, soweit ihnen in Vollziehung dieses Bundesgesetzes Aufgaben zugewiesen werden, die der Zweckbestimmung der Abs. 1 und 2 entsprechen,**
3. **die Gesundheit Österreich GmbH, Universitätsinstitute und sonstige der Forschung dienende Institutionen, soweit sie im Interesse der Volksgesundheit tätig sind, für Aufgaben im Sinne der Zweckbestimmung der Abs. 1 und 2,**
4. **die Österreichische Apothekerkammer, die Österreichische Ärztekammer und die Ärztekammern in den Bundesländern, die Österreichische Zahnärztekammer, den Dachverband der gehobenen medizinisch-technischen Dienste, das Hebammengremium, die Sozialversicherungsträger und den Dachverband der Sozialversicherungsträger, sowie die Wirtschaftskammer Österreich soweit diese Daten eine wesentliche Voraussetzung für die ihnen gesetzlich übertragenen Aufgaben bilden,**
5. **die Gesundheitseinrichtungen, soweit sie Medizinprodukte in Verkehr bringen oder anwenden und die sichere Anwendung oder der Schutz des Lebens oder der Gesundheit von Menschen es erfordern,**
6. **die Weltgesundheitsorganisation im Sinne der im Abs. 1 und 2 angeführten Zweckbestimmung, und**
7. **die zuständigen Behörden und Benannten Stellen der Vertragsstaaten des Abkommens über den Europäischen Wirtschaftsraum und die Europäische Kommission für Aufgaben im Sinne der Zweckbestimmung der Abs. 1 und 2.**

Fassung: BGBl I 2021/122

Literatur: *Rehmann/Wagner*, MP-VO[4]; *Schwamberger*, MPG; *Anhalt/Dieners*, Medizinprodukterecht; *Königshofer* in *Resch/Wallner*, Medizinrecht[3]; *Larcher/Beiglböck*, Das neue österreichische Medizinproduktegesetz 2021, RdM 2021/242; *Paal/Pauly*, Datenschutzgrundverordnung[3], *Feiler/Forgo*, EU-DSGVO und DSG[2]; *Muzak*, B-VG[6], *Kühling/Martini et al.*, Die DSGVO und das nationale Recht (2016); *Ennöckl*, Der Schutz der Privatsphäre in der elektronischen Datenverarbeitung; *Bresich/Dopplinger/Dörnhöfer/Kunnert/Riedl*, DSG; *Schmidt*, Das neue europäische Medizinprodukterecht und das deutsche Lauterkeitsrecht, WRP 2020, 700; *Kühling/Buchner* DS-GVO[4], *Ehmann/Selmayr*, DS-GVO[3].

Inhaltsverzeichnis

I. Bedeutung der Rechtsnorm

§ 78 stellt eine gesetzliche Grundlage für die Verarbeitung personenbezogener Daten, einschließlich sensibler Daten, durch die für die Vollziehung des MPG 2021 zuständigen Stellen dar. 1

II. Unionsrechtliche Bezüge

Sowohl die Medizinprodukte-VO (Art 110 Abs 1) als auch die IvD-VO (Art 103 Abs 1) ordnen ausdrücklich an, dass die Mitgliedstaaten im Rahmen ihrer Durchführung bei der Verarbeitung personenbezogener Daten die RL 95/46/EG (Datenschutzrichtlinie, DS-RL), mithin die heute an deren Stelle getretene VO (EU) 2016/679 (Datenschutz-Grundverordnung, **DSGVO**, vgl Art 94 Abs 2 DSGVO) **zu beachten** haben. Aufgrund der für die DSGVO gewählten Form des Rechtsakts als europäische Verordnung wirkt diese Anordnung aus der Zeit gefallen, da die DSGVO ohnehin unmittelbar in jedem Mitgliedstaat gilt (vgl Art 288 AEUV). Selbstredend unterliegt damit schlechthin *jeder* Umgang mit personenbezogenen Daten (auch) im Zusammenhang mit dem Medizinprodukterecht der DSGVO, ohne dass es hierzu noch einer gesonderten gesetzlichen Regelung bedürfte, und unabhängig davon, ob er hoheitlich durch eine Behörde, oder etwa durch einen Hersteller, einen Sponsor usw erfolgt. Für die in Zusammenhang mit oder auf Basis der Medizinprodukte-VO, IvD-VO oder des MPG 2021 erfolgenden Datenverarbeitungen durch alle anderen Stellen, die nicht als für die Vollziehung des MPG 2021 zuständige Stellen gelten, sind daher die Grundsätze und Regelungen der DSGVO und des DSG einschlägig. Wie schon unter der DS-RL gilt auch nach der DSGVO ein **Verbot der Verarbeitung von personenbezogenen Daten** unter dem **Vorbehalt einer (gesetzlichen oder gewillkürten) Erlaubnis** (vgl *Paal/Pauly*, Datenschutzgrundverordnung[3] Art 6 Rz 1). 2

III. Tatbestand

A. Allgemeines

3 „**Verarbeiten**" (bzw Verarbeitung) meint jeden mit oder ohne Hilfe automatisierter Verfahren ausgeführten Vorgang oder jede solche Vorgangsreihe im Zusammenhang mit personenbezogenen Daten wie das Erheben, das Erfassen, die Organisation, das Ordnen, die Speicherung, die Anpassung oder Veränderung, das Auslesen, das Abfragen, die Verwendung, die Offenlegung durch Übermittlung, Verbreitung oder eine andere Form der Bereitstellung, den Abgleich oder die Verknüpfung, die Einschränkung, das Löschen oder die Vernichtung (vgl Art 4 Z 2 DSGVO). Somit ist der Begriff „Verarbeitung" ein denkbar **weiter Begriff**, da darunter schlichtweg *jeder* Vorgang zu verstehen ist, der personenbezogene Daten verwendet, **unabhängig davon, ob** er mit oder ohne automatisierte Verfahren durchgeführt wird (vgl *Klabunde/Horváth* in *Ehmann/Selmayr*, DS-GVO[3] Art 4 Rz 23). Es kommt also gerade nicht darauf an, ob personenbezogene Daten **automationsunterstützt** verarbeitet werden. Die ausdrückliche Anführung dieser Art der Verarbeitung (*„automationsunterstützt[en]"*) in Abs 1 und Abs 3 ist in der Praxis weitgehend **bedeutungslos** und hat wohl lediglich – mittlerweile aber überholte – **kompetenzrechtliche Gründe**: Denn nach der mit BGBl I 2019/14 aufgehobenen Verfassungsbestimmung des § 2 DSG aF beschränkte sich die Gesetzgebungskompetenz des Bundes auf Angelegenheiten des Schutzes personenbezogener Daten im automationsunterstützten Verkehr; nunmehr sind *„allgemeine Angelegenheiten des Schutzes personenbezogener Daten"* in Gesetzgebung und Vollziehung Bundessache, daher auch einschließlich der *nicht*automatisierten Verarbeitung personenbezogener Daten, die in einem Dateisystem gespeichert sind oder gespeichert werden sollen (vgl Art 10 Abs 1 Z 13 B-VG und Art 2 Abs 1 DSGVO).

4 § 78 regelt die Verarbeitung (einschließlich Übermittlung) von Daten iSd Art 4 Z 1 DSGVO, das heißt von **personenbezogenen Daten** iSd DSGVO. Nach der Begriffsdefinition in Art 4 Z 1 DSGVO sind personenbezogene Daten alle Informationen, die sich auf eine identifizierte oder identifizierbare natürliche Person beziehen (zB Name, Geburtsjahr, leistungszuständiger Krankenversicherungsträger). Zu den personenbezogenen Daten zählen auch die so genannten besonderen Kategorien personenbezogener Daten (**„sensible Daten"**), also insbesondere auch genetische Daten, biometrische Daten zur eindeutigen Identifizierung einer natürlichen Person und Gesundheitsdaten (vgl Art 9 Abs 1 DSGVO). Eine Verarbeitung sensibler Daten ist nach der DSGVO nur unter der Voraussetzung zulässig, dass dafür eine **Rechtmäßigkeit sowohl nach Art 6 DSGVO als auch nach Art 9 DSGVO** gegeben ist (vgl EuGH C-667/21, *Krankenversicherung Nordrhein*, ECLI:EU:C:2023:1022, Rn 71 ff).

5 Vor diesem Hintergrund sind die **gesetzgeberischen Bemühungen** zu verstehen, mit § 78 die für die **Zulässigkeit der Verarbeitung personenbezogener Daten** erforderlichen gesetzlichen Ermächtigungen zu schaffen, welche im Besonderen auch für die Übermittlung personenbezogener Daten an jene Stellen, die diese Daten zur Vollziehung des Gesetzes bzw zur Gewährleistung der Medizinproduktesicherheit benötigen (vgl ErläutRV 236 BlgNR 22. GP 6 zur mit BGBl I 2003/119 noch zum seinerzeitigen DSG 2000 eingeführten, in ihren Absätzen 1 bis 3 weitgehend inhaltsgleichen Vorgängerbestimmung § 110a MPG). Das **MPG 2021** bzw die **Medizinprodukte-VO** und **IvD-VO** statuieren zahlreiche rechtliche Verpflichtungen, die eine Verarbeitung personenbezogener Daten erfordern (vgl **Art 6 Abs 1 lit c DSGVO**), sowie Aufgaben, welche die Verarbeitung personenbezogener Daten zur Wahrnehmung von Aufgaben erforderlich machen, die im öffentlichen Interesse liegen bzw in Ausübung öffentlicher Gewalt erfolgen, die den datenschutzrechtlich verantwortlichen Stellen übertragen wurden (vgl **Art 6 Abs 1 lit e DSGVO**). § 78 erfüllt in diesem Zusammenhang die Funktion einer nach Art 6 Abs 2 und 3 DSGVO zu fordernden **Rechtsgrundlage**. Den **Vorgaben** der **Art 6 Abs 1 lit c**

bzw e iVm Abs 2 und 3 **DSGVO** scheint damit jedenfalls **Genüge getan** (vgl dazu anhand des beispielhaften Abgleichs mit § 13 Abs 1 dBDSG aF instruktiv *Kühling/Martini* et al., Die DSGVO und das nationale Recht, 36 ff).

Anders als die DSGVO (vgl DSGVO-ErwGr 41) verlangt der im Verfassungsrang stehende **§ 1 DSG** („Grundrecht auf Datenschutz") als Grundlage für den (mit einer Verarbeitung personenbezogener Daten stets verbundenen) Eingriff in das Grundrecht auf Datenschutz durch staatliche Behörden (worunter hoheitlich handelnde staatliche Organe zu verstehen sind, vgl *Ennöckl*, Schutz, 189 mwN) als Grundlage ein **Gesetz** im formellen Sinne. Nach der Rsp des VfGH muss eine solche Ermächtigungsnorm **ausreichend präzise**, also **für jedermann vorhersehbar**, bezeichnen, unter welchen Voraussetzungen die Ermittlung bzw die Verwendung personenbezogener Daten für die Wahrnehmung welcher konkreter Verwaltungsaufgaben zulässig ist (vgl VfSlg 18.146/2007; 19.886/2014; 19.892/2014). Damit gehen die Anforderungen des § 1 DSG an den Gesetzgeber wohl über jene hinaus, die sich nach der in **Art 18 B-VG** statuierten **Gesetzesgebundenheit der Verwaltung** (vgl *Ennöckl*, Schutz, 368), wonach alles Staatshandeln durch den einfachen Gesetzgeber zu determinieren ist, oder auch nach **Art 8 Abs 2 EMRK** stellen. Es ist somit zumindest fraglich, ob § 78 einen diesen Anforderungen gerecht werdenden Grad der Determinierung aufweist. 6

Soweit aber das österreichische Recht (insb § 1 DSG) höhere Anforderungen für Grundrechtseingriffe durch staatliche Behörden im Bereich hoheitlichen Handelns aufstellt, gilt es zu beachten, dass Art 6 Abs 2 und 3 DSGVO den Mitgliedstaaten für derartige – von Art 6 Abs 1 lit c und e DSGVO erfasste – Datenverarbeitungen einen Regelungsspielraum einräumen, dem aufgrund des **Anwendungsvorrangs** des Unionsrechts nicht die (höheren) Anforderungen des österreichischen Rechts entgegengehalten werden könnten (vgl idS *Bresich/Dopplinger/Dörnhöfer/Kunnert/Riedl*, DSG § 1 Rz 10). 7

Mit Blick darauf, dass „[d]*ie dem BASG im Rahmen der Vollziehung des Medizinproduktegesetzes übertragenen hoheitlichen Aufgaben, die eine Verarbeitung personenbezogener Daten bzw Gesundheitsdaten einer natürlichen Person bedingen*" eine Verarbeitung sohin auch von sensiblen Daten umfassen, hält **Abs 2** (mit rein **deklarativer Wirkung**) fest, dass diese Agenden *„vollinhaltlich unter den Regelungsbereich der Bestimmung des Art 9 Abs 2 lit. i der Datenschutz-Grundverordnung zu subsumieren*" sind (vgl AB 884 BlgNR 27. GP 11). Damit hebt der Gesetzgeber hervor, dass eine **Verarbeitung** für die bezeichneten Zwecke (*„Gewährleistung der Medizinproduktesicherheit sowie zur Gewährleistung von Leben und Gesundheit von Menschen*") **auch von sensiblen Daten zulässig** ist. Denn nach **Art 9 Abs 2 lit i DSGVO** ist die Verarbeitung (auch) sensibler Daten ua dann zulässig, wenn und soweit sie aus Gründen des öffentlichen Interesses im Bereich der öffentlichen Gesundheit, wie zur Gewährleistung hoher Qualitäts- und Sicherheitsstandards bei der Gesundheitsversorgung und bei **Medizinprodukten**, auf der Grundlage des Unionsrechts oder des Rechts eines Mitgliedstaats, das angemessene und spezifische Maßnahmen zur Wahrung der Rechte und Freiheiten der betroffenen Person, insbesondere des Berufsgeheimnisses, vorsieht, erforderlich ist. 8

Da die Verarbeitung personenbezogener Daten auch nach **Abs 1** ausschließlich zu Zwecken der *„Gewährleistung der Medizinproduktesicherheit sowie zur Gewährleistung von Leben und Gesundheit von Menschen*" erfolgen soll, ist die Verarbeitung **sensibler Daten** im Rahmen auch dieses Absatzes **zulässig**. Die Bezugnahme in **Abs 3** auf *„Daten im Sinne des Abs 1 und 2*" erfasst damit gleichermaßen (auch) sensible Daten, was angesichts der dem BASG gesetzlich zugewiesenen Aufgaben, die wiederum durchwegs Zweckerfüllungen des Art 9 Abs 2 lit i DSGVO dienen, gerechtfertigt erscheint. 9

Dass nur die *„für die Vollziehung ...* ***benötigten***" (personenbezogenen) Daten verarbeitet werden dürfen (vgl Abs 1 und Abs 2), ist Ausdruck des datenschutzrechtlich gebotenen **Daten-** 10

minimierungsprinzips sowie Ausfluss des datenschutzrechtlichen **Zweckbindungsgrundsatzes.** Danach müssen personenbezogene Daten dem Zweck angemessen und auf das für die Zwecke der Verarbeitung notwendige Maß beschränkt sein (vgl Art 5 Abs 1 lit c DSGVO). MaW ist die Menge von personenbezogenen Daten in der Weise zu begrenzen, dass zusätzliche personenbezogene Daten nicht (mehr) verarbeitet werden dürfen, wenn der Verarbeitungszweck auch ohne sie erreicht werden kann. Eine Maßnahme zur Datenminimierung ist die **Pseudonymisierung** (vgl Art 25 Abs 1 iVm Art 4 Nr 5 DSGVO). Kann ein Verarbeitungszweck aber auch mit **anonymisierten** Daten erreicht werden, so dürfen nur anonymisierte Daten verarbeitet werden, womit die Verarbeitung nicht-anonymisierter, also personenbezogener Daten einen Verstoß gegen das Datenminimierungsprinzip darstellt (vgl *Herbst* in *Kühling/Buchner* DS-GVO[4] Art 5 Rz 57 f). IdS leiten auch die Mat zu Abs 3 dazu an, die *„personenbezogenen Daten ... jeweils pseudonymisiert zu übermitteln, sofern eine Übermittlung anonymisierter Daten zur Zweckerreichung nicht ausreicht"* (vgl AB 884 BlgNR 27. GP 11), wenngleich dieses Vorgehen in Wahrheit nicht nur bei der Übermittlung, sondern **bei jeder Art der Verarbeitung** (somit etwa auch bei der Offenlegung durch Übermittlung iSd § 78 Abs 3) personenbezogener Daten angezeigt ist.

B. Abs 1

§ 78 Abs 1 lässt offen, **wem bzw welcher Stelle die Ermächtigung** zur Verarbeitung personenbezogener Daten **erteilt** wird, und damit letztlich die Rolle eines datenschutzrechtlichen Verantwortlichen zukommen soll (vgl EDSA-LL 07/2020v2.0, Rz 22 ff zur *„Verantwortlichkeit, die sich aus Rechtsvorschriften ergibt"*). Die Bestimmung kann richtigerweise einschränkend nur so verstanden werden, dass eine (Mitwirkung an der) **Vollziehung „dieses Bundesgesetzes"** (und damit auch der Medizinprodukte-VO sowie der IvD-VO, siehe dazu schon III. zu § 77) die **Voraussetzung** dafür ist, um durch § 78 Abs 1 zu einer damit verbundenen Datenverarbeitung ermächtigt zu sein. Die Vollziehung kommt seit der Verwaltungsreorganisation mit BGBl I 2005/107 im Wesentlichen dem **Bundesamt für Sicherheit im Gesundheitswesen** (BASG) bzw dem **Bundesminister für Soziales, Gesundheit, Pflege und Konsumentenschutz** zu (vgl § 93 sowie § 6a Abs 1 Z 4 GESG). Folgt man der Ansicht, dass **Benannte Stellen** seit der Medizinprodukte-VO als Beliehene im verwaltungsrechtlichen Sinne anzusehen seien (vgl *Schmidt*, Das neue europäische Medizinprodukterecht Rz 38 ff), so würden auch diese an der Vollziehung teilhaben und von § 78 adressiert sein. Die Aufzählung der Arten der personenbezogenen Daten, die gemäß Abs 1 verarbeitet werden dürfen (personenbezogene Daten *„über die Herstellung, das Inverkehrbringen, das Bereithalten, das Errichten, die Anwendung, die Prüfung, die klinische Bewertung und Prüfung, die Leistungsbewertung und Leistungsprüfung, die Aufbereitung, die Inbetriebnahme, das Qualitätsmanagement, die Instandhaltung, die Marktüberwachung und Vigilanz von Medizinprodukten"*) ist denkbar weit und **umfasst im Wesentlichen sämtliche für die Vollziehung erforderlichen Datenarten** (einschließlich sensibler Daten, siehe dazu schon oben A.).

C. Abs 2

11 Demgegenüber ermächtigt **§ 78 Abs 2** ausschließlich das **BASG**, und auch dieses ausschließlich zur Verarbeitung jener personenbezogenen Daten (einschließlich sensibler Daten, siehe dazu schon oben A.) *„die für die Vollziehung dieses Bundesgesetzes im Hinblick auf die* ***Medizinprodukteüberwachung*** *benötigt*[t]" werden. § 78 Abs 2 Satz 2 ordnet hinsichtlich dieser so verarbeiteten personenbezogenen Daten eigens **Beschränkungen** der **datenschutzrechtlichen Betroffenenrechte** und diesen entsprechenden Verantwortlichenpflichten **zu Gunsten des BASG** an. Konkret werden im Hinblick auf die Verarbeitung dieser personenbezogenen Daten die datenschutzrechtliche „Informationspflicht bei Erhebung von personenbezogenen

Daten bei der betroffenen Person" (Art 13 DSGVO), die „Informationspflicht, wenn die personenbezogenen Daten nicht bei der betroffenen Person erhoben wurden" (Art 14 DSGVO), das – aufgrund des Ausschlusses in Art 17 Abs 3 lit c DSGVO an sich ohnedies nicht in Frage kommende – „Recht auf Löschung" (Art 17 DSGVO), das „Recht auf Einschränkung der Verarbeitung" (Art 18 DSGVO) sowie das „Widerspruchsrecht" (Art 21 DSGVO) ausgeschlossen. Diese Beschränkungen stützen sich den Mat zufolge auf Art 9 Abs 4 iVm 89 Abs 3 DSGVO (vgl AB 884 BlgNR 27. GP 11), richtigerweise stützen sie sich aber auf die **Öffnungsklausel des Art 23 DSGVO**. Diese gestattet es den Mitgliedstaaten, derlei Beschränkungen ua zur Sicherstellung des Schutzes wichtiger Ziele im Bereich der öffentlichen Gesundheit (vgl Art 23 Abs 1 lit e DSGVO), wozu auch die Medizinprodukteüberwachung zu zählen ist, festzulegen.

D. Abs 3

§ 78 Abs 3 ermächtigt das **BASG** zur **Übermittlung** von personenbezogenen Daten (einschließlich sensibler Daten, siehe dazu schon oben A.) **an die angeführten Stellen zu den** jeweils **angeführten** – weit gefassten – **Zwecken**: Übermittlungen sind demnach zulässig „[z]*ur Gewährleistung der Medizinproduktesicherheit sowie zur Gewährleistung des Schutzes von Leben und Gesundheit von Menschen*" (vgl Abs 3 Z 1, 2, 3, 6 und 7), bzw wenn die übermittelten Daten für die in Abs 3 Z 4 angeführten Stellen „*eine wesentliche Voraussetzung für die ihnen gesetzlich übertragenen Aufgaben bilden*", und bei Gesundheitseinrichtungen, die Medizinprodukte in Verkehr bringen oder anwenden, wenn es „*die sichere Anwendung oder der Schutz des Lebens oder der Gesundheit von Menschen ... erfordern*" (vgl Abs 3 Z 5). Das Datenminimierungsprinzip ist auch hier zu beachten (siehe dazu schon oben A.). Daher darf das BASG an die bezeichneten Stellen personenbezogene Daten nur für die jeweiligen Zwecke übermitteln, und auch nur insoweit, als es für diese Zwecke erforderlich ist. Die Mat betonen außerdem, dass (wie bei jeder Art der Verarbeitung personenbezogener Daten auch, im Besonderen bei der Übermittlung von [sensiblen] Daten) die **Sicherheit der Verarbeitung** (vgl **Art 25 und 32 DSGVO**) zu gewährleisten ist. Exemplarisch ordnen die Mat an, dass „*sicherzustellen* [sei], *dass der User-Zugriff nur mittels geeigneter Absicherungen (zB organisationsspezifisches Zertifikat) technisch möglich ist*" (vgl AB 884 BlgNR 27. GP 11). Als eine weitere, in Art 32 Abs 1 lit a DSGVO ausdrücklich genannte Maßnahme zur Gewährleistung der Sicherheit der Verarbeitung ist die Pseudonymisierung zu nennen. Sind zur Erreichung des verfolgten Zwecks gar nur anonymisierte Daten erforderlich, dürfen aufgrund des Grundsatzes der Datenminimierung nur diese verwendet werden (siehe dazu auch schon oben A.). 12

Die (missverständliche) Wortfolge „***im oder für den automationsunterstützten Datenverkehr Daten im Sinne des Abs. 1 und 2***" in § 78 Abs 3 entspricht der Formulierung des mit BGBl I 2003/119 erlassenen seinerzeitigen § 110a MPG. Mit BGBl I 2018/37 ist diese Wortfolge durch die Wortfolge „*Daten im Sinne des Abs 1 und 2 automationsunterstützt*" ersetzt worden. Dass § 78 Abs 3 wiederum die ursprüngliche Wortfolge verwendet, bringt keinen erkennbaren Mehrwert, und kann nur auf einem **legistischen Versehen** beruhen. Sie sollte daher wohl weiterhin als „*Daten im Sinne des Abs 1 und 2 automationsunterstützt*" verstanden werden. 13

IV. Datenschutzfolgenabschätzung

Von der Möglichkeit, gemäß Art 35 Abs 10 DSGVO bereits beim Erlass des § 78 eine abstrakte **Datenschutzfolgenabschätzung** durchzuführen, um auf diese Weise datenschutzrechtliche Verantwortliche von einer etwaigen Pflicht zur Durchführung einer Datenschutzfolgenabschätzung im Zusammenhang mit Verarbeitungen nach § 78 zu befreien, hat der Gesetzgeber nicht Gebrauch gemacht. Mit BGBl I 2021/122 sind in Abs 2 Beschränkungen 14 der Betroffenenrechte (dazu schon oben unter C.) eingezogen worden, wodurch die Datenverarbeitung auf Basis der bis dahin gültigen Vorgängerbestimmung § 110a MPG eine Änderung erfahren hat, die über den Bezug *„Daten im Sinne des Abs 1 und 2"* in Abs 3 auch auf diesen ausstrahlt. Aus diesem Grund kommt wohl – jedenfalls soweit es Verarbeitungen nach § 78 Abs 2 und Abs 3 betrifft – eine Inanspruchnahme des § 1 Abs 2 Z 1 Datenschutz-Folgenabschätzung-Ausnahmenverordnung (DSFA-AV), BGBl II 2018/108 (Datenanwendungen, die nach dem Datenschutzgesetz 2000 der Vorabkontrolle unterlagen und vor Ablauf des 24. Mai 2018 im Datenverarbeitungsregister registriert wurden) von Vornherein nicht in Betracht.

V. Verwaltungsstrafbewehrung

15 Werden personenbezogene Daten **über die Grenzen der Rechtmäßigkeitstatbestände des § 78 hinaus verarbeitet** und sind die betreffenden Verarbeitungen nicht anderweitig zu rechtfertigen, sind sie unrechtmäßig und begründen sohin einen **Verstoß gegen die DSGVO**. Bei Verstößen gegen die DSGVO ermöglicht Art 83 DSGVO die Verhängung von **Geldbußen**, die beträchtliche Höhen erreichen können (bis zu 20 Mio € bzw bis zu 4 % des Jahresumsatzes des vorangegangenen Geschäftsjahrs, je nachdem welcher der Beträge höher ist, vgl Art 5 Abs 1 lit a DSGVO iVm Art 83 Abs 5 lit a DSGVO). Allerdings können gemäß § 30 Abs 5 DSG **gegen Behörden** und öffentliche Stellen, wie insbesondere in Formen des öffentlichen Rechts sowie des Privatrechts eingerichtete Stellen, die im gesetzlichen Auftrag handeln, und gegen Körperschaften des öffentlichen Rechts **keine Geldbußen** verhängt werden.

§ 79 [Verschwiegenheitspflicht und automationsunterstützter Datenverkehr]

Ein in Österreich niedergelassener Hersteller oder sein Bevollmächtigter hat im Fall der Einstellung der Geschäftstätigkeit die gesamte Dokumentation gemäß Abschnitt 7 Anhang IX der Verordnung (EU) Nr. 745/2017 und gemäß Abschnitt 6 Anhang 9 der Verordnung (EU) Nr. 746/2017 dem Bundesamt für Sicherheit im Gesundheitswesen in elektronischer Form zu Verfügung zu stellen.

Beachte für die Bestimmung: Tritt hinsichtlich In-vitro-Diagnostika am 26.5.2022 in Kraft (vgl § 91 Abs 1).

Fassung: BGBl I 2021/122

Literatur: *Rehmann/Wagner*, MP-VO[4]; *Schwamberger*, MPG; *Anhalt/Dieners*, Medizinprodukterecht; *Königshofer* in Resch/Wallner, Medizinrecht[3]; *Larcher/Beiglböck*, Das neue österreichische Medizinproduktegesetz 2021, RdM 2021/242.

Inhaltsverzeichnis

I. Bedeutung der Rechtsnorm

§ 79 verpflichtet Hersteller bzw deren Bevollmächtigte dazu, bei einer Einstellung ihrer Geschäftstätigkeit dem BASG bestimmte Unterlagen im Zusammenhang mit Konformitätsbewertungen zur Verfügung zu stellen. 1

Konformitätsbewertungen nehmen im Medizinprodukterecht eine **zentrale Rolle** ein. Daher sollen Unterlagen, die im Zusammenhang mit dem Verfahren stehen, nach dem festgestellt wird, ob die Anforderungen der jeweiligen VO an ein konkretes Produkt erfüllt worden sind, auch über die Einstellung der Geschäftstätigkeit des betreffenden Herstellers bzw Bevollmächtigten hinaus für das BASG **verfügbar bleiben**. 2

II. Unionsrechtliche Bezüge

Mit § 79 kommt der Gesetzgeber jenen konkreten Regelungsaufträgen nach, die Abschnitt 8 in Anhang IX der Medizinprodukte-VO bzw Abschnitt 7 in Anhang IX der IvD-VO an ihn richten. 3

III. Tatbestand

Aus § 79 folgt, dass der in Österreich niedergelassene Hersteller bzw sein Bevollmächtigter die gesamte Dokumentation gemäß Abschnitt 7 Anhang IX der Medizinprodukte-VO und gemäß Abschnitt 6 in Anhang IX der IvD-VO im dort jeweils angegebenen Umfang für zehn bzw fünfzehn Jahre nach Inverkehrbringen des letzten Produktes vorhalten müssen, um sie bei einer Einstellung der Geschäftstätigkeit dem BASG zur Verfügung stellen zu können. 4

Nach dem Verständnis der Medizinprodukte-VO und der IvD-VO kommt es in diesem Zusammenhang dann zu einer ***„Einstellung der Geschäftstätigkeit“***, wenn der in einem Mit- 5 gliedstaat niedergelassene Hersteller oder sein Bevollmächtigter **in Konkurs gehen** oder ihre **Geschäftstätigkeit aufgeben** (vgl Abschnitt 8 in Anhang IX der Medizinprodukte-VO bzw Abschnitt 7 in Anhang IX der IvD-VO).

6 Nach der **Medizinprodukte-VO** (vgl deren Abschnitt 7 Anhang IX) betrifft dies folgende **Unterlagen**: die EU-Konformitätserklärung, die Dokumentation über das Qualitätsmanagementsystem des Herstellers und insbesondere die angemessene Beschreibung der Verfahren und Techniken zur Überwachung, Überprüfung, Validierung und Kontrolle der Produktauslegung einschließlich der entsprechenden Dokumentation sowie die aus diesen Verfahren und Techniken hervorgehenden Daten und Aufzeichnungen, die Informationen über geplante wesentliche Änderungen am Qualitätsmanagementsystem oder der hiervon erfassten Produktpalette, den Antrag auf Bewertung der technischen Dokumentation einschließlich der technischen Dokumentation gemäß den Anhängen II und III der Medizinprodukte-VO und die Entscheidungen und Berichte der Benannten Stelle gemäß Anhang IX der Medizinprodukte-VO.

7 Nach der **IvD-VO** (vgl deren Abschnitt 6 Anhang IX) betrifft dies folgende **Unterlagen**: die EU-Konformitätserklärung, die Dokumentation über das Qualitätsmanagementsystem des Herstellers und insbesondere die angemessene Beschreibung der Verfahren und Techniken zur Überwachung, Überprüfung, Validierung und Kontrolle der Produktauslegung einschließlich der entsprechenden Dokumentation sowie die aus diesen Verfahren und Techniken hervorgehenden Daten und Aufzeichnungen, die Informationen über geplante wesentliche Änderungen am Qualitätsmanagementsystem oder der hiervon erfassten Produktpalette, den Antrag auf Bewertung der technischen Dokumentation einschließlich der technischen Dokumentation gemäß den Anhängen II und III der IvD-VO und die Dokumentation gemäß Abschnitt 5.1 Buchstabe b des Anhangs IX der IvD-VO, sowie die Entscheidungen und Berichte der Benannten Stelle gemäß Anhang IX der IvD-VO.

8 Die Zurverfügungstellung an das BASG hat nicht in Papierform, sondern in **elektronischer Form** zu erfolgen. Gemäß § 1 Abs 2 iVm § 2 Abs 4 der VO des BASG über die elektronische Übermittlung von Anträgen und Meldungen (Elektronische Einreichverordnung 2011 – **EEVO 2011**) sind in Verfahren nach dem MPG 2021 Anträge, Anzeigen, Meldungen und **sonstige Unterlagen** beim BASG entsprechend den auf der Website „**www.basg.gv.at**" bekannt gemachten **Leitlinien** verpflichtend und (von den Ausnahmen gemäß § 5 EEVO 2011 abgesehen) ausschließlich elektronisch einzureichen. Diesen Leitlinien sind die Beschreibung über die Art der Datenübermittlung, der zulässigen Dokumentformate und die höchstzulässige Dokumentengröße im Detail zu entnehmen.

IV. Verwaltungsstrafbewehrung

9 Ein Verstoß gegen § 79 ist gemäß § 80 Abs 1 Z 42 mit einer **Verwaltungsstrafe** von bis zu 25.000 € (50.000 € im Wiederholungsfall) bedroht.

13. Abschnitt
Verwaltungsstrafbestimmungen

§ 80 Verwaltungsstrafbestimmungen

(1) Wer

1. ein Medizinprodukt entgegen den Vorgaben der Verordnung (EU) Nr. 745/2017 oder der Verordnung (EU) Nr. 746/2017 oder dieses Bundesgesetzes in Verkehr bringt, auf dem Markt bereitstellt oder weiter auf dem Markt bereitstellt, in Betrieb nimmt, betreibt, errichtet oder anwendet,
2. als Hersteller, Bevollmächtigter, Importeur, Händler oder als sonstige natürliche oder juristische Person seinen Verpflichtungen gemäß der Verordnung (EU) Nr. 745/2017 oder der Verordnung (EU) Nr. 746/2017 oder gemäß diesem Bundesgesetz nicht nachkommt,
3. als Benannte Stelle die Anforderungen der Verordnung (EU) Nr. 745/2017 oder der Verordnung (EU) Nr. 746/2017 nicht erfüllt,
4. ein Medizinprodukt zu Demonstrationszwecken entgegen den Anforderungen der Verordnung (EU) Nr. 745/2017 oder der Verordnung (EU) Nr. 746/2017 ausstellt,
5. den Vorgaben des Art. 6 der Verordnung (EU) Nr. 745/2017 oder des Art. 6 der Verordnung (EU) Nr. 746/2017 zuwiderhandelt,
6. die Anforderungen gemäß Art. 15 der Verordnung (EU) Nr. 745/2017 oder Art. 15 der Verordnung (EU) Nr. 746/2017 nicht erfüllt,
7. ein Medizinprodukt entgegen Art. 22 der Verordnung (EU) Nr. 745/2017 kombiniert, ohne die dafür vorgesehene Erklärung abzugeben,
8. ein Medizinprodukt entgegen Art. 22 Abs. 3 der Verordnung (EU) Nr. 745/2017 sterilisiert,
9. bei klinischen Prüfungen oder Leistungsstudien den Vorgaben der Verordnung (EU) Nr. 745/2017 oder der Verordnung (EU) Nr. 746/2017 oder den Vorgaben des 3. Abschnitts zuwiderhandelt,
10. die Anforderungen der Überwachung und Vigilanz gemäß Kapitel VII Abschnitt 1 und 2 der Verordnung (EU) Nr. 745/2017 oder gemäß Kapitel VII Abschnitt 1 und 2 der Verordnung (EU) Nr. 746/2017 nicht erfüllt,
11. bei Maßnahmen der Überwachung seiner Verpflichtung zur Duldung oder Unterstützung dieser Maßnahmen gemäß Art. 93 der Verordnung (EU) Nr. 745/2017 oder Art. 88 Verordnung (EU) Nr. 746/2017 nicht nachkommt,
12. als Wirtschaftsakteur den Vorgaben gemäß Art. 94, 95 und 97 der Verordnung (EU) Nr. 745/2017 oder Art. 89, 90 und 92 der Verordnung (EU) Nr. 746/2017 zuwiderhandelt,
13. den Vorgaben des § 6 zuwiderhandelt oder die Anforderungen gemäß § 7 nicht beachtet,
14. Medizinprodukte in Gesundheitseinrichtungen entgegen § 9 herstellt und verwendet,
15. bei einer nichtinterventionellen Studie die Anforderungen einer Verordnung gemäß § 35 nicht erfüllt,

16. der Meldepflicht des § 37 nicht nachkommt,
17. bei Maßnahmen der Überwachung seiner Verpflichtung zur Duldung oder Unterstützung dieser Maßnahmen gemäß § 38 Abs. 7 und 8 oder § 39 nicht nachkommt,
18. der Meldepflicht gemäß § 40 oder der Verpflichtung gemäß §§ 41 und 42 nicht nachkommt,
19. einer Anordnung gemäß den §§ 43 und 44 nicht nachkommt,
20. die Vorgaben der §§ 45 und 47 nicht erfüllt,
21. der Verordnung (EU) Nr. 722/2012 der Kommission vom 8. August 2012 über besondere Anforderungen betreffend die in der Richtlinie 90/385/EWG bzw. 93/42/EWG des Rates festgelegten Anforderungen an unter Verwendung von Gewebe tierischen Ursprungs hergestellte aktive implantierbare medizinische Geräte und Medizinprodukte zuwiderhandelt,
22. Personen beauftragt, Tätigkeiten gemäß § 48 auszuführen, ohne dass diese die Voraussetzung erfüllen,
23. die Tätigkeit eines Medizinprodukteberaters entgegen § 48 ausübt,
24. die allgemeinen Anforderungen des § 49 oder einer Verordnung gemäß § 49 Abs. 2 nicht beachtet,
25. die Anforderungen des § 50 Abs. 2 oder einer Verordnung gemäß § 50 Abs. 1 und Abs. 3 nicht erfüllt,
26. Personal nicht entsprechend § 52 einweist oder einweisen lässt und die Einweisung nicht gemäß § 52 Abs. 3 dokumentiert,
27. entgegen § 53 kein Bestandsverzeichnis führt oder das Bestandsverzeichnis nicht entsprechend § 53 führt,
28. seinen Verpflichtungen zur Instandhaltung gemäß § 54 nicht nachkommt,
29. die Prüfungen nicht gemäß den §§ 55 bis 57 durchführt oder dafür Personen heranzieht, die nicht dem § 59 Abs. 1 entsprechen,
30. seiner Dokumentationsverpflichtung gemäß § 58 nicht nachkommt,
31. die gemäß § 60 erforderlichen Maßnahmen nicht setzt,
32. die Anforderungen einer Verordnung nach § 61 nicht erfüllt,
33. ein Medizinprodukt entgegen § 62 oder einer Verordnung gemäß § 63 reinigt, desinfiziert oder sterilisiert,
34. ein Medizinprodukt entgegen einer Verordnung nach § 64 anwendet,
35. als Betreiber einer Gesundheitseinrichtung die Mindestausstattung gemäß einer Verordnung nach § 65 nicht zur Verfügung hat,
36. einen Betrieb entgegen den besonderen Regelungen für den Betrieb gemäß einer Verordnung nach § 65 Abs. 1 führt oder im Sinne des § 65 Abs. 5 Tätigkeiten ausübt, ohne dem § 65 Abs. 5 zu entsprechen,
37. einen Betrieb ohne die erforderliche Genehmigung gemäß einer Verordnung nach § 65 Abs. 3 führt,
38. ein Medizinprodukt entgegen einer Verordnung gemäß den §§ 66 oder 67 abgibt,
39. Personen zum Zweck des Sammelns von Bestellungen von Medizinprodukten gemäß § 69 aufsucht oder den Auftrag dazu erteilt,

40. Kennzeichnungen oder Aufmachungen verwendet, Angaben oder Ankündigungen macht, die gemäß Art. 7 der Verordnung (EU) Nr. 745/2017 zur Irreführung oder dazu geeignet sind, fälschliche Erwartungen zu erwecken,

41. den Vorgaben des 11. Abschnitts über Werbung für Medizinprodukte zuwiderhandelt,

42. den Vorgaben des § 79 zuwiderhandelt,

43. Anordnungen zuwiderhandelt, die sonst in Verordnungen nach diesem Bundesgesetz enthalten sind,

macht sich, sofern sie nicht den Tatbestand einer in die Zuständigkeit der Gerichte fallenden strafbaren Handlung bildet, einer Verwaltungsübertretung schuldig und ist mit Geldstrafe bis zu 25 000 €, im Wiederholungsfalle bis zu 50 000 € zu bestrafen.

(2) Der Versuch ist strafbar.

Fassung: BGBl I 2021/122

Literatur: *Brogyányi/Müller*, Geschäftsführer in der Pharmaindustrie, RdM-ÖG 2021/3; *Dungl/Achrainer*, Serialisierung von Arzneispezialitäten – Praxisfragen und Umsetzung in Österreich, JMG 2019; *Hofmann/Schreck* in *Neumayr/Resch/Wallner*, GmundKomm² Art 113 Medizinprodukte-VO; *Lewisch in Lewisch/Fister/Weilguni, VStG3*; *Schmid*, Strukturfragen der Verantwortlichkeit von juristischen Personen und ihren Organen im Verwaltungsstrafverfahren, in *Holoubek/Lang* (Hrsg), Grundfragen des Verwaltungs- und Finanzstrafverfahrens; *Zeder*, Neuer Straftatbestand: Arzneimittelfälschung, ÖJZ 2014/98.

Inhaltsverzeichnis

I. Allgemeines

§ 80 trat hinsichtlich In-vitro-Diagnostika am 26.5.2022 in Kraft. 1

Zum Zeitpunkt der Erstellung dieses Kommentars befand sich eine RV im Beschlussstadium des Nationalrats. 2 Mit dieser sollen die Straftatbestände im Hinblick auf Verstöße gegen die Anforderungen an das *weitere Bereitstellen auf dem Markt* von Medizinprodukten in das MPG 2021 aufgenommen werden. Ebenso sollen durch den Ablauf der Übergangsbestimmungen obsolet gewordene Straftatbestände (Z 43) gestrichen werden.[1]

Die Verpflichtung des ö Gesetzgebers, Strafbestimmungen bei Verstößen gegen die VO 3 (EU) 2017/745 und die VO (EU) 2017/746 zu erlassen, ergibt sich aus den Verordnungen selbst (bspw Art 113 MDR) sowie schon allgemein aus dem Primärrecht.[2] Unzureichende nationale gesetzliche Grundlagen zur Sanktionierung von Verstößen gegen das EU-Recht können ein Vertragsverletzungsverfahren nach sich ziehen.[3]

Dementsprechend sehen die Verwaltungsstrafbestimmungen des MPG 2021 sowohl Sanktionen für Verstöße gegen nationales Recht (insbes gegen das MPG 2021 und darauf basierend erlassene V) als auch gegen die europäischen Rechtsakte vor.

[1] Vgl ErlRV 2551 27. GP.
[2] Vgl Art 4 Abs 3 EUV.
[3] Vgl Leitentscheidung EuGH C-68/88 (Europäische Kommission/Griechenland).

4 Die Verwaltungsstrafbestimmungen des MPG 2021 sind Ungehorsamsdelikte iSd § 5 Abs 1 zweiter Satz VStG. Insofern kommt es zur Verwirklichung nicht darauf an, ob ein Schaden oder eine Gefahr durch eine Handlung oder Unterlassung tatsächlich eintreten.[4] Zur Verwirklichung reicht des weiteren Fahrlässigkeit aus.

5 Die Strafbestimmung des Abs 1 Z 2 kann als eine Art Auffangtatbestand für sämtliche Verstöße von Wirtschaftsakteuren gegen die MDR gesehen werden, die nicht explizit in den sonstigen Strafbestimmungen genannt sind.

II. Aspekte zum Zusammentreffen mehrerer strafbarer Handlungen

6 Gem § 22 VStG gilt der Anwendungsvorrang des Strafrechts. Somit ist eine Tat als Verwaltungsübertretung nur dann strafbar, wenn sie nicht den Tatbestand einer in die Zuständigkeit der Gerichte fallenden strafbaren Handlung bildet.[5]

7 Grundsätzlich gilt im Verwaltungsstrafrecht das Kumulationsprinzip des § 22 Abs 2 VStG. Demnach sind bei Verwirklichung mehrerer Verwaltungsübertretungen die „Strafen nebeneinander zu verhängen“. Insofern wären auch laufende Verstöße ggf als mehrere einzelne Delikte nebeneinander (also mehrfach) zu ahnden.

Durchbrochen wird das Kumulationsprinzip insbesondere durch das im Verwaltungsstrafrecht bedeutsame „fortgesetzte Delikt“., welchem eine stark strafbarkeitsbeschränkende Funktion zukommt.[6] Ein fortgesetztes Delikt liegt dann vor, wenn eine Reihe von rechtswidrigen Einzelhandlungen aufgrund der Gleichartigkeit der Begehungsform und der Ähnlichkeit der äußeren Begleitumstände im Rahmen eines noch erkennbaren zeitlichen Zusammenhangs sowie eines diesbezüglichen Gesamtkonzepts des Täters zu einer Einheit zusammentreten.[7] Im Ergebnis kann dadurch ein gem der genannten Bedingungen öfter hintereinander erfolgender Verstoß gegen Verwaltungsstrafbestimmungen als ein einheitliches (fortgesetztes) Delikt gewertet werden und wäre daher nur mit der Strafdrohung der Begehung eines einzelnen Verstoßes assoziiert. Eine wichtige Einschränkung des fortgesetzten Delikts in der Rechtsprechung ist, dass ein solches immer nur bei einem Verstoß gegen ein und dieselbe Vorschrift angenommen werden kann und nicht bei Verstößen gegen unterschiedliche Vorschriften vorliegen kann.[8]

8 Vereinzelt anzutreffen ist der Begriff des „Sammeldelikts“[9], bei welchem bspw das Inverkehrbringen, Vorrätighalten und Anbieten eines Produkts (hier: Pflanzschutzmittel) infolge des offensichtlichen Gesamtkonzeptes und zeitlichen Zusammenhanges mit nur einer Strafe geahndet wurde. Eine solche Konstellation ist im Bereich des Medizinprodukterechts denkbar, insofern bspw die Verletzung von Kennzeichnungsvorschriften gleichzeitig zu Verstößen im Hinblick auf das Inverkehrbringen und die Werbebeschränkungen führen kann.

III. Strafsubjekt

9 Die Verwaltungsstrafbestimmungen des MPG 2021 treffen jede Person, die ihnen zuwiderhandelt. Es kann sich dabei also um Begehungen natürlicher oder juristischer Personen handeln. Im Bereich der Wirtschaftsakteure treten am Markt meist juristische Personen des

[4] Vgl zum Arzneimittelgesetz *Steinböck* in *Cerha/Heissenberger/Steinböck*, AMG § 84.
[5] Vgl *Lewisch* in *Lewisch/Fister/Weilguni*, VStG³ § 22.
[6] Dazu ausführlich *Lewisch* in *Lewisch/Fister/Weilguni*, VStG³ § 22, Rz 19 ff.
[7] Vgl VwGH 3.5.2017, Ra 2016/03/0108.
[8] Vgl VwGH 18.9.2012, 2009/11/0066.
[9] Vgl bspw 30.11.2015, LVwG 30.6-2145/2015.

Privatrechts auf. Im Hinblick auf die Strafbestimmungen zum Betrieb und der Anwendung von Medizinprodukten spielen insbesondere Gesundheitseinrichtungen oder Beschäftigte im Gesundheitswesen eine Rolle.

Im Bereich der juristischen Personen stellt sich die Frage, wer für die Verstöße persönlich haftet.[10] **10**

Dem Grundsatz nach haften für die Verstöße juristischer Personen die nach Außen zur Vertretung befugten Personen, im Wesentlichen also Geschäftsführer, Vorstände, udgl. Oftmals ist in der Praxis die Ansicht anzutreffen, gewerberechtliche Geschäftsführer würden für Verstöße gegen produktrechtliche Vorschriften haften, also bspw für jene gegen MPG 2021 oder das Arzneimittelgesetz. Dies ist jedoch nicht der Fall. Für Verstöße gegen das MPG 2021 haften die „handelsrechtlichen" Geschäftsführer.[11]

Es besteht jedoch die Möglichkeit, sogenannte verantwortliche Beauftragte gem § 9 VStG zu benennen, auf welche die verwaltungsstrafrechtliche Verantwortlichkeit sodann übergeht.[12] Dies erfordert jedoch eine gültige zivilrechtliche Vereinbarung sowie eine klare Abgrenzung der Verantwortlichkeit.

Teilweise sehen materiengesetzliche Bestimmungen die verpflichtende Bestellung von „Beauftragten" vor. Diese sind grundsätzlich dadurch nicht automatisch (also ohne zusätzliche Bestellung dazu) auch „verantwortliche Beauftragte" iSd § 9 VStG.

Im Medizinprodukterecht stellt sich die Frage, ob die für die Regulierungsvorschriften ver- **11**
antwortliche Person (des Herstellers) iSd Art 15 MDR als verantwortliche Beauftragte iSd § 9 VStG angesehen werden kann. Die Jud setzt hohe Anforderungen an eine für Beauftragte ex lege vorgesehene verwaltungsstrafrechtliche Verantwortung iSd § 9 VStG. Verlangt wird bspw eine „ausdrückliche Anordnung einer besonderen verwaltungsstrafrechtlichen Verantwortung" im Materiengesetz, das die Beauftragtenstellung normiert.[13] Eine solche Anordnung ist Art 15 MDR nicht zu entnehmen sowie auch nicht im MPG 2021 vorgesehen. Die bloße gesetzliche Anordnung der Verantwortlichkeit für die Einhaltung von Vorschriften ist mE nicht gleichzusetzen mit einer Stellung als verantwortlicher Beauftragter iSd § 9 VStG, weshalb eine solche Stellung nur nach (gesonderter) Ernennung unter Einhaltung der Vorgaben des § 9 VStG angenommen werden kann.[14]

Zuletzt sei noch erwähnt, dass auch Benannte Stellen bei Verstößen gegen medizinproduk- **12**
terechtliche Vorgaben mit Verwaltungsstrafdrohungen konfrontiert sein können. Dies ergibt sich aus § 80 Abs 1 Z 3. In der Praxis bedeutsamer wird aber jedenfalls eine etwaige strafrechtliche Verantwortung Benannter Stellen sein.[15]

---

[10] Dazu ausführlich bspw *Schmid*, Strukturfragen der Verantwortlichkeit von juristischen Personen und ihren Organen im Verwaltungsstrafverfahren, in *Holoubek/Lang* (Hrsg), Grundfragen des Verwaltungs- und Finanzstrafverfahrens.

[11] Vgl zur Haftung gem Arzneimittelgesetz, wo selbiges gilt *Brogyányi/Müller*, Geschäftsführer in der Pharmaindustrie, RdM-ÖG 2021/3.

[12] Vgl *Lewisch* in *Lewisch/Fister/Weilguni*, VStG³ § 9.

[13] Vgl VwGH 11.09.2015, 2013/17/0485.

[14] Vgl im Hinblick auf andere (aber vergleichbare) Regelungen diverser Materiengesetze Vgl *Lewisch* in *Lewisch/Fister/Weilguni*, VStG³ § 9 Rz 36.

[15] Vgl BGH 27.2.2020, VII ZR 151/18 – RIW 2020, 541.

IV. Aspekte zu einzelnen Strafbestimmungen

13 Keine konkreten Sanktionen sind für die Fälschung von Medizinprodukten vorgesehen, obgleich das Medicrime-Übereinkommen den nationalen Gesetzgeber dazu verpflichtet.[16] Weder die MDR[17] noch das MPG 2021 sehen dafür eigene Bestimmungen vor. Man wird aber davon ausgehen können, dass im Falle von Fälschungen wohl regelmäßig auch Verstöße gegen die Vorgaben für die Herstellung bzw das Inverkehrbringen, welche unter Verwaltungsstrafdrohung stehen, vorliegen werden. Bspw in Deutschland wurden Strafsanktionen für Fälschungstatbestände eingeführt.[18]

14 Der Ministerialentwurf zum MPG 2021 wurde im Hinblick auf § 80 Abs 1 Z 41 dahingehend abgewandelt, dass nicht nur das „Betreiben von Werbung für Medizinprodukte entgegen den Vorgaben des 11. Abschnitts" strafbar ist, sondern, das „den Vorgaben des 11. Abschnitts über Werbung für Medizinprodukte Zuwiderhandeln". Ansonsten wäre die Vorschrift des § 75 nur gegenüber Werbungtreibenden, nicht aber auch den Personen, welche Ziel der Werbemaßnahmen sind gegenüber, sanktioniert worden (eine Prämie, finanzielle oder materielle Vorteile zu fordern, sich versprechen zu lassen oder anzunehmen).

15 Die aktuelle Medizinproduktebetreiberverordnung (MPBV)[19] wurde auf Basis des MPG 1996 erlassen. Eine Klarstellung, dass es sich bei der MPBV um eine Verordnung iSd Verordnungsermächtigung des § 61 MPG 2021 handelt, würde zur Rechtsicherheit in der Praxis beitragen, insbes da Verstöße gegen darin enthaltene Vorgaben gem § 80 Abs 1 Z 32 strafbewährt sind.

16 In den Strafbestimmungen nicht explizit Eingang findet eine Sanktionierung der nicht erlaubten Wiederaufbereitung von Einmalprodukten. Diese ist in Österreich nicht zulässig, nachdem sich der Gesetzgeber entschlossen hat, von der (quasi) Öffnungsklausel des Art 17 MDR nicht Gebrauch zu machen. Es ist eine explizite Strafbestimmung für dieses Delikt jedoch nicht notwendig, weil sich die Strafbarkeit bereits aus § 80 Abs 1 Z 1 ergibt. Denn der Inverkehrbringer eines (ohne entsprechende nationale Rechtsgrundlage) wiederaufbereiteten Einmalprodukts würde als Hersteller iSd MDR gelten und demnach wohl deren Anforderungen an und Vorgaben für Hersteller missachten, was zur Strafbarkeit gem § 80 Abs 1 Z 1 führen würde.

---

16 Vgl bspw bezogen auf Arzneimittel *Zeder*, Neuer Straftatbestand: Arzneimittelfälschung, ÖJZ 2014/98 oder *Dungl/Achrainer*, Serialisierung von Arzneispezialitäten – Praxisfragen und Umsetzung in Österreich, JMG 2019, 7.

17 *Hofmann/Schreck* in *Neumayr/Resch/Wallner*, GmundKomm² Art 113 Medizinprodukte-VO.

18 Vgl § 93 Abs 1 Z 2 iVm § 13 deutsches Medizinprodukte Durchführungsgesetz, BGBl. I S. 960.

19 MPBV BGBl II 2007/70 idF BGBl II 2007/163.

14. Abschnitt
Krisensituationen

§ 81 Sonderbestimmungen im Zusammenhang mit Krisensituationen

(1) Im Falle einer Katastrophe, Epidemie, Pandemie, terroristischen Bedrohung, kriegerischen Auseinandersetzung oder sonstigen Krisensituation hat der Bundesminister für Soziales, Gesundheit, Pflege und Konsumentenschutz, wenn die notwendige Versorgung der Bevölkerung sonst ernstlich und erheblich gefährdet wäre, durch Verordnung Ausnahmen von Kapitel II, III, IV, V und VII der Verordnung (EU) Nr. 745/2017 sowie der Verordnung (EU) Nr. Nr. 746/2017 sowie der §§ 7, 9, 43 und 44 sowie des 8. und 9. Abschnitts dieses Bundesgesetzes und der entsprechenden auf Grund dieses Bundesgesetzes erlassenen Verordnungen zu treffen, soweit und solange dies auf Grund der besonderen Situation erforderlich ist und der Schutz des Lebens und der Gesundheit von Mensch gewahrt bleibt.

(2) Im Falle einer Katastrophe, Epidemie, Pandemie, terroristischen Bedrohung, kriegerischen Auseinandersetzung oder sonstigen Krisensituation kann der Bundesminister für Soziales, Gesundheit, Pflege und Konsumentenschutz, wenn die notwendige Versorgung der Bevölkerung sonst ernstlich und erheblich gefährdet wäre, durch Verordnung Regelungen über Versorgungs- und Bereitstellungsverpflichtungen für Hersteller, Bevollmächtigte, Händler und Abgabestellen von Medizinprodukten erlassen, wenn und solange dies auf Grund der besonderen Situation erforderlich ist.

(3) Eine Verordnung gemäß Abs. 1 oder Abs. 2 kann auch rückwirkend erlassen werden und tritt nach höchstens einem Jahr nach ihrem Inkrafttreten außer Kraft.

(Anm.: Abs 4 mit 31.12.2021 außer Kraft getreten)

Beachte für die Bestimmung: Tritt hinsichtlich In-vitro-Diagnostika am 26.5.2022 in Kraft (vgl § 91 Abs 1).

Fassung: BGBl I 2021/122

Literatur: *Lopatka-Sint*, Krisenrecht Stand 2023 – ein kleiner Rundumschlag, ZfRV 2023/45; *Steinböck* in *Cerha/Heissenberger/Steinböck*, AMG (2020).

Die Verordnungsermächtigungen des § 81 entsprechen nahezu wörtlich § 94d AMG und 1
schaffen die Möglichkeit in bestimmten, namentlich angeführten Situationen Ausnahmen von bestimmten Anforderungen der Medizinprodukte-VO, der IvD-VO, des MPG und der aufgrund des MPG erlassenen V festzulegen. Derartige Ausnahmen können die Kapitel II,[1] III,[2] IV,[3] V[4] und VII,[5] je der Medizinprodukte-VO und der IvD-VO sowie die §§ 7, 9, 43 und 44 MPG und dessen 8. und 9. Abschnitt betreffen.[6] In den gleichen Situationen können mit V auch Versor-

---

1 Bereitstellung auf dem Markt und Inbetriebnahme von Produkten, Pflichten der Wirtschaftsakteure, Aufbereitung, CE-Kennzeichnung, freier Verkehr.

2 Identifizierung und Rückverfolgbarkeit von Produkten, Registrierung von Produkten und Wirtschaftsakteuren, Kurzbericht über Sicherheit und klinische Leistung, Europäische Datenbank für Medizinprodukte.

3 Benannte Stellen.

4 Klassifizierung und Konformitätsbewertung.

5 Überwachung nach dem Inverkehrbringen.

6 § 81 Abs 1.

gungs- und Bereitstellungsverpflichtungen für Hersteller, Bevollmächtigte, Händler und Abgabestellen erlassen werden, wenn und solange dies in der jeweiligen Situation erforderlich ist.[7]

2 Voraussetzung für das Erlassen derartiger V ist einerseits das Vorliegen einer der beschriebenen Situationen sowie andererseits jeweils eine ernstliche und erhebliche Gefährdung der notwendigen Versorgung der Bevölkerung. Ein formelles „Ausrufen" des Eintritts einer der vorausgesetzten Situationen ist nicht erforderlich.[8] Die Verordnungsermächtigungen dienen sohin dem Schutz des Lebens und der Gesundheit der Bevölkerung[9] und unterliegen einem strengen Verhältnismäßigkeitsgebot.[10]

3 Die Begriffe der Katastrophe, kriegerischen Auseinandersetzung, terroristischen Bedrohung, Epidemie und Pandemie sind gesetzlich jeweils nicht definiert. Im Hinblick auf die Orientierung des § 81 an § 94d AMG ist eine Auslegung entsprechend dem Arzneimittelrecht sachgerecht. Eine „kriegerische Auseinandersetzung" ist daher ein militärischer Konflikt oder Bürgerkrieg und „Terrorismus" die Verwendung von Krankheitserregern, chemischen oder nuklearen Kampfstoffen für einen terroristischen Anschlag.[11] Noch unbestimmter ist der Begriff der „Katastrophe", der richtigerweise anhand des allgemeinen Sprachgebrauchs als schweres Unglück oder Naturereignis mit verheerenden Folgen bzw als Ereignis, das Menschen und Sachen in ungewöhnlichem Ausmaß gefährdet oder schädigt zu versehen ist.[12] Unter „Epidemie" ist ein stark gehäuftes, örtlich und zeitlich begrenztes Vorkommen von (insb Infektions-) Krankheiten[13] zu verstehen; unter „Pandemie" eine Ausbreitung von Infektionskrankheiten über das Ausmaß einer Epidemie hinaus über Länder und Kontinente.[14] Am unbestimmtesten ist schließlich der Begriff der „sonstigen Krisensituation", der unter Bezugnahme auf die anderen in § 81 Abs 1 genannten Fälle auf Situationen abstellt, die in Ausmaß und Umfang ähnlich gelagert sind.[15] Richtigerweise kann unter „Krise" im gegebenen Zusammenhang ein unvorhergesehener ernsthafter Ausnahmezustand mit einer solchen Ressourcenknappheit erfasst sein, die rechtmäßiges Handeln für den Rechtsunterworfenen (faktisch und damit wirtschaftlich) unzumutbar macht.[16]

4 Die V nach § 81 können auch rückwirkend erlassen werden, sie treten aber jedenfalls ein Jahr nach ihrem Inkrafttreten außer Kraft.[17]

---

7 § 81 Abs 2.

8 Vgl *Steinböck* in *Cerha/Heissenberger/Steinböck*, AMG §§ 94d, 94e Rz 9.

9 ErläutRV 884 BlgNR 27. GP 11.

10 Vgl *Steinböck* in *Cerha/Heissenberger/Steinböck*, AMG §§ 94d, 94e Rz 6.

11 Vgl *Steinböck* in *Cerha/Heissenberger/Steinböck*, AMG §§ 7-8a Rz 47 mwN.

12 *Steinböck* in *Cerha/Heissenberger/Steinböck*, AMG §§ 7-8a Rz 48 mwN.

13 *Steinböck* in *Cerha/Heissenberger/Steinböck*, AMG §§ 94d, 94e Rz 3 mwN.

14 *Steinböck* in *Cerha/Heissenberger/Steinböck*, AMG §§ 94d, 94e Rz 3 mwN.

15 *Steinböck* in *Cerha/Heissenberger/Steinböck*, AMG 94d, 94e Rz 4 mwN.

16 Vgl *Lopatka-Sint*, Krisenrecht Stand 2023 – ein kleiner Rundumschlag, ZfRV 2023/45, 74.

17 § 81 Abs 3.

15. Abschnitt
Übergangs- und Schlussbestimmungen

§ 82 Medizinprodukte

(1) Das Medizinproduktegesetz, BGBl. Nr. 657/1996, tritt hinsichtlich Medizinprodukte nach Maßgabe der folgenden Bestimmungen mit dem der Kundmachung folgenden Tag außer Kraft.

(2) Abweichend von Abs. 1 sind die §§ 36 und 37 Medizinproduktegesetz mit Ablauf des 25. November 2017 für diejenigen Benannten Stellen, die einen Antrag auf Benennung gemäß Art. 38 der Verordnung (EU) Nr. 745/2017 eingereicht haben, nicht mehr anzuwenden.

(3) Sofern Eudamed am 26. Mai 2021 nicht voll funktionsfähig ist, gelten die Pflichten und Anforderungen im Zusammenhang mit Eudamed gemäß Art. 123 Abs. 3 lit. d der Verordnung (EU) Nr. 745/2017 ab dem Datum, das sechs Monaten nach dem Tag der Veröffentlichung der Bekanntmachung gemäß Art. 34 Abs. 3 der Verordnung (EU) Nr. 745/2017 entspricht. Abweichend von Abs. 1 gelten diesfalls die Bestimmungen des Medizinproduktegesetzes und der darauf basierenden Verordnungen bezüglich des Informationsaustausches, einschließlich insbesondere Informationen zur Vigilanzberichterstattung, zu klinischen Prüfungen, zur Registrierung von Produkten und Wirtschaftsakteuren und Bescheinigungen, zur Erfüllung der Pflichten, die in den in Art. 123 Abs. 3 lit. d der Verordnung (EU) Nr. 745/2017 genannten Bestimmungen festgelegt sind, weiter bis zu dem Datum, das sechs Monate nach dem Tag der Veröffentlichung der Bekanntmachung gemäß Art. 34 Abs. 3 der Verordnung (EU) Nr. 745/2017 liegt.

(4) Klinische Prüfungen, die gemäß den Bestimmungen des Medizinproduktegesetzes vor dem 26. Mai 2021 bewilligt oder gemeldet wurden, dürfen nach der zum Zeitpunkt der Bewilligung oder Meldung geltenden Rechtslage weitergeführt werden. Ab dem 26. Mai 2021 sind jedoch Meldungen schwerwiegender unerwünschter Ereignisse und von Produktmängeln gemäß der Verordnung (EU) Nr. 745/2017 vorzunehmen.

(5) Bis zur Erlassung einer Verordnung gemäß § 35 Abs. 1 gilt § 40 Abs. 5 des Medizinproduktegesetzes, BGBl. Nr. 657/1996.

(6) Medizinprodukte, die zum Zeitpunkt des Inkrafttretens des Medizinproduktegesetzes 2021 in Betrieb waren oder zur Anwendung oder Implantation bereitgehalten wurden, dürfen weiter betrieben, angewendet oder implantiert werden, es sei denn, sie weisen im Hinblick auf ihre Sicherheit oder Leistung Mängel auf, durch die Patienten, Anwender oder Dritte gefährdet werden können. Für diese Produkte gelten

1. die Anforderungen des Medizinproduktegesetzes, BGBl. Nr. 657/1996, mit Ausnahme des § 73b, des IV. Hauptstücks 3. Abschnitt und des V. Hauptstücks,
2. § 47 sowie der 5., 8. und 9. Abschnitt dieses Bundesgesetzes, wobei für implantierte Produkte weiterhin § 81 Abs. 2 des Medizinproduktegesetzes, BGBl. Nr. 657/1996, gilt, und
3. die Art. 87 bis 89 der Verordnung (EU) Nr. 745/2017.

Darüber hinaus gelten für diese Produkte, sofern sie weiter auf dem Markt bereitgestellt werden, die Anforderungen dieses Bundesgesetzes.

(7) Ausnahmegenehmigungen, die gemäß § 32 Medizinproduktegesetz für Medizinprodukte im Interesse des Gesundheitsschutzes erteilt wurden, bleiben gemäß den darin enthaltenen Angaben gültig.

Fassung: BGBl I 122/2021

1 Die Übergangsbestimmungen ergeben sich aus den **einschlägigen Vorgaben der VO (EU) 2017/745** in der Fassung der VO (EU) 2020/ 561 und VO (EU) 2017/746. § 82 Abs 6 besagt, dass für Medizinprodukte, die am 25. Mai 2020 bereits in Betrieb sind oder zur Anwendung bereitgehalten werden, die Bestimmungen des Medizinproduktegesetzes, BGBl 1996/657, hinsichtlich der Meldepflicht, der Vorschriften für das Errichten, Betreiben, Anwenden und Instandhalten von Medizinprodukten sowie die Bestimmungen hin- sichtlich der Reinigung, Desinfektion und Sterilisation von Medizinprodukten in oder für Einrichtungen des Gesundheitswesens weiterhin gelten. Daneben gelten auch die Bestimmungen hinsichtlich der Überwachung von Medizinprodukten gemäß Medizinproduktegesetz für diese Medizinprodukte. §82 Abs 7 besagt, dass nach § 32 Medizinproduktegesetz erteilte Ausnahmegenehmigungen auch nach dem 25. Mai 2020 weiterhin gültig bleiben. § 86 beinhaltet eine Übergangsbestimmung hinsichtlich laufender Verfahren in Bezug auf die Anerkennung als Benannte Stelle[1].

2 Die **Eudamed-Datenbank** ist ein zentrales Element der VO (EU) 2017/745 (MDR) und dient der Transparenz und Überwachung von Medizinprodukten innerhalb der EU. Ursprünglich war geplant, dass Eudamed bis zum 26. Mai 2021 vollständig funktionsfähig ist. Aufgrund von Verzögerungen wurde die vollständige Inbetriebnahme jedoch verschoben. Aktuellen Informationen zufolge ist Eudamed auch im Jahr 2025 noch nicht vollständig funktionsfähig[2]. Dies bedeutet, dass bestimmte Melde- und Registrierungsprozesse weiterhin über nationale Systeme abgewickelt werden müssen, bis Eudamed vollständig operational ist.

3 Mit der Einführung des Medizinprodukterecht-Durchführungsgesetzes (MPDG) am 26. Mai 2021 wurde das alte Medizinproduktegesetz (MPG) größtenteils abgelöst. Jedoch blieben einige **Bestimmungen des MPG übergangsweise in Kraft**, insbesondere:

- Übergangsbestimmungen für In-vitro-Diagnostika (IVD): Für IVD galt das MPG übergangsweise bis zum 25. Mai 2022 weiter.
- Regelungen für bestehende Medizinprodukte: Produkte, die vor dem Inkrafttreten des MPDG in Betrieb waren oder zur Anwendung bereitgehalten wurden, durften weiter betrieben oder angewendet werden, sofern sie keine sicherheitsrelevanten Mängel aufwiesen. Für diese Produkte galten weiterhin bestimmte Anforderungen des alten MPG, insbesondere in Bezug auf Informationsaustausch, Vigilanzberichterstattung, klinische Prüfungen sowie Registrierung von Produkten und Wirtschaftsakteuren.

4 **Ausnahmegenehmigungen:** Gemäß § 32 MPG erteilte Ausnahmegenehmigungen für Medizinprodukte im Interesse des Gesundheitsschutzes blieben gemäß den darin enthaltenen Angaben gültig. Enthält nach dem Vorbild des Arzneimittelgesetzes und des geltenden Medizinproduktegesetzes die Möglichkeit, durch Verordnung Ausnahmen von bestimmten Vorgaben dieses Bundesgesetzes vorzusehen, wenn die notwendige Versorgung der Bevölkerung sonst ernstlich und erheblich gefährdet wäre, soweit und solange dies auf Grund der besonderen Situation erforderlich ist und der Schutz des Lebens und der Gesundheit der Menschen gewahrt bleibt. Darüber hinaus können unter den genannten Voraussetzungen Regelungen über Versorgungs- und Bereitstellungsverpflichtungen für Hersteller, Bevollmächtigte, Händler und

[1] EB des Gesundheitsausschusses zu §§ 82 bis 86 (AB 884 BlgNR XXVII. GP).
[2] md_eudamed_roadmap_en.pdf

Abgabestellen von Medizinprodukten erlassen. Die entsprechenden Verordnungen sind jeweils mit maximal sechs Monaten befristet[3].

[3] EB zu § 82 (109/ME XXVII. GP).

§ 83 [Medizinprodukte]

(1) Bescheinigungen, die von Benannten Stellen vor dem 25. Mai 2017 gemäß den Richtlinien 90/385/EWG und 93/42/EWG ausgestellt wurden, bleiben bis zu dem in der Bescheinigung angegebenen Zeitpunkt gültig. Dies gilt nicht für Bescheinigungen gemäß Anhang 4 der Richtlinie 90/385/EWG und Anhang IV der Richtlinie 93/42/EWG, die spätestens am 27. Mai 2022 ihre Gültigkeit verlieren.

(2) Bescheinigungen, die von Benannten Stellen ab dem 25. Mai 2017 gemäß den Richtlinien 90/385/EWG und 93/42/EWG ausgestellt wurden, die am 26. Mai 2021 noch gültig waren und die anschließend nicht zurückgezogen wurden, behalten ihre Gültigkeit nach dem Ende des auf der Bescheinigung angegebenen Zeitraums bis zu dem Datum, das in Abs. 4 für die jeweilige Risikoklasse der Produkte festgelegt ist. Bescheinigungen, die von Benannten Stellen im Einklang mit diesen Richtlinien ab dem 25. Mai 2017 ausgestellt wurden, am 26. Mai 2021 noch gültig waren und vor dem 20. März 2023 abgelaufen sind, gelten nur dann bis zu den in Abs. 4 festgelegten Zeitpunkten als gültig, wenn eine der folgenden Bedingungen erfüllt ist:

1. vor Ablauf der Bescheinigung haben der Hersteller und eine Benannte Stelle eine schriftliche Vereinbarung gemäß Anhang VII Abschnitt 4.3 Unterabsatz 2 der Verordnung (EU) Nr. 745/2017 über die Konformitätsbewertung des Produkts, für das die abgelaufene Bescheinigung gilt, oder eines Produkts, das dazu bestimmt ist, dieses Produkt zu ersetzen, unterzeichnet;
2. eine zuständige Behörde eines Mitgliedstaates hat eine Ausnahme von dem anwendbaren Konformitätsbewertungsverfahren gemäß Art. 59 Abs. 1 der Verordnung (EU) Nr. 745/2017 gewährt oder den Hersteller gemäß Art. 97 Abs. 1 der Verordnung (EU) Nr. 745/2017 aufgefordert, das anzuwendende Konformitätsbewertungsverfahren durchzuführen.

(3) Medizinprodukte, für die das Konformitätsbewertungsverfahren gemäß der Richtlinie 93/42/EWG nicht die Mitwirkung einer Benannten Stelle erforderte, für die die Konformitätserklärung vor dem 26. Mai 2021 ausgestellt wurde und für die das Konformitätsbewertungsverfahren gemäß der Verordnung (EU) Nr. 745/2017 die Mitwirkung einer Benannten Stelle erfordert, dürfen bis zum 31. Dezember 2028 in Verkehr gebracht oder in Betrieb genommen werden.

(4) Medizinprodukte, für die gemäß den Richtlinien 90/385/EWG und 93/42/EWG eine Bescheinigung ausgestellt wurde, die gemäß Abs. 1 und 2 noch gültig ist, dürfen bis zu den folgenden Zeitpunkten in Verkehr gebracht oder in Betrieb genommen werden:

1. 31. Dezember 2027 für alle Produkte der Klasse III und für implantierbare Produkte der Klasse IIb, ausgenommen Nahtmaterial, Klammern, Zahnfüllungen, Zahnspangen, Zahnkronen, Schrauben, Keile, Zahn- bzw. Knochenplatten, Drähte, Stifte, Klemmen und Verbindungsstücke,
2. 31. Dezember 2028 für andere Produkte der Klasse IIb als die unter Z 1 genannten, für Produkte der Klasse IIa und für Produkte der Klasse I, die in sterilem Zustand in Verkehr gebracht werden, oder mit Messfunktion.

(4a) Medizinprodukte gemäß Abs. 3 und 4 dürfen nur bis zu den in diesen Absätzen genannten Zeitpunkten in Verkehr gebracht oder in Betrieb genommen werden, wenn die folgenden Bedingungen erfüllt sind:

1. die Produkte entsprechen weiterhin dem Medizinproduktegesetz, BGBl. Nr. 657/1996,
2. es liegen keine wesentlichen Änderungen der Auslegung und Zweckbestimmung vor,
3. die Produkte stellen kein unannehmbares Risiko für die Gesundheit oder Sicherheit der Patienten, Anwender oder anderer Personen oder für andere Aspekte des Schutzes der öffentlichen Gesundheit dar,
4. der Hersteller hat spätestens am 26. Mai 2024 ein Qualitätsmanagementsystem gemäß Art. 10 Abs. 9 der Verordnung (EU) Nr. 745/2017 eingerichtet, und
5. der Hersteller oder der Bevollmächtigte hat spätestens am 26. Mai 2024 bei einer Benannten Stelle einen förmlichen Antrag gemäß Anhang VII Abschnitt 4.3 Unterabsatz 1 der Verordnung (EU) Nr. 745/2017 auf Konformitätsbewertung für ein in den Abs. 3 oder 4 genanntes Produkt oder für ein Produkt, das dazu bestimmt ist, dieses Produkt zu ersetzen, gestellt, und die Benannte Stelle und der Hersteller haben spätestens am 26. September 2024 eine schriftliche Vereinbarung gemäß Anhang VII Abschnitt 4.3 Unterabsatz 2 der Verordnung (EU) Nr. 745/2017 unterzeichnet.

(5) Abweichend von Abs. 4a Z 1 gelten für Medizinprodukte gemäß Abs. 3 und 4

1. anstelle des § 73b, des IV. Hauptstücks 3. Abschnitt und des V. Hauptstücks des Medizinproduktegesetzes, BGBl. Nr. 657/1996, § 47 sowie der 5., 8. und 9. Abschnitt dieses Bundesgesetzes, wobei für implantierte Produkte jedoch weiter § 81 Abs. 2 des Medizinproduktegesetzes, BGBl. Nr. 657/1996, gilt, und
2. anstelle der entsprechenden Anforderungen des Medizinproduktegesetzes, BGBl. Nr. 657/1996, die Anforderungen an die Überwachung nach dem Inverkehrbringen, die Marktüberwachung, die Vigilanz, die Registrierung von Wirtschaftsakteuren und von Produkten der Verordnung (EU) Nr. 745/2017 sowie die Sprachanforderungen gemäß § 7 dieses Bundesgesetzes.

Darüber hinaus gelten für diese Produkte, sofern sie weiter auf dem Markt bereitgestellt werden, die Anforderungen dieses Bundesgesetzes.

(6) Die Benannte Stelle, die die im Abs. 4 genannte Bescheinigung ausgestellt hat, ist weiterhin für die angemessene Überwachung bezüglich aller geltenden Anforderungen an die von ihr zertifizierten Produkte verantwortlich, es sei denn, der Hersteller ist mit einer Benannten Stelle, deren Benennung gemäß Art. 42 der Verordnung (EU) Nr. 745/2017 erfolgt ist, übereingekommen, dass sie eine derartige Überwachung durchführt.

(6a) Die Benannte Stelle, die die schriftliche Vereinbarung gemäß Abs. 4a Z 5 unterzeichnet hat, ist spätestens am 26. September 2024 für die Überwachung der unter die schriftliche Vereinbarung fallenden Produkte verantwortlich. Betrifft die schriftliche Vereinbarung ein Produkt, das dazu bestimmt ist, ein Produkt zu ersetzen, für das eine Bescheinigung gemäß der Richtlinie 90/385/EWG oder der Richtlinie 93/42/EWG ausgestellt wurde, so wird die Überwachung in Bezug auf das ersetzte Produkt durchgeführt.

(6b) Die Vorkehrungen für die Übertragung der Überwachung von der Benannten Stelle, die die Bescheinigung ausgestellt hat, auf die Benannte Stelle, deren Benennung gemäß Art. 42 der Verordnung (EU) Nr. 745/2017 erfolgt ist, werden in einer Vereinbarung zwischen dem Hersteller und der Benannten Stelle, deren Benennung gemäß Art. 42 der Verordnung (EU) Nr. 745/2017 erfolgt ist, und soweit durchführbar, der Benannten Stelle, die die Bescheinigung ausgestellt hat, klar geregelt. Die Benannte Stelle, deren Benennung

gemäß Art. 42 der Verordnung (EU) Nr. 745/2017 erfolgt ist, ist nicht für Konformitätsbewertungstätigkeiten verantwortlich, die von der Benannten Stelle, die die Bescheinigung ausgestellt hat, durchgeführt werden.

(6c) Implantierbare Sonderanfertigungen der Klasse III dürfen bis zum 26. Mai 2026 ohne eine von einer Benannten Stelle nach dem Konformitätsbewertungsverfahren gemäß Art. 52 Abs. 8 Unterabsatz 2 der Verordnung (EU) Nr. 745/2017 ausgestellten Bescheinigung in Verkehr gebracht oder in Betrieb genommen werden, sofern der Hersteller oder der Bevollmächtigte spätestens am 26. Mai 2024 bei einer Benannten Stelle einen förmlichen Antrag gemäß Anhang VII Abschnitt 4.3 Unterabsatz 1 der Verordnung (EU) Nr. 745/2017 auf Konformitätsbewertung gestellt hat und die Benannte Stelle und der Hersteller spätestens am 26. September 2024 eine schriftliche Vereinbarung gemäß Anhang VII Abschnitt 4.3 Unterabsatz 2 der Verordnung (EU) Nr. 745/2017 unterzeichnet haben.

(7) Medizinprodukte, die vor dem 26. Mai 2021 gemäß dem Medizinproduktegesetz, BGBl. Nr. 657/1996, in Verkehr gebracht wurden, und Medizinprodukte, die ab dem 26. Mai 2021 gemäß Abs. 3, 4, 4a und 6c in Verkehr gebracht wurden, dürfen weiterhin auf dem Markt bereitgestellt oder in Betrieb genommen werden.

(8) Für Medizinprodukte gemäß Abs. 3, 4, 4a und 6c gelten weiter die Regelungen über den Sicherheitsbeauftragten gemäß § 78 des Medizinproduktegesetzes, BGBl. Nr. 657/1996, es sei denn, der Hersteller oder Bevollmächtigte verfügt über eine für die Einhaltung der Regulierungsvorschriften verantwortliche Person gemäß Art. 15 der Verordnung (EU) Nr. 745/2017.

Fassung: BGBl I 2021/122

1 Die Übergangsbestimmungen ergeben sich aus den einschlägigen Vorgaben der VO (EU) 2017/745 in der Fassung der VO (EU) 2020/561 und VO (EU) 2017/746. § 83 Abs 6 besagt, dass für Medizinprodukte, die am 25. Mai 2020 bereits in Betrieb sind oder zur Anwendung bereitgehalten werden, die Bestimmungen des Medizinproduktegesetzes, BGBl 1996/657, hinsichtlich der Meldepflicht, der Vorschriften für das Errichten, Betreiben, Anwenden und Instandhalten von Medizinprodukten sowie die Bestimmungen hin- sichtlich der Reinigung, Desinfektion und Sterilisation von Medizinprodukten in oder für Einrichtungen des Gesundheitswesens weiterhin gelten. Daneben gelten auch die Bestimmungen hinsichtlich der Überwachung von Medizinprodukten gemäß Medizinproduktegesetz für diese Medizinprodukte. § 83 Abs 7 besagt, dass nach § 32 Medizinproduktegesetz erteilte Ausnahmegenehmigungen auch nach dem 25. Mai 2020 weiterhin gültig bleiben. § 87 beinhaltet eine Übergangsbestimmung hinsichtlich laufender Verfahren in Bezug auf die Anerkennung als Benannte Stelle[1].

Ursprünglich sah die MDR eine Übergangsfrist bis zum 26. Mai 2020 vor, die später aufgrund der COVID-19-Pandemie bis zum 26. Mai 2021 verlängert wurde. Aufgrund der anhaltenden Schwierigkeiten bei der Zertifizierung wurden weitere Verlängerungen vorgeschlagen und im Jahr 2023 angenommen. Mit der wichtigsten Änderung, der VO (EU) 2023/607, die am 15. März 2023 unterzeichnet und am 20. März 2023 veröffentlicht wurde, wurde Art 120 geändert, um diese Fristen zu verlängern, und zwar mit Wirkung ab der letzten konsolidierten Fassung vom 10. Januar 2025 (VO (EU) 2017/745 konsolidiert).

2 Art 120 in seiner ursprünglichen Fassung enthielt Bestimmungen für Produkte mit gültigen Bescheinigungen nach den alten Richtlinien, die es ihnen ermöglichten, unter bestimmten Bedingungen bis zu einem Datum wie dem 27. Mai 2025 auf dem Markt zu bleiben. Mit den

[1] EB zu §§ 83 bis 87 (109/ME XXVII. GP).

Änderungen wurden bestimmte Fristen für den „Ausverkauf" gestrichen und **gestaffelte Verlängerungen auf der Grundlage der Risikoklassifizierung der Produkte** eingeführt, wie im Folgenden beschrieben. Die Verlängerungen, die ab März 2025 in Kraft treten, geben Herstellern mehr Zeit für die Einhaltung der Vorschriften, wobei die Fristen je nach Geräteklasse variieren. Die „Verlängerungslinien" beziehen sich auf Art 120, der Übergangsbestimmungen enthält, die kürzlich aktualisiert wurden, um die Fristen für die Einhaltung der Vorschriften aufgrund von Zertifizierungsproblemen zu verlängern.

- Implantierbare Sonderanfertigungen der Klasse III: bis 26. Mai 2026.
- Produkte der Klasse III und implantierbare Produkte der Klasse IIb: bis 31. Dezember 2027
- Nicht-implantierbare Produkte der Klasse IIb und Produkte mit geringerem Risiko: bis 31. Dezember 2028
- Geräte der Klasse I, die im Rahmen der MDR in eine höhere Klasse eingestuft werden: bis 31. Dezember 2028

Diese Verlängerungen zielen darauf ab, Engpässe zu vermeiden und den Herstellern mehr Zeit zu verschaffen, aber sie sind an Bedingungen geknüpft, wie zB die Beantragung der CE-Zertifizierung zu bestimmten Terminen.

Verlängerungen der Übergangsfristen sind in erster Linie in Art 120 der Medizinprodukte-VO aufgeführt, der durch nachfolgende Verordnungen geändert wurde, um Herausforderungen bei der Umsetzung zu bewältigen, zB einen Mangel an benannten Stellen und potenzielle Produktknappheit. 3

Gerätekategorie	**Verlängerte Übergangsfrist**
Implantierbare Sonderanfertigungen der Klasse III	26. Mai 2026
Produkte der Klasse III und implantierbare Produkte der Klasse IIb	31. Dezember 2027
Nicht-implantierbare Produkte der Klasse IIb und mit geringerem Risiko	31. Dezember 2028
Produkte der Klasse I, die gemäß MDR in eine höhere Klasse eingestuft werden	31. Dezember 2028

Diese Verlängerungen sind an Bedingungen geknüpft, zB müssen die Hersteller bis zum 26. Mai 2024 eine MDR-Zertifizierung beantragen und bis zum 26. September 2024 einen Vertrag mit einer benannten Stelle unterzeichnen, um aktive Fortschritte bei der Einhaltung der Vorschriften sicherzustellen[2]. Die Verlängerungen erfolgen nicht automatisch; die Hersteller müssen nachweisen, dass sie sich um die Einhaltung der Vorschriften bemühen, einschließlich der Einrichtung eines MDR-konformen Qualitätsmanagementsystems und der Einreichung formeller Anträge. Damit sollen unbestimmte Verzögerungen verhindert und gleichzeitig die Kapazitätsengpässe der benannten Stellen behoben werden, die einen erheblichen Engpass dargestellt haben. Die **Abschaffung des „Verkaufsdatums"** bedeutet, wie in Analysen der Industrie festgestellt wurde, dass die Produkte nach Ablauf der Frist auf unbestimmte Zeit auf

[2] EXTENSION OF THE MDR TRANSITIONAL PERIOD AND REMOVAL OF THE 'SELL OFF' PERIODS, https://health.ec.europa.eu/document/download/592008f6-3456-4afb-a13a-733a87da1b00_en?filename=mdr_proposal_extension-q-n-a_1.pdf am 13.03.2025.

dem Markt bleiben können, sofern sie die MDD-Konformität erfüllen und keine unannehmbaren Risiken darstellen[3].

Hingewiesen werden soll auf die **unbefristete Marktpräsenz** für einige Geräte, wodurch frühere zeitliche Beschränkungen aufgehoben werden. Dies könnte den Druck auf die Lieferkette verringern, wirft aber Fragen zur langfristigen Überwachung der Einhaltung der Vorschriften auf. Dies ist vor allem für die Akteure von Bedeutung, die ältere Produkte verwalten, da sie zwar weiterhin verfügbar sind, aber die Einhaltung der MDD-Normen ohne wesentliche Änderungen fortgesetzt werden muss.

3 Comprehensive guide to EU MDR transition period extension per Regulation 2023/607. Included: timeline of key dates, FAQs, & Before vs After table of the changes, https://casusconsulting.com/mdr-transition-extension-article-120-reg-2023-607/#:~:text=Comprehensive%20guide%20to%20EU%20MDR%20transition%20period%20extension,%26%20Before%20vs%20After%20table%20of%20the%20changes am 15.03.2025.

§ 84 In-vitro-Diagnostika

(1) Das Medizinproduktegesetz tritt hinsichtlich In-vitro-Diagnostika nach Maßgabe der folgenden Bestimmungen mit Ablauf des 25. Mai 2022 außer Kraft.

(2) Abweichend von Abs. 1 sind die §§ 36 und 37 Medizinproduktegesetz mit Ablauf des 25. November 2017 für diejenigen Benannten Stellen nicht mehr anzuwenden, die einen Antrag auf Benennung gemäß Art. 34 der Verordnung (EU) Nr. 746/2017 eingereicht haben.

(3) § 81 Abs. 4 tritt mit Ablauf des 31. Dezember 2021 außer Kraft.

(4) Sofern Eudamed am 26. Mai 2022 nicht voll funktionsfähig ist, gelten die Pflichten und Anforderungen im Zusammenhang mit Eudamed gemäß Art. 113 Abs. 3 lit. f der Verordnung (EU) Nr. 746/2017 ab dem Datum, das sechs Monaten nach dem Tag der Veröffentlichung der Bekanntmachung gemäß Art. 34 Abs. 3 der Verordnung (EU) Nr. 746/2017 entspricht. Abweichend von Abs. 1 gelten diesfalls die entsprechenden Bestimmungen des Medizinproduktegesetzes und der darauf basierenden Verordnungen bezüglich des Informationsaustausches, einschließlich insbesondere Informationen zur Vigilanzberichterstattung, zu klinischen Prüfungen, zur Registrierung von Produkten und Wirtschaftsakteuren und Bescheinigungen, zur Erfüllung der Pflichten, die in den in Art. 113 Abs. 3 lit. d genannten Bestimmungen festgelegt sind, weiter bis zu dem Datum, das sechs Monate nach dem Tag der Veröffentlichung der Bekanntmachung gemäß Art. 34 Abs. 3 der Verordnung (EU) Nr. 746/201 liegt.

(5) In vitro-Diagnostika, die zum Zeitpunkt des Inkrafttretens des Medizinproduktegesetzes 2021 in Betrieb waren oder zur Anwendung bereitgehalten wurden, dürfen weiter betrieben oder angewendet werden, es sei denn, sie weisen im Hinblick auf ihre Sicherheit oder Leistung Mängel auf, durch die Patienten, Anwender oder Dritte gefährdet werden können. Für diese Produkte gelten

1. **die Anforderungen des Medizinproduktegesetzes, BGBl. Nr. 657/1996, mit Ausnahme des § 73b, des IV. Hauptstücks 3. Abschnitt und des V. Hauptstücks,**
2. **§ 47 sowie der 5., 8. und 9. Abschnitt dieses Bundesgesetzes, und**
3. **die Art. 82 bis 84 der Verordnung (EU) Nr. 746/2017.**

Darüber hinaus gelten für diese Produkte, sofern sie weiter auf dem Markt bereitgestellt werden, die Anforderungen dieses Bundesgesetzes.

(6) Ausnahmegenehmigungen, die gemäß § 32 Medizinproduktegesetz für In-vitro-Diagnostika im Interesse des Gesundheitsschutzes erteilt wurden, bleiben gemäß den darin enthaltenen Angaben gültig.

Fassung: BGBl I 2021/122

Die Übergangsbestimmungen dienten dazu, einen reibungslosen Übergang vom alten nationalen Recht zur neuen europäischen Verordnung (IVDR) zu gewährleisten. Durch die direkte Anwendbarkeit der IVDR seit dem 26. Mai 2022 wurden nationale Regelungen, soweit sie denselben Regelungsbereich betreffen, obsolet. Die Übergangsfristen und -bestimmungen ermöglichten es Herstellern, Benannten Stellen und anderen Akteuren, sich an die neuen Anforderungen anzupassen und die Kontinuität der Versorgung mit sicheren In-vitro-Diagnostika sicherzustellen. 1

2 Gemäß Abs 1 trat das alte Medizinproduktegesetz hinsichtlich In-vitro-Diagnostika mit Ablauf des 25. Mai 2022 außer Kraft. Seit dem 26. Mai 2022 ist die IVDR in Österreich unmittelbar anwendbar.

3 Abs 2 bestimmte, dass die §§ 36 und 37 des alten MPG bereits ab dem 25. November 2017 nicht mehr für jene Benannten Stellen galten, die einen Antrag auf Benennung gemäß Art 34 der IVDR gestellt hatten. Dies diente der Vorbereitung auf die neuen Anforderungen der IVDR.

4 Abs 4 regelte die Pflichten im Zusammenhang mit der Eudamed-Datenbank. Da Eudamed am 26. Mai 2022 noch nicht voll funktionsfähig war, bleiben die entsprechenden Bestimmungen des alten MPG bis zu einem Datum, das sechs Monate nach der offiziellen Bekanntmachung der Funktionsfähigkeit von Eudamed liegt, in Kraft. Aktuell ist Eudamed noch nicht vollständig implementiert, sodass diese Übergangsbestimmungen weiterhin gelten.

5 Abs 5 gewährleistete, dass In-vitro-Diagnostika, die vor dem Inkrafttreten des neuen MPG 2021 in Betrieb waren, weiterhin verwendet werden dürfen, sofern sie keine sicherheitsrelevanten Mängel aufweisen. Für diese Produkte gelten bestimmte Bestimmungen des alten MPG sowie ausgewählte Abschnitte des neuen MPG und der IVDR.

6 Gemäß Abs 6 bleiben Ausnahmegenehmigungen, die gemäß § 32 des alten MPG für In-vitro-Diagnostika im Interesse des Gesundheitsschutzes erteilt wurden, weiterhin gültig.

§ 85 [In-vitro-Diagnostika]

(1) Bescheinigungen, die von Benannten Stellen vor dem 25. Mai 2017 gemäß der Richtlinie 98/79/EG ausgestellt wurden, bleiben bis zu dem in der Bescheinigung angegebenen Zeitpunkt gültig. Dies gilt nicht für Bescheinigungen gemäß Anhang VI der Richtlinie 98/79/EG, die spätestens am 27. Mai 2025 ihre Gültigkeit verlieren.

(2) Bescheinigungen, die von Benannten Stellen nach dem 25. Mai 2017 gemäß der Richtlinie 98/79/EG ausgestellt wurden, verlieren ihre Gültigkeit jedoch spätestens am 27. Mai 2025.

(3) Ein In vitro-Diagnostikum, für das gemäß der Richtlinie 98/79/EG eine Bescheinigung ausgestellt wurde, die gemäß Abs. 1 und 2 noch gültig ist, darf bis zum 26. Mai 2025 in Verkehr gebracht oder in Betrieb genommen werden, wenn es ab dem 26. Mai 2022 weiterhin dem Medizinproduktegesetz, BGBl. Nr. 657/1996, entspricht und keine wesentlichen Veränderungen der Auslegung oder Zweckbestimmung vorliegen.

(4) Ein In vitro-Diagnostikum, für das das Konformitätsbewertungsverfahren gemäß der Richtlinie 98/79/EG nicht die Mitwirkung einer Benannten Stelle erforderte, für das vor dem 26. Mai 2022 eine Konformitätserklärung gemäß der genannten Richtlinie ausgestellt wurde und für das das Konformitätsbewertungsverfahren gemäß der Verordnung (EU) Nr. 746/2017 die Mitwirkung einer Benannten Stelle erfordert, darf bis zu folgenden Zeitpunkten in Verkehr gebracht oder in Betrieb genommen werden, wenn es ab dem 26. Mai 2022 weiterhin dem Medizinproduktegesetz, BGBl. Nr. 657/1996, entspricht und keine wesentlichen Veränderungen der Auslegung und Zweckbestimmung vorliegen:

1. 26. Mai 2025 für Produkte der Klasse D;
2. 26. Mai 2026 für Produkte der Klasse C;
3. 26. Mai 2027 für Produkte der Klasse B;
4. 26. Mai 2027 für Produkte der Klasse A, die in sterilem Zustand in Verkehr gebracht werden.

(5) Für In vitro-Diagnostika gemäß Abs. 3 und 4 gelten jedoch

1. anstelle des § 73b, des IV. Hauptstücks 3. Abschnitt und des V. Hauptstücks des Medizinproduktegesetzes, BGBl. Nr. 657/1996, § 47 sowie der 5., 8. und 9. Abschnitt dieses Bundesgesetzes, und
2. anstelle der entsprechenden Anforderungen des Medizinproduktegesetzes, BGBl Nr. 657/1996, die Anforderungen an die Überwachung nach dem Inverkehrbringen, die Marktüberwachung, die Vigilanz, die Registrierung von Wirtschaftsakteuren und von Produkten der Verordnung (EU) 2017/746sowie die Sprachanforderungen gemäß § 7 dieses Bundesgesetzes.

Darüber hinaus gelten für diese Produkte, sofern sie weiter auf dem Markt bereitgestellt werden, die Anforderungen dieses Bundesgesetzes.

(6) Die Benannte Stelle, die die im Abs. 3 genannte Bescheinigung ausgestellt hat, ist weiter für die angemessene Überwachung bezüglich aller geltenden Anforderungen an die von ihr zertifizierten Produkte verantwortlich.

(7) In vitro-Diagnostika, die vor dem 26. Mai. 2022 gemäß dem Medizinproduktegesetz, BGBl. Nr. 657/1996, rechtmäßig in Verkehr gebracht wurden, dürfen weiterhin weiter auf dem Markt bereitgestellt oder in Betrieb genommen werden.

(8) In vitro-Diagnostika, die ab dem 26. Mai 2022 gemäß Abs. 3 und 4 rechtmäßig in Verkehr gebracht wurden, dürfen weiterhin auf dem Markt bereitgestellt oder in Betrieb genommen werden.

(9) Leistungsbewertungsprüfungen von In vitro-Diagnostika gemäß dem Medizinproduktegesetz, BGBl. Nr. 657/1996, die vor dem 26. Mai 2022 bewilligt oder gemeldet wurden, dürfen weitergeführt werden. Ab dem 26. Mai 2022 sind jedoch Meldungen schwerwiegender unerwünschter Ereignisse und von Produktmängeln gemäß der Verordnung (EU) Nr. 746/2017 vorzunehmen.

(10) Für In vitro-Diagnostika, die gemäß Abs. 3 und 4 in Verkehr gebracht werden, gelten weiter die Regelungen über den Sicherheitsbeauftragten gemäß § 78 des Medizinproduktegesetzes, BGBl. Nr. 657/1996, es sei denn, der Hersteller oder Bevollmächtigte verfügt über eine für die Einhaltung der Regulierungsvorschriften verantwortliche Person gemäß Art. 15 der Verordnung (EU) Nr. 745/2017.

Beachte für die Bestimmung: Tritt hinsichtlich In-vitro-Diagnostika am 26.5.2022 in Kraft (vgl § 91 Abs 1).

Fassung: BGBl I 2024/102

1 Die Bestimmung bietet eine detaillierte Roadmap für den Übergang, mit klaren Fristen und Bedingungen. Die Übergangsfristen folgen der Regel, dass Produkte in einer höheren Risikoklasse kürzere Übergangsfristen haben (bis 26. Mai 2025) wohingegen Produkte einer geringeren Risikoklasse bis 2026 oder 2027 verkauft werden können.

Zertifikate, die von Benannten Stellen (Notified Bodies) **vor dem 25. Mai 2017** gemäß RL 98/79/EG ausgestellt wurden, bleiben bis zum im Zertifikat angegebenen Datum gültig. Eine Ausnahme gilt für Zertifikate gemäß Anhang VI der Richtlinie, die spätestens am 27. Mai 2025 ihre Gültigkeit verlieren. Anhang VI der RL 98/79/EG bezieht sich auf das Verfahren der EC-Verifikation, bei dem der Hersteller die Konformitätsbewertung durchführt und diese von einer Notified Body verifiziert wird. Diese Zertifikate haben eine feste Ablaufdatum von 27. Mai 2025, unabhängig vom ursprünglichen Ablaufdatum. Andere Zertifikate vor dem 25. Mai 2017 bleiben bis zu ihrem angegebenen Datum gültig, was eine flexible Handhabung für ältere Zertifikate ermöglicht.

Zertifikate, die **nach dem 25. Mai 2017** gemäß RL 98/79/EG ausgestellt wurden, verlieren ihre Gültigkeit spätestens am 27. Mai 2025. Dies legt fest, dass alle Zertifikate, die nach diesem Datum unter der alten RL ausgestellt wurden, eine einheitliche Frist von 27. Mai 2025 haben, was mit der allgemeinen Übergangsfrist der IVDR übereinstimmt. Dies betrifft Zertifikate, die während der Übergangsphase nach Veröffentlichung der neuen Verordnung (2017) noch unter der alten RL ausgestellt wurden, was eine verlängerte Anpassungsphase bedeutet.

Ein In-vitro-Diagnostikum, für das ein Zertifikat gemäß RL 98/79/EG ausgestellt wurde und das gemäß Abs 1 und 2 noch gültig ist, darf bis zum 26. Mai 2025 in Verkehr gebracht oder in Betrieb genommen werden, vorausgesetzt, es entspricht ab dem 26. Mai 2022 weiterhin dem Medizinproduktegesetz (BGBL. Nr. 657/1996) und es liegen keine wesentlichen Veränderungen der Auslegung oder Zweckbestimmung vor. Dies ermöglicht die Weiternutzung bestehender Produkte bis zum 26. Mai 2025, unter der Bedingung, dass sie weiterhin den Anforderungen des alten österreichischen Gesetzes entsprechen und keine signifikanten Änderungen an ihrer Zweckbestimmung oder Auslegung vorgenommen wurden. Dies schützt bestehende Lieferketten und stellt sicher, dass keine plötzlichen Markteintrittsbarrieren entstehen.

Übersicht der Übergangsfristen nach Risikoklasse (Absatz 4)

Risikoklasse	Letztes Vermarktungsdatum	Hinweis
Klasse D	26. Mai 2025	Höchstes Risiko, kürzeste Frist
Klasse C	26. Mai 2026	Mittleres Risiko
Klasse B	26. Mai 2027	Niedrigeres Risiko
Klasse A (steril)	26. Mai 2027	Niedrigstes Risiko, steril

Voraussetzung ist, dass das Produkt ab dem 26. Mai 2022 dem Medizinproduktegesetz entspricht und keine wesentlichen Veränderungen vorliegen. Dies betrifft Produkte mit niedrigerem Risiko unter der alten Richtlinie, die jetzt unter der IVDR eine höhere Klassifizierung und Notified-Body-Beteiligung erfordern.

Für IVDs gemäß Abs 3 und 4 gelten:

Anstelle von § 73b, des IV. Hauptstücks 3. Abschnitt und des V. Hauptstücks des Medizinproduktegesetzes gelten § 47 sowie der 5., 8. und 9. Abschnitt dieses Bundesgesetzes. Anstelle der entsprechenden Anforderungen des Medizinproduktegesetzes gelten die Anforderungen an die Überwachung nach Markteinführung, Marktüberwachung, Vigilanz, Registrierung von Wirtschaftsakteuren und Produkten gemäß VO (EU) 2017/746 sowie die Sprachanforderungen gemäß § 7 dieses Bundesgesetzes. Darüber hinaus gelten für diese Produkte, sofern sie weiter auf dem Markt bereitgestellt werden, die Anforderungen dieses Bundesgesetzes. Dies stellt sicher, dass Übergangsprodukte teilweise den neuen Vorschriften unterliegen, insbesondere in Bezug auf Überwachung und Meldepflichten, obwohl sie unter den alten Zertifikaten vermarktet werden. Dies schützt die Sicherheit und Transparenz, zB durch die Registrierung in der EUDAMED-Datenbank. 2

Die Benannte Stelle, die das Zertifikat gemäß Abs 3 ausgestellt hat, ist weiter für die angemessene Überwachung bezüglich aller geltenden Anforderungen an die von ihr zertifizierten Produkte verantwortlich. Dies stellt sicher, dass Notified Bodies weiterhin für die Sicherheit und Konformität der von ihnen zertifizierten Produkte verantwortlich sind, auch wenn diese unter dem alten System zertifiziert wurden. Es verhindert eine Lücke in der Überwachung während der Übergangsphase.

IVDs, die vor dem 26. Mai 2022 gemäß dem Medizinproduktegesetz rechtmäßig in Verkehr gebracht wurden, dürfen weiterhin auf dem Markt bereitgestellt oder in Betrieb genommen werden. Dies schützte bestehende Bestände und stellt sicher, dass Produkte, die bereits vor Inkrafttreten der IVDR legal verkauft wurden, weiter genutzt werden können, ohne sofortige Anpassung erforderlich zu machen. Damit wird betont, dass IVDs, die ab dem 26. Mai 2022 gemäß Abs 3 und 4 rechtmäßig in Verkehr gebracht wurden, bis zum jeweiligen Fristablauf auf dem Markt bereitgestellt oder in Betrieb genommen werden dürfen.

Leistungsbewertungsprüfungen von IVDs gemäß dem Medizinproduktegesetz, die vor dem 26. Mai 2022 bewilligt oder gemeldet wurden, dürfen weitergeführt werden. Ab dem 26. Mai 2022 sind jedoch Meldungen schwerwiegender **unerwünschter Ereignisse und Produktmängel** gemäß VO (EU) 2017/746 vorzunehmen. Dies ermöglicht die Fortsetzung laufender Tests, schafft aber eine klare Trennlinie, dass ab dem 26. Mai 2022 die Meldepflichten den neuen Standards der IVDR entsprechen, was die Sicherheit und Transparenz erhöht.

Auch die Regelungen zum **Sicherheitsbeauftragten** gelten solange der Hersteller nicht die neue PRRC-Rolle gemäß MDR eingeführt hat.

§ 86 Benannte Stellen

Benennungsverfahren von Benannten Stellen, die vor Inkrafttreten dieses Bundesgesetzes beim Bundesministerium für Soziales, Gesundheit, Pflege und Konsumentenschutz eingereicht wurden, sind bis zum Abschluss des Bennenungsverfahrens durch das Bundesministerium für Soziales, Gesundheit, Pflege und Konsumentenschutz weiterzuführen.

Beachte für die Bestimmung: Tritt hinsichtlich In-vitro-Diagnostika am 26.5.2022 in Kraft (vgl § 91 Abs 1).

Fassung: BGBl I 2021/122

§ 86 bezieht sich auf das Benennungsverfahren für Benannte Stellen in Österreich. Die NANDO-Datenbank bietet eine vollständige Übersicht aller Benannten Stellen in der EU, einschließlich ihrer Benennungen und spezifischen Aufgabenbereiche (https://webgate.ec.europa.eu/single-market-compliance-space/notified-bodies/free-search am 03.01.2025).

In Österreich wurde **QMD Services GmbH** am 14. Mai 2024 als europäische Konformitätsbewertungsstelle für Medizinprodukte gemäß der VO (EU) 2017/745 (MDR) anerkannt. Bereits zuvor, am 23. Dezember 2022, wurde QMD Services als Benannte Stelle für In-vitro-Diagnostika gemäß der Verordnung (EU) 2017/746 (IVDR) anerkannt. Die spezifischen Produktcodes, für die QMD Services benannt ist, können in der NANDO-Datenbank der Europäischen Kommission unter der **Notified Body Nummer 2962** eingesehen werden.

§ 87 Mitwirkung von Organen des öffentlichen Sicherheitsdienstes

Die Organe des öffentlichen Sicherheitsdienstes haben an der Vollziehung dieses Bundesgesetzes und der auf Grund dieses Bundesgesetzes erlassenen Verordnungen mitzuwirken durch

1. **Maßnahmen zur Vorbeugung gegen drohende Verwaltungsübertretungen,**
2. **Maßnahmen zur Einleitung und Sicherung eines Verwaltungsstrafverfahrens und**
3. **die Ahndung von Verwaltungsübertretungen durch Organstrafverfügungen (§ 50 VStG).**

Beachte für die Bestimmung: Tritt hinsichtlich In-vitro-Diagnostika am 26.5.2022 in Kraft (vgl § 91 Abs 1).

Fassung: BGBl I 2021/122

Enthält die Vorgaben für die Mitwirkung der Organe des öffentlichen Sicherheitsdienstes an der Vollziehung dieses Gesetzes[1]. **1**

[1] EB des Gesundheitsausschusses zu § 87 (AB 884 BlgNR XXVII. GP).

§ 88 Verweise

Soweit dieses Bundesgesetz auf andere Bundesgesetze verweist, sind diese Bestimmungen in ihrer jeweils geltenden Fassung anzuwenden. Soweit dieses Bundesgesetz auf Rechtsakte der Europäischen Union verweist, sind diese in ihrer zum Zeitpunkt des Inkrafttretens dieses Bundesgesetzes geltenden Fassung anzuwenden.

Beachte für die Bestimmung: Tritt hinsichtlich In-vitro-Diagnostika am 26.5.2022 in Kraft (vgl § 91 Abs 1).

Fassung: BGBl I 2021/122

1 Enthält die Vorgaben für die Mitwirkung der Organe des öffentlichen Sicherheitsdienstes an der Vollziehung dieses Gesetzes[1].

2 Der erste Satz entspricht dem derzeit in Geltung stehenden § 113 Medizinproduktegesetz. Im zweiten Satz wurde eine Verweisregelung auf Rechtsakte der Europäischen Union aufgenommen[2].

---

1 EB zu § 88 (109/ME XXVII. GP).

2 EB des Gesundheitsausschusses zu § 88 (AB 884 BlgNR XXVII. GP).

§ 89 [Verweise]

Wird in anderen Bundesgesetzen oder in Verordnungen auf eine Bestimmung des Medizinproduktegesetzes verwiesen, an deren Stelle mit dem Inkrafttreten dieses Bundesgesetzes eine neue Bestimmung wirksam wird, so ist dieser Verweis auf die entsprechende neue Bestimmung zu beziehen.

Beachte für die Bestimmung: Tritt hinsichtlich In-vitro-Diagnostika am 26.5.2022 in Kraft (vgl § 91 Abs 1).

Fassung: BGBl I 2021/122

Der erste Satz entspricht dem derzeit in Geltung stehenden § 113 Medizinproduktegesetz. 1
Im zweiten Satz wurde eine Verweisregelung auf Rechtsakte der Europäischen Union aufgenommen[1].

Hierbei handelt es sich um eine Verweisnorm; bei allen nationalen Rechtsvorschriften, die 2
sich auf das Medizinproduktegesetz, BGBl 1996/657, zuletzt geändert durch das Bundesgesetz BGBl I 2018/100, beziehen und die ein Äquivalent im vorliegenden Entwurf haben, ist der Verweis auf die Bestimmung im vorliegenden Entwurf zu beziehen[2].

---

1 EB zu § 89 (109/ME XXVII. GP).

2 EB des Gesundheitsausschusses zu § 89 (AB 884 BlgNR XXVII. GP).

§ 90 Gleichbehandlung

Bei allen in diesem Bundesgesetz verwendeten personenbezogenen Bezeichnungen gilt die gewählte Form für beide Geschlechter.

Beachte für die Bestimmung: Tritt hinsichtlich In-vitro-Diagnostika am 26.5.2022 in Kraft (vgl § 91 Abs 1).

Fassung: BGBl I 2021/122

1 Hierbei handelt es sich um eine Verweisnorm; bei allen nationalen Rechtsvorschriften, die sich auf das Medizinproduktegesetz, BGBl 1996/657, zuletzt geändert durch das Bundesgesetz BGBl I 2018/100, beziehen und die ein Äquivalent im vorliegenden Entwurf haben, ist der Verweis auf die Bestimmung im vorliegenden Entwurf zu beziehen[1].

2 § 91 enthält eine Generalnorm für personenbezogene Bezeichnungen[2].

---

[1] EB zu § 90 (109/ME XXVII. GP).

[2] EB des Gesundheitsausschusses zu § 90 (AB 884 BlgNR XXVII. GP).

§ 91 Inkrafttreten, Außerkrafttreten

(1) Dieses Bundesgesetz tritt hinsichtlich Medizinprodukte mit dem der Kundmachung folgenden Tag, hinsichtlich In-vitro-Diagnostika am 26. Mai 2022 in Kraft.

(2) Händler haben ihrer Registrierungspflicht nach § 37 dieses Bundesgesetzes innerhalb eines Jahres nach Inkraftreten dieses Bundesgesetzes nachzukommen.

(3) Der Titel, § 2 Abs. 2, § 7 Abs. 1 und 2, § 36 Abs. 2, § 41 Abs. 4, § 44 Abs. 2, § 50 Abs. 2, § 82 Abs. 6, § 83 Abs. 3 bis 5 und 8, § 84 Abs. 5 und § 85 in der Fassung des Bundesgesetzes BGBl. I Nr. 27/2023 treten mit dem der Kundmachung folgenden Tag in Kraft.

(4) Die Einträge im Inhaltsverzeichnis zur Überschrift des 8. Abschnitts und zu § 50, § 1 Abs. 1, § 3 Z 4 und 5, § 5 Abs. 1, § 8, § 17 Abs. 1, § 38 Abs. 1, 2, 5, 7 und 8, § 40 Abs. 6, § 41 Abs. 3, § 44 Abs. 1 Z 1, die Überschrift des 8. Abschnitts, § 49 Abs. 1 Z 5, Abs. 1a und 2, die Überschrift zu § 50, § 78 Abs. 3 Z 2, § 80 Abs. 1 Z 1 und 43, § 82 Abs. 6, § 83 Abs. 2 bis 8, § 84 Abs. 5, § 85 Abs. 4, 5, 7 und 8 in der Fassung des Bundesgesetzes BGBl. I Nr. 102/2024 treten mit dem der Kundmachung folgenden Tag in Kraft. Der Eintrag im Inhaltsverzeichnis zu § 17, die Überschrift zu § 17, § 17 Abs. 2 bis 5 und § 19 Abs. 4 in der Fassung des Bundesgesetzes BGBl. I Nr. 102/2024 treten drei Monate nach Inkrafttreten einer Verordnung gemäß § 17 Abs. 1 in Kraft. Bis zu diesem Zeitpunkt werden die Ethikkommissionen gemäß § 17 Abs. 1 in der Fassung des Bundesgesetzes BGBl. I Nr. 122/2021 weiterhin als Ethikkommissionen im Rahmen multizentrischer klinischer Prüfungen nach diesem Bundesgesetz tätig.

Beachte für die Bestimmung: Tritt hinsichtlich In-vitro-Diagnostika am 26.5.2022 in Kraft (vgl § 91 Abs 1).

Fassung: BGBl I 2024/102

§ 91 enthält eine Generalnorm für personenbezogene Bezeichnungen[1]. **1**

§ 92 regelt das Inkrafttreten des vorliegenden Entwurfes[2]. **2**

---

1 EB zu § 91 (109/ME XXVII. GP).

2 EB des Gesundheitsausschusses zu § 91 (AB 884 BlgNR XXVII. GP).

§ 92 [Inkrafttreten, Außerkrafttreten]

Mit dem Inkrafttreten dieses Bundesgesetzes treten

1. **die Verordnung des Bundesministers für Gesundheit über die Klassifizierung von Medizinprodukten, BGBl. II Nr. 143/2009, zuletzt geändert durch BGBl. II Nr. 247/2012,**
2. **die Verordnung des Bundesministers für Gesundheit über die grundlegenden Anforderungen an Medizinprodukte, BGBl. II Nr. 142/2009, und**
3. **die Verordnung der Bundesministerin für Gesundheit und Frauen über die Konformitätsbewertung von Medizinprodukten, BGBl. II Nr. 57/2004, zuletzt geändert durch BGBl. II Nr. 144/2009**

außer Kraft, soweit sie nicht hinsichtlich der Übergangsbestimmungen bis zu den dort genannten Zeitpunkten noch relevant sind.

Beachte für die Bestimmung: Tritt hinsichtlich In-vitro-Diagnostika am 26.5.2022 in Kraft (vgl § 91 Abs 1).

Fassung: BGBl I 2021/122

1 § 92 regelt das Inkrafttreten des vorliegenden Entwurfes entsprechend der Vorgaben der EU-Verordnungen[1].

2 Mit Inkrafttreten dieses Bundesgesetzes werden nationale Verordnungen aufgehoben, die Belange regeln, die ab diesem Zeitpunkt durch die EU-Verordnungen geregelt sind. Dies gilt allerdings nicht für ‚Altprodukte' entsprechend den Übergangsbestimmungen[2].

---

[1] EB zu § 92 (109/ME XXVII. GP).

[2] EB des Gesundheitsausschusses zu § 92 (AB 884 BlgNR XXVII. GP).

§ 93 Vollziehung

(1) Mit der Vollziehung dieses Bundesgesetzes ist der Bundesminister für Soziales, Gesundheit, Pflege und Konsumentenschutz, hinsichtlich des § 49 Abs. 2, § 50 Abs. 1 und § 61, soweit die elektrotechnische Sicherheit, die vom Maß- und Eichgesetz erfassten Messfunktionen von Medizinprodukten und gewerberechtliche Bestimmungen betroffen sind, sowie des § 65 Abs. 1 und des § 66 Abs. 1, soweit gewerberechtliche Belange betroffen sind, der Bundesminister für Soziales, Gesundheit, Pflege und Konsumentenschutz im Einvernehmen mit dem Bundesminister für Digitalisierung und Wirtschaftsstandort, betraut.

(2) Vor Erlassung von Verordnungen nach diesem Bundesgesetz – mit Ausnahme von Verordnungen nach § 81 – haben die nach Abs. 1 zuständigen Bundesminister einen Beirat zu hören, dem neben Sachverständigen auf dem Gebiet der zu regelnden Materie jedenfalls jeweils ein Vertreter des Bundesministeriums für Digitalisierung und Wirtschaftsstandort, des Bundesministeriums für Soziales, Gesundheit, Pflege und Konsumentenschutz, der Österreichischen Ärztekammer, der Österreichischen Zahnärztekammer, der Bundesarbeitskammer, der Wirtschaftskammer Österreich, der Österreichischen Apothekerkammer, des Dachverbandes der Sozialversicherungsträger, der Österreichischen Agentur für Gesundheit und Ernährungssicherheit GmbH, Geschäftsbereich Medizinmarktaufsicht, und des Österreichischen Seniorenrates angehören. Weiters sind die nach den landesgesetzlichen Ausführungsbestimmungen zu § 11e des Bundesgesetzes über Krankenanstalten und Kuranstalten (KAKuG) bestehenden Patientenvertretungen berechtigt, einen Vertreter zu entsenden.

(3) Den Vorsitz im Beirat gemäß Abs. 2 führt ein Bediensteter des Bundesministeriums für Soziales, Gesundheit, Pflege und Konsumentenschutz, die Tätigkeit des Beirats wird nach einer vom Bundesminister für Soziales, Gesundheit, Pflege und Konsumentenschutz zu erlassenden Geschäftsordnung geführt. In dieser ist jedenfalls vorzusehen, dass in Fällen besonderer Dringlichkeit oder minderer Bedeutung eine Befassung des Beirats im Umlaufweg erfolgen kann. Im Einvernehmen mit dem Vorsitzenden können die Vertreter gemäß Abs. 2 weitere Experten beiziehen.

Beachte für die Bestimmung: Tritt hinsichtlich In-vitro-Diagnostika am 26.5.2022 in Kraft (vgl § 91 Abs 1).

Fassung: BGBl I 2021/122

Mit Inkrafttreten dieses Bundesgesetzes werden nationale Verordnungen aufgehoben, die Belange regeln, die ab diesem Zeitpunkt durch die EU-Verordnungen geregelt sind. Dies gilt allerdings nicht für „Altprodukte" entsprechend den Übergangsbestimmungen[1]. **1**

Hierbei handelt es sich um die Vollzugsklausel. Die Abs 2 und 3 regeln – wie bisher – den Medizinproduktebeirat[2]. **2**

---

[1] EB zu § 93 (109/ME XXVII. GP).

[2] EB des Gesundheitsausschusses zu § 93 (AB 884 BlgNR XXVII. GP).

Stichwortverzeichnis